KB270778

창비신서 134

혼돈의 시대에 구상하는 문학의 논리

염무웅 평론집

창 작 과 비 평 사

1995

머 리 말

　새 평론집을 묶어낼 때가 되지 않았느냐는 주위의 질책어린 권유를 그동안 여러번 받았다. 그러고 싶은 욕심이야 누구보다 나 자신이 제일 간절한 터였지만, 선뜻 그렇게 하지 못하도록 가로막는 내 안의 무엇인가가 말을 들어주지 않았다. 그래, 글다운 글을 좀더 쓴 다음에 내기로 하자, 세상 돌아가는 꼴이 웬만큼 보이면 그때 내기로 하자…… 이렇게 스스로를 달래는 동안 글쓰기도 세상읽기도 점점 더 아득해지고 세월만 흘러 어느덧 90년대 중반이 되었고 21세기가 몇해 안 남은 시점이 되었다. 10·26 총성으로 박정희 유신독재가 무너지기 꼭 반년 전에 『민중시대의 문학』을 냈으니 실로 16년의 시간이 지났다.

　그렇다고 이제 뒤늦게 막힌 데가 뚫리고 맺힌 데가 풀려서 이 책을 내는 것은 아니다. 그렇게 고대하던 30년 군사정권의 퇴진에도 불구하고 도리어 가슴 한구석의 막막함은 어떤 점에서 그 어느 때보다 더하다. 거창하게 말해서 이 지구를 유일한 삶의 터로 삼아 살아갈 인류의 미래가 장차 어떤 모습으로 전개될지 나에겐 짐작조차 되지 않는 것이다. 사회주의의 이름으로 행해진 거대한 역사적 실험은 꼴사나운 치부를 백일하에 드러낸 채 빈사의 지경에 빠졌고, 민족해방투쟁의 빛나는 승리를 거쳐 태어난 나라들도 정치경제적으로나 도덕적으로나 죽을 쑤고 있기는 마찬가지다. 지난 시기에 희망의 등불이었던 것들, 억압과 착취의 캄캄한 암흑 속에서도 우리의 가슴을 뛰게 하고 기꺼이 그 뒤를 따르게 만들었던 것들, 한평생 함께 나아가기로 뜨겁게 맹세했던 것들, 그것들은 지금 다 어디에 갔나. 오직 남은 것은 유일초강대국의 무도덕적 패권주의이고 물질적 탐욕과 감각적 쾌락에 대한 광신적인 우상숭배뿐이지 않은가. 잘못된 판단인지 몰라도 내가 보기에는 정신적 가치가 인간의 마음을 사로잡는 힘을 이토록 철저하게 잃어버렸던 때가 일찍이 없었던 것 같다. 학문도 예술도 또 종교도 그 지배적인 성격에 있어서는 물질이 세계에 자기를 관철하는 형식들로 변해버리지 않았는가 하는 것이 나의 극단적인 견해이다. 한마디로 모든 종류의 진지함에 대한 염증이 보편화된 시대, 텅빈 영혼의 시대, 모든 것이 제자리를 잃어버린 시대 즉 혼돈의 시대가 바로 우리 시대라고 나는 생각한다.

몸에 이상이 생기면 내부의 저항기제가 작동을 시작한다. 열이 나고 기침이 나든가 통증이 생기든가 해서 신호를 보내게 마련이다. 그와 마찬가지로 사회질서든 자연질서든 균형이 깨져서 정상적인 존립이 위태로워지면 어딘가에서 적신호가 울리게 된다. 최근에 나는 친구들과 등산을 다니면서 깊은 산중에다 움막이나 토굴을 짓고 거기서 극기의 수도생활을 하는 사람들을 더러 만나보았다. 긴 얘기를 나누지 않았으니 그들이 그런 생활을 통해 이루고자 하는 것이 무엇인지 자세히 들어보지 못했고 더욱이 세속사회를 떠나 그런 방식으로 무언가를 추구하려는 것 자체가 옳은지도 가늠하기 어렵지만, 여하튼 그들 나름으로는 평범한 일상생활 전체를 희생으로 지불하고서라도 얻지 않으면 안될 심각한 무엇인가가 있음이 분명해 보였다. 문제는 이 편의와 안락의 시대에 그런 방외인들이 존재한다는 사실 자체의 의미이다. 난세라는 뜻 아닌가.

내 생각에 이제 이런 시대에 문학하는 일은——문학뿐만 아니라 인간의 정신상태에 관련된 모든 활동은——물질에 제압된 정신의 자율적 힘을 회생시키는 것을 최대의 과업으로 삼아야 할 것이다. 오해하지 말라. 나는 결코 지난날 어떤 사람들이 그러했듯 정신주의자가 아니며 그런 입장에서 무슨 고귀한 주장을 하려는 것이 아니다. 다만 나는 이 일상현실 안에서, 그리고 가장 일상적인 생활방식을 고수하는 가운데 이 시대의 문명의 병을 넘어서는 기적 같은 실천의 가능성이 꼭 있어야겠다고 말하려는 것이며 그 중의 하나로서 내가 선택한 것이 글읽기와 글쓰기라는 것을 말하려는 것일 뿐이다. 나의 '문학 생각하기'에 어떤 뼈대로서의 그런 지향이 들어 있다면 나는 그것을 '문학의 논리'라고 부르고자 하는 것이다. 이 책의 제목은 그런 뜻을 담고 있다. 그러나 물론 그 제목은 여기 실린 글들의 실제에 대한 명칭으로서는 터무니없이 과분한 것임을 모르지 않는다.

오랜 기간에 걸쳐 띄엄띄엄 썼던 글들이라 내용이 고르지 않다. 어떤 것은 그야말로 "늦은 봄의 꽃수풀에 앉아서 마른 국화를 비벼서 코에 대는 것"과 같은 그런 철지난 글도 적잖이 있다. 가장 오래된 것은 김춘복씨의 장편소설 『쌈짓골』에 '해설'로 붙여진 짤막한 글인데, 당시 새마을운동을 비판한 책이라 하여 말썽이 났다. 해설을 삭제하는 조건으로 겨우 책이 시중에 나올 수 있었다. 그 시대가 어떤 시대였는지 상기하는 뜻에서 기념삼아 여기 실었다. 카프카의 소설에 관한 논문도 좀 예외적이다. 명색이 독문학도로서 독일문학에 대한 글만으로 책을 엮고 싶은 속셈도 없지 않으나, 그 역시 기약하기 어려운 일이라 여기 맛보기로 한 편만 실었다.

교정을 보면서 다시 읽어보니 각박했던 나의 지난날이 새삼 떠오른다. 문학을 문학으로서 즐기는 일에 나는 왜 그처럼 인색했던가. 꽃이 피고 잎새가 푸르러지는 생명의 잔칫상 앞에서도 나는 무슨 억하심정으로 못난이처럼 고개를 외로 틀고 가난한 고집에만 매달려 있었던가. 무슨 헛된 잡념이 내 발길을 그 자갈밭으로 이끌었던가. 앞으로 쓰게 될 글에서는 "눈이 부시게 푸르른 날은 그리운 사람을 그리워하자"는 시구절처럼 좋은 것을 스스럼없이 좋다고 말함으로써 그동안의 야박함에 대한 빚을 좀 갚았으면 좋겠다. 이 상처투성이의 글이 씌어지는 동안 험난한 세월을 함께 버텨온 주위의 벗들에게 이 책을 바친다.

1995년 4월

염 무 웅

차 례

제 3 부

제 1 부

내면의 진실과 시적 성취*

윤동주의 시를 다시 읽으며

이런 성대한 행사에 초청해주신 것을 감사드립니다. 이선영 선생의 청을 받고 사실 처음엔 사양하는 게 옳겠다고 생각했습니다. 오래 전에 윤동주(尹東柱)에 관한 글을 한 편 쓴 바 있기는 하지만, 그후 십수년간 그의 문학에 대해 특별한 관심을 가지고 연구해오지 못했기 때문입니다. 그러나 일반 학생들을 상대로 교양적인 내용의 강의를 하자는 것인만큼 별도의 준비가 없어도 된다는 말씀에 수락하고 말았습니다. 그러나 그러고 나서 윤동주의 작품과 제 자신의 것을 포함하여 그에 관한 몇편의 글을 다시 읽어본 결과, 역시 사양하는 것이 옳았었다는 것을 깨달았습니다. 사람이 무슨 말을 한다는 것은 말을 하는 그 시점에서의 그의 인격이 드러남을 뜻하는데, 아무리 자신이 썼던 글이라 하더라도 그 내용을 그대로 되풀이한다는 것은 비양심적이라기보다 불가능한 일이라는 것을 알았기 때문입니다. 그래서 저는 이 강연을 제 문학관의 변화를 점검하는 기회로 삼아볼까 생각하고 이 자리에 섰습니다.

제가 76년에 「시와 행동」**이라는 제목으로 윤동주론을 쓸 때 제기한 문제는 윤동주가 흔히들 말하는 대로 저항시인이었던가, 그리고 만약 저항시

---

* 이 글은 1992년 12월 11일 연세대학교 국문과 주최의 윤동주기념식에서 강연한 내용을 정리한 것이다. 강연투를 그대로 살린 것은 윤동주의 시와 삶에 대한 필자의 생각을 제대로 마무리짓지 못했기 때문이다.

12

인 이었다고 하면 그 사실과 그의 작품세계가 어떻게 연관되는 것인가, 즉 작품세계를 분석하고 천착하는 개념적 틀로서의 저항시인이란 것이 얼마나 유효한 도구인가 하는 것이었습니다. 아시다시피 윤동주는 27년 2개월이라는 생애에 있어서 유년기를 제외한 생애의 거의 전부를 학생 신분으로 보냈고 살아 있는 동안에는 일개 무명시인에 불과했습니다. 그가 1943년 7월에 고향으로 돌아가겠다는 전보를 치고 그러고 난 직후 사촌인 송몽규와 함께 잡혀서 가혹한 고문을 당한 끝에 2년형을 선고받고 후꾸오까 형무소에서 감옥살이를 하던 중 45년 2월에 옥사함으로써 비극적인 삶을 마감했습니다만, 그러나 그가 구체적으로 어떤 독립운동을 했다든가 저항단체에 가입했다든가 하는 뚜렷한 증거를 저로서는 아직 찾아본 바가 없습니다. 그런 점에서 흔히 알고 있는 저항시인이라는 이미지를 가지고 그의 시와 삶을 단선적으로 해명하고자 하는 시도들은 피상적인 논의 이상의 결과에 이르지 못한다고 느꼈던 것입니다. 그래서 저는 「시와 행동」이라는 글에서 윤동주의 내면의 진실성과 그의 시의 진정성을 높이 평가하는 동시에, 그러나 저항시인이라는 점에서의 윤동주의 생애와 문학이 가지는 분명한 한계를 지적해보고자 했던 것입니다.

그런데 15, 6년 전에 쓴 그 글을 지금 다시 읽어보고서 저는 거기 아물어 붙은 상처처럼 각인된 제 의식의 경직성과 사고의 편협성에 심한 부끄러움을 느꼈습니다. 물론 문제제기의 근본 방향이 잘못됐다고 생각하지는 않습니다. 그러나 어떤 방향에서 문제를 제기한다는 것과 그것을 작품에 실현된 시적 성취 내부에서 점검하고 논리화한다는 것은 구별되어야 하는데, 그때 저는 아직 논리 바깥에 있었던 것입니다. 이런 뜻에서 오늘 제 이야기는 일종의 자기반성 내지 자기비판을 겸하고 있다 하겠습니다.

먼저 그때 쓴 글의 요지를 잠시 소개하겠습니다. 제가 윤동주의 삶과 문학을 연관시켜 밝히고자 했던 것은 훌륭한 문학이란 어떻게 해서 태어나는 것인가, 다시 말해 위대한 문학작품의 형성에 있어 결정적인 요인은 무엇인가 하는 것이었습니다. 단순히 말을 곱게 쓰고 문학적인 장치들을 적절

** 『민중시대의 문학』(창작과비평사 1979)에 수록됨.

하게 배합함으로써 훌륭한 문학이 될 수는 없는 것 아닌가, 이것이 저의
문제제기였지요. 이런 의문에 계기를 제공한 것은 김흥규씨의 논문 「윤동
주론」이었습니다. 저는 그 논문에 크게 감명을 받고 그의 작품해석에 상당
부분 동의를 하면서도 좀더 근본적인 점에, 말하자면 김흥규씨의 문학관에
동조하기 어려웠습니다. 그가 윤동주 작품들의 정밀한 분석을 통해 입증하
고자 한 것은 거칠게 요약하면 어떤 체험이 다루어지느냐가 중요한 것이
아니라 이러저러한 체험들을 얼마나 미적으로 균형있게 조직하느냐 하는
형상화의 성취도에 위대한 문학의 승부가 달려 있다는 것이었다고 기억됩
니다. (물론 김흥규씨가 체험의 중요성을 도외시한 것은 결코 아닙니다.
그는 체험을 매우 중시하되 그 체험들의 심미적 조직화야말로 문학적 성취
의 관건이라고 본 것입니다.) 그러나 저는 위대한 문학이란 단순히 기술적
인 완성에서 주어지는 것이 아니라 그 체험 자체, 삶 자체의 위대성으로부
터 태어난다고 생각했던 것입니다. 저의 글을 조금 인용해보겠습니다. "압
박받는 민중 속으로 몸뚱이를 던져넣어 탄압자에 대한 민중적 투쟁의 대열
에 참가하는 것만이 식민지시대에 있어 지식인의 자기존재를 가능하게 하
며, 이러한 절실한 삶만이 위대한 작품을 태어나게 한다.… 위대한 삶은
위대한 문학만을 낳는 것이 아니고 위대한 사상도 낳을 수 있고 위대한 웅
변을 낳을 수도 있다. 그러나 위대하지 않은 삶이 위대한 문학을 낳을 수
는 없다. 요컨대 본질적인 것은 어떤 삶을 사느냐 하는 것이며, 이 삶의
무게가 작품 속에 올바르게 운반될 때 그것은 작품 자체의 무게로 전화되
는 것이다." 그리고 이런 입장에서 저는 윤동주의 삶에 있어서의 실천 결
여와 민중성 결핍을 그의 시의 한계로 직결시키고자 했던 것입니다
　지금도 그 주장의 기본 취지에 대해서는 별로 양보할 생각이 없기는 합
니다. 그러나 돌이켜보면 어딘가 기계주의적이고 —— 이런 말이 성립될지
모르겠습니다만 —— 일종의 실천주의적 오류가 있었던 것이 아닌가 하는
생각이 듭니다. 다시 말하면 혼신의 실천, 민중적 현실 속으로 뛰어드는
온몸의 실천이 결정적으로 중요하다는 데는 의문의 여지가 없지만, 그것이
문학적으로 운반된다는 생각, 그것이 기계적으로 문학에 전화된다는 생각
은 분명히 오류였다고 자인하지 않을 수 없습니다. 아마도 그랬기 때문에

윤동주 시의 내면적 구조를 하나의 통일된 전체로서 분석하는 데까지 나아가지 못했던 것이 아닌가 하는 반성을 하게 된 것입니다.

생각해보면 우리의 삶은 현실과의 복잡하고도 끊임없는 교섭의 과정입니다. 그런데 문학작품은 이러한 삶의 단순한 언어적 전이(轉移)가 아닙니다. 작품의 창작과정은 삶의 과정 그 자체에 대응된다고 할 만큼 복잡한 변용과 숨가쁜 투쟁, 순간적인 깨달음과 지속적인 사유, 집요한 인내와 폭발적인 상승, 그리고 우발성과 필연성을 동반하는 격렬한 출산의 고통의 총체적인 이행 그것인 듯합니다. 그리고 이 모든 행운과 난관들을 그 나름으로 돌파한 최종적 성취로서의 문학작품은 한편으로는 현실에 대한 작가의 치열하고 긴장된 대응을 반영하지만 다른 한편으로는 작자 자신의 개입의 여지조차 허용치 않는 그 자체의 절대적이고 배타적인 생명성을 이룩하는 것 같습니다. 그 생명성의 비밀을 탐구하는 것이 바로 비평적 작업일 텐데, 인간연구가 끝이 없듯이 문학연구가 끝이 없는 것은 바로 문학이 생명체임을 반증하는 것일 것입니다.

그러나 오늘의 제 얘기도 그런 차원까지 나간 본격적인 논의를 펼칠 자신은 없습니다. 다만 윤동주가 살았던 시대와 그의 생애를 돌아보면서 그의 작품 안에서 일어난 윤동주의 정신의 움직임과 그것의 시적 성취 간에 어떤 내적 연관성이 있는지 살펴보는 것으로 만족할까 합니다. 실은 그것도 쉬운 일은 아닙니다만.

다들 아시는 바와 같이 윤동주는 1917년 12월 30일 만주의 간도 용정에서 태어났습니다. 지금까지 남아 있는 첫 작품 「초 한 대」가 씌어진 것이 1934년이니, 유·소년기를 지나 의식적 정신을 가지고 살았던 기간은 30년대 후반과 40년대 전반 겨우 10년인 셈입니다. 이 기간은 우리가 너무나도 잘 알다시피 그야말로 혹독한 시련의 시기였지요. 설명의 여지가 없는 시기였습니다. 온전한 의미에서의 문학이 설 자리가 완전히 박탈된 그런 시대였습니다. 윤동주가 그런 시대를 살았었다는 것은 아마 거듭 강조될 필요가 있을 것입니다. 그런데 30년대에 청년기를 맞이한 동시대의 절대 다수 조선인들과 윤동주를 구별하게 하는 것은 남달리 강렬한 자아의식을 가졌었고(그 자아의식 안에는 일정한 수준의 민족의식도 포함되는데) 그것이 그를 괴롭혔다는 사실입니다. 그는 사실 박목월·박두진·조지훈 등 소위 청록파 시인들과 동년배로서, 이들은 식민지시대의 마지막 문단등장 세대입니다. 이들보다 조금 위에 김현승·이용악·서정주·오장환 같은 사람들이 있었습니다. 김현승·박두진처럼 기독교적 정신의 영향을 함께 받았음에도 불구하고 왜 윤동주는 이들과 현실적으로 전혀 다른 운명의 자리에 서게 되었던가. 사실 당시의 우리 문단은 자기 시대의 민족사적 상황에 대해서 거의 망각의 늪에 빠져들고 있지 않았던가 하는 판단을 하게 합니다. 기교적으로 언어를 매만져서 시를 만들어낸다든가 일제와 타협해서 친일문학의 길로 빠져든다든가 하여 제정신을 다 잃고 있었습니다. 비록 활자화되지는 않았고 발표될 기약도 없기는 했지만, 이런 시대에 씌어진 윤동주의 시에 보이는 것은 명징하고 치열한 자기인식, 그 자기인식의 틈틈이 비쳐지는 민족현실에 대한 강렬한 환기작용으로서의 순결무구한 것에 대한 동경의 감정입니다. 이것은 아마도 윤동주 연배의 젊은 시인들에게는 매우 예외적인 것이 아니었던가, 저는 그렇게 느낍니다.

  그렇다면 윤동주의 이 치열한 의식은 어디서 유래한 것인가, 당연히 의문을 품음직합니다. 한 인간의 독특한 개성으로 설명해버리는 데 만족할 수 없기 때문이며, 설령 독특한 개성이라 하더라도 그 독특함의 근원이 어딘가 있지 않겠는가 하고 따질 수 있기 때문입니다. 저는 우선 그것을 윤동주의 삶의 배경에서 일정하게 추론해볼 수 있다고 생각합니다. 다음에 여러분들이 나오셔서 회고담을 하시겠고, 또 기왕에 활자화된 회고담들도 여럿 있습니다. 아우인 윤일주 선생의 회고도 있고 친구였던 문익환·정병욱·강처중 같은 분들의 회고담도 있는데, 그것들을 읽어보면 윤동주가 태어나서 자랐던 간도의 용정과 명동촌이라고 하는 곳의 특이한 분위기에 대해서 누구나 입을 모아 언급하고 있습니다. 윤동주 집안은 증조부 때인 1880년대에 간도로 갔고 1910년경에 집안이 기독교로 입교를 했습니다. 이 당시 명동촌에는 김약연 목사를 중심으로 해서 문익환 목사의 부친인 문재린 목사, 윤동주의 부친인 윤영섭 선생 등이 종교운동과 교육운동을 활발하게 펼쳤고, 그리하여 이 한반도에서라면 상상도 할 수 없는 분위기가 형성되어 있었다고 합니다. 가령 애국가를 부른다든가 태극기를 흔든다든가 하는 강한 민족적인 분위기가 지배하고 있었다는 것입니다. 그리고 윤동주 할아버지는 이미 제사를 폐지하고 며느리를 그 이름으로 부르는 등, 극히 개화된 집안이었습니다. 또 한가지, 명동촌의 자연환경이 매우 아름다웠다는 것도 빠뜨릴 수 없는 사항일 것입니다. 윤동주 시의 자연에 대한 민감한 의식은 이런 환경에서 배태되었을 것입니다.

이런 민족적인 분위기, 개방적이고 기독교적인 가정, 그리고 아름답고 평화로운 자연환경 등은 소년 윤동주의 정신세계에 깊은 영향을 주었습니다. 그리고 그것은 그가 장차 평양과 서울 및 일본에서 겪게 될 식민지적 현실과의 심각한 갈등, 자기분열, 내면적 진실을 향한 멈추지 않는 추구자세의 원천이 되었습니다. 알다시피 윤동주는 용정에서 중학교를 다니다가 평양 숭실중학으로 옮겼습니다. 그러다가 신사참배 문제로 학업을 집어치우고 고향으로 갔고, 30년대 말부터 41년까지 연희전문 문과에서 4년간 대학생활을 마치고 이듬해 일본으로 건너가 대학에서 영문학을 공부했습니다. 평양과 서울과 일본에서 그가 부딪쳐야 했던 상황, 바로 식민지적 상황이 누구보다 더 민감하고 아프게 윤동주에게 다가왔으리라는 것은 짐작하기 어렵지 않은 일입니다. 더구나 친구분들의 회고에 의하면 윤동주는 유난히 예민한 심성의 소유자였던 것이 분명합니다. 적극적이고 외향적이기보다는 늘 자기를 반성하고 자기를 응시하면서 남에게는 관대하나 자신에게는 철저한 사람으로서 자신이 처한 시대적 조건 속에서 어떻게 사는 것이 올바른 삶인가에 대해 말없는 고뇌를 되풀이했던 것 같습니다. 회고에 의하면 윤동주는 연전 시절 한때 깊은 종교적인 회의에 빠져 몹시 방황한 적도 있었지만, 끝내 기독교의 틀을 버리지는 못했습니다. 그러나 소위 세속적인 기독교, 내가 예수를 믿는다 하는 것을 내세우는 식의 기독교를 싫어했고 자신의 내면적인 진실과 일치되는 신앙생활을 추구했습니다. 그런 증거들은 그의 시에도 분명히 나타나 있습니다.

윤동주가 비상하게 순수하고 아름다운 영혼의 소유자라는 사실과 그가 야만적인 폭력의 시대를 살았다는 사실은 처음부터 비극의 예감을 갖게 합니다. 그러나 그에게는 어떤 억압적인 외적 환경도 침범하지 못하는 내면의 공간이 있었습니다. 그것이 바로 시였습니다. 하지만 유의해야 할 점은 그에게 있어서 시가 결코 야만적 현실로부터의 상상적 피난처로 기능하지 않았다는 것입니다. 시는 윤동주의 자아가 자기를 발견하고 자기를 단련하며 자기를 실현시키는 자리였습니다. 그의 창작과정은 그의 삶의 과정의 등가물이었던 것으로 믿어집니다. 그가 작품마다 말미에 제작날짜를 기록했던 것은 이런 점에서 의미심장합니다. 매 작품은 그것이 씌어진 시점에서의 윤동주의 정신의 단면도인 것입니다. 이제 성격이 비슷한 두 편씩 네 쌍의 시들을 구체적으로 검토해가면서 그가 추구했던 내면적 진실이 어떻게 시의 모습으로 구현되었는지 살펴보기로 하겠습니다.

먼저 유명한 「자화상」과 「사랑스런 추억」이라는 시입니다. 「자화상」은 너무나 잘 알려진 작품입니다만, 앞의 한두 연을 읽어보겠습니다. "산모퉁이를 돌아 논가 외딴 우물을 홀로 찾아가선 가만히 들여다봅니다. / 우물 속에는 달이 밝고 구름이 흐르고 하늘이 펼치고 파란 바람이 불고 가을이 있습니다. / 그리고 한 사나이가 있습니다. 어쩐지 그 사나이가 미워져 돌아갑니다." 모두 6연으로 이루어진 이 작품에서 앞부분 3연을 읽었습니다. 이 작품에서의 우물이 바로 간도 용정의 우물이라는데, 그것은 어쨌든 평화와 적막감에 가득 찬 자연을 배경으로 한 외로운 사나이의 그림이 선명하게 떠오릅니다. 그런데 우물에 비쳐진 자신의 모습이 혐오의 대상으로 느껴지고, 그렇게 됨으로써 고요하고 평화로운 전원적 자연에 대비되는 인간적 갈등의 양상이 조성됩니다. 그러나 사실 따지고 보면 갈등과 고뇌는 처음부터, 즉 시 이전부터 있었던 것입니다. 달밤에 우물을 찾아간 시적 화자의 행위는 경치를 완상하기 위해서가 아니라 자신의 내면을 들여다보기 위해서였기 때문입니다. 그런데 "그 사나이가 미워져 돌아갑니다." 그러니까 우물은 시의 화자로 하여금 자기를 대면하게 하는 우물이지요. 그렇게 대면하고 본 자기, 화자의 또다른 모습은 미운 것이었습니다. 왜 미워졌을까. 여러가지로 짐작해볼 수 있겠지요. 이상적인 자기의 모습이 아니었다든가, 바람직한 삶을 살아가고 있지 못하다든가, 이런 식으로 생각해볼 수 있을 것입니다. 그러나 가다가 생각하니 그 사나이가 가엾어지고 그래서 돌아가 들여다보니 다시 미워져 또 돌아갑니다. 그러면서 이번에는 사나이가 그리워진다고 화자는 말합니다. 자기에 대한 혐오와 연민, 혐오와 동경이 교체된 마지막 연은 둘째 연의 상황으로 돌아옵니다. 그러나 거기에 "추억처럼 사나이가 있습니다"라는 구절이 첨가됩니다. 추억처럼 사나이가 있다, 묘한 말입니다. 사나이가 있다, 이것이 전반부의 상황이었는데 여기에 '추억처럼'이라는 직유가 추가된 것입니다. 이 '추억처럼'이라는 말은 뭐라고 분석되기 이전에 매우 매력있게 들립니다. 자기 자신의 타자화된 모습을 미워하다가 그리워하다가 마침내 그 갈등의 과정 전체를 추억이라는 괄호 속에 가두어버리는 것입니다. 그러니까 '추억처럼'은 자신의 존재를 반추하며 괴로워하는 자기와 그것을 시의 형식으로 되살려보는 자기를 시간적으로 갈라놓는 효과를 가진다고 해석할 수 있습니다. 참고로 이 시는 1941년 9월에 씌어졌는데, 이때 윤동주는 연희전문을 1년 반째 다니고 있었습니다. 다시 말해 우물에 비친 자기의 모습에 혐오와 연민의 감정을 느끼는 복합적인 심리적 갈등상태에서 어느 정도 벗어난 뒤에 이 시를 쓴 것입니다. 그러나 갈등은 단순히 과거적인 것만은 아니고 시를 통해 현재적인 것으로 살아있는 것이기도 합니다. 그런 점에서 이 시의 현재형 어미는 극히 미묘한 시간의 이중성을 체현하고 있다 하겠습니다.

이번에는 「사랑스런 추억」이라는 작품을 살펴보기로 합시다. 역시 앞부분을 좀 읽어보지요. "봄이 오는 아침, 서울 어느 조그만 정거장에서 희망과 사랑처럼 기차를 기다려, /나는 플랫폼에 간신한 그림자를 떨어뜨리고, 담배를 피웠다." 장면은 이제 전혀 달라집니다. 서울로 유학을 와서 방학이면 기차를 타고 고향에 갔다가 다시 서울로 돌아오는 생활을 하게 된 겁니다. 윤일주 선생 회고에 따르면 윤동주는 방학 때마다 고향에 돌아왔다고 해요. 그리고 나서 1942년 봄에 일본 토오꾜오로 유학을 떠났습니다. 하여튼 「자화상」에 비할 때 「사랑스런 추억」은 장면이 전원적 자연으로부터 번다한 도시로 옮겨졌을뿐더러 시의 어조에서도 커다란 변화를 느끼게 합니다. 「자화상」이 차분하고 진지하고 내성적이라면 「사랑스런 추억」은 경쾌한 속도감을 지니고 있으며 심지어 경박한 분위기조차 풍깁니다. 그런데 "플랫폼에 간신한 그림자를 떨어뜨리고"가 속도에 제동을 거는 듯합니다. 저에게는 플랫폼에 드리워진 그림자를 보는 행동이 우물에 비친 모습을 보는 행위와 평행을 이룬다고 느껴집니다. 그러나 이 「사랑스런 추억」
은 「자화상」에서처럼 그 그림자에 대한 내적 천착을 하지 않고 외면적 묘
사로 대신합니다. '간신한'은 '힘들고 괴로운'의 뜻일 텐데, 이와같은 설명
적 형용사 하나로 존재의 고통이 드러날 수는 없습니다. 서울의 생활이 과
거형으로 서술된 다음 토오꾜오에서의 생활 단면이 현재형으로 제시되는
가운데 시의 화자는 "옛 거리에 남은 나를 희망과 사랑처럼 그리워한다"라
고 말합니다. 서울에서는 "어느 조그만 정거장에서 희망과 사랑처럼 기차
를" 기다린다고 했는데 —— 아마 그 기차는 그를 고향으로 데려다 줄 기차
겠지요 —— 이번에는 서울 거리에 남은 나를 '희망과 사랑처럼' 그리워합니
다. 이 비유는 그러나 절실함을 결하고 있습니다. 그렇기 때문에 서울과
토오꾜오로 표상되는 자아의 분리가 고통스런 자기인식을 동반하지 못하는
것 같습니다. 이 시의 마지막 두 연은 다음과 같습니다. "오늘도 나는 누
구를 기다려 정거장 가차운 언덕에서 서성거릴 게다. / —— 아아 젊음은
오래 거기 남아 있거라." "젊음은 오래 거기 남아 있거라", 이것은 무엇일
까요? 그것은 이제 젊음의 고비를 벗어나는 사람의 발언이지요. 이 작품
에는 1942년 5월 13일이라고 제작연대가 기록되어 있습니다. 연전을 졸업
하고 일본땅으로 건너온 지 두어 달 지났을 때였습니다. 하숙방이라든가
기차역이라든가 이런 것들을 묘사하면서, 젊은날의 자기와 그 젊은날을 돌
아보는 자기를 분리하면서, 젊음은 거기 남아 있거라라고 말합니다. 그것
은 추억처럼 한 사나이가 있다는 것과 교묘한 대응을 이룹니다. 그러나 거
듭되는 애깁니다만 「자화상」에서 시적 화자가 자기협오와 자기연민의 복합
심리 속에서 자신을 응시하면서도 '사나이'라는 말로 자기를 타자화하는 데
비하여(여기에는 말하자면 일종의 객관적 정신이 작용합니다) 이 「사랑스
런 추억」은 제목 자체가 어느 정도 암시하듯이 자기인식의 치열성을 결하
고 있으며 그런만큼 과거는 미화됩니다.

　다음에는 「서시」와 「바람이 불어」라는 시의 비교입니다. 「서시」는 누구
나 아는 작품이니 「바람이 불어」를 중심으로 검토해보겠습니다. "바람이
어디로부터 불어와 어디로 불려가는 것일까, / 바람이 부는데 내 괴로움에

는 이유가 없다", 이게 첫 부분입니다. 바람과 괴로움을 연결시킨 점이 우선 「서시」와 상통이 되지요. 그런데 「서시」에서는 "잎새에 이는 바람에도 나는 괴로워했다"고 말을 하는데 이 시에서는 "바람이 부는데 내 괴로움에는 이유가 없다"고 말을 합니다. "죽는 날까지 하늘을 우러러 한 점 부끄럼이 없기를" 갈망하고 그 갈망을 간절한 소원처럼 또 단호한 결의처럼 언표할 수 있는 사람에게 있어서 모든 지각되는 것은 괴로움의 이유가 됩니다. 그것은 지극한 양심의 발로입니다. 그러나 때로는 문득 절벽에 둘러싸인 듯한 절망이 찾아옵니다. 절망은 자기부정을 낳고, 그리하여 이 작품은 "내 괴로움에는 이유가 없을까,／단 한 여자를 사랑한 일도 없다. 시대를 슬퍼한 일도 없다", 이렇게 이어집니다. 윤동주가 실제로 한 여자를 사랑한 일이 있는지 없는지 확인해본 일이 없습니다마는, 어느 분의 회고에 따르면 남모르게 한 여자를 사랑했다고 해요. 그 여자에게 고백하지 않았을 뿐더러 친구들에게도 얘기한 적이 없다고 하더군요. 그런데 시대적 현실에 대한 그의 예민한 감응은 그의 시와 삶 전체에서 확인됩니다. 그는 분명히 행동적이기보다 내성적이고 실천을 통한 현실변혁을 추구하기보다 자신의 내면적 진실에 일치되는 자아의 실현을 갈망했습니다. 그런 그의 내성과 자아실현은 명목과 실제, 객관과 주체의 간격없는 일치를 지향하는 것이었기에 강렬한 현실적 함축을 불가피하게 전제하고 있었습니다. 윤동주에 있어서 외적 행동은 결여의 부분이기는 하지만 그의 세계에서 배제되거나 부정된 것이 결코 아니고 그의 내적 진실의 대칭되는 쌍으로서 다만 비워진 채 공란으로 남겨져 있었던 것일 뿐이었습니다. 그렇다고 한다면 이 "한 여자를 사랑한 일도 없다. 시대를 슬퍼한 일도 없다"는 말은 무엇인가. 한 마디로 그것은 반어입니다. 다시 말해 그것은 진정한 사랑, 뼈저린 슬픔에 대한 극한적인 요구인 것입니다. 즉, 자기 내부의 절체절명의 도덕적 요구에 대한 불가피한 심리적 완화의 메커니즘입니다. 그 다음은 이렇게 마무리됩니다. "바람이 자꾸 부는데 내 발이 반석 위에 섰다.／강물이 자꾸 흐르는데 내 발이 언덕 위에 섰다." 시의 진행을 따라오는 동안 어떤 숨막히는 결말이 있을 것으로 기대하던 독자들에게 이 마지막 행은 조금 싱겁기까지 합니다. 그러나 「서시」와 연관지어 볼 때, 그 「서시」의 "그리고 나한테 주어진 길을 걸어가야겠다. /오늘 밤에도 별이 바람에 스치운다"와는 적절히 비교가 됩니다. 바람이 불고 강물이 흐르는 것을 보고 느끼면서 내 발이 반석 위에 섰다, 언덕 위에 섰다(여기서 반석, 언덕 같은 낱말들은 당연히 우리에게 기독교적인 연상을 떠올리게 합니다)고 말하는 것은 "나한테 주어진 길을 걸어가야겠다"고 새삼 자신에게 다짐하는 것과 다를 바가 없습니다. 윤동주가 자신에게 주어진 길을 무엇으로 파악했는지 단정하기는 쉽지 않습니다. 어떤 시에서 그것은 순교자의 길로 표현되기도 합니다만, 그 경우에도 종교적·정치적 의미로만 한정되지 않고 인격적 완성에의 지향을 포용하고 있습니다. 시는 그에게 있어 무엇보다도 인격적 완성을 모색하는 자기수련의 형식이었습니다. 따라서 그의 주어진 길은 시인의 길, 즉 시적 성취에 이르는 길이었다고 믿어집니다.

다음에는 「또 다른 고향」과 「돌아와 보는 밤」을 살펴보겠습니다. 아마 여기에 「흰 그림자」라는 작품도 함께 참조할 수 있을 것입니다. 사실 「또 다른 고향」이라는 작품은 널리 알려진 데 비하여 해석하기가 여간 까다로운 작품이 아닙니다. 가령 첫 연의 "고향에 돌아온 날 밤에/내 백골이 따라와 한방에 누웠다"에서 백골이 무엇인지, 셋째 연 "어둠 속에서 곱게 풍화작용하는/백골을 들여다보며/눈물짓는 것이 내가 우는 것이냐/백골이 우는 것이냐/아름다운 혼이 우는 것이냐"에서 운다는 것은 무슨 뜻이고 아름다운 혼은 무엇을 가리키는 것인지 만만한 풀이를 허용하지 않습니다. 자칫 엉뚱한 결론에 이를 수도 있습니다. 그래서 저는 하나의 방편으로서 그 어려운 시와 유사한 정신의 움직임을 보여주는 좀 단순한 시를 가지고 그 어려운 시에 들어가보면 오류를 피할 수 있지 않을까 하는 생각을 해본 것입니다. 「돌아와 보는 밤」은 별로 많이 읽혀지는 작품도 아니고 길지도 않으니까 전문을 한번 읽어보겠습니다.

세상으로부터 돌아오듯이 이제 내 좁은 방에 돌아와 불을 끄옵니다. 불을 켜두는 것은 너무나 피로롭은 일이옵니다. 그것은 낮의 연장이옵기에——

　이제 창을 열어 공기를 바꾸어 들여야 할 텐데 밖을 가만히 내다보아야 방 안과 같이 어두워 꼭 세상 같은데 비를 맞고 오던 길이 그대로 빗속에 젖어 있사옵니다.

　하루의 울분을 씻을 바 없어 가만히 눈을 감으면 마음속으로 흐르는 소리, 이제, 사상이 능금처럼 저절로 익어가옵니다.

「또 다른 고향」에서는 "고향에 돌아온 날 밤에／내 백골이 따라와 한방에 누웠다"고 되어 있지요. 백골이 무엇을 가리키는 것인지 해석하는 것을 유보하더라도 그 구절은 저에게 즉각적인 실감을 안겨줍니다. 공부를 하기 위해서 또는 돈벌이를 위해서 객지생활을 하다가 방학이나 명절이 되어 고향으로 돌아온 날 분주히 친척·친구들을 만나고 가족과 이야기를 나누다가 마침내 예전에 쓰던 자기 방에 누울 때 우리는 옛 보금자리로 돌아온 귀환의 안도감을 느끼기도 하지만 자기 자신을 포함하여 모든 것이 낯설어진 듯한 이물감(異物感)도 또한 느끼게 됩니다. 그런데 「돌아와 보는 밤」에는 "세상으로부터 돌아오듯이 이제 내 좁은 방에 돌아와 불을" 껐다고 되어 있습니다. 되풀이되는 얘기지만 윤동주에게 세상은 주로 객지에서의 학창생활이었지요. 그런데 그 세상으로부터 돌아오듯이 자기의 좁은 방으로 돌아와 눕는데, 그러고서 불을 껐습니다. 불을 켜두는 것은 피로한 일이고 또 낮의 괴로움의 연장이기 때문이라는 것입니다. 그런데 이제 창을 열어서 공기를 바꿔야 할 텐데 밖을 내다보니까 방안과 같이 어두워서 꼭 세상 같다라고 말을 합니다. 이것은 「또 다른 고향」의 제2연, 즉 "어둔 방은 우주로 통하고／하늘에선가 소리처럼 바람이 불어온다"를 마치 산문으로 풀어놓은 듯한 느낌을 줍니다. 그런데 「또 다른 고향」에서는 사실 그 다음부터가 어렵습니다. "어둠 속에서 곱게 풍화작용하는／백골을 들여다보며／눈물짓는 것이 내가 우는 것이냐／백골이 우는 것이냐／아름다운 혼이 우는 것이냐." 이처럼 백골을 들여다보며 우는 것이 나, 나를 따라온 백골, 아름다운 혼 이 셋 중의 어느 것이냐고 묻고 있습니다. 우선 물음 자체가 우리에게는 어렵습니다. 물음에 대답하기는커녕, 물음의 뜻을 간파하기가 쉬운 일이 아닙니다. 그런데 「돌아와 보는 밤」에는 "밖을 가만히 내다보아야 방안과 같이 어두워 꼭 세상 같은데 비를 맞고 오던 길이 그대로 빗속에 젖어 있사옵니다"라고 되어 있습니다. 여기서 비의 이미지와 「또 다른 고향」에서의 눈물의 이미지가 상통하는 것이라고 주장한다면 억지가 될지 모르겠습니다만, 여하간 바깥세상(객지)으로부터 고향, 고향의 축소된 공간으로서의 좁은 방에 돌아와 갈등을 겪고 있는 것은 틀림이 없습니다. 그리하여 이제 방안과 바깥세상이 어둠이라는 매개에 의해 상호 치환됩니다. 바깥의 어둠으로서 방안의 어둠이 느껴지고, 또 고향의 방에 돌아왔는데 나말고 내 백골도 따라왔습니다. 조금 전에도 잠깐 말씀드렸지만, 우리가 객지에서 공부를 하든가 직장생활을 하다가 명절이 되어 고향에 가서 밀짚냄새, 누룩냄새가 나는 방에 누워서 드디어 혼자가 되어본 사람이라면 실감할 수 있는 것이 「또 다른 고향」의 첫 부분입니다. 그런데 이렇게 오랜만에 자기의 옛 방에 누워 있으면 이게 과연 내 방인가, 또 누워 있는 것이 바로 나 자신임에 틀림없는가 하는 의혹이 떠오르는 것도 사실입니다. 그때 우리는 고향 상실의 비애를 깊이 절감합니다. 그리고 세속적 안일에 매몰되어 무영혼의 삶을 사는 데 만족하지 못하는 사람이라면 당연히 오직 혼자의 힘으로 새로운 이상의 땅을 찾아 떠날 것을 결심할 것입니다. 그런 맥락에서 "가자 가자／쫓기우는 사람처럼 가자／백골 몰래／아름다운 또 다른 고향에 가자"는 마지막 연은 자연스러운 논리적 귀결로 읽힙니다. (물론 그 중간의 연산(演算)과정이 아직 해명되지 않은 채 남아 있기는 하지만.) 그런데 「돌아와 보는 밤」의 마지막은 이렇게 되어 있습니다. "하루의 울분을 씻을 바 없어 가만히 눈을 감으면 마음속으로 흐르는 소리, 이제, 사상이 능금처럼 저절로 익어가옵니다." 혼돈의 외계로부터 자기 방으로 돌아와도 그 방은 옛날과 같은 자기 방, 평화와 안식의 자기 방이 아닙니다. 이 세상의 어둠은 그대로 따라옵니다. 백골이 되어 따라오기도 하고 바람소리가 되어 들리기도 합니다. 분명한 것은 이제 방안이 화해와 안식의 공간이 아니라는 점입니다. 그래서 울기도 하고, 씻을 길 없는 울분, 풀 길 없는 갈등에 빠지기도 합니다. 그러다가 눈을 감으면 "마음속으로 흐르는 소리, 이제, 사상이 능금처럼 저절로 익어가옵니다." 즉 눈을 감아서 자기 내면의 소리에 귀를 기울이면 혼돈과 어둠을 넘어설 정신의 힘, 즉 사상이 익어가는 것을 스스로 자각하는 것입니다. 이렇게 볼 때, 「또 다른 고향」과 「돌아와 보는 밤」은 고향도 바깥세계도 이제는 의존할 수 없게 되어버린 상태를 냉정하게 확인하고 이 양자를 넘어서는 이상의 추구를 선언하는 셈입니다.

　마지막으로, 「참회록」과 「쉽게 씌어진 시」를 검토해보겠습니다. 앞엣것은 1942년 1월 24일, 뒤엣것은 같은 해 6월 3일 작으로 되어 있으니 윤동주가 체포되기 직전 일본에서 쓴 작품들입니다. 먼저 「참회록」부터 조금 읽겠습니다. "파란 녹이 낀 구리거울 속에／내 얼굴이 남아 있는 것은／어느 왕조의 유물이기에／이다지도 욕될까." 제1연입니다. 구리거울에 남아 있는 내 얼굴이라는 발상은 「자화상」의 우물에 비친 사나이를 연상하게 합니다. 그러나 우물은 녹이 낀 구리거울로 변해 있습니다. 이것은 이미 그 동안의 서울과 일본에서의 생활, 신앙적인 회의에도 빠지고 담배도 배우고 하면서 어린 시절의 순수함을 잃어버린 데 대한 자책감과 관련이 있을지도 모릅니다. 여기서 내 얼굴은 "어느 왕조의 유물이기에 이다지도 욕될까"라고 표현됩니다. 이것은 우물 속에 비친 자기가 미워졌다는 것보다 훨씬 심각한 자기회의이지요. 욕되다는 말을 썼으니까요. 그리고 '어느 왕조의 유물'이라는 것도 윤동주의 시에 흔히 발견이 안되는 비유법입니다. 그가 봉건왕조의 멸망을 치욕으로 보았던 것일까요. 아니면 단순히 모더니즘적 말투를 차용해본 것일까요. 어떻든 제2연은 이렇게 이어집니다. "나는 나의 참회의 글을 한 줄에 줄이자／ —— 만 이십사년 일개월을／무슨 기쁨을 바라 살아왔던가." 그리고 나서 "내일이나 모레나 그 어느 즐거운 날에／나는 또 한 줄의 참회록을 써야 한다. ／ —— 그때 그 젊은 나이에／왜 그런 부끄런 고백을 했던가." 여기서 윤동주는 자기 삶의 욕됨을 참회하면서, 그러나 내일이나 모레나 그 어느 날엔가는 즐거움에 이를 것이라는 기대를 갖습니다. 그 즐거운 날에 또다른 참회록을 쓰면서, 기쁨을 자기의 것으로 누리면서 충만된 삶을 살아야 할 그 젊은 나이에 그렇게 하지 못하고 왜 그런 부끄러운 고백을 했던가, 이런 내용의 참회록을 써야 한다고 말을 합니다. 그 다음 연은 이렇게 이어져서 끝이 납니다. "밤이면 밤마다 나의 거울을／손바닥으로 발바닥으로 닦아보자.／／그러면 어느 운석 밑으로 홀로 걸어가는／슬픈 사람의 뒷모양이／거울 속에 나타나온다." 다시 이제 시의 처음으로 돌아갑니다. 밤이면 밤마다 손발을 다 동원해서 거울을 닦겠다고 말을 합니다. 거울을 닦는 행위는 무엇일까요. 철저한 자기와의 싸움, 그런 것이겠지요. 그러기 위해서 혼신으로 손발을 다 동원해서 거울을 닦자고 말을 합니다. 그러면 "홀로 걸어가는 슬픈 사람의 뒷모양이 거울 속에 나타나온다"고 말을 합니다. 여기서 슬픈 사람이라는 표현이 우리의 주목을 끕니다. 이것은 분명히 기독교적 발상에 관계됩니다. 가령 예수의 산상 수훈을 패러디화한 「8복(八福)」이라는 시에 "슬퍼하는 자는 복이 있나니 … 저희가 영원히 슬플 것이오"라는 구절이 있습니다. 이때 슬픔이 상식적 차원을 멀리 넘어서는 정신적 높이를 뜻한다는 것은 두말할 나위가 없습니다. 그것은 욕됨과 세속적 행복 모두를 초월하여, 인간의 혼이 최종적으로 도달하게 될 어떤 투명한 상태를 일컫습니다. 슬픔에 이런 이상적 가치를 부여하는 것은 이스라엘 민족이나 우리 민족처럼 끝없는 수난의 경험을 통과한 자들에게만 가능한 역설적 사유일 것입니다.

「쉽게 씌어진 시」는 이렇습니다. "창 밖에 밤비가 속살거려／육조방은 남의 나라, ／／시인이란 슬픈 천명인 줄 알면서도／한 줄 시를 적어볼까." 이게 첫 두 연입니다. 육조방, 여섯 개로 되어 있는 일본식 다다미방이지요. 그것은 '남의 나라'라고 썼어요. 아마 이 무렵으로서는 몰래 일기처럼 쓴 시니까 이렇게 쓸 수 있었을 것입니다. "시인이란 슬픈 천명인 줄 알면서도"라는 표현은 참으로 가슴을 때립니다. 열두세살 때부터 시를 써온 윤동주에게 있어 시는 종교와 도덕적 열망과 그 자신의 내면세계의 모든 것이 아우러지는 자리였음에도 시인이란 슬픈 천명이라고 이제 드디어 처음으로 그리고 마지막으로 여기에서 언명을 합니다. 그리고 나서 "인생은 살기 어렵다는데／시가 이렇게 쉽게 씌어지는 것은／부끄러운 일이다"라고 말을 합니다. 그에게 시는 아까 말씀드렸듯이 종교심, 윤리적 향상 노력, 인간의 내면적 완성 등이 총체적으로 이루어지는 최고 최종의 결전장인데, 그것이 이렇게 쉽게 이루어진다면 그것은 용서할 수도, 용납할 수도 없는 허위였던 것입니다. 이쯤에서 우리는 최악의 객관적 상황 속에서 벌어지는 한 순결한 영혼의 가장 극단적인 자기수련을 봅니다. 이것은 그 자체 감동에 값합니다. 윤동주의 이 시는 당대에 유례가 없는 그 진정함과 깊이, 그야말로 삶의 고뇌의 무게와 시의 무게가 일치하는 순간의 결정적인 떨림을 우리에게 경험케 합니다. 그리고 "육조방은 남의 나라／창 밖에 밤비가 속살거리는데"라고 잠시 쉬면서 호흡을 고르고 난 다음 유명한 구절이 나옵니다. "등불을 밝혀 어둠을 조금 내몰고,／시대처럼 올 아침을 기다리는 최후의 나." 이제 그는 자신을 백척간두에 세웁니다. '시대처럼 올 아침'이 기독교의 메시아적 미래인지 아니면 좀더 구체적으로 식민지체제의 철폐인지 또는 추상적으로 개인적 이상의 실현인지 단정짓기는 어렵습니다. 그러나 그것은 해방된 세계의 영상을 훔쳐본 자의 예감의 숨결로 부풀어오르며 여명의 밝음 속에 뚜렷이 솟아 있습니다. 신동엽의 화법을 빌려서 분명 윤동주는 '하늘을 본' 사람이었습니다. 그리고 무엇보다도 그는 하늘을 보는 일을 시의 창작과정을 통해 —— 그리고 어쩌면 그것을 통해서만 —— 실천한 사람이었습니다.

두서없이 얘기를 끌어왔습니다만, 다시 돌아가본다면 윤동주의 시대는 그야말로 참혹한 시대였고 견디기 힘든 암흑의 시대였습니다. 기본적인 생존조차 위기에 몰려 있던 시대였고 최악의 궁핍의 시대였지요. 그러한 시대에 맞선다는 것은 비장한 결단과 놀라운 자기희생을 끊임없이 요구했을 것이며, 그 과정에서의 치열한 자기쇄신 없이는 아마 문학도 온전한 삶도 이루어지기 어려웠을 겁니다. 그렇기 때문에 대부분의 사람들은 침묵하거나 타협하거나 변절하거나 제정신을 잃거나, 하여튼 어떤 의미에서건 온전한 삶을 훼손·유린당하고 있었던 거지요. 제가 보기에 윤동주는 자기의 내면세계의 바탕, 그 진정한 밑바탕까지 돌아가봄으로써 삶의 가혹함과 맞서는 데 있어 적어도 중요한 몇몇 작품에서는 성공한 증거를 보여주고 있고, 바로 그것은 그의 비극적인 좌절로서의 때이른 죽음과 맞물려서 오늘의 우리들에게도 생동하는 비장감을 환기시켜주는 것이 아닌가 생각합니다.

<1993>

잃어버린 고향, 빼앗긴 자연

민영 시집 『바람 부는 날』

내가 민영(閔暎) 선생을 만나는 자리에는 흔히 신경림 선생도 동석하는 수가 많다. 대체로 창비 응접실 아니면 작가회의나 민예총 사무실 같은 데서였고 거기서 나온 뒤의 술자리가 일쑤였다. 그런데 두 분은 만나면 으레 누가 먼저랄 것도 없이 농담부터 건넨다. "어이 꼬마, 벌써 와 있었구나!"라든가 "꼬마야, 한잔 하구 가자"라든가 하는 식이다. 나이 50대 후반에 접어든 이들이 중학생처럼 막말로 농을 주고받는 걸 곁에서 보고 있노라면 때때로 나는 그들의 나이를 문득 잊기도 한다. 알다시피 두 분은 키가 어슷비슷하니 작고 몸집도 가냘픈 편이다. 그러니 상대방을 거리낌없이 '꼬마'라고 부르는 것이다.

그러나 오래 그들과 사귀어온 사람이라면 누구나 인정하듯이 이 두 분은 결코 연약하고 왜소한 인물들이 아니라 반대로 강인하고 거인적인 면모를 지닌 인물들이다. 그들이 살아온 인생의 역정에서 그러하고 그들이 펼쳐보이는 문학의 세계에서 또한 그러하다. 허우대만 멀쑥해가지고 제 밥그릇 하나 온전히 챙기지 못하고 늘 누군가에게 기대서 살아가는 사람들과는 아주 다르다. 뭐랄까, 험한 세월의 격랑 속에서도 두 발 확실하게 땅에 딛고 밥 벌어 자식 키우며 역사를 이루어 살아가는 민중적 삶의 실체적 생명력 같은 걸 나는 그들의 문학과 인생에서 촉감적으로 느낀다.

조금 더 가까이 다가서서 보면 그분들은 비슷한 점 못지않게 다른 점이 많음을 알 수 있다. 신경림의 문학에서 우리는 토착적인 민중정서가 거의 자생적으로 무르녹아 있음을 실감한다. 그가 비록 『민요기행』을 썼고 기행 시집 『길』을 내놓기는 했으되 그것은 말 그대로 '기행'이지 '유랑'은 아니다. 반면에 민영의 시세계는 고향이라는, 푸근하고 안정된 삶의 뿌리가 끊어진 떠돌이 인생의 써늘한 고독과 박탈감, 그리고 그것과의 싸움인 절제와 인내로 인해 날카로운 애수를 띤다. 여기 이런 슬프고도 아름다운 시가 있다.

> 여기서 북쪽으로 천리를 가면
> 검은 강물 한 줄기 소리없이 흐르고
> 우뚝우뚝 거친 산 솟아 있는 곳
> 그 산 밑이 내 고향 마을이라네.
>
> 참솔 같던 젊은이들 총 맞아 죽고
> 꽃다운 홀어미들 지쳐 잠든 곳
> 불에 탄 집터마다 쑥대풀 서걱이고
> 도채비불 밤이면 펄럭인다네.
>
> 잿더미에 흩어진 뼈 벌레 되어 우나니
> 예 살던 살붙이들 어디로 갔나?
> 내가 자라 길 떠난 뿌리의 고살
> 이 세상 일 마치거든 돌아가려네.

지난번 시집 『엉겅퀴꽃』에서 뽑은 「고향 생각」이란 작품이다. 간절한 아픔이 잘 정련된 언어와 민감하게 조율된 4음보 가락을 타고 우리의 폐부를 찌른다. 그런데 생각해보면 분단과 전쟁을 겪은 이 시대의 어느 마을치고, "참솔 같던 젊은이들 총 맞아 죽고／꽃다운 홀어미들 지쳐 잠든 곳" 아닌 데가 있으랴. 그러나 내 짐작에 시인은 젊은이들의 죽음과 홀어미들의 지친 잠을 고향마을에 같이 살면서 일상적으로 함께 경험했던 것이 아니다. 다시 말해 시인은 쑥대밭처럼 파괴된 고향에서의 비극으로부터도 격리되어 있었던 것이다. 여기에 이 시가 주는 아픔의 이중성이 있다.

　이번의 시집 『바람 부는 날』(주로 제2부)에서 시인은 어린 시절의 기억의 끈을 붙잡고 북관땅, 간도땅으로 회상과 상상의 여행을 떠난다. 사람이란 으레 나이가 들면서 점점 더 과거에 침잠하게 되는가 보다.

　　살아서 돌아오지 못할
　　길인 줄도 모르고
　　아버지는 북간도로 떠나셨다.

　　한 달에 한 번씩
　　진서로 쓴 편지가 날아왔으나
　　글이 짧은 어머니는
　　그 뜻을 다 헤아릴 길이 없었다.

　　만주 땅은 무섭게 춥다는 것,
　　폭설이 노적가리처럼 쌓인다는 것,
　　비적들이 출몰한다는 것,
　　그러나 당신이 있으니 염려하지 말라는 것……

　　아버지가 가신 지 일년 만에
　　그곳으로 오라는 기별이 왔다.
　　고향은 날이 갈수록 각박해지고
　　이대로 살다가는 거덜난 살림
　　이어갈 수 없을 것 같아
　　어머니는 나를 안고 길을 떠났다.

　　　간다 간다 나는 간다
　　　고향 산천 다 버리고
　　　이제 가면 언제 오나
　　　기적 소리 목이 멘다.

　　　　　　　　　　　　　——「북간도 가는 길」 전문

자전적 서장시의 서막이라도 됨직한 장면이 별다른 시적 장치에 매개됨 없이 담담하게 서술되고 있다. 독자에 따라서는 이 작품이 뭔가 시작하다 만 듯한 아쉬움으로 읽힐 수도 있고 또 너무나 평이한 서술체에서 긴장의 해이를 느낄 수도 있을 것이다. 아닌게아니라 과거 민영 시의 까다로움에 익숙한 독자는 이 시의 풀어진 직설법에 얼마간 실망할 법도 하다. 그러나 다른 한편, 인간이 자신의 유년시절에 관하여 이야기할 때 일체의 문학적 의장(意匠)으로부터 떠나고 싶어진다는 것은 부자연스러운 일이 아니다. 그런 점에서 나는 「북간도 가는 길」이 노년기 민영 시의 의미있는 출발점 또는 중요한 전환점이 될 수 있다고 생각한다.

이쯤에서 얘기를 돌려 조금 일반화해보기로 하자. 우리가 어떤 작품을 읽고 감동을 받는 것은 무엇 때문인가. 다시 말해 무엇이 참다운 문학적 성취를 이루게도 하고 또 그것을 못하게도 하는가. 가령 여기서 앞에 인용 한 「고향 생각」을 다시 읽어보자. 이 작품의 배경과 그 안에서의 체험적 자료들은 물론 침통한 것이기는 하지만 특수하고 예외적인 것이 결코 아니 다. 그러니까 이 시대를 살아온 모든 사람들이 공유한 역사적 경험이다. 그러나 분명히 특수한 것은 이 시에서 시인 민영이 자신의 체험적·체험외 적 진실의 핵심에 닿기 위해 혼신의 노력을 쏟고 있었다는 사실이다. "참 솔 같던 젊은이들"이라고 표현했을 때 '참솔'이라는 낱말이 주는 그 기막힌 생생함은 결코 사전이나 뒤적이는 동안에 얻어질 수 있는 것이 아니고, 한 인간의 전인생이 투입된 고통의 과정이 한 순간 농축됨으로써 가능하다.

그런데 지난날의 민영 시들을 통독해보면 이런 의미의 강도 높은 농축이 언제나 성공적으로 이루어졌던 것은 아님을 어렵지 않게 알 수 있다. 누군 들 긴장해서만 살 수 있겠으며 어느 시인인들 명품만 계속 내놓을 수 있겠 는가. 따라서 우리는 숨이 찰 때 조금씩 속임수를 쓸 수밖에 없는데, 그러 니까 남을 속이기 위해서가 아니라 다음번의 집중을 위해서 숨돌릴 여유를 찾을 수밖에 없는데, 민영의 문학에서는 내가 보기에 그 노릇을 해준 것이 시 언어와 형식에 대한 거의 소심할 정도의 면밀한 배려였던 것 같다. 알 맹이가 때때로 좀 빠져나가더라도 외형적 틀을 단단히 움켜쥠으로써 긴장의 자세를 잃지 않았던 것이 지금까지의 민영 문학이 아니었던가 싶다. 내가 「북간도 가는 길」이 의미있는 전환점이 될 수 있다고 생각한 것은 바로 그가 드디어 자신의 오랜 형식주의를 방기할 연륜 내지 여유에 이르렀음을 이 작품에서 보여주었기 때문이다.

　단단히 쥔 주먹을 펴는 것은 힘이 부쳐서이기도 하지만 더 큰 것을 끌어안기 위해서이기도 하다. 민영의 문학적 품에 끌어안길 새로운 삶의 재화들, 그것들이 시집에는 고르지 않은 시적 지향으로서 다양하게 제시되어 있다. 방금 살펴본 것과 같은 맥락에서 「북간도 가는 길」에 이어지는, 그러면서 좀더 구체적인 현실성에 다가선 「북관 땅에서」 같은 작품을 읽어보자.

　　원산 함흥 단천 지나
　　북관 땅에 들어서자
　　머리에 흰 수건 두른
　　아낙네들이 많아졌다.

　　털모자에 솜옷 입은 남정네들은
　　고개를 숙인 채 말이 없었고,
　　천정에 매달린 희미한 전깃불이
　　삶에 지친 얼굴들을 비쳐주었다.

　　—간도엔 뭣하러 가오?
　　—그럼 어쩌겠소, 조선은 왜놈 천지고.
　　—간도는 남의 땅 앙이오?
　　—되놈 땅이지만 먹고 살 길은 있겠지비.

　　여기저기서 입맛 다시는 소리
　　땅이 꺼질 듯한 한숨소리 들려오고,
　　집 잃고 땅 잃고 일가친척 다 버리고
　　살 곳을 찾아 떠나는 사람들.

바람소리
노랫소리
흐느끼는 기적소리!

　김동환(金東煥)의 『국경의 밤』 이래 함경도는 일제의 폭압에 쫓겨 대륙
으로 표랑의 길을 떠나는 식민지 민중들의 한 많은 기착지였고 출향의 간
이역이었다. 이용악(李庸岳)의 피맺힌 절창들은 바로 이 식민지 유랑민의
헐벗은 인생유전에 담긴 구슬픈 가락과 굶주린 한숨과 핏발선 노여움으로
오늘도 가끔씩 읽는 이를 부르르 떨게 한다. 그런데 민영이 이 「북관 땅에
서」는 그런 떨림을 주지는 않는다. 여기 등장하는 인물들은 삶에 지치고
배고파 입맛 다시는 소리를 낼지언정 원한에 가득찬 존재, 폭발 직전의 점
화성 존재는 아닌 것으로 묘사된다. 그런 점에서 이 인물들은 그 자신 주
인공들이라기보다 민영 시인의 개인사의 밑그림을 구성하는 원경일 뿐인지
도 모른다. 그러나 한 시인의 기억의 뿌리를 휘감은 스산한 바람소리, 산
란한 노랫소리, 그리고 울음보다 더 절통하게 흐느끼는 기적소리는 개인적
차원을 훨씬 넘어선 한 시대의 음울한 영상을 떠오르게 한다.
　개인사와 민족사가 겹쳐지는 역사적 원근법은 그러나 생각건대 민영의
문학에서 이제 막 시도되는 단계에 있는 듯하다. 이 뜻있는 시도가 장차
거대한 규모의 서사시적 성취에 도달할지 어떨지를 지금 판단하는 것 역시
아직은 때이를 것이다. 그렇다면 민영 시의 현주소는 어디에 있는가. 그것
은 아마도 꼿꼿하고 깐깐하게 살아가는 한 소시민의 정직한 자기성찰일 것
이다. 이 서정적 자아를 둘러싸고 있는 것은 두 가지인데, 하나는 혼탁하
고 부정의한 정치사회적 현실이고 다른 하나는 그것과 대비되는 맑고 깨끗
한 자연이다.

봄눈 내리네
겨울은 모로 누웠네

그대 허리에 찬

사슴의 가죽

물오른 가지마다
우뢰 터지네

『엉겅퀴꽃』에 실린 「봄눈」이란 소품인데, 그러나 결코 소품답지 않은 선시(禪詩)적 압축미를 뇌성처럼 보여준다. 맺고 끊고 줄이고 지운 장인(匠人)의 매운 솜씨가 얄미울 정도이다. 이 「봄눈」의 다음 장면을 좀더 긴 호흡으로 풀어서, 장인 아닌 보통사람 냄새가 나게 읊조릴 때 시집의 표제시 「바람 부는 날」이 태어난다.

나무에
물오르는 것 보며
꽃 핀다
꽃 핀다 하는 사이에
어느덧 꽃은 피고,

가지에
바람 부는 것 보며
꽃 진다
꽃 진다 하는 사이에
어느덧 꽃은 졌네.

소용돌이치는 탁류의 세월이여!

이마 위에 흩어진
서리 묻은 머리카락 걷어올리며
걷어올리며 애태우는
이 새벽,

꽃피는 것 애달파라

꽃지는 것 애달파라!

「봄눈」에서의 자연은 간결하고 단순하면서도 인간의 용훼를 허락지 않는 듯한 일종의 사물적 절대성으로 객관화되어 있다. 그런 점에서 오히려 자연과 인간은 동양화에서처럼 동심(童心)적으로 일체화되고 있다. 그러나 「바람 부는 날」의 자연은 이미 화평과 안식의 눈으로 바라본 자기완결적 자연이 아니다. 그것은 고뇌와 상처를 안은 주인공이 목적의식적으로 다가 서고자 하는 대상으로서의 자연이며 그럼에도 불구하고 인간과의 합일을 못내 거절하는 이 시대의 자연이다. 다시 말하면 "소용돌이치는 탁류의 세월"을 살면서 새벽까지 잠 못 이루고 애태우는 자의 시선을 애달프게도 비켜가는 타자(他者)로서의 자연이다. 이렇게 볼 때 「봄눈」이 쉴러(Schiller)적인 의미에서의 '소박의 문학'이라면 「바람 부는 날」은 같은 뜻에서 '감상의 문학'이라 부름직하다.

그러나 따지고 보면 오늘이 탁류의 세월이었듯 어제도 못지않은 탁류의 세월이었다. 달라진 것은 그 탁류의 물결을 민영 시인이 자신의 삶의 구체적인 조건으로서 좀더 본격적으로 문제삼게 되었다는 점일 것이다. 과연 시집 『바람 부는 날』은 "태양은 찢어진 장막 안의／구리거울처럼 희미하고, ／먼 들녘에서는／무법자의 말발굽 소리가 들려"오는 "교만의 어둠과／탐욕의 안개로 뒤덮여"(「日蝕 하던 날」) 있는 이 현실과의 고투(苦鬪)의 기록이다. 때로는 분노의 외침으로, 때로는 절망의 신음으로, 또 때로는 간절한 기도의 음성으로 하여 이 시집은 우리의 늘어진 의식을 들쑤셔 깨운다. 아하, 이 맑고 고운 절차탁마(切磋琢磨)의 시인 민영에게 잃어버린 고향, 빼앗긴 자연, 깨어진 평화가 다시 제모습 제자리를 되찾을 날은 그 언제일지!

<1991>

개인의 진실과 민중적 한

조재훈 시집 『겨울의 꿈』

전란의 상처가 많이 가시기는 했지만 그래도 아직 봄철이면 보릿고개니 절량농가니 하는 낱말들이 신문에 오르내리곤 하던 1958년 화창한 5월, 우리 부속고교에는 사범대학 국어과 교생들이 실습을 나왔다. 그때 나는 한창 손창섭(孫昌涉)에 빠져 있던 고교 2년생이었는데, 충남 각지의 농촌에서 모여든 딴 아이들과 마찬가지로 교생이 나오는 데에 얼마간 기대와 호기심을 품고 있었다. 그럴 수밖에 없는 것이 그때나 지금이나 중·고등학교의 정규적인 수업시간이란 따분하고 틀에 박힌 것으로서, 여기에 뭔가 변화가 생긴다는 것은 무조건 반가운 일이었기 때문이다. 그런데 막상 교생들이 실제 수업을 맡기 시작하자 우리는 크게 실망을 하였다. 교재준비도 빈약하고 말도 서툴렀으며 칠판의 글씨는 아주 엉망들이었다. 질문을 하면 대개 우물쭈물 얼렁뚱땅이었다. 이래서 다들 김이 새 있는데 나흘째 교단에 선 분은 단연코 빼어나게 잘 가르쳤다. 자세하고 친절하게 설명을 했고 재미있는 예를 알맞은 때에 들어서 학생들이 흥미를 갖게 했다. 또, 맑고 부드러운 목소리가 그렇게 쾌적한 느낌을 줄 수 없었다. 항시 미소 지은 얼굴로 학생들보고 무엇이든 서슴지 말고 질문을 하라고도 했다. 우리들은 한 시간의 그 수업만으로 댓바람에 이 교생에게 반하고 말았다. 이렇게 알게 된 분이 바로 조재훈(趙載勳) 선생이다.

교생실습이 끝난 뒤에도 나는 가끔씩 친구들과 함께 또는 혼자서 그의 하숙집에 놀러 가곤 했다. 그는 주로 문학에 관한 얘기들을 해주었고, 때로는 「산길」이니 「인간가족」 같은 자신의 시를 보여주기도 했다. 그때 내가 무엇보다 부럽고 놀랍게 생각한 것은 조선생의 많은 책들이었다. 지금은 그만한 분량의 책을 가진 분들이 적잖이 있을지 모르나 그 무렵 우리 주위에는 장서라고 할 만한 것이 있는 사람이 도무지 없었고 따라서 나에게는 장서라는 개념조차 없었던 것이다. 나는 부지런히 책들을 빌려다 보았는데, 그는 언제나 웃는 낯빛으로 흔쾌히 빌려주었을 뿐만 아니라 빌려주는 책에 대한 논평도 곁들여주고 관련된 딴 책을 함께 빌려주기도 했다. 함석헌(咸錫憲) 선생의 『성서적 입장에서 본 조선역사』를 세번째인가 빌리러 갔을 때엔 그는 그 책을 아예 나보고 가지라고 했다. 이 책은 후에 '뜻으로 본 한국역사'라는 이름으로 개정증보판이 나왔지만, 나로서는 그 무렵 이 초판본에서 받은 깊은 감동이 지금까지도 생생하게 남아 있다.

그러고 보니 조선생과 사귄 지도 어느덧 30여 년의 세월이 흘렀다. 때로는 몇해 동안 못 만나기도 했고, 어쩌다 만나서는 흠뻑 술에 취하기도 했다. 알다시피 조선생은 문단이란 데에 아주 늦게서야 나왔다. 시인의 칭호를 갖게 된 뒤에도 그는 활발하게 작품을 발표하는 편이 아니었다. 까닭은 물론 그가 문학에 대해 생각하고 시를 쓰는 일에 게을러서가 아니다. 술자리 같은 데서 마주앉으면 번번이 그는, 뻔질나게 잡지사 따위에 드나들고 유력한 대가나 선배를 쫓아다니는 것으로 창작의 고통을 대신하는 이 나라 문인들의 속물적 작태에 대해 통매하기를 마지않았다. 어쩌면 그는 그 점에서 지나치게 결벽주의를 고집해온 듯도 하다. 그가 뒤늦게 만년의 김현승(金顯承) 선생으로부터 깊은 애정을 받았고 결국 이것이 한 인연이 되어 문단에 나온 것으로 알고 있지만, 이렇게 된 사실을 나는 아주 그럴듯하게 생각한다. 왜냐하면 내성적 진실성의 추구랄까, 맑고 단단하고 순화된 언어세계에의 집착이랄까 하는 면에서 두 분은 체질적으로 통하는 바가 있다고 느껴지기 때문이다. 가령,

설거지하듯
눈물 가셔내고

차디찬 것
견고한 것
그런 가난한 보석을
사랑하고 싶네라.
비탈에 낙엽처럼 붙어 있다 하여도
십이월의 별을
노래하고 싶네라.

──「술 깬 아침」 부분

과 같은 구절을 읽으면 김현승·조재훈 두 분 모두를 제법 가깝게 접해본 나로서는 그들이 얼마나 깊은 정신적 유대로써 연결되어 있었는지 새삼 깨달아지는 것이다. 작고 외롭고 초라한 것들에서 진실을 보는 태도, 세상살이의 얽히고설킴 속에서 더러워지기보다 차라리 그것을 벗어나 고독을 택하는 자세, 말을 아끼고 절약하는 데 있어서의 거의 금욕주의적인 결벽 등을 그들은 공유하고 있다고 여겨진다.

어떻든 조재훈에게 있어 요란하고 화려한 것들은 대체로 믿을 수 없는 거짓된 존재로 나타난다. 그가 보기에 이 세상은 그러한 허위와 불의가 지배하고 있으며, 어쩌면 사람이 세속의 일원으로서 몸뚱이를 움직여 살아가는 일 자체가 피할 수 없이 비애와 오욕을 함축하고 있는지 모른다. 그리하여 때때로 이 시인은 사람을 세상 사는 일의 더러움에 빠지지 않을 수 없게 만드는 기본적 조건으로서의 육신의 한계를 벗어나고자 꿈꾸어보기도 한다.

내쫓아도 버리려는 살은
달아나지 않는다.
바다를 걸어 섬에 숨어도,
별들이 대낮에도 들꽃처럼 흩어진
희디흰 산정에 오뚝 서 있어도
살은 달아나지 않는다.

──「탈출하는 살들」 부분

　이런 생각에서 한걸음 더 나아가면 그것은 삶 자체의 부정으로 될 것이다. 물론 근원적인 해결은 죽음이지만, 잠도 욕망과 좌절과 설움으로 점철되는 우리의 고단한 생애에 일시적인 휴식을 주며 그것만으로도 고통은 잠시 유예되고 삶은 좀더 지속될 여유를 찾아낸다. 다음과 같은 작품에서의 '아름다와라' '이뻐라' '고마와라' 같은 긍정적 찬사들이 실은 인생에 대해 얼마나 쓰디쓴 환멸을 내포한 반어로 사용되고 있는지 주의할 필요가 있다.

　　잠자는 것 아름다와라
　　누런 육신을 따 위에 누이고
　　잠시 눈을 감는다는 것
　　일렁이는 피, 파도를 재우고
　　홀로 잠든다는 것
　　이 세상 제일 이뻐라
　　머리맡에 눈물로 거른
　　한 생애의 보석
　　봉오리 열고
　　약 없이도 하직할 수 있다는 것
　　고맙고 고마와라

──「잠」 부분

　그러나 인간이 죽음 아닌 잠에 의해서 이 삶을 탈출할 수 없다는 것 또한 너무나 분명하다. 현실에 지치고 시달린 사람이 찾는 가장 오래된 귀의처는 아마 자연일 것이다. 자연은 예나 이제나 한결같이 넉넉한 자태로 거기 있으면서 피폐해진 인간의 심신을 품에 안아들여 그의 몸을 쉬게 하고 마음을 위로하는 듯하다.

　　산 너머 또 산 첩첩
　　손톱 뽑혀 발톱 뽑혀

찾아가는 길이다.

버릴 것 다 버리고
털릴 것 몽땅 털리고
빈손 빈주먹으로
찾아가는 길이다.

가야 만나는 건
바람이지만
구름 아래 떠도는
슬픔이지만
맨발로 허위허위
찾아가는 길이다.

법이 따라오지 않는 곳
피의 사슬이 좇아오다 마는 곳
목마르면 한모금의 옹달샘이 있는 곳

눈멀어 귀먹어
말을 만나면 말을 죽이고
칼을 만나면 칼을 죽이고
찾아, 찾아가는 길이다.

——「長谷寺 가는 길」 전문

　　이 시인이 자연 이외의 또다른 곳에서 안식과 구원의 빛을 본 데가 있었
다면 그것은 이해타산에 매개되기를 본질적으로 거부하는 인간관계, 즉 이
성을 그리는 심정 속에서였던 것 같다. 이 시집의 제3부는 그러한 아련한
사랑의 그림자로 덮여 있다. 그런데 그 사랑은 시적 환각 속에서는

살과 살을 섞고 피와 피를 섞는
목숨의 몸부림,　　　　　　　　　　　——「바다」 부분

으로서 격렬하게 체험되지만, 그러나 그것이 "법과 교과서와 처자"(「中年」)들로 이루어진 구체적 생활현실 안으로까지 연장(延長)되어서는 안된다. 그 사랑은 일체의 현실성, 즉 육체성을 부인한 진공적 공간 속에서만 사랑으로서 확인되며, 그 테두리를 벗어나려 할 때 그것은 불가피하게 비극적인 결말에 이른다.

> 사람이 사람을 찾는
> 한밤중, 까마득히 강을 사이 두고
> 서로 부르는 소리……
> 언제인들 바람이 아니랴
> 흙이 아니랴
> 육신이 간 다음
> 비로소 만나 하나 되는
> 하얀 뼈울음
>
> ──「들국화」 부분

여기 보이듯이 사람이 사람을 찾는 행위, 서로가 서로를 부르는 소리마저 바람이나 흙 같은 자연상태로 환원될 때 비로소 순결성이 보장되며, 따라서 이성에 대한 갈구는 육신의 구속에서 해방된 상태에서야 참된 완성에 이른다고 믿어진다.

조재훈의 시들은 이처럼 삶에의 쓰라린 환멸, 세속의 나날이 부과하는 고단함, 그것으로부터 벗어나려는 시도의 허망함 등에 의해 전체적으로는 어떤 고통의 가락을 띠고 있지만, 그러나 고통은 단지 개인적 범주에서만 인식되지는 않는다. 그의 시에 가장 자주 묘사되는 장면이 '눈'에 관한 것인데, 가령 다음과 같은 작품에서는 눈이 개인사와 가족사를 통합하는 시적 매체로 등장한다.

> 민들레 씨앗
> 바람에 불려 뿔뿔이

흩어진 정붙이 살붙이
한 백년 만인가
한 방에 모인다.
돌아가신 어머니
이마를 짚던
아버지의 두꺼비손
소 같은 눈물도
차례차례 모인다.
남의 아내 되어
주렁주렁 엄마가 된 그니도
문을 밀고 조용히 들어온다.
배 다른 동생이며
젊은 날의 찢어진 일기들이
우, 우, 바람처럼
오랜만에 모여든다.

————「눈 쌓이는 날」 전문

　이런 시에 바탕으로 깔린 기본 감정은 아마 자기연민을 포함한 가족과 이웃에의 연민일 것이다. 「어느 해 겨울」「갈꽃을 보며」「별이 되어, 파랑새 되어」「서울 쓰레기」 같은 작품들에서는 그러한 연민이 좀더 확실한 사회적 차원을 획득하고 있으며, 특히 발라드로서의 완벽한 형식 속에 소설 한 편쯤의 사연을 압축해 담은 「갈꽃을 보며」는 탁월한 감동을 창조해내는 데 성공하고 있다. 이 성공은 서사성과 음악성의 효과적인 결합이라는 면에서도 설명할 수 있을 것이고 감상과 울분에 젖어 직정적으로 토로하기 십상인 소재를 냉정하게 객관화한 일종의 리얼리즘 정신이라는 면에서도 설명할 수 있겠지만, 어떻든 나는 「갈꽃을 보며」 같은 작품의 세계가 앞으로 조재훈의 문학에서 더욱 적극적으로 추구되어야 하리라고 생각한다.
　마지막으로 조재훈의 시에서 우리는 「진달래」「누런 보리밭」「아리랑」 같은 작품들이 표현하는 민중적 한과 분노, 그리고 이와 결부되어 「새벽」「새벽길」「길을 내며」 같은 작품들이 보여주는 행동적 의지와 결단을 읽는다. 두말할 것 없이 이것은 그 자체로서 매우 중요하며 조재훈 문학에 있어서도 불가결한 한 부분으로서 자연스럽게 자리잡는다. 가령,

갑오년이던가
쇠스랑 메고 조선낫 들고
황토 벼랑 기어오르던
남정네 콸콸 솟던
피, 지금도 우렁우렁 살아 우는 피로
삼천리 산하에 피었다.

——「진달래」 부분

낮에는 산봉우리 흰구름
밤엔 불기둥
북소리 울리며,
하늘과 땅을 잇는
사람과 사람을 잇는
한바다 들끓는
깃발 날리며,

——「길을 내며」 부분

같은 시구에서도 우리는 이 시인 특유의 간결하고 억제된 화법을 읽을 수 있다. 그러면서 분명히 드러나는 사실은 이 시들이 「잠」이나 「모래 위에 쓴 시」 같은 작품들의 사적(私的)·체념적 세계와 극히 대조적인 지향을 보여준다는 점이다. 그러나 곰곰이 따져본다면 원한 같은 감정들도 체념적·도피적 태도와 마찬가지로 삶의 악마성, 현실의 포악함에 대한 동일한 인식에서 나온 것이라고 말할 수 있다. 생각건대 조재훈의 이런 민중적 한과 행동적 의지에 대한 관심들은 생활적 구체성 속에 튼튼히 뿌리를 내릴 때 「갈꽃을 보며」 같은 작품에 성취된 원숙한 문학에 이를 것이다.

<1984>

갈망과 탄식의 시

이시영 시집 『바람 속으로』

　10년 전에 나온 시집 『만월(滿月)』은 지금 펼쳐 읽어도 그 싱싱한 감성과 예리한 시선으로 감동을 전해준다. 한 시대의 정치적 분위기를 비상하게 명료한 시각적 영상 안에 응축시킨 작품 「출분(出奔)」의

　　흑석동 山허리에 시퍼런 낮달 하나 떠올라
　　악악 소리치며 지지 않고 있다
　　길 가던 사람들 死色이 된 서로의 얼굴에 놀라
　　가까스로 팔다리 내밀어
　　그림자 뒤로 걷고 있다

같은 구절의 섬뜩함, 「삼밭」「흉년」「마부의 꿈」「오빠」「머슴 고타관씨」「만월(滿月)」「옥례」「어느 변사(辯士)」「덕석몰이」 등등 수많은 작품에 산재해 있는 민중설화들, 「서시(序詩)」「바람아」「너」「이름」「그리움」「나의 노래」 같은 작품들의 뼈대를 이루는 치열한 갈망과 끝없는 자기쇄신의 모색, 그리고 이 모든 표현들의 과정에 작용된 견고하고 밀도있는 언어적 형상력은 이시영(李時英)을 동시대의 다른 젊은 시인들로부터 뚜렷이 돋보이게 하는 특성이었다.
　그런데 지금 생각해보면 이시영 문학의 체험세계를 이해하기 위한 단서

는 「후꾸도」나 「정님이」 같은 작품에 들어 있지 않은가 한다. 이 두 작품은 정확히 대응되는 구조를 지니고 있다. 시적 화자의 눈앞에 현전해 있는 것은 "흑석동 종점 주택은행 담을 낀 좌판" 앞에 "어린애를 업고 넋나간 사람처럼 물끄러미/모자를 쓰고 서 있는 사내"와 "용산역전 늦은 밤거리/내 팔을 끌다 화들짝 손을 놓고 사라진 여인"이다. 도시의 뒷골목 구석구석에 처박혀 힘들고 전망 없는 나날을 살아가는 우리 시대의 뿌리뽑힌 사람들, 이른바 소외계층이다. 문득 스쳐간 그들의 모습에서 시인은 어린 시절의 기억을 떠올린다. 함께 글을 배우며 꼴머슴을 살던 소년 후꾸도, 그는 툭하면 실수를 저질러 야단을 맞으면서도 멀뚱멀뚱 착한 눈을 들어 웃곤 하던 순박하고 부지런한 사람이었다. "목화를 따고 물레를 잣고/여름밤이 오면 하얀 무릎 위에/정성껏 삼을" 삼던 처녀 정님이도 어린 시절의 정다운 누나였다. 그들의 떠남은 시인에게 그들과 육친의 정으로 얽혀 보낸 소년기의 종말이고 바로 농촌공동체의 붕괴였다. 그들은 한번 가서 다시 오지 않으며 오직 아득한 풍문을 통해서만 그들의 좌절된 생애를 알려온다. 어린 날의 후꾸도와 정님이 누나, 흑석동 좌판 앞의 사내와 용산역전의 창녀, 즉 잃어진 과거와 막막한 현재를 이어주는 끈은 무엇인가. 그것은 아마 그리움일 것이다.

> 그리움에 언뜻 다가서려고 하면
> 나를 아는지 모르는지 모자를 눌러쓰고
> 이내 좌판에 달라붙어
> 사과를 뒤적거리는 사내
>
> ——「후꾸도」 부분

이 부분에서 시인의 개인적 회상은 오늘 이 시대의 삶에 대한 문제 제기로 보편화되는데, 그러나 이시영 문학의 특징은 실감나는 한 장면을 구체화시키는 데 그칠 뿐 여기에 어떤 사회학적 주석을 섣부르게 첨가하지 않는 점이다.

*

　지난 10년간의 업적들을 모은 이번의 시집 『바람 속으로』에도 『만월』의 시각은 기본적으로 지속된다. 가령 「서울행」 같은 작품에서 정님이 누나는 여수발 서울행 야간열차의 만원 객실에 함께 탄 젊은 여인이 되어 나타난다. 그녀의 등에 업힌 아기는 잠들어 있고 통로 바닥에 깐 담요에는 예닐곱살짜리 사내아이가 앉아 있다. 그녀는 일년 전 실농하고 집을 나간 남편을 찾아 "명일동 워디서 보았다는 사람"의 말만 믿고 두 아이를 데리고 서울로 가는 길이다. 이것이 시적 화자의 면전에 펼쳐진 장면이다. 그런데 그는 그 젊은 여인이 찾아가는 명일동이란 데가 어떤 곳인지 너무나 잘 알고 있는 것이다. 한때 그곳은 "대낮에도 광산촌같이 컴컴하던 동네／스피커가 칵칵 악을 쓰고／술 취한 사내들이 큰댓자로 눕고／저녁이 오면 낮은 처마마다／젊은 아낙들의 짧은 비명이 새어나오는 곳", 요컨대 농민 분해와 도시화의 과정이 낳아놓은 우리 시대의 모순의 심장부, 즉 도시빈민지역이다. 어떤 순박하고 선량한 시골여인도 조만간 '목에 핏발을 세우는' 악착스런 여자로 변하게 만드는 그런 곳이다. 그러나 문제는 헐벗은 차림새와 황폐한 심성으로나마 그들의 생존을 지탱해주던 그 마지막 거점조차 이제는 어디론가 밀려나버렸다는 사실이다. 남편이 터를 잡고 맞아주리라 믿고 찾아가는 그 여인의 명일동은 이제 서울에 없으며 어쩌면 이 세상 어디에도 없는 것이다. 따라서 그 여인과 두 아이를 기다리고 있는 것은 캄캄한 어둠 속에서의 갈가리 찢어진 삶뿐이다.

　시인의 고향땅 어린 시절로부터 이 어둠의 도시로 밀려왔다가 다시 저 소문의 나락으로 실종된 또하나의 인물을 예로 들면 「낙식이형」이 있다. 그는 땅마지기 하나 없이 홀아버지를 모시고 살면서도 "입담이 걸고 노래가 구성져／가는 곳마다 아낙들을 웃기"던 쾌활한 소년이었다. 그의 꿈은 쇼 단장이 되는 것이었다. 그러나 이 대도시가 그에게 배당한 생업은 구두닦이나 얼음 배달원 같은 것뿐이었는데, 그런 생업을 부지해나가는 일마저 낙식이 같은 존재에게는 끝까지 계속될 수 없었다. 그는 다시 나타나지 않는 것이다.

이시영이 묘사한 이런 인물들 가운데 가장 감동적인 문학적 형상은 그의 「어머니」이다. 어머니는 떠나온 곳이자 돌아가 묻혀야 할 곳으로서의 고향의 육화된 모습이고 한 인간이 어린 시절에 겪는 모든 경험의 총화이며 시인에게는 언제나 무한한 영감의 원천이다. 「어머님의 손을 놓고」와 「1956년」 같은 작품에 유행가요 내지 전래동요의 가락을 타고 잠깐 선을 보인 어머니는 이 작품에서 유례없이 간절하고 애틋하게, 이시영으로서는 거의 서사시적 규모로 그려지는 것이다.

이 작품은 명백히 구별되는 두 부분으로 이루어져 있다. "없는 집 농사꾼의 맏딸로 태어나"부터 "아 좋았던 어머니"까지 어머니의 반생을 서술한 앞부분과 도시의 고층아파트 꼭대기에 새처럼 갇혀 지내는 오늘에 관련된 뒷부분이 그것이다. 우리는 이 시를 두고서 여러가지 문제점을 지적해볼 수 있을 터인데, 아마 가장 근본적인 것은 그 두 부분이 얼마나 확실한 시적 통합을 이루었느냐일 것이다. 이 시에 묘사된 바로써는 어머니는 그 시대의 대부분 여인들과 마찬가지로 고난의 생애를 견뎌왔다. "비가 오면 덕석걷이, 타작 때면 홀태앗이／누에철엔 뽕걷이, 풀짐철엔 먼 산 가기" 등등 상일꾼처럼 일을 했고 그러면서도 일손이 거칠다고 남편에게 야단도 많이 맞았다. 따라서 그런 시절이 어머니 자신에게도 실제로 '좋았던' 것인지 아니면 그 시절의 아들에게만 '좋았던' 것으로 지금 기억되고 있는지 따져봄직하다. 어떻든 그때의 삶이 적어도 "허리 펴고 일을 해보려 해도／먹던 밥 치우는 것말고는 없어"진 현재보다 더 역동적인 것이었음은 분명하다. 그러나 그렇다고 짐작되면 될수록 오늘 어머니의 생존이 이루어지는 "격절의 숨막힌 공간"이 더욱 견딜 수 없는 것으로 느껴지고, 동시에 "눈을 감고 당신이 지나쳐온 수많은 자죽／그 갈림길마다 흘린 피눈물들을 기억"하는 것만으로는 그 격절상태로부터의 숨통이 온전하게 터질 것같이 느껴지지 않는 것이다. 중요한 것은 지난날에나 오늘에나 어머니가 바로 자신의 주체적인 삶을 사는 것이고 그렇게 주체적 삶을 획득한 어머니와 역시 당당하게 사는 아들 사이의 관계가 건강하고 온당하게 설정되는 것인데, 이 점에서 아들은 실제생활에서나 시에서나 가부장적 전통의 계승자이기를 완

전히는 포기하지 않고 있다고 여겨지는 것이다. 적어도 그러한 한에서 이
시영의 문학은 일정하게 소시민적 한계를 아직 충분히 돌파하지 못했다고
말할 수 있으며, 「서울행」 「낙식이형」 같은 작품들의 입각점도 기본적으로
는 동일하다고 생각된다.

　따라서 「귀향」 「고모」 「고향 가서」 「지리산(智異山)」 「당숙 이야기」 「동
무들」 「어스름 때」 「오금바우」 「며눌에게」 등 많은 작품에 등장하는 이시
영의 전형적인 인물들은 비록 짙은 혈연적 애정의 눈길로 묘사된다 하더라
도 결국 시인과 현재의 삶을 공유하고 있지 않은 객체적 존재임이 점점 더
분명해지는 듯하다. 「머슴 고타관씨」나 「덕석몰이」 같은 시들에서도 사정
이 크게 달랐던 것은 아니었으나, 우리는 그 점을 그다지 심각하게 의식하
지 않을 수 있었다. 아마도 그것은 그때만 하더라도 시인이 고타관이나 옥
례 들의 세계에서 떠나온 지 오래지 않아서 그들이 훨씬 더 직접적이고 생
생한 피부의 실감으로 살아 있었기 때문일 것이다. 그러나 이제 고향사람
들과 시인 사이에는 완연한 거리가 조성되어 있다.

우리가 떠난 들을 그들이 일구고
모두가 떠난 땅에서 그들은 시작한다
　　　　　　　　　　　　　　　——「형님네 부부의 肖像」 부분

나는 고개를 돌려
야동이도 가고 치동이도 가고
내일이면 더 많은 친구들과 함께
내가 가야 할 동구앞 신작로를 바라보았다
　　　　　　　　　　　　　　　——「고향 가서」 부분

어디에 가도 깨끗한 이마를 드는 지리산
더 멀리 떠나 있어도
흰 살결로 산의 가슴을 파고드는 강줄기
　　　　　　　　　　　　　　　——「山노래」 부분

올해도 스쳐가나니
마을의 찬 술 한잔
귀밝이 찬 술 한잔
칼바람 높새바람 뜨거이 넘던
두고 온 고향 하늘 우러르다

——「남녘 강에서 」부분

　이러한 구절들에서 우리는 농촌공동체의 붕괴와 고향상실을 자신의 절박한 현실로 체험하기보다 어느덧 그것을 관조하게 된 자세를 읽게 되는데, 이런 일종의 여유랄까 쓸쓸함은 「만월」에는 없던 것이었다. 반면에 「마포를 지나며」나 「정적」에서처럼 도시적 풍경 또는 도시의 한 장소로 표상되는 민족적 상황을 묘사할 때 이시영의 비유는 더할 수 없이 날카로워지는 것이다. 그리하여 시집 『바람 속으로』는 아직도 여전히 농촌적 정서와 농민적 삶을 더 많이 노래하고 있다 하더라도 그것은 대체로 도시에 갇힌 자의 시점을 통해 회상되고 탄식되며 또 갈망된다.

*

　이제 이시영이 이 시집에서 새롭게 이룩해낸 시적 지향을 살펴볼 계제가 되었다. 띄엄띄엄 잡지 같은 데 발표될 때 미처 눈치채지 못한 한가지 사실을 나는 이 시집의 교정지를 통독하면서 알게 되었는데, 그것은 지금까지 거론해온 서사적 내지 설화적 얼개를 지닌 시들과 극히 대조적인 단형(短型) 서정시를 이시영이 그동안 이미 상당수 써왔다는 것이었다. 지금까지 얘기해온 바와 관련지어 가령 그의 「밤」이란 작품을 읽어보자.

밤은 먼 들의 바람을 몰고 와
십오층 빌딩의 옥상에 부려놓는다
거세게 부딪는 바람소리를 들으면
나는 빈 들로 나아가

한 마리 성난 사랑이 되고 싶다
그러나 밤은 가슴에 더욱 큰 바람을 안고 와
다시 한번 난간을 들이받고
피 흘리며 들판을 헤매다가
새벽녘 가장 강력한 폭풍이 되어
그 속에서 무너지지 않는
빛나는 눈동자를 태어나게 한다

도시의 단절된 공간에 들려오는 거센 바람소리는 시인으로 하여금 근육을 움직여 살아가는 행동적 삶과 저 대자연으로부터 격리되어 있음을 가차없이 부각시킨다. 이러한 자의식은 '성난 사랑' '빛나는 눈동자', 즉 깨어 있는 정신으로 이땅에 이루어야 할 가치를 더욱 안타깝게 모색하게 만든다. 그것은 때로는 "검은 하늘의 별떨기 같은／커다란 사상의 밤을 낳고 싶다"(「밤을 위하여」)는 갈망으로 이어지기도 한다. 그러나 대체로 이러한 각성은 나날의 세속적 일상과 현실 속의 나른한 삶에 대비되면서 그 일상적 삶 안에서의 자기극복이라기보다 생활적 테두리를 문득 벗어나는 초월적 이미지로 조형된다. 이시영의 경우 그것은 동식물을 포함한 자연현상에서 구해진다.

상심한 자의 마음 위에
굽은 어깨 위에
스치며 별이 뜬다
그러면 땅을 뚫고 나온 벌레 한 마리
어디로 가고 있다

──「저녁에」 전문

선시(禪詩)를 연상케 하는 대담한 축약인데, 그것이 '상심한 자'와 '벌레 한 마리' 간의 팽팽한 긴장을 침묵으로 감당하고 있다. 그 '벌레'가 다음 작품에서는 '수련 한 송이'로 변신한다.

　　호수에 빗방울 듣기니
　　수련 한 송이 반쯤 입을 열고
　　물 속을 내려다보다
　　하늘 향해 갑자기 불 같은 새하얀 고개를 들다

——「꽃」 전문

이런 계열의 시들 가운데 가장 짧은 작품을 인용하면 다음과 같다.

　　그대 터진 벌거숭이 상처를
　　별빛으로 덮고 어서 잠들거라
　　날이 밝는다

——「풀밭에서」 전문

　이 작품에는 분명 심금을 울리는 진실이 있다. 그러나 거듭 읽으면서 더욱 분명히 느껴지는 사실은 이 시에 들어 있는 것이 스스로 터지고 깨지면서 수많은 상처를 입은 자가 토해내는 가열함 그것과는 구별되는 무엇일 거라는 점이다. 그 안타까운 거리감 자체가 어쩌면 이 작품의 시적 친실일 것이다.

　　기러기들 날아오른다
　　얼어붙은 찬 하늘 속으로 소리도 없이
　　싸움의 땅에서
　　초연이 걷히지 않는 땅에서
　　한 마리 두 마리 세 마리 네 마리
　　바람 속에서 오늘 눈감은 나의 형제들처럼

——「기러기떼」 전문

　뛰어난 감각과 세련된 형상력을 과시하는 이 시는 이시영의 명작이라 할 만하다. 물론 '찬 하늘을 날으는 새'는 서정주의 「동천(冬天)」에서도 익히 본 것이지만, 서정주의 새가 철저히 개인주의와 신비주의에 기초하고 있음에 반하여 이시영의 기러기떼는 바로 이땅의 역사적 현실 한가운데에서 고통과 억압을 당하는 오늘의 민중들의 모습으로, 민중적 전사의 형상으로 떠오르고 있다. 그러나 그와 더불어 그의 기러기들이 통렬한 비극과 투지보다 싸늘한 애수와 일말의 체념을 느끼게 하는 존재임도 부정할 수는 없을 듯하다.

*

거칠고 투박한 목소리들이 시단을 점점 더 요란하게 하고 있다. 기이한 실험들도 드물지 않게 눈에 띤다. 무엇보다 80년대의 한국시는 그 엄청난 생산량으로 후일의 문학사가들을 괴롭힐 것이다. 이런 형편에 이시영은 많이 쓰지도 않으려니와 길게 쓰지도 않는다. 이 사실 자체가 요즈음에는 한 시인의 귀한 덕목으로 돋보이기도 한다. 이러한 사정을 감안하더라도 이시영의 과묵이 진정한 대결을 감당해나가는 과정에서의 인내인지 의심해볼 만하다. 이것은 이시영에게 하는 말이라기보다 나 자신에게 하는 말인데, 이 새로운 시집을 계기삼아 한꺼풀 벗어던지는 결단이 정말 있어야 될 것 같다. "저 살아 있는 마을의 떨리는 불빛들 속으로" 돌아가기 위해 가져야 할 것은 남들이 별로 안 가진 "내 몫의 침묵"(「겨울숲에서」)뿐만이 아니라 남들이 너무 많이 가진 듯이 보이는 '우뢰 같은 소리'이기도 하기 때문이다.

<1986>

고향적 세계가 주는 안식

이기철 시집 『청산행』

1

세상 만사가 끊임없이 변해가듯이 한 시인의 문학세계도 부단한 변화를 겪게 마련이다. 그렇기는 하지만 성인들의 세계에서 변화는 더디고 점진적이어서 거의 눈치채이지 않는 가운데 이루어지는 것이 보통이다. 그런데 1974년에 나온 이기철(李起哲)의 첫 시집 『낱말 추적(追跡)』을 기억하고 있는 독자들이라면 이번의 새 시집을 읽고서 그 급격한 변화의 낙차에 놀라지 않을 수 없을 것이다. 첫 시집과 이번의 시집 사이의 간격은 단순히 변화라고 하기보다 단절이라고 말하는 편이 더 적절할지 모르겠다.

그러나 곰곰이 읽어보면 『낱말 추적』에는 그 시집 전체의 일반적인 성격과 일치되지 않는 예외적인 작품들이 있어 이 시인의 변모가 전혀 돌발적인 것이 아니었음을 뒤늦게 깨닫도록 한다. 한두 마디로 요약하는 것이 무리한 노릇이긴 하지만, 대체로 『낱말 추적』의 시들은 순수한 이미지의 조형을 겨냥하고 있고 구체적인 현실적 삶과의 조응을 되도록 배제하는 성질의 것이었다고 생각된다. 「형용사」라든가 「낱말 추적」 같은 연작시의 표제들이 이미 시집의 그러한 성격을 암시해주고 있다.

우리 문단에서 흔히 순수시 혹은 무의미의 시라고 일컬어지는 이런 경향과 매우 대조적인 몇몇 작품들이 또한 이 시집에는 실려 있다. 「엑조티시

즘풍(風)」「아마튜리즘」「반역」「이론가에게」 등이 그렇다고 할 수 있을 것이다. 이 작품들은 산문적이고 서술적이어서, 이른바 순수시들에 비하면 어느 면에서 긴장이 풀어져 있다고도 할 수 있다. 그러나 필자 자신은 이들 작품에서 긴장의 해이를 느끼기보다 어떤 솔직함을 느꼈다고 말하고 싶다.

그렇다면 그 솔직함의 내용은 어떤 것인가. 앞의 작품들에는 "오노레 드 빈생이 당신의 하숙을／떠나기 전에 부쳤다는 그 엽서"라든가 "우리 집 악동(惡童)이 그리다 둔 파스텔화" "김선배의 최근 발표 구조인류학(構造人類學)을 읽으며" "이것은 동해(東海)／이것은 기림(起林)의 '튜립'입니다만" 같은 구절들이 보인다. 이것들은 모두 서구적인 것 내지 서구적인 것에 관련된 시적 소도구라고 할 수 있다. 그런데 시인은 이런 서구적인 것, 이국적인 것에 경도되면서도 내심 반발하지 않을 수 없다. 여기서 중요한 것은 그러한 내면적 갈등을 숨김없이 드러낸 데에 있을 것이다. 「형용사」「낱말 추적」 같은 연작시들이 시로서는 더 단단한 짜임새를 갖추었으면서도 어딘가 시인의 진짜 목소리가 들어 있지 않은 듯한 공허감을 주는 반면, 「반역」 같은 작품이 진술방식의 평면성에도 불구하고 설득력을 갖는 것은 자기표현의 이런 솔직함 때문일 것이다.

2

이번의 시집 『청산행(靑山行)』을 통독하고서 우선 눈에 띄는 현상은 처녀시집에서 주조를 이루었던 이른바 순수시적 경향이 거의 극복되고, 반면에 예외적이라고 여겨지던 서술적 스타일과 서구적·이념적인 것에의 반감이 기탄없이 표면화된 점이라고 할 수 있다. 이 대조가 너무나 뚜렷하고 전면적이기 때문에 변화라기보다 단절이라는 느낌조차 주었던 것이다. 가령 다음과 같은 구절을 읽어보자.

濠洲형 Influenza가 三月 바다를 건너와 우리들의 굳게 걸린 大門의 빗장을

열어젖힌다. 방에 앉아 내가 佛蘭西文學史의 一部를 읽는 동안 플루타크英雄
傳의 몇 페이지를 읽는 동안 그 고요의 피에 젖어드는 달콤한 菌의 침입, 우
리의 살은 惡習에 길들어 親近한 균의 和解 앞에 즐거이 눈감고 눕는다.
——「Influenza」 첫 연

　물론 우리가 이 부분에서 외래적인 것에 대한 시인의 태도만을 읽어서는
안될 것이다. 즉, 이것은 어떤 해석이 필요없는 단순한 생활적 사실의 기
록이다. 그러나 그것은 외국에 가서 인류학을 전공해 온 선배의 이론에서
자기분열을 경험해본 사람의 생활, 그러면서도 여전히 불문학사나 『플루타
크 영웅전』을 탐독하는 사람의 생활로부터 나온 것이다. 그러기에 인플루
엔자는 '악습에 길든 우리의 살'에 단지 병원체로서만이 아니라 친근하고
달콤한 존재로서도 접수되는 것이다.
　여기서 우리는 오늘의 시인들을 둘러싸고 있는 문학사적 상황을 상기해
보게 된다. 근본적인 사실은 조선왕조의 봉건체제가 붕괴하고 제국주의 외
세가 밀어닥치기 시작한 이후 우리가 정치나 경제의 분야에서만이 아니라
정신적·지적 분야에서도 서구문명의 압도적인 영향 밑에 놓이게 되었다
는 점이다. 이것은 작금 세기의 제3세계 모든 나라들이 함께 처한 공동의
운명이다. 그런데 오늘의 입장에서 중요한 것은 서구문명의 영향력이 단순
히 그것을 기피하거나 배척하는 것으로 그 힘의 파괴적 작용에서 자유로울
수 있는 외재적 성격만을 갖고 있지 않다는 사실이다. 우리의 목표가 생활
의 모든 영역에서 자주·자립의 민족적 존엄을 확립하는 것이라 할 때, 그
것이 외세에 대한 굴복이나 추종과 정히 반대되는 것임은 너무나 분명하지
만, 그러나 외래문화에 대한 감정적 반발이나 배타적 거부만으로 이룩되는
것이 아님도 또한 분명하다. 서구문명의 세계지배는 우리에게 있어서 그만
큼 내면화되어 있는 것이다. 따라서 참된 자기확립은 부단한 내적 극복의
과정을 통해서만 달성될 과업인바, 이 극복은 바깥의 것에 대한 싸움뿐만
아니라 자기 내부에 있는 것에 대한 싸움도 동반하는 작업이다. 이것은 우
리 시대의 모든 시인과 예술가들의 피할 수 없는 과제이다. 이런 맥락 위
에서 볼 때 이기철의 시가 서구적·현대적인 것들의 압력 밑에서 갈등하고

분열하는 것은 매우 당연한 귀결이다. 한둘의 예를 더 들어보자.

> 구름을 모두 쓸어내고
> 西風을 한움큼 사 들였다.
> 보로딘의 樂章 두번째 小節은
> 귀머거리에게 알맞았다
> 모두 헐어버렸다.
>
> ——「內面風景 8」끝부분

이를테면 마뜌우 드라류, 앙뜨완느 로깡댕, 小說家 丘甫, 阿Q氏들은 우리를 壓倒한다. 우리는 그 겨울 저녁 대학 도서관 무거운 철문이 닫기자 각기 한 개씩의 惡寒을 호주머니 속에 구겨넣고 거리로 나왔다. 그해에도 눈은 가로수 위에 몇 송이 떨어지다 말았고 우리는 더욱 열심히 드라이 썰베지스를 외우며 거리의 끝에 붙어 있는 木櫃 술집 쪽으로 가고 있었다.

> ——「빈 椅子」첫 연

여기서 시적 화자가 '오한'을 느낀 것은 단지 겨울의 추위 때문만이 아니다. 대학 도서관의 무거운 철문, 그 안에 가득 들어 있는 현란한 낯선 이름들, 그것들의 배경을 이루는 방대한 지식의 체계 전체가 말하자면 우리를 압도하고 떨게 하는 것이다. 그럴수록 우리는 마치 주술에 걸린 듯이 '더욱 열심히' 생소한 언어를 외며 술집을 향한다. 여기서 '더욱 열심히'는 액면 그대로 받아들일 수 없는 매우 복합적인 심적 상황을 함축한다. 강적이 나타났을 때 약자는 우선 순종하는 체한다. 여차하면 도망치거나 반격할 기회를 얻기 위한 약자의 생득적인 지혜라고 할 수 있다. 그러다가 상대가 보로딘의 음악 같은 도저히 참을 수 없는 것이 되면 날카롭게 등을 돌린다. 이기철의 이런 갈등은 다음과 같은 부분에서는 관념과 이론이라는 것 자체에 대한 혐오 또는 애증복합으로 나타나기도 한다.

> 흐린 밤에는 理念과 强辯만 남은
> 書冊을 뒤진다.

江을 건너다가 잃어버린 생각들도
바라보면 저문 마을에 등불로 걸려 있고
우리들을 酷使하던 모든 理念들도
더욱 늦게 내 손에 와 따스하다.

——「下山」 부분

몇 줄기 理念이 우리들을 혹사해도
땀방울 흘리고 술을 마시며
우리들은 근사하게 또는 소심하게 그런 것을 외면했다.

——「낙동강과 한강 사이」 부분

거짓 없는 것들만 내 곁에 남아 있다.
못가에 풀씨 흩어지는 늦은 가을날
고집 센 말들의 책장을 모두 덮어버리고
귀 열어 산허리 싸리잎 져 내리는 소릴 들으며
싸늘해서 정다운 한 잔의 물을 마신다.

——「慶山에서 잠깨어」 앞부분

　이런 구절들을 읽으며 필자는 이 시인이 문학을 가르치는 교수이기도 함을 상기한다. 시인에게는 저문 마을에 걸린 등불, 땀과 술, 못가에 흩어지는 풀씨, 산허리에 떨어져내리는 싸릿잎 같은 것들에 대한 감수성만으로 족할 것이다. 그러나 교수로서의 그는 그런 순결하고 싱싱한 사물들의 세계에서 상당히 떨어진 지적 공간 속에 자신이 살 수밖에 없음을 부단히 의식한다. 말하자면 그는 지식이라는 인플루엔자에 감염되어 있는 것이다. 이 경우 문제는 그가 그 이념에 '혹사'당하고 있다고 느낀다는 점, 책장을 덮고 나서야 "거짓 없는 것들만 내 곁에 남아 있다"고 마음의 무장해제를 한다는 점일 것이다. 모든 의식은 허위의식이요, 모든 이념은 결국 논리적인 기만에 불과하다는 인식이 인간세상의 중요한 한 국면을 꿰뚫고 있음은 물론 사실이다. 그러나 그것이 하나의 일면적인 인식이라는 것 또한 사실이다. 왜냐하면 그것만으로는 이념의 위압적인 힘을 이겨낼 수도 없거니와 이념에 대한 반발 자체가 또하나의 이념으로 전화하는 악순환을 막을 수도 없기 때문이다. 따라서 필요한 것은 사람이 이념에 혹사당할 것이 아니라 사람의 사람다운 삶에 봉사하도록 이념의 질(質)을 바꾸는 작업이다. 또 필요한 것은 '책장을 모두 덮어버리'기보다 책장에서 '고집 센 말들'을 쫓아내고 '거짓 없는 것들만'으로 책을 가득하게 하려는 노력이다. 아마도 그에 앞서 필요한 것은 삶과 이념, 못가에 흩어지는 풀씨의 세계와 책들의 세계가 화해할 수 없이 양분되어 있기만 한 것이 아니라 더 높은 도덕적·예술적·사회적 실천 속에 통일될 수 있다는 믿음일 것이다. 이런 점에서 필자는 이 시집의 마지막에 실린 작품 「1981년의 편지」의 다음 구절이 비록 현실의 각박함과 삶의 고단함에서 우러나온 절실한 탄식이라 하더라도 그 역사의식의 빈곤을 지적하지 않을 수 없다.

> 우리가 二百年前에 태어나서
> 王朝의 곤룡포를 바라볼 수 있었던들
> 革命에 기대지 않고 쟁기로 밭을 갈던 農夫의 아들인 채로 있을 수 있었던들
> 이같이 난해한 사랑의 편지는 쓰지 않아도 되었을 것을.

3

시집 『청산행』을 통독해보면 이 시인은 한편으로 서구적·이념적·관념적인 것들과의 갈등을 겪으면서 다른 한편 그의 시의 훨씬 더 풍요하고 광활한 지평을 개척해가고 있음이 드러난다. 이 시인에게 있어 앞엣것이 일종의 교양체험에서 나온 것이라고 한다면 뒤엣것은 생체험(生體驗)의 범주에 든다고 할 수 있을 것이다. 시집의 표제가 『청산행』이라는 사실, 그리고 맨처음 실린 작품이 「오월에 들른 고향」이라는 사실은 우연이 아니라고 생각된다.

五月에 들른 故鄕

거기엔, 서툰 걸음마가 쓰러지기 잘하던
내 아이쩍의 고통과
비 오면 자주 끊어지던
학교길의 도랑이 걸레처럼 구겨져
흐르고 있었다.

잠시 돌아가본 고향에는 어린 날의 쓰린 기억이 있고 어린 시절 그대로
의 가난이 있다. 그것은 도시의 화려함과 예리하게 대조되는 풍경이다. 그
러나 시인은 그곳에 가서 비로소 신경의 긴장을 풀고 사물들의 갖가지 움
직임을 맑고 섬세한 눈길로 '보기' 시작한다.

이곳에 오면
西쪽 길이 잘 보인다.
무너진 다릿목도 보이고
다릿목에서 죽은
물새의 꿈도 보인다.

──「生家 1」 첫 연

손 흔들고 떠나갈 미련은 없다
며칠째 靑山에 와 발을 푸니
흐리던 산길이 잘 보인다.
상수리 열매를 주우며 人家를 내려다보고
쓰다 둔 편지 구절과 버린 칫솔을 생각한다.

──「靑山行」 앞부분

그러나 이런 작품들에는 아직도 도시와 고향땅과의 거리에 대한 자의식
이 깔려 있다. '생가'든 '청산'이든 그것은 지금 살고 있는 일상적 생활의
일부가 아니라 틈을 내서 일부러 찾아가보아야 만나지는 곳에 있기 때문이
다. 고향이나 고향과 관련된 사물들에 대한 시인의 감정이 회고적인 톤을
띠고 연민의 형태로 나타나는 것은 이런 사실과 무관하지 않을 것이다.

이런 자의식조차 제거되는 자리에서 「소경(小景)」「정적(靜寂)」「작은 꽃」「이른 봄」「산정(山靜)」「봄을 바라보는 조그만 마음」「석강리(石岡里)에서」「오막살이 집 한 채」 같은 많은 작품들이 태어난다. 제목에서도 암시되는 바이지만, 이들 작품에는 한결같이 자그맣고 조용하며 연약한 고향의 사물들이 따뜻한 눈길로 소묘되어 있다.

> 차고 슬프게
> 바람에 불리우는 풀꽃들
> 이 세상 누구도 그의 이름을 부른 적 없어
> 마을 아이도 이름을 알지 못하는
> 하아얗고 순한 작은 꽃.
> 바람이 분다. 별이 뜬다.
> 조약돌이 물에 씻긴다.
> 밤이 가고 싸늘한 이마의
> 아침이 온다.
> 소리쳐도 들어줄 이 없어
> 안타까움으로 혼자 서 있는
> 언젠가 가본 듯한 시골驛 부근의
> 이슬에 젖어 있는 작은 꽃.
>
> ——「작은 꽃」 전문

여기 묘사된 가엾은 작은 꽃뿐만 아니라 숲으로 난 외길섶에 버려진 낡은 신짝 하나(「小景」), 탱자나무에 걸려 있는 해어진 무명옷(「靜寂」), 마른 잎새 사이로 달아나는 다람쥐(「火田」), 그늘에 묻혀 피어나는 몇 송이 풀꽃들(「山에 가서」), 산그늘에 지워지는 초옥(草屋) 한 채(「西쪽을 가며」), 허리 잘린 산밭뙈기(「閑居 며칠」) 같은 것들은 이 시인의 마음에 애틋하고 안쓰러운 공감의 울림으로 호소해온다. 결코 남을 압도하는 법도 없고 속이는 법도 없는 이 정물적 존재들이야말로 시인에게는 이 세계의 질서가 마땅히 그러해야 할 바람직한 상태의 초석으로 여겨지는 것이다. 그리하여 이기철의 시에서 이런 사물들은 지식과 논리와 관념 따위들에 대조되는 하나의

60

적극적 가치로 고양된다.

그러나 이기철의 현실감각은 그로 하여금 이 곱고 작고 착한 사물들이 유감스럽게도 현세의 주역의 자리에서 오래 전에 밀려나 있음을 인정하지 않을 수 없게 한다. 시인 자신도 이미 그런 고향적 세계로부터 떠나 있으며, 단지 도시와 문명의 시달림에 지친 끝에 잠시 돌아가 발을 풀곤 할 뿐이다. 그리하여 그는 고향 사물들의 본성인 그 착함의 지상적(地上的) 실현이 불가능하다고 믿는, 그리고 이 세계는 거칠고 억센 힘들의 영속적인 지배 밑에 있다고 생각하는 비관주의자로서 발언한다.

> 살아가면서 영원히 住所가 없는 微物들
> 이제 어디 가서 그들의 安否를 물어야 하나
> 울음 몇 개 허물 몇 개 말고
> 또 무엇으로 그들의 생애를 찾을 수 있나
>
> ——「겨울 숲에서」 부분

> 누구가 말할 것인가
> 떠올라 길섶의 꽃이 되지 못하는
> 물 속에 누운 잿빛 돌멩이의 슬픔을
> 누구가 말할 것인가
> 씨앗들의 분홍꿈을 밟고 가는
> 저 바람의 서걱이는 욕망을.
>
> ——「분홍꿈을 묻어놓고」 부분

4

그러나 이기철의 문학은 진정한 존재의 세계에 대한 갈망과 그것의 현실적 좌절이 마찰하는 침통한 비극인 것은 아니다. 대체로 그는 극단주의자가 아닌 것이다. 얼마간 떨어진 거리에서 고향의 사물들을 바라보듯이, 그렇게 함으로써 격렬한 파멸의 감정에 함몰되지 않을 수 있었듯이 그는 자신의 생활을 또한 그런 관조적 자세로 바라본다. 「대구 1」「저물 무렵」「서쪽을 가며」「동면도(冬眠圖)」「평일보행(平日步行)」「저녁으로 돌아가서」「만촌동의 봄」등의 작품에서 결국 우리가 만나는 것은 선량한 소시민의 생활이요, 그런 생활인의 이러저러한 내면풍경이다. 때로는 괴로워하고 때로는 불안해하며 또 때로는 세태를 비판하지만 본질적으로 바닥에 깔려 있는 것은 다음과 같은 조촐한 자기만족이다.

> 편하게 눕고 혹은 발 뻗은 食口들
> 어디서 교회종이 댕댕 울린다
> 房 안에서는 수월한 엑쓰란 內衣
> 포근한 담요 한 장
> 그리고 귤 한 접시.
>
> ──「저물 무렵」끝부분

그러나 시인 이기철의 모든 문학적 성취가 위에서 검토한 성격의 테두리 안에만 갇혀 있는 것은 아니다. 필자는 동료로서의 그를 대할 때에나 그의 작품들을 읽을 때에나 늘 대체로 지나치게 단정하고 예절바른 데에 불만을 느껴왔다. 말하자면 어딘가 한두 꺼풀쯤 자기를 감추어놓고 있는 듯이 생각되었던 것이다. 만약 그렇다면 그것은 몸뚱이 전체를 던져 승부를 겨루는 창작의 세계에서는 치명적인 한계를 결과할 수도 있기 때문이다. 그러나 필자는 이 시집에서 「월동엽서(越冬葉書)」「이향(離鄉)」「옛날의 금잔디」같은 뛰어난 작품들을 읽게 된 것을 행복하게 생각한다. 드물게 정직하면서도 놀랍도록 차분하게 자기 현실을 순화된 예술적 형상 속에 담아낸 이 작품들에서 필자는 실로 깊은 감동을 받았다. 이 업적들에 대한 검토가 미진함을 유감으로 여기며 이 시인의 다음 작업에 기대를 거는 바이다.

<1982>

통일의 꿈, 민족문학의 횃불
문익환 목사의 시에 대하여

이제는 다들 아는 얘기가 되었지만, 문익환(文益煥) 목사는 아주 남다른 계기로 시를 쓰기 시작하여 나이 오십이 한참 넘어서야 시인이 되었다. 그 자신의 고백에 의하더라도 그는 1971년 봄까지 시를 써본 일이 없을뿐더러 시를 쓰겠다는 생각조차 품어본 적이 없었다니, 시인으로서 그는 여간한 '늦깎이'가 아닌 셈이다. 그런데도 불구하고 그는 벌써 다섯 권의 시집을 세상에 내놓았다. 70년대 중반 이후 전투적 민주주의자로서 또 헌신적인 통일운동가로서 그의 명망이 비록 눈부시기는 하지만, 그의 이름 앞에 '시인'이라는 호칭을 붙이는 것이 이제는 결코 어색하지 않게 되었다.

첫 시집 『새삼스런 하루』(1973)의 발문을 보면 구약학자인 문익환 목사가 어쩌다가 시인의 길로 들어서게 되었는지 그 내력이 설명되어 있다. 그것은 다름아니고 1968년 4월 구약성서를 우리말로 번역하는 일의 책임을 그가 떠맡게 된 것이 출발점이었다. 시가 거의 40%인 구약을 우리말로 제대로 살려내자면 시공부를 안할 수 없었고, 그래서 그는 뒤늦게 우리말 시를 집중적으로 읽기 시작한다. 그러나 그렇게 많이 읽어도 정작 시가 무엇인지 하는 것은 알쏭달쏭하기만 했다고 한다. '써보면 좀 알까?' 하는 초조감에 드디어 그는 스스로 습작을 시작했던 것이다. 그러니까 그가 시작(詩作)에 손을 대게 된 것은 시인이 되려고 체계적인 문학수업을 받은 결과이거나 솟구치는 예술적 감흥을 억누르지 못하여 그렇게 한 것이 아니라 아주 구체적이고 실용적인 필요에 부응하기 위하여 그렇게 한 것이다.

　그러나 시를 쓰는 동안 그는 예상치 않던 두 가지 사실을 발견하게 된다. 하나는 시를 통해서 자신의 모습을 명징하게 볼 수 있었다는 것이고, 다른 하나는 30여년 동안이나 구약성서를 공부해왔음에도 불구하고 자기의 시에 히브리적 감성 아닌 한국인의 감성이 지배적이라는 것이었다. 생각건대 이 경험은 미국 프린스턴 신학대학 출신의 성서학자요 한신대 교수인 목사 문익환의 생애에 결정적인 전환점을 마련했을 것이다. 왜냐하면 우리말을 다듬어 자기의 감정과 관찰을 객관화하는 작업은 그에게 있어 진정한 자기인식의 획득을 가능하게 하였고 또한 그것은 그의 성장환경과 교양체험의 한계를 넘어서 민족현실의 발견으로 나아가게 했기 때문이다.

　그렇다면 첫 시집 『새삼스런 하루』에 드러난 문익환의 내면세계는 어떤 것인가. 한마디로 그것은 50대의 나이에 접어든 사람의 것이라고는 도저히 믿을 수 없는 소년적 감수성 바로 그것이다. 그처럼 맑고 곱고 단순하고 소박하다. 가령 다음과 같은 작품을 읽어보자.

　　나의 영혼이
　　핏줄 속으로 빨려들어
　　눈썹까지 선혈로
　　물들인다.

　　손바닥에 스며나온
　　내 영혼의 빛깔이
　　아내의 볼에서
　　연분홍 코스모스로 피었다가
　　싱그런 가을 바람에 실려
　　아이놈들 얼굴에
　　미소로 번진다.

──「내 영혼의 빛깔」 전문

　순수하고 진지한 영혼의 움직임이 가족사진처럼 평화로운 구도 속에 그려져 있다. 그러나 우리는 또한 이 시에 포착된 정신의 힘이 그 가족의 테두리를 벗어난 더 넓은 세계의 현실을 얼마나 튼튼히 감당할 수 있을까에 의문을 가진다. 이런 점에서 이 시는 아직 '순진함'의 단계에 머물러 있다고 믿어진다.

잘 알려져 있는 바와 같이 문익환 목사의 생애에는 깊은 정신적 연대로써 맺어진 몇 사람의 역사적 인물들이 존재한다. 그 첫자리는 그들 자신이 이 나라 기독교운동과 민주화운동에 커다란 족적을 남긴 문목사 부모님이 와야겠지만, 가족을 제외한다면 소년기의 윤동주(尹東柱)와 장년기의 장준하(張俊河)가 그런 인물일 것이다. 일제시대 일본의 감옥에서 옥사한 시인 윤동주와 민주투쟁의 전선에서 독재자의 철권에 쓰러진 장준하는 그 이름만으로도 여전히 우리에게 뜨거운 영감을 불러일으키는 신화적 존재이거니와, 우연치 않게도 그들은 문목사의 가까운 친구였던 것이다. 시집 『새삼스런 하루』의 동시적(童詩的) 분위기는 윤동주 시의 어떤 특징과도 무관하지 않을 것이라고 생각되는데, 그러나 그는 장준하의 죽음을 겪고 그 자신 민주화운동의 일선에 뛰어들면서 맑고 곱게 다듬어진 수채화적 언어의 세계, '순진함'의 세계를 뛰어넘어 좀더 치열하고 심각한 의식의 심화를 이룩한다. 두번째 시집 『꿈을 비는 마음』(1978)에서 한 편 읽어보기로 하자.

당신은 언제나 내 뒤에 계십니다.
그래서 나는 당신의 얼굴을 뵌 일이 없습니다.
눈을 감고 친지들 생각에 잠겨 있을 때면
당신의 숨소리가 들리긴 하죠.
사방 벽을 쳐다보며 외로워질 때면
당신의 숨소리는 한숨으로 변하죠.
이른 새벽 창가에 불려나와 샛별을 쳐다볼 때면
당신의 눈도 맑게 빛나겠지요.
황홀한 저녁노을이 마음에 젖어들 때면
당신의 눈에도 눈물이 고이겠지요.

저 마당에서 서성이는 퍼렁옷 죄수들을 굽어보고 있을 때면
당신은 언제나 내 뒤에 계십니다.
그래서 나는 당신의 얼굴을 뵌 일이 없습니다.
그러나 잠자리에 들었을 때만은
당신은 꿈으로 내 속에 들어오시죠.
　　　　　　　——「당신은 언제나 내 뒤에 계십니다」 전문

　이 시를 읽고 만해 한용운의 화법을 떠올리는 것은 어쩌면 당연한 노릇
이다. 그러나 만해의 '님'에 비하여 문익환 시인의 '당신'은 좀더 친근하고
일상적인 느낌을 준다. 이 작품에서 우선적으로 고려되어야 할 것은 시적
상황이 감옥 안이라는 점이다. 거기서 화자는 눈을 감고 친지들 생각에 잠
기기도 하고 사방 벽을 쳐다보며 외로워지기도 한다. 또, 황홀한 저녁놀에
눈물이 핑 돌기도 하고 마당에서 서성이는 죄수들을 굽어보며 분노를 느끼
기도 한다. 그런데 이 작품은 이런 옥중의 일상적 정서를 평면적으로 나열
하는 것이 아니라 '언제나 내 뒤에 계시는', 그래서 '얼굴을 뵌 일이 없는'
당신의 존재를 매개로 하여 서술함으로써 시적 긴장과 깊이를 획득한다.
만해의 '님'이 그러했듯이 이 시에서도 '당신'이 누구를 가리키는 것이냐 하
는 질문이 의당 제기된다. 문목사가 믿는 하나님인가. 그렇다고 말할 수도
있을 것이다. 그러나 다시 읽어보면 이 시의 '당신'은 너무나 인간적이다.
감옥 안에서의 격절된 삶을 지탱해주는 시인 자신의 이상화된 분신인가.
그렇게 해석될 여지가 없는 것도 아니다. 어떻든 이 시는 옥중생활의 고통
에 관하여 아무런 직설적 언급도 하지 않으면서 옥중의 일상적 장면들과
병행하는 심화된 정신의 상태를 형상화하는 데 성공하고 있으며, 그런 점
에서 가령 앞서 읽어본 「내 영혼의 빛깔」의 순진성을 놀라운 시적 강도로
써 극복하고 있다. 두번째 시집에 이룩된 최대의 문학적 성과는 물론 시집
의 표제로 되어 있는 작품 「꿈을 비는 마음」이다. 필자는 이 시에 대해서
매우 감동적인 기억을 가지고 있다. 아마 1977년 연말이었을 터인데, 그때
소위 3·1 민주구국선언 사건으로 투옥되었던 분들이 석방되어 수유리 한
빛교회에서 환영예배가 개최되었다. 이 자리에서 고(故) 성내운(成來運)

교수가 그의 특유한 우렁찬 목소리로 이 「꿈을 비는 마음」을 낭송했던 것이다.

1945년 분단 이래 남북통일은 언제나 우리 민족 최대의 과제이고 민족운동의 근본 핵심에 위치해 있으며 문단에서도 신동엽 시인을 비롯한 선구적 문인들의 날카로운 업적이 있었지만, 그러나 분단체제에 대한 정면으로부터의 도전은 철저한 탄압과 엄중한 금기의 영역에 유폐되어 있었다. 시 「꿈을 비는 마음」은 이 탄압과 금기의 족쇄를 끊고 솟아오른 통일민족문학의 빛나는 횃불이다.

물론 통일운동가이자 민족시인으로서의 문목사의 면모가 이 시에서 느닷없이 처음 돌출된 것은 아니다. 70년대 초 남북적십자회담에 부쳐 씌어진 「나이팅겔아」 같은 시는 이미 문목사가 상당히 오래 전부터 이 문제에 대해 남다른 관심을 갖고 있었음을 실증한다. 그러나,

북으로 남으로
끝없이 펼쳐진
저 푸른 하늘 아래
싸늘한 휴전선에 쏠린
오천만의 글썽이는 눈망울들이
네 눈에는 정녕 보일 테지.

─── 「나이팅겔아」 부분

이런 구절에서 보이듯이 분단체제와 통일문제에 대한 그의 사고는 아직 소박한 심정적 차원을 벗어나지 못하고 있으며 아무런 현실적 구체성을 갖지 못하고 있다.

155마일 휴전선을
해뜨는 동해바다 쪽으로 거슬러 오르다가 오르다가
푸른 바다가 굽어보이는 산정에 다다라
국군의 피로 뒤범벅이 되었던 북녘땅 한 삽
공산군의 살이 썩은 남녘땅 한 삽씩 떠서

합장을 지내는 꿈,
그 무덤은 우리 5천만 겨레의 순례지가 되겠지.
——「꿈을 비는 마음」 부분

여기에 이르면 문익환 시인의 인식에 심상치 않은 변화가 일어나고 있음이 뚜렷이 감지된다. 그것은 무엇인가. 「나이팅겔아」의 시적 화자는 통일운동의 단순한 객체이며 따라서 본질적으로 관망적 자세에 머물러 있다. 아무리 ‘적십자’회담이라 하더라도 바로 ‘남북’간의 회담인데, 이를 시화하면서 ‘크리미아 반도’라든가 ‘나이팅게일’ 따위를 연상한다는 것은 아직 남북문제, 민족문제를 절실한 자기 내부의 문제로 육화하지 못했다는 증거 이외의 다른 것이 아니다. 그러나 「꿈을 비는 마음」에서 시인의 상상력은 크리미아 반도를 떠나 단연코 155마일 휴전선으로, 즉 민족현실의 가장 첨예한 현장으로 돌아온다. 동시에 반공냉전논리의 살벌한 일방성에서 벗어난다. 오늘의 우리에게는 너무나 당연하게 받아들여지는 남북체제에 대한 이 균형감각이 그러나 얼마나 힘든 고초와 희생적인 싸움 끝에 겨우 얻어진 것인지 상기해볼 때 「꿈을 비는 마음」의 민족문학적 의의는 만만치 않은 것이라 하겠다.

그러나 냉전논리의 극복은 통일운동의 단초를 여는 데 지나지 않음이 간과되어서는 안된다. 왜냐하면 통일은 갈라진 남과 북이 산술적으로 결합한다고 하여 달성될 일이 아니기 때문이다. 가령, 이 시에 묘사되듯이 “국군의 피로 뒤범벅이 되었던 북녘땅 한 삽／공산군의 살이 썩은 남녘땅 한 삽씩 떠서／합장을 지내는” 것이나 “철들고 셈들었다는 것들은 다 죽고／동남동녀들만 남았다가／쌍쌍이 그 앞에 가서 화촉을 올리”는 것은 분단체제에 매몰된 동포들에게 통일에의 염원을 일깨우는 시적 환상일 뿐이지 객관적 현실 그 자체일 수는 없다. 바로 그렇기 때문에 시인은 ‘꿈’의 형식으로 통일 염원을 노래할 수밖에 없었을 것이다.

광주항쟁과 더불어 개막된 80년대에 이르러 문목사의 시는 다시 한걸음 전진한다. 그리고 통일문제는 그의 문학적 사유 속에서 점점 더 핵심적인 주제로 무게를 더해간다. 그런 점에서 세번째 시집 『난 뒤로 물러설 자리가 없어요』(1984)는 문익환 목사의 한 절정을 대표하는 동시에 우리나라 민족문학운동의 한 이정표를 기록하는 것이라고 평가될 만하다. 여기서 가령 「우리는 간다」 같은 작품을 검토해보자. 좀 길지만 전문을 인용하겠다.

타는 가슴
북상하는 단풍 따라
우리는 간다
몸 던져
휴전선 불태우며 북상하는
단풍 따라
우리는 간다
이 산천 굽이굽이
피눈물 뒤집어쓰고
북상하는 단풍 따라
우리는 간다
철조망 너머 지뢰밭 지나
흐느끼며 북상하는
단풍 따라 우리는 간다
목에 칼을 채워도 간다
팔 다리를 자르면
굴러서라도 간다
시뻘건 통곡소리로
온 강산 휩쓰는 단풍 따라
우리는 간다
이 가슴에 따발총 겨누고
흔들리는 눈초리
겨레에게로 간다
두 손 번쩍 들고
풀어헤친 붉은 가슴 하나로
우리는 간다

    우리는 가야 한다
    죽어도 가야 한다
    죽어서 가야 한다

「꿈을 비는 마음」의 경우 통일에 대한 심정적 소망은 지극히 간절하나 그것을 구체적 역사 안에서 이루어내는 데 대한 현실적 방략은 결여되어 있다. 그러나 이 시에서는 우선 통일운동의 주체가 다름아닌 '우리'로서 확고히 정립되며, 그렇기 때문에 시적 화자는 남북의 단순결합에 의한 유토피아적 미래를 꿈꾸는 것이 아니라 마치 출정가(出征歌)에서처럼 실천적 결의로써 강력히 통일운동의 전선으로 나아갈 것을 선포한다. 이 「우리는 간다」를 뛰어난 작품으로 만드는 데에는 이러한 사상이념적 측면만 뒷받침된 것이 아니라 절묘한 시적 기교가 완숙하게 구사된 점도 주목할 필요가 있다. '우리는 간다'라는 단호한 선언이 중간중간에 되풀이됨으로써 시로서의 힘찬 리듬을 창출하고 있으며, 이 리듬의 점층적(漸層的) 강화는 마지막의 비장한 폭발적 언어("우리는 가야 한다/죽어도 가야 한다/죽어서 가야 한다")를 통해 비할 바 없이 통렬한 예술적 효과로써 마무리된다. 이 시의 비유법 또한 지극히 용의주도하고 예리하다. 가령 "몸 던져/휴전선 불태우며"라든가 "이 산천 굽이굽이/피눈물 뒤집어쓰고" "철조망 너머 지뢰밭 지나/흐느끼며 북상하는"과 같은 구절들은 붉은 단풍이 이 나라 산천을 덮어가는 자연경관의 사실적 묘사이면서 동시에 남북분단의 군사분계선을 허물어뜨리는 통일사업의 황홀한 장면을 연상케 한다. 이 작품의 마지막 구절 "죽어서 가야 한다"는 바로 앞구절 "죽어도 가야 한다"의 상식성 내지 상투성을 일거에 뛰어넘는 순교자적 비극성을 시에 부여하며, 그런 점에서 우리는 이 시를 통일민족문학의 가장 높은 반열에 올려놓아도 좋을 것이다.

    네번째 시집 『두 하늘 한 하늘』(1989)은 기본적으로 세번째 시집의 연속선상에서 읽힌다. 민주화투쟁과 통일운동의 도정에서 목숨을 바친 열사들에게 바치는 시들이 좀더 많이 눈에 띄는 것은 문익환 목사가 민통련 의장, 전민련 상임고문으로서 현실운동의 핵심지도부에 위치해 있었던 사실,

그리고 그 때문에 지금까지 여섯 차례나 감옥에 가야 했던 사실과 관계가 있을 것이다. 그러나 역시 문익환 시의 중심적 주제는 여전히 민족통일의 실현을 꿈꾸고 모색하는 데 놓여 있다. 그런데 이 단계에 이르러 그의 문학적 선언은 시의 영역을 벗어나 현실적 행동으로 전환된다. 1989년 3월, 그는 실제로 북한을 방문하여 김일성 주석을 비롯한 그쪽 요인들과 통일문제에 관해 논의를 하고 일정한 합의에 이르렀던 것이다. 이것이 커다란 충격과 파문을 던졌음은 우리가 익히 아는 바이다. 그렇다면 문목사의 방북 결행을 우리는 어떻게 보아야 할 것인가. 그것을 판단하는 것은 문학평론가가 해야 할 일의 범위를 넘어선다. 그러나 이 문제에 대해 아무런 개념도 갖지 않은 사람이라면 문목사의 시를 논평하는 것이 불가능함은 말할 것도 없고 그의 시를 제대로 읽는 것조차 가능하지 않을 것이다.

필자는 문목사의 방북 사건 얼마 후 어느 잡지에 이런 글을 쓴 적이 있다. "어떤 명분으로건 그리고 언제 어디서든 또 어떤 수준에서든 남북이 서로 만나 웃고 악수를 나누며 한 민족임을 확인하고 통일의 대의를 다짐하는 것은 무조건 좋은 일이다. 설사 남북의 정권과 기득권자들이 자기 정권의 안정과 이익을 위해 만나고 오가는 것을 허락한 경우라 하더라도 그것이 남북간의 불신과 혐오감을 공공연하게 고취시키려는 의도를 드러내지 않는 한 그것은 결과적으로 그리고 필연적으로 분단의 장벽을 허무는 효과를 발생시킬 것이다. … 그러나 통일에의 염원이 간절하면 할수록 상징적 사건과 객관적 현실을 냉정하게 구분할 줄 알아야겠고 무엇이 진정으로 통일을 향해 가는 것인지 지혜롭게 따져보아야 한다. 물론 선구적 개인들에 의해 이루어지는 상징적 행위도 그 자체가 현실의 일부이며 현실의 변화를 초래할 맹아적 사건임에는 틀림이 없다. 그런 점에서 문익환 목사와 임수경양의 방북은 단순히 상징적 차원에만 머무는 것이 결코 아니다. 그러나 그들의 비상한 결단과 자기희생적 용기에도 불구하고 분단체제의 질곡이 민족의 숨통을 죄고 있는 현실에 아무런 변화가 없다는 것 또한 엄연한 사실이다."(『실천문학』 1990년 겨울호) 그러니까 여기서 필자는 문목사의 방북 사업이 가지는 중대한 민족사적 의의를 높이 평가하는 동시에 그와 더불어 그것의 현실적 한계를 냉정히 인정하자는 것이었다. 다시 말하여 수십만의

죽음과 수백만의 고향상실과 나아가 수천만 전체 민족의 고통이 뼈저리게
응축된 지난 50여 년의 분단모순을 총체적으로 해소하는 일은 한편으로는
환희와 감격을 동반하는 일대 정서적 고양의 경험인 동시에 다른 한편 마
치 시한폭탄에서 뇌관을 제거하는 것과도 같은 고도의 기술과 엄밀한 조심
성을 요하는 냉정한 작업이라는 것이며, 그런 점에서 필자는 문목사의 시
와 행동이 후자 쪽의 엄정성에 대한 충분한 계산을 하고 있지 못한 것 아
닌가 하는 의문을 제기한 셈이다. 이 점은 그의 시로써 거듭 확인된다. 가
령 이런 구절을 보자.

　　형님 형님 문석이 형님
　　이제야 통일이 무언지 알 것 같습니다
　　통일이라는 것도 그러고 보면
　　별로 대단할 게 없군요
　　형님하고 나하고 오다가다
　　북청이나 단천쯤 어느 주막에서 만나
　　술자리 한판 떡 벌어지게 차리고
　　마시다 마시다 곤드레가 되는 일이군요

　　　　　　　　　　　　　　　　　——「문석이 형님」 부분

　수십년 갈라졌던 형제, 친척, 친구들 그리고 동포들이 만나 이유없이 어
우러지고 한데 뭉치는 것은 그 자체 크나큰 감격이다. 이런 감격의 경험이
배제된 통일의 장면을 우리는 상상할 수 없으며, 통일사업을 통해 이루어
질 것으로 기대되는 인간적 쇄신과 민족정신의 부흥이야말로 통일운동의
목적 그것이기도 하다. 그러나 "마시다 마시다 곤드레가 되는 일", 즉 일
시적인 정서적 일체감이 곧 통일이라거나 그것이 통일의 가장 중요한 추동
력이라고 하는 데에는 동의하기 어렵다. 거기에는 무언가 결정적으로 추가
되고 유보되어야 할 현실적 사항들이 있을 것이다.
　지난 십수년 동안 문익환 목사에게 있어서 언어를 통해 현실에 관여하는
일, 즉 시적 작업은 그의 거대한 활동의 비교적 작은 부분에 지나지 않았

다. 그러나 그 사이 1백 개월이 훨씬 넘는 투옥생활은 그의 문필적 활동의 비중을 불가피하게 높여왔으며, 그의 시창작은 그의 정신활동의 생생한 현장보고서라고도 할 수 있다. 이 점에서 문익환의 시들은 1980년대와 90년대 초 한국 및 제3세계의 정신문명의 살아있음을 증명하는 역사적 문서라고 할 수 있다. 가장 최근에 출간된 그의 시집 『옥중일기』(1991)는 표제 그대로 매일매일의 옥중생활에서 떠오른 단상들, 특히 『한겨레신문』 기사를 보고 느낀 소감들을 시의 형식으로 표현한 작품들이다. 이 시집은 첩첩 산중처럼 끝없이 되풀이되는 감옥생활에도 불구하고, 그리고 70대 중반에 이른 고령에도 불구하고 그의 정신이 불꽃처럼 살아 움직이고 있음을 감동적으로 증언한다. 그의 언어 또한 간결하고 경쾌하며 때로는 비수처럼 사태의 핵심을 찌르는 날카로움을 보인다. 임수경양을 두고 노래한 두 편의 짤막한 시를 읽어보자.

내가 던진 불씨에
네가 기름을 쏟아 부었구나

북쪽의 통일운동도
이젠 구호나 교시가 아니구나
마치 치솟는 불길이구나
산불로 번져가는 함성이구나

——「내가 네가」 전문

여기서 문목사는 자기보다 50년이나 나이 어린 한 여학생과 통일운동의 대열에 나란히 서 있음을 자랑스럽게 확인하고 뜨거운 연대감을 표시한다. 남쪽 정권의 반통일적 자세에 대해서는 그의 감옥행 자체가 직접적으로 증거하는 바이지만, 북쪽 체제의 통일운동이 그동안 지녀왔던 문제점에 대해서도 그는 가차없는 지적을 하고 있는 셈이다. 따라서 이 시는 앞서 감상한 「우리는 간다」의 역사적 연장선상에서 의미심장하게 읽혀진다고 하겠다.

꽃에도 수정을 채우나
꽃도 거짓말을 하나
지나가던 바람
차라리 숨이 멎어라

　　　　　　　　——「숨이 멎어라」 전문

　이 작품은 '통일의 꽃'이라고 흔히 일컬어지는 임수경양의 손목에 수갑이
채워져 있는 사진을 보고 기가 막혀 쓴 시이다. 통일운동의 헌신적인 주체
가 민족의 영웅으로 추앙받기는커녕 실정법 위반이라는 구실로 재판과 유
죄 판결을 받아야 하는 이 침통한 현실 앞에서 "지나가던 바람／차라리 숨
이 멎어라"라고 짐짓 바람에 빗대어 탄식함으로써 우리 모두가 숨이 멎는
듯한 분노를 절묘하게 형상화하고 있다.

　이제 90년대에 접어들면서 세계질서는 엄청난 변화를 겪고 있다. 현실사
회주의가 붕괴하고 동서 냉전체제가 와해되고 있으며 이에 따라 우리의 통
일운동도 새로운 정세를 맞이하고 있다. 이 변화된 현실에 슬기롭게 대처
하여 20세기가 다 가기 전에 진정한 민주주의와 자주적이고 평화적인 통일
을 이 땅에 이룩한다면 그것은 우리 민족역량의 일대 비약을 뜻할뿐더러
세계사의 진로에도 커다란 전진적 영향을 끼칠 것이다. 우리는 문익환 목
사가 이 대사업에서 시와 행동, 사상과 이념 모두를 통해 결정적인 기여를
할 것으로 믿는다.

　　　　　　　　　　　　　　　　　　　　　　　　　　〈1992〉

밀폐된 자기분석의 시적 진실

이승욱 시집 『늙은 퇴폐』

정확한 연도가 기억되지는 않으나 아마 1980년대 초일 것이다. 그때 나는 대학동기인 임종국 교수의 권유로 경북대 대학원에서 한 학기 강의를 맡은 적이 있다. 꽤 여러 해 동안 떠나 있던 독문학 교수 자리에 복귀한 지 얼마 되지 않은 무렵이어서 전공 강의에 도무지 자신이 없었지만, 가르친다기보다 함께 공부한다는 자세로 해보자 하는 심정으로 임교수의 권유를 응낙했던 것이다. 강좌명은 고전주의론이었던 것 같다. 그런 인연으로 알게 된 사람이 이승욱이다.

돌이켜보건대 그 교실은 적잖이 활기에 넘쳐 있었다. 고전주의에 관한 에세이들을 읽고 와서 발표·질문·토론하는 방식이었는데, 학생들 입장에서도 외래강사 앞이라 주눅들 필요 없이 자기 의견들을 말했고 나로서도 부담없이 내 생각을 개진할 수 있었기 때문이었다. 거기서 함께 공부한 친구들 중에는 이승욱말고도 모교인 경북대의 교수가 된 류시웅, 부산 어느 대학에서 독어학을 강의하는 곽병휴 같은 인재들이 있었다. 이런 우수한 학생들이 질문과 토론에 적극 참여했기에 그 강의가 그런대로 약간의 보람을 각자에게 줄 수 있었을 것이다.

몇해 뒤 이승욱은 내가 재직하는 영남대 독문과에 3년쯤 강사로 나왔다. 임종국 교수의 간곡한 천거로 당시 학과장을 맡고 있던 내가 그에게 시간을 배정한 것이었다. 뒤에 알게 된 사실이지만 임교수와 이승욱은 돈독한 사제간일뿐더러 학위논문도 같은 주제(고트프리트 벤의 시)를 다루었을 만큼 특별한 인연을 맺고 있었다. 하지만 그때까지만 해도 나는 이승욱에 대해 특별한 관심을 가진 것은 아니었고 다만 임교수의 염결한 인품에 대해 신뢰하고 있을 뿐이었다. 내가 개인적으로 이승욱과 친해진 것은 사실은 그가 우리 대학에 출강하는 동안 거의 사무적으로 그와 자주 접했기 때문이다.

그런데 막상 이 글을 쓰려고 하니 이승욱에 관해서 내가 알고 있는 것은 거의 아무것도 없음을 고백하지 않을 수 없다. 그가 시를 쓰고 있다는 것은 일찍이 들어서 알았지만, 그는 『세계의 문학』으로 데뷔하기까지 단 한 편의 시도 나에게 보여준 적이 없었을 뿐만 아니라 시인 내색을 하거나 문학 얘기를 꺼낸 적도 별로 없었다. 적어도 나와의 관계에서만은 그는 조금도 시인 냄새를 풍기지 않았고 철저히 독일어 강사의 자세를 견지했다. 요컨대 성실한 생활인이자 진지한 독문학도의 인상에 벗어나는 짓을 그는 결코 하려 들지 않았다. 학기초나 학기말 독문과 교수와 강사들이 모이는 허심탄회한 술자리에서도 그는 자기 내면세계의 편린이 드러나는 것을 용납하지 않았다. 따라서 나는 이승욱을 만나거나 그의 얼굴을 떠올릴 때 그가 시를 썼었다는 또는 쓰고 있다는 사실을 함께 연상하는 일이 거의 없었다.

이승욱의 인간됨에 관한 이런 선입견을 가지고 이번 시집의 원고들을 읽고서 나는 내가 그에 대해 얼마나 피상적으로밖에 알고 있지 못한가를 실감있게 깨달았다. 독문학도로서의 얌전하고 진지한 태도는 시인 이승욱의 어둡고 복잡한 내면의 소용돌이를 가두기 위한 단단한 가면이었던 것이다. 고통과 갈등의 실밥이 언행으로 터져나오는 것을 어쩌면 이처럼 엄격하게 차단할 수 있었을까. 그러고 보니 그는 실로 무서운 금욕주의자이다.

이런 면은 바로 그가 학위논문에서 다룬 고트프리트 벤과도 통하는 대목이 아닌가 한다. 피부비뇨기과 의사이기도 했던 벤은 보헤미안 기질의 문인들과 달리 언제나 단정한 복장에 시민적 생활방식을 고수함으로써 외관상 시인다운 데라곤 없었다고 한다. 그러나 표현주의 시대의 그의 시들은 『시체공시장(屍體公示場)』이라는 첫 시집 제목이 시사하듯이 끔찍한 이미지들로 채워져 있다. 그러니까 시와 삶의 통합은 벤에게 있어서 추구해야 할 목표가 아니라 오히려 피하지 않으면 안될 위험한 함정이었다. 시의 창조성이 유지되기 위해서 삶의 혼란은 적극적인 배제의 대상일 수밖에 없었던 것이다. 벤의 유명한 '이중생활'은 근본적으로 현실의 엄청난 부조리 속에서 그 나름으로 시적 진실을 지탱하기 위한 불가항력적 선택이었다고 말할 수 있다. 이승욱이 그의 학위논문에서 벤 문학의 (그리고 벤이라는 인간존재의) 이중적 층위를 세심하고 예민하게 논술할 수 있었던 것은 지금 생각해보니 일종의 자기분석과 같은 실감의 도움이 컸던 것 같기도 하다.

　이제 그의 시를 구체적으로 읽어보기로 하자.

　　꽁초
　　하늘에 열렸던 꽁초
　　하늘의 그 나무 위에서
　　불을 당겼던 꽁초
　　그냥 아득히 떨어지고 만 꽁초. 꽁초
　　오물의 내 손,
　　내 입술에 물렸던 꽁초.

──「꽁초傳」 1부

　의미가 명확하게 잡히지는 않으나, 마치 쌀바도르 달리의 그림을 보는 듯한 섬뜩하고 기이한 영상이 떠오른다. 아마 이 시구를 상식적이고 합리적인 산문으로 풀이하는 것은 처음부터 불가능할 것이다. 오물적 세계에 둘러싸여 끝없는 추락의 고통을 강요당했던 젊은날의 경험이 여기 투사되어 있는 것이 아닌가 짐작해볼 수 있을 뿐이다. 그런데 이승욱 시의 특징은 그런 경험에서 양성된 감정의 상태를 노래하기보다 경험의 직접성이 절연된 시각적인 이미지로 단편화하여 제시한다는 점이다. 그렇기 때문에 평범한 독자들로서는 "하늘에 열렸던 꽁초" "하늘의 그 나무 위에서／불을 당겼던 꽁초" "내 입술에 물렸던 꽁초" 사이에 어떤 내적 연관이 작용하고 있는지 간파하기가 매우 어렵다. 어쩌면 그러한 논리적 연결을 원천적으로 거부하는 세계내존재의 부조리와 불협화 자체가 이승욱이 겨냥하는 시적 목표일지 모른다. 이러한 경향은 습작기부터 최근까지 15년여에 이르는 그의 시작생활 전체를 관통하고 있는 듯하다. 가령 다음 작품을 보자.

> 나무, 그늘 속에 개들이 몰려 있다.
> 어제 다 죽여버린 개들이다.
> 연필로 꼭꼭 질러, 발로 짓밟아,
> 혹은 부적으로 눈을 감겨.
>
> 개를 몰고 있는 늙은 나무 한 그루,
> 개들이 살아 있다. 누우런 꽁지 펄렁펄렁
> 橫死의 죽음, 보복하러 온다.
>
> 돌아가라, 이 짐승들아
> 나를 욕하지 마라.
>
> 다시 살아나도, 죽을 길밖에 없다면.
>
> ——「정갈한 아침의 개들」 전문

앞의 「꽁초전(傳)」에서 '꽁초'가 단순한 꽁초가 아니고 황폐한 시적 자아의 시각적 투사물이듯이 이 시의 '개'도 동네 골목에서 흔히 보는 실존물로서의 개라기보다 이승욱의 가혹한 자기탐구가 분비한 심리적 객체라고 할 수 있다. 그러나 이 작품의 내적 구조 역시 상식적 이해력의 침투를 완강하게 거절하고 있다. 4연으로 이루어진 이 시를 어설프게 산문화하면 이렇게 된다. ① 어제 죽여버린 개들이 나무 그늘 속에 몰려 있다. ② 늙은 나무 한 그루가 개를 몰아 보복하러 온다. ③ 개들아 돌아가라. ④ 개들은 다시 살아나도 죽을 길밖에 없다. 이렇게 산문화하고 났을 때의 이 시의 표면은 거의 넌센스에 가깝다. 그렇다면 이 비논리적 표면을 벗겨낸 다음에 우리가 목격하는 것은 무엇인가. 이 험난한 세상에 개처럼 내몰린 한 인간의 의식의 악순환 같은 것은 아닐까. 여기서 아마 "나를 욕하지 마라"는 구절이 하나의 단서를 제공할지 모른다. 왜냐하면 암담한 의식의 심연

속에서 진행되는 죽음과 재생의 미로를 뚫고 이 구절은 생활적 현실의 한 장면 내지 한 상황을 우리에게 환기시켜주기 때문이다. 이 시인에게 있어 삶은 욕됨과의 끝없이 되풀이되는 싸움 그것이었던 것 같다.

최근작이라고 여겨지는 「차가운 풍경」도 이런 맥락에서 읽힌다. 좀 길지만 전문을 인용하겠다.

다리가 하나 있다.
사람이 그 위를 지나간다.

다리가 하나 있다.
사람이 그 위를 지나간다.

다리가 없고, 사람이 없어 보인다.
다리가 없고, 사람이 없어 보인다.

다리 오래 있고, 사람 오래 있어
다리 위를 지나는 사람, 끊이지
않았으면 한다.

다리, 무너지고
사람이 추락할 것 같다.
다리, 흔적 없고
큰 강물 길 끊을 것 같다.

내 몸에 피를 돌리던 숨가쁜 실핏줄
툭, 끊어질 것 같다.

꼿꼿이 서 두 손 모아, 간구해도
위험한 다리, 흔들리고
다리 위를 지나는 사람 몸을 잃는다.

　여기서 '다리'가 '꽁초'나 '개'와 마찬가지로 작품의 시적 진술을 매개하는 중심적 이미지가 되고 있음을 간취하는 것은 어렵지 않다. 이 시인의 비관적·부정적 세계인식이 지속되는 것을 알아보는 것 역시 어렵지 않은 일이다. 그러나 이와 더불어 상당히 중요한 변화가 일어나고 있음도 감지되는데, 그것은 거의 자학적이라고 할 만큼 집요하게 안으로 파고들던 그의 시선이 바깥을 향해 열리는 듯한 조짐이 보인다는 점이다. 이 작품에서 느껴지는 시적 화자와 대상과의 거리감은 그런 점에 관계되어 있을 것이다.
　이 작품을 읽으면서 나는 카프카의 소품들을 떠올렸다. 카프카에게서 우리가 경험하는 것은 아무렇지도 않은 듯한 극히 사실적인 묘사의 외피 안에 내장된 삶의 전율적 기괴성이다. 그 기괴함은 상식적인 논리를 너무나도 뛰어넘는 불가해의 영역에 속하기 때문에 도리어 자연스러운 사실성의 외관을 갖는 것이다. 이승욱의 이 작품에서도 '다리'와 '사람'은 현실 속의 어떤 장면을 지시하는 듯이 보이는 순간 일종의 카프카적 반전을 통해 자기충족적 절대성을 획득하며, 그런 점에서 이 작품이 우리에게 전하는 절박감은 추상적이고 밀폐된 절대공간에서의 위기의식이다.

　이쯤에서 나는 이승욱의 시집 원고들을 다시 한번 읽어보았다. 그러나 다시 읽어도 그의 시들을 감싸고 있는 짙은 안개는 쉽게 걷히지 않았다. 그러면서 이승욱의 단정한 옷차림과 예의바른 태도가 또 떠올랐다. 이 세상의 상식이 요구하는 대로(어쩌면 강요하는 대로) 충직하게 살기로 결심한 듯한 30대의 젊은 독문학 교수가 도대체 왜 시에서만은 이처럼 상식적 감성의 세계를 거역하며 '차가운 풍경'의 황량하고 음울한 언어를 고통스럽게 기록하고 있는가. 그의 끝없는 절망과 회의, 방황과 갈등은 어디에서 연유하는가. 어째서 캄캄한 자기의식 안으로 시선이 고정되어 있을 수밖에 없었던가.
　그러나 기묘한 것은 이승욱의 모든 시가 객관적인 사회적 현실의 문제를 겨냥하기보다 자신의 내면풍경에 철저히 매몰되어 있음에도 불구하고, 즉 자기분석에 바쳐지고 있음에도 불구하고 그 개인의 신상에 관해서 말해주는 바가 매우 적다는 사실이다. 여기서도 우리는 시와 삶의 분리를 통해 자신이 와해되는 것을 방어하고자 했던 필사적인 노력의 일단을 본다. 앞에서 고트프리트 벤을 잠시 거론하면서 지적했던 문제, 즉 역사적 전망에 대한 확고한 믿음이 사라진 분열과 해체의 시대에 있어서 삶과 예술이 통합적 가능성을 잃어버리고 적대적 모순에 빠진다는 문제는 이제 이승욱적 규모에서도 거듭 되풀이되고 있는 것이다.

그러나 예술사와 문학사가 증언해주듯이 사회현실과의 올바른 연관을 부정하고 회피하는 이른바 자율적·자기완결적 예술은 사실상 언어의 유희이거나 예술의 자기부정으로 귀결될 수밖에 없었다. 벤이나 카프카의 '이중생활'도 따지고 보면 말 그대로 완전히 이중적인 것이라기보다 그 시대 현실의 분열상에 대한 그 나름의 진지하고 일관된 대응이었던 것이다. 어떻든 나로서는 이승욱에게 자신의 삶을 좀더 솔직하게 직시할 것을—따라서 더 솔직하게 삶을 드러낼 것을 권유하고 싶으며, 그런 점에서 초기작에 해당하는 「친구들」이나 자전적 요소가 짙게 느껴지는 「진홍빛 꽃」「아버지가 들판으로」 같은 작품들, 그리고 일상의 무의미에 포획된 자기존재의 반성을 날카롭게 형상화한 「텅 빈 책」「잠들지 않으려 해도 잠드는 잠은 늘 있다」「집이 없다」 같은 작품들이 훌륭한 성과라고 생각한다.

「진홍빛 꽃」과 「아버지가 들판으로」 같은 작품들이 자전적 요소를 포함하고 있다는 나의 판단이 옳다면 이승욱은 비참할 만큼 가난하고 절망적인 어린 시절을 보냈던 것 같다. 부모는 아들 둘, 딸 하나를 데리고 쫓기듯 도시를 떠나 농사라도 지어보려고 농촌에 터를 잡는다. 그러나 곧 견디지 못할 지경에 이른다. 조만간 아버지는 어디론가 떠나버리고(그리고 얼마 후 세상을 떠나고) 어머니가 어린 자식들을 데리고 도시 변두리로 다시 들어와 솜틀공장에 취직하여 근근이 연명한다. 소년 이승욱에게 있어서 이 현실은 극복할 수 없는 절벽, 피할 수 없는 연옥이었다. 그에게 허락된 유일한 숨구멍은 추악하고 고통스러운 삶으로부터의 상상적 초월의 시도였다. 짐작건대 이것이 이승욱 문학의 원점이었던 것 같다. 어쩌면 나의 이런 해석은 그의 시를 너무 고지식하게 액면 그대로 읽은 데서 오는 잘못일지도 모른다. 그러나 분명한 것은 적어도 지금까지의 그의 대부분 시들이 비타협적이고 자폐적이라는 사실이다.

　악의적인 환경에 맞서 자신의 인격적 정체성을 수호하고자 외로운 투쟁을 전개해나가는 인간의 행적은 그 자체로서 감동적이다. 그러나 개인의 자기구원은 그것이 진실로 심오한 차원에서 추구된다면 반드시 사회적 해방의 메시지를 동반하게 마련이다. 어찌 그렇지 않을 수 있겠는가. 어떻든 나는 이승욱의 진실을 믿는다. 그리고 나는 그의 진실이 그가 겪은(혹은 겪었다고 여겨지는) 현실적 역경에도 불구하고 결코 훼손되지 않았다고 생각한다. 그의 시의 난해성과 관념성은 안타깝고 역설적이지만 바로 그 증거이다. 그러나 이제 그것들은 이승욱 문학의 건강성을 가로막는 질곡이 되고 있음도 분명하다 하겠다. 그렇다면 지금 이승욱의 시는 어디로 가야 할 것인가. 우리가 그의 앞날을 지켜보는 까닭은 오직 여기에 있다.

〈1993〉

한라에서 백두까지

고은의 시에 대한 두 개의 글

1. 초기시에 대하여
—— 고은 시선 『부활』

그동안 틈틈이 읽어오던 고은(高銀)의 시들을 이번 기회에 거의 대부분 통독한 셈이다. 곁들여 김현의 고은론인 「시인의 상상적 세계」를 비롯해서 그에 관한 비평들도 얼마간 읽어보았다. 특히 김현의 평문은 제1시집 『피안감성』부터 제3시집 『언어의 마을』까지에 있어서의 고은의 어떤 측면을 정밀하게 분석한 글로서, 이 시인의 시세계를 더 많이 알고자 하는 독자들에게는 좋은 참고가 될 것이다. 한편, 고은의 제4시집이자 가장 최근의 시집인 『문의 마을에 가서』가 이 시인의 시적 발전과정에 있어 가지는 의미는 홍기삼(洪起三)과 김종철(金鍾哲)이 서평의 형식으로 각각 다룬 바 있으므로 이 역시 독자들에게 참고가 될 것이다.

필자는 고은의 시를 분석한 이들의 평론에서 깨우침을 얻은 바도 적지 않고 공감되는 바도 없지 않았으나, 이와 더불어 상당한 부분에서 의견을 달리하지 않을 수 없었다. 그러나 이 자리에서 필자는 어떤 전문적인 이론을 피력하기보다, 내심으로 시를 좋아하고 읽고 싶어하면서도 이해하기 어려워서 좀체 접근 못하는 평범한 독자의 입장이 되어 그의 시세계를 살펴나가려고 한다.

생각건대 시라고 하는 것은 소수의 전문가들에게 체계적으로 분석되기 위하여 있는 것이 아니고 그냥 이렇게저렇게 살아가는 많은 사람들에게 각자의 위치에서 즐겨지기 위하여 있는 것일 터이며, 그렇게 즐겨지는 가운데 그 많은 사람들을 어떤 형제적 우애 속에 묶어 그들의 인간다운 삶을 이룩하는 데 도움을 준다고 한다면 그야말로 훌륭한 시라고 일컬을 수 있을 것이다.

1 고은의 문학세계를 이해하기 위해서 우리는 먼저 그의 말을 사용하는 방식에 주의를 기울일 필요가 있다. 그가 사용하는 어휘나 조사법(措辭法)들은 때때로 지나치게 상식을 벗어나는 것이어서 심히 우리를 당황하게 만든다. 난데없는 단어가 튀어나오는 수도 있고, 정상적인 문맥으로부터의 돌연한 이탈이라고 여겨지는 구절도 많다. 특정한 인물이나 사물·지명 등을 지칭하는 명사들이 작품 속에 수시로 등장하는데, 그러나 시인은 그 특정의 명사가 으레 가지리라고 예측되는 어떤 특수한 의미(또는 상징)가 무엇인지 독자가 합리적으로 추리할 만한 단서를 제공하지 않는다. 문장과 문장 사이에 '그리하여' '마침내' '차라리' '비로소' 등등의 부사들을 삽입하여 시인 자신으로서는 일정한 논리적·시간적·심리적 인과관계를 설정하고 있으나, 독자들에게는 그것이 시인이 의도한 것만큼 잘 전달되어오지 않고 오히려 그러한 부사들의 삽입 자체가 매우 생소한 느낌을 준다. 때로는 조어(造語)도 있고 때로는 명백한 오문도 있다. 고은의 시에서 방금 지적한 문장 및 문체상의 특질을 증명해주는 예를 찾기는 지극히 쉬운 일이다. 거의 아무데를 펼쳐도 우리는 그러한 예를 발견한다.

어제는 네가 너무나 많이 달렸구나. 祭祀날은 쉬자.
그 불빛 羊齒類가 무성한 벌판과 허수아비 자빠진 開發밭과
蒙利區域의 물벼락길을 다 지나왔구나.
——「休息」 부분

滿潮여, 누군들 그대 앞에 한낱 어린 길손이리라.
——「이 滿潮에 노래하다」 부분

늙은 말이 천둥소리를 미리 알 때
비로소 희뜩희뜩한 번개가 떨어진다.
아아 이 세상은 너무나 오래 되었다.
그리하여 햇빛이 산너머 하늘에서 오고,
이제 내가 왔다. 이제 마을을 벗어나서
如意珠 양파밭을 넘어가면
그곳이다, 모든 햇빛이 모여 있는 곳은.

———「햇빛사냥」 부분

　독자들은 여기 인용된 구절이 포함되어 있는 작품을 찾아서 그 전문을
정독해보기 바란다. 그러고 나서 인용된 구절들의 정확한 의미를 해석해
보기 바란다. 아마 상당히 어려울 것이고 어떤 부분에서는 불가능할 것이
다. 그러나 여기서의 어려움이 곧 소위 현대시의 난해성과 일치하는 것은
아니며 또한 그런 차원에서만 합리화되어서도 안될 것이라고 생각한다. 가
령 고은의 산문들을 구해서 그의 시와 비교해보자.

　　이상(李箱)은 한말 고종 치세 이후 명료한 가계를 통해서 전형적인 서울사람
이라는 체질을 가지고 있다. 그것은 이 땅의 문학이 모범적으로 또는 부정적
으로 말해질 때의 지방사(地方史) 대상의 작가에 상반되는 특수성을 그가 가
지고 있는 사실이다.

　　이것은 그의 「이상평전(李箱評傳)」의 한 구절이다. 이 역시 상당히 까다
로운 문장인데, 여기서도 우리는 고은이 설명하고자 하는 내용이 어렵다는
이유 이외의 다른 요인이 이 산문의 어려움에 작용하고 있음을 쉽사리 간
파할 수 있다. 물론 시를 산문에서와 같이 몇 개의 문장으로 환원하는 것
은 마치 아름다운 여인의 미를 코의 높이나 피부의 영양상태로써 설명하려
드는 것만큼 어리석은 노릇이지만, 그러나 시도 문장의 한 형식(매우 특수
한 형식이기는 하나)임에는 틀림없는 사실이다. 요컨대 고은의 시가 상식
적인 독자들을 얼떨떨하게 만드는 이유 중의 일부는 이 시인의 독특한 언

어사용 관습에서 찾아질 수 있다는 말이다. 따라서 독자들은 그의 문장관
습 내지 문체에 익숙해짐으로써 그의 시를 불필요하게 현학적으로 해석하
는 위험에서 얼마간 벗어날 수 있을 것이며, 시인 역시 이런 사실을 의식
함으로써 자기 시의 본질적 가치나 미적 효과를 훼손하지 않는 범위 내에
서 시를 보다 쉽게 쓰는 길을 찾을 수 있을 것이다.

　② 격정적이고 충동적이어서 독자를 당혹케 만드는 그의 언어사용 방식
은 그러면 어떻게 해명되어야 할까. 그것이 고은의 문학에서 단순히 하나
의 결함 혹은 폐단이라고만 보는 것은 물론 지극히 피상적이다. 단순한 결
함이나 폐단은 오직 지양과 제거의 대상일 뿐인데, 이것은 누구나 문학소
년 시절의 습작기에 거치는 과정인 것이다. 다시 말하여 그의 문장 및 문
체상의 특질은 그의 문학세계에서 따로 떼어낼 수 없는 그의 문학의 본질
적인 일부분이다.
　고은의 시는 이 현세적 자연과 인생의 끊임없는 소멸작용에 대한 필사적
인 자기방어라고 할 수 있다. 그의 관점에서 볼 때 이 세계는 나타남과 사
라짐의 영원한 반복이 이루어지는 터전이다. 그의 시는 이 생멸의 과정에
서 시인에 의해 순간적으로 붙잡혀져 언어의 형태로 응결된 것이다. 눈앞
을 지나가는 한 순간의 인상, 머릿속에 스쳐가는 한 순간의 영감, 이것들
은 비록 순간적이어서 믿을 수 없지만 그래도 그것에 의하지 않고서는 세
계의 존재는 성립되지 않는다고 여겨진다. 그의 언어는 인상의 순간성과
감정의 직접성이 시간의 흐름과 일상적 논리와 세속적 이해관계의 풍화작
용에 의해 바래지기 전에 붙잡힌 포로들인 것이다. 우리의 삶이 스스로를
의심하지 않아도 좋을 근거로서의 진정하게 '상주(常住)하는 것'은 세상에
없고 모든 것은 허무의 나락으로 사라지며 다만 순간순간들을 징검다리로
해서 존재를 지속할 수밖에 없기 때문에, 시인의 언어는 순간을 포착하는
데 필사적으로 안될 수 없다. 고은의 시적 긴장은 이처럼 세계를 소멸과
상실의 과정으로 보는 비극적 인식과, 그것을 언어의 힘으로 순간순간이나
마 정착시켜보려는 적극적 노력 사이에 성립된다.

86

이 유월의 유동나무 잎새로써
그대 襟度는 넓고 보드라와라.
저문 들에는 노을이 短命하게 떠나가야 한다.
산을 바라보면 며칠째 바라본 듯하고
나만 저 세상의 일을 알고 있는 양.
벌써 들쥐놈들은 바쁘고
낮은 담 기슭에 상치는 쇠어간다.
제 모가지를 달래면서 소와 말들은 돌아가
차라리 馬珠樹꽃을 싫어하며 빈 새김질을 하리라.
이제 저문 어린애 제 울음을 그친 귓속으로
내 등뒤에 하나인 것이 너무나 많고,
저 九州 下弦달 단 하나만 늦게 떠올라 오리라.
                    —— 「저문 別刀原에서」 전문

어느 벌판의 쓸쓸한 황혼을 노래한 이 시에서도 독자들은 단순한 서경시
(叙景詩)로서는 필요없는 낱말과 어법에 부딪쳐 당황할 것이다. '유동나무'
'마주수꽃' '구주' 들은 각각 왜 여기 동원되었는지 해명되기 힘들다. '유동
나무 잎새'로써 비유되는 넓고 부드러운 '그대 금도(襟度)'란 또 무엇인지
알기 어렵다. "내 등뒤에 하나인 것이 너무나 많고"라는 표현도 알 듯하면
서 분명히 잡히지 않는다. 이 결과 우리는 이 시의 의미를 시에 씌어진 문
면 내부에서만 해명하려는 것이 헛됨을 깨닫게 되는 것이다.

여기서 우리는 '벌써' '차라리' '이제' 같은 부사들에 주목을 할 필요가 있
다. 시의 문면에서만 볼 때 이 부사들은 앞뒤의 시간과 장면을 연결시키는
본래의 기능을 다하지 못하고 있으며, 그래서 가령 '차라리' 같은 말은 아
주 엉뚱하다는 느낌마저 준다. 이것은 이 부사들이 '유월의 유동나무 잎새'
'곧 사라져 없어질 노을' '늘 그 모양인 산' '바쁘게 설치는 들쥐' '모가지를
흔들며 돌아가는 소와 말' 등등 시인에게 순간적으로 포착된 영상들을 시
의 문면에서가 아니라 시인의 심리적 전개과정 속에서 결합시키고 있음을
말해주는 것이다. 풍경을 노래한 고은의 많은 시들이 정지된 장면의 공간
적 배치를 보여주지 않고(이 시인이 보기에 그것은 전혀 무의미한 일이다.

왜냐하면 모든 가시적 자연은 조만간 소멸해버리는 허상이며 일종의 거짓이기 때문이다.) 언제나 시간의 심리적 전개 속에서의 몇개 동작의 몽따주로 묘사되고 있다는 것은 매우 흥미로운 일이다.

이상과 같은 측면에서 볼 때 "나는 창조보다 소멸에 기여한다"는 고은의 말은 그 자신의 시를 직설적으로 설명하는 명제로 될 수 있다. 과연 그는 때때로 무(無)의 나락으로 소멸해가고 영원한 허공으로 상실되어가는 것 속에서 예술을 발견하며, 멸망하고 몰락해가는 것의 아름다움에 황홀하게 집착하기도 한다. 이 점에서 그는 흔히들 말하는 대로 허무주의자이다. 그러나 그의 허무주의에 진정한 시적 역동성을 부여하는 것은 그 허무주의와 상반되는 계기, 즉 상주(常住)의 세계에 대한 잊을 수도 끊을 수도 없는 갈망이다. 다만 그것은 아직 진실로 체험되지 못하고 있는 것이다.

노래는 누가 지었는지 모르고 노래만 남아 있다.
──「海軟風」 부분

만약, 저승의 등불이 꺼진다 해도, 저 감꽃의 부푼 덩어리는 서로 제 부피와 무게만큼씩 다시 새 감꽃 덩어리를 이루옵니다. 그리하여 감꽃은 감꽃을 낳고, 감꽃 덩어리는 덩어리를 낳고, 또 덩어리는 덩어리들을 낳고……
──「新月光曲」 부분

어둠 속에서 疑問符가 없어지고
전해진 뜻이 없어진 채 남아서 빛나고 있다.
──「國道」 부분

위에 인용된 시에서의 '노래' '감꽃' '국도' 들은 어느 순간 시인에게 소멸의 윤회를 벗어난 참된 실재로 여겨지며 그리하여 시인은 그 순간 혹은 그 순간의 사물을 영원화하고 싶은 유혹에 사로잡힌다. 이러한 유혹이 시인의 내면에서 부단히 작용하고 있다는 면에서 "창조보다 소멸에 기여한다"는 그의 명제는 그의 시에 역설적으로 관련된다. 그러나 시인은 곧 그 순간 혹은 그 순간의 사물이 타자요 이물(異物)이며, 그러한 유혹이 실천적 체험의 진실로 변모되지 않는 한 하나의 감상적 허위일 수도 있음을 깨닫지 않을 수 없다. 다음과 같은 아름다운 시에서·우리는 사물의 존재 아닌 사람의 사는 모습조차 나 자신의 체험 바깥에서는 결국 자연의 일부일 수밖에 없음을 보게 된다. (이 시에서 남의 얘기 하듯, 옛날얘기 하듯 하는 말투에 주의하기 바란다.)

　　　그이들끼리 살데.

　　　골짜구니 아래도 그 위에도
　　　그들의 얼얼이 떠서
　　　바람으로 들리데.

　　　그이들 솔바람 속의
　　　빈 산허리.

　　　이 가을, 바위를 골라
　　　우는 추녀끝
　　　뜰에 떨어지는 풍경 소리에

　　　그이들끼리 살데.

　　　이제, 돌아와 한번 잊은 뒤,
　　　도로 가고 싶은
　　　그이들의 얼 바람진 산허리.

　　　그이들은 살데. 그이들은 살데.

──「泉隱寺韻」 전문

③ 제3시집 『언어의 마을』까지를 대범하게 고은의 초기시대라 부를 수 있다면, 이 시대의 그의 시들은 존재의 근거를 위협하는·허무와의 싸움(때

로는 허무에의 내맡김)에 바쳐지고 있다 할 수 있겠다. 물론 이 말은 그의 초기 시세계에 대한 전면적 언급이라고 할 수는 없다. 또 어떤 뜻에서 이 것은 하나의 가설에 불과할지도 모른다. 가령 누이와 폐결핵과 바다의 이 미지에 관한 김현의 상세한 분석도 여기 적절하게 수용되어야 할 것이다. 특히 삶과 죽음의 일상적·세속적 차별을 해소한 어떤 높은 달관의 경지가 노래된 「묘지송(墓地頌)」 같은 우수한 작품의 시적 성과가 평가되어야 할 것이며, 「내 아내의 농업」「애마(愛馬) 한스와 함께」 등처럼 이 무렵의 고 은으로서는 예외적으로 싱싱하고 발랄한 작품들이 또한 더불어 언급되어야 할 것이다. 그러나 어쨌든 우리는 초기시의 세계가 고은 자신의 말대로 '사사적(私事的)인' 한계 안에 머물러 있음을 인정하고자 한다. 이와 더불 어 우리는 이 한계가 시집 『문의 마을에 가서』에 이르러 돌파되고 있음을 보고 기쁨을 고백하고자 한다.

　사사적인 세계라는 것은 요컨대 개인의 내적 체험만이 믿을 수 있는 체 험이라는 신념의 세계이다. 이 세상에 나 개인의 존재를 의심없이 의탁해 도 좋은 상주하는 실재는 존재하지 않는 것으로 여겨지기 때문에 내가 직 접 만져보고 겪어보지 않은 것은 허위에 불과하며, 심지어 직접적인 체험 조차도 영속적인 것은 아니다. 시집 『문의 마을에 가서』는 이러한 초기시 의 자아집착으로부터 놀랄 만큼 벗어나 있는 것이다.

　　문득 길 모퉁이에
　　젊은 스님이 나와
　　며칠 전 새벽꿈 속의 손을,
　　내 이 세상을 알아본 손을 모은다.
　　그렇다. 그 스님의 손에
　　最近 내 다친 손이 낫고 있다.

──「龍仁 절터에 가서」 부분

　이 작품을 앞에 인용한 「천은사운」과 비교해보기 바란다. '새벽꿈 속'이 라는 유보를 아직 남겨두고 있음에도 불구하고 나와 스님의 이러한 관계는 젊은날 고은의 시에서는 결코 이루어질 수 없었을 것이다.

> 누이여. 버들 같은 누이여.
> 會寧 南陽의 강기슭에
> 떠도는 얼음 덩어리 풀렸는가.
> 땅이야 한 가지도 私載하는 바 없이 봄이 오고
> 아이들은 잘 있으며 강물은 얼마나 깊어졌는가.
> 누이여 그대 얼마나 땅으로 늙었는가.
> ——「豆滿江으로 부치는 편지」 부분

　이 작품에서의 누이가 「폐결핵」 「사치」 같은 작품들에서의 누이와 얼마나 다른지에 대해서는 구차하게 설명할 필요가 없을 것이다. 이것은 시집 『문의 마을에 가서』에 이르러 고은의 시가 사사(私事)의 세계에서 역사적 현실의 세계로 들어와 있음을 보여주는 것이다. 이와 더불어 '바다' '농장'의 이미지는 '강물' '거리'의 이미지로 변모되고 있음을 알 수 있고, "땅이야 한 가지도 사재(私載)하는 바 없이 봄이 오고"처럼 초기시의 독특한 수사법이 아직 많이 남아 있음에도 불구하고 전체적으로는 대단히 평이해지고 있음을 알 수 있다. 무엇보다도 근본적인 변화는 그의 체험세계의 질적 확장이라고 하겠다.

> 우리가 이름을 부르며 떠도는 것은
> 떠도는 곳에만 우리가 있을지라도
> 또한 金빛 저녁바다 위에도 있다.
> 그렇다. 우연은 어느 날보다 잉잉거린다.
> ——「清進洞에서」 부분

> 흐른 뒤에도 흐르는 것 위에
> 길을 이루어
> 나를 부르는 소리
> ——「강건너 마을」 부분

여기서 중요한 것은 우리 인간의 삶이 서로 부대끼며 모여 있음으로써 이루어진다는 것, 모여서 흘러가는 삶들의 강물에 마치 우연처럼 나의 삶도 동참되어 있다는 것, 그러나 그것은 결코 허무한 우연이 아니라 살아있는 필연이며 이렇게 삶들이 서로 필연적으로 얽혀 있음으로 해서 삶이 정말 삶다워진다는 것의 체험이다. 순간성에 대한 연속성, 개별체에 대한 공동체의 경험이라고 할 것이다.

『문의 마을에 가서』에서의 이러한 변화가 어떻게 해서 일어났는지를 단정적으로 설명하기는 어렵다. 이른바 제주도를 떠나 청진동 거리로 나왔다는 전기적 사실이 하나의 참고가 될 것이다. 초기시의 제한된 세계란 어떤 방식으로든 극복될 수밖에 없었다는 사정도 수긍이 된다. 이밖에도 우리는 그럴듯한 이유를 더 제시할 수 있겠다. 그러나 어쨌든 우리는 그의 시적 발전이 바람직한 방향에서 전개되고 있다고 생각한다. 「초추(初秋)」 같은 작품에서 그는 시적 상징으로서가 아니라 함께 살아가는 피붙이로서의 가족을 부른다. 「종로」 「추수 이후」 등에서 그는 어지러운 시대적 현실의 한가운데 서서 부르짖는다. 「눈물 한 방울」 「서울의 비」 「삶」에서 그는 마치 이중섭(李仲燮)의 마지막 무렵 같은 처절한 정직성으로써 자기를 질타하고 동시에 자기를 긍정한다. 「호명(呼名)」 「진달래」 등에서 그는 역사의 한 매듭을 책임져야 할 존재로서의 개인적 삶을 인식한다. 「투망(投網)」 「남한에서」 「성묘(省墓)」 등에서 그는 어떤 일시적 이데올로기나 정치권력에 의해서도 분리될 수 없는 민족적 공동체의 정서를 노래한다. 이 모든 것은 이제부터 이루어갈 그의 문학적 업적에 그와 더불어 살고 있는 동시대인들의 삶이 지금까지보다 훨씬 더 많은 것을 힘입게 되리라는 우리의 기대를 확실하게 증명해주는 사실이다.

<1975>

2. 삶의 깊이, 민족문학의 자부심
——『조국의 별』을 중심으로

고은의 70년대는 1973년에 시작된다. 이 해에 그는 오랜 방황과 방랑을 청산하고 화곡동으로 이사하였으며 "이 이사 이후 이른바 허무주의의 대표자라는 딱지를 떼어내고 역사의식의 출발"(『高銀詩全集』 연보, 민음사 1984)을 이룩하였다. 이후 그는 자유실천문인협의회(이하 '자실'로 약칭) 결성을 주도하고 민주회복국민회의에 참가하는 등 민주화운동의 최전선에서 눈부신 활동을 전개하였으며 YH 사태와 관련하여 국가보위에 관한 특별조치법 위반으로 투옥중에 10·26을 맞이한다.

그의 삶의 극적인 전환에 비하면 그의 문학적 변화는 오히려 단속적이고 점진적이다. 화곡동 시대의 첫 시집 『문의 마을에 가서』(1974)는 시집 출간 당시에는 고은 시의 커다란 변모라 하여 화제에 올랐으나, 지금 돌이켜보면 그것은 실상 변모의 첫걸음을 내디딘 데 불과하고 더 많은 부분에서는 초기시의 발상과 어조를 그대로 지니고 있었다고 말할 수 있다. 『입산(入山)』(1977)에 오면 드디어 민족시인의 면모가 뚜렷해지며, 「화살」「갯비나리」 같은 명작을 포함한 『새벽길』(1978)은 이러한 발전의 한 절정을 보여준다.

생각해보면 한 인간의 정신세계란 돌연한 비약이나 급작스러운 퇴보가 일어나기 어렵다. 겉으로 그렇게 보이는 경우에도 오랜 고뇌의 시간 즉 준비과정이 있게 마련이다. 또 급격한 전환 이후에도 사고의 관행이 이와 더불어 금방 달라지는 것은 아니다. 그렇기 때문에 불가(佛家)에서는 일거에 어떤 깨달음을 얻은 연후의 끊임없는 정진을 더욱 중시하는 것 아닌가. 이런 점에서 우리는 고은의 문학적 도정에서 차지하는 1973년의 의미를 높이 평가하면서도 변화되는 가운데 지속되는 것이 무엇이며 변화에 의해 열린 공간을 그가 어떤 옹골진 내용으로 채워가는가에 깊은 주목을 돌리게 된다.

그이들끼리
살데.

골짜구니 아래도 그 우에도
그이들의 얼얼이 떠서
바람으로 들리데.

—「泉隱寺韻」1, 2연

松廣寺 華嚴殿에 갔더니
물이 저희들끼리 흐르더라
기특해라
기특해라
어린것들 겨드랑이나 발바닥에
물무늬 간지러움을 태우면서 흐르더라

—「松廣寺 가서」 앞부분

태백산맥 두메마을 찾아갔더니
상동에서 삼십리 찾아갔더니
허위허위 날 저물어
화전밭 너와집에 하룻밤 잘 때
할아버지와 열여섯 살 처녀 살고 있더라
눈물겹게도 잘 살고 있더라

—「범」 앞부분

「천은사운」은 1958년의 추천작으로 처녀시집 『피안감성(彼岸感性)』
(1960)에 실려 있으며 「송광사 가서」와 「범」은 『입산』과 『새벽길』에서 각
각 뽑는 것이다. (인용은 모두 『高銀詩全集』에 의거했으며, 따라서 초판 시집과 약
간 다른 부분도 있다.) 거의 20년 가까운 시차를 두고 씌어진 작품들인데,
그럼에도 불구하고 거기에는 삶과 사물을 바라보는 태도의 어떤 일관성이
느껴진다. 이 작품들에서 시의 화자는 객(客)이다. 「천은사운」의 경우 객

승일 터인데, 산사에 파묻혀 지내는 스님들의 모습이 묵화 같은 적막감으로 묘사되어 있다. 화사하고 현란한 수사법에 의하여 때로는 자기탐닉에 가까운 감정분출을 마다 않던 고은의 초기시들 가운데서 이 작품의 절제된 쓸쓸함은 예외적인 것이지만, 그러나 관찰자로서의 시적 화자를 매개로 현실과 역사의 이모저모를 서사화하는 기법은 여기 맹아적으로 나타나고 있다 할 것이다.

이처럼 70년대 후반 이후의 시와 초기시 사이에 발상의 맥이 이어지는 연속성을 보이면서도 중요한 변화가 일어난다는 사실 또한 간과될 수 없다. 천은사 스님들이 '그이들끼리' 살듯 송광사 화엄전 앞의 냇물도 '저희들끼리' 흐른다. 그러나 그때의 스님들은 잊혀질 듯 잊혀지지 않는 아련한 타자로서 화자와 거리를 두고 있지만, 화엄전 앞 냇물은 소리쳐 흐르면서 화자에게 질타를 가한다. 그 물들은 마치 깨달음 높은 선승처럼 화자를 향해 자연과 인간의 관계에 대하여 묻고 화자의 서투른 대답을 꾸짖으며 세간(世間)과 출세간(出世間)의 이치를 실천한다. 「다시 조계산에 들어가」라는 작품에 같은 삽화가 잠깐 다시 나오는데, 거기에 의하면 시인은 78년 강제로 송광사에 유폐되었다가 탈출한 뒤 두번째로 송광사에 갔다가 '흐르는 화엄전 물'을 만났던 것이다. 그 무렵 유신체제하의 긴급조치 시대에 그는 '자실' 대표로서 인권운동과 노동현장에 정신없이 뛰어다니고 있었다. 놀라운 것은 그런 와중에서도 그가 '저희들끼리' 흐르는 물과 대화를 나누었고 "에끼 이 백수건달아! 나도 바쁘다!"는 물의 일갈을 들을 수 있었다는 사실이다.

「범」에는 이미 『만인보(萬人譜)』의 세계가 들어 있다. 태백산맥 두메마을 화전밭 너와집에 할아버지와 손녀딸 단둘이 살고 있는 데는 벌써 심상치 않은 사연이 있음직하다. 그러나 짐짓 화자는 그런 것에 대해 일언반구 설명이 없고 "눈물겹게도 잘 살고 있더라" 한마디로 자른다. 수없는 환난과 모진 풍상에도 불구하고 마침내 그것을 이기고 '잘 살고' 있는 것 아니겠는가. 뿐만 아니라 처녀는 할아버지 곁에서 시집갈 때 가지고 갈 베갯잇 수를 놓는데, "범이어요 범의 눈깔이어요/시집가면 범 같은 사내 맞을 거예요"라고 말한다. 신화적 분위기조차 풍기는 이 장면을 통해 시인은 원시

조선인의 강건하고 우렁찬 기상을 시원스레 재현한다.

1980년 '죽음 직전의 극한상황'을 체험하고 2년여의 대구 감옥생활에서 풀려난 고은의 문학적 80년대는 83년에 시작된다. 이 해 그는 3년 만에 시를 발표하기 시작했고 결혼을 했으며 '풍운의 화곡동 독거생활'을 정리하고 경기도 안성군으로 이사를 한다. 그리고 그동안 발표했던 작품들을 철저히 새로 손보아 『고은시전집』을 출간한다. 아마 여기까지가 고은 문학의 전기(前期)일 것이다.

이 전기 동안의 고은만 하더라도 충분히 우리의 경이에 값한다. 850면의 두툼한 부피를 촘촘하게 채운 시들을 비롯하여 40여 권의 소설·수필·평론 들을 집필했으니 그것만도 제법 부지런한 문인의 평생 작업량에 해당한다. 그러나 시집 『조국의 별』(1984)을 시발로 하여 점점 더 가속화되는 그의 창조력의 폭발은 적어도 분량의 면에서는 83년을 전기와 후기의 경계 아닌 전기와 중기의 경계로 만들 공산이 크다.

생각건대 시집 『조국의 별』은 이 시인의 다양한 관심과 꾸준한 모색 그리고 넘치는 재능이 한 권의 책으로 충만된 결집을 이루는 데 성공한 기념비적 저서이다. 여기에는 전후파 시인으로서의 퇴폐와 허무의 기억도 있고 불승들의 선문답 같은 번뜩이는 각성도 있으며 민족현실의 한가운데를 뚫고 지나온 운동가의 피어린 상흔이 있는가 하면 이름없는 민중들의 고난의 삶에 대한 따뜻한 애정이 있다.

저녁 하늘에는
수많은 이야기들이 적혀 있다

네 이야기와
내 이야기가 있다

하루를 산 사람들의 수고여

　　　저녁 하늘에는 왕이 없다
　　　이 얼마나 당연한 일이냐

　　　저녁 하늘에는 민중이 있다
　　　이 얼마나 황홀한 일이냐

　　　저녁 하늘에는
　　　네 얼굴과
　　　내 얼굴이 있다

　　　저녁 하늘에는
　　　역사가 있다
　　　단 하루에도 긴 역사가 있다.

──「저녁 하늘」 전문

　과장도 과잉도 떨쳐버린 지극한 담백함 가운데 역사와 민중에 대한 넉넉한 확신이 배어 있다. 절망과 통음, 격전과 각성의 수많은 나날들을 온몸으로 헤쳐온 사람의 눈은 드디어 저녁 하늘에 적힌 '수많은 이야기들'을 읽는다. 고난의 심장부에서 치열한 싸움을 겪었기에 비로소 '하루를 산 사람들의 수고'가 쌓이고 모여 거대한 역사의 위업으로 성취됨을 깨닫는다. 그러므로 민중의 존재 자체가 그에게는 황홀의 체험인 것이다.

　사실 「저녁 하늘」은 『조국의 별』에서 그렇게 두드러진 작품인 것도 아니다. 그러니까 놀랍게도 이 시집은 「저녁 하늘」같이 맑은 깨우침이 단아하게 영근 작품조차 범작으로 보이게 할 만큼 팽팽한 실감과 준엄한 역사의식으로 가득차 우리에게 틈을 주지 않는다. 아마 이 시집처럼 민족과 국토에 대한 간곡한 정성을 일관되게 담은 책은 찾기 어려울 것이며, 그 점에서 나는 『조국의 별』이 고은의 『님의 침묵』이라고 생각한다. 무엇보다 이 시집에서 돋보이는 것은 민족의 역사에 대한 그의 큰 긍정이 자신의 삶의 역정에 대한 겸허하고도 진지한 반성 및 시인의 역사적 사명에 대한 드높은 결의에 확고히 뒷받침되어 있다는 사실일 것이다.

시인은 시인이기 전에 수많은 날을 울어야 합니다
시인은 서너살 때 이미
남을 위하여 울어본 일이 있어야 합니다

———「시인」 1연

하기야 슬픔이 본질적인 것이 되지 않을 때
울음이 말단이나 노동자에게만 머물 때
그런 것들이 다만 천박한 것으로만 보일 때
시인아 너야말로 그 민중과 함께
민중의 울음을 우는 천한 곡비이거라 곡비이거라

———「哭婢」 부분

　이런 구절들로 미루어볼 때 고은은 자신이 운명적인 시인임을 일찍이 자각하고 있었던 것 같다. 그리하여 그는 그 피할 수 없는 운명을 껴안고 사생결단의 싸움으로 또는 미풍보다 더 부드러운 삼라만상과의 교감으로 나아간다. 때때로 발걸음보다 마음이 더 급하여 충분히 여물기 전에 독자들 앞에 태어난 듯한 작품도 없지 않았다. 그러나 그의 무애자재(無碍自在)한 상상력이 그것이 요구하는 필연적 언어와 적시적소에서 만날 때 우리는 문학사상 유례없이 광휘로운 시의 탄생을 목격하는 것이다.
　그런데 위의 인용에 의하면 시인은 '남을 위하여 우는' 사람이고 '민중의 울음을 우는' 사람이다. 이때 울음은 단순한 동정이나 연민의 차원을 훨씬 넘어선다. 깊이 또 크게 울어본 사람은 아는 일이지만 울음은 온몸과 온마음이 어떤 극한의 꼭지점을 향해서 일치하는 활동이며 우는 사람이 울음의 대상 안으로 몰입하는 행위이다. 고은이 「곡비」에서 '우는 일조차 천한 일로' 여기고 '슬픔조차 뒤에 감추고' 점잖은 체 거드름을 피웠던 '조선시대 양반 녀석들'을 질타했을 때 그것은 봉건주의 양반계급에 대한 통렬한 비판으로서의 그의 선진적 역사의식을 보여줄 뿐만 아니라 인간의 인간다운 됨됨이에 갖추어져 있어야 할 근원적 자질에 대한 통찰을 또한 보여주는 것이다. 그리고 그가 보기에 시인은 그러한 참된 인간의 원형 즉 '우리나

라의 씨짐승'(「車嶺山脈」)이다. '곡비'로서의 시인의 울음을 절절하게 노래
한, 짧지만 감동적인 시 한 편을 여기서 읽지 않고 넘어갈 수는 없다.

     몇 해 전 겨울이었지요 앞산 골짜기에서
     울음소리 훌쩍훌쩍 들렸습니다
     다가가서 우는 할머니 달래었습니다
     남의 집 식모살이라 울 데도 없어
     여기 나와서 혼자 우는 것이었지요
     바로 어제가 세상 떠난 그 양반 제삿날이라
     메 한 사발 올리지 못하고 밤을 새워서
     오늘 아침 울음으로나 잠깐 제사 지내는 것이었지요
     나야 별소리로 더 달랠 수 있다지만
     우는 할머니 따라 내 설움으로 함께 울었습니다.

                                        ——「그 할머니」 전문

　눈부신 비유도 없고 넘치는 격정도 절제된 지극히 담담한 서술이다. 그
러나 수많은 불행의 고비고비를 끈질기게 넘기며 살아남은 이 나라 여인네
의 주름진 얼굴과 그의 기막힌 수난사가 이처럼 응축된 표현을 얻는 데 성
공한 시는 많지 않았다. '～었습니다' '～이었지요' 같은 다소곳한 이야기투
와 군더더기를 일절 빼버린 소박한 묘사는 비극의 강화에 기여하는 동시에
비극의 정화를 결과하기도 한다. 아마 이 시의 객관적 효과를 완결짓는 부
분은 '내 설움으로 함께' 울었다는 마지막 대목일 것이다. 초상집 같은 데
서 제일 큰소리로 우는 사람이 망자 때문이 아니라 제 설움에 북받쳐서 그
렇게 운다는 것은 우리의 흔한 경험이다. 그 점에서 "내 설움으로 함께 울
었습니다"란 구절 자체는 상식적인 것이다. 그러나 그 상식적인 구절이 이
장면에서는 할머니의 울음을 뻔한 말로 달래려는 정말로 상식적인 행위에
대비됨으로써 상식의 차원을 멀리 넘어서는 아픔을 이룩한다. 같은 아픔은
다음의 작품에서도 심장을 꿰뚫듯이 우리를 얼어붙게 한다.

　　그렇게 가실 줄 알았다면

헤매는 자식과 깨끗함과 절망이 하나인 분이시여
1980년 4월이나 5월 초
멀지도 않은 월문리 찾아가서
상밥 한 끼 차려달라고 할 것을

어느덧 본디 역사와는 아무 소용도 없는 듯이
그냥 황토로 돌아가버리신 분이시여
——「宋基元의 어머니 생각」 전문

　고은과 송기원은 아득한 선후배지만 20여 년 혈친 같은 끈끈한 인연을 맺어온 사이다. 게다가 80년 5월에는 소위 내란음모사건으로 함께 법정에 서기도 하였고, 그러는 동안 송기원의 어머니가 세상을 떠났던 것이다. 이런 배경적 사실을 아는 것이 이 시의 이해에 조금은 도움이 될 것이다. 이 시를 읽는 문단가족들 다수가 그 사실을 알기 때문에 감동의 절실함이 더했을지도 모르겠다. 어떻든 나는 이처럼 간결하면서도 가슴에 사무치는 조시(弔詩)를 읽어본 일이 별로 없다. 이 시의 감동의 원천은 무엇인가. 내 생각에 그것은 무엇보다도 고은과 송기원과 송기원의 어머니 세 사람이 다른 누구의 틈입이나 용훼도 허락지 않는 어떤 배타적 공간, 말하자면 시적 공간 속에서 그들끼리만의 어떤 절대적 인간관계 같은 것을 맺고 있다는 사실이다. 그것은 세속적 친교의 차원과는 전혀 다른, 소매 끝을 스쳐도 전생의 인연이라고 할 때의 그 준엄한 연기(緣起)가 이 시 창작의 순간에 실현하는 존재의 상호결합이다. 그리하여 '헤매는 자식'이 고은 본인으로 되기도 하고 '깨끗함과 절망'이 송기원으로 되는가 하면 송기원 어머니의 '황토로 돌아감'이 저 햇빛 쨍쨍한 역사의 광장에로의 진출로 되기도 하는 것이다. 그런데 다시 읽어보면 이 시는 아주 평범하고 소박한 감상을 읊은 것이기도 하다. "멀지도 않은 월문리 찾아가서／상밥 한 끼 차려달라고 할 것을"——이 구절을 읽으면서 우리는 아들이나 아들 친구들이 느닷없이 도회지에서 찾아들었을 때 허겁지겁 기쁨을 억누르며 보리밥과 열무김치를 소반에 얹어 내오는 조선의 어머니들을 떠올려야 한다. 천의무봉한 그런 광경의 리얼리즘이 뒷받침되어 있기 때문에 이 시는 보태지도 빼지도 못할 완벽성으로 힘차게 살아있는 것이다.

이와같은 의미의 창조적 긴장이 고은 자신에게도 늘 되풀이되는 것은 아니다. 때때로 그의 목청에는 지나친 쇳소리가 섞이기도 하고 때로는 그의 단정과 선언이 너무 위압적이어서 믿음이 덜 가는 수도 없지 않았다. 그러나 「자작나무숲으로 가서」「긴 겨울에 이어지는 봄이 우리인 것을」「편지」「성조기」「한천을 따라」 같은 시편들을 읽게 되면 우리는 그의 다른 작품들에서 느꼈던 불만이나 아쉬움 따위를 깡그리 잊고 이런 시인과 이 시대를 함께 호흡하고 있다는 희열을 만끽하는 것이다. 이제 이들 중에서 「성조기」와 「한천을 따라」를 검토해보기로 하겠다.

「성조기」는 시인이 자신의 반생을 회고하는 형식을 통해 민족현실과 외세의 문제를 검토한 일종의 자전적 작품이고 「한천을 따라」는 아내와 함께 안성 마을의 냇가 둑길을 따라 걸으면서 보고 느낀 것을 적은 수필 같은 시이다. 이 시들을 읽으면서 나는 역사의 발견이야말로 진정한 의미에서 자기의 발견을 가능하게 하고 또 민족현실의 바른 인식 위에서만 개인적 현실의 옳은 인식도 가능하다는 것을 새삼 깨닫는다. 어쩌면 그 역도 있을 것이다. 치열한 자기탐구의 과정이 허위의식과 자기기만 없이 충실하게 지속된다면 그것은 필연적으로 그 개인의 사회적 기반에 대한 성찰로 확대되지 않을 수 없을 것이기 때문이다. 그런 점에서 고은의 문학적 발전과 성숙은 인간적 차원과 역사적 차원을 겹쳐 가진다고 말할 수 있다.

일찍이 그는 자신의 초기시에 대하여 '사사적(私事的)인' 세계였다고 반성하듯이 규정한 바 있다. 아마 그것은 그의 초기시가 민족사적 현실의 문제보다 개인적 감성의 세계에 매몰되어 있었음을 가리키는 말일 것이다. 이것은 어렵게 따질 것 없이 쉽게 우리 눈에 띄는 '표면적' 현상이다. 그러나 진실로 깊은 뜻에서 개인적 현실과 역사적 내지 공동체적 현실은 과연 얼마나 구별되는 것인가. 자기 개인의 내면을 준엄하게 바라보는 자의 눈길에 이웃의 고통과 불행이 잡히지 않을 수 있는 것인가. 이렇게 물어볼 때 고은 초기시의 '사사성(私事性)'이라는 것도 다시 따지고 들 여지를 남긴다. 다시 말하여 그때의 '사사'는 진정한 자기탐구에 반드시 요구되는 무자비한 정직성을 결하고 있는 것이었다고 말할 수밖에 없다. 그렇기 때문에 우리는 고은의 초기시에서 '사사적'이라는 그의 언명에도 불구하고 솔직하게 양각된 그의 진면목을 찾기 어렵다.

물론 고은의 초기시는 이러한 관점에 포착되지 않는 미덕과 성취를 포함한다. 이것은 그의 남다르게 활동적인 상상력이 척박한 시대적 환경 속에서 이룩해낸 참으로 역설적인 업적이다. 다시 말해 그의 초기시는 감정과잉, 위장된 제스처, 지나치게 화사한 문체, 때로 눈에 띄는 자기파괴적 허무주의 등에도 불구하고 바로 그 부서진 모습 자체에 의해 자기 시대를 증언하는 것이다. 무엇보다도 그의 끝없는 향상의지와 부정의 정신은 초기시로부터 「성조기」나 「한천을 따라」 같은 작품에까지 이어지는 그의 악전고투의 전과정에 핏자욱 낭자한 진정성을 부여한다.

> 나는 일장기 아래 태어났습니다
> 그러나 현해탄의 갈매기와 아무 상관도 없었습니다
> 망한 나라
> 한 가지가 여러 가지로 보이는 나무 아래
> 썩은 지붕 이엉의 보릿고개를
> 할아버지 아버지로 삼고 자라났습니다
> 나는 성조기 휘날리는 항구에서
> 연합군 미군을 환영했습니다
> 그 뒤로 성조기와 더불어 떠돌았습니다
> 나는 그 방황이 자유라고 또는 자유세계라고
> 내 지친 청춘을 속였습니다

식민지 백성의 아들로 태어난 한 인간의 성장사가 민족의 정치적 운명의 변천사와 겹쳐지고 있다. 그런데 생각해보면 이것은 고은 한 사람만의 삶의 역정인 것은 아니다. 가혹한 봉건지배와 민족말살적 식민지통치 그리고 국제 냉전체제의 최일선에서 분단과 전쟁을 겪어야 했던 이 나라 민중의 공통된 이력 아닌가. 그러나 여기서 시인은 냉정하게 자기의 젊은날을 정리한다. 비록 그는 '현해탄의 갈매기'를 노래하지는 않았으되 '성조기와 더불어' 떠돈 방황을 '자유'의 이름으로 속였던 것이다. 그 미망의 세월에 대한 시인의 질타는 참으로 통렬하다. 그것은 바로 노예의 삶이었다고 그는 말한다.

나는 성조기 아래 충실히 늙어버렸습니다
그러나 내 늙음 하나 이것만은 아메리카의 것이 아니라
그것만은 강력한 내 역사입니다
여기서부터 나는 다시 일어납니다

남의 지배를 받으며 영혼을 빼앗긴 자기망각의 생애를 살아온 사람이 육신의 늙음 하나만은 '내 것'이다라고 주장할 때 어찌 보면 그것은 강변 같기도 하다. 그러나 몸뚱이를 움직여 삶을 영위해가는 생명체들에게 있어 그 몸뚱이는 전부라고 말할 수 있다. 생명의 절대적 존엄성 앞에서 이념이나 사상은 도리어 한갓 장식이요 허상이다. 지옥의 나락 속에서도 목숨이 붙어 있는 한 생명체는 생명활동을 계속한다. 그 생명활동 자체가 지옥에 대한 거부이며 주체탈환의 거점이다. 그러므로 "40년 동안 나는 내 늙음을 도도하게 이룩했습니다"라는 선언은 결코 객관적 현실을 무시한 허장성세가 아니라 생명 가진 모든 존재들의 자기긍정의 외침이며 압제와 수탈에 짓밟혀온 전세계 모든 민중의 자부심 넘친 독립선언이다. 구체적으로 그것은 민족자주와 해방의 메시지를 제국주의 외세에 대하여 선포하는 결의의 목소리다. 그 목소리가 우리의 감각을 흔들고 마음을 움직이는 것은 그것이 추상적 사색에 따른 논리적 결론으로 주어지는 것이 아니라 '늙음을 이룩했다'는, 외세도 하느님도 손써볼 길 없는 자연현상의 불가피한 귀결로서 주어지기 때문이다. 더이상 밀릴 데 없는 곳까지 밀려왔으므로 "여기서부터 나는 다시 일어납니다"라는 말은 너무나 자연스러우며, 따라서 다음과 같은 당당하고 희망에 넘친 미래를 우리는 이제 아무런 자의식 없이 구상해볼 수 있게 되는 것이다.

> 그리하여 신의 힘도 적의 힘도 아니라
> 내 힘으로 내일 아침을 앞당겨
> 떠오르는 태양을 밀어올리는 일입니다

민족문학이 민족의 역사적 현실에 대한 냉철한 인식을 목표로 하고 그것에 확고히 기반한 문학임은 두말할 나위도 없다. 그런 점에서 이 「성조기」를 비롯한 80년대의 수많은 시와 소설들이 직접·간접으로 외세의 문제를 다루었던 것은 정당한 일이다. 그 정당성 자체가 오래고 힘겨운 싸움 끝에 겨우 획득한 것이고 그 싸움의 현장에서 민족문학가 고은이 늘 앞장서왔음을 상기할 때 「성조기」는 민족자주가 달성된 뒤에도 민족문학의 한 시절을 증언하는 깃발 같은 작품으로 휘날릴 것이다.

그러나 민족문학은 구호나 이념적 당위로서 존재하는 것이 아니라 수많은 개인들의 은밀한 정감과 갖가지 사소한 사연들의 얽힘 속에서도 자기를 관철하는 문학으로 존재한다. 「한천을 따라」는 작품의 제재 자체가 산책인 데서 입증되듯이 삶의 자질구레한 이모저모를 어루만지듯 살피는 동안 깊은 지혜에 이르는 과정이 묘사된다. 아침마다 시인은 아내를 대동하고 '하마정 고샅길을 지나서' 논두렁을 건너고 거기서 "양성까지 닿은 한천 둑길을 꺾어서 안성국도를 향한다."

> 둑길은 대보름 지나 불을 놓아서 검게 타 있으며
> 그 가운데 질긴 망촛대나 물버드나무 가지 따위는 남아 있다
> 그때 해는 신영리 산등성이에서 얼른 솟아오르지만
> 이 무렵의 추위에 거지 얼어죽는다는 말로도
> 아직 간밤의 추위는 풀릴 생각 없이 사람에게는 사정 없다
> 우리는 걸어서 지난 여름 만취한 휴가병이 빠져 죽은 데를 지났고
> 지난해 초겨울까지도 오리들이 불안한 물결 위에서
> 강태공보다도 더 태연자약하던 모습을 떠올렸다
> 강은 얼음판이고 들은 깊숙하게 잠들어 있다

이렇게 시인은 이른봄 아침의 냉기를 견디면서 둑길을 걷는다. 아무런 문학적 기교 없이 서술되지만 둑길 주위의 풍경들을 바라보는 그윽한 마음이 각인되듯 전달된다. 같은 서경시이지만 가령 다음과 같은 초기작과 비교할 때 국토의 자상함을 보는 눈길이 얼마나 더 너그럽고 깊어졌는지 느껴진다.

> 이 유월의 유동나무 잎새로써
> 그대 襟度는 넓고 유연하여라
> 저문 들에는 노을이 短命하게 떠나가야 한다
> 산을 바라보면 며칠째 바라본 듯하고
> 나만 저 세상의 일을 알고 있는 양
> 발써 朝天거리 쪽으로 들쥐놈들은 바쁘고
> 낮은 담 기슭에 상치는 쇠어간다
>
> ——「저문 別刀原에서」 앞부분

여기서 자연경치는 단순한 관찰의 대상이라기보다 독특한 미적 체험의 대상으로 되며, 따라서 이 시는 서경시 이상의 것을 겨냥한다. 그러나 그렇기 때문에 자연은 일정하게 주관화된 그림으로 나타난다. 반면에 「한천을 따라」는 일체의 주관화가 억제되며 자연은 다만 '거기 있음'으로서 우리에게 다가온다. 사람에 따라서는 「저문 별도원에서」에서 더 강한 '시'를 볼지도 모른다. 그러나 나는 거기서 오히려 '축소된' 시를 보며, 그런만큼 「한천을 따라」에서는 자연의 넓이만큼 확장되고 땅의 높이만큼 낮아진 시를 본다. 물론 이 작품도 단순한 서경시에 그치는 것은 아니다. 아내와 함께 말없이 걷는 산책길이 한참 더 서술되다가 돌연

> 典型! 전형이 사상에서 해라 마라의 명령으로 전락한다면
> 그것을 단호하게 버리기 위해서 우리는 더 걸어야 한다.

라는 난데없는 결론으로 시가 마무리되는 것이다. 여기서 가령 교조주의의

거부를 읽는 것은 어렵지 않은 일이다. 그러나 교조주의의 거부와 그의 산책을 연결짓는 것은 쉬운 일이 아니다. 그렇다면 고은 시에서 가끔 마주치는 선시적(禪詩的) 돌변인가. 그런 충격효과도 어쩌면 면밀히 계산되었을지 모른다. 그러나 그의 또다른 명작 「자작나무숲으로 가서」의

> 나는 나무와 나뭇가지와 깊은 하늘 속의 우듬지의 떨림을 보며
> 나 자신에게도 세상에도 우쭐해서 나뭇짐지게 무겁게 지고 싶었다
> 아니 이런 추운 곳의 적막으로 태어나는 눈엽이나
> 삼거리 술집의 삶은 고기처럼 순하고 싶었다
> 너무나 교조적인 삶이었으므로 미풍에 대해서도 사나웠으므로

같은 구절을 함께 읽어보면 ‘깊은 하늘 속의 우듬지의 떨림’이나 ‘이런 추운 곳의 적막’, 검게 타 있는 둑길과 그 가운데 남아 있는 ‘질긴 망촛대나 물버드나무 가지 따위’ 들, 그리고 그런 것들이 있는 곳으로의 산책이 자신의 교조주의에 대한 반성일 뿐만 아니라 민족문학론 일각의 이념적 조급성에 대한 비판임을 알 수 있다. 요컨대 그는 연륜과 더불어 삶과 문학이 본래 있어야 할 자리에 큰 깨달음으로 다다른 것이다.

　고은 문학의 한 갈래가 『조국의 별』에서 「그 할머니」 「재철이 어머니」 「어느 농부의 하루」 「한천을 따라」 같은 옹달샘을 낳고 『전원시편(田園詩篇)』(1986)에서 자못 강을 이루더니 마침내 『만인보』라는 바다로 나간 것은 우리가 익히 아는 바이다. 또하나의 갈래는 「갯비나리」 「대륙」을 거쳐 지금 한창 『백두산』이라는 거봉에 도전하고 있으며, 그보다 훨씬 작은 갈래인 단시들은 단시집 『여수(旅愁)』(1970)에 묶인 뒤 오랫동안 뜸하다가 『그믐밤』(1986)에서 다시 산뜻한 모습을 드러내었다. 이 엄청난 작업들을 검토하기엔 내 힘이 부친다.

　그러나 이제 고은 선생의 회갑을 맞으며 몇마디 개인적인 감회를 덧붙이지 않고 글을 끝낼 수는 없겠다. 내가 고선생을 처음 만난 것은 그가 제주도 생활을 청산하고 서울로 올라온 뒤이다. 그러니까 1967년쯤인데, 그때 나는 신구문화사에 근무하고 있었다. 당시 신구에는 신동문(辛東門) 선생

이 편집고문으로 계셨기에 많은 젊은 문인들이 드나들었다. 고선생말고도 김수영·이호철·최인훈·김현 등등. 그후 이렇게저렇게 어울리며 수없이 많은 자리를 함께했으니 어언 30년이 가까워온다. 물론 술 없이 고선생을 떠올릴 수는 없다. 다들 아는 얘기지만 그의 술자리는 실로 호탕하고 요란하다. 그러나 술에 자기를 던지듯이 광포하게 마셨으되 마치 태풍 뒤에 맑은 햇살이 나타나듯 그는 술의 난동으로부터 자신의 시와 삶을 씻은 듯이 건져내었다. 자실이 결성된 뒤 그의 화곡동 집은 우리들의 아지트였다. 이문구·박태순·조태일·송기원·이시영의 얼굴들이 이리저리 엇갈리며 쏜살같은 세월의 흐름에 가슴이 메인다. 송광사에 유폐된 고선생을 백기완씨와 함께 찾아가 구산(九山) 스님으로부터 녹차를 얻어 마시던 일, 화원 대구교도소의 새벽어둠을 헤치며 걸어나오던 명태처럼 마른 그의 몸집, 안종관씨와 찾아갔던 안성 댁에서의 밝은 햇빛과 환호작약의 술 몇잔, 광주에 갔다가 송기숙씨와 마지막까지 남아 저질렀던 황홀, 그의 불감당의 주사와 폭포같이 흩어지는 웃음, 그의 융단폭격 같은 강연, 모로 돌려 창밖을 내다보는 식은재처럼 싸늘하게 가라앉은 그의 옆얼굴…… 송기원 어머니에 대해 하던 말투를 빌려 그는 벽력과 적막이 하나인 분, 광기와 순정이 하나인 분, 들끓는 젊음과 지혜로운 늙음이 하나인 분이다. 그 하나임에 그의 행 있고 우리의 복 있으라!

<1993>

투쟁과 나날의 삶

김남주의 시에 관한 세 개의 글

1. 사회인식과 시적 표현의 변증법
—— 김남주 시집 『나의 칼 나의 피』

[1] 벌써 15년 가까이 지난 옛일이다. 어느 출판사 건물의 삐걱거리는 계단을 올라간 2층 한귀퉁이에 책상 두엇 놓은 조라한 사무실이있지만 넘치는 의욕으로 『창작과비평』을 내고 있을 무렵이다. 어느 날 투고된 원고들 중에서 김남주(金南柱)의 작품을 발견한 것은 신선한 기쁨이고 눈을 번쩍 뜨게 하는 감동이었다. 당시로 말하면 강권적 유신체제가 선포된 지 1년 반쯤, 터져나오는 저항을 폭압적인 긴급조치로 억누르던 서슬 퍼런 공포의 계절이었다. 「잿더미」「진혼가(鎭魂歌)」 등 지금 읽어도 가슴을 뜨겁게 하는 김남주의 시들은 바로 이 죄어드는 현실 한복판에서 솟아오른 가장 찬란한 예술적 형상이자 싱싱하게 살아있는 정신의 가장 힘찬 발언이었다.

얼마 후 사무실에 나타난 김남주 당자의 인상은 그의 시의 펄펄 뛰는 생동감과 자못 거리가 있었다. 그의 시는 김수영·조태일·김지하 같은 앞세대 시인들의 선행업적을 충분히 숙독한 흔적 즉 날카로운 현대성을 지니고 있었으나, 그의 사람됨은 도무지 때가 벗지 않은 투박함 그것이었다. 맺힌 데 없이 벌씬벌씬 웃는 그의 웃음이 더 그런 느낌을 주었다. 그러나 그후

드문드문 나타나는 그에게서, 그리고 역시 드문드문 발표되는 그의 시에서 알게 된 것은 그가 단지 선량하고 천진한 촌놈일 뿐만 아니라 비판정신에 가득 찬 독서가이며 또한 우리말의 가락에 민감한 시인이자 현실의 암흑에 온몸으로 맞서고자 하는 불퇴전의 실천가라는 점이었다.

어떻든 시인으로서의 그의 공식적 활동은 1979년 가을로 중단된다. 이른바 '남민전사건'에 연루되어 영어의 몸이 된 지 어느덧 9년의 세월이 흐른 것이다. 그러니 70년대의 한국문학을 김지하가 버텨냈다면 80년대를 버티고 있는 것은 김남주란 말인가. 그의 시집 『나의 칼 나의 피』는 이것이 단순한 수사적 심정적 탄식이 아니라 팽팽하게 결실된 문학적 진실임을 증언한다. 이 시집을 통해 우리는 그가 80년대 우리 시의 전개과정에 단지 침묵으로써가 아니라 작품으로써도 예리하게 동참하고 있으며 육신의 감금상태에도 불구하고 그의 시정신이 더욱 옹골지게 단련되고 있음을 확인한다.

그러나 이제 그의 감옥생활은 끝나야 한다. 그것은 김남주 개인을 위해서 좋은 일일 뿐 아니라 이 시대 민족문학의 발전을 위해서 또 머잖아 90년대를 맞는 우리 민족 전체의 이익을 위해서 도움되는 일이다. 아무에게도 해롭지 않고 누구에게나 이로움이 미칠 일을 하지 않는 데도 까닭이 있다면 그것은 오직 무지뿐일 것이다. 그 무지란 필경 김남주 문학에 대한 몽매와 우리의 역사적 현실에 대한 맹목에서 비롯된 것일 터인데, 따라서 이 글은 그의 시를 설명함으로써 간접적으로 그의 석방의 당위성을 입증하는 데에 목적이 있다.

② 김남주가 70년대 후반 5년간 발표한 스물댓 편의 시들은 모두 시집 『진혼가』(靑史 1984)에 묶여 있는바, 그중의 절반쯤이 『나의 칼 나의 피』 (인동 1988)의 제4부를 이루고 있다. 1·2·3부에 실린 나머지 70여 편은 대체로 옥중시들로 짐작되는데, 그 가운데 30편 정도는 이런저런 기회에 이미 활자화된 것들이다. 따라서 김남주의 문학을 전체적으로 이해하자면 먼저 시집의 제4부, 그러니까 그의 초기시라 불려질 수 있는 70년대 작품들을 검토하는 데서 시작하는 것이 좋을 것이다.

김남주의 초기시들은 그 시들의 바탕이 되는 개인사적 경험에 따라 크게 두 부분으로 구분될 수 있다. 「진혼가」「솔직히 말해서 나는」「잿더미」「눈을 모아 창살에 뿌려도」「한 입의 아우성으로」 등은 그가 유신 직후 유신체제를 비판하는 유인물을 만든 혐의로 체포되어 혹독한 수사를 받은 끝에 10여 개월 옥고를 치른 경험과 관련되어 있고, 「아우를 위하여」「추곡(秋穀)」「우습지 않느냐」「달도 부끄러워」「그들은 누구와 함께 자고 있는가」「노래」 등은 시인으로 문단에 등장한 뒤 도시에서의 학업을 팽개치고 농부들과 함께 일도 하고 시도 쓸 작정으로 고향에 내려가 생활한 경험이 배경으로 되어 있다. 시기적으로 앞선 전자의 작품들부터 검토해보기로 하자.

　자유와 민주주의에 대한 소박한 신념 하나만 가지고 뛰어든 현실세계로부터 그에게 돌아온 대답은 엄청난 물리적 폭력이었다. 최악의 육체적 학대에 직면하여 '나의 양심' '나의 싸움'은 순식간에 박살이 나고 참담한 패배를 자인하지 않을 수 없게 된다. 「진혼가」는 바로 그런 육신의 고통을 통해 획득된 준엄한 자기확인이다.

　　총구가 나의 머리숲을 헤치는 순간
　　나의 양심은 혀가 되었다
　　허공에서 헐떡거렸다 똥개가 되라면
　　기꺼이 똥개가 되어 당신의
　　똥구멍이라도 싹싹 핥아주겠노라

　"권총을 이마에 대고 죽이겠다고 위협하며 막무가내로 다그치는 수사관의 혹독한 대우"(朴錫武, 「金南柱 詩人의 데뷔 무렵」) 앞에서 양심이니 자존심이니 하는 어설픈 관념적 요소들은 여지없이 무너지고 동물적 수준의 몸뚱이리만이 자기동일성을 증거해주는 마지막 담보로 남는다.

　　하찮은 것이지만 육신은 나의
　　唯一의 確實性이라고 나는
　　혓바닥을 내밀었다 나는

  무릎을 꿇었다 나는
  손발을 비볐다 나는

그러나 이런 부분에서 패배와 좌절의 기록만 읽는 것은 옳지 못하다. 자신의 패배를 승인하는 목소리치고는 너무 기탄없고 당당하다는 데에도 유의해야 하지만, 이와 더불어 무엇보다 중요한 것은 가혹한 육체적 학대와 모멸의 극한상황을 통과하면서 시인의 내부에서 깨져나간 것이 무엇이고 새롭게 다져지고 다듬어진 것이 무엇인지를 정확히 판별하는 일이다. 외적 충격에 의해 부서져나간 것 즉 자신의 힘으로 이미 극복했어야 할 부정적 요소는 「진혼가」의 둘째 부분에서 자기비판의 형식으로 제시되고 있다.

  쓰고 있다
  지금 나는 쓰고 있다
  세 겹으로 네 겹으로 갇혀 쓰고 있다
  내 탓이다라고
  서투른 광대의 설익은
  장난 탓이다라고
  어설픈 나의 양심 탓이다라고
  미지근한 나의 싸움 탓이다라고
  모두가 모든 것이 내 탓이다라고

아마 우리는 이것을 그 무렵 시인의 사회적 존재를 규정짓는 객관적 조건으로서의 소시민성이라 부를 수 있을 것이다. 그리고 엄정한 역사적 현실과의 강력한 조우를 통해 소시민 시인의 내부에 조성된 심리상황이 자책과 무력감인 것은 당연하다 할 것이다. 때로는 그것이 연민과 자기비하로까지 발전되기도 하는데, 다른 작품에서 그것은 다음과 같이 묘사된다.

  솔직히 말해서 나는
  아무것도 아닌지 몰라
  단 한방에 떨어지고 마는

　모기인지도 몰라 파리인지도 몰라
　뱅글뱅글 돌다 스러지고 마는
　그 목숨인지도 몰라
　누군가 말하듯 나는
　가련한 놈 그 신세인지도 몰라
　　　　　　　　──「솔직히 말해서 나는」 제1연 전반부

　그러나 김남주 시인의 탁월한 점은 혹심한 신체적 고통이 그에게 자신의
소시민성을 확인하는 기회로 될 뿐만 아니라 동시에 새로운 반전(反轉)의
계기 즉 소시민성의 자기부정의 계기로도 되고 있다는 사실이다. 자기가
모기나 파리처럼 하찮고 보잘것없는 존재라고 깨달아질수록 자신 속에 잠
재된 그 반대의 가능성도 아울러 고양되는 것이다.

　아 그러나 그러나 나는
　꽃잎인지도 몰라라 꽃잎인지도
　피기가 무섭게 싹둑 잘리고
　바람에 맞아 갈라지고 터지고
　피투성이로 문드러진
　꽃잎인지도 몰라라 기어코
　기다려 봄을 기다려
　피어나고야 말 꽃인지도 몰라라
　　　　　　　　──「솔직히 말해서 나는」 제1연 후반부

　그렇다면 "걷잡을 수 없는 슬픔의 힘을 옮겨서 새 희망의 정수박이에 들
어"붓는 것과 같은 역전의 기적은 어떻게 해서 가능한가. 그것은 객관적
사실들 자체의 변화와 동떨어져 벌어지는 일, 만해(萬海)나 김남주 같은
시인들의 탁월한 정신세계 속에서만 일어날 수 있는 일인가. 즉, 이 시인
들이 남달리 뛰어난 지성적 능력을 가졌기 때문인가. 우리는 앞에서 양심
이니 인간적 품위니 하는 관념적 외피들이 신체적 학대의 고통을 겪는 동
안 가차없이 붕괴되고 무력화되어 적나라한 동물적 실존만이 유일한 확실

성으로 남는 것을 보았다. 따라서 그와같은 형이상학적 설명은 처음부터 배제될 수밖에 없다.

여기서 우리는 이해의 시각을 근본적으로 다시 조정해야 할 필요를 느낀다. 인간의 동물성에 대한 확인은 한없는 공포와 좌절감 속에서 체험되었다. 그럴 수밖에 없는 것이 그 체험의 주체는 자유와 민주주의에 대한 지향의 주관적 순수성에도 불구하고 온갖 허위의식과 왜곡된 지식체계로 교육되어온 소시민 지식인이기 때문이다. 그러므로 한 인간의 외부에 축적된 이 허위와 왜곡이 폭력적 강제에 의해 무참히 제거될 때 유일하게 확실히 남는 것은 그의 육체성뿐이라고 여겨지는 것이다. 그러나 이 육체성의 확인은 철저한 자기점검을 통해 인식의 비약을 이룰 수 있는 계기로, 다시 말해 사회생활의 물질성에 대한 인식의 출발로 될 수 있다. 객관적 현실에 대한 옳은 이해와 주체적 역량에 대한 정확한 판단이 제대로 결합될 때 '어설픈' 싸움은 '진정한' 싸움으로 전화되는 것인데, 그럴 수 있기 위해서는 맹목적 과격성을 경계하면서 끈덕지게 참을 줄도 알아야 한다. 「진혼가」 제3부는 이 점을 밝은 호흡으로 예리하게 보여준다.

> 참기로 했다
> 어설픈 나의 양심과 나의
> 미지근한 싸움은 참기로 했다
> 양심이 피를 닮고
> 싸움이 불을 닮고
> 피와 불이 자유를 닮고
> 자유가 시멘트바닥에 응집된
> 피 같은 불 같은 꽃을 닮고
> 있다는 것을 배울 때까지는
> 응집된 꽃이 죽음을 닮고
> 있다는 것을 알 때까지는
> 만질 수 있을 때까지는
> 온몸으로 죽음을
> 포옹할 수 있을 때까지는

     칼자루를 잡는 행복으로
     자유를 잡을 수 있을 때까지는

  내적 성찰을 덮어놓고 타기하는 맹동성과 현실적 조건을 숙고하지 않는
모험주의는 전술적 실책을 결과하기 때문만이 아니라 원칙적 오류이기 때
문에 철저히 비판되어야 한다. 이 점을 지적한 다음 구절도 「진혼가」 마지
막 부분과 같은 맥락에서 이해된다.

     불이 아니면 안된다고 자못
     핏대를 올리는 녀석들이 있다
     놈들을 조심하라 그들은 적당한
     아주 적당한 간격을 두고
     불 앞에서 불과 타협한다

     불을 노래하는 녀석들이 있다
     놈들의 주둥이를 비틀어라 그들의 눈은
     사슬에 묶인 詩人의 肝과 닮고 있지 않다
                                    ——「불」 1,2연

  그런데 김남주의 초기시에서 우리가 주목해야 할 것은 한 순박한 청년이
격렬한 고통과 좌절의 체험을 통해 좀더 심화된 사회적 의식에 도달하는
과정 그 자체만이 아니다. 아니, 의식의 전환과 진보라는 것이 의식만의
현상 즉 의식 내부의 고립적 현상이 아니기 때문에 그것을 지적하는 것만
으로는 아직 충분하지 못하다. 여기서 시도되는 것이 김진경이 시험한 것
과 같은 일종의 사회학적 설명이다. (金津經, 「예언정신과 선언정신」) 그리고
이를 통해 김남주 문학의 사회적 성격에 관한 좀더 진전된 이해의 가능성
이 열린 것은 사실이다. 하지만 이러한 설명방식 역시 상투적인 개념적 틀
을 기계적으로 적용하는 데 그친다면 예술적 성취의 진정한 역동성을 해명
하지 못한다. 가령 김남주의 초기시에서 소시민적 규정성을 읽어내는 것은
어렵지 않은 일이다. 그러나 이론가들이 해야 할 정말 어려운 과업은 똑같

114

은 소시민성에 속박되어 있으면서도 왜 김수영(金洙暎)의 문학과 김남주의 초기시가 소시민적 허위와 자기기만에 함몰되지 않고 그것의 극복과 청산으로 나갈 수 있었는가를 밝히는 일이다.

김수영의 경우 현실과의 대결은 작품 쓰는 일 바깥에 외재적으로 부착되어 있었던 것이 아니고 작품창작의 전과정을 통해 관철되었다. 낱말을 고르고 쉼표를 찍고 행을 가르는 작업 전체가 그에게는 개인적·사회적 현실과 투쟁하는 일이기도 하였다. 적어도 그가 지향한 바는 내용을 획득하는 싸움과 형식을 달성하는 싸움의 한치 틈도 없는 완벽한 일치 즉 변증법적 통일이었다. 오늘날 변증법이란 단어는 예전에 비해 유행처럼 자주 쓰이지만 그것의 문학적 실천은 찾아보기 쉽지 않다.

여러가지 점에서 김남주의 초기시에는 김수영의 낙인이 찍혀 있다. 언어와 운율에 대한 극히 세심한 배려, 이미지의 반복과 대조에 의한 점층적 효과, 반어법·대화체 등의 활용을 통한 소격효과 따위를 용의주도하게 구사할 줄 안다는 점에서 김남주는 김수영 문학의 현대성을 전수받고 있으며 '자유' '죽음' 같은 개념들도 김수영에게서 배운 것이다. 다만 김수영이 끝내 소시민 지식인의 한계 안에서 소시민성을 넘어서려 했다면 생활인으로서의 행보가 훨씬 가벼운 김남주는 자신의 사회저 존재 자체를 전환시킴으로써 그것을 시도했다는 점이 새로운 주목의 대상이다. 어떻든 김수영적 관점과 화법에 의해 자신의 쓰라린 경험을 노래한 작품 「잿더미」는 70년대 암흑의 현실로부터 전취한 김남주 초기문학의 찬연한 승리이다.

③ 앞에서 지적했듯이 김남주 초기시의 나머지 반은 그의 농촌경험을 반영하고 있다. 그가 도시생활 즉 소시민적 지식인의 삶을 버리고 고향으로 돌아가 발견한 것은 피폐한 농민현실과 그 구체적 대표자들로서의 가족이었다. 그런데 그의 귀향은 가족들에게 반가운 것일 수 없었다. 왜냐하면 그들이 그에게 기대한 것은 제도교육의 관문을 뚫고 나가 계층상승을 이루는 것이었기 때문이다. 이로부터 귀향지식인과 고향의 현실 사이에 갈등이 생기는데, 그것은 시인이 소시민생활은 버렸으되 소시민의식은 그대로 지닌 채 농촌에 돌아왔음을 뜻하는 것이다. 「우습지 않느냐」 「달도 부끄러

위」 같은 작품들에서의 자괴심과 자조감은 이런 데에 연유한다. 그리고 우리는 그동안 수많은 시와 소설에서 이런 감정의 각종 변형들을 익히 보아 온 바 있다.

그러나 소시민적 의식과 감정의 찌꺼기를 청산하는 문제가 김남주에게 있어 김진경의 설명처럼 그렇게 결정적인 심각성을 띤 것이었다고 보기는 어렵다. 방금 거명한 두세 작품을 제외하면 「아우를 위하여」「편지 1」에는 이미 농민현실에 대한 귀향자의 감정적 대응 즉 시인과 농민 사이의 계층적 대립이 중심적으로 문제화되는 것이 아니라 한편으로 그런 측면을 간직하면서도 다른 한편 양자간의 정서적 결합과 연대가 뚜렷이 드러나기 때문이며, 「추곡」에 이르면 장차 10여년 뒤 『섬진강』의 김용택이 다양하고 집중적으로 시도하게 될 농촌시의 선구적 전형이 제시되기 때문이다. 시집 『나의 칼 나의 피』의 제3부는 이런 관심의 연장선에서 씌어진 작품들로 판단된다.

여기서 다시 김수영을 떠올려보는 것도 김남주 문학을 이해하는 데 도움이 될 것이다. 아는 바와 같이 김수영은 철저히 도시적 감수성의 시인이었고 농민적 정서와 민요적 가락은 그에게 전혀 알려져 있지 않았다. 「거대한 뿌리」에서 입증되듯이 그의 현대성은 늘 민족적 또는 민중적 전통과의 일정한 모순을 함축한 것이었으며, 바로 그랬기 때문에 우리의 60년대 문학은 역설적으로 그를 통해 소시민적 한계에까지 다다를 수 있었다. 반면에 김남주에게 있어 김수영적 현대성은 몇몇 뛰어난 작품의 산출에도 불구하고 체득된 것이라기보다 학습된 것이었다. 그에게는 소시민성이 내면화된 것이 아니었으므로 그것과의 투쟁이 김수영에게서처럼 전생애에 걸친 지속적 의의를 가질 수 없었다. 그러므로 「추곡」의 민요적 정형율격은 김수영에게는 생각될 수조차 없는 문학적 퇴행을 의미하지만 김남주에게는 시적 전진의 한 도정에서 자연스럽게 나타날 수 있다.

이제 「편지 1」에서 「편지 2」*에 이르는 변화의 의미를 검토해보기로 하

---

* 『그대가 밟고 가는 모든 길 위에』(16인 신작시집, 창작과비평사 1985)에 발표될 때나 시집(55면)에 실릴 때의 제목은 그냥 「편지」이다. 「편지 1」과의 구별을 위해 편의상 「편지 2」로 적었는데, 어쩌면 이것이 작자의 의도일지 모르겠다.

자. 두 편 모두 간절한 그리움의 대상이자 고향의 육화된 상징인 어머니에게 이르는 말로 되어 있다.

산길로 접어드는
양복쟁이만 보아도
혹시나 산감이 아닐까
혹시나 면직원이 아닐까
가슴 조이시던 어머니

이렇게 시작되는 「편지 1」의 어머니는 70년대의 농촌여인보다는 일제 식민지시대의 소작농 아낙네를 상기시킨다. 식민지시대의 농촌과 70년대 농촌 간의 본질적 연속성이 여기 제시되어 있다고 굳이 꼬집을 필요는 없을 것이다.

순사 한나 나고
산감 한나 나고
면서기 한나 나고
한 집안에 세 사람만 나먼
웬만한 바람엔들 문풍지가 울까부냐
아버지 푸념 앞에 고개 떨구시고
잡혀간 아들 생각에
다시 우셨다던 어머니

순사·산감·면서기는 국가권력의 최말단이지만 농민들에게는 권력의 실체 그 자체로서, 아버지가 아들에게 되기를 바라는 것은 그런 것이었다. 농촌부락 안에서 지배적 위치에 올라서는 것, 적어도 남에게 아쉬운 소리 안하고 굽실거리지 않으며 살아보는 것이 아버지의 소원인데 그것을 이룰 길은 오직 아들의 출세밖에 없다. 그런데 그 아들은 집안의 처지를 개선하는 일과 직접 관계없는 쓸데없이 높은 이상을 추구하다가 잡혀가고 말았다. 이때 어머니는 어느 편에도 적극 동조하지 못하고 고개 떨구어 울 뿐인 수동적 존재로 나타난다. 그러나 지향과 입장을 달리하는 아버지·어머니·아들 간의 관계가 이 작품에서 첨예한 대립과 갈등으로 표출되었다고 보기는 어렵다. 아들이 공부해서 출세하기를 갈망하되 그 기대를 저버린 아들에 대해 원망이나 악담을 퍼붓기보다 '푸념'하는 데 그치는 아버지, 그 아버지를 담담하게 중립적으로 대하는 아들, 그리고 그들 틈에서 고통을 겪는 어머니 세 사람은 적대적으로 분열되어 있는 것이 아니라 그들 모두를 억누르고 빼앗아가는 지배구조에 대항하여 느슨하지만 일종의 연합을 이루고 있는 것이다. 이 연합을 가능하게 하는 고리가 어머니의 눈물인 셈인데, 그러나 아들은 이 연합체의 허약성과 보수성을 꿰뚫어보고 좀더 대담한 한걸음을 내딛기로 결심한다.

> 어머니 어머니 어머니
> 다시는 동구 밖을 나서지 마세요
> 수수떡 옷가지 보자기에 싸들고
> 다시는 신작로 가엘랑 나서지 마세요
> 끌려간 아들의 서울
> 꿈에라도 못 보시면 한시라도 못 살세라
> 먼 길 팍팍한 길
> 다시는 나서지 마세요
> 허기진 들판 숨가쁜 골짜기 어머니
> 시름의 바다 건너 선창가 정거장엘랑
> 다시는 나오지 마세요 어머니

여기에 이르러 필자는 발표된 지 벌써 40여 년이 지난 한 편의 시를 문득 떠올린다. 그 시를 지은 젊은 시인은 겨우 습작기 작품들을 묶은 시집 한 권을 낸 뒤 역사의 격랑에 휩쓸려 종적없이 사라지고 말았으니, "시인이 되기는 바쁘지 않다. 먼저 철저한 민주주의자가 되어야겠다"던 그의 다짐 또한 덧없는 헛말이 되었다. 시인치고 자기 시에서 어머니를 불러보고 싶지 않은 사람이 있을까마는, 그 시인의 아마 유일한 성공작일 「한없는

노래」도 그렇게 시작한다. (兪鎭五詩集, 『窓』, 正音社 1948 참조)

  어매여
  한없는 노래여

  나는 시방
  "자식이란 애물"이라든
  옛말을 생각하고 있다

  평생 낙이라곤 자식 기르는 것밖에 없던 그 어미가 눈도 귀도 어두워진 늘그막에 이제 아들 옥바라지를 하게 된 것이다.

  요전에도
  옷보퉁이를 들고
  留置場 문밖에 와
  쭈그리고 앉었드구나
  取調를 나가다 길에
  내가 부르지 않었드라면
  "애물"을 알어보지도 못할
  어매야
  다음부턴 아예
  警察署 門 앞에 얼씬도 마라

  그러나 그 어미에게는 아들에 대한 맹목적 사랑과 헌신만 있었던 게 아니라 아들의 하는 일이 옳다는 확신도 있었다. '시골서 온 일가'와 '동네 여편네'들이 허튼소리를 할 때 시사해설도 하고 가르쳐 설득할 줄도 알았다. 하지만 그러한 어미의 눈초리로부터도 떠나야 할 역사적 순간이 있다.

  내가 안된다고 들어가시라면
  염려 말고 가라고 보내놓고는

내 사라지는 뒷모습을
넋없이 바라보다간
눈도 귀도 아조 영 못쓰게
상해 버릴 게다

그렇지만 어매야
나는 간다
그러기에 어매야
나를 잊고 쉬어다오

어매여
한없는 나의 노래여

　어머니와 자식을 철문으로 갈라놓는 단절의 고통은 「한없는 노래」가 불려진 지 30년, 40년이 지난 뒤에도 비슷하게 애절한 가락으로 거듭 반복된다. 눈물을 흘리며 또는 이금니를 악물고 모든 수난을 감내하는 인고의 모습으로 어머니가 그려지는 것을 여전히 보아야 하는 것은 실로 가슴아픈 일이다. 그러나 한과 설움의 담당자인 어머니는 항상 뒷전에서 그것을 겪어야 했던 그 이유 때문에 가장 앞장선 역사의 결정권자로 될 수가 있다. 「편지 2」의 후반부에서 김남주는 그런 명예와 권리를 자신의 어머니와 조국과 민중에게 헌납한다.

어머니 저를 결정할 사람은 그들이 아니니까요
사형이다 무기다 10년이다
부르기를 남의 집 개이름 부르듯 하는 저 당당한 검사 나으리가 아니니까요
높은 공부 하여 높은 자리에 앉아
사슬 묶인 나를 굽어보는 저 준엄한 판사 나으리가 아니니까요
나를 결정할 사람은
결국 나 자신이고 날 낳으신 당신이고 당신 같으신 어머니들이고
나를 키워준 이 조국, 이 민중이니까요

④ 80년대에 들어와 씌어진 김남주의 시들은 우리 시문학사상 그 누구와도 비교될 수 없는 첨예한 의식과 혁명적으로 순결한 정신을 열정적으로 단호하게 때로는 냉정하게 단순화시켜 노래한다. 그는 선명한 어휘로 또 결연하고 확고한 자세로 민족과 민중의 반대자들에 대한 불타는 적대감을 언표하며 민족·민주전선에서의 시인의 드높은 사명을 확신에 넘쳐 공포한다. 물론 「슬픔」 「포효(咆哮)」 「봄」 같은 작품들은 얼마간 예외적으로 "나는 버림받았다"는 개인적 원한과 고절감을 드러내기도 한다. 또, 「장난」 「햇살 그리운 감옥의 창살」 「수인의 잠」 같은 작품들은 차단된 삶의 일상적 순간을 소박하게 스케치한다. 그 점에서 어쩔 수 없이 쓴웃음을 자아내는 시가 「청승맞게도 나는」 같은 작품으로서, 여기에는 고통과 해학의 적절한 배합을 통한 정화된 비애가 있다. 그러나 나머지 절대 다수의 작품들은 동요없이 일관된 전투적 정열과 물러설 줄 모르는 투지로 가득차 있으며 계급적·민족적 모순의 문제에 타협없이 완강한 시선을 보낸다. 이 점, 고은·신경림·김지하 같은 거물들의 계속되는 작업이 우리 민족문학의 태산 같은 중추를 이룬다는 데 이의가 없지만, 80년대적 문제의식을 전형적으로 대표하는 시집으로서 박노해의 『노동의 새벽』과 이 『나의 킬 나의 피』는 단연 돋보인다.

이 80년대 김남주 작품을 통해 우리 시는 더이상 나갈 수 없는 곳, 한 극한까지 갔다는 느낌을 준다. 광주민중항쟁을 겪고 난 이 시대의 문제의식이 마침내 도달한 지점이 어디인지 김남주처럼 명쾌하게 보여주는 예를 찾기는 어렵다. 그의 삶 자체가 일상적 사회생활로부터 철저히 격리된 것이기 때문이겠지만 그의 시는 일체의 둔사가 제거된 통렬한 직접성으로써 민족모순에 대한 민중적 입장을 선언한다.

그러나 그의 시에 가파르고 메마른 이념, 투지와 적대감만 있는 것은 아니다. 그의 시에서 최선의 절제된 형식, 우리말의 내재적 힘과 가락을 보지 못한다면 그것은 잘못이다. 그의 시는 가장 첨예한 의식이 그것에 상응하는 가장 예민한 예술적 감응력과 부딪치는 현장이기도 하다. 그 부딪침의 치열한 강도를 오늘 '민중적'이라 자처하는 시인들은 정확히 배워야 한다.

하지만 이제 그의 외로운 싸움은 끝나야 한다. 김남주의 경우는 유신체제라고 하는 독특한 강권폭력장치가 자기재생산을 위해 낳은 필연적 산물로서, 한 순결한 시인의 영혼이 독재권력에 의해 어떻게 처절하게 유린되는가를 전세계에 보여준 사례이다.

물론 시집 『나의 칼 나의 피』는 그 어떠한 압제 밑에서도 인간의 창조적 정신이 결코 시들지 않으며 오히려 그 압제를 먹이로 하여 더욱 세차게 자기를 단련시켜 나간다는 것을 인류 앞에 실증한 사례이기도 하다. 그것은 그 자체로서 하나의 위대한 인간승리이다. 그러나 그가 버티는 것도 우리가 기다리는 것도 한계가 있으며 한계를 넘어서게 되면 파국이 초래될 수 있다. 따라서 진정으로 이 시대가 변화를 모색하고자 한다면 김남주의 석방이야말로 하나의 확실한 증거가 될 것이다. 그의 뛰어난 재능에 의해 훌륭한 작품으로 열매 맺어지기를 기다리는 새로운 현실, 이 바깥의 나날들이 애타게 그를 기다린다.

〈1988〉

2. 변혁을 위한 집중과 시적 여유
—— 김남주 시선집 『사랑의 무기』

이 시집은 김남주가 「잿더미」「진혼가」 등의 시를 『창작과비평』에 발표하여 문단에 등장한 1974년부터 최근 출옥한 뒤까지 썼던 작품들 중에서 한 권의 책으로 될 만한 분량을 뽑아 묶은 선집이다. 제1부는 대체로 최근 작들이고 제5부는 초기작이지만, 전체적으로는 집필연대나 발표시기에 구애받지 않고 작품의 성격을 중심으로 다섯 부분으로 나누었다. 몇 편의 초기작과 최근작을 제외하면 대부분 옥중작인 셈인데, 집필의 자유가 박탈된 상황에서 시커먼 화장지나 관용 편지지 따위에 깨알같이 써놓았던 것들이라 실상은 집필연대를 따지는 것조차 부질없는 노릇이다.

김남주는 1970년대 중반 주로 『창비』에 발표한 십수편의 시로써 이미 날카롭게 주목받는 시인으로 떠올랐다. 그러나 알다시피 그는 서울문단으로 올라와 직업적 문인으로 되는 길을 선택하지 않고 고향인 해남과 대학을 다녔던 광주를 오가며 학생운동·사회운동에 발을 들여놓았으며 유신 말기에는 이른바 '남민전'에 관련됨으로써 운동가로서의 자기 노선을 확고하게 정립한 듯하다. 이와 더불어 김남주의 사상세계도 어떤 결정적 확신으로 무장하게 되었던 것 같은데, 한마디로 그것은 소시민적·지식인적 자기기반과의 철저한 결별, 다시 말해 노동계급적 시각의 획득이라고 할 수 있을 것이다. 주로 초기작들이 묶여져 있는 시집 『진혼가』를 논외로 하면 『나의 칼 나의 피』나 『조국은 하나다』(남풍 1988) 같은 시집들에서 독자들은 이 시인의 일관된 시각이 얼마나 완강하게 관철되고 있는지 확인할 수 있을 것이며, 이 선집 역시 마찬가지임을 알 것이다.

나는 이 선집을 만들기 위해 김남주의 시들을 두어 차례 통독하면서 고심을 거듭하였다. 오늘 이 나라의 문학적 정세에 비추어 그의 시들은 어떤 적극적 의의를 가지며 또한 부정적 영향력도 행사하는가. 시라고 하는 것이 대체 인간의 삶에서 무엇일 수 있으며 무엇이어야 하는가. 김남주의 시가 가진 매력이 그 자신이 의식적으로 지향하는 계급적 관점만으로 모두 설명되지 않는다고 할 때 이러한 현상은 어떻게 해명되어야 하는가. 그리고 노동계급적 관점이라는 것 자체도 오늘 우리 사회의 현실과 운동을 포괄적으로 파악·추동하기 위한 보편성을 갖자면 그의 시에서 감지되는 것보다 좀더 복합적이고 개방적이어야 하지 않겠는가. 대충 이런 의문들이 두서없이 떠올랐기 때문이다.

오늘 우리 시대의 역사적 과제로서 자주·민주·통일을 말하는 데 이의를 제기할 사람은 없을 것이다. 이것은 너무나 분명하다. 그리고 김남주 시의 사상적 동작들이 이 초점을 향해 치열하게 집중되어 있다는 것 또한 한눈에 드러나는바, 이 점에서 그는 아마 이 시대의 어느 시인보다 철저하고 순결할 것이다. 따라서 그는 80년대 사회변혁운동의 이념과 정신을 온몸으로 감당해온 전형적 시인이며 타의 추종을 불허하는 대표적 민족민주 시인이다.

그러나 이러한 규정적 언급은 오늘 우리 시에 관하여 진실의 일부만을 말하고 있다는 것 또한 명백하다. 왜냐하면 가령 고은·신경림·김지하를 포함한 우리 시대의 시적 영웅들을 떠올려볼 때 이들이 그동안 각자의 화법으로 최선을 다해 이룩해놓은 업적들이 엄연히 존재하는데, 그 민족·민주운동 논리의 공간 속에는 그들의 업적의 크기에 상응할 만할 충분한 자리가 마련되어 있지 못한 것이다.

이것은 자주·민주·통일의 과제만을 가지고 연역적으로 또 기계적으로 시의 현상들을 논단하는 데서 오는 오류이거나 아니면 자주·민주·통일이라는 과제 자체가 일정하게 시대적으로 제약된 한시적 목표임을 깨닫지 못한 데서 오는 오류일 것이다.

내가 생각하기에 시는 긴박한 현실문제에 불가분하게 깊이 연관되어 있으면서도——그리고 오히려 그러면 그럴수록——반동분자들이 좋아하는 낱말들 즉 영원이라든가 보편이라든가 인간의 내면이라든가 또는 그밖에 딱히 이름할 수 없는 무엇인가에 어쩔 수 없이 연루되어 있는 듯하다. 물론 이런 연루성만을 따로 떼내어 절대화하는 것은 관념론자들의 반역사적 태도이다. 반면에 시가 인간들의 마음의 세계에 근원적으로 연관되어 있다는 것을 아예 외면하는 것 역시 속류유물론자들의 단세포적 발상이다.

김남주의 문학은 우리 시대의 핵심적 모순들에 대한 집요하고도 강인한 시적 사유의 결과이다. 그의 시들이 씌어졌던 엄혹한 상황을 고려할 때 그것은 거의 퇴로를 차단당한 절박한 국면에서의 불가항력적 작업이었다. 따라서 그의 시들은 오늘의 시단에 범람하는 상투적 구호시들과 완전히 구별되는 진정성을 가지고 있다. 그렇기 때문에 그의 시들의 낱말 하나하나, 비유 하나하나는 펄펄 살아서 우리의 느슨해진 의식을 송곳처럼 찔러오는 것이다.

그러나 그의 시를 읽으면서 느끼는 각박함 또한 지적하지 않을 수 없다. 아마 그것은 두 개의 적대적 범주로 사회구성을 양분하고 모든 현실사회의 갈등과 비극을 그 적대적 모순의 표현으로만 보는 일종의 도식주의에 관계되어 있을 것이다. 나는 계급적 관점을 부정하지 않지만 오늘의 세계현실과 문학현상을 설명하기 위해서는 그 고전적 논리가 훨씬 더 치밀하게 되고 더 역동적으로 되어야 한다고 생각한다.

이제 김남주는 오랜 유폐생활로부터 우리의 일상생활로 복귀하였다. 이제부터 그의 시인으로서의 성패는 지금까지 써온 그의 시의 뼈대가 그 일상성의 살을 어떻게 통일적으로 획득하느냐에 따라 결정될 것이다. 따라서 김남주에게는 그동안 해온 것과 전혀 성격을 달리하는, 그러나 그동안의 것보다 결코 덜 중요하지 않은 싸움이 과업으로 주어져 있다고 하겠다.

<1989>

3. 순결한 삶, 불꽃 같은 언어
—— 그의 시번역에 대하여

지난 94년 2월 16일 오전 8시 서대문에 있는 경기대학 노천극장에서는 김남주 시인의 영결식이 거행되고 있었다. 꽤 쌀쌀한 날씨였는데도 수백명의 조객들이 모여들어 나이 50을 못 채운 이 시인의 때이른 죽음을 애도하였다. 애끊는 조사와 구슬픈 조가가 이어지는 동안 나는 앞뒤에 선 몇몇 젊은이들이 볼에 흘러내리는 눈물을 애써 닦으려고도 하지 않는 모습을 곁눈질로 보면서 참으로 깊은 감동을 받았다. 김남주, 그가 누구였기에 저 젊은이들이 이 싸늘한 새벽에 저도록 울고 있는가. 그들이 개인적으로 김남주의 인척이거나 가까운 후배가 아님은 분명해 보였다. 어쩌면 그들은 생전의 김남주와 말 한마디 나누어본 적이 없었을지 모른다. 그럼에도 불구하고 그들은 김남주의 죽음에서 참기 어려운 애통함, 메울 길 없는 상실감, 자신의 삶의 가장 소중한 일부가 소멸되는 고통을 느끼고 있는 듯하였다.

다들 아는 바와 같이 1969년 대입검정고시를 거쳐 전남대 영문과에 입학한 뒤부터 94년 2월 13일 감기지 않는 눈을 감고 세상을 떠나기까지 25년에 걸친 김남주의 삶은 두 개의 기둥으로 이루어져 있다. 하나는 그 자신의 말을 빌려 '혁명적 민주주의자'로서의 투쟁적 삶이고, 다른 하나는 시창작과 번역을 위주로 하는 문필활동이다. 그 자신의 고백에 의하면 그는 대학에 입학하자마자 곧 학교강의에 커다란 실망을 맛보았다고 한다. 도무지 흥미를 끌 만한 내용있는 강의가 없었던 것이다. 그래서 그는 친구 이강과 함께 4년 내내 데모를 주동하는 것으로 일과를 삼았고, 시간이 날 때면 미국문화원 같은 데 가서 소위 불온서적들을 읽곤 했다. 그의 에세이집『불씨 하나가 광야를 태우리라』(시와사회사 1994, 122면)에 보면 이런 대목이 있다. "『들어라 양키들아』란 책을 손에 넣게 된 경위가 참 아이러니컬해요. 나는 고등학교 때부터 시내 책방이나 남의 집 서가에서 책을 도둑질하곤 했는데, 이 책은 광주 미문화원에서 훔친 거였어요. 이상하지? 이런 책이 그런 곳에 있다니. 미국이란 나라는 참 엉뚱한 데가 있는 나라예요. 나는 또한 이 미국을 통해서 레닌을 알고 매니페스토(「공산당선언」─인용자)를 읽고 모택동을 읽고 게바라를 알고 했어요." 그러니까 그는 미문화원에 있는 책을 통해 미국의 본질을 이해하고 점차 반미주의자가 되었던 셈이다. 그러다가 72년 10월 소위 유신헌법이 선포되자 역시 친구 이강과 함께 지하신문『함성』을 제작 배포하였고, 이듬해 봄에는 전국적인 반유신투쟁을 전개하고자 지하신문『고발』을 만들었다. 이 유인물사건으로 그는 국가보안법 등 위반으로 구속되어 8개월간 감옥살이를 한다.

한편, 시에 대한 관심은 대학에 들어와서야 본격화한다. 어린 시절 글짓기대회에 몇번 나가본 적이 있기는 하지만 거친 내용 때문에 창피만 당했다고 한다. 그런데 어느 날 선배인 박석무(현 민주당 국회의원)의 하숙방에 놀러 갔다가 그로부터『창작과비평』이란 문학 계간지를 소개받고 김수영의 시를 읽게 되었다. 이 무렵 김남주에게 특히 깊은 흥미를 불러일으키고 문학적 자극을 준 것은 그 잡지 68년 여름호에 김수영 시인의 번역으로 소개된 빠블로 네루다의 시였다.

앞의 에세이집(25면)에서 그는 이렇게 회상하고 있다. "나는 지금도 「야아, 얼마나 밑이 빠진 일요일이냐!」를 달달 외울 수 있고 또 도시의 밤길을 걸으면서, 불려간 어떤 집회장이나 강연장 같은 데서 외우고 다니는데, 아마 이는 내가 대학 다닐 당시에 처했던 사회정치적 상황과 사람 사는 꼬락서니들이 오늘의 그것들을 보아도 별로 변한 게 없기 때문이 아닐까 한다." 그러나 정작 김남주에게 '이런 게 시라면 나도 쓰겠는데……' 하는 의욕을 불러일으킨 것은『창비』1970년 여름호에 실린 김준태의 「보리밥」같은 작품이었다. 농민생활의 구체적인 모습과 정서를 노래한 김준태의 시에서 김남주는 고향 사투리를 들을 때와 같은 본능적인 친근감을 느꼈던 것이다.

이런 점들로 미루어본다면 김남주의 문학적 체질 속에는 서로 상반된 두 가지 지향이 병존하고 있었던 것 같다. 즉, 김수영이나 네루다처럼 도시적이고 현대적인 지적 취향(그 자신의 말대로 "나의 출생과 성장의 배경과 감성과는 사뭇 다른 그런 시들")이 지닌 매력이 그 하나이고, 김준태처럼 "궁색하게 사는 농민들의 생활의 냄새가 물씬물씬 풍겨"(같은 책, 23면)나는 시들이 주는 재미와 감동이 다른 하나였다.

어떻든 출옥 후 학교에서 제적된 김남주는 74년부터 5년여 동안 고향과 광주를 오가면서 농민문제에 관심을 갖고 '해남농민회'를 만들기도 하고 카프카서점을 중심으로 문화운동을 벌이기도 하는 한편, 「잿더미」「진혼가」 등의 작품을 『창비』에 투고하여 그 자신 시인으로 문단에 등장하였다. 그 무렵 『창비』의 편집실무를 책임지고 있던 나는 그의 시원고를 읽고 대뜸 여기 대단히 무서운 시인 한 사람이 나타났구나 하는 것을 직감할 수 있었다. 내 생각에 시 「잿더미」는 김남주 문학의 때묻지 않은 원형이고 그의 창조성의 뿌리이며 그의 상상력과 언어적 능력의 살아있는 기초이다. 물론 이 작품에는 80년대 이후 김남주 문학을 전일적으로 관통하는 완강한 계급적 관점과 민족해방적 시각이 아직 결여되어 있다. 그런 점에서는 매우 '소박한' 작품이라고도 말할 수 있다. 그러나 여기에는 어떤 이념이나 행동을 진정한 것으로 믿게 하고 또 그것을 밀고 나가게 만드는 좀더 근본적인 인간적 동력으로서의 혁명적 열정에 해당하는 강렬함이 파도처럼 물결치고 있으며, 그리고 우리 독자들로 하여금 그렇게 실감하지 않을 수 없도록 만드는 설득의 힘, 즉 언어적 능력이 시의 형식으로 강력하게 형상화되어 있다.

이 지점부터 나는 늘 김남주에 대해 얼마간 갈등을 느낀다. 분명히 말하거니와 나는 그의 '주장' 자체에는 동조하기 어려운 대목이 많다. 그의 선명한 계급적 이분법, 그의 불타는 적개심, 그의 상황판단, 그리고 그의 철저한 행동주의에 대해 나는 어떤 머뭇거림을 느끼지 않을 수 없다. 김남주의 사고에 결정적 각인을 남긴 레닌에 대해서만 하더라도 나는 레닌의 탁

월한 이론과 단호한 실천력에 경탄을 금치 못하는 바이지만, 동시에 그의
역사적 유산으로서의 소련이 결국 엄청난 치부를 드러내고 와해된 데에 레
닌 자신의 책임도 없지 않다고 생각한다. 무엇보다도 나는 김남주의 북한
관에 찬성할 수 없다. 북한이 주장하는 ‘우리식 사회주의’와 김일성의 주체
사상이 진정으로 사회주의인가에 대해 나는 의문을 가지는 것이다. 그러나
그럼에도 불구하고 나는 김남주가 자신의 ‘주장’을 순결하기 그지없는 마음
으로 혼신의 힘을 다하여 밀고 나가고 있으며 자신의 온 정신을 그 한곳에
치열하게 집중시키고 있음을 의심없이 믿는다. 이 시종일관한 열정과 극진
한 헌신성, 이 비타협적 혁명정신과 불퇴전의 반항성이야말로 김남주 고유
의 것으로서, 그의 문학에 진정한 힘과 생동성을 부여하고 또 80년대 민
족·민주운동 속에서 그를 핵심적 자리에 위치시킨다.

　어떻든 70년대 중반 무렵 그는 띄엄띄엄 시를 발표하면서 마치 마른 솜
이 물을 빨아들이듯 사상학습에 몰두하였다. 앞서 인용했듯이 그는 미문화
원에서도 맑스와 레닌의 책들을 접할 수 있었지만, 친구 이강이 데모를 주
동한 탓에 강제징집되어 배속된 미군부대(카투사)에서 보내준 영어책을 통
해서도 새로운 관점과 지식을 얻을 수 있었다.

　　이런 책들(이강이 보내준 영어책들 — 인용자)은 세계역사와 현실의 인간관계에
　대한 과학적 인식이 전무했던 나에게 새로이 눈을 뜨게 했고, 미국을 비롯한
　제국주의 국가들의 세계전략과 그들이 내세우는 자유·평등·박애의 정체를
　제3세계 인민의 입장에서 파악하는 데 도움을 주었다. 뿐만 아니라 그 책들
　속에는 시도 가끔 인용되어 있었는데, 이들 시는 훗날 나로 하여금 전투적이
　고 계급적인 구도로 현실의 인간을 시로 쓰는 데 적잖은 영향을 끼치기까지
　했다. (같은 책, 21면)

　그 무렵 그는 대학생들과 함께 『빠리 꼬뮌』이란 책을 탐독하다가 중앙정
보부의 급습으로 피신하여 수배받는 몸이 되었고 서울로 올라와 ‘남민전’에
가입한다. 78년 3월이었다. 체르니셰프스끼의 『무엇을 할 것인가』『레닌의
생애』, 스위지·휴버만 공저인 『꾸바혁명의 해부』 등의 책을 읽고 “혁명적

조직 없이는 혁명의 성공은 없다"는 명제를 깨달았기 때문에 그 조직에 가입했다고 그는 후일 술회하고 있다. (같은 책, 122면) 어떻든 그는 1년 남짓 도피생활을 하는 동안 조직활동 이외에 주로 번역작업에 전념하였다. 프란츠 파농의 『자기의 땅에서 유배당한 자들』을 출간하였고 하이네·브레히트·네루다의 시들을 번역하여 친구에게 맡겼다. 그 번역이 얼마나 곤핍한 역경 속에서 이루어졌는지를 증언하는 김남주 자신의 감동적인 글을 읽어보자.

그래서 나는 그동안, 꼭 1년 동안 형편 닿는 대로 시도 써보기도 하고 내가 좋아하는 시인의 시도 번역해보았네. 여기 자네에게 보내는 것들이 바로 그것들인데 나는 이 시들을 싸구려 여인숙의 이불을 뒤집어쓰고 번역하기도 했고, 어떤 것은 처음 안내된 집의 다락방에서, 어떤 것은 폐결핵 환자들의 요양소에서, 어떤 것은 두메산골의 굴속 같은 암자에서, 어떤 것은 갓 결혼한 신혼부부 방의 곁방에서, 어떤 것은 산동네의 수돗물도 없고 변소도 없고 부엌도 없고 마루도 없는 젊은 노동자의 자취방에서 쓰기도 하고 번역하기도 했네.

이 편지투의 글 뒤에는 1979. 3. 20이라는 날짜가 적혀 있는데, 그러니까 도피생활 꼭 1년째인 셈이다. 이 번역시들은 그로부터 거의 10년 가까이 지난 88년에 『아침 저녁으로 읽기 위하여』란 제목으로 간행되었다. 지금 이 시집에 실린 시들의 대부분이 실은 이때 번역된 것이다. (여기까지 쓰고 나서 나는 혹시나 하고 부인 박광숙 여사에게 전화로 물어보았다. 그런데 뜻밖에도 전혀 엉뚱한 대답을 듣게 되었다. 시 번역작업은 87, 88년경 감옥에서 한 것인데, 도와준 사람들에게 피해가 가지 않도록 하기 위해 오래 전에 했던 것처럼 꾸며서 서문을 썼다는 것이다. 그러나 나는 '감동적인 편지'의 인용을 지울까 하다가 그냥 살려두기로 했다.)

알려진 바와 같이 김남주는 79년 10월 초순 남민전 준비위원회 조직원의 한 사람으로 체포되어 기소되고 1년이 넘는 재판 끝에 15년 실형이 확정되었다. 그리고 9년 3개월 가까운 옥중생활을 하고서 88년 12월 21일 형집행 정지로 석방되었다. 그러니까 전두환의 5공정권 1년 전에 들어갔다가 1년

후에 나온 셈이다. 그 감옥은 그에게 무엇이었던가. '시베리아' '냉동실' '납골당'이란 별명으로 불리는 0.75평의 독방에서 그는 "자신을 투쟁의 도구로 생각"하고 "건강을 해치는 것을 하나의 이적행위'로 여겨 체력단련에 힘쓰는 한편 사상단련을 위해 시를 썼다.

한 인터뷰에서 그는 이렇게 말하고 있다. "광주 이감 후에 주로 많은 시를 쓰게 되었지요. 보통은 외고 있다가 면회 온 외부인사나 가족, 출감하는 학생과 민주인사들에게 구술해서 전해주거나 아니면 우유곽을 해체했을 때 나오는 은박지에다가 못으로 썼습니다. 은박지만을 얇게 떼어내서 부피를 최소화한 다음 뼁끼통(변기) 안에다 감추는 등 며칠 만에 한번씩 들이닥치는 검방 때 들키지 않게 애를 썼지요."(같은 책, 237면)

요컨대 감옥이라는 최악의 조건 속에서도 그는 불꽃 같은 투혼으로 더욱 가열차게 자신을 지켜나갔던 것이다. 두 권의 두툼한 옥중시집 『저 창살에 햇살이』는 혹독한 신체적 조건에 대한 한 인간정신의 장엄한 투쟁과 위대한 승리의 기록이다.

이제 그의 번역시에 대해 언급할 차례가 되었다. 감옥에 있는 동안 어느 잡지의 기사에 자신이 '생득적으로' 미국을 싫어했다고 적혀 있는 것을 읽고 김남주는 그렇지 않다고 부인하면서, 중고등학교 때에 영어를 무척 잘했고 영어책을 통해서 미국의 본질을 간파하게 되었다고 술회한 바 있다(같은 책 122면). 일찍이 외국어는 그에게 있어서 새로운 세계와 새로운 사상으로 통하는 창문이었던 것이다. 이 문제에 관해서는 누구보다 김남주 자신이 잘 설명하고 있다. 나는 88년 5월 23일자로 된 그의 옥중편지를 받은 적이 있다. 누런 마분지에 깨알 같은 글씨로 적은 것인데, 상당히 길지만 그 후반을 여기 그대로 인용해본다.

밖에서는 제가 여섯 개 외국어를 한다는 소문이 있는가 봅니다. 엉터리입니다. 그따위 소문의 진원지가 어딘지 모르겠습니다. 혹시나 고은 선생님의 그 특유하신 과장법에서 나온 것이 아닌가 생각도 해봅니다만, 아무튼 사실 아닌 것이 떠도는 데는 유쾌한 것은 아닙니다. 제가 이곳에 와서 한 외국어는 스페인어 하나밖에 없습니다. 그것도 밖에서 후배가 스페인어 교과서와 사전을 넣어주어서이고 그 실력 또한 초보단계에 머물고 있습니다. 영어와 일어와 독어는 제가 밖에 있을 때 한 것이고요. 기왕 외국어 얘기가 나왔으니까 하는 말씀입니다만 저는 외국어를 통하여 세상에 눈을 떴습니다. 무슨 말씀인고 하니, 외국어로 된 서적을 읽고 세계를 바르게 인식했다는 것입니다. 80년대 들어와서야 용기있고 전투적인 청년학생들에 의해서 이런저런 사회과학서적이며 문학서적이 번역되고 있으니까 외국어의 필요성이 그리 절박한 것은 아닐지 모르지만, 70년대까지만 해도 우리 국어만 가지고는 역사와 세계를 바르게 알 수 없었다는 것은 누구나 인정할 것입니다. 학문과 사상의 자유가 철저하게 봉쇄되고 있는 나라에서 외국어는 나라 안팎의 사정을 아는 데 있어서 절실하게 요구되는 매개물이 아닌가 합니다.

방금 저는 외국어를 통해서 세계를 바르게 인식했다고 말씀드렸습니다만, 그 바른 인식의 내용은 구체적으로 말씀드려서 인간관계와 사물과의 관계를 유물변증법적으로, 계급적인 관점으로 보게 되었다는 것입니다. 문학의 방면에서 특히 저는 그러했습니다. 하이네, 아라공, 브레히트, 마야코프스키, 네루다(주로 이들의 작품을 일어와 영어로 읽었지만)의 시작품을 통해서 저는 소위 시법이라는 것을 배웠습니다. 그것은 현실을 물질적인 관점에서 그것도 계급적인 관점에서 묘사하는 것이었습니다. 저는 그들의 작품을 읽으면서 다음과 같은 생각을 가지게 되었습니다. “문학의 생명은 감동에 있다. 그런데 그 감동은 어디서 오는가? 그것은 진실에서 온다. 진실은 그러면 어디서 오는가? 적어도 계급사회에서 그것은 계급적인 관점에서 인간과 사물을 읽었을 때이다”라고 말입니다. 문학의 예술성이 언어에 힘입은 바 절대하다 할 정도는 아니라도 대단하기는 하지만 그 언어 자체도 계급적인 각인이 찍혀 있는 것입니다. 그래서 저는 문학의 예술성에도 위의 제 생각이 일차적으로 적용되어서는 안되는가 하고 생각합니다.

그리고 또 저는 외국어를 배우면서 우리의 현실을 잘 이해하게 되었고 이해된 현실을 잘 묘사할 수 있게 되었습니다. 여기서 잘 이해하고 잘 묘사할 수 있었다는 것은 바르게 이해하고 바르게 묘사했다는 뜻입니다. 선생님 마르크스는 「루이 보나파르트 브뤼메르 18일」에서 이런 말을 했습니다. “새로운 언어를 배우기 시작한 초보자는 항상 외국어를 일단 모국어로 번역하지만, 그가 새로운 언어의 정신에 동화되고 그래서 그 언어로 자신을 자유롭게 표현할 수 있게 되는 것은 새 언어를 사용하는 데 모국어를 떠올림이 없이 그 언어 속에서 나름대로의 길을 찾고 새로운 언어사용에서 자신의 모국어를 망각하는 경우일 뿐이다." 저는 하이네, 브레히트, 마야코프스키, 네루다, 아라공 그외 러시아 고전시인들의 작품을 번역하면서 마르크스의 말이 진실임을 확인했습니다. 제가 시에서 제 나름대로의 길을 찾게 된 것은 순전히 이들 시인들의 작품을 읽고 번역한 덕분이 아닌가 싶습니다.

위의 인용은 편지의 거의 절반에 해당하는 분량인데, 더 설명을 보탤 필요가 없을 만큼 분명하고 소상하게 외국어 학습과 외국시 번역이 자신의 사상형성과 시창작에 끼친 결정적 영향을 토로하고 있다. 생각해보면 당연한 노릇이지만 김남주는 외국문학 연구자도 아니고 전업적인 번역가도 아니다. 혁명을 이데올로기적으로 준비하기 위한 수단으로 시를 썼을 뿐이며 시는 그러한 혁명운동의 부산물일 따름이라는 그의 거듭되는 언명을 잠시 승인한다고 할 때, 외국시의 번역도 그에 있어서는 다만 이데올로기적인 활동의 일부였던 것이다.

한 평도 안 되는 감방에 앉아서 하이네와 브레히트와 네루다의 시를 번역하고 있는 한 인산을 상상해보라! 그것은 어떤 점에서 기괴한 풍경이고 다른 점에서는 숭고한 장면이다. 독일어나 스페인어 원전을 손에 들고 있는 것도 아니고 미심쩍은 곳을 밝혀주는 참고서적이 곁에 있을 리 없으며 그나마 번역원고를 들키면 빼앗길지 모르고 도대체 펜과 종이조차 제대로 주어져 있지 않은 상황에서 그는 온 정신을 집중하여 온 신경을 곤두세운 채 하이네를, 브레히트를, 네루다를 번역하고 있는 것이다. 아마 이것은 세계 번역사에 남을 참혹하게 위대한, 최악의 상황에 대한 최강의 저항으로서의 장엄한 한 페이지일 것이다.

앞에 길게 인용한 편지에서 김남주는 자기 나름의 시의 길을 찾게 된 것이 하이네·브레히트·네루다 같은 시인들의 작품을 읽고 번역한 덕분일 것이라고 인정하였다. 내 생각에 이것은 상당 부분 진실이며 앞으로 김남주의 문학을 연구하려는 사람들은 이 점에 특히 유의해야 할 것이라고 나는 믿는다. 김남주의 시에서 내용적·사상적 측면 못지않게, 어쩌면 그보다 더 예리하게 주목해야 할 것이 그의 시의 언어적 호흡, 반복과 비유,

단검으로 찌를 듯이 육박하는 직선적 묘사와 그러다가 다시 물러나서 새롭게 물결을 일으키며 파동치듯 핵심에 다가서는 파상적인 시의 진행방식, 절묘한 행과 연의 구분, 정치(正置)와 도치(倒置), 점강법과 점층법 등등이다. 이런 시의 기법의 상당 부분을 그는 치열한 번역과정 즉 외국어와의 침통한 투쟁 속에서 체득한 것이다.

이와 더불어 지적될 사실은 그가 바로 감옥 안에서 시를 썼다는 점이다. "감옥이란 특수상황 속에서는 어떤 시상을 머릿속에서 잘 굴리고 있다가 담당이 없고 불이 켜 있는 밤을 이용해서 번개같이 적어둘 수밖에 없었어요. 그러니까 나중에 다듬고 고칠 수도 없고, 대개는 초고일 수밖에 없습니다."(같은 책, 239면) 또 속으로 외우고 있다가 면회 온 사람이나 출옥하는 사람에게 구술했다는 점이다. 따라서 그의 시는 복잡하고 까다로운 비유나 시각적 이미지에 의존할 수 없고 압축적이고 단순간명하며 청각에 호소하는 언어적 특성을 띨 수밖에 없었다. 군중 앞에서 낭송될 때 그의 시가 폭발적인 감응력을 발휘할 수 있었던 것은 이런 사정과도 관련되어 있을 것이다.

그는 옥중에서 장차 아내가 될 여자에게 이렇게 말한 바 있다. "한마디로 말해서 민족해방과 민주주의 투쟁에 시인 자신이 몸소 뛰어들어야 합니다. 달리 방법이 없습니다. 한 시인이 이들 투쟁과 운동에 깊게 참여하면 할수록, 폭넓게 참가하면 할수록 그가 쓰는 시와 그가 부르는 노래는 그만큼 폭이 넓을 것이고 깊이가 있을 것입니다."(같은 책, 88면) 다시 말하여 그에게는 투쟁의 길과 시의 길이 결코 둘 아닌 하나였다. 이 무서운 실험 즉 이상과 현실의 일치, 삶과 언어의 일치 또는 행동과 시의 일치를 극한적으로 실천한 우리 시대의 아마 유일한 인물이 바로 김남주인 것이다. 따라서 우리는 그의 이념에 대해, 그것의 현실성에 관해 이런저런 이의를 제기하는 것이 원천적으로 부질없는 것임을 느낀다. 그는 그런 데서 멀리 벗어나 있으므로. 그는 생각건대 이 부패와 타락의 시대가 낳은 희귀하게 순수한 인간이었으므로. 그런 면에서 그는 스스로 유물론자이고 사회현실의 물질적 관계가 인간의식을 결정한다고 거듭 천명했음에도 불구하고 탁월한 의미에서 정신적 존재였다. 그의 행동(문필적 행동까지를 포함하여)을 결정한 것은 오직 그것이 마땅히 해야 할 일이냐 아니냐에 대한 판단일 뿐이었으며, 현실적 가능성에 대해 이리저리 숙고하는 것은 그에게 투쟁의 회피로만 여겨졌던 것이다.

짐작건대 김남주가 자신의 삶의 모범으로 생각했던 인물은 체르니셰프스끼의 소설 『무엇을 할 것인가』에 나오는 '특별한 인간' 라흐메또프였는지 모른다. 이 소설을 읽고 쓴 글(같은 책, 165~85면)에서 그는 혁명을 위해 조금의 시간낭비도 허용치 않고 철두철미 모든 것을 일에 바쳤던 엄격주의자 라흐메또프에 관해 자세히 묘사하고 있는데, 그것은 아마 김남주 자신이 되고 싶었던 인간의 모형일 것이다.

그러나 이제 90년대로 접어들면서 레닌이 건설한 국가 소련이 해체되고 그 공산주의 종주국에서 공산당이 불법화되었으며 소련을 비롯한 현실사회주의 국가들의 내적 타락이 백일하에 드러났다. 반동세력에 대한 프롤레타리아 계급의 독재를 통해 무계급사회로 가는 대신 프롤레타리아 계급과 전체 인민에 대한 당관료의 독재를 통해 억압과 동맥경화의 사회로 갔음이 현실 속에서 입증되고 말았다. 그것은 다름아닌 사회주의 이상의 배반이었고 혁명의 질곡화였다. 다시 말해 참된 혁명의 프로그램은 이제 전면적으로 새로 구상되어야 했다. 이 시점에서 김남주는 그의 정신력으로써도 극복하지 못할 육체적 타격을 받고 쓰러졌다. 그의 정신은 마침내 그의 육체를 초월한 것이다.

그러나 그의 헌신적인 활동, 순결한 삶, 불꽃 같은 언어는 여전히 힘차게 살아 있다. 어떠한 타협주의·기회주의도 용납치 않았던 시종일관한 완강함, 조국과 민중을 향한 사무치는 애정, 그러면서도 순박하고 겸허했던 그의 인품, 무엇보다도 절정에 이른 그의 노래들은 이상적 사회를 꿈꾸는 모든 세대의 남녀들에게 끝없이 영감을 일으키고 힘과 용기를 주는 꺼지지 않는 불길로 영원히 타오를 것이다. 그런 점에서 김남주의 이름은 이미 그의 시의 선배들인 하이네, 브레히트, 마야꼬프스끼, 네루다의 반열에 올라 있다.

<1995>

시련 이겨낸 청춘의 언어

문부식 시집 『꽃들』

유신과 긴급조치의 서슬 퍼런 폭압 아래서도 줄기차게 이어져오던 민주화투쟁의 대중적 열기가 전두환 일당의 군사작전으로 참담한 패배를 맛본 이후 산천초목마저 얼어붙은 듯 암흑과 침묵만이 이 땅을 휩싸고 있던 그 때, 1982년 3월 18일, 부산 중심가에 자리잡은 미국문화원은 몇몇 젊은이들의 기습적인 공격을 받아 불이 붙었고 거리에는 유인물이 뿌려졌다. 유인물에는 "민주주의를 원하는 광주시민들을 무참히게 학살한 전두환 파쇼정권을 타도하자"는 구호와 함께 "미국문화의 상징인 부산 미국문화원을 불태움으로써 반미투쟁의 횃불을 들어 부산시민에게 민족적 자각을 호소한다"고 씌어 있었다. 80년대 내내 이 나라의 지축을 뒤흔든 가열찬 투쟁의 시발점이 된 이 '부산 미문화원 방화사건'의 주동자는 스물세살의 대학생 문부식(文富植)이었다. 그는 방화살인범으로 사형을 선고받고 이듬해 무기로 감형된 뒤 7년 가까운 감옥살이를 하였다.

엄청난 사건들의 홍수에 떠밀려 기억조차 희미해진 그 문부식이 뜻밖에도 『꽃들』이라는 시집을 보내왔다. 우선은 호기심에서, 그리고 차츰 진한 감동을 느끼면서 나는 이 시집을 일거에 통독하였다. 생각건대 문부식은 순수하게 시인으로 받아들여지기에는 너무나 많은 부담과 명성을 지닌 인물이다. 그는 군사정권과 관제언론의 빗발치는 음해공작에 의해 끔찍한 범죄인으로 매도되기도 하였고 반미투쟁의 영웅으로 신화화되기도 하였으며

개인적으로는 사형당할지도 모른다는 극한적인 상황을 겪기도 하였다. 이
것은 20대 젊은 나이가 감당하기에 너무나 힘든 시련임이 틀림없다. 시집
『꽃들』은 그 시련의 기록인 동시에 시련의 극복의 기록이다. 이 시집 전편
에 깔려 있는 절실함과 솔직함은 문부식이라는 이름에 덧붙여진 투사의 명
성을 무색하게 하는 시적 성취를 이루고 있으며, 바로 그 점이야말로 역으
로 그의 방화행위가 어떤 종류의 영웅주의와도 관계없는, 그 나름의 치열
한 고뇌와 결단의 결과임을 반증한다. 이로써 그는 만해(萬海)와 육사(陸
史), 김지하와 김남주로 이어지는 우리나라 근대 옥중시의 역사에 있어 오
직 문부식의 이름으로만 각인된 독특한 세계를 창조하였다.
  이 시집에는 「신문팔이 소년에게」 「막걸리 보안법」 「박씨」 「박장수」처럼
도피중에 또는 옥중에서 만난 인물들을 실감있게 재생시킨 작품들도 더러
있고, 있을 뿐만 아니라 옥중시집들에서 가끔 대하게 되는 그런 시들치고
는 매우 높은 형상성을 지니고 있다. 가령,

　　술에 취해 돌아온 저녁
　　아무렇게나 쓰러져 잠든 아내와
　　자식들의 모습이
　　취한 눈에 전부 나무토막처럼 보여
　　뛰쳐나가 손에 들고 온 도끼로
　　모두 깨끗이 끝장내버렸다던 박씨

—— 「박씨」 1연

에서처럼 무지막지한 일을 저지른 한 사형수의 부서진 삶과 그의 내면에
아직도 남아 있는 소박한 인간적 온기를 작품 「박씨」는 시적 주인공을 파
멸로 내몬 사회적 모순의 직설적 환기에 의존함 없이 서술함으로써 더 큰
객관적인 설득력을 얻고 있다.
  그러나 역시 이 시집의 일관된 기본정서는 서정적 자아의 무구한 젊음의
그것이다. "저주받은 내 청춘"(「시」), "오오, 부끄러운 젊음이여"(「목숨을
위하여」), "분노한 청춘"(「나의 시」), "식민지 청춘"(「꽃들 5」 「김세진」) 같은

말들이 있어서만 그런 것은 아니다. 사회생활의 경험에 의해 오염되어본 적이 없는 한 순결한 영혼이 치욕의 현실에 온몸으로 저항하며 또 죽음의 공포에 떨며 적어놓은 그의 문자들은 오직 젊음만이 행할 수 있는 치열한 자기성찰에 의해 빈틈없는 진실의 광채를 발하는 것이다. 이 점에서 문부식의 시들은 "시인이 되어본 적도 없이" 식민지 감옥에서 횡사한 윤동주(尹東柱)의 세계를 연상케 한다.

그런데 어떤 종류의 두드러진 외면적 사건도 없이 시를 통해서만 자기의 전존재를 드러냈던 윤동주와는 반대로 문부식은 시 바깥에서(또는 시 이전에) 이미 이루어진 자신의 사회적 형상의 테두리를 언어적 생동성의 살아 있는 내용으로 채우지 못한다면 시인 아닌 시의 형식의 이용자가 될 뿐이다. 그가 진정한 의미의 시를 만들어내는 데 성공했는지 아니면 남달리 험악했던 체험의 후광 밑에 자신의 글을 시로 읽히게 만드는 데만 성공했을 뿐인지 하는 것은 물론 개별 작품의 구체적 분석을 통해서 검증되어야 할 일이다. 내 생각에 문부식은 82년의 사건으로부터 10여 년이 흐른 지금 그 사건의 멍에로부터 자신을 시인으로 건져내어 팽팽하게 긴장된 청춘의 언어 속에 담았다. 그의 어느 작품에서나 우리는 임리한 고통의 냄새를 맡으며 꽃과 날씨와 친구와 연인과 그리고 무엇보다 조국의 현실에 민감하게 반응하는 뜨거운 감성의 싱싱한 표현을 본다. 간절한 마음의 시 한 편을 새삼 읽으며 시인 문부식의 또다른 비약을 기대한다.

어머니
이 산을 내려가면
언제 다시 내 곁에 올 거냐고
묻지 마세요

전 이제
쫓기는 몸이 되어
정처없이
이 나라 산천을 떠돌이할 겁니다

혹시 당신이
못 견디게 그리워지면
발길 닿는 곳 어디
낯선 산자락 바라보며 눈물 흘리겠습니다

누가 있어
아들이 죽으면
당신 곁에 묻어주겠습니까

궂은 날
당신이 천둥 되어 그렁그렁
부르신다면
전 소낙비 되어
당신 무덤가의 풀잎들을 적시겠습니다

──「당신 곁에」 전문

〈1993〉

제 2 부

개인사에 음각된 민족사

이호철의 문학세계

1

이호철(李浩哲) 전집 제1권 『판문점』(1988)의 권말에 실린 '자서전적 연보'에 보니 내가 이호철 선생과 어울리기 시작한 것이 1965년으로 나와 있다. 아마 그 무렵이었을 것이다. 어쩌면 그보다 한두 해 전 같기도 한네, 도무지 정확하게 기억할 수가 없다. 아무튼 새해 연초에 김승옥·김현 등에게 묻어서 회현동 황순원 선생 댁에 말하자면 세배를 간 셈이었다. 방안에는 서기원·이호철 등 내로라 하는 30대 소장작가들 한 떼가 미리 포진하고 앉아서 술잔을 돌리며 기염을 토하고 있었다. 이호철 선생과 처음 인사를 나눈 것이 이 자리였다고 기억되는데, 그는 그때 기성문인들의 이런 자리에 처음 참석하여 어리둥절 쭈뼛거리기만 하는 나에게 유난히 친절을 베풀어 말도 걸고 술잔도 건네고 하였다. 김승옥 같은 친구는 그 자리의 선배들과 이미 몇 차례 어울린 적이 있었던 듯 스스럼없이 좌중의 화제에 끼여들어 있었으나, 나로서는 이런 분위기가 처음이었다. 그러니 이선생의 친절과 관심이 여간 고맙지 않았다. 어쩌면 그는 나에게서 문단사회에 처음 발을 들여놓았을 때의 자기 자신의 초라한 모습을 보았을지도 모를 일이다.

이것이 오래지 않은 옛날 일 같은데, 웬걸 어느덧 4반세기가 넘는 과거로 되었다. 하긴 그때 30대 초반의 청년작가 이호철 선생이 갑년을 눈앞에 둔 원로작가로 되지 않았는가. 그러고 보면 나는 지난 30년 가까운 세월 동안 문단의 선배작가들 가운데 누구보다도 더 자주 이선생을 만나 따뜻한 정을 나누어온 것 같다. 아마 수백번의 술자리와 수십번의 산행을 함께하지 않았을까 싶다. 술자리가 유독 많았던 것은 독립문과 녹번동을 거치는 귀가길 탓도 없지는 않다. 잡지사나 출판사 같은 데서 여럿이 만났다가 흩어질 때면 나는 으레 이선생과 동행이 되는 수가 많은데, 한잔 안하고 맨송맨송 헤어진 적이 별로 없었던 것 같다. 피차 어려웠던 그 시절 나는 이선생의 술을 뺏어먹는 요령을 알고 있었다. 한두 잔 내가 먼저 사고 일어설 듯한 기색을 보이면 사람과 헤어지기 싫어하는 이선생은 대체로 언제나 맥주로 이차를 가자고 붙잡는 것이다. 그러곤 끝내 시계까지 풀어 술값으로 맡기고 이야기에 열을 올렸던 것이다.

등산도 얼마나 많이 갔던가. 이선생은 산에서 참 잘 걷는다. 훨씬 젊은 내가 도저히 따라잡기 힘들다. 그래서 우리는 인민군 출신이라 역시 다르다느니 어쩌느니 하는 객쩍은 농담을 던지곤 했다. 김윤수 교수가 출감한 직후, 그러니까 76년일 텐데, 그때 대여섯이 소백산에 출감환영 등산을 갔다. 안개는 잔뜩 끼었는데 이선생은 횡하니 앞장서 가고 보이지 않는다. 김교수는 뒤에 처지고 중간에서 화가 난 나는 부지런히 달려가 이선생에게 혼자만 앞서가면 어쩌느냐고 항의를 했던 일이 즐겁게 떠오른다. 그런데 이번엔 내가 이선생한테 야단을 맞은 일이 있다. 85년쯤이던가, 대구의 친구들이 이선생을 비롯한 몇 분을 그쪽 산으로 초대했다. 개천절이 낀 연휴였는데, 운문산을 오르기 시작하자 곧 바람이 불고 비가 쏟아진다. 때늦은 태풍이었다. 아무래도 서둘러야 될 것 같아 강행군을 하는데, 이번엔 이선생이 나보고 이렇게 무리를 하면 되느냐고 꾸중이었다. 아하 이선생이 예전 같지 않구나, 이제 드디어 나이가 드시나 보다 하는 걸 그때 나는 처음 느꼈다. 최근에도 불광동 옆구리에서 비봉 쪽으로 가벼운 등산을 했는데, 전처럼 속보가 아니었다. 빨리 걷지 못해서라기보다 빠르고 늦고의 차원을 넘어선 원숙함이 걸음걸이에 배어 있는 듯했다.

이번에 이 글을 쓰기 위해 나는 이선생의 단편소설들을 상당수 다시 읽어보았다. 못 읽고 지나간 것도 몇편 있었고, 예전에 읽었는데 전혀 처음 읽는 듯한 것도 적지 않았으며, 잘 알고 있다고 생각했으나 완전히 새삼스럽게 읽히는 것도 꽤 있었다. 이호철의 문학세계를 제대로 다루자면 당연히 그의 많은 장편소설들이 집중적으로 논의되어 마땅하다. 그러나 이번에 새로 작품을 읽으면서 확인한 것은 오래 전에 읽은 기억이라는 것이 별반 신뢰할 만하지 못하다는 사실이었다. 따라서 본격적인 이호철론은 뒷날로 미루고 우선 이번에 읽은 단편소설을 중심으로 그의 문학을 다시 조명해봄으로써 간난과 신고의 분단역사를 힘겹게 살아 이제 회갑을 맞이하는 이선생께 조그만 축하의 뜻을 표하고자 한다.

2

　지금까지 이호철의 문학에 대해 갖가지 분석과 평가가 있어왔다. 50년대에 등장한 대부분의 작가들이 이미 오래 전에 절필하거나 침묵에 가까운 주변적 활동으로 밀려난 데 비하여 35년이 넘도록 현역작가로서 왕성한 작업을 지속하고 있다는 사실 자체가 우선 찬탄의 대상이 되게 마련이다. 작가가 소설쓰기를 계속한다는 이 당연한 사살이 돋보이는 것은 그러나 우리의 파란 많은 현대사에 비추어 결코 이상한 일이 아니다. 다른 모든 지적 활동이 그러하듯이 작품을 창작한다는 것은 당대 현실과의 긴장된 대결을 필연적으로 동반하게 마련인데, 지난 40여 년의 분단역사는 한 개인이 그것을 감당하기엔 너무도 벅찬 굴곡과 낙차를 부과해온 것이다. 따라서 우리는 한 작가가 자기 현실과의 관계에 있어 의미있는 긴장을 일정한 수준에서 유지해나가는 것만으로도 그가 끊임없는 성장과 자기쇄신을 이룩하고 있다고 판단하지 않을 수 없게 된다.

　그리하여 이호철에게는 자신의 개인적 현실로부터 민족적 현실로 관심을 확대시켜온 작가 또는 산업화·도시화 시대에 있어 소시민의 세태풍속을 사실적으로 묘사해온 작가라는 평이 일반화되어 있다. 물론 이러한 평가는 틀린 것이 아니다. 그러나 이호철의 문학에 있어서 개인현실과 민족현실이 어떤 매개에 의하여 얽혀 있는가(내 생각에 이호철의 문학이 개인적인 것으로부터 공동체적인 것으로 일직선적인 발전을 해나갔다고 보는 것은 기계론적 관찰의 오류이거나 피상적인 인상비평에 가깝다), 그리고 그것이 이호철 문학의 풍속소설적 외피와 어떻게 연관되는가 하는 내적 구조가 밝혀지지 않는다면 그의 문학세계에 대한 충분한 이해가 이루어졌다고 할 수 없을 것이다.

흔히 문학을 삶에 대한 형상적 인식이라고 하거니와, 이호철의 소설세계를 구성하는 디테일들이야말로 구체적이고 감성적인 능력에 의해 싱싱하게 포착되어 있다. 작가의 시선은 대상을 거의 즉물적인 단순함으로, 다시 말해 관념적인 예단이나 현실적인 연관을 사상한 천진함으로 바라보는 것이다. 생각건대 이런 일종의 생득적 순수성이 이호철의 작가적 생명력에 탕진되지 않는 싱싱함을 보장해준 기초일 듯싶다. 이런 점은 자연인 이호철에게서도 확인되는 바인데, 나는 가령 앞서의 '자서전적 연보'에서 다음 대목을 읽다가 미소를 금치 못했다.

1980년 5월 소위 계엄확대조치로 남산 지하실에 끌려가 두 달 동안 평생에 가장 괴로운 나날을 보낸 끝에 서울구치소로 이감되었을 때 "감옥에 갇히면서 훨훨 날 기분을 맛보는 자신이 내심 어이없기도 했으나, 「태양의 찬가」 노래를 흥얼거릴 정도로 신났었음. 감시 헌병이 이런 나를 이상한 눈길로 들여다보고 있었음" 하고 기록된 대목이 그러하다. 객관적 상황은 무혐의나 기소유예 따위로 석방된 것이 아니라 몇달 몇년이 될지 모르는 감옥살이를 위하여 구치소로 이감된 것이다. 따라서 분노로 으르렁거리든지 낙담하여 진이 빠져 있든지, 하여튼 그와 비슷한 상태에 있는 것이 상식적인 태도일 것이다. 그러나 두 달 동안 태양을 못 보다가 잔뜩 흐린 하늘이나마 하늘을 보게 되었을 때의 감격은 이 모든 상식적 관점을 뛰어넘어 동심적인 해방감을 맛보게 하는 것이다. 이 순간에는 억울하게 감옥에 왔다는 사실, 10·26 이후의 온갖 정치적 격동, 아니 생애 전체의 현실적 연관들이 전면적으로 무화되고 오직 유구한 하늘과 벌거숭이 인간만이 마치 창세기의 그날처럼 남는다.

물론 이런 상태는 삶의 과정에서 결코 지속적으로 유지될 수 없고(그래서도 곤란하지만) 단속적으로 섬광처럼 찾아올 뿐이다. 그 섬광에 의하여 작가는 어둠에 가려졌던 존재의 실상을 잠시 목격한다. 이런 무념무상의 경지에서 사물을 바라보는 듯한 순간의 그의 묘사는 그지없이 아름답고 실감에 가득 찬다. 다음의 대목을 읽어보자.

　해는 겨우 동쪽 산마루에 걸렸다. 서편 웃마을은, 휘돌아간 산줄기에 가리어 끊겼다 나타났다 띄엄띄엄 올려다보인다. 오목한 마을 복판은 연기와 부드러운 아침안개 속에 휩싸여 자욱하다. 안개 속에 기와집들이 성깃성깃 내보였다. 윗보매기 고을에서부터 앞들판을 휘돌아내려오는 큰물이 늦가을 햇볕에 번쩍번쩍 빛났다. 우엉우엉 소 울음소리가 부드럽게 아침안개를 헤쳤다. (「만조」, 1959)

　자연의 정경이 거의 시적인 순결함 속에 살아 숨쉬고 있다. 그런데 이처럼 싱그러운 자연묘사는 평화로운 전원생활을 다룬 소설의 일부가 아니라 6·25전쟁의 와중, 그러니까 국군이 북진하여 한동안 북쪽 땅을 점령하고 있던 시절의 이야기에 삽입되어 있는 것이다. 말하자면 구치소에 이감되어 몇달 만에 하늘을 보고 신이 나서 노래를 흥얼거리는 장면에서 우리가 경험하게 되는 어처구니없을 정도의 신선함, 거의 비현실적인 생동감 같은 것을 이 대목에서 우리는 느낀다. 소시민들의 생활현장도 이런 천진무구하고 거의 원초적인 시선으로 관찰될 때 기막힌 실감으로 살아난다.

　옆자리에서는 웬 사람들이 바둑을 두고 있었다. 칠이 엉망으로 벗겨진 낡은 바둑판이어서 옆에서 보기에는 궁상맞았다. 바둑알도 형편없이 모자라서 마지막에는 서로 먹은 알을 교환해가다가 그것도 모자라서 성냥개비를 끊어놓고 혹은 재떨이에서 담배꽁초를 주워서 놓곤 하였다. 바둑판이나 바둑알이나 새로 하나 장만을 하든지 아니면 바둑을 두지 말든지 하필이면 저런 식으로 둘 것은 뭐냐고 나는 조바심 섞어 신경질스럽게 생각하였다. 그러나 다시 생각하면 이런 점포에는 저렇게 생긴 바둑이 어딘가 어울려 보이기도 하였다. (「여벌집」, 1972)

이 장면에서 지금 ‘나’는 한가하게 바둑 구경을 하러 나와 있는 것이 아니다. 도시계획에 들어 있는 집 때문에 복덕방으로 구청으로 헐떡거리며 쫓아다니다가 대지증명을 떼기 위해 대서소로 들어와 기다리고 있는 중이다. 그러나 여백이 그림을 돋보이게 하듯 소설의 줄거리와 전혀 상관없는 듯한 이런 엉뚱한 세부묘사가 끼여듦으로써 얽힌 실타래 풀듯 생활의 미로를 헤쳐가는 소시민적 삶의 고단함이 도리어 확실한 실감으로 부각되는 것이다.

그런데 곰곰이 살펴보면 이호철 문학에 있어서의 수많은 생생한 묘사들은 어떤 냉철한 객관적 시점에 의해 중성적으로 전달된다기보다 소설적 화자 즉 주인공=서술자의 극히 민감한 주관적 감성에 의해 매개되고 있음을 간파할 수 있다. 다시 말해 독자들은 사건과 사물들을 직접 대하고 있다기보다 독특한 개성적 감수성의 프리즘을 통해서 대상을 보고 있음을 깨닫게 되는 것이다. 그런데 앞서 지적했듯이 이호철의 감수성은 어떤 관념적 전제나 현실적 이해타산 또는 논리적 연관 위에 기초해 있는 것이 아니라 어떻게 보면 극히 순진하고 즉물적·원초적인 것이어서 때로는 예컨대 실존주의 소설 같은 데서 보았던 일종의 ‘낯설게 하기’의 효과를 발생시킨다. 물론 이때의 ‘낯설게 하기’는 미리 징교하게 계획된 미학적 장치로서의 그것이 아니다. 가령 여기서 단편 「생일초대」(1976)의 한 토막을 음미해보자. 성규·완규 형제는 서울에서 서북청년회라는 반공단체의 간부로 활동하다가 국군이 후퇴할 때 남들 먼저 내려보내느라 뒤처지게 된다. 정신을 차렸을 때는 벌써 전선이 남쪽으로 밀려내려간 다음이라 그들은 허겁지겁 뒤쫓아간다. 그러다가 국군에게 붙잡히게 되는데, 그들로서는 자신들의 신분을 증명할 길이 없어 결국 즉결처분을 당할 절박한 경우에 처한다. 그들은 총살되면 묻힐 자신들의 무덤을 파고 있고 카빈총을 멘 중사 계급장의 순직한 한 사람이 그들을 지키고 있다. 이 절체절명의 상황을 완규는 다음과 같이 회상하는 것이다.

“(…) 그러나 형님도 답답했던지, ‘씨팔 둑을 때는 둑더래도 그 담배 한대 얻어피웁시다레’ 하더군. 그러자 그 둥사는 약간 당황하듯이 1킬로쯤 떨어진

등대본부 쪽을 돌아다보더니, ‘표 안 나게 작업하면서 가만가만 피우시우’ 하
고 비로소 처음으로 목소리를 내더군. 땅 파는 곳을 지덕해줄 때도 그냥 손짓
으로만 했었거든. 그러고는 손수 새 담배 두 대를 금방 붙여서 던져주더군.
그때 그 경황에도 약간 우스워지더라. 작업하면서 가만가만 피우라는 그 ‘작
업’이라는 소리가 말야. 스스로 죽어서 묻힐 구덩이를 파는 것도 과연 작업에
속헐까. 좀 어이가 없고 한심해지더군.”

‘스스로 죽어서 묻힐 구덩이를 파는 것’을 바라보는 세 겹의 시선이 여기
서 동심원을 그리고 있다. 남쪽 사회에 내려와 회사 중역으로 성공한 형
성규의 생일을 맞아 완규가 초대받은 고향 손님들 앞에서 한창 입담 좋게
옛날얘기를 떠벌리는 장면인데, 이 장면을 보는 독자와 거기 등장하는 인
물들이 공유하는 현재적 시선이 맨 가장자리를 둘러싸고 있다. 다음에는
완규의 이야기 속의 상황, 즉 죽음을 목전에 둔 극한적 순간에서의 과거적
시선이 있다. 전란의 소용돌이 한가운데서 생사를 예측할 수 없었던 과거
와 상다리가 휘어질 만큼 차려진 음식상 앞에서 웃음꽃을 피우는 현재는
물론 극히 대비적이며 상호간섭적이다. 그러나 그럼에도 불구하고, 즉 그
과거와 이 현재 사이에 허다한 우여곡절이 개재되어 있을 것임에도 불구하
고 양자는 하나의 끈으로 동일한 평면 위에 연결되어 있음이 분명하다. 그
런데 이 대목을 읽는 독자들은 이러한 현실적 평면과 전혀 질을 달리하는
또하나의 시선이 여기 작용하고 있음을 의식하지 않을 수 없는데, 그것은
단적으로 말해서 ‘작업’이란 단어에 의해 촉발된다. 이 단어는 사태에 대한
상식적·현실적 해석을 교란시킨다. 사람이 땅을 파는 행위는 분명히 작업
이라 부름직하다. 나무를 심으려고, 감자를 캐려고, 김장독을 묻으려고 사
람들은 땅을 파고 그렇게 땅 파는 일상생활 속의 평상적인 행위가 작업이
라 불리어진다. 그런데 총검의 위협 때문에 어쩔 수 없이 제가 죽어서 묻
힐 구덩이를 스스로 파는 일조차 ‘작업’이라 지칭됨으로써 그것은 죽음을
목전에 둔 전쟁의 와중이라는 급박한 현실성이 돌연 제거되고 단순한 육신
의 동작으로 환원되는 것이다. 그리하여 우리는 주인공들이 자리잡고 있는
과거(전쟁)와 현재(생일잔치)의 상황 전체를 원천적으로 새로운 눈으로 보

고, 그들의 삶의 역정 자체와 그것을 둘러싼 역사적 맥락의 의미에 대해 각성된 시각으로 물어볼 수 있게 된다.

생각건대 이호철 문학의 뼈대를 이루는 것이 분단과 실향이라고 흔히들 말하는 우리 시대의 민족사적 운명이라 한다면, 그 운명의 중압을 뚫고 하루하루 살아가는 선량하고 힘없는 소시민의 사소한 일상의 세부들이야말로 그의 문학의 살이다. 그러나 그의 문학적 성취를 단순한 세태소설로부터 구별하게 만드는 것은 일상성의 늪에 매몰되는 것을 끊임없이 방해하고 간섭하는 이와같은 어떤 원천적 시선, 근본적 물음이 있기 때문이다.

3

이호철의 문학세계를 이해하기 위한 방편으로 여기서 잠시 그의 이력을 간단히 훑어보기로 하자. 그는 1932년 함경남도 원산(시내가 아니고 좀 떨어진 농촌마을로서 후에 시로 편입되었던 듯하다)에서 중농 정도의 집안에 2남 3녀의 장남으로 태어났다. 어려서 한문을 배웠으나 별 재미를 붙이지는 못한 듯하고 해방되던 해 원산공립중학에 입학, 이때부터 문학서적을 탐독하기 시작했다. 6·25가 발발하던 해 고등학교 졸업반이었던 그는 인민군으로 동원되어 전투에 참가했으나 총 한방 제대로 쏘지 못하고 포로로 붙잡혔다. 북진하는 국군에 묻어 북상하다가 석방되었고 한 달 남짓 고향에서 지내다가 중공군의 참전으로 다시 후퇴할 때 단신으로 배를 타고 월남하여 부산에 닿았다.(1950.12.9) 이로부터 이호철은 가족과 고향으로부터 격리되어 남쪽 땅에서 외롭고 고단한 삶을 살지 않으면 안되었다. 피난 수도 부산에서 부두노동, 제면소 직공, 미군부대 경비원 등으로 전전하였고 (이때의 경험이 장편소설 『소시민』에 총화되어 있다) 처음으로 소설습작에 손대어 「오돌 할멈」 「권태」 같은 단편을 썼다. 1953년 서울로 올라왔고 55년 단편 「탈향」이 황순원씨의 추천으로 『문학예술』지에 발표되어 작가로서의 길에 들어섰다. 61년 「판문점」으로 현대문학사 신인상, 62년 「닳아지는 살들」로 동인문학상을 수상함으로써 그의 작가적 위치는 확고하게 자리잡

했다.

이상의 경력으로 미루어 알 수 있듯이 이호철은 스무살 전후 한창나이에 겪은 혹독한 격랑에도 불구하고 비교적 순탄하게 또 상당히 일찍 소설가로 입신하는 데 성공하였다. 그러나 문인으로서 이름을 내는 것과 생활인으로서 사회에 뿌리를 내리는 것은 전혀 무관한 것은 아니라 하더라도 별개의 것임에 틀림없었다. 자라난 고향과 낳아준 부모형제를 떠나 단신 실향민으로 살아간다는 것, 존재의 근원으로부터 추방되어 뿌리뽑힌 삶을 살아간다는 것, 그것은 이호철의 인생과 문학에 있어 근본적인 규정성이다. 그런 점에서 나는 단편소설 「큰 산」(1970)이 이호철 문학의 근원을 이해하는 데에 극히 시사적인 작품이라고 생각한다.

어느 날 아침 깨어보니 첫눈이 내렸는데, 대문 옆의 블록담 위에 하얀 남자 고무신 한 짝이 놓여 있다. 아무것도 아니라면 정말 아무것도 아닌 이 일로 하여 '나'와 아내는 꺼림칙한 느낌에 휩싸인다. 가정의 단란함을 위협하는 어떤 불길한 손길이 다가오는 듯한 불안과 공포 속으로 빠져드는 것이다. 여기서 '나'는 어린 시절의 기억을 떠올린다.

우리 마을 서쪽 멀리 청빛의 마식령 줄기가 가로 뻗어갔는데, 마을사람들은 이것을 '큰 산'이라고 불렀다. 내 경우 이 '큰 산'은 그곳에 그 모습으로 그렇게 있다는 것만으로 항상 나의 존재의, 나를 둘러싼 모든 균형의 어떤 근원을 떠받들어주고 있었던 것이다. 내가 태어난 뒤 가장 먼저 익숙해진 것은 어머니의 젖가슴이었겠지만, 두번째로 익숙해진 것은 그 '큰 산'이었을 것이다. 아침저녁으로 우리 집에서 정면으로 건너다보이던 그 '큰 산', 문만 열면 서쪽하늘 끝에 웅장하게 덩더룻이 솟아 있던 그 청빛 '큰 산'.

그런데 이 '큰 산'이 구름에 가려 보이지 않게 되면 갑자기 주위의 야산들이 시커멓게 이상한 모습으로 변하고 들판도 의지할 데를 잃은 듯 썰렁해진다. 어느 날 '나'는 가을비 내리는 저녁때 혼자 집으로 돌아오다가 길가 무밭에 버려진 '지까따비'짝을 흘낏 보고 섬뜩한 공포감을 느낀 적이 있다. '큰 산'이라는 존재의 튼튼한 기반이 가려질 때 모든 사물들은 본래의 제자리와 분수를 잃고 안정감을 상실한다. 어머니의 품과 그 '큰 산'에서 멀리 떠나와 있는 오늘의 삶은 어떠한가. 무심코 지내는 일상생활의 균형과 안정은 지극히 사소한 외부적 힘의 개입에 의해서도 언제든지 허물어질 수 있는 허약함을 본질로 한다.

소시민적 일상성의 허구적 본질을 건드린 비슷한 계열의 작품으로 가령 「소슬한 밤의 이야기」(1972)나 「덫」(1982) 같은 예를 들 수 있지만(이 작품들에서 고무신짝에 해당하는 소도구는 강아지와 '死'자가 그려진 종이딱지이다), 이 문제를 분단체제라고 하는 우리의 민족사적 현실에 관련지어 정면으로 다루는 데 성공한 뛰어난 소설이 「이단자 (4)」(1973)이다. 작가 자신이라고 짐작되는 주인공 현우는 남북적십자 예비회담으로 온통 떠들썩할 무렵 북녘 땅에 두고 온 동생에게 주는 짤막한 지상편지를 어느 신문에 기고한다. 그런데 다음날 저녁 자기가 바로 현우의 동생이라고 하는 한 사나이의 전화가 집으로 걸려온다. 저녁에 들어와 그 얘기를 들은 현우는 반가움은커녕 두려움과 의혹이 앞선다. 잠시후 다시 걸려온 전화를 통해 그는 그 사나이가 "이북 있는 동생과 나이는 같았지만 고향은 십리쯤 떨어진 길명이라는 동네였고 성은 송씨"임을 알고 안도의 한숨을 내쉰다. 그러면서 현우는 울적한 심시가 되어 동생과 마지막 헤어지던 날, 그러니까 고향을 떠나던 날을 새삼 떠올린다.

길은 텅 비어 있었다. 사람 기척은커녕 흔한 우마차 하나 보이지 않았다. 지금 떠올려도, 그날 그 길에 사람 하나 없었다는 것이 현우는 거듭 불가사의하게 느껴진다. 현우는 외투깃을 세우고 웅숭그린 채 잰걸음으로 거리 쪽을 향해 혼자 가고 있었다. 그렇다. 지금에 와서야 분명하게 짚어진다. 바로 그때 그 순간, 농촌 출신인 현우는 농촌 그 자체와 결별을 고하고 있었던 것이다. 주변의 산야는 써늘하였고 산자드락에 붙은 촌락의 집집들도 앞문은 잠근 채 뒤 창문으로 혹은 봉창 구멍으로, 제 고장을 버리고 혼자 떠나가는 현우를 저주 섞어 쳐다보고 있었다. '봐라, 저 새끼 간다, 저 새끼 간다' 하고.

이 대목에서 작가는 비록 최대한 억제하려고 노력하고 있으나 그것을 읽는 독자는 살을 찢는 아픔의 한가닥이 행간에 숨어 있음을 감지한다. 마음만 먹으면 언제라도 찾아갈 수 있는 고향을 가진 사람, 수화기를 들어 다이얼을 돌리기만 하면 부모나 형제의 목소리를 들을 수 있는 사람, 얽히고 설킨 공동체적 연고의 끈이 도시생활에까지 이어져 보호막이 되어주는 사람, 말하자면 남쪽 출신의 보통 사람들은 이 사무치는 상실감, 이 어찌할 길 없이 막막한 절망감을 온전히 실감하기 어려울 것이다. 어떻든 현우는 그 사나이 송가의 출현으로 인해 고향을 떠올리게 되고 또 지나온 반생을 돌아보게 된다 "이때까지 살아온 세월 전체로 볼 때, 그쪽과 이쪽은 꼭 반반이다. 그쪽 이십년과 이쪽 이십년." 그런데도 현우에게는 "그쪽의 이십년이 그 무슨 원천을 이루고 있는 느낌"이었고 "그 원천의 조명을 받으며 오늘을 살아가는 현우는 무언지 부박하고 얄쌉하고, 임시 가건물 같은 것"으로 생각된다. 그것은 마치 '큰 산'의 육중한 그림자 밑에 있을 때 야산도 들판도 마을도 냇물도 제자리에 제 모습대로 있는 것 같고 '큰 산'의 자태가 사라지면 모든 사물들이 균형과 질서를 잃고 뒤죽박죽으로 되는 듯이 느껴지는 것과 비견할 수 있다.

그러나 지금 이곳에서의 삶이 '임시 가건물' 같다는 것은 실상 느낌일 뿐이다. 오직 일회적인 인생에 있어서 임시적인 삶이란 존재할 수 없다. 매순간의 삶은 그 자체로서 절대적인 것이어서 딴 무엇으로 대체되거나 더 나은 어떤 것을 위해 유보될 수 있는 것이 아니다. 남쪽 사회에서 터를 잡고 뿌리를 내려 살아가는 것이 이제 이호철에게는——그리고 우리 모두에게——결코 선택의 문제가 아닌 것이다. 그러나 도리어 바로 그렇기 때문에 이 땅의 삶이 좀더 사람다운 삶으로 되도록 노력할 이유가 우리에게는 주어진다.

그렇기는 하지만 작가 이호철에게 있어서 고향이라든가 '큰 산'이라든가 요컨대 어떤 원천적인 것에 대한 향수는 소시민적 안일성에 빠지는 것을 가로막는 제동장치로서의 기능을 하며 이 사회의 허위와 모순을 꿰뚫어보게 하는 각성제의 역할을 하는 것 같다. 이 점에서 그의 현실비판 내지 세태풍자 소설들은 민족분단이라는 좀더 뿌리깊은 역사적 근원으로부터 현재를 바라보는 데서 성립한다. 이제 이 방면에서 이루어진 몇 편의 뛰어난 업적들을 살펴보자.

생각건대 「부시장 부임지로 안 가다」(1965)는 5·16 및 5·16 직후의 사회현실에 대한 가장 날카로운 문학적 풍자의 하나일 것이다. 작품의 주인공 규호는 백마고지 전투에도 참가하여 부상까지 당했던 퇴역 육군중위로서 지금은 마산에서 학교선생 노릇을 하고 있다. 5·16쿠데타가 일어난 직후 선생들이 하나 둘씩 잡혀가는 상황에서(아마 교원노조 때문인 듯) 퇴근하여 집으로 들어왔다가 군인들이 그를 잡으러 왔었다는 말을 아내한테 듣자 즉각 피신을 한다. 그는 왜 자기가 도망다니는지 영문도 모른 채 소화불량에 시달리면서 음식점과 다방과 여관을 전전하며 술과 커피와 계집질로 며칠을 보낸다. 여기서 한 장면 읽어보자.

해장국을 먹다가 또 변소로 가고, 구포바닥의 어느 다방에서 커피를 마시다가 또 변소로 갔다. 뱃속은 그냥 꼬르륵대었다. 촌구석 다방이고 아침이어서 그렇기도 했겠지만, 다방에서는 라디오만 틀었다. 짜개지는 행진곡이 울리다가 또 "반공을 국시의 제일의로 삼고" 하고 여자 아나운서의 목소리가 터져나오자, 규호는 또 깜짝 놀라서 마시던 커피를 그냥 둔 채 헐떡헐떡 커피값을 치르고 층층계단을 달려내려오며 쌍년 쌍년 하고 그 아나운서를 욕하고 있었다. 어느새 그는 반공에 쫓기고 있는 것이었다.

그런데 이렇게 쫓기고 있는 사람은 다름아닌 예비역 장교이며 현역 교사이다. 말하자면 이 사회의 중추를 이루는 모범적인 시민인데, 어느 날 그의 집에 군인들이 찾아오자 아내는 덮어놓고 잡으러 온 것으로 지레짐작하였고 그 자신은 아내의 말에 대뜸 두 다리가 휘뚱거리며 온몸에 힘이 빠져 경황없이 집을 나갔던 것이다. 어처구니없는 희극적 장면들이 계속되는 동안 독자들은 점차 이 희극의 배후에 깔려 있는 통렬한 현실풍자, 다시 말하면 반공이니 혁명공약이니 하는 껍질의 안에 들어 있는 실체를 보게 되며 정치권력에 대한 조건반사적 공포심이 결코 남의 일이 아님을 경험한다. 결국 군인들이 그를 찾아온 것은 잡으러 온 것이 아니고 그가 마산 부시장으로 내정되어 모시러 온 것임이 밝혀지는데, 이것이야말로 5·16 쿠데타의 정치적 허구성을 백일하에 폭로하는 소설적 반전이다.

「등기수속」(1964)은 언뜻 보기에 단순한 세태소설 같다. 주인공 현구는 두어 해 전에 신문사 국장이니 부장이니 하는 사람들과 함께 사두었던 땅을 자기 명의로 등기를 내기 위해 구청으로 동사무소로 또 등기소로 대서방으로 뛰어다닌다. 그러는 동안 그는 대서방 영감, 등기소 여직원, 사법대서사, 구청 지적계 직원, 동회 서기, 구청 산업계 사환, 구청 출장소 계장 등등 각급 각종의 관료행정 말단실무자들을 접촉한다. 이 과정이 정밀하고 재치있게 서술되는 동안 우리는 그야말로 카프카의 어떤 소설이 제공하는 일종의 미로학습 속에 갇혀 들어와 있는 듯한 막막함을 실감한다. 그리고 현구를 빠져나갈 수 없도록 친친 둘러싸고 있는 거대조직의 그물이 완강한 현실적 힘을 발휘하면 할수록 우리는 점점 더 진짜 현실로부터 멀어지는 듯한, 다시 말해 어떤 불길한 악몽을 꾸고 있는 듯한 도착상태를 경험한다.

그러나 물론 작가는 여기서 어떤 특수한 실존적 상황을 제시하는 데 목적을 두고 있는 것이 아니다. 애초에 현구가 2년 동안 차일피일 미루어오던 땅의 등기수속을 하기로 작정하게 된 것부터 성치적인 변동과 관계가 있는 것이었다. "바로 며칠 전, 계엄이 선포되자 현구는 막연하게 머리 끝이 쭈뼛해지는 불안 속에서 그 땅의 문제가 새삼스럽게 첨예하게 압박해" 왔던 것이다. (1964년 한일회담 반대데모를 진압하기 위한 6·3사태 때의 계엄령 선포였던 것으로 짐작된다.) 그래서 우선 대서방을 찾았던 것인데, 등기소로 가보라는 대서방 영감의 말에 현구는 "처음부터 암담한 기분에" 휩싸인다. 또 정작 서대문등기소라는 큰 건물 앞에 오자 그는 벌써 "덜컥 공포 비슷한 느낌"에 사로잡힌다. 사법대서소에 서류 일부를 맡기면서도 현구는 "암담하고 귀찮고 온 신경이 서서히 산란해오는 것을" 느낀다. 구청의 지적계 담당자한테서 지금 바쁘니 이따가 오라는 말을 듣고도 그는 또 "와락 절망적인 암담한 느낌에 휩싸이며 눈앞이 어찔어찔하고 이마와 목대에서는 땀이 철철 흘러내렸다." 그러는 가운데서도 현구는 철길 밑의 불어난 황톳물을 저벅저벅 건너며 "웬 엉뚱한 시원한 느낌에 혼자 끼들끼들 조금" 웃는다. 옛날 살던 동네의 동회로 주민등록 카드를 찾으러 들어

가면서도 그는 "괜히 끼들끼들 혼자" 웃는다. 이런 과정이 서술되는 동안 사이사이에 "경기관총까지 장치한 드리쿼터가 헤드라이트를 켜고 군인들을 가득 싣고 큰길을 지나가"는 장면이 되풀이 묘사되는 것이다. 마침내 그날 밤 현구는 "열에 떠서 깊은 잠을 잘 수가 없었고, 군인을 가득 실은 드리쿼터가 헤드라이트를 켠 채 자기에게로 돌진해오는 꿈을 꾸며 몇번이나 깜짝깜짝 놀랐다." 이렇게 함으로써 작품 「등기수속」은 세태소설의 형식을 통해 한 시대의 삼엄한 정치적 분위기를 부각시키는 데 성공하고 있다.

단편 「도주」(1977)는 지극히 단순한 구조로 되어 있다. 사건이랄 만한 것은 아예 없고 줄거리도 매우 간단하다. 주인공 '사내'는 감옥에서 풀려나온 지 사흘째 되는 날, 안에서 꼬박 열 달 동안 바로 옆방에서 이웃하며 친하게 지낸 '정씨'와의 약속을 지키기 위해 아내를 데리고 불고기집을 찾아간다. 그런데 오랜만에 보는 거리의 풍경은 열 달 전과 달라진 것이 별로 없음에도 불구하고 "매사가 눈이 부시고 매사에 어리둥절하고, 그리고 무언지 모르게 무서웠다." 정씨와의 약속 자체가 허황한 일로 여겨지고 정씨가 약속대로 나오더라도 "와락 무서워지지나 않을까 하는 불안한 예감"이 든다. 간신히 불고기집을 찾아올라가 넓은 홀 안에 사람 기척이 없는 것을 흘낏 들여다보는 순간 그는 "등이 오싹하였다." 문을 열고 들어서는데 전자장치로 녹음된 인사말이 울리자 그는 또 소스라치게 놀란다. 홀 안은 바깥에서 보기와 달리 비어 있었던 것이 아니고 손님 서너 패거리가 여기저기 앉아서 느른하게 지껄이기도 하고 게걸스럽게 먹어대기도 한다. 그 풍경이 또한 "여간 생소하지 않았고, 무언지 모르게 차디찬 느낌"을 준다. 정씨는 아직 안 왔는데, 어느 구석에 숨어서 내다보고 있는 게 아니냐는 아내의 말에 그는 "소스라치듯이 새삼스럽게" 주변을 둘러본다. 길게 뻗은 어둑어둑한 복도가 그에게 "무언지 불길하고 꺼림칙하였다."

이렇게 작품이 진행되는 동안 독자들은 자기도 모르게 주인공의 불안심리에 감염되면서 기묘한 위기감에 몰리게 된다. 간간이 삽입되는 감방생활의 회상에 대비되어 음식점의 웨이터나 드나드는 손님들의 모습이 점차 편안한 일상성을 잃어버리고 공포의 대상으로 변해간다. 약속시간에서 십분쯤 지나 "짙은 갈색 바바리코트에 파랑색 베레모를 썼고, 네모진 짙은 라

이방을 낀" 껑충하게 큰 사내 하나가 제임스 본드풍 가방을 들고 들어와
건너편에 자리를 잡고 이쪽을 주시하자 마침내 그의 불안은 최고조에 달한
다. 그와 아내는 황급히 계단을 내려와 마치 뒷덜미를 낚아채려는 마귀의
손길에서 달아나듯이 택시를 잡아타고 도망치는 것이다. 그에게 바깥세상
은 "그저 덜덜 떨리게 무서울 뿐이었다." 이 작품에서 주인공 부부를 압박
해오는 공포감은 물론 구체적인 객관적 근거를 가진 것이 아니다. 그러나
70년대 중엽 유신체제가 강제되고 긴급조치가 선포되어 온 나라가 철권통
치의 서슬 퍼런 폭압 아래 얼어붙었던 시절을 겪어본 사람이라면 이 소설
에 묘사된 불안과 공포가 결코 지나치게 예민한 신경증의 소산이 아님을
인정할 것이다. 그런 점에서 작품 「도주」는 심리소설의 형태를 빌린 하나
의 정치소설이라고 불러도 좋을 것이다.

4

  두말할 나위 없이 민족분단의 현실은 작가 이호철에게 우선 벗어날 수
없는 개인적 운명이다. 그의 모든 문학적 사고는 여기에서 출발하며 아마
종착점도 여기일 것이다. 앞에서 우리는 북쪽 고향에서의 삶이 그의 인생
의 밑바탕이요 더 근원적인 것이라는 작가 자신의 고백을 들은 바 있다.
그러나 남쪽에서의 삶이 비록 "몹쓸 꿈치고는 너무도 긴 꿈이어서 참으로
허망하구나"(「이단자 (4)」) 하는 감회를 주는 것이 문득 공감되는 바 없지
않으면서도 결코 '임시 가건물'일 수는 없다고 지적하였다. 이호철 자신이
실은, 때때로 아련한 향수와 육친에 대한 그리움으로 괴로워하지만 그보다
비교할 수 없이 더 강한 흡착력에 의해 이 남쪽 사회에 소속해 있는 것이
다.
  단편 「세 원형소묘」(1983)에 보면, '나'는 월남 이전부터 남쪽 세상에 대
해 강한 호기심을 느낀 것으로 되어 있다. 고등학교 시절 나는 두 사람의
전혀 상반된 인물을 통해서 남쪽 세상을 경험한다. 하나는 전상동이라는
선배로서, 그는 뿌리있는 집안의 귀공자 같은 인상을 주는 인물로서 행동

거지도 과묵하고 신중하며 의젓하였다. 해방 직후 북쪽 사회가 급격하게 달라지면서 슬그머니 월남했던 전상동이 47년 초 방학을 이용하여 모교에 나타난다. "서울서 요즘 진행되고 있는 국대안 반대의 선봉장으로 활약하고" 있다는 소개의 말과 함께 투쟁보고를 위해 단상에 오른 그는 그러나 결코 투사의 열변을 토하지 않는다. 시종 차분하고 알아듣기 쉬운 말로 "어디까지나 실제 정황에다 초점을 맞춰 차근차근 나직나직" 얘기를 풀어 나가는 것이다. "선전선동 문구나 무더기 관념어들, 구체적인 실체를 지시하는 것은 없이 거의 판에 박힌 일정한 억양만 장장 한 시간이고 두 시간이고 이어지는 그런 보고와는 너무나도 판이"한 그날의 전상동의 이야기 내용과 방식은 나에게 충격과 당혹이었으며 처음으로 "남쪽의 한 단면을 흘낏 편린으로나마 피부에 닿게 가까이" 느끼도록 한다. 다른 한 사람은 뒤늦게 같은 반에 편입해온 동기생 이광진으로서, 시골아이답지 않게 발랑 까지고 급한 성미에 이기적이고 엉뚱한 아이였다. 그가 어느 여학생과 연애사건을 일으킨 것이 빌미가 되어 월남했다가 남쪽에서도 무슨 사건을 일으키고는 지명수배를 받아 다시 학교로 나타난 것이었다. "그때 이광진에게서 풍기는 그 냄새는 어느 구석이 어떻다고 꼭 집어낼 수는 없었으나 바로 남쪽 냄새 그것이었다. 구두 끝에 차락차락 닿는 까만 나팔바지의 주름이 칼로 벤 듯이 서 있었으며, 향긋한 미안수 냄새가 코를 찔렀다. 그러나 그 미안수 냄새는 비록 향기는 좋았지만 매우 이색적이고 역겨웠다. 부도덕하고 썩은 냄새로 훅 끼얹혀 오면서도, 밑빠진 것마냥 무원칙하게 시원시원한 느낌이기도 하였다." 역겨우면서도 매혹적이고 부도덕하면서도 활기에 넘친 이 남쪽 냄새는 후일 부산땅에 기착하여 밤에 부두로 일자리를 찾아나갔을 때 한 소년 노동자가 「신라의 달밤」을 기차게 부르는 것을 보면서 느낀 감상과도 통하는 것이었다. (이 일화는 '자서전적 연보'에도 그대로 기록된다.)

그런데 정작 그가 몸담고 있던 북쪽 사회 자체는 해방후 어떻게 달라져 가고 있었던가. 북한체제의 성격과 그 안에서의 사람살이에 대해 이호철은 물론 정면으로 다룬 바 없다. 소설이라고 하는 것이 구체적인 생활의 실감을 기초로 성립되는 것이라 할 때 남한의 어떤 작가도 그렇게 할 능력이 없을 것이다. 그러나 그동안의 소설들을 찬찬히 읽어보면 그는 해방 직후 5년간의 경험을 잣대 삼아 북쪽 체제의 본질과 남북분단의 연원에 대하여 그 나름의 일정한 판단을 내리고 있음이 분명하다. 우화소설의 형식을 취한 「탈사육 회의」(1966)가 이미 바로 그러하거니와, 이호철 문학의 초기를 대표하는 「판문점」(1961) 역시 그런 관점에서 읽힌다. 주인공 진수는 통신사 기자의 행색을 하고 취재단에 섞여 난생 처음 판문점으로 가게 된다. 남북 기자단들의 왁자지껄한 입씨름이 벌어지는 판에 진수 역시 북쪽 여기자 한 사람과 이야기를 나눈다. 이 젊은 남녀간의 신랄한 대화를 통해 작가는 남북 체제와 사고방식의 이질성을 부각시키려 한다. 그들이 자신과 상대를 얼마나 정확하고 진실하게 인식하고 있느냐 하는 것은 가늠하기 어렵고 또 소설의 성패에 직접 관계되는 것이 아닐지 모르지만, 작가의 공감이 진수 쪽으로 기울고 있다는 것은 뚜렷하게 감지된다.

북쪽 사회의 경직성, 관료주의, 삭막하고 살벌한 인간관계에 대한 작가의 비판적 의식이 좀더 분명하게 그려지는 것은 「세 원형소묘」의 박천옥, 「남에서 온 사람들」(1984)의 갈승환 같은 인물들을 통해서이다. 그들은 제 세상 만난 듯이 설쳐대며 "두 눈에 노상 핏발을 세우고 지글지글 증오도 불타고 있었으며" 늘 단호하고 의무감에 불탄다. 물론 이호철의 소설세계에서 그런 인물들이 북쪽 체제를 전적으로 대표하는 것만은 아니다. 마치 남쪽을 찾아 떠나간 사람들 중에 차분하고 품위있는 전상동과 더불어 양아치 같은 이광진이 있었듯이 북쪽으로 올라온 사람들 중에는 갈승환 같은 인간과 더불어 순박하고 활달하며 강건한 김석조 같은 인물도 있기 때문이다. 어떻든 이 문제에 관한 이호철의 최근 생각을 우리는 장편소설 『문』(1987)에서 읽을 수 있다. 실화소설에 가까운 이 작품에서 주인공은 감옥에서 옆방의 간첩 사형수에게서 깊은 감명을 받고 그 고귀한 인품에 뜨겁게 감동되면서도, 그리하여 "이 추악한 남쪽 세상을 비추어 보이는 맑은 거울 노릇"을 하고 있다고 존경을 바치면서도 이렇게 그에게 쓰는 것이다.

월남해 온 사람들 누구나가 그 체제에 진절머리를 쳤던 첫째 이유는 자유가 없다는 점, 곧 강한 권력, 따라서 공포였습니다. 별안간에 세상이 무시무시해졌고, 사람들마다 악마로 변했습니다. 혁명과 계급투쟁이라는 이름 밑에 사람 사는 세상은 일거에 그 원천적인 자연스러움을 잃어버렸습니다. 아무리 좋은 일도 과하게 지나치게 뻗어갈 때, 그건 일거에 지옥으로 변합니다. 과열한 것일수록 편향과 광기를 낳게 마련입니다.

여기서 '악마' '지옥' '광기' 따위의 낱말로 지칭된 것이 구체적으로 어떤 현실적 사태를 지적하는 것인지 나로서는 실감하기 어려우나, 적어도 주인공이 터무니없는 허위를 꾸며내고 있는 것이 아님은 믿을 수 있다. 그러나 그렇기 때문에라도 그것이 과연 북쪽 체제의 본질적 속성인지 또는 과도기적인 한때의 시행착오였는지 따져보는 것이 옳을 것이고, "이 추악한 남쪽 세상"의 그 추악함과 더불어 봉건왕조시대와 일제시대를 통해 누적되어온 우리 민족 전체의 극복대상이었던 것은 아닌지 숙고해볼 필요가 있을 것이다. 왜냐하면 통일은 남북의 어느 한쪽이 다른 한쪽을 부정하거나 흡수하는 산술적 작업이 아니고 더 높은 차원으로서의 역사적 진보를 내용으로 하는 인간적·민족적 갱생의 과정이기 때문이다.

5

마지막에 잠깐 거론한 장편 『문』과 함께 내 회상은 다시 70년대 초로 돌아간다. 대통령선거를 앞두고 정국은 서서히 긴장하고 있었고 지식인사회에도 뭔가 숨막히는 압력이 전해져왔다. 그 최초의 집단적 반응이 민주수호국민협의회로 나타났는데, 여기에 이호철 선생을 비롯한 문인들 여럿이 서명에 참가하였다. 이 무렵부터 연례행사처럼 우리는 매년 정초 이선생댁에 모였다. 유신이 선포된 지 1년쯤 뒤 장준하 선생의 주도로 개헌청원 백만인 서명운동이 막 불붙고 있었다. 문인들도 여기에 적극 참여하자는 의론이 은연중 돌던 74년 정월 초하루에도 이선생댁에는 꽤 많은 문인들이 모였고, 성명 같은 걸 낸다면 역시 이선생이 맏형으로서 앞장서야 되지 않겠느냐는 데로 의견이 모아졌다. 그리하여 미국서 돌아온 지 얼마 되지 않앉던 백낙청씨가 성명서 초안을 쓰고 몇사람이 나누어 급박하게 서명을 받은 다음 동숭동 백교수의 추운 연구실에서 먹지에 대고 여러 장 베꼈다. 복사기는커녕 타자기도 아직 널리 보급되기 전이라 일일이 썼던 것이다. 그리고 1월 7일, 명동 코스모폴리탄다방인가에서 이선생 사회로 문인들의 개헌청원 성명서가 발표되었고 바로 다음날 긴급조치 1호가 발동되었다. 그리고 다시 일주일 뒤에는 이선생이 보안사로 연행되었는데, 얼마 뒤 신문에는 커다랗게 '문인간첩단 사건'이라 하여 이선생을 비롯한 다섯 문인의 사진과 함께 사건이 보도되었다. 참 별놈의 간첩단 사건도 있지, 그래 그중 셋은 1심에서 나오고 이선생과 다른 한 사람도 2심에서 풀려나는 그런 간첩단이 대체 세상에 어디 있단 말인가. 문인-지식인 사회에 겁을 주고 협박을 하려는 박정권의 정치적 모략극이라는 것은 누구의 눈에나 분명하게 보였는데, 그후 문인들은 겁을 먹고 위축되어 입을 다물었던가. 알다시피 민주화운동은 이선생이나 나 같은 사람도 운동의 변두리로 밀어낼 만큼 장강대하가 되어 7,80년대를 넘치게 흘렀다. 이 거대한 역사의 물길은 민족통일의 그날까지 흐름을 멈추지 않을 것이다. 이선생 자신의 어느 산문집 제목처럼 마침내 '통일절'은 온다! 그날까지 이선생의 건강과 문운을 빈다.

〈1991〉

역사의 진실과 소설가의 운명

현기영 소설집 『마지막 테우리』

1

최근 간행된 현기영의 세번째 소설집 『마지막 테우리』(창작과비평사 1994)에 실린 작품들은 동명의 장편소설(1983)을 희곡화한 「변방에 우짖는 새」(1986)와 중편 「위기의 사내」 1부(1988)를 제외하면 모두 90년대 들어 발표된 것들이다. 이를 연대순으로 나열해보면 「위기의 사내」 2부(1990), 「거룩한 생애」(1991), 「목마른 신들」(1992), 「야만의 시간」(1992), 「쇠와 살」(1992), 「고향」(1994), 「마지막 테우리」(1994)가 된다. 이렇게 본다면 이 작품들은 90년대의 변화된 현실에 대한 작가 현기영의 문학적 대응이라는 각도에서 읽혀질 수 있을 것이다.

물론 이런 관점 자체가 논란의 여지 없이 자명한 것만은 아니다. 그것은 우선 90년대의 우리 현실이 현상적 차원 아닌 본질적인 차원에서 얼마나 또 어떻게 변화됐느냐에 관련된 논란일 것이며, 다른 하나는 일정 수준의 현실변화를 인정한다 하더라도 그것이 작가의 창작사업에 즉각적으로 또 직접적으로 반영될 것인가에 관련된 논란일 것이다. 이것은 그 자체만으로도 논자의 역사인식과 문학관 전체가 걸린 쟁점적 사안이 될 것이며, 따라서 이 지면이 허용하는 논의범위를 벗어나는 일이 될 것이다. 어쨌든 필자는 80년대 말 이래 전개되는 국내외의 사태가 우리 삶을 규정짓는 정치적·이념적 조건의 심각한 변화를 뜻한다고 보고자 한다. 그러나 물론 여기에는 많은 단서와 유보가 따른다. 왜냐하면 잘 알다시피 모든 변화는 변화의 반대측면 즉 지속의 측면과 내적으로 연관됨으로써 기능하는 것이기 때문이다. 분명한 것은 자주적이고 민주적인 근대적 민족국가의 건설이라는 요구의 지속성에도 불구하고 90년대와 더불어 그 요구의 실현을 위한 선택의 폭이 매우 좁아들었다는 사실이며 80년대에 구상된 변혁적 대안들이 대중적 설득력을 급속하게 잃어버리고 있다는 사실이다. 반면에 각종 매체의 혁명적 발전과 병행하여 상업주의적 대중문화는 약진을 거듭하고 있다. 문학활동의 물적 토대라 할 출판의 분야에서도 자본의 지배력은 날로 위세를 더해가는 듯하며, 이 사회적 대세에서 밀려난 고독과 단절의 경험, 내면적 도피와 이상심리의 세계가 점점 더 문학적 표현의 중요한 대상으로 떠오르고 있다.

그런데 놀랍고도 주목되어야 할 사실은 문제작 「순이 삼촌」(1978)을 시발점으로 하는 현기영의 문학세계가 『마지막 테우리』에 거두어진 90년대의 작품들에 이르러서도 어떤 변동이나 이완의 조짐을 보이지 않고 있다는 것, 오히려 더욱 예봉을 가다듬어 치열하고 날카로운 집중의 양상을 나타내고 있다는 것이다. 너나없이 입에 올리는 시대의 변화가 이 작가에게는 조금도 감지되지 않는다는 것인가. 물론 그럴 리 없을 것이다. 생각건대 시류의 요동에 완강하게 맞서는 오연한 거역의 자세야말로 90년대의 현실에 대한 현기영의 비판적 대응일 것이다. 그렇다고 하여 그가 80년대를 풍미했던 '사회과학적' 이념의 무비판적 신봉자인 것은 결코 아니다. 그의 문학은 현실에 대한 논리적 설명으로서의 어떤 선취된 이론체계에 의존하는 것이 아니라(물론 그것을 의식적으로 배척하는 것도 아니지만) 철저히 삶의 세부적 객관성을 통해서 역사적 현실의 핵심적 진실을 드러내고자 한다. 요컨대 그는 확고부동한 리얼리스트인 것이다.

그의 리얼리즘은 사회현실과의 정면대결이 찾아보기 어려워진 90년대의 우리 소설계에서 단연 독보적이다. 물론 그가 다루는 소재는 극히 제한되어 있고, "생산이 부실했던 지난날의 나태가 새삼 부끄러워"진다는 자신의 고백(「후기」)대로 매우 과작이다. 이것은 그의 문학에서 시대적 현실의 다양하고 풍성한 화폭을 만나고자 기대하는 독자에게 몹시 불만스러운 것이 사실이다. 그러나 일단 선택된 소재에 쏟는 그의 긴장된 정신력과 밀도 높은 형상화 능력, 그리고 그러한 고군분투 속에 혈로를 뚫듯 이루어가는 그의 작품적 실천은 90년대 문단과 사회의 방만하고 해이된 분위기, 팽배한 감상주의와 바닥 모를 허무주의에 대한 비타협적 투쟁이기도 하다. 현기영의 작업에서 무엇보다 중요하고 주목되어야 할 것은 그의 작품세계를 시종일관 지배하는 준엄한 객관적 정신이다. 그러나 이 말은 결코 그가 인간의 감성적 측면을 도외시한다든가 현실의 외면성만을 그리고자 한다든가 하는 것을 뜻하지 않는다. 인간생활의 총체성에 손상을 입히는 어떤 종류의 편향도 리얼리즘의 성취에 장애를 유발하는 법인데, 가령 「위기의 사내」 같은 작품은 87년 6월항쟁 무렵의 작가 개인을 주인공으로 삼은 자전적 소설임에도 불구하고 소재의 사적(私的) 이용 즉 사소설적 경향이 최대한 억제되는 것이다.

그러나 현기영 리얼리즘의 또다른 특징은 치열한 현실대결의 자세에도 불구하고—— 또는 어쩌면 바로 그렇기 때문에—— 관념적 조급성이나 과격한 이론주의에 빠지지 않는 데서 드러난다. 80년대 한때 우리는 수많은 이념적 분파들의 이론과잉을 경험한 바 있다. 물론 현실의 모순구조를 체계적으로 해명하고 올바른 개선의 방향을 모색함에 있어 이론은 불가결한 수단이다. 이론에 의하지 않고 즉물적으로 현실을 인식할 수는 없다. 그러나 이론은 현실에서 태어난 것이기는 하지만 언제든지 현실로부터 괴리되어 자기증식을 할 위험도 가진다. 그런데 훌륭하다는 찬사를 들음직한 문학작품의 놀라운 점은 이론적 명제의 실천적 검증을 자기 내부에서 수행한다는 사실——즉 작품에는 이론의 자기수정 가능성이 늘 열려 있다는 사실——이다. 왜냐하면 문학작품은 작은 규모에서든 큰 규모에서든 삶의 개념적 요약 또는 이념적 추상을 보여주는 것이 아니라 삶 자체와 질적으로 맞먹는 객관적 상관물을 형상화하는 것이기 때문이다. 그러므로 이론에는 늘 오류가 있을 수 있고 시효가 지나는 수도 있는 법이지만, 진정으로 위대한 문학작품은 시공을 초월하여 진리에 다가서는 근원성을 상시적으로 함유한다. 6월항쟁을 다룬 소설 가운데 가장 뛰어난 작품의 하나일 「위기

의 사내」에서 중년의 교사인 주인공 기웅은 도심지 시위현장에서 제자인
대학생과 잠깐 마주치는데, 이 장면의 다음과 같은 부분은 80년대 운동권
젊은이에 대한 작가의 비판적 포용을 보여줄 뿐만 아니라 현기영의 문학관
도 아울러 암시한다.

어깨를 긴장시키고 시위 학생들 가운데로 사라지는 제자놈을 바라보며 기웅
은 생각한다. 아직은 나도 저 녀석한테 주량이 떨어지지 않아. 그래서 취중에
벌이는 갑론을박도 아직은 백중지세지. 녀석은 싸움에 날카로운 예봉으로 나
서야 한다고 주장하지만, 나는 튼튼한 후위가 없이 어찌 날카로운 전위가 있
을 수 있느냐고 예의 '후위론'을 들먹인다. 녀석은, 내가 이론서를 안 읽는다
고, 소설에 과학적 인식이 결여되어 있다고 비판하고, 나는 나대로 문학은 과
학이 아니다, 이론서를 안 읽는 것은 피아니스트가 손이 굳을까봐 테니스를
안 치는 것과 같다고 둘러댄다. 녀석은 군독·직개·정투·경투 같은 약어가
툭툭 튀는 빠른 말씨를 구사하고 그 말의 속도처럼 비약적인 사회변화를 믿지
만, 나는 이렇게 충고한다. 대중이 알아들을 수 있게, 아니, 송아지도 망아지
도 알아들을 수 있게 군사독재·직선제개헌·정치투쟁·경제투쟁 그렇게 풀어
서 천천히 말해 버릇 해라, 구조적 변화는 그렇게 빨리 오는 것이 아니다, 라
고. 그러나 보라! 저 청년들의 빛나는 예봉 없이 어떻게 지금 이 광장에 이
런 극적 상황이 연출될 수 있는가! (213~14면)

2

지금까지의 작업을 통해서 보건대 현기영 문학의 영원한 화두는 제주도
의 4·3 항쟁이다. 그래서 어떤 사람들은 그의 작품세계가 지나치게 폐쇄
적이고 지역적이라고도 말한다. 그러나 화두란 글자 그대로 본이야기를 꺼
내기 위한 말머리일 뿐이다. 따라서 문제는 4·3을 말머리로 하여 현기영
이 집요하게 탐색하고 있는 세계가 제주도라는 지역적 한계 안에 갇혀 있
는가 아니면 그것을 넘어서는 우리 근대사의 보편적 비극인가 하는 것일
터이다. 미리 말해두거니와 현기영의 제주도는 작가가 어린 시절을 보낸

고향의 구체적 지명인 동시에 분단과 동족상잔, 지배권력의 야만적 폭압과 외세의 무자비한 냉전논리, 요컨대 민족모순이 최고도의 파괴적 광기 속에 관철된 민족사의 핵심적 현장이다. 광주 사람이 광주항쟁에 대해 말하는 것을, 팔레스타인 사람이 팔레스타인 땅에 대해 말하는 것을 어찌 지역주의라 탓할 수 있겠는가. 그들은 오직 광주항쟁에 대하여, 팔레스타인 땅의 운명에 대하여 말함으로써만 진리를 향해 열린 보편적 발언권을 얻을 수 있다. 바로 현기영의 경우도 그러하다. 이제 좀더 구체적으로 작품을 살펴보자.

3

"나는 한달 전 회갑 잔칫상을 받아버린 늙은 심방이다"(57면)라는 언명으로 시작되는 단편 「목마른 신들」은 작품의 화자가 "이제 내가 4·3 원혼굿을 하게 된 내력담을 이야기해보겠다"(59면)라고 한 데서도 알 수 있듯이 일종의 회고담 형식을 취하고 있다. 그런데 특이한 점은 화자가 청중을 앞에 두고 이야기하듯 서술되고 있어서 작품 전체가 한판의 판소리사설 내지 굿사설 같은 구조로 되어 있다는 것이다. 그리하여 "어허, 수만이 죽어 넘어진 그때의 참상을 어찌 말로 다하랴!"(62면), "어허, 중산간지대의 수백 부락에 초토화의 무서운 재앙불과 함께 집단학살의 무서운 총성이 벼락치던 그해 음력 시월과 동짓달을 뉘라서 잊을 것인가!"(65면), "어허, 아무리 이민족이라고 그렇게 무참히 해치울 수 있는가 말이다"(79면) 같은 오열의 탄식이 추임새처럼 간간이 삽입됨으로써 서술의 리듬을 고양시키고 창자(화자)와 청중(독자) 간에 고도의 감정일치를 이루어내는 것이다. 따라서 "어허, 백조일손, 얼마나 좋은 말인가. 덩지덩지 덩덩 덩더꿍" 하고 작품이 끝맺는 것은 실로 절묘한 구성이라 해야 할 것이며, 그것은 주인공 화자가 심방이라는 사실에도 적절히 대응된다고 하겠다.

'나'는 어려서부터 어머니가 심방이었기 때문에 아이들한테 놀림을 받으며 자랐다. 열네살 때 해방이 되자 '나'는 어머니의 무속세계를 벗어나기 위해 어머니와 누이동생을 고향마을 중산간부락에 남겨두고 단신 읍내로 나가 자동차 조수로 일하기 시작한다. 그러다가 맞이한 것이 4·3사태였다. "나는 서청의 저승차사들을 실은 스리쿼터를 몰고 다니면서 그 숱한 떼주검을 목격했다. 눈물샘이 말라버렸는지 눈물도 더는 나오지 않았다. 죽음은 사방에 널려 있어 죽고 사는 것이 전혀 우연의 소치였다. 나는 어머니의 죽음도 그 숱한 죽음들 중에 하나로 여겨 담담하게 받아들이기로 했다."(65면) 누이동생은 머리칼이 반쯤 불에 타고 정신도 반쯤 나가버린 상태에서 창고에 수용되어 있었다. 그것이 열일곱살 때였다. 이듬해 봄 '나'는 누이와 함께 고향으로 찾아가 불탄 이불을 덮어쓴 채 썩어 있는 어머니의 시신을 가매장했고, 다시 이듬해 6·25 전쟁터에 징집되어 이년 동안 복무했다. 너무나도 많은 죽음을 보아버린 '나'에게는 "살아 있는 자들보다 죽은 자들이 더 강한 호소력으로"(66면) 밀착해왔으며, 심한 무병(巫病)을 앓던 끝에 "결국 나는 앞으로도 죽은 자들과 더불어 살 수밖에 없는 팔자임을 깨닫고 그토록 싫어했던 심방의 길로 들어섰다."(67면)

최근에 '나'는 색다른 원혼굿을 벌이게 된다. 열일곱살 난 고2짜리 남학생이 환자였는데, 원귀가 붙을 만한 억울한 내력이 있는 집안도 아니었다. 굿을 하는 동안 환자의 입을 통해 "토벌대의 총에 맞아 죽은 불쌍한 영혼"(73면)의 사설이 흘러나오게 되고, "열일곱살로 농업학교 다니던 외아들을 4·3사태 때 잃고 일흔아홉살까지 한평생 설움에 갇혀 살다가 지난 1월달에 세상을 떠난 노파"(75면)가 있었음이 밝혀진다. 그 노파가 죽기 전에 우연히 지나가는 이 학생을 보고 수십년 전에 학살당한 자기 아들을 떠올리며 그의 바짓부리를 붙잡은 적이 있었는데, 이것이 인연이 되어 망자의 원혼이 학생에게 씌었던 것이다. "나는 아이의 몸에 범접한 서러운 영신의 입을 빌려 울고불며 억울함을 하소연하기도 하고 매섭게 가해자들을 꾸짖기도 했다. 맺힌 꽃봉오리 피어보지도 못한 채 무참히 무질러진 열일곱살, 일점 혈육 세상에 떨구지 못한 그 원한… 열일곱살 환자 아이도 그 몸에 범접한 영신도 열일곱살이고, 나도 사태 당시 그 나이 무렵이었다. 묘한 우연이었다."(77면) 한참 물이 오르는 꽃봉오리 같은 나이 열일곱살을 동심원의 초점으로 하여 여기 세 사람의 인생이 겹쳐진다. 사태 당시 가해자의 편에 서서 악행을 저질렀던 사내의 손자, "제 조부의 업보를 통해 4·3 을 앓고 있었던"(77면) 환자 아이가 동심원의 맨 바깥자리 즉 현재적 시점 에 서 있다. 맨 안쪽에는 한창나이에 무참하게 죽어 "홀로 남은 어머님한 테 제삿밥을 얻어"먹다가 그 어머니마저 세상을 하직하니 "불쌍한 우리 두 모자 어디 가서 제삿밥 얻어먹으리요?"(73면) 하고 애절하게 호소하는 원 혼의 과거적 시점이 있다. 표층적 인물과 심층적 인물의 매개관계에 개입 하여 역사적 진실을 밝히고 원한을 풀고자 굿을 벌이는 존재가 곧 심방인 '나'이다.

이렇게 살펴볼 때 이 작품에서 굿은 단순한 무속행위 이상의 것임이 분 명하다. 그것은 우선 은폐되고 왜곡된 진실을 원래의 모습대로 드러내는 일이며 가상의 무대 위에서 정의의 실현을 모사하는 행위 즉 일종의 역사 의 심판대에 과거를 올려놓는 행위이다. 따라서 그것은 원한을 풀고 원혼 을 달래며 그럼으로써 삶과 죽음의 모든 어긋난 과정을 대자연의 운행질서 에로 돌려놓는 행위이기도 하다. 그 일을 맡아 주재하는 자가 바로 심방인 것이다. 그렇다면 그것은 작품 쓰는 일을 통해 작가가 하도록 맡겨진 몫이 아닌가. 생각건대 「목마른 신들」의 주인공 심방의 인생 속에는 현기영이 자각한 소설가의 운명적 역할이 투사되어 있을 것이며, 이 작품 전체가 한 편의 굿사설 같은 구조로 되어 있는 것은 그 점에서 이중적 의의를 지닌 다.

4

「거룩한 생애」의 간난이와 「고향」의 그녀(기옥이)는 외관상 매우 다른 생애를 살지만 본질적으로 상통하는 인간상이다. 이 여인들은 일제 식민지 시대로부터 해방후 분단시대에 이르는 민족사적 수난 속에서 수많은 역경 을 겪으면서도 건강한 생명력과 드높은 인간적 존엄성을 지켜나간다. 이 과정에서 그들의 여성성은 모진 시련과 압박을 통해 더욱 강철같이 단련되 며 모든 역사적·사회적 모순에 맞선 적극적 가치로 고양된다. 그들의 인품에 남아 있는 봉건적 요소들조차 공동체적·민족적 바탕을 지키고자 하는 싸움에서 하나의 효과적인 무기로 전환되는데, 여기서도 작가 현기영의 원숙한 역사의식이 드러난다. 특히 「거룩한 생애」는 제목에서도 암시되듯이 한 평범한 여인의 생애를 전기적으로 다루었을 뿐이지만, 그 단조로운 구성과 평면적인 서술방식에도 불구하고 그 여인의 삶과 죽음이 비극적인 위엄 속에 빛난다. (「거룩한 생애」의 간난이와 대비될 만한 인물로 김정한, 「수라도」의 가야부인이 떠오른다.) 반면에 「고향」에서는 고향 상실자들의 모습이 분산적이며 주인공의 모자관계도 얼마간 상투적이다. 간난이와 기옥이는 둘 다 근원적인 건강성을 지닌 진취적 존재들이나, 간난이에 비해 기옥이는 약간의 소시민적인 요소도 가지고 있다. 작품이 주는 팽팽한 감동에 있어 「고향」이 「거룩한 생애」에 못 미치는 것은 그런 점과도 관련이 있을 것이다.

5

　「마지막 테우리」와 「쇠와 살」은 비록 짧은 작품들이지만 우리나라 단편소설의 역사에 길이 빛날 명작이자 문제작이다. 필자는 다른 자리에서(『창작과비평』 1993년 여름호 및 『한국문학』 1994년 5·6월호) 이 작품들에 대해 몇마디 개괄적인 논평을 시험한 적이 있어 가능하면 여기서 좀더 본격적인 분석을 해보고 싶다. 그러나 이 글을 쓰는 지금 한 달 넘게 계속되는 혹심한 더위에 지쳐 엄두가 나지 않는다. 간단한 언급을 보태는 것으로 책임을 면해볼까 한다.

　누구의 눈에나 분명히 드러나듯이 「마지막 테우리」는 전통적 사실주의 기법에 입각한 빈틈없이 완결된 단편소설이고 「쇠와 살」은 다큐멘터리의 몽따주 기법을 연상시키는 매우 파격적이고 실험적인 형식의 소설이다. 「쇠와 살」은 시종일관 4·3사태의 진상을 규명하고 그 참혹성을 고발하는 데 초점이 맞추어져 있는 반면 「마지막 테우리」에서 4·3은 주인공의 기억과 회상을 통해 원경으로 제시될 뿐이다. 완결된 예술형식을 성취하고자 하는 힘과 형식적 완결성을 파열시키는 힘은 작용의 방향이 정반대여서 결과적으로 전혀 상반된 종류의 작품으로 귀결되어 있다. 그러나 우리는 이런 결과적 상반성에도 불구하고 두 작품이 동일한 정신의 산물, 똑같이 치열하고 엄정한 투쟁의 소산임을 이의없이 인정할 수 있다. 아마 우리는 이두 작품의 비교를 통해서 문학작품에 있어 형식문제의 본질은 무엇인가, 그리고 소설기법으로서의 실험적·전위적 요소와 리얼리즘은 어디에서 만나고 어디에서 배치되는가에 관한 심오한 성찰을 할 수 있을 것이다.

「마지막 테우리」에서 특히 우리를 괄목하게 만드는 것은 그 싱싱하게 살아있는 자연묘사이다. 초겨울 오후의 눈부신 초원, 시간의 추이에 따른 풀과 바람과 벌판과 능선의 미묘한 변화, 이런 것들이 평생 그 속에서 소떼를 몰고 다니며 살아온 사람만이 느낄 수 있는 민감성에 의해 포착되는 것이다. 한 대목 읽어보기로 하자.

하늬바람 속에서 투명한 허공을 울리며 새 울음소리 영롱하고 풀씨가 빠르게 여물었다. 자굴풀 씨가 터지기 전에 목장마다 계꾼들이 올라와 월동용 건초를 장만했고 뒤따라 아낙네들이 말똥버섯 캐러 왔다 가자 초원은 다시 인적이 끊겨 정적이 왔다. 그 정적 속에서 툭툭 풀씨 터지는 소리가 들려왔다.
하늬바람은 끊임없이 불어 초원을 서서히 마르게 했다. 대기가 건조하여 콧속에 딱지가 앉곤 했다. 먼저 고사리떼가 시들면서 바람의 빗질에 풀잎새들이 서서히 황갈색으로 바뀌어갔다. 풀거미는 풀잎새를 돌돌 말아 제 몸을 감싸고, 꽁무니를 땅속에 박고 알을 싸고 난 메뚜기들은 풀밭 위에서 맥없이 비슬거리고, 죽어가는 메뚜기떼를 좇아 산까마귀들이 날아들었다. (7~8면)

월동을 준비하는 초원의 풍경이 정밀하게 묘사되고 있는데, 놀라운 것은 이런 대목에서 작가가 어떤 종류의 감상주의도 허용함 없이 거의 자연과학도 같은 관찰력을 발휘한다는 점이다. 그러나 이렇게 묘사된 초원의 이미지는 메마르고 딱딱한 것으로서가 아니라 우리 문학에서 좀체 만나기 힘든 진정한 자연으로서, 즉 인간과 동식물이 태초의 질서에 순응하며 살아가는 생명활동의 움직이는 현장으로서 독자를 압도하는 것이다. 그 초원, 그 자

연은 식물과 동물과 인간들에게 먹을 것을 생산하고 보금자리를 제공해주
는 어머니 같은 존재이지만, 때로는 분노하여 엄벌을 가하는 아버지 같은
존재이기도 하다. 다시 한 대목을 읽어보자.

눈이 내리기 전에 먼저 강풍에 날린 억새꽃들이 눈처럼 하얗게 날아올랐다.
마른 잎, 검불들도 휙휙 날아올랐다. 공중을 날던 까마귀들이 바람에 휩쓸려
까마득히 멀어져갔다. 바람은 쉿, 쉿, 날카로운 소리를 내며 무수한 뱀떼처럼
우쭐우쭐 풀밭을 휘저으며 무섭게 내달렸다.
  검은 구름은 오름들을 차례차례 집어삼키며 굴러와 마침내 해를 침범했다.
그러자 초원은 대번에 핼쑥하게 빛바래지고 노인도 자신의 그림자를 잃어버렸
다. 초원 한구석에 폭포수처럼 쏟아지던 마지막 빛줄기마저 사라지자 사방은
초저녁처럼 어둑해지고 그리고는 곧 죽음같이 차디찬 냉기를 몰고 눈보라가
밀려왔다. (22면)

  권력의 잔학과 금력의 탐욕 위에 엄연히 군림해 있는 저 대자연이야말로
어쩌면 현기영 문학의 귀의처일지 모른다. 그렇다고 한다면 「쇠와 살」은
다시는 되풀이되지 않을 현기영 예술의 마지막 모더니즘의 꽃일 것이며
「마지막 테우리」는 이제부터 시작될 거대한 현기영 서사문학의 서장이 될
것이다. 어허, 서장부터 너무 기운을 쓰는구나! 덩덩 덩더꿍.

〈1994〉

'배반'당한 역사의 희생자들, 그리고 쇠잔해진 희망의 빛

유시춘 소설집 『안개 너머 청진항』

문단적으로 유시춘(柳時春)과 나는 약간의 특별한 인연을 맺고 있다. 그가 대학을 졸업한 이듬해인 1973년 중편 「건조지대」를 『세대』지에 투고하여 신인문학상으로 당선되었을 때 나는 이호철·최인훈 선생들과 함께 심사를 맡았던 것이다. 그때 이선생은 「건조지대」를 적극 밀고 최선생은 구중관의 「청학동」을 지지하여 쉽게 합의가 되지 않자, 각각 서로 다른 특색을 지닌 작품들 가운데 어느 하나를 떨어뜨리기보다 공동당선으로 하자고 내가 제안하여 그대로 채택되었다. 그러니 유시춘의 문단등장에 나도 조그만 몫을 한 셈이다. 벌써 20년이 넘은 옛일이다.

그런데 어쩐 연고인지 그는 오랫동안 문학을 떠나 있었다. 유신과 5공으로 이어지는 정치적 폭압의 시대에 그는 거의 작품발표를 하지 않았다. 뒤에 알았지만 그는 13년간 교직에 몸담고 있었고 그동안 결혼하여 두 아이의 어머니가 되어 있었다. 그러다가 공백 끝에 80년대 중반부터 활동을 재개하여 87년에 첫 소설집 『살아있는 바람』을, 90년에 두번째 소설집 『우산 셋이 나란히』를 출간하였다. 그리고 보면 그의 본격적인 작가생활은 최근 10여 년에 불과한 셈이다.

이 두번째 소설집이 출판되었을 때 나는 마침 어느 신문의 소설월평을 맡고 있었다. 그래서 이 책에 대한 소감을 월평으로 썼는데, 저자인 유시춘을 포함하여 아무도 그 글을 읽었다는 사람이 없고 실은 나 자신도 신문을 구해보지 못했다. 혹시 활자화되지 못했던 건 아닌가 하는 의혹조차 생긴다. 과거 유신이나 5공 시절 몇번 원고를 퇴짜맞은 경험이 있어 그런 의혹이 드는지도 모르겠다. 그런데 용케도 간직되어 있는 그 월평원고를 새삼 읽어보니, 독자들에게 소설가 유시춘을 소개하는 글로서 아직 조금쯤 시효가 남아 있는 것 같기도 하였다. 앞부분을 약간 떼고 말머리 삼아 여기 그대로 옮겨보겠다.

유시춘은 1973년 중편 「건조지대」가 당선됨으로써 문단에 나왔다. 그러나 그후 십수년 동안 거의 작품활동이 끊어져 잊혀진 작가로 되었다. 그동안 그는 무엇을 했던가. 작품집의 작가소개에 의하면 그는 고교 교사로 10여 년간 재직했으며 85년부터 국민운동본부 상임집행위원과 민가협 총무로 일한 것으로 되어 있다. 87년 6월항쟁 기간 중에는 운동본부의 핵심 중의 한 사람으로 활동하다가 구속되는 수난을 겪기도 하였다. 소설가로서 이런 경력은 매우 특이하다고 할 수도 있고 어떤 면에서는 아주 소중한 경험이라고도 말할 수 있겠다. 물론 소재를 얻기 위해 운동에 투신한다는 것은 문학과 사회운동 모두를 모독하는 불순한 발상이지만, 현실운동의 한복판에서 온몸으로 뛰어다닌 경험이 훌륭한 문학작품으로 결실되지 말란 법도 없는 노릇이겠다.
과연 소설집 『우산 셋이 나란히』는 전편에 걸쳐 교사였고 현장활동가였던 그의 경험세계를 감동 깊게 반영하고 있다. 가령 표제작인 「우산…」은 70년대 중반 월남패망으로 시국이 잔뜩 긴장되어 있던 시절 변두리의 어느 야간여고에서 이 학교에 갓 부임한 여교사 강진영과 운동권 학생인 교생 김상빈, 그리고 가난하지만 착하고 바른 심성의 여고생 최정순이 만나는 데서 이야기가 시작된다. 당시 사회의 살벌한 분위기와 열악한 교육풍토가 실감있게 묘사되는 가운데 상빈은 구속되고 진영은 그를 숨겨준 것이 빌미가 되어 학교를 떠나며 정순은 진영의 도움으로 간신히 졸업한 뒤 공장으로 들어간다. 그로부터 십여년이 지난 뒤 진영과 정순은 전교조 때문에 쫓겨난 해직교사와 외국인 기업체의 노조원으로서 농성장에서 만나는 것이다. 신분과 계층을 달리하는 이들의 만남과 정서적 교감을 통해 작가는 일종의 민중연대의 가능성을 탐색하고 있는 것 같다.

이보다 좀더 짜임새있는 작품이 중편 「멀고 먼 동행」이다. 여기에도 세 사람의 주요 인물이 등장하는데, 학생운동을 하다가 감옥에 들어간 동생을 둔 누이 영옥, 미국 유학중 반체제인사와 접촉한 것이 고문 끝에 결국 간첩죄로 둔갑하여 무기징역을 받게 된 유학생의 아내 혜자, 그리고 노조활동 때문에 감옥살이를 하는 젊은이의 어머니 새말댁이 그들이다. 이들은 눈이 쏟아지는 겨울날 시골 교도소로 면회를 왔다가 어울리게 된다. 면회는 금지되고 새말댁의 지휘하에 전경들과 싸움을 벌이고 그러다가 어깨를 겯고 눈길을 함께 걷는다. 이러한 서술과정 속에 세 사람의 회상을 통하여 무자비한 인권탄압과 잔인한 고문의 실상이 생생히 묘사되는 것이다.

구속자의 가족들이 겪는 불안과 공포, 소외감과 절망감은 범인들의 상상을 뛰어넘는 것일 게다. 더욱이 간첩죄쯤 되면 같은 구속자 가족들로부터도 경원되기 일쑤다. 그런데 이 모든 심리적 갈등과 격절감이 새말댁의 지도하에 면회투쟁을 벌이는 동안 자연스럽게 극복되고 이들 사이에 도리어 따뜻한 인간적 신뢰와 동지적 결속이 형성되는 것이다. 여기서도 작가가 겨냥하는 것은 탄압과 착취, 외세지배와 파쇼권력에 맞선 민중적 연대의 가능성일 것이다.

유시춘의 소설은 물론 아직도 구성의 산만성, 보고문학적 생경함, 그리고 얼마간의 작위성 등 일정한 결함을 지니고 있다. 그러나 이 시대의 인권현장을 이만큼 가까이서 감동적으로 형상화한 작품도 흔치 않을 것이다. 좀더 원숙한 다음 작품을 기다린다.

여기다 옮기면서 읽어보니 허술하기 짝이 없는 글임을 스스로 알겠다. 다만 작가 유시춘의 관심이 어디를 향하고 있는지 알려준다는 점으로 용서를 구할 뿐인데, 그러나 문학에서 본질적으로 중요한 것은 무엇에 대하여 썼느냐가 아니라 그것을 얼마나 제대로 된 예술적 형상으로 밀도 높게 구성했느냐이다. 이렇게 말함으로써 나는 물론 어떤 종류의 심미주의를 주장하는 게 결코 아니다. 앞의 인용에서 나는 '민중연대의 가능성'이란 말을 두 번이나 썼지만, 이 말이 공허한 수사적 표현이 아니라 작품의 성취에 대한 내실있는 규명으로 되려면 한편으로 80년대 후반의 억압적 상황에서 주관적 희망사항 아닌 객관적 실체로서의 민중역량에 대한 구체적인 점검이 뒤따라야 할 것이고 다른 한편 신분과 이력을 달리하는 여러 민중구성원들간의 사회적·심리적 차별과 갈등을 뛰어넘어 실제로 연대형성을 이룩할 만한 공통의 전망이 —— 말하자면 그럴 만한 물적 기반이 —— 소설적 전개과정 안에서 살아있는 인간관계로써 입증되어야 할 것이다. 생각건대 유시춘의 『우산 셋이 나란히』는 이런 요구를 충족시키기에는 미흡했던 것 같으며, 그 점에 대한 나 자신의 분석은 그보다 훨씬 더 미흡했다고 아니 할 수 없다.

  이번의 소설집 『안개 너머 청진항』에서도 유시춘의 관심은 전작들에 이어진다. 그러나 연작(連作)이라는 형식에서도 드러나듯이 관심이 하나의 초점으로 모아지는 경향을 보이고 있다. 여기서 잠시 이 형식문제에 대해 살펴보자. 현실의 총체성을 반영하는 근대적 문학양식이 장편소설임은 누구나 인정하는 바인데, 그러나 오늘의 현실이 총체성의 붕괴를 특징으로 한다는 것 또한 인정하지 않을 수 없다. 파편화된 총체성으로서의 연작소설이 자주 시도되는 것은 이런 점에서 이해할 만한 일이라고 할 수 있다. 그런데 잘 살펴보면 같은 연작소설이면서도 하나의 주제나 배경 또는 등장인물을 매개로 여러 개의 독립적인 삽화를 병렬적으로 등치시키는 이문구의 『관촌수필』 같은 방식(nebeneinander型)이 있는가 하면, 조세희의 『난장이가 쏘아올린 작은 공』처럼 연작의 각 편마다 일정한 독자성을 가지면서도 그것들을 시간적 순서에 따라 제시함으로써 장편소설에 좀더 근접하는 방식(nacheinander型)도 있다. 유시춘의 『안개 너머 청진항』은 바로 후자에 해당된다고 할 수 있다.

  이 작품의 핵심인물은 이른바 비전향 좌익장기수인 김노인(김남규)이다. 한 평도 안 되는 감방에서 20년, 30년, 심지어 40년 가까이 죽음 같은 고난을 견디면서도 불굴의 신념과 소박하고 따뜻한 품성을 잃지 않은 그들의 삶을 김하기의 「살아있는 무덤」「노역장 이야기」 같은 작품들이 생생하게 증언했을 때 우리 모두 커다란 충격과 감동을 받았었거니와, 김노인 역시 그런 장기수들 중의 하나이다. 그러나 『안개 너머 청진항』의 관점은 김하기의 소설과 극명한 대조를 이룬다. 우선 이 소설에서 주무대는 감옥 안이 아니다. 작중화자인 ‘나’가 김노인을 만나는 것은 그의 출감이 가까운 88년 초겨울로서, ‘나’는 고향이 이북이어서 의탁할 데가 없는 김노인에게 몇번

면회도 가고 이듬해 석방된 뒤에는 집으로 초대하기도 하면서 돌본다. 이런 접촉을 통해 좌익장기수들의 인생이 점차 드러나는데, 핵심인물 김노인의 경력은 다음과 같다. 1912년 함경도 온성에서 태어난 그는 아홉살 때인 1920년 동짓달에 부모님을 따라 두만강을 건너가 간도 화룡현 수동촌에 정착한다. 소학교와 영신중학을 마치고 고학으로 힘들게 길림사범을 다녔으며 교편을 잡다가 해방을 맞아 청진으로 돌아와 결혼하고 1남 3녀를 낳는다. 청진사범대 교수로 재직하던 중 57년 대남공작원으로 남파되었으나 아무런 활동도 못하고 이듬해 체포되어 15년형을 받고 수형생활을 한다. 만기석방 뒤 3년간 엿장수 같은 것으로 연명하다가 75년 사회안전법 제정으로 다시 수감되어 14년을 보호감호소에서 보낸다.

그런데 김노인의 이와같은 파란 많고 고난에 가득찬 삶은 일직선적으로 서술되는 것이 아니라 '나'와의 대화를 통해 김노인 자신의 입으로 밝혀지기도 하고 강선생(김노인보다 10여 년 연하로서 청진의대 교수로 있다가 60년에 남파되었으나 곧 체포되었으며 김노인과 달리 전향했다)이나 이노인(남한 출신으로 해방후 좌익활동을 하다가 검거되어 감옥에 있던 중 6·25 때 월북, 52년 남파되었으나 역시 금방 체포되어 89년까지 감옥살이)에 의해 암시되기도 하며, 특히 어린 시절 함께 만주로 건너갔던 두살 아래의 여자 갑녀의 시점으로 제시되기도 한다. 다시 말하면 이 작품은 조금씩 입장을 달리하는 여러 사람의 시선을 통해 김노인의 삶의 실체적 진실에 접근하고자 하는 것이다. 우선 '나'에게 처음 만난 김노인은 "사람 좋고 인자한 할아버지의 일상적인 품일 뿐 아무것도 특별난 것이 없어 보였다." 다만 "머릿속에 죽어 있는 형체 없는 생각일 뿐인 그것을 지키기 위해" 삼십년 세월을 맞바꾼 "미욱하고 고지식한 사람"으로 비칠 뿐이다. 그러나 김노인 자신은 이렇게 말한다. "내가 그쪽 사상으로 교수사업을 했는데 변절할 수 없습네다. 그리고 무엇보다 노동당 이념이 옳기 때문이디요. 자본주의보다 전체적 수준이 좀 뒤떨어질지 모르디만 인민 대다수의 평등과 행복을 추구하는 올바른 사상이디요. 아무리 내가 죽게 생겼어도 그걸 부인 못합네다." 하지만 소설이 진행되는 동안 김노인의 투철한 사상적 면모는 차츰 희석화되고 선량하고 소심한 인간적 측면이 강화되어 부각된다. 가령 강선생이란 사람은 김노인이 비전향 장기수로 버틴 것이 공산주의적 신념 때문이 아니라 북에 남아 있는 가족을 보호하기 위해서라고 단정한다. 한걸음 더 나아가 그는 북한정권의 공작원 남파가 통일사업을 위해서였다기보다 남로당 계열 및 잠재적 위험분자 숙청의 일환이었다고 시사한다. 일평생 김남규에 대한 연모의 정을 가슴에 품고 살았던 갑녀에게는 "첫눈에 봐도 그저 너그럽고 친절하고 욕심없이 소탈한 선생님인 당신을 간첩으로 내려"보낸 일이 "토끼더러 너구리 잡아오라고 등 떠민" 것으로밖에 생각되지 않는다. 같은 비전향 장기수인 이노안조차도 김노인이 "애초 그런 완강한 사람이 못된다"고 인정하며 전향을 거부한 것도 오로지 고향의 가족에게로 돌아갈 일념 때문이라고 말한다. 이렇게 작품의 흐름을 따라오다 보면 30년의 지옥 같은 고통의 시간을 이겨낸 온화한 인품과 순결한 이념의 소유자는 어느덧 역사의 간계에 짓밟힌 초라한 희생자, 고향과 가족이 너무도 그리워 정신이 돌아버린 한갓 보잘것없는 노인으로 변모하고 만다.

여기서 우리는 참으로 곤혹스러운 질문에 부딪히게 된다. 김노인을 비롯한 장기수들은 "죽음의 땅으로 내몬 노동당, 남조선에 먼저 가 있다가 그를 밀고한 남파공작원 동지, 남조선의 수사관·검사·판사, 여러 교도소의 간수들, 전향공작단의 무시무시한 위협과 공갈", 요컨대 남북한 정권의 정치적 음모와 무자비한 권력의지에 인생을 유린당한 역사의 '소모품'일 뿐이었는가. 또, 설사 그런 측면이 있었다 하더라도 일신의 안녕과 행복을 돌보지 않고 신념과 대의를 위해 기꺼이 자기희생의 길을 걸어간 고결한 삶이 있다고 할 때 그 삶은 왜 우리에게 권력의 생리를 못 깨달은 어리석음의 징표로서 비웃음을 일으키기는커녕 끝없는 감동을 주며 정의의 호소로서 우리의 심장을 한없이 고동치게 하는가. 나는 북한의 유일체제와 주체사상에 내포된 그 비이성을 부인하지 않는다. 남로당을 비롯한 정적의 제거과정에 권력투쟁의 추악성이 개재해 있으리라는 점도 수긍할 수 있으며, 김일성의 신격화가 현대사의 웃음거리로 전락할 가능성도 배제할 수 없다고 생각한다. 그러나 그럼에도 불구하고 민족의 해방과 조국의 통일을 위해 산과 들에 피를 뿌리고 뼈를 묻은 전사들의 삶은 결코 왜소한 것으로 묘사되어서는 안된다고 확신한다.

　물론『안개 너머 청진항』에서 유시춘의 관점이 단순히 반공주의자의 그것이 아닐뿐더러 역사허무주의자의 그것이라고도 말할 수 없을 것이다. 오히려 그는 70년대의 운동가 이상진, 학생운동가 태호, 인권단체에서 활동하는 친구 명자, 데모 하다 징역 살고 공장에 취업했다가 손가락을 잘린 정식이, 역시 징역을 살고 나와 선반공으로 들어갔다가 죽은 광훈이, 대선 때 구로구청 옥상에서 싸우다 떨어져 하반신 마비가 된 원영이, 학생운동 하다가 군에 징집되어 의문사한 한윤철 등등 수많은 우리 시대의 희생자들을 통해 7,80년대 남한체제의 잔인성과 폭압성을 증언하고 있다. 다시 말해 소설가 유시춘의 눈길을 시종일관 사로잡는 것은 파쇼권력의 정치적 폭력과 야만적인 인권탄압에 맞서 정의를 수호하고자 하는 사람들의 삶이다. 단지 그가 떨쳐버릴 수 없는 의문은 그런 의로운 사람들에게 예외없이 돌아오는 곤핍한 인생이다. 현실사회주의가 패배하고 물질주의·이기주의가 창궐하는 90년대의 변화된 현실은 그 의문으로 더욱 무겁게 작가를 압박한다. 그리하여 이제 이 변명될 길 없는 역사의 배반된 보답 앞에서 작가는 얼마쯤 지친 듯이 보인다. 왜? 남한 자본주의가 제공하는 물질적 풍요와 안락의 외형 안에서 ‘나’와 ‘나’의 남편 진호는 한때 김노인·이노인과 공유할 수도 있다고 믿었던 희망이 결코 그 노인들과 공유할 수 있는 성질의 것이 아님은 물론이고 명자나 태호와도 함께하기 힘든 것임을 분명히 깨달았기 때문이다. 그런데 “진호와 나는 고작 두어 달 만에 팽개쳐버리는 희망을 그이들은 어쩌자고 평생 동안 지닐 수 있을까. 그것도 생명의 위협을 몇번씩이나 기꺼이 받아들이면서. 머리맡의 물그릇이 얼어서 갈라져버린다는 무서운 교도소의 겨울을 서른 해 이상 넘기면서도 포기하지 않았을까.” 그것은 필경 이 작품의 문맥 안에서는 풀리지 않는 의문이자 이 작품이 충분히 드러내지 못한 인간사의 신비이다. 왜 인간은 자기 앞에 고통과 불행이 기다리고 있는 줄 번연히 알면서도 의연하게 그리로 가는가. ‘계산’이나 ‘욕심’으로 가늠할 수 없는 인간의 품위와 존엄성이 삶 안에서 실현되는 것은 어떤 측량할 수 없는 힘으로 말미암음인가. 자본주의가 전지구적으로 승리한 듯이 보이는 90년대에도, 순결하고 헌신적인 투사들의 참혹한 비극이 산천초목을 붉게 물들였던 50년대에도 역사는 이에 대해 오직 침묵으로 일관하고 있을 뿐인 듯하다. 그러나 그럼에도 불구하고 ‘아버지의 꽃밭’으로 숨기보다, 또 체제에 영합하여 세속적 이익과 안일을 추구하기보다 고통과 희생의 현장으로 달려나갈 ‘어리석은’ 영혼들의 행렬은 끝없이 이어질 것이고, 그리고 그것만이 우리의 안타깝게 쇠잔해진 희망의 빛이다.

<1995>

심리분석으로 제시된 분단현실

김향숙 소설집 『겨울의 빛』

내가 김향숙(金香淑)이라는 이름을 처음 알게 된 것은 재작년 초에 발표된 단편소설 「겨울의 빛」에서이다. 이 작품이 게재된 무크지 『여성문학』의 필자소개에 의하면 그는 벌써 꽤 여러 해 전에 『여성동아』의 장편공모에 당선되어 문단에 나왔고 『사랑연습』『유라의 초록수첩』 같은 장편들을 발표한 것으로 되어 있는데, 원체 게으른 평론가여서인지 나에게는 그 작품들도 작가 이름도 모두 금시초문이었다. 대학에서 화학을 전공했다는 것이 몹시 생소한 느낌을 주었던 기억이 나는데, 그것은 지금도 마찬가지다.

그런데 작품을 읽기 시작하자마자 나는 여기 한 사람의 힘있는 소설가가 세상에 나와 있었구나 하는 감탄과 반가움을 직감하지 않을 수 없었다. 앞으로 조금 자세히 검토해볼 작정이지만, 소설 「겨울의 빛」은 여러 모로 기술적인 허점들이 지적될 수 있는 작품이다. 그러나 이 작품은 독자들의 주의가 그러한 허점에 오래 머물도록 내버려두지 않는 좀더 커다란 저력을 지니고 있다. 대체로 깔끔하게 잘 다듬어진 작품이란 그 안에 들어 있는 것이 시원치 않을 경우 우리를 더욱 실망시키게 마련이다. 창조적 정신의 빈곤이 겉보기만 세련된 형식으로 위장하고 나타나는 것은 얼마든지 있을 수 있는 일이기 때문이다. 어떻든 나는 「겨울의 빛」이라는 소설 속에서 이 시대의 삶의 근본에 대한 맹렬한 탐구심과 진정한 인간적 품위에 대한 간절한 열망이 잠재해 있음을——비록 그것이 그 열렬함에 상응하는 충분한 예술적 형상을 제대로 획득하고 있지는 못하나 —— 보았다.

　그때 마침 창비(創批)에서 신작소설집을 기획하고 있던 터이라, 나는 작가에게 「겨울의 빛」에 대한 약간의 불만어린 독후감을 적어 보내면서 새 작품을 청탁했고, 이를 계기로 발표된 소설이 역작 「부르는 소리」이다. 그로부터 불과 2년 반 동안에 김향숙은 무게있는 작품들을 잇따라 써내어 80년대의 가장 주목받는 신예작가들 중의 한 사람으로 성장했다. 이제 그 첫 결실로서 이 소설집을 출간하게 되었으니, 나로서는 남의 일 같지 않게 반갑다.

　「겨울의 빛」은 여주인공 혜자가 임신 몇개월의 몸을 이끌고 남자(현규)가 광부로 있는 시골의 읍을 찾아가는 데서 이야기가 시작한다. 그런데 우리는 이 기본적 설정에서부터 얼마간 의혹을 품게 된다. 바닷가에서 어쩌다 만난 젊은 남녀가 깊은 관계까지 맺게 되는 것은 그럴 수 있는 일로 치더라도, "그는 이미 날 완전히 잊어버렸을지도 모른다"는 의심조차 품으면서 정확한 주소도 알지 못하는 그 남자를 멀리 광산 읍으로 찾아갈 수 있을까, 그것이 응당 그럴 법한 일인가 —— 나로서는 거기에 얼른 승복하기 어려우며, 우연히 들어간 다방에서 마치 약속하고 기다렸던 것처럼 그가 나타나는 것도 좀 석연치 않다. 처음 만난 바닷가에서나 소설의 마지막 대목에서나 혜자가 현규의 육체를 받아들이는 것은 이 작품의 뼈대를 이루는 사건인데, 실은 거기에도 충분한 설득력이 있다고 보기 힘들다. "그의 눈길은 관능에의 문을 여는 자동점화장치나 다름없었다"고 설명되어 있으나, 혜자는 작품에 묘사된 바에 의하면 단순한 관능적 쾌락을 좇아 아무렇게나 살아가는 인물이 아니라 그보다 훨씬 더 높은 가치 즉 예리한 감수성과 만만찮은 자존심을 가진 인물인 것이다. 따라서 혜자와 현규의 육체적 결합이 자연스러운 것이 되려면 혜자의 그러한 인간적 됨됨이에 걸맞는 객관적 정황이 제시되어야 한다고 생각하지 않을 수 없다. 무엇보다도 이 소설의 주인공이 "부모 얼굴도 모른 채 고아원에서 중학교를 졸업한 뒤 스물넷이 되도록 자립해서 살아온" 여자 같은 느낌을 거의 주지 않는다는 점이다. 그런 여자라고 믿기에는 혜자는 너무나 뛰어난 개성의 소유자이다. 그런가

하면 현규의 어머니인 민씨나 여동생 현자 들도 때때로 그들의 일상적인 행동거지에 어울리지 않는 발언들을 함으로써 그들에 대해 독자들이 가지게 된 인상의 통일을 깨고 있다. 가령, 민씨는 혜자에게 "현규가 마음을 못 잡아서 그렇지 근본은 여리고 착한 애니까 잘 붙들어만 주면 이제 더 이상 헤픈 짓 안할 테지……"라고 위로의 말을 하기도 하고 또 자신의 터무니없는 낭비벽을 "나는, 혜자야, 새로운 물건을 살 때면 그 순간에는 산다는 기쁨을 아주 가득 맛보게 된다. 새로운 물건들을 사들이는 순간의 재미마저 없다면 그 인생이야말로 막장이지 뭐겠냐는 생각이 드는데……"라고 변명하기도 한다. 그런데 민씨라는 여자의 하는 짓을 보면 한 인간의 '여리고 착한 근본'을 알아볼 만한 통찰력의 소유자라고 믿어지지도 않거니와 필요없는 물건들을 분수없이 자꾸 사들이는 자신의 행동을 '산다는 기쁨'으로 추상화하여 표현할 만한 지성의 소유자라고도 생각되지 않는 것이다. 요컨대 소설 속의 인물들의 관점과 그 인물들을 묘사하는 서술자의 관점이 충분히 분리되어 있지 못하다고 할 수밖에 없다.

이 점은 좀 다른 각도에서도 지적될 수 있다. 대체로 김향숙의 작품들은 ──「저 석양 속으로」와 「문 밖에서」를 제외하면── 3인칭 서술의 형식을 취하고는 있으나 화자가 주인공 한 사람의 눈을 통해 사물을 보고 사건을 전개시키기 때문에 사실상 1인칭 소설과 다름이 없다. 그러나 막상 1인칭 소설 자체는 아니다. 그러다 보니 때로는 어느 한쪽의 이점(利點)도 철저히 활용하지 못하고 어색함만 노출하는 결과에 이르기도 한다. 우선 인물들을 가리키는 호칭부터가 덜 객관적이다. 가령, 「바다여 바다여」에서는 주인공 연수 이외의 인물들이 '어머니' '외할머니' '국장 부인' '여자손님' 등으로 지칭되고, 「그물 사이로」에서는 노인 또는 언양댁의 관점에서 '딸' '아들' '사위' 등으로 지칭된다. 이런 어색함이 가장 심하게 느껴지는 작품은 「모래 위의 시간」으로서, 주요 등장인물인데도 계속 '친구' '초대받지 않은 손님' 등으로 서술된다. 물론 소설의 지문에서 '어머니' '노인' '친구' 등을 마치 고유명사처럼 사용하는 일은 드물지 않게 있으나, 그런 경우에는 그렇게 부르는 사람의 특정한 정서적 태도가 작품전개에 중요한 요소로 작용하게 마련이다. 그렇기 때문에 「유리 파수꾼」 같은 작품에서는 등장인

물들이 시종 '실장 처' '총무과장 처' '공장장 처' '원장 처' '기계설비이사
처' 등으로 남편 직급과 함께 불려짐으로써 오히려 그 작품의 풍자적 의도
를 살리는 효과를 내고 있다. 반면에 '초대받지 않은 손님'이란 설명적인
호칭을 거듭 사용한 「모래 위의 시간」에서는 그렇게 함으로써 그 인물을
비판적으로 희화화하려고 했다는 느낌을 주기보다 단지 서투른 번역소설에
서와 같은 어색함만 두드러져 보인다.

그렇다면 김향숙의 소설들은 아무런 이유 없이 이런 일종의 실수를 저질
렀는가. 물론 나는 그렇게 생각하지 않는다. 이번에 교정지를 통해 작품들
을 통독하면서 나는 「겨울의 빛」 「부르는 소리」 「그물 사이로」 「폐원」의
독자로서 작가에 대해 가지고 있던 문학적 견해를 얼마간 수정하지 않을
수 없었는데, 김향숙은 지금 거명한 작품들에서처럼 민족의 역사적 운명에
대해 예리한 시각을 가진 소설가일뿐더러 그밖의 딴 작품들에서 입증되듯
이 집요한 심리분석의 전문가이기도 한 것이다. 우리 문단의 일반적 통념
으로는 이 두 측면이 매우 상반된 소설적 경향으로 표현되어 왔는데, 이
작가의 경우 하나의 작업 안에서 양자가 동시에 추구되고 있다. 섣부른 개
념으로 요약하자면 그는 심리소설의 방법으로 사회소설을 쓰고 있는 것이
다. 시점(視點)이나 화법(話法) 같은 기술적인 차원에서 어딘가 치밀하게
계산되지 못한 듯한 서투름이 느껴지는 것은 이러한 사실과 관련되어 있으
리라 생각된다.

그러나 한가지 분명한 것은 김향숙의 심리분석이 심리주의적인 것은 아
니라는 점이다. 다시 말하면 그의 소설은 끊임없이 주인공들의 매순간의
언행 뒤에 숨은 심리적·감정적 계기를 적발하여 때로는 '내적 독백'의 형
식까지 빌려 집요하게 추적하기는 하지만, 어떤 심층의식의 탐구 자체가
목표인 것은 결코 아니라는 것이다. 여기서 작품의 한 대목을 읽어보기로
하자.

아들의 말을 들으면서 노인은 아들이 달라지지 않았다는 생각을 했다. 예전
의 아들도 지금과 같은 투로 말하곤 했던 거였다. 지금과 같은 투라고 하면
사실 막연했지만 노인은 그러나 그렇게 느꼈던 거였다. 예전의 아들의 말을

182

들을 때도 노인은 가끔씩 겸연쩍은 기분에서 벗어날 수가 없었는데 지금 역시도 아들이 스스로를 좀더 강한 인간이 되지 않았나 생각한다고 하자 민망했던 것이다. 노인은 예나 지금이나 '분명한'이라든가 '강한'이라는 등의 수사 앞에서는 왠지 위축되곤 했던 거였다.

그러나 지금의 노인은 민망한 느낌 속에서도 그런 아들에 깊이 안도하질 않았던가. 어쩌면 노인의 마음속 깊은 곳엔 아들이 낯선 괴물로 변했을지도 모른다는 불안감이 숨쉬고 있었을 터였다. 그랬으므로 더욱 달라지지 않았다고 믿고 싶어했을지도 몰랐다. 그러나 그와같은 안도의 감정은 잠시였을 뿐 노인은 곧 낙담의 수렁으로 빠져들고 말았다. 달라지지 않았다면 아들을 설득한다는 것이 그다지 희망이 없는 일로 여겨졌기 때문이었다.

이것은 「그물 사이로 1」에서 헤어졌던 부자가 20여년 만에 만나는 장면이다. 노인은 허랑방탕하게 젊은날을 보내 마누라에게조차 배척을 받은 영감이고 아들은 일찍이 가출했다가 지금은 조총련의 일원이 되어 있다. 노인은 부자간의 상봉이 커다란 감격 속에 이루어질 것을 기대하면서도 고작 "사는 데 고생이 많았제"라고 한마디 물었을 뿐이고, 이에 대해 아들은 며칠 만에 만난 것처럼 심상하고 침착한 어조로 "한때는 몹시 고생스럽다고 여긴 적도 있었습니다만…… 이제는 그와같은 시련 때문에 좀더 강한 인간이 되지 않았나 생각하고 있습니다"라고 답변한다. 앞에 인용한 부분은 바로 그러한 아들의 대답을 듣고 난 직후의 노인의 착잡한 심경을 서술한 대목이다. 물론 이만한 정도의 서술은 아무 소설에서나 흔히 볼 수 있는 것이고 대단한 심리분석이라 할 만한 것이 못 된다고 말할 수도 있다. 중요한 것은 이 부자간의 상봉사건 안에 내포된 민족적·이념적·가족사적 문제의 복잡한 얽힘이 노인의 미묘한 심경 서술을 통해 제시되고 있다는 점이다.

이러한 방식은 「부르는 소리」에서 좀더 철저하게 관철된다. 이 작품은 주인공 웅촌댁의 평범한 어느 하루의 기술이다. 그 여자는 30여년 전 전쟁통에 남편을 잃고 4·19 때 딸마저 잃어버린 홀몸으로서 지금은 빈민가 한 귀퉁이에 방 하나를 얻어 살고 있다. 그녀의 남편은 원래 "배운 거 없어도 사람 똑똑하고 인정시럽고” 한 사람이었으나 전쟁이 나자 “이래 죽는 날까지 흙만 파다가 하는 울분”이 차올랐던지 빨갱이 완장을 차고 설치다가 공산군이 물러가면서 처형되었다. 웅촌댁은 “우쨌기나 남에 곡간을 함부로 여는 정자 애비가 도적으로만” 여겨져 남편이 밉기만 했었다. 그러한 남편이 사별한 지 30여년 만에 처음으로 꿈에 나타났던 것이다. 이렇게 보면 이날은 웅촌댁에게 아주 특별한 하루인 셈이다. 잠에서 깨어난 웅촌댁은 복잡한 감정에 사로잡힌다. 그 감정 속에는 증오도 있고 허전함도 있으며 원망도 있고 한가닥 그리움도 섞여 있다. 이런 뒤숭숭한 심사로 웅촌댁은 고통과 고난으로 점철된 지난날을 돌이켜보면서 그날의 고단한 일과를 시작하는 것이다.

두말할 것 없이 웅촌댁은 남편의 죽음까지 몰아온 그 엄청난 역사의 소용돌이를 논리적으로 개념화할 능력이 조금도 없는 인물이다. 그러나 그렇기 때문에 그 여자의 개인적 운명은 민족분단과 남북대결이라는 역사적 조건에 의해 더욱 완벽하게 규정된다. 웅촌댁은 객관적 조건에 의해 규정된 삶을 수락하고 거기에 순응하는 것 이외의 다른 삶을 알지 못한다. 이처럼 철저히 수동적인 인물이기에 그 여자의 일생에 투영된 민족사는 더 비극적인 양상으로 부각되는 것이다. 그리고 작가는 그러한 웅촌댁의 감정과 회상에 주로 의존함으로써 분단의 고통을 좀더 심도있고 실감나게 드러낼 수 있었다.

생각건대 김향숙은 「부르는 소리」「그물 사이로」 등의 역작을 통해 분단의 실체를 분석하고 그 극복을 지향하는 민족문학 분야에서 지난 시대의 「판문점」「한씨연대기」「장마」「엄마의 말뚝」에 이어지는 중요한 업적을 보태었다. 반면에 그의 역사적·사회적 관심이 심리적 방법과 적절히 결합되었다고 보기 힘든 「모래 위의 시간」「저 석양 속으로」「문 밖에서」 같은 작품들은 이 작가의 문제의식이 소설의 서술형식에 대한 좀더 면밀한 자기성찰을 해야 할 과제를 남기고 있다고 판단케 한다.

첫 소설집을 내는 이 작가를 독자에게 소개하려고 생각해보니 나는 그에 대해 아는 것이 너무 적다는 것을 새삼 깨달았다. 창비 사무실에서 몇번 만났을 뿐인데, 그는 늘 단정하고 깔끔하고 예의바른 모습으로 나타났다. 안경 속에서 반짝이는 눈매의 날카로움을 황급히 부드러운 웃음으로 감싸는 듯했다. 어떻든 그의 여리고 단정한 겉모습 안에는 어떤 맹렬하고 완강한 것이 들어 있음이 분명하다. 「바다여 바다여」의 연수와 「폐원」의 명순, 「겨울의 빛」의 혜자와 「모래 위의 시간」의 경자, 그리고 「부르는 소리」의 웅촌댁과 「그물 사이로」의 언양댁은 그들간의 수많은 차이에도 불구하고 본질적으로 동일한 인물이며 한 핏줄, 김향숙이 낳아놓은 한 핏줄이다. 그들은 모두 예민한 감수성과 결벽증을 지니고 있으며 육신의 괴로움은 얼마든지 감수하되 꼿꼿한 자존심 하나는 결코 굽히지 못하는 존재들이다. 그러기에 그들은 때로는 가족으로부터 때로는 역사로부터 수많은 상처를 입고 고난을 당하면서도 인간적인 품위와 의연함을 잃지 않는다. 또, 그렇기 때문에 웅촌댁과 언양댁이 생애의 마지막 순간에 도달했다고 믿어지는 화해와 너그러움은 감동을 주는 것이다. 이런 감동이 장차 좀더 규모가 큰 작품에서 깊어지고 넓어질 것을 기대하며 작가의 정진을 빈다.

<1986>

민족현실과 역사의식

손춘익 소설집 『이런 세상』

아동문학계에서 차지하는 손춘익(孫春翼)의 위치는 남다른 바 있다. 이미 일제시대부터 활동하여 대가의 반열에 올랐던 윤석중, 마해송, 이원수 같은 분들이 작고하거나 현역에서 물러난 다음 그들을 이을 굵은 재목이 얼핏 눈에 띄지 않는 터에 30년 가까운 경력과 수십 권의 저서를 가진 손춘익은 이제 동화작가로서 중견의 위치를 넘어서고 있기 때문이다. 그러나 활동의 기간과 저서의 분량이 한 작가의 문학적 중요성을 결정하는 것은 아니다. 가령 이원수의 동시와 동화들은 비록 어린이를 주요 독자로 설정하고 씌어진 작품이고 그런 점에서 아동문학이라 불려지는 것이 부당한 노릇이 아니기는 하지만, 그러나 이원수의 문학에 담겨진 것은 특수하게 아동적인 것이라기보다 어린이들의 삶과 느낌과 꿈에 투영된 우리 민족의 현실 그것이었다. 그렇기 때문에 그의 작품들은 당대의 우리 민족문학 안에서도 가장 날카로운 부분을 이루고 있었던 것이다.

내가 잘 모르는 얘기이긴 하나 70년대 이후 우리 아동문학계는 그 양적 팽창에도 불구하고 이와같은 의미의 민족문학적 차원을 점차 상실해가고 있지 않은가 생각된다. 그런 점에서 나는 이오덕의 비평활동과 손춘익·권정생의 동화창작이 가지는 독보적 의의를 높이 평가한다. 왜냐하면 그들의 작업은 소위 '아동문학'의 범주를 넘어서는 강렬한 문제의식을 함축하고 있으며, 그렇기 때문에 도리어 가장 진지한 의미에서 본격적인 아동문학이 될 수 있었기 때문이다.

그런데 70년대 중반쯤부터 손춘익은 띄엄띄엄 소설 쓰는 일에 손대기 시작했다. 친구인 이문구를 앞세우고 창작과비평사 편집실에 나타난 그를 내가 처음 만난 것도 그 무렵이다. 차츰 알게 된 사실이지만 그는 잠시도 한가하게 쉬지 못하는 성품이다. 글을 쓰거나 술을 마시거나 등산을 하거나 요란하게 떠들거나, 요컨대 그는 무슨 일을 하든 그 일을 부지런히 하지 않고는 견디지 못하는 사람이다.

그런데 소설 쓰는 일만은 자못 신중하여, 아주 자신없는 태도로 나에게 원고를 내밀었다. 그는 엄격하고 자상한 논평을 요구했고 나는 더듬더듬 의견을 개진했다. 그는 습작기의 문학청년처럼 서슴없이 원고를 손보아 다시 읽어주기를 요청했다. 소설창작에 쏟는 그의 집념과 열성, 그리고 원고에 대한 논평을 받아들이는 그의 겸허한 자세는 나를 감복시키기에 족한 것이었다. 어떻든 그는 77년에 「방영감의 죄」를 『창작과비평』에 발표함으로써 소설가로 등장하였고 90년에는 소설집 『작은 톱니바퀴의 연가』를 간행하였으며 이제 두번째 소설책을 내기에 이른 것이다.

그렇다면 왜 이 중진 동화작가는 신인 소설가를 겸하는 어려움을 선택하였는가. 동화 쓰는 일로만 채워질 수 없는 그의 문학적 욕망은 무엇인가. 거기에 대한 대답을 그는 첫 소설집의 머리말에서 다음과 같이 하고 있다.

> 동화와 소설은 워낙 그릇이 다르다. 동화가 환상을 추구하는 동심의 문학이라면, 소설은 팍팍한 현장의 문학이 아닐까. 따라서 동화가 아니고서는 도저히 담을 수가 없는 것이 있듯이, 또 소설이 아니면 결코 생생한 증언을 남겨둘 수가 없는 사연들이 늘 내 머릿속을 떠나지 않는다.

아마 우리는 여기서 손춘익 소설관의 일단을 엿볼 수 있을 듯하다. 말하자면 그는 소설을 통해 팍팍한 현장의 생생한 증언을 겨냥하는 것이다. 물론 이런 문학관에 대해서도 약간의 이의를 제기해볼 수는 있다. 왜냐하면 소설들 중에도 수채화 같은 서정과 아름다운 동심의 세계를 지향하는 작품이 있는 반면에 동화에도 비록 어린이의 삶을 소재로 어린 독자가 주로 읽을 것을 기대하며 씌어졌을망정 강한 현장성이 담겨질 수 있기 때문이다.
많이 읽지는 못했으나 손춘익 자신의 동화가 때때로 그런 서민적 현장을
배경으로 하고 있는 것이다.

그러나 여하튼 동화가 현실을 정면에서 총체적으로 다루기에 부족한 장
르임은 분명하며, 삶의 문제와 본격적으로 대결하자면 소설이라는 좀더 포
괄적인 무대가 필요한 것이 사실이다. 아마도 소설이야말로 우리 인생 안
에서 제기될 수 있는 모든 개인적·사회적·심리적·역사적 문제들을 제한
없이 끌어안을 수 있는 총체 장르일 것이다. 자본주의의 발생과 소설양식
의 발전이 대응된다는 것은 실로 의미심장한 현상이다.

실제로 손춘익의 소설은 우리 사회의 근대화 문제에 깊이 연관되어 있
다. 물론 근대사회의 형성과 발전은 나라마다 경로를 달리하며 ‘근대’의 역
사적 성격 자체도 논란이 해소되었다고 할 만큼 어떤 합의된 결론에 이르
러 있지 못하다. 더욱이 우리처럼 식민지 상태를 경험했고 아직도 막강한
외세의 영향 밑에 남북이 분단되어 있는 경우에는 양상이 한층 더 복잡하
고 중층적이다. 그리하여 가령 봉건주의 내지 봉건적 제관계는 기본적으로
붕괴되었음에도 불구하고 식민지적·대외의존적 산업화에 거역하는 정서적
항체로 침전되어 있기도 하고 가부장적 지배와 착취의 수단으로 왜곡되어
있기도 하다. 봉건주의의 역사적 미청산은 바로 근대화의 파행성·불구성
과 동전의 양면처럼 연결되어 있다. 고전적 근대화 과정에서 보게 되는 시
민적 민주주의와 산업혁명 간의 내적 연관은 철저히 파괴되고 경제개발의
미명하에 도리어 민중수탈과 환경파괴가 광범위하게 자행되는 것이다. 소
설가 손춘익의 시선이 완강하게 머무는 곳도 바로 이 지점이다.

이 책에서 가장 중요한 작품은 「번드기 앞바다」 「송포리 근황」 「이런 세
상」인데, 강포라는 지방도시에서 멀지 않은 어촌을 배경으로 하고 있다.
(중편 「번드기 앞바다」의 전반부는 같은 제목으로 『작은 톱니바퀴의 연가』
에 실려 있고, 「송포리 근황」은 「송포리 우화」에 이어지고 있어 사실상 하
나의 중편이다.) 「번드기 앞바다」의 주인공 수봉이는 어촌계장, 「이런 세
상」의 홍태는 새마을지도자, 「송포리 근황」의 안중하는 해직교사 출신의
식당주인이다. 그들은 가난한 마을 주민들의 이익을 수호하기 위해 권력의

횡포와 금력의 회유에 완강하게 맞서 싸우는 영웅적 인간상이다. 강포수산 주식회사의 회장 황두식, 오포산업 사장이자 도의원인 장돌만, 송포개발 사장 도일해는 온갖 수단을 동원하여 마을의 이권을 독차지하려는 인물들이다. 따라서 이 양자 사이에는 치열한 투쟁이 벌어지는 것이다. 이를 통해 작가는 우리 민족사의 모순을 폭로하고 민중적 현실의 열악성을 증언한다.

가령 「번드기 앞바다」의 경우를 보자. 번드기는 강포시에서 멀지 않은 조그만 어촌으로서 주민들은 대대로 고기잡이에 의존하여 살아왔다. 그런데 일제의 식민지로 되면서 일인 수산업자가 근대적 어업을 일으킨다는 미명하에 번드기 앞바다의 어업권을 독점하고, 바다를 생계의 수단으로 삼아오던 마을 사람들은 일거에 일본인업자의 고용인으로 전락하고 만다. "나라를 잃자 마을 앞바다마저 두 눈을 뻔히 뜬 채 고스란히 빼앗겨버린 것이었다." 해방이 되어 일제가 물러나자 한때 바다를 되찾으리란 희망이 살아났으나 그것도 잠시였고, 결국 바다는 법을 앞세운 권력가의 손아귀를 벗어나지 못하였다. 수봉이와 그의 마을 동료들이 되찾으려는 것은 이 빼앗긴 생존권이었던 것이다.

수봉이 어촌계장이 되자 하다못해 삼종망이라도 막으려고 앞장을 서서 설친 것은 물론 그처럼 억울한 지난날을 뼈저리게 느낀 나머지였다. 일제 때는 일제 때라 왜놈들에게 당하고 8·15 뒤에는 또 금력이나 권력 앞에 맥을 못 추니 생고기 배나 따먹는 뱃놈들은 어느 세월에 주인 노릇을 해본단 말인가. 아닌게아니라 황두식이가 물러나면 그 다음에는 또다시 어떤 자가 등장할지 알 길이 없었다. 자유당은 물론 민주당, 공화당을 다 거쳐도 전혀 다를 바가 없었던 것이다.

식민지 권력과 해방후 남한 지배권력 사이의 이러한 연속성에 대한 통찰이야말로 작가 손춘익의 민중적 입장을 분명하게 증언한다. 그것은 예컨대 김정한의 소설이 탁월한 필력으로 우리에게 깨우쳐준 역사인식이기도 하다. 사실 소설가로서 손춘익은 바로 김정한 문학의 맥을 그 정통에 있어서 계승하고 있다고 말할 수 있다. 그러나 우리는 이 두 작가의 문학에 각인된 침통한 역사의식에 두말없이 동의하면서도 그 소설적 구체화에 나타난 일정한 도식성을 또한 인정하지 않을 수 없는 것이 사실이다. 다시 말해 수봉이, 홍태, 중하를 한 편으로 하고 황두식, 장돌만, 도일해를 다른 편으로 하는 인간들의 심성과 대응형태가 유형화되어 있는 것이다.

다시 「번드기 앞바다」로 돌아와 좀더 자세히 살펴보자. 앞에서도 언급했듯이 번드기 마을의 앞바다는 황두식의 어장막이 차지하여 어업권을 독점하고 있고 소위 법과 제도가 이 독점상태를 보호하고 있다. 수봉이가 어촌계장으로 선출되어 독자적인 생존권을 되찾으려 할 때 군청 수산과와 경찰·검찰은 은연중 황두식의 편에 서서 어민들을 탄압하는 것이다. 마을의 어민들 자신이 박일조처럼 황두식의 어장에 빌붙어 생계를 유지하려는 측과 정상모나 서복출처럼 투쟁에 의해 어업권을 되찾자는 측으로 갈라져 있다. 수봉이는 투쟁적 노선을 견지하면서도 때로는 타협과 양보로써 원만한 해결을 위해 노력한다. 마침내 그들의 일차적 목표는 달성되어 번드기 어촌계가 황두식의 정치망을 인수하는 데에 성공한다. 그리고 그렇게 된 데에는 박일조가 투쟁과정에서 소극적이나마 어촌계에 협조를 한 덕분이다. 그래서 수봉이는 일조를 다시 어로장으로 지명하는 것이다.

그런데 소설적 갈등은 여기서 어민들 내부의 좀더 복잡한 대립을 통해 표면화된다. 그동안 싸움에 앞장섰던 상모나 복출이가 보기에 일조 같은 사람은 자본가의 앞잡이로서 마을 어촌계의 어로장이 될 자격이 없다. 반면에 수봉이는 모두 단합하여 되찾은 바다를 지키자는 입장이다. 이런 대립이 격화된 것은 마침 정치망을 빚으로 인수한 뒤 흉어가 들었기 때문이다. 온 동네가 빚잔치를 할 판이라 어장을 도로 처분해버리자는 것이 상모의 주장이다. 이 대목에서 작가의 입장은 김노인의 입을 통해 이렇게 표현된다.

"…기껏 모여 한다는 소리가 그뿐이가? 이 동네는 좌우익 때문에 안 된다 카이. 시래기죽을 묵고 살아도 인정은 안 변해야제. 어장을 살릴 궁리는 안 내고 처분을 하자니 말이 되나? 어떻게 해서 도로 찾은 바다인데, 그 바다를

　또 남에게 넘겨준단 말인고? 텍도 없는 소리!……"

　여기서 우리는 황두식의 정치망을 인수하는 데 성공한 번드기마을 어민들의 갈등과 분열을 통해 작가가 해방후 우리 민족사의 정치적 현실을 비판하고 있음을 어렵지 않게 간파할 수 있다. 단결하고 단합하는 것만이 외세의 지배를 극복하는 길이라는 주장 자체는 물론 정당하다. 그러나 대립과 갈등은 단순히 인간성의 차이나 이념적 차이 때문에 발생하는 것이 아니라 객관적으로 실재하는 이해관계의 차이 때문에 발생한다. 사람의 성격과 그의 이념 자체가 다름아닌 현실적 이해관계로부터의 일정한 추상이며, 그 추상이 미적 형상성을 획득할 때 우리는 '전형'이라는 이름을 거기에 부여한다. 그렇다면 수봉이나 상모는 얼마나 전형적 인물인가.

　수봉이와 상모, 복출이는 처음부터 동지였고 황두식과 싸우는 동안 그들은 단결할 수 있었다. 수봉이가 좀더 온건한 성품이고 상모가 좀더 과격한 성품이라는 것은 그 투쟁과정에서 갈등의 요인이 아니라 오히려 상호 보완적인 기능조차 가졌었다. 그러나 정치망을 인수하고 흉어가 들면서 그들 사이에는 틈이 벌어진다. 그런데 정치망의 인수, 즉 생존권 확보를 위해 누구보다 앞장서 열을 올리던 상모와 복출이가 이번에는 거꾸로 정치망을 팔아버리자고 주장하는가 하면 어촌계의 사무장 영태를 공금횡령 혐의로 고발하는 것이다. 문제는 수봉이와 김노인, 상모와 복출이, 그리고 일조 사이에 갈등과 알력이 생긴다는 사실 자체가 아니라 그럴 수밖에 없는 현실적 이해관계의 차이가 불분명하다는 것이다. 다시 말해 상모와 복출이의 전선이탈적 분열행위에 어떤 전형성을 찾아보기 어렵다는 것이 이 작품의 결함이다. 그렇기 때문에 소설의 마지막, 어장막에 불이 나고 파국이 올 때 "번드기는 안 망한다!"는 수봉이의 부르짖음은 객관적인 설득력을 갖지 못하는 것이다.

　그러나 소설적 형상화의 문제를 떠나서 생각해볼 때 과격주의·분열주의에 대한 작가의 비판적 자세는 깊이 새겨야 할 교훈과 지혜를 담고 있다. 다만 그것이 등장인물들의 구체적 생활기반과의 필연적 연관을 통해 제시되지 못할 때, 즉 작가의 일방적 주장으로 작품 안에 개입할 때 그것은 충분한 형상성을 획득하지 못한다는 것이 지적되어야 한다. 이 점은 교육계의 비리와 교육행정의 난맥상을 다룬 「그의 출발」과 「미끼」 같은 작품에서도 확인할 수 있다. 특히 「그의 출발」은 이 시대의 뜨거운 감자로 떠오른 전교조 문제를 다루고 있어 주목의 대상이 된다.

이 소설의 주인공 이정도는 교단경력 7년의 평범한 시골학교 교사이다. 그는 때때로 정의감에 불끈하기도 하지만 대체로 현실에 만족하며 살아간다. 요컨대 그는 전형적인 소시민인 것이다. 그런데 평교사협의회운동이 일어나자 그는 거기에 앞장서게 되고 초대 회장까지 맡게 된다. 이 평교사회의 결성으로 학교사회는 단연 분위기가 일신된다. 그러나 평교사회가 뿌리를 내리기 전에 "어느 날 갑자기 조직의 상층부에서 교원노조 결성의 결단이" 내려지고 이에 따라 교직사회는 커다란 소용돌이에 휘말리게 된다. 이정도는 "당국의 초강경 대응에 주춤해진 까닭도 있지만, 그에 못지않게 조직의 상층부에 대한 불신과 불만도 한 원인이" 되어 교원노조운동에 가담하지 않는다. 그런데도 그는 평교사회를 주동했다는 이유로 노조운동에도 적극적일 것이라는 혐의를 받아 교장·교감·장학사·형사 들의 협박과 감시를 받게 되며 노조결성 기념일에는 일종의 연금까지 당한다. 「번드기 앞바다」의 수봉이가 그렇듯이 이정도의 온건하고 중립적인 개혁노선은 현실적 입지의 폭이 극히 좁은 것이다. 그는 이렇게 생각한다.

그의 판단으로는 정권 수호의 배수진을 친 당국과 맞서 정면돌파를 시도한 것은 확실히 교원노조 상층부의 오판이었다. …만일 섣불리 교원노조 설립을 위해 한판 승부를 벌이지 않고, 그보다는 오히려 전국적으로 평교사회 조직을 더욱 공고히 했더라면 어떻게 됐을까? 아마 일선 교육계는 전대미문의 혁신이 이뤄지게 되었을지도 모른다. 교원노조는 그런 단계를 거친 뒤, 그러니까 평교사회가 깊은 뿌리를 내리게 된 다음에 비로소 그것을 발판으로 하여 일어서야 하지 않았을까? 그래야만 그때에는 아마 당국과도 힘겨루기를 할 만할는지도 모르지 않는가.

아마 이것은 작가 자신의 생각이기도 한 듯하다. 이런 주장 자체는 설득력이 있다. 그러나 평교사회의 이름이든 교원노조의 이름이든 평교사들의 조직을 중심으로 진정한 의미의 교육개혁이 이루어지는 것을 학원사회의 기득권세력이 과연 방관하고 있었을까. 사회 전체의 민주화, 즉 구조적 개혁 없이 평교사회가 할 수 있는 일이란 지엽말단적인 것 이상일 수 없지 않을까. 물론 그럼에도 불구하고 평교사회운동이 좀더 뿌리를 내릴 때까지 기다렸어야 했다는 주장은 옳다.

그러나 소설 주인공으로서의 이정도는 교육개혁에 대한 작가의 관점을 감당하기에 너무 허약한 인물이다. 다시 말해 그는 충분한 전형성을 확보하지 못한 존재인 것이다. 그렇기 때문에 그가 형사와 장학사를 따돌리고 낯선 시골행 버스에 몸을 실었을 때 그것을 가리켜 "그의 새 출발은 그렇게 조용히 이뤄졌다"는 식으로 설명한다면 공감을 얻기 어렵다. 왜냐하면 그것은 아무런 새로운 출발이 아니며 현상에 안주하는 길을 선택한 데 불과하기 때문이다.

앞에서도 언급했듯이 작가 손춘익의 시선은 고집스러울 만큼 한곳에 집중되어 있다. 그것은 권력과 금력의 횡포에 시달리는 서민들의 생활현장이며 경제개발에 의해 붕괴되어가는 공동체사회의 전통적 가치이다. 우리는 그의 일관된 자세와 한결같은 문제의식이 오늘의 문단적 세태에 비추어 실로 보배로운 것임을 높이 평가한다. 그러나 이와 더불어 단선적이고 유형적인 인간파악을 넘어서는 삶의 역동적 구체화를 이룰 때 그의 문학이 좀더 높고 강렬한 예술적 성취에 이를 것으로 믿는다.

<1993>

농촌현실과 자주적 농민상

김춘복 장편소설 『쌈짓골』

1

최근 십수년 동안에 우리 사회는 일찍이 유례가 없는 급격한 변화를 겪어오고 있는 듯하다. 비근한 예를 들자면, 우선 도시의 거대화를 꼽을 수 있다. 내가 처음 서울에 올라온 것이 1960년인데, 그때 250만이라고 하던 이 도시의 인구가 10년 뒤에는 그 두 배로 늘어났고 그후 5, 6년이 흐르는 사이에 다시 250만이 늘어나, 이제는 무려 800만 가까운 거대한 식구를 포용하는 도시로 되었다. 물론 인구의 증가는 서울의 변화의 한 단면을 표시하는 데 지나지 않는다. 오히려 '인구는 겨우 두세 배밖에 불어나지 않았다'고나 해야 실감있는 표현이 될 만큼 다른 것은 엄청나게 변화한 것이다. 당시에는 화신백화점 건물만 해도 상당한 고층으로 여겨졌는데, 이제는 화신 건물 따위는 눈에 띄지도 않을 만큼 더 높고 커다란 건물들이 즐비하게 늘어서 있다. 한국일보사 옆 중학동 뒷골목으로는 삼청동에서 내려오는 시냇물이 맑게 흐르고 있었고, 내가 처음 하숙하던 미아리에서는 얼마 걷지 않아서 곧 시골 그대로의 교외에 이를 수 있었다. 가장 번화하다는 광화문 네거리에서도 신호등 같은 것은 거의 무시하고 길을 건너다닐 수 있을 만큼 자동차의 내왕이 그렇게 심하지 않았었다. 그런데 어느 틈에 논밭이 주택가로 되고 자동차는 홍수를 이루게 되었으며 낯익은 골목과 집들이 사정없이 헐리고 헐린 자리에는 넥타이 안 맨 사람 들어갈 염도 못낼 건물들이 세워지게 되었다.

일컬어 '근대화'라고 하고 또 일컬어 '경제성장'이라고 한다. 어디서 난 돈으로 누구 배를 불리기 위해 이룩된 것인가를 따지지 않기로 한다면, 아닌게아니라 대단한 경제성장이라고 하지 않을 수 없겠다. 그러나 대다수 국민의 사람다운 삶, 단순히 굶주림을 면한 삶이 아니라 제대로 사람답게 대접받는 삶을 위해서 이 경제성장이 무엇을 가져왔는지 생각해보면 우리의 대답은 결코 긍정적일 수 없다. 더구나 시민적 민주주의 사회, 사랑과 정의와 평등이 원리로 되어 있는 사회를 이룩하는 것이 진정한 근대화라고 보는 입장에 설 때 오늘의 현실은 이와 너무도 거리가 멀다고 하겠다.

작가는 바로 이러한 현실을 구체적이고도 전면적인 문학적 형상 속에 드러낼 사명감을 가지고 있다. 그리고 그 가능성은 작가가 성장의 혜택에서 소외된 다수 민중의 일원으로 자기를 자각하고 그러한 눈으로 사물을 보는 데서 열린다. 물론 작가는 자기가 잘 아는 소재를 가지고 작품을 쓰게 마련이다. 그래서 어떤 사람들은, 작가가 어떤 소재를 선택하느냐 하는 것은 문제가 아니고 선택된 소재를 어떻게 미학적으로 요리하느냐 하는 것만이 문제라고 말한다. 소재선택의 중요성을 강조하는 것은 소재주의라는 것이다. 이것은 확실히 일리있는 견해이다. 어떤 소재이든지, 즉 현실의 어느 부분이든지 그것은 전체적 현실의 유기적 일부이므로 그 일부를 매개로 하여 현실 전체의 모습이 드러날 수 있기 때문이다. 그러나 작가가 시대적 현실의 참된 의미를 표현하고자 하면서도 그 자신 지식인의 혹은 소시민의 테두리 안에 남아서 그 테두리 속에서의 소재를 택할 때, 이러한 문학에는 필연적으로 작가의 예술적 의욕과 선택된 소재 사이에 충돌이 일어나게 마련이다. 그러므로 소설에서 소재의 문제는 주어진 여럿 중에서 아무것이나 하나 골라잡아도 되는 단순한 선택의 문제가 아니라 작가가 현실과 얼마나 치열하게 대결하고 있느냐를 가늠하는 작가의식의 문제인 것이다.

그동안 우리 농촌소설 중에는 농촌을 단지 소설적 배경으로만 이용한 예가 적지 않았다. 자연과 인간의 신비를 꾸려내기 위한 알맞은 무대로서만 농촌풍경이 의미를 갖는 이런 문학에 대하여 우리는 그야말로 소재주의라는 이름을 붙여도 좋을 것이다. 그러나 더 의식있는 작가의 경우 농촌소설은 시대적 현실의 문제성을 가장 핵심적으로 집약하는 문학형식이었다. 일제 식민지시대에 있어서 이기영의 『고향』이나 심훈의 『상록수』, 김유정과 이무영의 단편들은 당대 현실과의 가장 진지한 대결이었다. 근년에 씌어진 김정한의 소설들, 방영웅의 『분례기』, 이문구의 『암소』 같은 작품들은 농촌현실뿐 아니라 민족적 현실 전체에 대한 가장 깊이있는 증언이 되고 있다. 나는 김춘복(金春福)의 『쌈짓골』(창작과비평사 1977)이 한편으로 이러한 농촌소설의 흐름에 또하나의 굵은 매듭을 지은 작품으로서, 그리고 다른 한편 황석영의 「객지」나 윤흥길의 「아홉 켤레의 구두로 남은 사내」와 더불어 70년대적 현실의 문제성에 대한 또하나의 중요한 도전으로서 커다란 문학사적 의의가 있다고 생각한다.

2

　김춘복의 『쌈짓골』에 묘사된 농촌이 우리 소설문학 속에 처음 등장하는 것은 아니다. 가령, 해방 직후 사회개혁에 기대를 걸었던 농민들이 기대의 배반에 분노하여 일으킨 저항투쟁(40~50면)은 이미 그 당시에 황순원의 「황소들」에 생생하게 증언되고 있다. 일제의 앞잡이로 민족을 탄압하던 자들이 해방후 민족정기의 심판을 받기는커녕 도리어 권력과 금력을 휘두르게 되는 역사의 아이러니(51, 184, 264면)에 대해서는 김정한의 소설들이 줄기차게 고발해왔다. 주인공 어머니의 죽음(105~7면)에 보이는 바, 남북분단과 전쟁이 힘없는 농민들에게 얼마나 가당찮은 불행을 덮씌웠는가 하는 이야기는 하근찬의 단편들에 섬세하게 묘사되어 있다. 농민생활의 구체적 디테일과 그들의 감정세계는 방영웅의 『분례기』에서 놀랍도록 정밀한 표현을 얻고 있다. 공장이 서고 도시가 커지고 하는 이른바 근대화에 따른 농민의 분해와 농민들의 도덕적 타락에 대해서도 여러 작가들이 다각적으로 묘사해왔다. 특히 이문구의 중편 「해벽」은 물량적 근대화가 참된 자립의 노력을 어떻게 무자비하게 유린하는가를 통렬하게 제시한 바 있다.

이렇게 볼 때 김춘복의 『쌈짓골』에 이룩된 문학적 성과는 기왕에 여러 작가들이 시도해온 각 방면으로부터의 농촌현실 해부를 총체적·전면적으로 집약한 데서 얻어진 것이라 볼 수 있다. 그러나 물론 이 작품이 정말 성공적일 수 있는 까닭은 선배작가들의 부분적 업적을 단순히 모았기 때문이 아니라 그것들을 하나의 소설적 구조 속에 통일시키는 일관된 관점이 이 작품에 작용하기 때문이다. 다시 말하면 『쌈짓골』에 관류하는 작가적 관점은 우리 농촌현실의 역사적·사회적 제문제를 포괄하는 깊이와 폭을 가지고 있는 것이다.

팔기는 이번에 부산 걸음을 하고 온 이후로 어줍잖은 일을 가지고도 신경이 날카롭게 곤두서곤 한다. 아무리 발악을 해봤자 허리도 펴지 못하는 사람이 있는가 하면, 빈둥빈둥 놀아나면서도 자가용만 잘도 굴리는 족속이 있다. 쌈짓골의 가난한 농민들이, 두더지처럼 흙 속에 묻혀 사는 이웃이, 수박밭에 매달려 바둥바둥 애써온 자신이 말할 수 없이 초라하게 느껴질 때가 많다. (250면)

이것은 주인공 팔기가 농약을 뿌리다가 중독이 되어 부산 병원에 갔다온 다음 그의 심경을 서술한 대목이다. 이 부분에서 작가는 이중적인 효과를 노리고 있다. 그것은 한편으로 불운과 고난을 이겨나가는 한 강인한 농민상을 부각시키며, 다른 한편으로 쌈짓골이란 가난한 농촌마을의 모순이 이 나라 전체의 사회적 모순과 불가분한 일환임을 보여주는 것이다. 그렇기 때문에 이 작품은 무대가 거의 쌈짓골이란 작은 마을로 제한되어 있음에도 불구하고 쌈짓골만의 문제나 농촌만의 문제에 폐쇄되지 않고 오늘의 민중적 현실 전체와 긴밀하게 조응되는 것이다.

모를 심고 나면, 이제 주머니끈을 노상 풀어놓고 있어야 한다. 비료대, 농약값…… 망할 놈의 비료값은 봄하늘의 노고지리처럼 날이 갈수록 치솟기만 하고, 사흘이 멀다 하고 농약을 쳐대어도 병충해는 끝이 없고……
──농사를 지을락 해도 자본이 있어야 대는 기이라. 자본만 있으며 손도 안 대고 코를 풀고, 자본이 없으며 죽도록 고생만 했지, 비료값도 안 나오는

이놈우 농사······ (233면)

여기 보이는 바와 같이 농촌의 문제는 농촌 내부에 국한된 문제가 아니라 농촌과 도시의 관계의 문제요 농업과 자본의 문제이며 농민적 희생 위에 굴러가는 체제의 문제인 것이다. 작가는 자본의 지배가 이 가난한 벽촌에까지 미치고 있음을 예리하게 파악하고, 여기에 다시 타락한 관권이 결탁되어 농민을 어떻게 몰락의 길로 재촉해갔던가를 작품 곳곳에서 가차없이 증언한다.

영달이는 뒤죽박죽이던 자유당 말기까지 관과 짜고 부정 임산물로 치부하는 데 혈안이 되어 있었다. 사람들 말에 의하면, 영달이 수중에 떨어지는 돈보다 실은 관에 들어가는 액수가 더 많다고도 했다. 그렇지 않고 그 많은 나무들로 혼자서 재미를 보았다면 억만장자는 되었을 테니까 말이다. 빚에 쪼들리다 못한 사람들은 마침내 살길을 찾아 대처로 떠나야만 했고, 그들의 논밭은 갈데없이 영달의 수중으로 속속 넘어갔다. 영달이 고모부까지 손을 뻗쳤을 때는 암마 사람들은 이미 영달의 그늘에서 옴쭉달싹도 할 수 없는 한낱 연약한 풀포기에 지나지 않는 스스로를 발견하게 되었던 것이다. (90면)

3

김춘복의 『쌈짓골』이 이처럼 기왕의 농촌소설에 제기된 문제들을 포괄하는 데 그쳤다면 문학사적 의의가 그렇게 중요하지 않을 것이다. 이 작품은 "한낱 연약한 풀포기에 지나지 않는" 수동적 존재로서의 농민을 보여줄 뿐만 아니라 그런 허약한 존재로서의 악조건을 딛고 일어나 온갖 사회적 부조리에 과감히 도전하는 새로운 건강한 농민상을 창조함으로써 우리 농촌문학에 새로운 지평을 열고 있다. 그것이 바로 작품의 주인공인 팔기이다.
작가 김춘복은 이 주인공이 부딪힌 기막힌 역경과 고난을 가차없이 묘사한다. 그렇게 하여 농촌현실의 오랜 모순들이 적나라하게 제시된다. 그러나 팔기는 가난과 무기력만이 삶의 조건인 듯한 이 터전이 또한 유일한 삶의 터전임을 알기 때문에 역경과 고난에도 불구하고 결코 비관론에 굴복할 수 없다. 이 점에서 팔기는 김춘복의 리얼리즘이 창조한 이 시대 농민의 탁월한 전형이다.

남정네들은 숯을 굽고 아낙네들은 숯섬을 쳐가면서, 비록 지금보다 더 구차했을지라도 서로 믿고 서로 위하는 사람들이 오순도순 정답게 모여 사는 그러한 마을이었다. 많지 않은 논들이지만, 일손이 달리는 농사철이 되면 두레를 내어 네 논 내 논 구별이 없이 서로 힘을 모아 하루라도 서둘러 일들을 빨리 끝내고는 음지나 숫마에까지 품을 들러 나갔었다. (88~89면)

팔기의 감상적 회고 속에 아름답게 그려진 이 농촌공동체는 지금 철저히 파괴되었다. 이제 농민들은 도시적 이기주의에 물들었거나 야박한 현실주의에 젖어 있다. 더 잘살기 위해서는 남을 짓밟거나 농촌을 떠나 약삭빠른 도시인의 일원이 되는 길밖에 없다는 자기부정의 사고방식이 팽배해 있다. 팔기는 바로 이러한 현실에 대해 처절한 싸움을 전개하는 것이다. 이 인물에게서 우리는 얼마간의 영웅주의를 느낄 수도 있고, 때로는 자작농적 복고주의에 기우는 듯한 느낌을 받기도 한다. 그러나 전체적으로 그의 싸움은 "가난한 이웃들을 일깨우고 마침내는 영달이의 그늘에서 완전히 벗어난 진짜 새마을을 만들어, 열두발 상모춤을 추이려던 크나큰 소망"(278면)에 의해 강력하게 지탱되고 있으며, 그리하여 영달이의 현실적 권력에 밀려 당나무가 잘리고 엉터리 회관이 지어지는 대목에 이르러서는 이 작품은 어떤 비극적인 장엄함마저 띠게 되는 것이다.

영달이에 대한 팔기의 싸움이 끝나지 않았듯이 농촌현실에 대한 작가 김춘복의 도전 역시 끝난 것일 수 없다. 농촌이 고립의 장소가 아니라 민족현실의 일부이듯이, 김춘복의 문학 역시 농촌소설을 통해서 민족문학으로 나아가는 것이어야 한다. "우리 시대의 일반적 상징성까지 부여하고 싶었다"는 이 작가의 의욕이 앞으로 더 많은 작품들 속에 풍요한 결실을 맺을 것으로 기대한다. <1977>

식민지 민족현실과의 대결
채만식에 관한 두 개의 글

1. 채만식의 문학적 초상

 ⒈ 50년을 채 넘지 못하는 길지 않은 생애에도 불구하고 채만식(蔡萬植)은 1920년대 후반부터 40년대 말까지에 이르는 4반세기의 작가적 경력을 통해 자기 시대의 현실을 줄기차게 탐색함으로써 신문학사상 가장 왕성하고 가장 문제성 많은 작가로 되었다. 그러나 그의 생애와 문학적 업적은 아직 부분적으로밖에 검토되지 못하였다. 그의 수많은 장·단편 소설과 희곡 및 수필들이 엄정한 원전비판을 통해 전집(全集)으로 묶이지 못한 오늘날 채만식의 전체상을 그리기는 어렵다. 그러나 채만식의 문학은 지금 널리 읽혀지고 있는 작품들에 의해서만 보더라도 극히 중요한 문제를 안고 있는 것이 분명하며 아마 그 중요성은 점점 더 증가될 것이다.

 채만식 문학이 최초로 비평적 조명 속에 떠오른 것은 임화·최재서·김남천 등이 활약하던 1930년대 후반이었다. 이들은 카프라는 조직의 붕괴 이후 정치투쟁의 전면적 후퇴 속에서도 그 나름으로 현실문제를 문학적 형상 안에 담으려는 실천적·이론적 모색을 지속한 사람들로서, 그러한 모색이 '풍자소설론' '세태소설론' '농민소설론' '역사소설론'으로 표현되었던 것이다. 「레디메이드 인생」「치숙(痴叔)」『탁류』『태평천하』의 작가는 말하자면 이러한 이론적 틀에 포착되기에 가장 적합한 예였다고 말할 수 있다.

　30년대의 문학이 일제 군국주의의 탄압에 의해 와해된 이후 60년대에 이르기까지 우리 문학은 해방 직후의 잠깐 동안을 제외하면 문학다운 문학에 응당 요구되는 역사적 현실성을 제대로 확보하지 못하였다. 현실도피적인 소위 순수문학과 해외문학파의 아류들이 문단을 지배하였고, 이들에 의해 우리 문학사는 크게 왜곡되고 말았다. 따라서 재능 있고 양심적인 문인들은 4,50년대의 암담한 환경 속에서 외롭고 힘든 고난의 길을 걸을 수밖에 없었다.

　봉건적 모순을 청산하고 제국주의 외세를 극복함으로써 참으로 자주적이고 근대적인 민족적 생존의 터전을 마련하고 이러한 과정의 일환으로 민족문화의 정통성을 회복하려는 노력은 4·19에 의해 그 계기가 주어졌다. 우리 문학은 4·19를 자기반성의 기회로 받아들임으로써 잃었던 현실감각을 다시 찾기 시작했고, 그것은 70년대의 엄중한 억압체제를 뚫고 나가는 동안 '민족문학'의 이념으로 수렴되었다. 그것은 자기 시대의 현실을 정면으로 문학 안에 담아내는 작업인 동시에 식민지시대와 분단시대를 통해 끊임없이 왜곡되어온 문학사적 평가를 바로잡는 작업이기도 했다. 한용운·염상섭·최서해·이육사·윤동주·김유정의 문학이 새삼 주목을 받게 된 것은 이러한 작업의 일부로서 이루어진 것인데, 60년대까지 문학사에 극히 빈약하게 취급되던 채만식 문학이 70년대 이후 비평적·문학사적 논의의 중심으로 진입한 것 역시 이와 관련되어 있다. 그리하여 구중서·김치수·김윤식·홍이섭 등이 식민지 현실의 소설적 형상화로서 채만식을 검토하였고, 차범석·유민영이 그의 희곡에 주목하였다. 국문학계의 연구도 크게 활기를 띠기 시작하였는바, 이주형(李注衡)의 「채만식 연구」(1973)는 채만식의 문학을 실증적·종합적으로 연구한 최초의 결실이 될 것이다. 이선영·신동욱·정현기·최원식·민현기 등의 논문들은 그에 후속되는 작업으로서, 채만식의 문학은 이제 비로소 본격적인 연구에 접어들기 시작한 느낌을 주는 터이다.

　채만식의 생애에 대한 연구는 더욱 빈약하다. 연보가 가르쳐주는 대로 그가 작품 쓰는 일 이외의 다른 특별한 경력을 가지지 않은 탓도 있지만, 그의 성격이 결벽스럽고 비타협적이어서 깊이 사귄 친구가 매우 적었으므로 그에 관한 회고록도 많지 못하다. 『현대문학』(1963년 1월호)에서 작고문인들에 대한 추모특집을 기획하면서 채만식 부분을 그와 겨우 두 번밖에 만나지 못한(그나마 여러 사람들 틈에서 건성으로 만난) 안수길(安壽吉)에게 청탁했던 사실 자체가 채만식의 인간적 특성을 말해준다고 할 수 있다. 어떻든 그의 생애를 재구성하는 데에 참고가 되는 자료는 ① 채만식의 작품 속에 투영된 자전적 기록들, ② 고향 후배였던 장영창(張泳暢)의 회고와 유일한 문단친구로 알려진 이무영(李無影)의 추억, 그리고 ③ 이주형 교수의 선구적 업적과 고헌(高憲) 교수의 논문이 있을 뿐이다. 특히 고교수는 그의 부친이 채만식보다 두살 아래로서 보통학교 후배였던 까닭에 채만식이 자랐던 고향의 독특한 분위기를 전해주고 있다. (高憲, 「蔡萬植文學의 背景에 대한 硏究」, 군산대 논문집, 1982) 필자는 이들 자료를 토대로 채만식 문학을 낳은 모태로서의 그의 생애를 추적해보고 이를 바탕으로 그의 문학적 초상화를 그려보고자 한다.

② 알려진 대로 채만식은 1902년 6월 17일 전라북도 옥구군 임피면(臨陂面) 취산리(鷲山里, 그 지방 사람들은 '축산리'라고 부른다고 한다) 31번지 계남부락에서 태어났다. 당시의 행정구역으로는 임피군 군내면(郡內面) 동산리(東山里)였으나 1914년에 지명과 구역이 바뀌었다. 부친은 채규섭(蔡奎燮), 모친은 조우섭(趙又燮)으로서 그는 6남 3녀 중의 다섯째아들인데, 셋은 어려서 죽었기 때문에 그가 사실상 막내아들이었다. 관향은 평강(平康)으로서 그의 부친은 상당한 부농이었다. 지도를 보면 임피는 군산과 이리의 중간쯤 되는 곳이고 금강과 만경강 사이의 평야지대임을 알 수 있다.

채만식이 태어난 1902년으로 말하면 조선왕조의 운명이 막바지에 이른 때로서 특히 일본 제국주의는 정치·군사적인 측면에서만이 아니라 경제적으로도 한반도에 대규모적인 침략적 진출을 꾀하고 있었고, 그것은 러일전쟁이 승리로 귀결된 1905년 전후에 더욱 가속화되었다. 그 하나의 예가 일본인 대자본의 한반도에 대한 토지수탈로서 오오꾸라(大倉)·이와사끼(岩崎)·호소까와(細川)·카와사끼(川崎) 등 쟁쟁한 자본가들이 단시일 안에 군산과 전주 일대의 광대한 토지를 점유하고 농장을 만들었다. 자본주의 경제논리에 어두운 조선 농민들은 결국 땅을 잃고 몰락할 수밖에 없었으며, 채만식의 부친도 일본의 경제침략 앞에서 무사할 수는 없었다. 수리조합이 생기면 공짜로 땅을 빼앗긴다는 조작된 낭설이 떠돌아 헐값에 전답을 방매했는데, 그러고 나자 땅값이 2, 30배나 뛰어올랐던 것이다. 채만식의 부친은 울화통에 피를 토하기까지 하고 나서 기울어져가는 재산을 유지하기 위해 미두(米豆)에 손을 대었다. 미두란 논이나 밭 또는 집을 저당으로 잡히고 현물 없이 미곡을 거래하는 일종의 투기로서, 일본인 지주·자본가에 의해 토지를 수탈하는 사기수법으로 이용되고 있었다. 채만식의 부친은 군산에서 미두로 상당한 손해를 보았고 이를 벌충하려고 인천 미두장에 갔다가 알거지가 되었다. 스무남은 살까지 넉넉한 가정에서 귀여움을 잔뜩 받고 자라난 채만식은 부친의 이러한 몰락 이후 평생 동안 심한 경제적 곤궁과 쪼들림에서 벗어나지 못하였다. 고향의 항구도시 군산과 금강 하류의 풍광, 그리고 그 자신의 가정이 경험한 바 일본자본의 침식에 의한 식민지 조선농민의 몰락과 도시빈민의 궁핍화, 바로 이것이 장편소설 『탁류』의 배경이자 내용이다.

한편, 채만식이 자라난 고장은 바다가 가까운 평야지대로서 농수산물의 집산지였고 지방행정의 작은 중심지인 동시에 양반적·유교적 전통이 강한 곳이기도 했다. 그런가 하면 20세기 초엽 일본의 토지자본이 가장 집중적으로 진출한 곳이기도 했다. 고헌 교수의 설명을 들어보자.

이 고장은 중앙에서 보낸 현감과 이를 둘러싼 아전(陳·康·李 등) 등에 의하여 농수산물 및 각종 특산물이 집산되는 곳이요, 5일마다 향시(鄕市)가 서서 인파가 붐비는 상가(商街)도시를 형성했던 곳이다. 이렇게 붐비는 고장에서 그(채만식—인용자)는 성장한 것이다. 몇대 전 조상이 성산(聖山, 당시는 西面)에서 이사한 이후 상기한 아전과 상종 거래했던 관계로 꽤나 치부했던 것 같다. 그러나 향교 및 이웃에 있는 봉암서원(鳳岩書院)·산앙서원(山仰書院)을 중심으로 한 유림(儒林, 선비)들은 형편이 달랐다. 일제 침입에 항거 기병한 최익현(崔益鉉), 임병찬(林炳瓚) 등이 일본 헌병에게 체포되고, 산앙서원[樂英堂]에서 후진 유림을 교도하던 송병선(宋秉璿)이 1906년 1월 24일 자결하자 유림을 비롯한 농민의 봉기는 위기일발의 그것이었다.

 이때에 수비대(일본 헌병)는 긴 칼 차고 총에 착검하여 한말 정부의 무력함을 암시하면서 주자주의적 친청(親淸)이나 친로적(親露的)인 인사는 폭도라는 누명을 씌워 체포하거나 위협하였다. 더구나 5일 만에 있는 임피 향시에는 원근에서 모이는 인파와 언제 무슨 일이 일어날지 모르는 울분스런 살기에 무력해진 현감과 아전들은 그들을 대접해야 했고, 또한 그들의 비호를 받아야 했기에 누대에 걸친 원성은 더 높아가게 마련이었다. (「채만식문학의 배경에 대한 연구」)

요컨대 채만식이 자란 고장은 이 시대 조선현실의 모든 민감한 문제들, 즉 봉건적 모순과 민족적 모순의 문제들이 가장 첨예하게 교차되는 지점이었다. 이런 심각한 모순의 와중에서 적어도 소년기의 채만식 집안은 양반 선비도 아니고 하층빈민도 아니며 친일도 아니고 항일도 아닌 어중간한 위치에 있었던 것 같다. 그의 문학세계에 있어서 그러하듯이 출신배경에 있어서도 채만식은 굳게 지켜야 할 자신의 고유한 계급적 관점을 가지지 못했던 것으로 믿어진다. 20년이 넘는 작가생활의 거의 전기간에 걸쳐 그는 자기 시대의 사회현실에 대해 그지없이 날카로운 비판적 내지 부정적 의식을 견지하고 있었으나, 그러한 의식에 마땅히 뒷받침되어야 할 현실적 근거 즉 실천적 토대로부터 절연되어 있었기 때문에 그것은 민족사의 미래에 대한 어떤 종류의 낙관적 전망으로도 발전되지 못하였다. 소년기 채만식의 성장배경에 관한 고헌 교수의 문장을 조금 더 인용해보자.

 이런 상황 속에서 귀염둥이 막내아들 채만식은 대문 안에서는 양반스런 예의범절로 다스려지지만, 일단 대문을 나서면 아부하는 상인배의 교사스런 은근에 지치고, 같은 나이 또래의 이웃들은 굶주림과 헐벗음 속에서 말하느니 욕설이요 악담이요 때론 백안시(白眼視)였다. 하류서민층의 아첨과 독설에 지친 그는 대대로 상종해온 상류 자제(致富하여 양반 행세를 하는 아전들의 자녀— 필자의 原註)로부터의 백안시, 상민 대접에 완전히 녁아웃돼 버린다. 이런 상반된 분위기를 또 언어를 먹으면서 재사(才士)다운 어린이가 성장한다.

어떻든 비교적 넉넉한 집안의 막내로서 어머니의 사랑을 듬뿍 받던 채만식은 그 고장의 소학교에 입학을 했다. 서당에서 얼마간 한문을 배웠으리라고 추측되기도 한다. 그런데 그가 소학교에 입학한 연대는 일반적으로 1910년으로 되어 있으나, 고헌 교수는 열두살에 임피보통학교에 들어갔다고 기술하고 있다. 어느쪽이 옳은지 필자로서는 판단하기 어렵다. 다만, 청소년기의 추억담을 현재의 세태와 대비시켜 묘사한 그의 단편소설 「회(懷)」에 자신의 소학교 입학 무렵을 다음과 같이 회상하고 있어 참고가 된다.

일곱살 적인지 여덟살 적인지 (보명의숙이라고) 학교엘 명색 다니기 시작했을 무렵이었다. 그때 시절론 아직 학령 미만이었으나 얼뚱애기로 샘동이라, 형들이 다니고 이웃집 아이들이 다니고 하니까 덩달아 따라다니면서, 1·2·3학년을 시간마다 제멋대로 오르락내리락, 장난과 놀기가 주장이요 공부란 괜히 벌제위명이었지만, 아무튼지 학도는 학도였었다. (중략)

한참 그때가 일한합방 직후라, 재래 학교들이 차차로 공립보통학교로 바뀔 즈음인데, 연천 선생은 발을 벗다시피 나서서, 우리 보명의숙도 남에게 뒤지지 않고 얼른 승격이 되게 하느라고 무척 애를 썼더라고 한다. 그러고, 승격이 된 다음엔 응당 재갸는 교장자리로부터 물러나가야 할 줄 모르잖아 번연히 짐작은 했으면서도 종시 정성껏 그렇게 일을 서둘렀더라고 한다.

그가 떠나던 날. 그날의 정경은 어린 속에도 퍽은 마음 언짢도 하더라니. 가장 잊혀지지가 않는다. (중략)

며칠이 지나서는, 금테 모자에 금테 양복에 '부주깽이' 칼을 찬 판임관 교장이 부임을 했다.

××공립보통학교라는 문패가 커다랗게 갈려 붙고 '학도'는 '생도'로 변했다. 책상이며 칠판 같은 것을 개비하고, 명년이나 내명년쯤은 학교를 새로 훌륭하게 짓는단 소문도 들렸다.

여러 가지 규율이 많이 생기고, 겸하여 엄해졌다. 학과와 시간이 늘고 생도도 늘었다. 여생도도 생겼다. 선생님네 수효도 불었다.

이 기록이 얼마나 사실을 그대로 전달한 것인지 확인할 길은 없으나, 여하튼 채만식이 열살쯤 되던 한일합방 직후에 입학하였고 그가 다니는 동안에 정식으로 임피공립보통학교로 승격된 것은 틀림없는 듯하다. 이 무렵 일제는 호남평야에서 생산되는 쌀을 반출하고 경제침략을 더욱 강화하기 위하여 호남선 철도를 개통시키고 군산과 이리를 잇는 군산선을 개설하였다. 한편, 1895년 일제의 강압에 의해 단발령이 공포되어 고종 이하 정부 대신들부터 머리를 깎았으나 그로부터 20년 가까운 세월이 지난 이때까지 임피 같은 고장에서는 청소년들이 대부분 머리를 깎지 않고 있었다. 작품 「회」에는 선생님 인솔하에 난생 처음 기차를 구경하고 그것을 타보는 이야기며 학교에서 강제로 삭발을 시키는 이야기들이 정감있게 서술되고 있다. 채만식의 소년시절이 어떤 것이었는지 알아본다는 뜻에서 한두 대목 더 읽어보기로 하자.

　　드디어 '기차'를 옆에 딱 당해서 보니, 듣더니보다도 더 놀랍고 신기했다.
　　아마 검정 황소가 열 바리, 아니 스무 바리도 넉넉해 보이는 그 덜씬 큰 시꺼먼 화통이, 용솟음 같은 검은 연기를 풍풍 들이 뿜어올리면서, 시이 피이 시이 피이, 남 경풍을 하라고 소래기를 빽 빽, 앞걸음질 뒷걸음질을 벼락치듯 오락가락.

　　아직 그때만 해도 상투장이와 머리채를 늘어뜨린 학도가 대부분이었다. 임×× 선생은 그런데 누구보다도 강경히 삭발을 주장하고, 심심하면 한 놈씩 두어 놈씩 붙들어다간 가위로 싹독싹독 머리를 잘라주곤 했다.
　　학도들은 실상인즉 부형네가 금을 하는고로 자진해선 감히 삭발을 하지 못하는 경우가 많았던 터라 속으로는들 은근히 좋아는 하면서도 한갓 배짱이 안 맞는 임×× 선생이 그러는 노릇이라서 겉으로는 늘 싫어하고 반대를 하고 했다.

보통학교를 졸업한 채만식은 서당에서 몇해 동안 한문을 수학하다가 1918년에 서울의 중앙고등보통학교(당시의 이름은 사립중앙학교)에 입학하였다. 그의 중앙고보 입학은 그 지방의 큰 사건 중의 하나로서 많은 사람들의 화제에 올랐다고 한다. "보통학교라는 신학문을 익히는 곳에 입학하는 것조차 반대하는 분위기 속에서 한술 더 떠서 중학 그것도 서울까지 유학을 한다는 일이 면내(面內)는 고사하고 이웃 고을[郡]까지 센세이션을 일으켰던 것이다. 그가 중학 및 일본에까지 유학한 일이 자극이 되어, 그후 형편이 닿는 후진들이 속속 상급학교에 진학하게 되었다"(고헌, 앞의 글)는 것이다. 이로써 보더라도 채만식의 부친은 봉건적 유교전통 내지 양반적 배외사상에 연연해할 필요가 없는, 따라서 새로운 개화문물에 적극적이고 개방적인 계층임을 확인할 수 있다. 중앙고보에 입학할 무렵의 세태 역시 앞의 단편 「회」에는 이렇게 기록되고 있다.

이런 일, 저런 일 두루 생각하면 우리가 중학에 들 무렵만 해도 참으로 어수룩한 시절이었었다. 이십년 저짝 그 당시야 관립학교가 그저 2대 1 정도로 경쟁이랄 것이 있는 성했지, 사학은 지망자 수효가 모집정원과 비등하기가 보통이었었다. 개중에는 오히려 정원이 다 차지를 못해서 백지답안짜리도 입학이 되는 학교까지 없잖아 있곤 했었다. 그만큼, 말하자면 편코 호강스러웠다.
나이도 항용 스무살 안팎으로 수염이 시껍시꺼먼 아이아범이 수두룩했고, 어린 축에 끼던 내가 열일곱이나 먹었었다.

그가 중학시절에 겪은 두 개의 큰 사건은 3·1독립운동과 그 자신의 결혼이다. 원래 중앙고보는 1908년 기호흥학회(畿湖興學會)에 의해 설립된 기호학교가 1910년 융희(隆熙)학교를 병합하여 '중앙학교'로 개칭된 것이 그 기원인데, 그후 경영난에 빠졌다가 1915년 김성수(金性洙)에게 인수되어 발전하게 되었다. 채만식이 입학하기 1년 전에 지금의 계동(桂洞) 자리로 교사가 신축·이전되었으며, 그가 재학생으로 있던 시기에는 유명한 송진우(宋鎭禹)·최두선(崔斗善)·현상윤(玄相允) 등이 차례로 교장을 역임했고 특히 젊은 체육교사 조철호(趙喆鎬)는 열렬한 민족주의자로서 학생들에게 큰 영향을 끼친 인물로 알려져 있다. 채만식은 나이도 비교적 어린데다가 서울로 유학 온 지도 얼마 안 되었을 때이므로 3·1독립시위에 적극적으로 가담하지는 않았을 것으로 짐작되지만, 그러나 이 경험은 그의 인생관에 막대한 영향을 끼쳤을 것이며, 운동을 좋아하여 후일 학교 운동부의 축구선수(센터 포워드)까지 되었던 그에게 체육교사 조철호는 상당한 감화를 주었을 것으로 믿어진다.

그의 결혼연대는 1919년 4월이라는 설과 이듬해 8월 15일이라는 설이 있는데, 앞의 설은 어수선한 사회정세에 휩쓸릴 것이 두려워 부모들이 강제로 결혼시킨 것이라고 하는 것이다. 그러나 여러가지 증거로 미루어 그는 1920년 4월에 혼인을 하고 그해 8월에 호적상 신고한 것이 확실한 듯하다. 상대방은 익산군 함라면(咸羅面) 함열리(咸悅里)의 은씨댁 규수인 은선흥(殷善興)으로서 당시 스무살이었다. 결혼의 경위를 채만식은 뒷날 후배인 장영창에게 다음과 같이 들려준 바 있다.

서울에서 중앙고보를 다니고 있을 때에 집에서 시골로 내려오라는 편지를 받았어요. 집에 와보았더니 결혼준비가 이미 다 완료되어 있었지요. 하는 수 없이 멋도 모르고 장가를 들게 되었는데, 그 당시에는 부모님들이 준비하는 결혼을 누구나가 거부할 수 없게 되어 있었어요.

이렇게 해서 그는 느닷없이 결혼을 하게 되었는데, 옛날식 예법에 따라 가마를 타고 장가를 들러 가던 중 갑자기 거센 바람이 몰아쳐 가마 뚜껑이 날아가 물에 빠졌으며 그래서 그는 불길한 예감을 가졌다고 한다. 어떻든 그의 이 결혼은 행복한 것이 못 되었다. 1924년에 장남 무열(武烈)을, 28년에 차남 계열(桂烈)을 낳기는 했으나, 부인을 시골의 부모님댁에 남겨둔 채 방학 같은 때나 가끔씩 들여다봤을 뿐이고 부부다운 부부생활을 한 적은 없었다. 심지어 이혼을 요구하기까지 했으나 이루어지지 않았다. 순종을 미덕으로 안 부인은 남편의 박대에도 불구하고 정숙하게 가정을 지키며 자식들을 키웠다. 채만식 자신도 이성적으로는 부인에게 죄책감을 가졌던 듯하지만, 신식교육을 받지 못한 부인에게 감정적으로 애정이 느껴지지 않았던 것이다. 1923년에 씌어진 채만식의 처녀작으로 검열에서 '삭제' 도장을 많이 받아 결국 발표되지 못하고 그로부터 꼭 50년 후인 1973년에 유고로서 『문학사상』에 활자화된 중편소설 「과도기(過渡期)」 앞부분에는 첫부인에 대한 채만식의 감정과 경험이 반영되어 있는 것으로 믿어진다. 등장인물 중의 하나인 봉우가 아마 그 자신일 것이다. 다음에 얼마간 인용해보겠다.

봉우는 지금부터 아홉 해 전, 즉 그가 열네살이고 그의 안해가 열다섯살 나던 해에 부모가 시키는 대로 아무 철도 없이 장가를 든 것이다.

그러나 봉우는 차차 나이 들어감을 따라 그 건조하고 멋없는 자기 아내를 싫어하고 괄시하기 시작하였다. 그러는 반면으로 그는 '나이도 자기보다는 훨씬 더 어리고 신지식이 넉넉하고 아양이 족족 흐르는 활발스럽고도 온순한 미인'을 일상 그리워하였다. (중략)

봉우의 안해는 아주 순박한 시골 부인이었다. 키는 봉우보다도──봉우도 작은 키는 아니었지만──더 커 보이고 몸과 얼굴은 썩 부대하여서 보기에 매우 복성스러웠다. 그러므로 봉우가 자기 친구나 누구에게 자기 안해의 말을 하려면 '그 뚱뚱보'라고 하였다.

그러나 그의 얼굴이 사실 밉고 보기 싫지는 아니하였다. 그의 성질은 매우 온순하고 다정하여 봉우의 집안에서는 봉우를 빼놓은 외에 누구나 한 사람도 그를 귀여워 아니하는 사람이 없고, 심지어 동리 사람들도 모두 '남편에게 그다지 괄시를 받으면서도 아무 티색이 없이 시집살이를 잘하는 것이 참말 얌전하다'고 칭찬을 하고 널리 소문이 퍼졌었다.

후일 그는 숙명고녀를 졸업한 신여성을 아내로 맞아 임종 때까지 함께 지냈다. 김씨영(金氏榮)이라는 이름의 이 부인도 매우 현숙하여 원고료 이외의 다른 수입이 없는 가난한 살림을 삯바느질까지 해가며 꾸려나갔다. 이 부인과의 사이에서도 2남 1녀를 두었다.

1922년 3월 중앙고보를 졸업한 채만식은 다음달 일본으로 건너가 와세다(早稻田)대학 부속 제일와세다고등학원 문과에 입학하였다. 앞의 작품 「과도기」는 일본에서의 그의 학창생활이 어떠했는지에 관해 알려주는 바가 많다. 여성문제, 종교와 문학 문제에 관한 감상적이고 치기어린 토론이 작품의 대부분을 이루고 있으며 약간 민족적 각성도 나타나 있는 것이다. 그러나 그의 이 일본 유학도 오래가지는 않았다. 1923년 여름방학에 귀향했다가 유명한 관동대지진으로 험악한 소문이 들려오자 그만 주저않고 말았다.

와세다고등학원 학적부에는 1924년 2월 1일자로 "장기결석, 학비미납으로 제적"되었다고 기록되었다 한다. 이로써 그의 청소년시절은 마감되었다. 이제 한 사람의 지식청년이 되어 귀국한 그를 기다리고 있는 것은 미두에 의한 그의 부친의 파산, 즉 앞으로 평생 동안 그를 놓치지 않고 따라다니 게 될 심한 경제적 곤궁이었다. 곤궁 속에서 자신의 인생을 지탱하고 단련 하는 방식으로서 그가 발견한 것은 소설을 쓰는 일이었다.

③ 일본에서 귀국한 다음해 채만식은 짤막한 단편 「세 길로」가 이광수 (李光洙)의 추천으로 『조선문단』(1924년 12월호)에 발표됨으로써 문단에 발 을 들여놓았다. 앞에서 말했듯이 그는 이미 중편 「과도기」와 단편 「황금원 (黃金怨)」을 써놓았으나 검열로 말미암아 빛을 보지 못하였다. 이 작품들 은 소설가로서 채만식의 기본적 능력 즉 사건과 인물을 묘사해나가는 능력 을 보여주고는 있으나, 아직 몹시 서투르고 설익었다는 것이 한눈에 드러 난다. 생각건대 이 무렵의 채만식은 문학에 자신의 온 정력을 기울일 결심 이 뚜렷하지 않았던 것 같다. 1947년 서울타임스사(社)에서 발간한 『대표 작가전집』 중의 채만식편에서 그는 자신의 이력을 이렇게 기술하고 있다.

> 21세에 강화(江華)의 한 사립학교 교원을 시초로 신문기자로, 잡지편집원으 로 동아일보, 중앙일보, 조선일보, 개벽사(開闢社) 등을 전전하면서 문단에는 이름만 걸어놓고 많이는 생활에 쪼들려 더러는 술에 빠져 제법 작품다운 작품 한 편 쓰지 못한 채 10년의 세월을 허송, 그러다 보니 문단의 동배(同輩)들은 나를 떨구어논 채 10년 어치 까마득케 앞섰고.
> 크게 뉘우치고 1935,6년경부터 발분 망식 망침(發憤忘食忘寢) 정신을 차려 문학을 하노라고 하기 다시 10년. 이 나중 10년에 얻은 것이 다음에 열거하는 작품들인데, 그러나 소위 발분 망식 망침하여가면서 10년을 날뛴 소득이 겨우 그것인가 하면 나의 우둔(愚鈍)의 도를 스스로 짐작기에 족한 것이 있겠다.

이렇게 스스로 자책하면서 그는 『탁류』『태평천하』『채만식 단편집』『금 (金)의 정열』『집』『배비장』『아름다운 새벽』『제향(祭饗)날』『허생전』 등 그동안의 저서를 나열하고 있다. 그의 생전에 『잘난 사람들』『당랑(螳螂)의 전설』『옥랑사(玉娘祠)』 등 몇 권의 책이 더 나왔지만, 그 자신의 고백대로 채만식은 「레디메이드 인생」이 발표된 1934년경까지 작품창작에 몰두하기보다 직장에 매달려 방만한 생활을 해나갔다. 그의 직장경력을 훑어보면, 1924년 강화의 어느 사립학교에 잠깐 교원으로 있다가 25년 7월 동아일보 정치부 기자로 입사하여 이듬해 10월 그만두었고 1930년 개벽사 기자로 들어갔다가 33년 조선일보로 자리를 옮겼다.

신문기자로서의 채만식은 어느 면에서 매우 유능하면서도 주위 사람들에게 몹시 불편한 존재였다. 신경이 너무 날카롭고 비타협적이며 결벽했기 때문이다. 매사에 비판적으로 대했고 자기 기준에 마땅치 않으면 가차없이 매도했으며, 그럴수록 그는 점점 더 외로워졌고 외곬으로 빠져들었다. 어깨를 좌우로 흔들며 대화하는 버릇은 '건방지다'는 욕을 듣게 했고, 남이 잡은 문고리는 잡지 않는다거나 남의 집에 가서 음식을 먹을 때 수저를 종이로 닦아 쓰는 것과 같은 과도한 청결벽은 자연히 반감을 사게 마련이었다. 맞춤법 하나 쉼표 하나에도 고심하는 그의 까다로움은 문인이 주로 드나드는 출판사 같은 데에서의 그의 인기를 깎는 요인이었다. 심지어 다 조판된 작품을 마음에 들지 않는다고 새로 뜯어고친 원고로 바꾸자고 하여 편집자를 어이없게 만들기도 했다. 유일하게 가까운 작가로 알려진 이무영이 "좀더 대범해지라"고 충고하자 그는 "그럼 천치가 되란 말이냐"고 대들었다. 개벽사에서 얼마 동안 함께 근무한 평론가 백철(白鐵)은 채만식과의 직장생활을 다음과 같이 회고하고 있다.

아직 그때까지는 채씨의 작가적 지위는 확립되어 있지 못한 것 같았다. 작가보다도 차라리 신문기자로서 더 알려져 있었다. 그는 개벽사에서 『혜성』지 편집장으로 오기 전에 동아일보사의 사회부 기자의 경력을 갖고 있었다. 차상찬(車相瓚) 선생이 나를 소개시킬 때도 그는 특히 인터뷰 기사의 명수라고, 당시 경제학자이던 서춘(徐椿)씨와의 인터뷰 기사를 말해주기도 하였다. 그러나 채씨 자신은 그런 신문기자로서 소개가 못마땅하다는 표정이었다. 그 이유를 뒤에 알았다. 그는 그때 벌써 자기가 일류 작가인 것을 자인하고 있었기

때문이다. (중략)

　더 기억에 남는 것은 채만식의 인간 면이다. 위의 작품 이야기에도 좀 비쳐졌지만 그의 대인관계 같은 일상생활에 드러난 것은 과잉한 신경성이었다.

　말하자면 남들과의 휴먼 릴레이션이 거의 제로였다. 툭하면 버럭 화를 내고 반대를 위한 반대, 남을 꼬집는 버릇 등 그때 내 인상으로선 나쁜 버릇은 다 가지고 있는 인물처럼 느껴졌다.

　나는 본디 성격이 둥글기만 해서 적어도 일상생활에선 젊었을 때부터 좀처럼 남과 의견충돌을 하지 않는 원만하다면 원만한 편이어서, 문단의 호인 운운의 명예스럽지 못한 이름도 붙여졌지만, 그래도 채만식의 신경질에만은 참을 수가 없었다. 같은 책상에 이마를 맞대고 앉아서 의견충돌을 피할 수도 없는 일, 하루에 평균 4,5차례나 말다툼을 하는 형편이었다.

　1936년 초에 마침내 그는 본격적으로 창작에만 전념하기로 비장한 결심을 하고 조선일보사를 그만둔 뒤 형이 사는 개성시 남산동으로 거처를 옮겼다. 여기에서 5년간 살면서 그는 자신의 말대로 '먹지 않고 자지 않으면서' 『탁류』 『태평천하』 『금의 정열』 같은 장편소설을 비롯하여 다수의 소설과 희곡을 집필했고 간간이 단평 같은 글을 쓰기도 하였다. 그리하여 채만식은 30년대 후반의 우리 식민지문단에서 가장 중요한 작가로 찬연하게 떠올랐다.

　당시 우리 문단의 형편을 보면 이광수·염상섭·김동인·현진건 같은 신문학의 제1세대는 현역에서 얼마쯤 물러나 있었고 그 대신 20년대 말부터 등장한 작가들이 주류를 이루고 있었다. 개중에는 이기영·한설야처럼 카프의 해체 이후 농촌이나 역사 쪽에 관심을 돌린 작가들도 있었고 이태준·박태원처럼 처음부터 어떤 이념적 깃발을 내걸지 않은 작가들도 있었으며 유진오·이효석처럼 이른바 동반자작가로 출발하여 시정의 세태 또는 자연의 아름다움에 몰입하는 작가들도 있었다. 그런가 하면 김유정·김동리·정비석·현덕·김정한 같은 다수의 신진들이 등장하여 식민지문학 최후의 다채로움을 과시하고 있었다. 대중잡지와 통속소설이 나타난 것도 이 무렵이다.

그러나 양적으로 자못 풍부해지고 질적으로 상당히 세련되었음에도 불구하고 1930년대의 우리 문학은 식민지 사회현실의 총체적 형상화라는 목표에 제대로 이르지 못해 있었다고 생각된다. 당시에 있어서 우리의 역사적 과제는 바로 일제의 식민지라는 민족적 모순을 철폐하는 것이며, 따라서 이 근본적 문제성에서 이탈된 어떠한 부분적 성과도 본질적인 미흡성을 함축한 것일 수밖에 없었다. 30년대의 우리 문학은 카프의 사회주의적 이념을 은연중 계승한 것이든 지주·자산가 계통의 보수적 민족주의를 지향하는 것이든 모두 항일민족문학의 범주 안에 있었다고 보기 어려우며 결국 소시민적 생활문학의 테두리를 벗어나지 못한 것이었다고 판단된다. 40년대가 되어 일제 군국주의의 폭압적 지배가 문단의 숨통을 조이게 되자 이광수·박영희·임화·최재서 등 사상적 이력을 전혀 달리하는 여러 문인들이 한꺼번에 체제에 함몰되고 말았던 것은 30년대 문학의 근본적 취약성을 말해주는 것이라고 하지 않을 수 없을 것이다.

30년대의 채만식 문학 역시 이러한 한계 안에 있는 것임은 두말할 나위도 없는 일이다. 그러나 흥미로운 것은 그가 끊임없이 식민지체제의 본질에 관한 의문을 자신의 작품에서 제기하고 있다는 사실이다.

"제따위 놈이 교만을 피면 얼마나 (눈물을 흘리며) 필라구요. 그런 세상은 인제 오래가지 않습니다."(「사라지는 그림자」)

혀를 끌끄을 차면서 얼굴 기색허며, 말소리허며 아주 천연스럽구 전대루지, 죄끔두 공허(空虛)헌 데가 없어요. 사람이 실성을 허면은 어덴지 말하는 음성이며 태도허며 건숭이구 공허해 보이잖우?

"천민! 속물! 세상이 곤두서는 데는 태평이면서, 옷 좀 거꾸루 입은 건 저대지 야단이야."(「少妾」)

"자아 보소. 관리허며 순사를 우리 죄선으루 많이 내보내서, 그 승악헌 부랑당놈들을 말끔 소탕시켜주구, 그리서 양민덜이 그 덕에 편히 살지를 않넝가! 그러구 또, 이번에 그런 전쟁을 히여서 그 못된 놈의 사회주의를 막어내주니, 원 그렇게 고맙구 그렇게 장헐 디가 어디 있담 말잉가…… 어 참, 끔찍이두 고맙구 장헌 노릇이네 ! …… 게 여보소, 이번 쌈에 일본은 갈 디 읎이 이기기넌 이기렷대잉 ? ”(『태평천하』)

위에 인용된 부분들이 식민지체제에 대한 본질적 거부인 것은 물론 아니다. 여기 나타난 부정적 태도들은 오히려 그의 1930년대의 많은 작품들이 보여주듯이 곤핍한 생활에서 오는 소시민적 반항이요 절망적 자기부정이라고 보는 것이 옳을지 모른다. 그러나 『태평천하』의 주인공 윤직원의 입을 통해 발해진 신랄한 풍자는 분명히 식민지 지배자의 존재를 객체화하는 효과를 냄으로써 이 작가가 체제의 근원을 투시하고 있음을 보여준다.

　그러나 이미 지적했듯이 채만식은 모순을 보면서도 모순을 넘어서는 객관적 전망을 획득하지 못하였다. 그는 현실을 끝없이 비판적인 시선으로 보고 식민지체제가 부정되어야 할 체제임을 인식했으나, 그러한 인식을 구체화할 만한 실천적 토대와의 연결을 완강히 거부하였다. “난 개하구 무식한 사람하구가 제일 무서워. 대체로 경우가 없단 말이야”라고 이무영에게 말한 데서 드러나듯이 그는 철저히 자기 개인 안에 폐쇄된 정신적 귀족주의자였다. 요컨대 그에게 있어서 민중은 공포와 경멸의 대상일지언정 결코 신뢰의 대상이 아니었다. 「선량하고 싶던 날」이란 작품은 ‘내’가 교외에서 시내로 들어오는 차 안에서 본 사람들을 스케치한 소품인데, 거기서도 ‘나’는 “그따위 인간들을 데리고 친절히 굴며 상냥히 해선 무얼 하느냐고, 버럭버럭 반감이 인다. … 모두가 삐뚤어진 얼굴, 일그러진 얼굴, 애꾸, 곰보 … 불쌍한 놈들인 것만 같아 보이는 것이다”고 서술하고 있다. 「소망(少妄)」의 주인공은 더운 여름날 좁은 건넌방에만 꼼짝 않고 처박혀 지내는 자신에게 아내가 좀 시원한 데로 나오라고 지청구를 하자 “그만 입다물지 못해 ? 이 하등동물같으니라고” 하고 소리를 버럭 지른다. 인간과 역사에 대한 그의 극단적인 부정적 관점을 보여주는 또하나의 작품은 1936년에 씌어져 『문장』에 발표하려다가 검열로 전문이 삭제된 희곡 「심봉사」일 것이다. 심봉사가 눈을 뜨게 된 것은 「심청전」과 같으나, 작가는 여기에 충격적인 한 장면을 덧붙이고 있다. 즉, 심봉사는 자기 딸이 살아 있는 줄 알고 눈을 뜨게 되었으나, 실은 심청이는 물에 빠져 죽었고 궁녀인 김씨가

214

심청이를 대신했다는 사실을 알자 그는 스스로 손가락으로 눈을 찔러 다시 봉사가 되는 것이다.

심봉사: (자기 손가락으로 두 눈을 칵 찌르면서 엎드러진다) 아이구 이놈의 눈 구먹! 딸을 잡어먹은 놈의 눈구먹! 아주 눈알맹이째 빠져바려라. (마디마 디 사무치게 흐느껴 운다) 아이구우 아이구우.

이쯤 되면 비극적이라기보다 일종의 가학취미가 느껴질 정도로 잔인하 다. 『탁류』에서 여주인공 초봉이가 악에 받쳐서 꼽추요 악당인 형보를 마 구 발길질해서 죽이는 장면도 악의 응징에 동반되는 후련한 통쾌감이 느껴 지기보다 거의 자기파괴적인 맹목성과 감정의 충동적 폭발로 느껴진다. 그 것은 바로 채만식 자신이 자기의 문학적 진로 앞을 가로막은 캄캄한 함정 으로 의식하고 경계했던 허무주의에 다름아니다.

그러나 극단적인 부정적 태도와 허무주의는 채만식 문학을 위험하게 만 든 것만은 아니다. 그것은 동시에 그가 현실에 안주하고 체제와 타협하는 것을 막아주는 방파제이기도 했고 자기 시대의 핵심적 문제성으로 그를 끊 임없이 몰아내는 검은 동력이기도 했다. 그랬기에 그는 1940년 무렵까지도 검열에 걸려 삭제되고 발표가 보류되는 반체제적 작품을 여전히 집필하고 있었던 것이 아닌가.

④ 기록에 의하면 채만식은 개성의 형네 집에서 작품창작에 몰두하는 한 편 형의 금광업을 거들다가 1940년 안양천변의 허름한 집으로 살림을 났고 41년 또는 43년에는 광장리(廣壯里, 광나루)로 이사했다가 45년 1월 부친 이 별세한 후 그해 4월 고향으로 낙향한 것으로 되어 있다. 이 무렵의 그 의 생활은 「명일(明日)」「집」「소망」「삽화」「레디메이드 인생」 등의 작품 들에 반영되어 있다. 그런데 여기서 우리의 주목을 끄는 것은 그가 일제 말 친일문인의 대열에 끼게 된 사실이다. 이것은 지금까지 살펴보았듯이 그의 문학적 지향과도 거리가 멀고 그의 개인적 성향에도 맞지 않는 일이 었다. 친일이든 그와 반대되는 것이든 그는 일체의 집단적인 행동을 기피

하고 불신해 왔던 것이다. 그렇다면 그의 극단적 개인주의는 어떻게 최악의 전체주의 앞에 굴복하고 말았던가. 전체주의의 폭력 앞에서 굴복하는 개인주의란 대체 어떤 개인주의인가. 일제 말 채만식의 문학과 인간은 이런 문제에 대한 쓰라린 답안으로서 제시되며 우리에게 교훈을 준다. 해방 후의 자전적 중편 「민족의 죄인」은 일제 식민주의의 폭압에 대한 그의 굴복과 해방후의 식민지 잔재 청산문제에 대한 자신의 태도를 보여주는 흥미있는 작품이다. 이 작품에 의하면 채만식은 1938년 3월 말경 문학청년들의 불온한 독서회를 배후에서 지도했다는 혐의로 경찰서 유치장에 갇히는 몸이 된다. 당치도 않은 일이라 혐의를 부인했지만 "없는 죄를 자백하고 가서 징역을 사느냐 경찰서 유치장에서 장차 얼마일지를 모를 세월을 썩느냐 두 가지 중에서 하나를 택일하여야" 할 곤경에서 벗어날 수 없게 된다. 이때 그를 구해준 것은 당시 조선문인협회에서 날아온 한 장의 엽서였다. 일본인 형사와 채만식은 이런 말을 주고받는다.

"조선문인협회라구 하는 것이 있나?"
"있습니다."
"무엇하는 단첸구?"
"조선사람 문인들이 모여서 문학으루 나랏일을 도웁자는 것입니다."
"어떤 반연으로 생긴 단첸가?"
"총독부와 민간의 유력한 내지인들이 서둘러 주었습니다."
"회원은 전부 센징이겠지?"
"찬조회원이나 명예회원은 내지인이 많습니다."
"조선문인협회에서 북지 방면으루 황군위문대를 파견한다구?"
"그렇습니다."
"이것이 그 통첩인가?"
그러면서 한 장의 엽서편지를 내놓았다. (중략)
"이번 사건이 그대들은 암만 그렇게 부인을 해도 증거가 역력히 있고 하니깐 성립을 시키자면 충분히 시킬 수가 있단 말야 응?"
"네."
"그렇지만 첫째는 고의로 그런 것이 아니라 무의식중에 그렇게 된 모양 같고, 또 일변 조사를 한 결과 그대는 조선문인협회의 회원으로 대단히 열심이 있는 사람이 판명이 되었고 해서 이번 일은 특별히 용서를 하는 것이니 응?"

이렇게 해서 풀려나온 그는 약간의 친일적인 글을 쓰기도 하고 시찰단이니 위문단이니 하는 데에 끼여 만주에도 다녀왔다. 안수길이 채만식을 처음 만난 것은 1942년 12월 말경 이석훈(李石薰)이 단장이 된 시찰단의 일원으로 이무영·정인택(鄭人澤)·정비석 등과 함께 만주에 갔을 때로서, 안수길에 의하면 그때 채만식은 웃지도 않고 말도 없이 묵묵히 따라다니기만 했다고 한다. 거기 다녀와서 『매일신보』(1943. 2. 17~24)에 쓴 글이 「간도행」인데, 이밖에도 그는 같은 지면에 「대륙경륜의 장도(壯圖), 그 세계사적 의의」「시대를 배경하는 문학」「홍대하옵신 성은(聖恩)」「영예의 유가족 방문기」따위의 잡문들을 썼다.

그러나 이러한 행각은 그의 체질에도 맞지 않았을뿐더러 그의 예민한 신경으로 견딜 수 있는 것도 아니었다. 그는 일본의 패망을 분명히 예견하였다. 그 다음에 올 사태는 엄청난 혼란과 무자비한 살육일 것으로 생각되었다. 이에 대한 두려움과 '대일협력의 수렁으로부터 도피'하기 위하여 그는 1944년 4월 광나루 집을 헐값에 팔고 세간도 단출하게 정리하여 낙향을 했다. 고향 집에는 부친이 몇달 전 작고하고 팔십이 넘은 노모와 육십이 다 된 맏형 내외가 있었다. 딴 형제들은 광산업이다 뭐다 해서 대부분 떠나고 맏형 명식(明植)만이 부모를 모시고 가업인 농사를 지키고 있는 터였다. 여기에 채만식이 감씨 부인과 어린 남매를 데리고 내려온 것이다. 그는 매문(賣文)을 집어치우고 농사를 지을 작정이었다. 그러나 일찍이 해보지 않던 일이라 서투르고 몹시 힘에 겨웠다. 일쑤 코피를 쏟았고 가끔 몸살이 나서 앓기도 하였다. 몸이 고단한 것보다 더 견디기 힘든 것은 배고픔이었다. 조반은 뜨는 둥 마는 둥이고 점심은 거르는 날이 많았다. 늦봄 초여름의 기나긴 해를 "허리띠 졸라매어 가면서 땅을 파고 풀을 뽑고 하노라면 석양 때에는 깜빡 현기증이 나곤 하였다."

채만식의 농사일은 오래가지 않았다. 낙향한 지 다섯달 만에 8·15를 맞이했던 것이다. 그는 벅찬 희망을 품고 서울로 이사하여 서대문구 충정로에 자리잡았다. 그러나 해방후의 현실은 채만식의 기대와 거리가 멀었다. 친일파가 다시 득세하고 모리배와 사기꾼들이 날치는가 하면 물가는 천정 모르고 뛰어올랐다. '친일협력'이라는 죄의 낙인을 가진 채만식으로서는 설 자리를 찾을 수 없었다. 그리하여 그는 해방 이듬해 다시 고향 임피로 낙 향했고, 1947년 모친이 별세한 뒤에는 이리시 고현동(古縣洞)의 셋째형 준 식(俊植)의 집으로 옮겼다.

극심한 경제적 핍박과 이미 그의 몸을 침식하기 시작한 폐결핵 속에서도 채만식은 마지막 문학적 야심을 불태우고 있었다. 해방후 그의 문학적 관 심은 크게 두 방면으로 갈라지는데, 첫째는 「맹(孟)순사」 「역로(歷路)」 「미스터 방(方)」 「논 이야기」 「도야지」 「소년은 자란다」처럼 도착된 현실 을 비판적으로 풍자하면서 새로운 희망의 가능성을 암중모색하는 작업이고 둘째는 『허생전』『옥랑사』처럼 역사 속에서 불행의 원천을 추적하는 작업 이었다.

그러나 이제 서서히 채만식에게는 피할 수 없는 한계가 다가오고 있었 다. 1950년 봄 이리시 마동(馬洞)으로 이사했는데, 이 무렵 그는 겹치는 환난으로 심신이 피폐할 대로 피폐해져 있었다. 부모가 차례로 별세했고, 맏아들 무열이 장질부사를 앓다가 치료도 제대로 못 받고 병사했으며, 그 자신 폐결핵으로 점점 죽음을 향해 가고 있었다. 이 무렵 기막힌 얘기가 있다. 원래 채만식은 넉넉한 집안에서 자랐고 까다로운 성질에 결벽증이 있었으므로 끼니를 때우기 힘든 가난중에도 외출시에는 늘 단정한 복장을 하였다. 양복을 팔아서라도 약값에 보태었으면 하는 생각이 없지 않았으나 결국 그러지를 못하였다. 죽음에 임박하여 그는 차남 계열에게 유언 삼아 이런 탄식을 남겼다고 한다.

외투, 동복, 두 벌의 춘추복은 사후(死後)에나마 생색이 있도록 팔아서 장 비와 생활의 기반을 만드는 비용으로 쓰도록 하라. 작년에 이것들을 팔아서 마이신을 맞고자 하는 생각을 했었지만 미련으로 결행치 못했던 것인데, 만일 그때 그것을 팔아서 마이신 한 2,30병이라도 맞았더라면 병이 이렇도록 급히 악화되어 오늘의 이 지경에 이르지 아니하였을지도 몰랐다고 생각할 때 기가 막히는 몇 벌의 양복이다.

그의 가난을 증언해주는 또하나의 유명한 얘기가 있다. 다음은 채만식의
만년에 그를 가까이 따랐던 고향의 후배 장영창에게 보낸 편지의 한 구절
이다.

장군, 인편이 허락하는 대로 원고지 20권만 보내주오. 내가 건강이 좋아져
서 글이라도 쓰려고 하는 것같이 생각할는지 모르지만, 사실은 그렇지 않네.
나는 일평생을 두고 원고지를 풍부하게 가져본 일이 없네. 이제 임종의 어느
예감을 느끼게 되는 나로서는 죽을 때나마 한번 머리 옆에다 원고용지를 수북
이 놓아보고 싶은걸세.

그의 이 마지막 소망이 이루어졌는지 어쩐지는 알 길이 없다. 어떻든 그
는 6·25가 일어나기 두 주일 전 48번째의 생일을 엿새 앞둔 6월 11일 오
전 11시 반 힘들고 고단한 생애를 끝냈다. 그리고 백릉(白菱) 또는 채옹
(采翁)이라는 호 중에서 백릉이라는 호가 씌어진 묘비 뒤에 묻혔다. 물론
그가 민족의 정신적 자산 위에 보탠 최대의 유산은 300편이 넘는 장편, 단
편, 희곡, 평론, 수필 등 작품들로서, 그것은 식민지시대와 분단시대를 괴
롭게 살아간 한 예민한 지성의 증언으로서 길이 남을 것이다.

<1985>

2. 비판정신과 허무주의
—— 채만식의 단편소설들

채만식은 1924년 12월 『조선문단』에 단편소설 「세 길로」가 추천됨으로써
문단에 등장하였다. 이 작품에 앞서 그는 「황금원」 「과도기」 같은 두어 편
의 습작을 시도한 것으로 알려지고 있다. 이 작품들은 후일 유고로서 활자
화되었다. 어떻든 「세 길로」는 채만식의 이름을 우리 문학사 안에 공식적

으로 등록시킨 첫 작품이다.

이 작품으로부터 「레디메이드 인생」이 발표되기까지의 10년간을 우리는 채만식 문학의 제1단계라고 부를 수 있을 것이다. 이 무렵 그는 신문사나 잡지사에 취직하여 가난한 기자생활을 하면서 틈틈이 작품들을 발표하였다.

「부촌」처럼 궁핍화해가는 농민현실을 증언한 작품도 있고 「산적」처럼 가난한 소시민생활의 한 단면을 유머러스하게 그린 작품도 있으나, 이 제1기의 채만식 문학은 아직 어떤 뚜렷한 자기 세계를 확립하기 이전의 모색과정을 보여준다고 하겠다. 이런 초기작들 중에서 「세 길로」 「불효자식」 「부촌」 등 세 편을 살펴보고자 하며, 특히 「불효자식」은 치밀한 묘사와 따뜻한 인간애를 결합한 초기의 대표작이라 할 만하다.

대략 1930년대 중엽부터 40년대 초까지 채만식은 본격적인 왕성한 창작활동에 들어간다. 이 무렵 일본 제국주의는 만주사변과 중일전쟁을 일으켜 노골적인 군국주의 침략에 나섰고 국내적으로도 카프의 검거와 해체에서 볼 수 있듯이 탄압정책을 더욱 강화하였다. 그러나 문학적으로는 제한된 테두리 안에서나마 아직 일정한 표현의 자유가 허용되고 있었으므로 다수의 시인·작가들이 활기있는 작업을 진행할 수 있었고, 그리하여 식민지문단은 그 나름의 융성기를 맞이하는 듯이 보였다. 채만식의 문학 역시 이러한 30년대적 분위기 속에서 이루어졌음은 물론이다. 그리고 그의 소설은 30년대의 우리 문학이 산출해낸 가장 뛰어난 업적의 하나이다.

여기서 우리는 1930년대라는 시대가 어떤 시대인지에 대해 잠시 살펴볼 필요가 있다. 세계사적으로 30년대는 제국주의 국가들간의 패권다툼인 1차대전이 종결되고 그 수습과정에서 성립된 일련의 형식적 민주주의 체제가 20년대 말의 경제대공황에 의해 그 약체성과 허구성을 여지없이 드러낸 기간이다. 그리하여 세계 도처에서 반동적 강권체제가 득세하기 시작하였다. 이딸리아에서는 무쏠리니의 파시스트가 정권을 잡았고 독일에서는 바이마르공화국의 민주체제가 와해되었으며 스페인에서는 프랑꼬의 군사독재가 승리를 거두었다. 일본에서는 소위 타이쇼오(大正) 민주주의가 그 짧은 수명을 마치고 군국주의의 길로 들어서게 되었다. 1차대전 이후 독일·러시아·터키 등의 제국 지배에서 독립한 동구권의 공화국들도 대부분 쓰러지거나 파쇼화되어 버렸던 것이다.

이러한 세계사적 조건 속에서 우리 국토와 민중은 더욱 가혹한 식민지 지배 밑에 신음하게 되었다. 전쟁이 만주에서 중국대륙으로 다시 태평양 전체로 확대되어감에 따라 우리는 일제 군국주의에 의해 노동과 자원을 약탈당하고 그들의 상품시장이요 병참기지로서 엄청난 희생과 고통을 받지 않을 수 없게 된 것이다. 따라서 식민지 한반도에 대한 일제의 사상통제는 유례없이 삼엄한 것으로 되지 않을 수 없었으며, 그 결과 이 땅에서는 민족의 현실에 대한 일체의 창조적 논의가 억압의 대상으로 되었다. 카프에 대한 1차(1931), 2차(1934)의 검거사건 및 그 해체(1935)는 바로 문학으로부터 이념적·정치적·사회적 문제의식의 추방과정, 즉 30년대적 문학의 출산과정을 의미하는 것이었다고 할 수 있다. 20년대에 있어서만 하더라도 문학자는 아직 서구적 의미에서의 순수한 예술가가 아니었다. 이광수나 김동인은 그들의 극히 상반된 체질에도 불구하고 직업적인 소설가라기보다 이 이상의 무엇인가를 지향했다. 민족지사요 계몽적 논설가임을 자처한 이광수의 경우는 두말할 필요도 없는 노릇이지만, 예술지상주의적 경향의 세례를 받은 김동인조차도 그의 작업은 일종의 사회·문화운동적 범주에서 이루어졌다고 볼 수 있다. 그러나 이제 30년대적 상황 속에서 문인은 서서히 사회운동적 맥락을 상실하여 관심의 축소를 감수하지 않을 수 없게 된다. 다시 말해 30년대에 있어서 문인은 소시민적 직업인의 하나요 문학작품은 그런 직업인에 의해 생산된 수공예품처럼 되어버리는 것이다.

그러나 물론 30년대의 우리 문학이 오직 이런 후퇴만을 강요당했다고 보는 것은 일방적인 관찰이다. 매우 역설적인 뜻에서이긴 하지만 이 시대에 있어 일제 식민지 지배자에 의해 강요된 정론성(政論性)의 제약은 예술적 형상화를 위한 수련의 기회를 제공했다고도 볼 수 있는 것이다. 이런 점에서 채만식을 비롯한 이태준·김유정·박태원·현덕·김동리·김정한 등 일련의 작가들이 거둔 문학적 성과는 정치적 후퇴에 대한 예술적 보상이라고 할 수 있다. 특히 채만식은 식민지적 조건이 만들어낸 전형적인 여러 현실들, 즉 봉건주의적 잔재의 광범한 온존, 식민지적 자본주의화에 따른 농민의 궁핍화와 노동계급의 성장, 식민지 교육에 의한 소시민적 지식인의 산출과 그들의 실직(失職)문제, 사회운동의 좌절과 그에 따른 인격적 파탄 등 당대의 여러 현실문제들에 누구보다 심각하게 대결하고자 하였다. '풍자작가'라고 하는 채만식에 늘 따라다니는 호칭은 바로 이러한 시대적 현실에 대한 그의 고민을 반영하는 것이다. 이 무렵의 그의 문학은 『탁류』 『태평천하』 같은 장편소설로 대표된다고 보아야겠지만, 이 자리에서는 「레디메이드 인생」 「치숙」 「패배자의 무덤」 세 편을 고찰하는 것으로 대신하고자 한다.

채만식 문학의 제3기는 8·15 해방부터 6·25 두 주일 전 작고하기까지의 5년간이다. 너무나 잘 아는 바와 같이 8·15는 이 땅에서 일제 식민지 통치체제를 철폐하였다. 그러나 그것이 진정한 의미의 해방, 즉 자주적이고 통일된 민족국가의 수립을 결과하지는 못하였다. 국토는 남북으로 분단되고 사회의 혼란은 심각한 지경에 이르렀으며 이 틈을 타고 온갖 부정과 부조리가 횡행하였다. 무엇보다도 근본적인 것은 일제 식민지 잔재를 숙청하여 민족정기를 바로잡는 일이었는데, 이승만 단독정권의 성립과정은 바로 이러한 민족사적 과업의 부정과 기피를 뜻하는 것이었다. 해방후의 이러한 현실은 채만식으로 하여금 더욱 낙담과 실의에 빠지게 했던 것 같다. 그리하여 그는 자기 자신을 포함한 세태 전체에 대하여 날카로운 비판을 가하고 풍자와 야유를 퍼부었다. 비판적 리얼리스트로서의 채만식의 면모는 해방후의 작품들에서 훨씬 예리한 공격성을 띤다. 그러나 동시에 간과할 수 없는 사실은 그러한 공격의 실천적 근거, 즉 미래에 대한 아무런 낙관적 전망도 갖지 못한 데서 오는 일종의 패배주의가 그의 문학에 깔려 있다는 점이다. 「맹(孟)순사」 「논 이야기」 「도야지」 「민족의 죄인」 같은 작품들에서 보이듯이 채만식은 해방후 한국사회의 현실을 누구보다 깊이있게 관찰하고 포괄적으로 형상화하였다. 이제 이 작품들을 차례로 검토해보기로 하자.

「세 길로」

이 작품은 습작중편 「과도기」를 제외하면 채만식의 첫번째 소설로서 분량도 많지 않은 소품이다. 『조선문단』 1924년 12월호(제3호)에 이광수의 추천으로 발표되었다. 대강의 줄거리는 다음과 같다.

기차가 플랫폼에 들어서자 주인공 화자인 나는 넓은 자리를 잡으려고 맨 뒤의 찻간에 오른다. 들어설 때부터 하얀 블라우스를 입은 한 여학생이 눈에 띄는데, 그녀는 그 찻간에 탄 여러 사람들의 호기심과 선망의 시선을 받으며 자기 어머니와 마주앉아 있다. 한가하게 스쳐지나가는 바깥 경치를 보면서도 나는 맞은편에 건너다보이는 그 여학생 쪽으로 줄곧 신경이 간다. 그런데 앞자리의 학생인 듯한 젊은 사내 하나가 역시 야릇한 눈길로 그녀를 바라보거나 자리를 옮기는 척하며 수작을 부리려고 한다. 나는 그녀의 시선과 마주치면 내심 매우 기쁘면서도 겉으로는 무심한 듯이 고개를 돌린다. 그러나 그 젊은 사내는 그녀의 어머니로 인해 그녀와 말하는 기회를 얻게 되고, 호남선에서 경부선으로 갈아타면서 아예 그녀 어머니 옆으로 자리를 옮겨간다. 이제 혼자 떨어져 앉게 된 나는 그녀의 시선조차 왠지 차갑게 느껴지고 그 사내에게 더 친밀한 듯이 생각되어 몹시 서운하고 쓸쓸해진다. 저물어가는 저녁녘, 남대문 정거장(지금의 서울역)의 혼잡한 개찰구를 빠져나오자 그 여학생은 자기 어머니와 함께 인력거를 타고 남대문 쪽으로 가버린다. 급히 뒤쫓아오던 그 사내는 인력거 뒤만 멍하니 바라보다가 동행인 중학생과 함께 마차를 타고 서대문 쪽으로 간다. 나는 혼자 전차를 타고 용산으로 간다. 이렇게 각각 세 길로 나뉘어 헤어지는 것이다. 이튿날 나는 전날의 그 사내와 거리에서 우연히 마주쳤는데, 두 사람은 단지 의미있는 미소를 빙그레 주고받으며 서로 지나쳤다.

이상의 내용에서 알 수 있듯이 이 작품은 기차칸에서 한 여학생을 사이에 둔 두 젊은이의 심리적 추이를 소묘한 매우 단순한 구도의 소설이다. 참고로 이 작품을 추천한 이광수의 평을 소개하면 다음과 같다. "채만식군의 「세 길로」는 기차 속의 광경을 그린 것인데, 재료의 취사며 심리의 묘사가 심히 익숙하게 되었다. 이렇게 평범한 재료를 취해 가지고 그만큼 재미있게, 그만큼 깊게 사람의 부끄러운 약점을 그려낸 것은 칭찬할 솜씨라고 아니할 수 없다. 다만 주인공을 가끔 억지로 변호하는 태도가 보이는 것이 불만이다. 말하자면 작자가 객관화한 정도가 좀 부족한 것을 불만히 여긴다. 또 한가지 불만은 작자가 한번 더 이 소설을 고치었더라면 좀더 간결하게 따라서 힘있게 되었을 것을 함이다.”

이 작품의 뛰어난 심리묘사를 지적한 이광수의 평은 정곡을 찌른 듯하다. 왜냐하면 이 작품은 거의 꽁뜨에 가까운 짧은 길이의 단순구조임에도 불구하고 결코 도식적인 서술에 흐르지 않고 인간성의 양면을 드러내고자 했던 것이다. 그런 점에서 이 소설은 채만식의 작가적 재능을 일찍이 보여준 예라고 할 수 있다.

그러나 이 작품은 채만식 문학의 본령이라고 할 사회적 관심을 결하고 있다. 분명히 이 작품에 나오는 기차는 작자의 고향인 군산이나 이리에서 대전을 거쳐 서울까지 오는 1920년대 초의 기차인데, 그 안에 타고 있는 사람들의 모습을 통한 그 시대 특유의 사회적 풍경이 거의 그려지지 않는다. 있는 것은 다만 소심하고 이중적인 한 젊은이의 무기력한 심리세계뿐이다. 이 점에서도 이 작품은 그야말로 하나의 습작이라 보는 것이 타당할 듯하다.

물론 작가는 어떤 종류의 인물이라도 소설 안에 등장시킬 수 있다. 따라서 소심하고 내성적인 인간의 심리세계도 당연히 묘사의 대상이 될 수 있다. 오히려 그러한 인간의 내면세계를 철저하게 분석함으로써 그 인간이 속한 시대와 사회의 폐쇄적이고 억압적인 성격을 드러낼 수도 있다. 이런 점에서 객관화의 정도가 부족하다는 이광수의 지적은 정확하다. 그러나 간결하게 압축함으로써 객관화에 도달할 수 있으리라는 이광수의 처방은 그다지 믿음직스럽지 못하다. 왜냐하면 이 작품은 두 사내와 한 여자 사이의 심리적 추이를 1인칭 화자의 시점에서 전달하는 구조, 즉 기본적으로 통속소설적 구조를 가지고 있으므로, 간결하게 압축된다면 그 통속성이 더욱 전면에 부각될 것이기 때문이다.

「불효자식」

1925년 7월호 『조선문단』에 활자화된 채만식의 두번째 발표작이다. 이 작품은 고향 친구인 칠복이가 마약(아편)에 중독되어 인격적인 황폐화에 이르고 마침내 절도와 사기죄로 감옥에 가게 되는 과정을 1인칭 화자의 시점으로 차분하게 그려 보여주고 있다. 너무나도 실감있게 묘사되었기 때문에 작품합평회의 자리에서 김동인은 작자 자신이 아편쟁이일 것이라는 웃지 못할 추측을 하기도 하였다. 어떻든 그만큼 이 작품에서도 작가 채만식의 뛰어난 묘사능력이 발휘되고 있다.

이 작품은 전작인 「세 길로」에 비하여 초기 채만식의 공통된 취약성을 보이는 측면과 함께 그보다 한걸음 전진된 문학적 성취를 이루어낸 측면으로 나누어 살펴볼 수 있다. 이러한 면들을 분석적으로 검토해보자.

우선 두 작품은 1인칭 화자에 의해서 사건과 인물이 전달되고 있다는 점에 공통된다. 그러나 「세 길로」는 1인칭 시점이 등장인물들 사이의 심리적 갈등을 철저히 주관화하는 기능으로 작용하고 있음에 비하여, 「불효자식」은 시점의 제한성에도 불구하고 일정한 객관적 상황을 전달하는 데 성공하고 있다. 「세 길로」가 심리적 추이의 한 단면을 단선적으로 극화한 것임에 비하여, 「불효자식」은 주인공인 칠복이와 화자인 나 사이의 심리적 관계를 추적하기보다 칠복이라는 인물 자체의 객관화를 겨냥하고 있다. 따라서 「세 길로」에서 내가 주인공이자 화자라면 「불효자식」에서의 나는 단순한 관찰자이자 전달자에 가깝다. 그렇기 때문에 「불효자식」의 경우 독자의 관심은 결국 칠복이라는 인물이 얼마나 흥미있는 존재인가 또 전형적인 존재인가에 집중되게 된다. 물론 그럼에도 불구하고 이 작품은 일정한 한계에 의해 제약된다. 왜냐하면 독자는 어쩔 수 없이 화자의 눈에 띈 칠복이만을 보기 때문이다. 즉, 세속적 더러움에 오염되지는 않았으나 동시에 사회현실을 원숙한 관점에서 제대로 파악하지 못하는 미숙한 존재로서의 나의 시점을 통해서만 칠복이는 묘사되는 것이다. 감옥에서 나온 칠복이에게 나는 나이가 더 어리면서도 자못 어른스러운 훈계를 던지기도 한다. 그러나 이 나의 말이 비록 그럴듯한 도덕성을 지니고 있다 하더라도 칠복이가 처한 객관적 현실상황을 충분히 이해한 뒤에 발해진 것이라고는 믿기 어렵다. 따라서 독자들로서는 부모가 보내주는 학비로 별다른 걱정 없이 학교에 다니는 화자보다 아편에 중독되어 거짓말과 도둑질을 떡먹듯이 해대는 칠복이에게 무엇인가 훨씬 더 절실한 문제성이 내재되어 있으리라고 예감하게 되는 것이다. 물론 한 인간으로서 칠복이의 사회적 대응방식이 철저히 부정적이라는 것은 두말할 나위가 없다. 그러나 그의 이러한 인격적 파산상태는 분명히 일정한 사회적 관련의 산물이라고 보아야 하는데, 바로 그 점을 드러내는 매개적 존재로서의 화자가 매우 미숙한 의식의 소유자인 것이다. 여기에 채만식의 초기문학이 극복해야 할 문제점이 있다고 할 수 있다.

작품 「불효자식」에서 인물이 객관적 설득력을 갖도록 형상화하는 데에 충분한 성공을 거두지 못한 사실은 다른 측면에서도 설명된다. 주인공 칠복이는 두번 감옥에 들어간다. 처음에는 모르핀 중독자요 절도범으로서, 그리고 다음에는 절도와 사기범으로서 옥살이를 한다. 이 작품은 칠복이가 처음 감옥에 들어가 있을 때 옥바라지를 하러 상경한 그의 어머니를 우연히 내가 만나는 데서 시작한다. 첫번째 출옥 후 칠복이는 자기 어머니의 간절한 보살핌과 주위의 설득으로 잠시 동안 개심하는 듯하다가 더욱 걷잡을 수 없이 악의 구렁텅이로 빠져든다. 생각해보면 돈도 교육도 없는 농촌 출신의 한 젊은이가 이처럼 타락과 자기부정의 길을 걸어가는 것은 결코 바람직하지는 않으나 능히 그럴 수 있는 일이라 여겨진다. 다만 문제는 그의 타락이 어떤 개인적 도덕성의 결여에서 결과된 것인지 아니면 좀더 심층적인 사회사적 필연성의 반영인지를 옳게 분별해내는 데에 있다. 1920년대의 채만식은 이 점에서 명확한 인식을 가지고 있지 못했기 때문에 작자 자신의 분신이라 짐작되는 ‘나’의 시점을 선택하지 않을 수 없었던 것 같다. 따라서 작품의 결말에 이르러 칠복이는 “우연히 마음을 고쳐” 새 사람이 되어 결혼을 하고 어머니를 모시고 안락하게 살아가는 것으로 된다. 물론 그럴 수 있는 개연성이 아주 없는 것은 아니다. 또, 불행한 어머니와 칠복이가 가정적 안락함을 얻은 것이 그것 자체로서 좋은 일이기는 하다. 그러나 한 인간에게 있어 타락과 자기부정에 빠지는 것이 그럴 수밖에 없는 필연성의 결과라면 그것으로부터 벗어나는 것도 그럴 만한 현실적 이유가 주어져야 한다. “우연히 마음을 고쳐”먹기에 따라서 인간의 삶이 결정된다는 것은 세상을 웬만큼 살아본 사람이라면 결코 수긍할 수 없을 것이다.

이러한 취약점에도 불구하고 소설 「불효자식」은 그 시대 우리 사회의 한 모습을 담고 있다. 「세 길로」 같은 작품에 비하여 특히 감동을 주고 문학적으로 성공적이라 생각되는 부분은 칠복이 어머니인 최씨부인의 묘사이다. 일찍이 양반집 부인으로 부귀와 영화를 누리다가 이제 철저히 몰락한 가정의 늙은이로서 아들을 감옥에 보내고 옥바라지를 위해 고향사람네 집에 잠시 몸을 의탁하고 있는 최씨부인은 불행한 시대를 사는 한 인간으로서 훌륭하게 전형화되어 있다. 칠복이가 두번째 징역살이를 들어갔을 때 억장이 무너지는 듯한 다음과 같은 어머니의 부르짖음은 처절한 비극성마저 띠고 있으며, 작품이 여기서 끝났더라면 오히려 훨씬 강렬한 인상을 독자에게 남겼을 것이다.

봄은 돌아왔다. 대자연은 자애의 옷을 입고 곱게 곱게 너그러이 춤추는 밑에서 모든 생물들도 웃으며 노래부르며 춤을 춘다.
그러나 이러한 것으로도 능히 그 비애를 나누지 못하는지 인왕산 밑에 따로이 한 세상을 벌여가지고 우중충히 섰는 서대문 감옥의 귀먹은 듯이 굳이 닫힌 철문을 야윈 두 주먹으로 힘없이 두드리며 "칠복아…… 칠복아!"라고 구슬피 부르짖으며 애달피도 우는 늙은 부인이 있었다. 바로 그 감옥 속에서 또 다시 누렁옷 입고 쇠사슬에 얽매여 아편에 주려서 빈사의 지경에 이르른 칠복은 이 소리를 듣는지 못 듣는지!

「富村」

이 작품은 1932년 7월 『신동아』에 발표되었다. 대단히 역설적인 제목의 이 작품은 다음의 두 가지 측면에서 주목받을 수 있다. 즉 첫째, 작자 스스로 '대화소설(對話小說)'이라 칭한 그 특이한 형식이 검토되어야 한다. 둘째, 식민지하 농촌의 몰락과 농민적 저항을 그린 점에서 농민작가로서의 채만식이 좀더 본격적으로 거론될 필요가 있다.
우선 이 작품의 형식에 대해서 살펴보자. 작품의 말미에 작자는 "소설도 아니요, 희곡도 아니요, 시나리오도 물론 아니요, 라디오 드라마…… 라고도 하기 어려운 이것을 … 대화소설이라고" 한다는 부언을 첨기하고 있다. 한편 1940년에 발표한 희곡 「당랑의 전설」 말미에서도 그는 "반드시 희곡을 쓰고 싶었다느니보다는 제재가 마침 소설로는 불편한 점이 있기로 전험(前驗)에 따라 역시 이 형식을 빌린” 것이라고 말하였다. 대화소설이라고 부르든 희곡이라고 규정짓든, 채만식이 이런 부류에 드는 작품을 무려 28편이나 발표하였다는 사실에 주목하게 된다. 유고로 남겨졌다가 활자화된 「가죽버선」이 1927년에 씌어졌다고 한다면 그의 이 대화형식에 대한 관심은 문학활동의 초기부터 있었음이 확인되며, “본격적인 희곡문학의 범주에 들어갈 작품이 10여 편 정도”라는 유민영 교수의 지적을 보더라도 그가 소설장르에 충분한 만족을 얻지 못했음을 알 수 있다. 이 형식문제와 관련지어서 우리는 다음과 같은 몇가지 질문을 제기해볼 수 있다.

첫째, 무엇이 채만식으로 하여금 때때로 소설장르를 떠나 희곡적 형식을 모색하게 하였는가. 둘째, 왜 채만식은 결국 소설로 돌아오고 말았는가. 마지막으로 「부촌」 같은 작품의 양식상의 의의는 무엇인가. 이런 점들을 이 「부촌」의 분석을 통해 검증해보기로 하자.

이 작품은 짤막짤막한 11개의 장면으로 구성되어 있고, 각 장면들은 열번째를 제외하면 모두 두 사람 사이의 대화로 이루어져 있다. 제1부터 제4까지의 장면은 마름[舍音]이 이 마을의 소작농들인 전서방·박서방·이서방·최서방네 집을 돌며 그 아내들과 나누는 대화이다. 첫째 장면인 ‘전서방의 집에서’를 읽어보면 여기서 무엇이 다루어지고 있는지 쉽게 간파할 수 있다.

사음: 전(全)서방 집에 있나?
안해: 없어요.
사음: 어데 갔어?
안해: 면소(面所)에 갔답니다.
사음: 왜?
안해: 세전을 아니 바친다고 불려갔데요.
사음: 도조[小作料]는 왜 아니 무는 거야?
안해: 바슴[打作]을 해야지요.
사음: 왜 바슴을 아니하고 저렇게 두어두는 거야? 지금이 섣달 그믐인데……

안해: 바슴을 한대야 도조도 못될 텐데 거름값이야 세전이야 농채야 무테기로
　달려들 것을 그 일을 누가 당하라고요.
사음: 그렇지만 멀쩡하게 도조도 아니 물려고 해?
안해: 아니 물랴는 게 아니라 물 게 있어야지요.
사음: 저놈이라도 위선 바슴을 해서 자라는 대로 물고 모자라면 내년에 물든지
　해야지.
안해: 밤낮 도조만 물다가 못살라구요. 정 받으랴거든 손수 와서 바슴을 해가
　랍디다.
사음: 그따위로 뱃심을 부리고 내년에도 논을 부쳐줄 줄 아나?
안해: 밑지는 농사! …… 짓고 싶지도 않수.

　농사를 지어봐야 소작료 내고 기타 비용을 털고 나면 기본적 생계도 유
지하기 어려운 농민적 현실이 간결하고 직선적으로 요약되어 있다. 그런데
이와 똑같은 장면이 다른 소작농들의 집에서도 그대로 되풀이된다. 다만
남편들이 불려간 곳만 바뀔 뿐이다. 그것을 차례로 열거하면 다음과 같다.

(박서방의 집에서)
사음: 어데 갔어?
안해: 금융조합에 갔답니다.
사음: 왜?
안해: 빚을 아니 갚는다고 불려갔데요.

(이서방의 집에서)
사음: 어데 갔어?
안해: 읍에 갔답니다.
사음: 왜?
안해: 거름값〔肥料代〕을 아니 갚는다고 불려갔데요.

(최서방의 집에서)
사음: 어데 갔어?
안해: 읍에 갔데요.

    사음: 왜?
    안해: 학교에 부역(負役) 났다고 갔데요.

　이렇게 글자만 몇개 바꾼 거의 똑같은 장면이 네 번씩 되풀이되는 일은
소설형식에서라면 불가능하다. 전통적인 희곡에서도 흔히 볼 수 있는 것은
아니다. 그렇다고 이러한 되풀이가 무의미하다고 말할 수는 없을 것이다.
분명히 여기서 작자는 일정한 예술적 목표를 노리고 있는데, 그것은 아마
도 기계적 반복에 의한 누가적(累加的) 효과일 것이다. 즉, 그것은 농민적
모순의 전형성을 획득하기 위한 도식이다. 이러한 도식성은 소설적 리얼리
즘에는 커다란 손상으로 작용하겠지만, 이 작품에서는 상당한 희극적 요소
를 동반하는 상황 인식의 수단으로 기능하고 있다. 그것은 마치 채플린 영
화에서, 또는 우리의 탈춤에서 도식화되고 정형화된 동작이나 대사가 뛰어
난 풍자효과를 거두는 것에 비견될 만하다. 그러니까 그것은 전통적인 사
실주의 연극과도 크게 거리가 있는 것임을 알 수 있다. 따라서 1930년 전
후의 시기에 있어 채만식의 현실인식은 소설적 총체성이나 희곡적 갈등구
조를 감당할 만큼의 깊이와 원숙성을 확보하지 못했다고 판단되며, 그러면
서도 그가 얻어낸 식민지적 현실의 단면에 대한 예리한 통찰은 일정한 자
기형식에의 요구를 강력하게 함축하고 있었다. 탈춤이나 마당극 같은 형식
은 아직 그에게 알려져 있지 않았다. 이렇게 보아올 때 「부촌」 같은 작품
의 어중간한 문학양식은 소설과 희곡 양자 사이에서 채만식의 선택보류의
결과이며 아울러 그의 현실인식의 단편성을 반영하는 것이라 할 수 있다.
　채만식은 1941년 「대낮의 주막집」을 끝으로 하여 희곡형식에 대한 짝사
랑을 종결짓는다. 『조광(朝光)』 1939년 1월호에 발표한 수필 「극연좌(劇研
座)에의 부탁」을 읽어보면 그가 연극에 대한 관심도 적잖이 가지고 있었고
본격적인 희곡을 쓰고 싶은 욕심도 얼마간 있었던 것으로 짐작된다. 그러
나 그는 자신의 말대로 당시의 현실적 여건이나 무대조건으로 보아 무대에
올리기 힘든 작품만 썼고, "실상 또 상연을 위한 극본을 쓰느라고 희곡을
쓴 것이 아니라 소설을 쓰는 데 불편한 놈이거드면 희곡의 형식을 잠깐 빌
려"왔을 뿐이었던 것이다. 요컨대 그의 문학적 관심은 오직 소설에 있었고

희곡은 소재의 특수성 때문에 이루어진 일종의 형식적 외도였던 셈이다.

작품 「부촌」이 지닌 또하나의 문제성은 그것이 식민지하의 농민현실에 대한 채만식의 날카로운 인식을 보여준다는 점이다. 이 작품이 발표된 1930년대 초로 말하면 비록 일본 제국주의의 정책적 필요에 따라 얼마간의 공업화가 진행되고 있었으나 그것은 일본 자본주의의 한 주변적 존재에 불과했다. 따라서 여전히 국민의 절대다수는 농민이요, 농업이 이 땅의 경제에 있어 압도적으로 중요한 부분이었다. 이런 점에서 당대의 사회현실에 치열한 문제의식을 가진 작가 채만식이 농민현실에 관심을 갖는 것은 당연한 귀결이다. 이 방면에서 이루어진 그의 업적을 대충 열거하더라도 「부촌」 이외에 「조그마한 기업가(企業家)」(1931), 「화물자동차」(1931), 「농민의 회계보고」(1932), 「보리방아」(1936), 「동화(童話)」(1938), 「정자나무 있는 삽화」(1939), 「암소를 팔아서」(1931) 및 「논 이야기」(1946) 등 적지 않은 숫자에 달한다. 농촌 및 농민이 중심적으로 다루어지지 않은 다른 작품에서도 농촌현실에 대한 채만식의 강한 의식은 감추어지지 않는 것이다. 농민소설가로서의 채만식에 관해서는 뒤에 「논 이야기」에서 좀더 자세히 살펴보기로 하자.

「레디메이드 인생」

채만식의 단편 가운데 가장 널리 이름이 알려진 이 작품은 『신동아』 1934년 5월호부터 7월호까지 연재로 발표되었다. 이 작품을 통해서 우선 이른바 풍자작가로서의 채만식의 문체와 문학정신을 검토해보고 다음으로 이와 결부하여 일제 식민지하의 지식인을 그가 어떻게 파악했는지 살펴보기로 하자. 우선 이 작품의 대강 줄거리부터 소개하겠다.

주인공 P는 결혼을 해서 아들까지 두었으나 아내와 이혼하고 아들을 시골의 형님집에 맡겨둔 채 홀몸으로 서울에 올라와 무위도식하는 인텔리 출신의 고등실업자이다. 소설은 주인공 P가 어느 신문사 K사장을 찾아가 취직 부탁을 하는 것으로 시작된다. 그러나 "머 어데 빈자리가 있어야지" 하는 심드렁한 대답이 K사장에게서 나올 뿐이다. P가 낙심한 얼굴을 하자 K사장은 도시에서 취직만 하려 들 것이 아니라 농촌으로 돌아가서 문맹퇴치운동을 하든가 생활개선운동 같은 것을 하라고 권유한다. P는 이런 쓸데없는 설교만 듣다가 속으로 투덜거리며 신문사를 나온다. 이런저런 공상을 하며 거리를 배회하다가 셋방 얻어든 곳으로 돌아오자 주인 노파가 편지 한 장을 건네준다. 고향의 형에게서 온 편지인데, P로서는 한숨만 나올 뿐이었다. 방세도 밀리고 밥값도 달랑거리는 실업자 신세인 그에게 형은 맡아 데리고 있던 아들을 올려보내겠다고 하는 것이다. 편지를 박박 찢어버리는 그에게 노파는 방세 채근을 한다. 이때 마침 비슷한 처지의 친구들인 M과 H가 찾아온다. 그들은 세태에 관해 탄식도 하고 농담도 주고받다가 H의 법률서적을 저당잡혀 돈을 마련한다. 그리고는 늦도록 술을 마신 다음 남은 돈으로 유곽에 간다. 거기에서 어린 작부가 P에게 안기며 달라붙어 그를 놓아주지 않는다. P는 그나마 남아 있던 돈을 몽땅 털어주고 도망쳐나온다. 그는 어린 작부를 불쌍하다고 여기면서 그렇게 여기는 자기 자신이 더욱 한심하다고 생각한다. 다음날 P는 그가 잘 알고 있는 어느 인쇄소의 문선과장 A에게 시골에서 올라올 자기 아들을 맡아서 일을 가르쳐달라고 부탁한다. 왜 학교에 보내지 않고 공장일을 배우게 하려느냐고 묻는 그에게 P는 "내가 학교공부를 해본 나머지 그게 못쓰겠으니까 자식은 딴 공부를 시키겠다는 것이지요"라고 궁색한 대답을 한다. 그리하여 그는 어린 아들과 함께 고달픈 새살림을 시작하는 것이다.

이상의 줄거리에서 짐작되듯이 이 작품은 채만식 자신의 자전적 경험에 바탕을 두고 있는 듯하다. 이렇게 볼 수 있는 까닭은 예컨대 첫아들 무열이 「레디메이드 인생」이 씌어질 무렵에 P의 아들 창선이와 마찬가지로 아홉살쯤 되는 나이다. 가난한 인텔리로서 잡지사나 신문사 같은 데서 밥벌이를 한다는 점도 일치한다. 물론 이 작품에 채만식의 실제경험이 얼마나 그대로 투영되어 있느냐 하는 점 자체가 중요한 것은 아니다. 그러나 딴 어느 작품보다도 이 「레디메이드 인생」에 채만식의 현실관, 역사의식, 삶의 태도 등이 적나라하게 드러나 있음을 감지할 수는 있다.

우선 이 작품 전편에 흐르는 주인공 P의 현실인식은 대단히 부정적이고 냉소적인 것임이 쉽게 간파된다. 아마도 이것은 작가 채만식의 현실인식을 거의 그대로 반영한 것이라 여겨지는데, 이러한 부정적·냉소적 시선은 당대 사회의 심층을 좀더 정확히 꿰뚫는 소설적 무기로서 기능하는 측면을 가진다. 가령, 1930년대 초의 소위 농촌계몽운동의 본질을 이 작품은 그지없이 날카롭게 폭로하고 있다. 알려진 바와 같이 1929년부터 전세계를 휩쓴 대공황에 의해 타격을 입은 일본 자본주의는 자신의 필요에 의해 식민지 조선의 농촌경제력을 일정하게 부흥시키는 정책을 시행하게 되었는데, 그것이 바로 1931년 우가끼(宇垣)가 총독으로 부임하여 추진한 농촌진흥운동이라는 것이다. 두말할 것 없이 그것은 일본 경제를 보완하는 차원에서, 그리고 장차의 대륙침략을 위한 식량자원을 확보할 목적에서 입안된 정책이다. 이 무렵 『동아일보』가 대대적으로 벌인 브 나로드 운동 내지 농촌계몽운동은 일제 식민지 당국의 정책적 테두리 안에서 추진된 것이었다고 여겨지는데, 1932년 4월부터 『동아일보』에 연재된 이광수의 『흙』도 그러한 일련의 배경적 사실들과 관련되어 태어난 작품이다. 어떻든 채만식은 주인공 P의 입을 통해 신문사 K사장의 농촌운동론에 내포된 기만성과 허위성을 가차없이 공격한다. K사장과 P는 이렇게 의견을 주고받는다.

"가령 응…… 저…… 문맹퇴치운동도 있지. 농민의 구할은 언문도 모른단 말이야! 그리고 생활개선운동도 좋고…… 헌신적으로."
"헌신적으로요?"
"그렇지…… 할 테면 헌신적으로 해야지."
"무얼 먹고 헌신적으로 그런 사업을 합니까?…… 먹을 것이 있어서 그런 농촌사업이라도 할 신세라면 이렇게 취직을 못해서 애를 쓰겠습니까?"
"허! 그게 안된 생각이야…… 자기가 먹고 살 재산이 있으면서 사회를 위해서 일도 아니하고 번들번들 논다는 것은 그것은 타락된 생각이야."
P는 K사장이 억담을 내세우는 것을 보고 속으로 싱그레 웃었다.
"그렇지만 지금 조선 농촌에서는 문맹퇴치니 생활개선이니 합네 하고 손끝이 하얀 대학이나 전문학교 졸업생들이 몰켜오는 것을 그다지 반겨하기는커녕 머릿살을 앓을 것입니다…… 농민이 우매하다든지 문화가 뒤떨어졌다든지 또 생활이 비참한 것이 근본 원인이 기억 니은을 모른다든가 생활개선을 할 줄 몰라서 그런 것이 아니니까요. 그리고 조선의 지식청년들이 모다 그런 인도주의자가 되여집니까?"

"되면 되지 안될 건 무어야?"
"그건 인도주의란 그것이 한개 공상이니까 그렇겠지요."

K사장이 보기에 농민들이 못사는 것은 그들이 무식하고 게으르기 때문이다. 따라서 농민문제에 대한 그의 해결책은 문맹퇴치운동이고 생활개선운동이다. 식민지적 조건이라는 민족적 현실은 그에게 거의 문제가 아닌 것이다. 이것은 바로 일제 치하에서 신문사 사장 노릇을 하는 사람 즉 자본가의 입장을 반영하는 논리로서, 민족문제에 관련하여 그것은 자치론 내지 실력양성론·민족개조론 따위의 형태로 표출되었다.

반면에 P는 일종의 룸펜 프롤레타리아이며 물질적 기반을 갖지 못한 지식인이다. 그에게 있어 초미의 과제는 우선 자기의 지적 능력에 걸맞는 일자리를 구하는 것이다. 그러니까 그는 신문사에 취직하려는 것이다. 지식노동 이외의 방법으로 생활을 개척한다는 것은 그의 시야에 떠오르지 않는다. 물론 그는 K사장 같은 사람의 논리가 지닌 위선과 기만성을 통렬하게 투시하고 농민문제의 근본적 해결이 무슨 관념적 운동으로부터 주어지는 것이 아니라 객관적인 현실조건 자체의 개혁으로부터, 다시 말하면 식민지체제의 철폐로부터 오는 것임을 알고 있다. 그러나 그는 다만 그것을 알고 있을 뿐이지 지식인적 존재의 차원을 넘어서는 실천적 행동의 단계에 진입하지는 못하는 것이다. 요컨대 그는 비판적 소시민이요 식민지체제가 생산해낸 무기력한 지식인일 뿐이다. 여기서 작가는 구한말의 애국계몽운동으로부터 1930년대에 이르는 역사적 경과 속에서 어떻게 이러한 '뿌리뽑힌 지적 존재'들이 생성되었는지에 관한 사회사적 고찰을 한다.

"배워라. 글을 배워라…… 지식만 있으면 누구나 양반이 되고 잘살 수가 있다."
이러한 정열의 외침이 방방곡곡에서 소스라쳐 일어났다.
신문과 잡지가 붓이 닳도록 향학열을 고취하고 피가 끓는 지사(志士)들이 향촌으로 돌아다니며 삼 촌의 혀를 놀리어 권학(勸學)을 부르짖었다. (중략)
이와같이 조선의 관민이 일치되어 민중의 지식 정도를 높이는 데 전력을 하였다. 즉 그들 관민이 일치하여 계획한 조선의 문화 정도는 급속도로 높아갔다.

그리하여 민중의 지식 보급에 애쓴 보람은 나타났다.

면서기를 공급하고 순사를 공급하고 군청 고원을 공급하고 간이농업학교 출신의 농사개량기수(技手)를 공급하였다.

은행원이 생기고 회사사원이 생기었다. 학교교원이 생기고 교회의 목사가 생기었다.

신문기자가 생기고 잡지기자가 생기었다. 민중의 지식 정도가 높았으니 신문 잡지 독자가 부쩍 늘고 의사와 변호사의 벌이가 윤택하여졌다.

소설가가 원고료를 얻어먹고 미술가가 그림을 팔아먹고 음악가가 광대의 천호(賤號)에서 벗어났다.

인쇄소와 책장사가 세월을 만나고 양복점 구둣방이 늘비하여졌다.

여기서 채만식이 묘사하고 있는 것은 근대적 교양계급 내지 소시민적 중간계층의 역사적 등장이다. 18, 9세기의 서구에서 산업혁명을 통해 봉건체제를 극복하는 과정에서 시민계급 주위에 이러한 지식계급이 형성되었음은 우리가 잘 아는 바이다. 그들은 때로는 시민계급의 이데올로기적 전위로 활동하기도 하고 때로는 봉건귀족의 보살핌을 그리워하며 반(反)시민적 태도를 드러내기도 하였으나, 어떻든 시민사회의 정착이 확고하게 됨에 따라 체제의 일부분으로 그것에 통합되었다. 그러나 우리나라의 경우 산업화는 일본 자본주의의 식민지적 연장(延長) 위에서 추진된 것이었기 때문에 근대적 시민정신과 민족의식을 갖춘 시민계급이 제대로 성장할 수 없었다. 요컨대 우리 사회에서 시민적 분자는 심각한 자기분열을 경험하지 않을 수 없었고, 특히 일제시대 후기로 올수록 식민지체제에 종속됨으로써만 겨우 명맥을 유지할 수 있었다. 따라서 식민지적 왜곡상태의 근대교육이 창출해 낸 지식계층은 자신의 독자적인 경제적 터전을 확보하지 못한 채 극히 협소한 활동영역 안에서 무기력한 존재로 전락하고 말았다. 바로 이것이 1930년대 초에 채만식이 발견한 지식인의 모습이요 동시에 「레디메이드 인생」에 그려진 쓰디쓴 자화상이다.

채만식의 경우 특히 지식인문제가 심각성을 띠고 제기되는 것은 생존의

기반이 식민지적 상부구조에 통합되어 있음에도 불구하고 의식에 있어서의
비판성을 포기하지 못하는 데에 기인한다. 앞에서 살펴보았듯이 채만식의
문학적 분신(分身)들은 식민지체제에 대하여, 그리고 체제의 지배적 구성
요소에 대하여 끊임없는 불만과 공격을 쏟아놓는다. 그러나 그들은 그런
불만과 공격적 심사를 지니고 있음에도 불구하고 신문사에 취직하려고 갔
던 사실에서 나타나듯이 체제 안에 통합되어 있는 생계의 수단을 구할 뿐
이다. "인텔리가 아니 되었으면 차라리…… 노동자가 되었을 것인데……"
따위의 생각을 해보기도 하지만, 그러나 굶으면서도 육체노동에 뛰어들 결
심은 그에게 떠오르지 않는 것이다. 따라서 채만식의 주인공들에게 남아
있는 것은 인텔리로서의 자기존재에 대한 야유와 부정이다. 그리하여 P는
열살도 채 안된 아들의 손목을 끌고 인쇄소로 데리고 가서 공원으로 집어
넣는다. 학교를 다니게 해서 자기의 전철을 밟지는 않도록 하겠다는, 즉
아들을 지식인으로 만들지는 않겠다는 것이다. 물론 이 P의 마지막 결단
은 설득력이 없을뿐더러 정당한 해결책이 아니다. 왜냐하면 가령 아들이
기술을 익혀 숙련노동자가 되었다 하더라도 식민지적 수탈체제가 존속되는
한 아들은 어디 가서 돈을 꾸어올 능력이라도 있는 P 자신보다 결코 더
유리한 생활수단을 갖지 못할 것이기 때문이다.

　이렇게 보아온다면 채만식은 뛰어나게 비판적인 의식을 가지고 당대 사
회의 모순을 보고 그것을 폭로했으나, 모순의 근본적 제거를 위한 아무런
실천적 기반과도 연결되지 못한 고립적 존재였기 때문에 지식인의 자기부
정이라는 온당치 못한 결론에 이르렀고 그 자신의 말대로 '허무주의'를 극
복하지 못하였다. 아마도 이것이 채만식 문학의 치명적 한계일 것이라고
생각되는데, 그러나 그는 그 한계 안에서나마 최대한의 비판적 화살을 당
대의 식민지사회에 쏘아대곤 하였다.

「痴叔」

　1938년 3월 7일부터 14일까지 『동아일보』에 연재된 단편소설이다. 주인
공은 대학을 나온 뒤 사회주의 운동에 투신했다가 5년 동안의 감옥살이 끝
에 몹쓸 병만 얻어가지고 나온 사람이다. 그러니까 「레디메이드 인생」의

P와 마찬가지로 실패한 지식인이다. 그러나 이 두 작품은 매우 상반된 문학적 의장(意匠)에 매개되어 형상화되어 있기 때문에 그것들이 이룩해낸 예술적 효과도 각각 다르고 지식인상도 얼마간 다른 모습으로 나타난다. 앞에서 자세히 검토해 보았듯이 「레디메이드 인생」은 3인칭 소설이지만 자전적 경험에 바탕을 두고 있다. 따라서 이 작품은 자조적이고 자기부정적인 동시에 자기연민적인 요소를 바탕에 깔고 있다. 그러나 「치숙」은 학력과 연령에 있어 크게 격차가 벌어지는 화자의 시점을 통해서 실패한 지식인의 행적이 서술된다. 바로 이 점이 이 작품의 독특한 풍자효과를 만들어내는데, 이 경우 풍자는 혹독한 공격성을 동반한 것이 아니기 때문에 각 인물들이 일정하게 객관화되며 그러한 한에서 리얼리즘이 달성되는 측면을 지니고 있다. 우선 작품을 약간만 읽어보기로 하자.

> 우리 아저씨 말이지요? 아따 저 거시키, 한참 당년에 무엇이냐 그놈의 것, 사회주의라더냐 막덕이라더냐, 그걸 하다 징역 살고 나와서 폐병으로 시방 앓고 누웠는 우리 오촌 고모부(姑母夫) 그 양반……
> 머, 말두 마시오. 대체 사람이 어쩌면 글쎄…… 내 원!
> 신세 간데없지요.
> 자, 십년 적공, 대학교까지 공부한 것 풀어먹지도 못했지요. 좋은 청춘 어영부영 다 보냈지요. 신분(身分)에는 전과자(前科者)라는 붉은 도장 찍혔지요. 몸에는 몹쓸 병까지 들었지요.
> 이 신세를 해가지굴랑은 굴속 같은 오두막집 단칸셋방 구석에서 사시장철 밤이나 낮이나 눈 따악 감고 드러누웠군요.
> 재산이 어디 집터전인들 있을 턱이 있나요. 서발막대 내저어야 짚검불 하나 걸리는 것 없는 철빈인데.

작품의 도입부로서 주인공의 인생이 요약적으로 소개된다. 그런데 독자들은 대학 나오고 감옥살이하다가 폐병 걸려 누운 주인공을 머릿속에 떠올리는 동시에 그보다 더 강력하게 그러한 주인공을 기탄없이 조롱하면서 전해주는 화자의 입심에 말려들게 된다. 따지고 보면 일제 식민지시대에 있어 사상범으로 5년간의 옥고를 치른 지식인이라면 그는 조롱의 대상이 아니라 존경의 대상이다. 여기서 그 사상범이 사회주의자였다는 것은 큰 문제가 아니다. 일제 식민지 치하에서 사회주의가 민족운동의 가장 강력한 사상적 무기로 기능했다는 점도 무시될 수 없으며 또한 그것이 당시의 젊은이들에게 실천적 기반을 가진 거의 유일한 정신적 출구로 받아들여졌다는 점도 감안되어야 하기 때문이다. 그러한 인물을 1938년이라는 시점에서 다루는 데 따름직한 위험부담은 화자의 희화적 관점과 걸쩍한 입담을 통과함으로써 결정적으로 감소된다.

「치숙」의 독특한 화법이 갖는 미덕에 있어서 검열의 눈을 피하는 것은 오히려 부수적인 소득이었을지 모른다. 여기서 좀더 중요한 것은 그러한 화법이 인간과 사회의 인식에 훨씬 기능적인 수단으로 되고 있다는 사실이다. 일반적으로 전달되는 인물과 전달하는 인물 사이에 지식·교양·성격·신분상으로 격차가 클수록 더 강력한 해학적 내지 풍자적 효과가 발생한다. 저능한 또는 우직한 인물이 유식한 체하거나 현명한 체하는 것으로 묘사될 경우 독자는 우월한 위치에서 그 인물을 비판할 수 있게 되며 현명함 또는 유식함이라는 것 자체를 새로운 각도에서 검토할 수 있게 된다. 반면에 지적으로나 신분적으로 우월한 위치에 있는 인물이 그보다 못한 인물의 시점으로 전달될 때 독자는 이러한 역전된 인물설정을 통해서 지식과 신분이라는 것의 사회적 본질에 대해 새삼스러운 깨달음을 얻게 된다. 판소리나 탈춤에서 말뚝이 같은 존재가 양반의 허구성을 폭로하고 그 권위를 궤멸시키는 예술적 폭력의 담지자가 되는 것은 이러한 풍자수단에 의해서인데, 앞에 인용한 「치숙」의 첫 대목은 우리 전통민예나 판소리사설의 화술을 그대로 답습하고 있는 듯한 점에서 중요시될 만하다. 이외의 다른 작품들에서도 채만식은 판소리사설 같은 문체를 드물지 않게 활용함으로써 적지 않은 성과를 거두고 있는데, 특히 이 「치숙」은 시종일관 이런 풍자문체를 사용한 예가 될 것이다.

그러나 어떻든 「치숙」의 풍자적 문체는 주인공이 현실적으로 실패한 지식인이라는 사실의 문학적 반영이다. 그렇다면 그의 실패는 어디에서 온 것인가. 단순히 일제 식민지시대라고 하는 객관적 조건만 제시하는 것은 인간의 주체적 결단과 실천을 소홀히하는 잘못이 될 것이다. 작품 자체에서 몇 대목을 뽑아 읽어보기로 하자.

  그때 우리 아저씨 양반은 나이 어리기도 했지만, 공부를 한답시고 서울로
동경으로 십여 년이나 돌아다녔고, 조금 자라서 색시 재미를 알 만하니까 누
가 예쁘달까봐 이혼하자고 아주머니를 친정으로 쫓고는 통히 불고를 하고……
  공부를 다 마치고 오더니만, 그 담에는 그놈의 짓에 들입다 발광해다니면서
명색 학생 출신이라는 딴 여편네를 얻어 살았지요. 그 여편네는 나도 몇번 보
았지만 쌍판때기라고 별반 출 수도 없이 생겼습디다. 그 인물로 남의 첩이
야? 일색소박은 있어도 박색소박은 없다더니, 사실 소박맞은 우리 아주머니
가 그 여편네게다 대면 월등 이뻤다우.
  그래 그 뒤에, 그 양반은 필경 붙들려가서 오년이나 전중이를 살았지요. 그
동안에 아주머니는 시집이고 친정이고 모두 폭 망해서 의지가지없이 됐지요.

여기 묘사되고 있듯이 주인공의 행적은 식민지시대 지식인의 한 전형을
대변하고 있다. 어려서 결혼한 무식한 시골 아내를 버리고 교육받은 신식
여성과 새살림을 차리는 것은 채만식 자신을 포함하여 상당수 지식인들이
저지른 시대적 행태였는데, 그 동일한 인물이 또한 동시에 사회주의자가
되어 있는 것이다. 따라서 우리는 이때의 사회주의라는 것이 대체 어떤 사
회주의인지 심각하게 물어보지 않을 수 없게 된다. 다시 말하여 조혼한 아
내에 대한 성적 학대와 이른바 사회주의가 어떻게 한 인물 안에서 양립될
수 있는지 우리는 의심해보게 된다. 여기서도 우리는 사회적 실천과 외재
적으로 획득된 관념 사이의 날카로운 괴리를 목격하게 되는데, 그것은 한
마디로 이 인물에게 있어서 관념이 다만 관념의 상태에 남아 있다는 것,
즉 관념이 그의 삶의 외피에 불과할 뿐이라는 것을 확인시켜준다. 따라서
「치숙」의 주인공에게서 우리가 보는 것은 지식인이 실패하는 경우라기보다
참된 지식인으로 되는 데에 실패하는 경우라고 할 수 있다. 바로 이러한
실패로 말미암아 그 인물은 자신보다 지적으로 훨씬 열등한 인물의 시선에
의해 풍자될 수밖에 없는 존재로 전락한다. 이런 점에서 이 「치숙」은 구성
의 평면성과 소설적 긴장의 결여에도 불구하고 채만식의 작품 가운데 가장

성공적인 것들 중의 하나로 평가될 수 있다.

「敗北者의 무덤」

1939년 4월호 『문장』에 발표된 작품으로 역시 식민지적 현실과 지식인의 좌절이라는 문제에 관련되어 있다. 이 작품과 앞에서 분석적으로 검토해 본 「레디메이드 인생」「치숙」이외에도 채만식은 「산적」(1929), 「앙탈」(1930), 「창백한 얼굴들」(1931), 「두부」(1931, 희곡), 「인텔리와 빈대떡」(1934, 희곡), 「명일」(1936), 「이런 처지」(1938), 「소망」(1938), 「모색」(1939), 「냉동어(冷凍魚)」(1940) 등 상당수 작품들에서 자신과 비슷한 처지의 지적 존재들을 다루었다. 실상 이 작품들은 모두 엄밀한 뜻에서의 지식인 소설이라기보다 자서전적 소설이라고 말할 수 있다. 여기서 다루고자 하는 「패배자의 무덤」에서 우리는 그런 자전적 요소가 가장 적은, 그리고 지식인의 패배를 가장 격렬한 방식으로 다룬 한 작품을 만나게 된다. 이제 작품 줄거리를 따라가면서 살펴보기로 하자.

경순은 오라비인 경호를 따라 나지막한 산등성이를 넘는다. 경호는 모처럼 봄날 야외에 나오니 흥이 나서 허우적거리며 빨리 걷고 경순은 소복 차림으로 아기를 업은 채 뒤를 따른다. 그들은 경순의 남편 종택의 무덤이 있는 곳으로 가는 길이다. 이렇게 시작된 작품은 경순이 어떻게 해서 새파랗게 젊은 나이에 과부가 되었는지 그 경위를 더듬는다.

어떤 잡지사의 전임 필자인 촉망받는 소장논객 종택과 인텔리 출신의 경순은 행복한 신혼생활을 하고 있는데, 어느 날 아침 종택의 출근길에 갑자기 시골에 있는 종택의 부친 강진사의 편지가 배달된다. 독자들로서는 편지만 읽어가지고는 분명히 알 수 없으나, 부자간에 어떤 문제에 관한 의견 대립이 개재되어 있는 듯하며 부친은 자신의 재산을 얼마 떼어서 어떤 일에 내놓겠다는 것이 짐작된다. 그렇지 않아도 별 보람을 못 느끼던 터에 종택은 부친의 편지 받은 것을 계기로 잡지사에 사표를 써서 우송하고 집에 들어앉는다. 아내인 경순은 이런 기회에 불란서 같은 데로 가서 공부를 좀더 하라고 권유하고 종택은 그것이 현실로부터의 도피인 줄 알면서도 "후일의 에네르기를 삼을 겸, 견문도 넓히고 미흡한 학문도 닦고 하면서,

한 이태고 삼년이고 외국에서 지내다가 서서히 돌아와서, 차차 다시……"
하는 생각으로 아내의 권유에 솔깃해진다. 여기서 작가는 종택이 일찍이
사회운동 내지 사상운동에 뛰어들어 약간의 고초를 겪었던 일이 있음을 암
시하면서 극히 비유적인 화법으로 한 양심적 지식청년이 식민지적 현실 속
에서 겪는 자기분열을 묘사한다.

작금의 종택은 강풍을 만나 파선을 하고 난 뱃사람과 흡사하다 하겠다. (중
략)

바람은 그런데, 사시 봄바람이나 선들바람만 부는 것은 아니다. 그는 제 성
격과 제 이유로 해서, 가다가는 성난 폭풍일 수도 있고 무서운 태풍일 수도
있다. 그러므로 그러한 강풍을 어거하자면, 보다 더 실한 돛과 정정한 풍차가
있어야 할 것이다.

종택은 일찍이 바람 거칠지 않을 절기에 조그마한 돛을 만들어 달고 바다로
나왔었다. 했다가 그는 힘에 부치는 강풍을 만났다.

돛은 여지없이 찢어졌다. 그리고 배는 바다의 낯선 섬에 표착이 되었다. 종
택은 지금에, 참혹한 파선의 형해를 바라보면서 해안을 두루 배회하고 있었
다.

다시금 든든한 돛을 만들어 달고, 저 강풍이 불어치는 바다로 달릴 의욕은
불타오르나, 그에게는 그러한 돛을 만들 힘—— 체력이 없었다.

여기서 '바람'이니 '강풍'이니 '돛'이니 하는 것이 현실적 상황 속의 일정
한 양상을 가리키는 알레고리로 쓰여지고 있음은 두말할 나위도 없다. "일
찍이 바람 거칠지 않을 절기"란 종택이 대학에 다니던 시절 또는 그 직후
로서, 말하자면 일제의 탄압이 상대적으로 덜 심하여 약간의 언론자유가
용납되던 때일 것이다. "조그마한 돛을 만들어 달고 바다로 나왔었다"는
것도 어떤 이념이나 주의를 내걸고 현실운동에 뛰어들었음을 가리키는 것
이겠다. 그러나 그는 엄혹한 탄압에 맞서지 못하고 좌절하여 잡지에 논설
을 쓰는 직분으로 물러났던 것이다. 그런데 이제 그것마저 지탱할 수 없는
갈등과 자기분열에 빠진다. 그러던 어느 날 종택에게는 뜻밖의 사태가 발
생한다. 이 부분을 작품에서 직접 읽어보기로 하자.

　그러구러 두 주일쯤 지나서, 예기하지 못했던——그러나 당하고 보니 당연한——일이 한가지 뒤집혀지고 말았다. 종택이 마호멧의 초청을 받아 아라비아 땅에를 갔던 것이다.
　아침에 떠났던 남편을 근심으로 기다리던 중 오정만 하여 무사히 돌아오는 것을 맞는 경순의 안심은 그러나 단지 그 순간의 것이요, 역시 짐작한 대로 일은 크고 절박했었다.
　마호멧은 매우 친절하게, ‘코란’과 또 한가지 다른 명물을 내보이면서 어느 것이 마음에 드느냐고 종택더러 물었다. (중략)
　종택은 그러면 며칠 말미를 주면 집에 돌아가서 잘 생각해본 뒤에 작정을 하겠노라고, 수유를 타가지고 돌아왔던 것이다.
　무서운 진통의 사흘이 저물어올 때, 오후에는 어떤 낯모를 신사의 방문을 받았다. 그리고 그날 밤 늦어서, 불시로 출입을 한 종택은 영영 돌아오지 않고 말았다.

　왜냐하면 그날 밤 종택은 급행열차에 스스로 뛰어들어 처참한 몰골로 자살해 버리고 말았기 때문이다. “무위와 무능에서 다시 나아가 나의 육체는 나를 망신되게 하는 것으로밖에는 쓰일 곳이 없는 게 되고 말았다”는 것이 아내에게 남긴 유서의 한 구절이다. 가히 파멸적인 종말이라고 할 만하다.
　그런데 이 부분은 더욱 비유적인 말로 서술되고 있어서 자살에 이르는 정확한 동기와 경위가 극히 불투명하다. 가령 ‘마호멧’ ‘아라비아’ ‘코란’이 각각 무엇을 가리키는지 분명하지 않다. 최대한으로 짐작해본다면 그것들은 사회주의 운동 내지 독립운동을 목표로 하는 지하단체일 것이고, 종택에게 “코란과 또 한가지 다른 명물” 중에서 선택하라고 한 것은 사상투쟁과 무장투쟁 중에서 택일하라고 한 내용인 듯싶기도 하다. 역시 짐작이지만, 종택은 소시민적 생활과 이념적 지향 사이에서의 절망적 갈등에 시달리던 끝에 심한 질책과 모욕을 받고 돌연 자살을 하게 되었는지 모른다.
　여기서 우리는 이 작품이 발표된 연대가 1939년임을 상기할 필요가 있다. 이 무렵 일본 제국주의는 완전한 군사적 체제로 돌입하여 식민지에 대해서뿐만 아니라 자국 내의 사회주의·자유주의를 가차없이 탄압하고 있었다. 민족의식을 가진 지식분자에게 남겨진 길은 지하로 숨거나 침묵하는 것뿐이었다. 종택과 같은 존재의 처절한 자살극은 그런 점에서 일대 반항이라 할 수 있으며, 극히 암시적이고 비유적인 서술방법에 의해서나마 그것을 작품화한 채만식의 업적은 일정한 적극적 의의를 가지는 것으로 평가되어야 한다.

이 「패배자의 무덤」의 후반부는 종택이 자살하고 나서 경순이 유복자를 데리고 시집살이를 하는 이야기이다. 아마도 작가 채만식은 경순이 안고 있는 이 어린이에게서 좌절과 시련을 넘어설 민족의 희망을 보고 거기에 기대를 거는 듯하다. 이런 점에서 이 작품은 식민지시대 최후의 저항문학에 속하는 업적일 것이다. 작품의 끝부분에 들어 있는 다음의 묘사는 그렇기 때문에 채만식 자신의 허무주의가 극복될 가능성을 예고하는 것이기도 하다.

    "……두구 보시우들, 인제…… 요놈, 요 쪼고만 놈을 가져다 버젓한 대장부를, 진리에 사는 버젓한 대장부를 만들어 내세울 테니, 보기만 허시우……"
    어린 놈은 어머니의 옴죽거리는 입술을 만지고 놀기에 재미가 쏟아진다. 경순은 앞니 앞에서 꼬물거리는 연한 손가락을 야긋야긋 물어주면서
    "……정말 그렇지이? 응? 저 외갓집 큰아버지처럼 몸두 비트을비틀, 사상두 비틀비틀 그런 이두 마알구, 또오…… 괴롭다구우 괴롭다구 몸부림을 치다가 애꿎인 기관차나 디리받구 그 야단을 낸 느이 아버지처럼 그렇게 사상에 잡쳐서 죽구 마는 이두 마알구…… 응? 아주 버저엇허게 진리에 사는 대장부 …… 응 그렇지이?"

「孟巡査」

1946년 3, 4월호 『백민(白民)』에 발표된 작품으로 해방후 우리 현실과 관련해서 검토해 보기로 하자.

해방된 조국땅에 살기 좋은 새 나라를 건설하는 과업이 구체적으로 어떻게 진행되어야 했을지 필자로서는 잘 알지 못한다. 어쩌면 여기에는 단 하나의 해답만 있을 수 있었던 것은 아닐지 모른다. 해방후 수없이 많은 정

당과 사회단체가 난립하여 각기 자기네의 주장을 내놓고 서로 갑론을박했
던 사태는 비록 바람직한 것은 아니더라도 능히 있을 수 있는 현상이었다.
그러나 새 나라의 구상이 그 어떤 종류의 것이든 그것은 적어도 하나의 필
수적인 조건을 충족시키는 내용이어야 하리라고 믿어진다. 그것은 다름아
니고 일제의 잔재를 뿌리뽑고 민족정기를 바로잡는 일이었다. 그러나 미군
정을 거쳐 이승만정권이 확립되는 과정에서 반민족적인 친일세력은 민족의
이름으로 심판을 받기는커녕 도리어 "여전히 실권적 또는 지도적 지위를
차지함으로써 국민대중은 '민족적 정의의 부재'를 실감하게" 되었고, 그리
하여 "민족적 정열과 애국심을 흐리게 하고 개인의 영달과 실리만을 좇는
이기적 타산풍조를 낳게" 되었던 것이다. 미군의 남한진주에 따라왔던 어
느 미국인도 다음과 같이 서술하고 있다. (리처드 E. 라우드벡, 『韓國美軍史』)

　　1945년 당시 국무성 극동국(極東局) 한국관계 조지 매퀸씨의 말에 의하면
하지 중장은 오끼나와에서 한국으로 향발하기 전 '행정기구는 현상대로 잔치
(殘置)하되 일본인 관리들은 전부 파면할 것'이라는 명백한 지시를 받았었다.
당시의 한국 국내 정치정세와 민심동향 등으로 보아 적어도 일본인 고관 중의
약간명을 즉시 추방하는 것은 당연한 순서였을 것이다. 그러나 하지 중장의
근시안적 측근자들은 이와같은 점을 통찰하지 못하였다. 한국인들은 하지 중
장의 이러한 실책을 간과하지 않았다.

　　일본인 관리 추방 후 하지 중장과 그 막료들은 일본인보다 미국인을 더 이
해하는 한국인을 구하기 시작했다. (중략) 재한 미국인 선교사의 영식(令息)이
며 해군소좌인 조지 Z. 윔스씨가 한국인 관리 선택의 임무를 맡게 되었다. 동
(同) 소좌는 이들 관리를 주로 조선 기독교신자 중에서 뽑았는데, 그 대부분
은 한국민주당에 속한 사람이었다. 이 중산지주이며 교육도 있고 친일파로 된
소수당인 완고 보수진영은 또 하지 고문회의(顧問會議)에도 중요 인물을 보내
게 되었다.

　　독립지사가 수난을 겪고 친일파가 득세하는 이 도착된 현실, 일본과 만
주를 유랑하다가 고국이라 하여 찾아온 전재민들은 방 한칸 얻지 못하고

풍찬노숙을 하는데 악덕 모리배들은 적산을 불하받고 힘없는 사람들 등을 쳐서 배를 불리는 이 기막힌 현실은 해방후 문학에 있어서 중요한 관심의 대상이 되었다. 채만식의 「맹순사」는 바로 해방후 어떻게 다시 친일파가 고개를 들고 이 사회의 지배적 부분으로 득세하게 되었는가를 다루고 있다.

이 작품의 주인공은 일제시대에 순사를 다니다가 8·15를 만나 "줄곧 누가 몽둥이로 후려갈기는 것만 같아서" 순사질을 그만둔 나이 사십 가까운 사나이다. 일제시대에 순사를 다니던 8년 동안 그는 비록 적은 월급이었으나 여기저기서 조금씩 뇌물 바치는 것으로 제법 거들먹거리며 살았었다. 다만 "타고난 천품이 본시도 유한 인물"이라 남의 비위를 적극적으로 건드리거나 큼직하게 한밑천 들어먹지 못했을 뿐이고 무슨 청렴한 관리라는 것과는 거리가 멀었다. 그런데도 "칼자루 십년에 집안 여편네 유똥치마 하나 못해준 주변에, 헐말이 무슨 헐말이우?" 하는 젊은 아내의 바가지에 "좌우간, 내가 그만침이나 청백했기 망정이지, 다른 동간들 당했단 소리 들었지? 누구는 맞아죽구, 누구는 집에다 불을 지르구, 누구는 팔대리가 부러지구" 하고 대꾸한다. 큰 것을 먹어 부자가 되지는 않았으니 청백하였노라고 그는 생각하는 것이다. 이러한 그가 직업을 놓고 나니 오래지 않아 생활난에 부딪치게 되고, 그래서 군정청 경찰학교에 지원서와 이력서를 내놓았다. 그는 당장에 채용되어 어느 파출소로 배속된다. '해방 조선의 새 순사'가 된 것이다. 옛날의 순사와 똑같은 차림이건만 맹순사는 "웬일인지 우선 스스로가 위엄도 없고 신도 나는 줄을 모르겠고" 하였다. 지나치는 행인들도 조심하거나 두려워하는 기색은커녕 심지어 적의와 경멸의 눈초리로 흘겨보기까지 하였다. "함부로 체포도 아니하고, 위협도 아니하고, 뺨 같은 것은 물론 때리지 못하게 되었고 하니, 전보다 친근스러하고 안심한 얼굴로 대하고 하여야 할 것인데, 대체 웬일인지" 맹순사에게는 이해되지 않았다. 며칠 후 그의 파출소에는 다른 순사 한 사람이 보충되어 왔다. 그를 보는 순간 맹순사는 경악을 금치 못했다. 그는 몇해 전 맹순사가 경찰서 유치장의 간수를 볼 때, 살인강도로 붙잡혀 들어왔던 사나이였다. 조마조마하게 하루를 보낸 맹순사는 그만 사직원을 쓰는 것이다.

　이 작품에서 채만식은 일제시대의 반민족적 친일세력이 해방된 조국에서 새로운 지배층으로 등장하기 시작하는 부조리의 한 단면을 보여준다. 흔히 일컬어 공복(公僕)이라고 하는 관공리가 민중에게 있어 무엇인가, 그리고 그것의 본질이 8·15에 의해서 어떻게 달라졌는가를 또한 작가는 보여준다. 이 단편의 마지막, 사직원을 쓴 맹순사와 그의 아내의 다음과 같은 대화는 8·15의 의미에 대해 근본적으로 회의를 갖게 하는 신랄한 풍자라 하겠다.

　　"에구머니! 가짜 순사 말이죠?"
　　"흥 뻐젓이 사령장꺼정 받은 진짜 순사드랍니다요. 당당한 경찰학교 졸업생이시구."
　　"절 으찌우? 그럼 인전 순사헌테두 맘 못 놓겠구려?"
　　"허기야 예전 순사라는 게 살인강도허구 다를 게 있었나! 남의 재물 강제루 뺏어먹구, 생사람 죽이구 하긴 매일반였지."

　채만식의 이 작품은 그의 다른 모든 작품에 있어서와 마찬가지로 현실세태에 대한 송곳같이 날카로운 관찰을 담고 있다. 그러나 거기에는 위대한 문학이 의당 갖고 있어야 할 어떤 본질적인 것이 빠져 있다는 느낌을 준다. 그 본질적인 것이 바로 이것이라고 단정지어 말하기는 어렵지만, 현실의 일면이 균형있게 또는 날카롭게 서술된 작품보다 현실 전체가 정열적으로 문제되어 있는 작품에서 우리는 더욱 진정한 문학을 본다. 이 작품에서의 풍자가 해방문단의 한 중요한 업적으로 받아들여지는 데는 이의가 없다. 그러나 그것은 현실개혁의 실천적 의지를 자기의 동력으로 삼은 문학에 의해 극복될 문학임에 또한 틀림없을 것이다.

「논 이야기」

　일제시대에 채만식이 가졌던 문학적 관심의 중요한 부분이 농민문제였음은 앞에서 살펴본 바 있다. 이제 그는 해방후의 달라진 조건 속에서 농민현실이 어떤 상태에 있는지 묘사한다. 이 「논 이야기」는 아마 해방후 채만식의 유일한 농민소설일 것이며 그의 문학세계 전체에서도 농촌현실의 문제를 가장 포괄적으로 다룬 작품일 것이다. 1946년 『해방문학선집(解放文學選集)』에 발표되었다.

잘 아는 바와 같이 일본 제국주의의 폭압적 지배에 의해 묶여졌던 모든 사회문제들은 8·15와 더불어 일시에 표면화되었다. 사람들은 이 시기를 흔히 사회적 혼란기라고 부르지만, 그러나 해방후 수삼년 동안의 기간은 하나의 혼란기임에 못지않게 우리 역사상 드물게 보는 대단히 발랄하고 창조적인 시기이기도 하였다. 적어도 혼란을 수습한다는 명분으로 혼란을 수습하기보다 창조력을 고갈시키는 방향으로 권력의 손길이 작용하기 전까지는 그렇다고 볼 수 있다. 문학사적으로 보더라도 해방 직후 몇년간에 발표된 작품들은 일제 식민지시대의 어떠한 문학작품도 갖지 못한 건강성을 지니고 있으며 또 그후 1950년대의 어떤 작품도 갖지 못한 폭넓은 문제의식을 갖추고 있다. 필자가 읽어본 한에서 이 무렵에 발표된 채만식이나 황순원의 작품들은 우리 신문학사상 가장 진지한 업적으로 평가되어야 할 것이다. 이제 이 작품을 농민문학적 관점에서 검토해보기로 하자.

전통적으로 우리나라가 농업국가였고 8·15 당시만 하더라도 인구의 4분의 3 이상이 농민이었기 때문에 농민의 생활문제는 자연히 문학의 심각한 주제가 되지 않을 수 없었다. 날카로운 역사의식에 입각하여 정면으로 이 문제를 다룬 작품이 바로 채만식의 「논 이야기」이다.

주인공 한생원의 아버지 한태수는 부지런한 농군이었다. 그는 제대로 입지 않고 먹지 않으면서 품삯을 받아 푼푼이 모은 돈으로 열세 마지기와 일곱 마지기의 두 자리의 논을 장만했다. 근검절약하여 소작농에서 자작농으로 일어선 셈이었다. 이렇게 논을 장만한 지 5년 만에 그는 열세 마지기 논을 고을 원에게 빼앗기고 말았다. 동학에 가담했다는 혐의를 씌워 옥에 가두어놓고는 주리를 틀면서 문초를 하는 바람에 어쩔 수 없이 논을 바치고 풀려나온 것이었다. 한생원이 스물한살 적의 일이었다.

그뒤 경술년(庚戌)에 일본이 조선을 합방하여 나라는 망하였다.
사람들이 나라 망한 것을 원통히 여길 때, 한생원은

　"그깐 놈의 나라, 시언히 잘 망했지."
하였다. 한생원 같은 사람으로는 나라란 백성에게 고통이지, 하나도 고마운
것이 아니었다. 또 꼭 있어야 할 요긴한 것도 아니었다.

　이렇게 해서 한생원은 가난한 소작농으로 근근이 입에 풀칠을 해나간다.
그는 자기 부친과 달리 살림에 규모가 없었다. 사람이 좀 허황하고 헤픈
편이었다. 부친이 작고한 지 몇해 안 되어 그는 힘에 겨운 빚을 지게 되었
다. 마침 그 무렵 일본인 요시까와(吉川)가 땅을 비싸게 사들인다는 소문
을 듣고 남아 있던 논 알곱 마지기를 그에게 팔아버린다. 결국 그 돈으로
빚을 갚고 나머지는 흐지부지 없애고 말았다. "어떡허자구 논을 판단 말인
가?" 하고 친구가 힐책하는 데 대하여 한생원은 "인제 두구 보게나. 일인
들이 다 쫓겨가면, 그 땅 도로 내 것 되지 갈 데 있던가?" 하고 배포 유
하게 대답하곤 하였다. 그럭저럭 세월이 흘러 마침내 8·15를 당하게 되었
다. 전쟁이 끝나고 일본이 망했다는 소식에도 한생원으로서는 크게 기쁠
것이 없었다. 공출이 없어지고 손자녀석 징용 끌려나갈 걱정이 없어져 미
상불 다행스럽지 않은 것은 아니었으나, 그저 그뿐이지 "비지땀 흘려가면
서 일년 농사지어, 절반도 넘는 도지〔小作料〕 물고, 나머지는 굶으며 먹으
며 연명이나 하여가기는 독립이 되거나 말거나 매양 일반"이라고 한생원에
게는 생각되는 것이었다. 그에게 있어서 "나라를 도로 찾았다는 것은, 구
한국 시절로 다시 돌아가는 것으로밖에는 달리 생각할 수가 없었다." 여기
서 우리는 8·15 해방이 이 가난한 농민에게 무엇을 주어야 하는가, 즉 그
가 무엇으로부터 해방되어야 하는가를 분명히 깨닫게 된다. 작품의 문맥에
서 잠시 떠나 이 점을 좀더 자세히 살펴보자.
　봉건주의 시대에 있어 농민문제의 본질은 토지소유의 문제이다. 즉 농사
를 짓는 농민이 토지의 소유자가 아니라는 토지소유관계의 모순이 그것이
다. 조선왕조 시대에 있어 모든 경작지는 공전(公田)과 사전(私田)으로 대
별되었던바, 전자는 국가의 소유이고 후자는 소수의 토호들에게 집중되어
있었으므로 농민은 농노적 관계로써 토지에 속박되어 있었다. 이와같은 봉
건적 토지관계는 한일합방이 되던 1910년부터 17년까지의 이른바 토지조사

사업에 의하여 사유권(私有權)의 확립이라는 한 조각의 근대적 법률로써 재생산되고, 농민은 조상 대대의 세습적 토지점유에서 쫓겨나 소작농으로 전락하였다. 일제 식민지하에서 소작지의 경작은 조선시대보다 더 열악한 계약조건을 수반하였고 이 조건을 이행치 못할 때에는 농지를 빼앗기고 화전민이 되거나 날품팔이가 되는 수밖에 없었다. 이러한 날품팔이 노동자의 수가 1912년에 약 35만 명이던 것이 1917년에는 45만 명으로 늘었으며, 화전민도 1916년에 25만 4천 명 정도이던 것이 1933년에는 144만 명으로 격증했다고 한다. 조선왕조 시대보다 훨씬 더 가혹한 식민지적·반봉건적 착취와 아울러 일본인 대자본의 토지수탈은 한국 농민의 몰락을 불가피하게 했던 것이다.

농민의 계급적 분화 및 전반적 빈곤화는 일제 식민지통치에 대한 격렬한 저항운동을 불러일으키지 않을 수 없었으며 가혹한 소작료(심지어 80%나 90%의 소작료도 있었다고 한다)는 끊임없는 쟁의를 유발시키지 않을 수 없었다. 1919년의 3·1운동에 있어서 한해 동안 검거된 총 1만 9500여 명 가운데 직업별로 보아 농민이 1만 800여 명(59%)이나 된다는 사실은 일제 식민지통치의 질곡을 누가 가장 혹독하게 겪었으며 이에 대한 저항의 주력부대가 누구였는지를 말해주는 명백한 증거라 하겠다.

이러한 농민들이 8·15 해방에 걸었던 기대의 내용은 짐작하고도 남음이 있다. 그것은 봉건적·식민지적 토지소유 관계의 전면적 지양, 즉 농민적 토지소유의 완전한 실현이었다. 소작제도의 속박에서 해방되지 않고서는 그 어떠한 정치적 변화도 이들에게 해방일 수 없었던 것이다. 이렇게 살펴볼 때 작품 「논 이야기」에서 주인공 한생원이 단순한 나라의 독립에 대해 절실한 기쁨을 느끼지 못했던 것은 응당 있을 법한 반응이라고 여겨지는 것이다. 이 작품에서의 다음과 같은 부분은 가히 우리나라 농민사(農民史)의 압축된 서술이라 할 것이다.

독립이 된 이 앞으로도, 그것이 천지개벽이 아닌 이상, 가난한 농투성이가 느닷없이 부자장자 될 이치가 없는 것이요, 원·아전·토반이나 일본놈 대신에, 만만하고 가난한 농투성이를 핍박하는 '권세 있는 양반들'이 생겨날 것이요 할 것이매, 빼앗겼던 나라를 도로 찾아 다시금 조선 백성이 되었다는 것이 조금도 신통하거나 반가울 것이 없었다.

원과 토반과 아전이 있어, 토색질이나 하고 붙잡아다 때리기도 하고 교만이나 피우고, 하되 세미(稅米: 納稅)는 국가의 이름으로 꼬박꼬박 받아가면서 백성은 죽어야 모른체를 하고 하는 나라의 백성으로도 살아보았다.

천하 오랑캐, 애비와 자식이 맞담배질을 하고, 남매간에 혼인을 하고, 뱀을 먹고 하는 왜인들이, 저희가 주인이랍시고서 교만을 부리고, 순사와 헌병은 칼바람에 조선 사람을 개 도야지 대접을 하고, 공출을 내어라 징용을 나가거라 야미를 하지 마라 하면서 볶아대고, 또 일본이 우리나라다, 나는 일본 백성이다, 이런 도무지 그럴 마음이 우러나지를 않는 억지춘향이 노릇을 시키고 하는 나라의 백성으로도 살아보았다.

결국 그러고 보니 나라라고 하는 것은 내 나라였건 남의 나라였건 있었댔자 백성에게 고통이나 주자는 것이지, 유익하고 고마울 것은 조금도 없는 물건이었다. 따라서 앞으로도 새 나라는 말고 더한 것이라도, 있어서 요긴할 것도 없어서 아쉬울 일도 없을 것이었다.

이처럼 나라의 독립에 시큰둥하던 한생원이었으나, 일인들이 토지와 재산을 죄다 그대로 내어놓고 쫓겨가게 되었다는 소식을 듣자 그는 저절로 어깨가 우쭐해지고 만세소리가 나오려고 하였다. 그는 이제 일인들이 쫓겨가게 됐으니 요시까와에게 팔았던 농토를 되찾을 수 있으리라고 생각하는 것이다. 그러나 그 논이 한생원에게 되돌아올 리 없었다. 8·15 직후의 혼란한 틈을 타서 "잇속에 눈이 밝은 무리들이 일본인 농장이나 회사의 관리자들과 부동이 되어가지고, 일인의 재산을 부당 처분하여" 이미 다른 사람의 소유가 되어버린 뒤였던 것이다.

이렇게 살펴볼 때 농민현실의 모순은 8·15에 의해서도 결코 해소된 것이 아님을 알 수 있다. 물론 여기서 한생원 같은 존재가 전형적인 농민상이라고 말할 수는 없을 것이다. 사실상 한생원은 어디까지나 자기 땅을 찾는 데만 관심을 가진 농민이다. 그것도 일본인이 땅을 버리고 물러감으로써 저절로 자기에게 되돌아오리라 기대하는 인물이다. 그는 자신의 문제를 사회적 관련 속에서 통찰할 능력이 없는 인물인데, 그것은 그가 교육을 받지 못해서거나 학식이 모자라서가 아니라 농민적 투쟁에 의해서만 문제가 해결될 수 있으리라는 실천적 경험으로부터 그가 절연되어 있기 때문이다. 요컨대 그의 소망은 스스로 한 사람의 지주가 되는 것으로서, 그의 소망이 실현되기만 한다면 그는 봉건왕국에서건 식민지에서건 혼연히 살 용의가 있는 사람이다. 그의 국가허무주의는 바로 이런 태도에서 나온 것인데, 그 것은 뒤집어보면 농민문제의 근본적 해결을 회피하는 체제, 즉 친일파와 모리배가 멋대로 날치는 사회체제에 그 자신 하나의 구성요소를 이루고 있음을 말해주는 것이다. 그러니까 그의 농민적 소망은 그 자신의 이기적 태도에 의해서 실현이 거부되고 있다. 작품 「논 이야기」에는 이러한 아이러니가 내재되어 있으며, 그렇기 때문에 채만식은 회화적 방식으로 이 인물을 서술할 수밖에 없었다.

「도야지」

1948년 『문장』 속간호에 발표된 작품으로, 말미에 보면 1948년 6월 22일 이리에서 탈고한 것으로 기록되어 있다. 그러니까 우리나라 최초의 의회선거가 치러진 지 한달 남짓 뒤에 씌어진 셈인데, 이 작품은 남북분단이 결정적인 사실로 굳어져가던 시기의 남한땅에서 벌어지던 사회적 타락과 정치적 부조리를 풍자적으로 다루고 있다. 분단정치가 지속되는 오늘 읽어보아도 이 소설은 생생한 현재적 의의를 가지고 있다.

이제 이 작품의 줄거리를 대충 따라가보자. 해방 직후 지방의 어느 고등학교에 진보적인 세력을 이끄는 웅변부 학생들이 있다. 이들은 웅변회·연극 등을 개최하여 제법 날카로운 문제의식으로 정견을 발표하고 또 서로 토론을 벌이기도 한다. 이들 가운데 문태석이라는 학생이 있는데, 그의 집안은 매우 유복한 편이다. 특히 막대한 재력과 사회적 명성을 겸비한 그의 아버지 문영환은 곧 다가올 국회의원선거에 보수파의 유력한 후보자로 떠오르고 있다. 따라서 진보적인 생각을 가진 아들 태석은 아버지와 심각하고도 잦은 충돌을 겪으면서 그렇지 않아도 서로 경멸하던 사이가 더욱 멀어져간다.

선거가 다가오자 문영환은 자기 아내뿐만 아니라 딸과 사위, 종교계 인사들까지 자신의 선거운동에 총동원한다. 이들은 여러가지 유리한 여건으로 보아 문영환이 압도적으로 승리하리라 믿는다. 아들 태석은 이들 모두를 멸시의 눈으로 바라보면서 혼자서 쓸쓸한 나날을 보낸다. 그러던 어느날 태석은 호젓한 솔숲을 가로질러 어머니 집안과 가깝게 지내는 과부 경채를 방문한다. 경채는 방탕한 남편 때문에 행복하지 못한 결혼생활을 하다가 딴살림을 차렸던 남편이 만주에서 과거의 악행 때문에 일본이 패망한 직후 중국인들에게 살해되는 바람에 저절로 과부가 된 여자이다. 과부이면서도 명랑하고 청초한 느낌을 주는 30대 초반의 그 여자에게 태석은 은연중 끌린다.

마침내 투표일이 지나고 개표를 한 결과 문영환은 의외의 참패를 당한다. 집안 분위기는 온통 쑥대밭으로 변하고, 이런 중에 태석 하나만 동요하지 않는다. 문영환의 낙선이 확정되던 날 이른 아침, 그의 부인은 으레 당선될 줄 알고 잔치용으로 미리 부탁했던 살찐 도야지가 집에 도착하자 이를 돌려보낸다. 문영환의 낙선 때문에 도야지도 낙방이 된 것이다. 태석은 경채가 보고 싶어져 슬그머니 집을 빠져나간다.

이상과 같은 줄거리의 이 작품은 우선 해방 직후의 혼란스런 정치상황을 틈타 허황한 망상을 품고 비뚤어진 가치관으로 출세의 기회만 노리는 모리배들을 비판적으로 묘사한다. 그리고 이와 대립하여 젊은 혈기와 정의감을 지닌 청년들이 등장한다. 이러한 혼란과 대립상을 드러내는 데 있어 채만식의 풍자적 시선은 실로 날카롭고 신랄하다. 그러나 주인공 문태석은 올바른 사회의식과 정의감을 지니고 있으면서도 모리배가 들끓는 혼란된 세태에 혐오와 조소를 보낼 뿐이고 이를 극복할 어떤 적극적인 행동으로 나가지는 못한다. 그가 찾는 것은 결국 개인적인 심리적 위안처로서의 경채였던 것이다. 요컨대 이 무렵의 채만식은 이승만정권의 탄생으로 분단이 정착되는 시기의 사회현실을 지극히 비판적인 시선으로 보았으나 그것을 넘어설 만한 역사적 전망을 확보할 수 없었다. 그럼에도 불구하고 이 작품에는 해방후부터 오늘에 이르는 우리 정치질서의 왜곡과 파탄이 예리하게 기록되고 있으며, 이 점에서 정치비판과 사회풍자를 담은 문학적 성과로서의 작품 「도야지」는 아직도 생생한 현실성을 지닌다.

「民族의 罪人」

  해방후 우리 사회가 부딪친 최대의 민족적 과제는 식민지 잔재의 청산이
었다. 다시 말하면 근대적 독립국가의 건설을 보장하기 위한 자주적인 민
족적 토대를 마련하는 일이었다. 그러나 해방후 우리 역사는 이러한 민족
적 과업을 달성하는 데 실패하고 친일분자들이 다시 이 사회의 지배층으로
등장하여 민족정기를 그르치고 말았다. 우리 문단 역시 이런 실패를 되풀
이하게 되었는데, 그것은 민족적 규모에서의 철저한 자기반성을 요하는 작
업이다. 채만식은 물론 일제시대에 있어 강한 비판적 의식을 소유한 흔치
않은 문인들 중의 한 사람이었으나, 소시민적 생활의 테두리 안에서 비판
을 수행하고자 하는 데서 오는 자기분열과 허무주의는 그의 문학에 일정한
한계를 그었다. 『백민』 1948년 10월호(제16호)와 이듬해 정월호(제17호)에
분재된 그의 「민족의 죄인」은 해방 전후의 시기에 겪은 자신의 생활과 사
상의 갈등을 다룸으로써 친일과 식민지 잔재의 청산문제를 자기 경험 내부
에서 제기하고 있다.

  이 소설의 주인공은 채만식 본인으로 짐작되는 한 소설가이다. 1938년 3
월 말경 ‘나’는 볼일로 서울에 갔다가 며칠 만에 거주지인 개성으로 내려온
다. 집에 와보니 형사가 다녀가면서 경찰서로 출두하라는 말을 남겼다고
한다. 가끔 찾아오던 문학청년 둘이 그날 아침에 잡혀갔다는 이야기도 듣
는다. 경찰에 출두한 ‘나’는 그 청년들과의 관계에 대해 취조를 받고 얻어
맞기까지 한다. 그런 다음 유치장에 처박혀 한달 가까이 괴로운 나날을 보
낸다. 결국 청년들과 불온한 독서회를 조직했다는 혐의가 씌워져 있음을
알게 되고, 벗어나기 힘든 곤경에 처한다.

  이때 ‘나’를 구해준 것은 조선문언협회에서 날아온 한 장의 엽서였다. 달
포 전 협회에서, 북지(北支) 방면으로 황군위문대를 파견하려 하니 와서
협의에 응하라는 엽서를 받은 바 있었는데, 이것이 밝혀져서 ‘나’는 풀려나
는 것이다. 다시 말하면 친일행위에 응한다는 것이 담보로 제공되어 어처
구니없는 유치장 생활을 벗어나게 된다. 이리하여 ‘나’는 심한 갈등과 자책
감에 싸이면서도 거의 자발적으로 서너 차례 친일적인 강연을 하고 글도

쓴다. 그러다가 더이상 견딜 수 없는 고통 때문에 문인으로서의 삶, 즉 소시민적 생활을 내던지고 농사라도 짓겠다는 결심으로 고향에 내려간다.

일제 말에 친일파로 변절한 대다수의 소위 지식인들이 이와 대동소이한 경로를 거쳤으리라 짐작된다. 생계를 유지하기 위해서는 다소간 친일을 안할 수 없고 지식인으로 자기를 유지하기 위해서는 위험부담을 안아야 한다는 모순에 의하여 그들은 선택불능의 상황에 빠지는 것이다. 즉, 소시민적 생활인이 되느냐 참된 지식인이 되느냐가 양자택일의 문제로 제기된 상황에 처하게 된다. 채만식은 이 문제의 본질을 알고 있었으며, 마침내 그가 택한 것은 문제로부터의 도피 즉 낙향이었다.

해방후 '나'는 서울로 올라온다. 어느 날 우연히 출판사에 들렀다가 '윤'이라는 사람과 부딪치게 된다. 그는 친일경력이 없는 사람으로서 '나'를 만나자 처음부터 노골적으로 비웃으며 사정없이 '나'를 공격한다.

　　"왜놈들의 주구(走狗)가 돼가지구, 온갖 아첨 다 하구, 비윌 맞추구 하면서 순진한 청년 어리석은 백성을 모아놓군 구린내나는 아굴찌루다 지껄인닷 소리가, 소위 예술가니 평론가니 하는 놈들은 썩어빠진 붓토막으로 끼적거려낸닷 소리가, 황국신민이 되라 하기, 내선일체를 하라 하기. 미국 영국은 도독놈이요 불의하구 전쟁에는 반드시 지구 멸망할 운명에 있구, 일본은 위대하구 정의요 전쟁엔 반드시 이기구 영원투룩 번영할 터이구 한다면서. 그러니 지원병에 나가구 학병에 나가구 증병에 나가 일본을 위해 개주검을 하라구 꼬이구 조르기. 굶어죽더라두 농사 한 건 있는 대루 죄다 공출에 바치라구 꼬이구 조르기……"

이러한 가차없는 비난에 대해 '나'로서는 유구무언 아무런 답변도 못한다. 집으로 돌아온 '나'는 병든 사람처럼 꼬박 보름 동안 누워 있다가 다시 시골로 내려가 농사를 지어야겠다고 작심하는 것이다. 정면대결을 회피하고 매사를 부정적·냉소적 시각에서 바라보는 채만식 특유의 도피적 자세가 여기서 다시 한번 확인된다. 그러나 그럼에도 불구하고 그는 언제나 문제의 정확한 소재를 적발하여 그것을 문학화한다. 그의 이런 비판과 풍자,

야유와 조소는 바깥의 사회현실에 대해서뿐만 아니라 자기 자신에 대해서도 유감없이 발휘된다. 이런 점에서 채만식의 문학은 우리 문학사의 상처와도 같은 것으로서 그것의 진정한 치유는 민족문학의 발전을 위한 가장 값진 기여가 될 것이다. 요컨대 채만식은 식민지시대와 분단시대가 낳은 가장 예민한 소설가요 가장 문제적인 작가임이 분명하다.

<1985>

고립과 단절을 넘어

1994년에 바라본 한국소설의 풍경화

1. 자기인식의 치열성과 소설적 형상화

[1] 지금 우리는 일찍이 없던 세계사적 변화의 한복판을 살고 있다. 소련을 비롯한 동구 사회주의권의 몰락과 냉전체제의 해체는 20세기를 지탱해온 정치적·이념적 지형의 엄청난 대변동임이 분명하지만, 우루과이라운드 타결을 눈앞에 둔 오늘의 시점에서 생각해보면 그것조차도 좀더 근본적인 역사적 전환의 일부 또는 그 정치적 표면현상에 불과한 것이 아니었던가 여겨진다. 우루과이라운드 타결에 의해 공산품·농산품 같은 전통적인 산업생산물뿐만 아니라 출판과 교육 분야 및 각종 시청각매체 등의 지식산업과 문화예술활동들이 예외없는 관세화원칙에 따라 개방된다면 그것은 우리의 삶을 어떻게 바꾸어놓을 것인가. 대중음악·영화·텔레비전·비디오 분야에서 미국은 우리나라 같은 제3세계 국가들에 대해서뿐만 아니라 같은 선진국인 유럽과 일본에 대해서도 이미 절대적 우위를 확보하고 있으며, 또한 그와같은 전파영상매체의 영향력은 날이 갈수록 활자문화를 압도하면서 우리의 일상적 사유와 감각을 지배하게 될 터인데, 그러한 현실에 우리는 어떻게 대응할 것인가.

우리의 현실인식은 아무런 이론적 전제 없이, 즉 현실에 대한 직접적 관찰이나 현실과의 경험적 접촉에 의해서만 이루어지는 것이 아니다. 사람이 일생 동안 경험할 수 있는 현실은 이 세계를 구성하는 전체 현실의 극히 미미하고도 현상적인 일부분에 불과하다. 그럼에도 불구하고 우리가 현실에 대해 그 나름으로 일정한 표상을 가지고 살아가는 것은 태어나는 순간부터 간단없이 주입되는 각종 교육 덕분이다. 우리의 실제경험이란 따지고 보면 추상적 형태로 학습된 이론들을 확인하거나 수정하는 과정일 뿐이다. 그리고 이 과정의 반복을 통해 어느 정도 앞날을 예측하는 일도 가능하게 되는데, 그것을 전망이라고 부른다는 것은 익히 아는 바이다. 널리 인정되듯이 인류의 삶에 대한 가장 최근의, 그리고 가장 포괄적이고 강력한 전망은 맑시즘적 사유체계가 제출한 것이었고 맑시즘의 출현 이후 현실문제에 진지하게 접근하고자 하는 모든 사색적 노력은 수구적인 것이든 변혁적인 것이든 맑시즘과 무관할 수 없었다.

그런데 이론으로서의 맑스주의는 아직 우리의 지식과 사고를 긴장시키는 힘의 원천으로 살아 있음에 비하여 객관적 현실세계의 실제상황을 움직이는 물질적 세력으로서의 맑시즘, 즉 현실사회주의는 하나의 거대한 시행착오로서 20세기와 더불어 역사 속으로 사라질 것으로 보는 것이 옳을 것이다. 중국·북한·베트남·꾸바에는 물론 사회주의가 남아 있다. 그러나 그 변형·변질된 사회주의들이 세계사의 운명에 결정적 변수로 작용하리라 기대하는 것은 터무니없는 망상에 가까울 것이며, 세계무역기구(WTO)체제에 의해 더욱 가속화될 자본주의적 지구통일은 오직 자본주의 자체의 모순에 의해서만 제동이 걸리거나 총체적 파국에 이를 것이다. 요컨대 우리는 지금 맑시즘에 의해 촉발된 모든 낙관적 전망이 전면적으로 박탈된 상황을 살아가고 있는 것이다.

이러한 시대에 문학은 어떻게 가능할 것인가. 또, 소설은 무슨 의미있는 일을 할 수 있을까. 이 질문은 근본적으로 소설쓰기가 삶의 총체성에 대한 추구라는 루카치적 문제의식을 함축한다. 이러한 문제의식과 관련하여 1980년대 후반부터 90년대 전반기를 거치는 동안 우리는 전혀 상반된 소설적 현상을 목격하였다. 하나는 이론으로부터 도출된 추상적 이념의 틀 안에 현실의 세목들을 적당하게 배치하는 방식으로서의 소설쓰기이고, 다른 하나는 개인적 감수성이라는 안테나에 포착된 현실의 파편들만을 조립하는 방식으로서의 소설쓰기이다. 이런 방식이 좀더 정형화할 때 변경 불가능한 과거의 시간 속에서 이미 종결된 인생의 길을 추체험하는 역사소설이 나타나게 되고, 다른 한편으로는 소설쓰는 일 자체의 어려움을 소설화하는 일종의 사소설이 등장한다. 소설가 자신의 어린 시절을 그리는 성장소설은 아마 양자를 겹쳐 행한다고 말할 수 있을 것이다. 최근의 문예지에서 내가 흥미롭게 읽은 몇 작품들은 오늘날 우리 문학이 처한 이러한 난관을 창작적 실천을 통해 극복의 가능성을 모색한 예라고 생각한다.

2 김향숙의 중편 「열아홉 살, 투명한 감옥 안에서의 날들」(『한국문학』 1993년 11·12월 합병호)은 연작의 한 편이지만 따로 읽어도 무리가 없다. 주인공인 '나'(정민)는 대학입시를 앞둔 열아홉살의 여학생으로서, 작품은 시종 이 소녀의 눈을 통해 서술된다. 다시 말해 작가는 일체의 논평적 개입을 억제하고 이제 어른으로 발돋움하려는 민감한 소녀의 감성을 통해 사물을 관찰한다. 물론 주인공인 여고 3년생의 느낌들 속에는 작가 자신의 지난날의 경험이 배어 있을 터이나, 그것들은 놀라울 정도의 냉정성에 의해 등장인물의 심리적 반응으로 객관화되어 나타난다.

주인공 정민의 내면세계를 드러내는 두 개의 매개는 친구들과의 관계와 어머니를 비롯한 가족들과의 관계이다. 이 관계들을 통해서 정민은 사람마다 생각이 다르고 감정이 다르다는 것을 발견하며, 그러는 동안 점차 자기 인식이랄 만한 어떤 깨달음에 이른다. 작가는 이 과정을 극히 치밀한 관찰과 세심한 감정분석을 통해 끈덕지게 밀고 나간다. 한 대목 예를 들어보자. 정민은 어느 날 병석에 누운 친구 예령을 찾아간다. 오랜만에 만나 이런저런 얘기 끝에 화제가 같은 또래인 이건우와 수화에게로 이르는데, 그들은 임신까지 했던 사이였다가 헤어진 상태이다. '나'는 흥분한 어조로 이건우를 비난하지만, 예령은 이렇게 대답한다. "글쎄. 난 이건우에 대해 잘 모르지만 무조건 무책임한 애라고 말할 수는 없을 것 같아. 아니…… 그애가 보여준 충동적인 행동 때문에 그애의 좋은 점을 못 본 척해서는 안되는 게 아닐까." 인간행동의 양면성을 지적한 이 말에는 삶의 오랜 경험에서 우러난 지혜가 들어 있는데, 그것은 아마 작가 자신의 몫일 것이다. 그러나 작가의 육성이라고는 전혀 느낄 수 없도록, 즉 작중상황으로부터 자연스럽게 울려나오도록 짜넣은 데에 이 작가의 면밀한 형상적 능력이 있다. 왜냐하면 예령의 아버지는 정치적인 이유로 구속되어 있고 자신은 대학입시를 포기할 수밖에 없는 형편이므로 "비난을 받는 사람한테도 뭔가 좋은 점이 있을 거라는 말을 하고 싶은 맘이니까……"라고 응당 말할 수 있는 것이다. 예령의 대답에 대한 정민의 심리적 반응 또한 섬세하고 예리하게 분석된다.

　난 약간 머쓱한 기분이 들었고 우리들은, 아니 난 결국 내가 생각하는 방식대로 나 아닌 다른 친구들도 생각할 거라고 믿어왔었음을 또 한번 깨닫는다. 사람들은 저마다 다른 방식으로 생각한다는 사실을 머리로는 받아들이면서도 정작 어떤 순간이 되면 나와 같으리라고 믿어버리게 되는 것이다. 그리고 그 생각하는 방식이 다름을 확인하는 순간엔 약간의 실망감과 신선한 놀라움을 함께 맛보게 되기도 하는 터였다.

어쩌면 이 대목에 김향숙의 문학이 추구하는 핵심이 놓여 있을 것 같기도 하다. 그것은 인간의 삶에 대한 깊은 이해와 폭넓은 관용의 정신이라고 할 만한 것이다. 그러한 점은 정민이 사촌언니 혜진의 자살에 대해 생각하는 부분에서 더욱 분명하게 개진된다.

　길을 걷다가도, 책갈피를 넘기다가도 나도 모르게 눈물을 주르륵 쏟곤 했었다. 죽음을 택할 수밖에 없었던 순간의 혜진언니는 얼마나 끔찍하도록 쓸쓸하였던 것일까 하고. 그런데도 앓아 누운 외할머니와 몸을 추스르지 못하는 큰이모를 보게 되자 난 또 혜진언니를 탓하고 싶어졌던 것이다. 사람에게는 저마다의 고통의 몫이 있으며, 산다는 것은 그 고통의 몫을 짊어지는 과정임을 혜진언니가 받아들였다면…… 죽음에 이르지는 않았을 것만 같았던 것이다.

이 대목에서 작가는 인간에게 주어진 진정한 자아실현의 길이 어디에 있는지, 그리고 그것을 파탄에 빠뜨리는 사회적·심리적 장애가 무엇인지 진지하게 묻고 있는 듯하다. 혜진은 명문대학 2학년에서 삶을 마감했고, 막내이모는 외할머니의 소원대로 학위공부를 위해 미국에 갔다가 마침내 그만두기로 작정한 데 비하여, 정민은 대학입시에 연연하지 않았으면서도 무엇인가 더 가치있는 삶을 살아갈 수 있으리라는 예감에 '한껏 기대에 부풀' 수 있게 되기 때문이다. 가족과의 화해는 곧 자신의 삶과의 화해를 뜻하는데, 관용과 화해야말로 작가가 이 시대를 위해 내놓은 전언이고 그것을 열아홉살 소녀의 내면적 성숙과정에 대한 꼼꼼하고 예민한 묘사를 통해 형상화했다는 점에서 이 작품은 성공적인 성장소설이다.

그러나 작품의 문맥 바깥에서 한두 가지 의문을 제기해볼 수는 있다. 가령 정민이 그런 어른스런 깨달음에 이른 것은 납득할 만한 일이고 또 좋은 일이지만, 그의 앞날을 기다리는 이 세상이 얼마나 험악한 것인가에 대한 암시도 함께 있어야 하지 않을까. 감옥에 간 예령의 아버지가 부패한 정치인일 듯한데, 예령 어머니 입을 통해 '속죄양'이라고 지칭된다든가 예령 자신에 의해 '비난을 받는 사람한테도 뭔가 좋을 점이 있을 거'라는 식으로 변명되기만 하기보다 그와 반대되는 시각이 아울러 제시되어야 하지 않을까. 인간의 악마성, 이 현실세계의 무자비성에 대한 통찰이 동반되지 않은 관용과 화해는 실은 매우 위험한 발상으로 이어질 수도 있다는 것을 지적하고 싶다.

③ 김만옥의 「해거름에 먼 길을 떠나다」(『창작과비평』 1993년 겨울호)는 소재에 있어 김향숙의 중편과 흡사한 부분을 포함하지만 다루는 방식이 전혀 다르다. 김향숙의 작품은 시종일관 열아홉살 소녀의 현재의 시점에서 진행되고 작가의 관점은 작품 바깥으로 밀려나 있거나 주인공의 시선에 무의식적으로 스며들어 있을 뿐이다. 적어도 논리적으로는 작가와 주인공이 엄격하게 분리되어 있다. 그러나 김만옥의 작품에서 '나'는 화자인 동시에 작가 자신으로 짐작되는 중년여인이다. 따라서 어린 시절의 에피소드들은 회상의 형식을 통해 과거형으로 서술된다.

김만옥의 소설에서 회상의 대상인 신야는 김향숙의 예령과 수화를 합친 정도의 인물이다. 시골에서 전학 온 '나'의 눈에 비친 신야는 도회적이고

이지적이며 함부로 범접하기 어려운 비범함을 지닌 존재이다. "그 아이가 말하는 내용, 그 아이와 관계되는 모든 것은 항상 나를 놀라게 했고 내 경험 밖의 일이어서 그에 대한 나의 외경심을 더 확대시켰으며 마음 밑바닥으로는 그의 모든 것을 부러워하고 질투했기 때문에 속이 쓰릴 수밖에 없었다." 따라서 예령과 달리 신야는 순수한 동경의 대상으로 부각되는 것이 아니라 어릴 때의 모습조차도 어른세계의 복합적 감정에 매개되어 묘사되는 것이다. 어떻든 평범한 모범생이었던 '나'와 달리 신야는 남다른 삶의 길을 걸어간다. 일찍이 중학생 때 벌써 이광수의 친일행각을 비판하는 날카로움을 보이는가 하면, 집안어른들이 간첩혐의를 받아 온통 난리법석인데도 평소의 오만하고 침착한 태도를 지킬 수 있었으며, 대학에 다니다 말고 고등학교 때부터 문인으로 이름을 날리던 남자의 아이를 낳는다. 그러나 곧 그 남자와 헤어져 혼자 힘으로 아들을 키운다.

그러나 김만옥의 이 작품이 신야라는 한 개성있는 여자의 일생을 형상화하는 데 목적을 둔 것은 아니다. 화자인 '나'가 신야를 머리에 떠올린 계기부터가 남편과의 편치 않은 관계 때문이다. 남편 때문에 화가 나서 목욕탕에 들어왔고 목욕물 받는 소리가 끈이 되어 남편 없이 사는 신야의 처지에 생각이 미쳤던 것이다. '나'는 삼십여년 전부터의 일들을 회상하던 끝에 신야와 자신을 이렇게 비교한다.

신야의 과거는 현재의 그의 모습으로 정제해내는 데 필요한 좋은 자료로 쓰인 것 같았고 그래서 그 자리에 모인 어느 누구보다도 신야는 행복해 보였다. (중략)

남자의 횡포와 비논리의 진구렁 속에서 일찍 빠져나간 신야의 결단은, 유좌를 남편으로 선택했던 일보다 더 비범했고 냉정했던 게 아니었을까. 어쩌면 신야는 가족간의, 특히 부부간의 내전이 어떤 것인지 그 세부를 이제는 기억하지 못할지 모른다.

어떻게 엉켜서 서로 갉고 할퀴는지, 그러나 그 진구렁 속이 얼마나 편안하고 따뜻한지, 그것은 처음부터 몰랐던 게 아니었을까?

여기서도 신야에 대한 화자의 감정은 이중적이고 자기분열적이다. 그러나 어린 시절의 신야에 대한 이중적 감정은 신야의 독특한 개성을 드러내는 데에 효과적인 소설적 발판이었음에 비하여 지금은 그와 반대로 화자의 어정쩡한 생활현실을 호도하는 구실로 되고 있다. 부부간에 원수처럼 싸우고 할퀴는 일도 흔한 일이고 그럼에도 불구하고 그 상태에서 편안함과 따뜻함을 느끼는 것도 있을 수 있는 일이지만, 그러나 똑같은 정도의 감정적 강도와 정직성을 가지고 남편 없이 사는(또는 아내 없이 사는) 사람의 처지를 보아야 하지 않을까. 지옥 같은 갈등을 견디며 끝내 헤어지지 못하고 가정을 지키는 일과 그보다 더한 생활적 고통 속에서 혼자 자식을 키우며 인간적 품위를 잃지 않는 일은 둘다 인간승리라 할 만한 것이다. 그러나 진구렁 속의 편안함과 따뜻함을 말하면서 동시에 '신야는 행복해 보였다'고 말한다면 그것은 기만적이다. '남자의 횡포와 비논리'로부터 독립적인 삶을 사는 데 대한, 그리고 모든 종류의 폭력과 억압으로부터 자유로운 삶을 획득하는 데 대한 실제적이고 구체적인 구상의 결여가 결국 이러한 소설적 결함을 낳았을 것이다. 따라서 분열적 존재로서의 '나'를 좀더 객관화하여 철저히 비판적으로 분석하든지, 신야의 고통과 행복을 더 적극적으로 감싸안든지 했더라면 좋았을 것이다.

④ 윤정모의 중편 「악어새」(『실천문학』 1993년 겨울호)는 모처럼 읽은 감동적인 소설이다. 이 작가는 과거에도 『고삐』 같은 장편에서 비슷한 개인사적 소재를 다룬 바 있었다. 그 경우 주인공의 삶은 위악적이라고 느껴질 만큼의 자기혐오와 소설적 필연성을 넘어서는 과장된 운동권적 논리의 자기현시적 결합에 의해 소설로서의 균형을 잃는 수가 많았었다. 그러나 이번의 중편 「악어새」는 작가 윤정모의 치열한 자기응시가 인간에 내재된 추악함과 재생의 가능성을 뛰어난 설득력으로 형상화하는 데 성공하고 있음을 입증하고 있다. 좀더 상세한 분석적 고찰이 뒷받침되지 못함이 유감이나, 생각건대 이 작가는 이제 비로소 진정한 자신의 문학세계를 구축하기 시작한 것 같다. 오랜 방황과 고통 끝에 도달한 「악어새」의 인간통찰이 더 훌륭한 문학으로 결실될 것으로 기대한다.

2. 신춘문예 당선작들을 읽고

① 전국의 주요 일간지들에 신춘문예 현상모집이 빠뜨릴 수 없는 연례행사로 제도화된 지도 어느덧 갑년을 넘겼다. 그리하여 문단은 해마다 연초부터 새 식구를 맞는 출산의 기쁨으로 약간의 흥분을 겪곤 한다. 근자에 텔레비전을 비롯한 전자영상매체의 위력이 날로 압도적인 힘을 발휘하게 되고 또 신문·잡지 같은 정통적 관문 이외의 다양한 등단방식이 개발되고 있지만, 문학작품의 발표가 본질적으로 활자매체에 의존할 수밖에 없다는 점에서 신춘문예의 전통적 영예는 쉽게 퇴색하지 않을 것이다.

나는 오랜만에 중앙 일간지에 발표된 당선작 8편을 통독하였다. 그러고 나서 느낀 것은 이제 드디어 단편소설이란 형식이 우리 소설문학의 중심에서 얼마간 벗어나고 있다는 사실이었다. 널리 지적되듯이 신문학사의 출발 이후 진지한 소설적 창작은 오랫동안 단편형식을 통해 이루어져왔다. 물론 일제시대의 소설사를 논함에 있어 이광수의 『무정』, 염상섭의 『삼대』, 이기영의 『고향』, 채만식의 『태평천하』, 홍명희의 『임꺽정』 등은 가히 기념비적인 업적들이다. 그러나 김동인·현진건·나도향·이태준·이효석·김유정·김동리를 포함한 다수의 작가들에게 있어서 장편소설은 그들의 문학적 재능이 충분히 실현되는 공간이 아니었다고 해야 할 것이다. 근대적 장편형식을 위한 사회적 성숙이 아직 그들에게 결여되어 있었다고 말하는 것이 아마 옳을 것이며, 그런 점에서 『삼대』나 『임꺽정』이 그 자체로서의 탁월성에도 불구하고 일정하게 전근대적 요소를 포함하고 있는 것은 작가의 재능에 관계된다기보다 역사의 한계라고 보아야 할 것이다.

해방후 남한 소설사에서 변화의 조짐이 가시화된 것은 70년대에 이르러서일 것이다. 알다시피 이 시대는 매우 왜곡된 형태로나마 본격적으로 산업화가 추진된 기간이며, 그에 따른 사회적 갈등과 정치적 적대가 우리 삶의 구조를 전면적으로 재편하기 시작한 기간이다. 70년대에 있어 우리의 일상생활은 동시에 역사적 생활이었다. 가정과 거리와 일터에서 보고 당하는 사소한 체험들 모두가 이른바 ‘거대담론’의 일부이거나 그것과의 연계를 떠날 수 없었다. 따라서 디테일의 자상한 묘사를 통해 현실의 심층적 문제성에 접근한다는 소설의 형상화원칙은 충실하게 지켜질 수 있었고, 현재적 삶의 원인과 결과를 역사적 원근법에 따라 조망할 수 있는 시야 또한 확보할 수 있게 되었다. 다시 말해 진정한 의미의 근대적 장편소설이 가능하게 된 것이다. 그리고 그것은 우리 소설사에서 누려왔던 단편문학의 위상이 상대적으로 약화됨을 뜻하는 것이었다. 내가 금년 신춘문예 당선 단편소설을 읽고 느낀 것은 바로 이런 소설사적 흐름의 한 양상이다.

그러나 다른 한편, 단편의 약화가 장편의 강화에 대응되는 것이 아니라 산문정신의 전반적 쇠퇴를 드러내는 징후일 가능성도 있다. 그것은 90년대 들어 현실의 성격이 또다시 커다랗게 변화하고 있다는 사실과 연관된다. 80년대까지만 하더라도 정치·사회적 갈등은 우리의 일상적 감각과 사유에 규정적인 영향력을 행사하였으며, 일상과 역사는 하나의 불가분한 연쇄를 이루고 있었다. 그러나 현실사회주의의 붕괴와 동서냉전의 종식 및 문민정부의 출범은 지금까지의 모든 이념적 가정들이 근거해 있던 기반을 뒤흔들어 만인이 만사에 대해 확신을 가질 수 없는 상황을 연출하고 있다. 물론 송기숙의 『녹두장군』 같은 업적이 최근에 간행되기도 하였다. 그러나 그것은 『토지』『장길산』『태백산맥』의 집필을 촉진한 7, 80년대적 신념의 소산이지 90년대적 현실과의 정면대결인 것은 아니다. 내 생각에 요즘 매일같이 신문의 광고지면을 장식하는 수많은 장편소설들은 이미 현실대결 자체가 불가능하다거나 무의미하다고 믿는 시대의, 그러나 그렇기 때문에 더욱 증가하는 대중들의 통속적 수요에 부응하는 소비상품들인 것 같다. 이런 점에서 볼 때 이제 진지한 문학이 할 수 있는 일의 영역은 점점 축소될 것이며, 외부세계와의 적대적 충돌에 의해 위축과 소외를 경험하는 개인들의 내면이 점점 더 중요한 소설의 주제로 등장할 것이다.

2 이상과 같은 문맥에서 김재찬의 「사막의 꿈」(『한국일보』), 강동수의 「몽유시인(夢遊詩人)을 위한 변명」(『세계일보』) 및 박은철의 「회전목마와 도서관」(『조선일보』)이 다루는 소외와 일탈의 세계는 관심을 끌 만하다. 우선 「사막의 꿈」부터 살펴보자. "일정한 직장도 없이 빈둥거리기만 하는 나

를 대신하여 돈을 벌러 나간 아내"를 기다리면서 "되지도 않은 시(詩) 나부랭이나 끄적인다고 늘상 집안에만 틀어박혀서 담뱃값조차도 벌어들이지 못하는 나"의 일상사가 잔잔하게 묘사된다. 가령 이런 식이다.

> 비가 내리는 동안 나는 손바닥의 손금들을 들여다보며 지냈다. 내가 손금들을 들여다보는 것은 베란다에 나서면 망상처럼 사로잡히곤 하는 자살에의 충동과도 무관하진 않을 터인데, 물론 그동안에도 나는 소파에 웅크린 채 가물가물 잠속으로 빠져들면서 리비아의 사막과 와디에 대한 꿈을 꾸었고, 그 꿈이 끝날 즈음이면 삽화처럼 끼여들곤 하는 달맞이꽃을 보곤 했다. 그러니까 그런 꿈을 꾸고 나면 손금들을 살펴보곤 했던 것인데, 어느 것도 확실치 않은, 하다못해 죽음까지도 확실치가 않은 내 앞날에 대해서 무엇인가를 알아내고 싶었던 것인지도 모른다.

그러나 주인공이 느끼는 자살에의 충동은 그다지 심각한 것이 아니어서 순간적인 망상으로 처리될 뿐이다. 다시 말해 실업상태의 주인공이 겪는 잡념과 공상은 일상적인 차원을 벗어나지 않으며 실존적 결단을 강박할 만한 내면의 위기로 발전하지 않는다. 적어도 이상(李箱)의 「날개」나 50년대 손창섭(孫昌涉) 소설의 절망적 광기와 치열한 생명의지가 이 작품에는 결여되어 있다. 이것이 이 작품을 안이한 세태소설로 읽히게 하는 이유이다. 「몽유시인을 위한 변명」에서 우리는 허위와 위선에 가득찬 세속사회의 덫에 치여 처절하게 파멸해버리는 한 인간을 만나게 된다. 주인공 피구득은 자칭 시인으로 행세하면서 갖가지 기행과 비행을 저질러 상식세계를 야유하다가 결국 행려병자로 얼어죽는다. 이 과정이 우연히 선배의 출판사에서 일하게 된 '나'의 중립적인 시선으로 서술된다. 그리하여 주로 문단사회의 향기롭지 못한 내막이 폭로되는 것이다.

주인공 피구득의 행태 속에는 김관식(金冠植)이나 천상병(千祥炳) 같은 실존시인들의 한때의 이미지가 배어들어 있다. 그러나 그 인물을 형상화함에 있어 작가의 의도는 분열되어 있다. 상식세계에 적응하기를 거부하는 예외적 개인의 역광에 비쳐진 세태의 타락과 지식인사회의 이중성을 고발하려는 것인가, 아니면 속세의 불의와 오탁을 뛰어넘는 인간영혼의 순결성을 추구하려는 것인가. 작가가 노린 것은 어쩌면 둘다였을지 모르나, 작품으로 이루어진 성과는 양자 모두에서 어정쩡한 것으로 그치고 말았다. 김시습이나 김삿갓 같은 방외시인들, 그리고 내가 실제로 접해본 김관식·천상병 같은 시인들은 피상적으로 나타난 모습에서는 언뜻 피구득의 외관을 지닌다. 그러나 단언하거니와 그들의 내부를 일관되게 관통하는 견결한 도덕적 의지와 오연한 인격적 품위를 어찌 조금이라도 간과할 수 있겠는가. 거기 비할 때 이 소설에 묘사된 피구득은 다만 파손된 존재일 뿐이며 아무런 적극적 가치의 지향성을 내장하지 못하고 있다. 그런 점이 의식되어서인지 작가는 뒤늦게 주인공의 생장환경을 덧붙이고 있으나, 오히려 그것은 소설적 균형을 해칠 뿐이다. 주인공이 철저하고 일관되지 못하게 그려진 그만큼 문단사회의 타락상 역시 삽화적인 수준에서 묘사되고 있는 것이다. 문단과 대학사회는 바로 나 자신이 지난 30년간 몸담아왔던 세계로서, 그 경험에 비추어 말하건대 이 소설은 부정적 양상을 파헤치는 데 있어서나 긍정적 가능성을 찾아내는 데 있어서나 전력투구의 경지를 이룩하지 못했음이 분명하다.

「회전목마와 도서관」은 처음부터 일상 현실과의 상식적 연관을 배제하고 있으므로 앞의 작품들에서 내가 시도한 비판적 검토를 원천적으로 거절한다. 말하자면 이 작품은 관념적 우화소설이다. 그런 점에서 장용학(張龍鶴)의 초기소설이나 카프카의 소품들을 연상케 하는 바가 분명히 있다.

나는 관념소설 내지 우화소설에 대하여 원칙적으로 부정적 견해를 가지고 있지는 않다. 정신과 육체, 이념과 현상, 자연과 생명이 갈가리 찢어져 어떠한 통합적 전망의 구성도 헛되게 만드는 것처럼 보이는 진퇴유곡의 시대에 작가는 응당 가공의 질서를 꿈꾸어볼 수 있다. 그것은 절망의 심연 한가운데서 시도해보는 정신적 초월의 한 형식이 될 수 있다. 그것은 고독하고도 준엄한 비타협적 투쟁의 한 방식이다. 그러나 내가 읽기에 「회전목마와 도서관」은 이념상실의 이 시대에 맞선 치열한 지적 도전의 소산이 아니라 한마디로 서투른 습작에 불과하다. 우선 소설문장의 훈련이 모자란다. 가령 "양자에게서 뒤돌아서 있는 가역은 계속해서 들려오고 있는 그

황량한 소리를 쓸쓸하게 듣고 있다" "가역은 비참한 기분으로 등이 꺾어지는 기분이다"와 같은 문장은 비록 문법적으로 틀렸다고 말할 수는 없을지 몰라도 예민한 언어감각의 소유자에게는 기본적 자질이 의심스러운 문장이다. 이 작품에서 내가 유일하게 고개를 끄덕이며 읽은 부분은 다음 단락이다.

　가역에게는 읽고 싶은 책과 읽어야 될 책과 읽어서는 안될 책들 모두가 너무 많았다. 그리고 쉽게 그 책의 성질을 판단하기 어려운 책들은 더욱 많았다. 도대체 책에 대한 판단은 아무런 효용이 없을 듯도 싶었다. 책들은 항상 서로 다른 주장을 하고 있기 때문이다. 결국 서로 적이 아닌 책은 한 권도 없었다. 책을 통한 인간들의 대리전이었다.

이것은 확실히 인간사회에 대한, 특히 현대사회에 대한 심도있는 통찰이다. 그러나 전체적으로 이 작품은 터무니없는 구성과 설익은 관념의 나열로 인해 그와같은 예리한 통찰이 작품의 유기적인 일부로 살아나게 하는데 실패하고 있다.

　③ 문말희의 「형님의 우산」(『문화일보』)과 한강현의 「붉은 닻」(『서울신문』)은 가난하고 고단한 서민생활의 애환을 배경으로 형제들간의 갈등과 화해를 그리고 있다. 두 편 모두 만만치 않은 솜씨를 느끼게 한다.
　「형님의 우산」에는 제사를 지내러 모여든 오남매 형제들의 각기 다른 개성과 삶의 이력이 셋째(아들)의 딸인 ‘나’의 관점으로 서술된다. 장례나 혼례 또는 제사는 일가친척들이 자연스럽게 모일 수 있는 기회이며 갖가지 모습으로 살아가는 삶들이 혈연을 매개로 부딪치고 상처받고 위로하는 인생의 파노라마이다. 혼란과 변동의 현대사를 살아온 우리에게 있어 가족사는 때때로 민족사의 축소판일 수도 있다. 염상섭의 『삼대』나 박경리의 『토지』가 가족사의 틀 안에 전체 시대상의 변화를 담으려 했던 것은 적절한 소설적 전략으로 이해된다. 「형님의 우산」 역시 작은 규모에서나마 그 일을 하고 있다. 다만 이해하기 어려운 것은 단편소설이라는 그렇게 크지 않은 그릇에 아버지 세대들의 부서진 생애와 그들간의 자질구레한 (그러나 그나름으로 의미있는) 갈등을 담는 일 이외에 그것을 관찰하고 전달하는 '나' 자신의 왜곡된 삶을 왜 더 담아야 했던가 하는 점이다. '나'의 아버지는 사형제 가운데 물질적으로 가장 성공했고, 아내나 딸에게 관대한 인물이 아니기는 하지만 그렇다고 해서 '나'가 몸을 팔아야 할 처지인 것은 아니다. 삶의 진실의 발견이라는 이 소설의 결말이 감동적임에도 불구하고 화자 - 관찰자인 '나' 자신의 문제가 미결인 채로 남아 있다는 점에서 감동의 정체는 끝내 불확실하다.

「붉은 닻」은 서정적인 문체로 그려진 매우 아름다운 작품이다. 그러나 어딘지 현실에 실재하지 않는 세계의 곱게 채색된 그림 같은 허망함이 있다. "정황의 서정성은 아름답지만 이야기의 구체성은 모호하다"는 심사평이 정곡을 찌르고 있다는 생각이다.

서지한의 「바리케이드」(『경향신문』)와 신상태의 「떠 있는 섬」(『중앙일보』)은 작품의 배경이 전혀 다름에도 불구하고 본질적으로 상통하는 문제를 다루고 있다. 「바리케이드」는 우리나라 산업현장에서 이제는 외면할 수 없게 된 외국인 노동자의 현실을, 그리고 「떠 있는 섬」은 미국 이민사회에서 근년에 크게 부각된 한·흑 갈등의 실상을 본격적으로 파헤친 문제작이다. 특히 「떠 있는 섬」은 소수민족 정책을 통해 표출되는 미국 사회구조의 모순을 작가의 능란한 글솜씨와 오랜 미국 체험의 실감에 뒷받침하여 그려낸 훌륭한 소설이다. 단지 흠을 잡자면 「바리케이드」의 경우 화자인 '나'나 용승이가 도무지 불투명한 존재라는 점이며 「떠 있는 섬」의 경우 어느 정도 불가피하다고 이해되기는 하나 지나치게 많은 외래어를 사용한 점이다.

김승희의 「산타페로 가는 사람」(『동아일보』)은 당선자의 20여 년에 걸친 시인경력 때문에 저널리즘의 조명을 받았으나 작품 자체로서도 화제에 오를 만한 문제성을 지니고 있다. 예민한 감성과 섬세한 문장에 인도되어 주인공의 하루 일과를 함께 겪은 끝에 우리는 드디어 한 인간의 삶의 복잡한 구성을 부피있게 실감하게 되는데, 그런 실감이야말로 우리가 소설 독서를 통해 얻고자 기대하는 바의 것이다. 그러나 실감이 반드시 동의를 뜻하는 것은 아니다. 물론 소설이 찬반간의 선택을 묻는 형식은 아니며, 오히려 삶의 실제를 이루는 구체적 세목들이 그 자체의 필연성으로부터 이탈하여 작품 바깥의 어떤 정치적·윤리적·종교적 또는 성적 도식(작가 개인의 것이든 지배계급의 것이든)을 설명하는 수단으로 이용될 때 그것은 그야말로 문학적 결함 이외의 아무것도 아닐 것이다. 그러나 그렇다는 사실과 문학이 보편적 진실의 드러남에 관여한다는 사실이 결코 모순되는 것은 아니다. 일상사의 세부적 묘사가 일상을 넘어서는 역사적 차원과의 연관을 함축할 때에만 리얼리즘은 달성되는 것이기 때문이다. 다시 말해 「산타페로 가는 사람」이 흔히 말하는 리얼리즘을 의도하고 있지 않음은 분명하지만, 리얼리즘적 해석의 길을 봉쇄하지 않고 있다는 것도 분명하다.

주인공은 미국의 어느 자그만 도시에서 열린 세계예술가대회에 석달간 참가하고 이제 조만간 돌아가려는 참이다. 그런데 여기 참가했던 세계 각지의 여성시인과 화가들이 그냥 돌아갈 것이 아니라 산타페라는 곳에 일주일 정도 들렀다가 헤어지자는 공론을 벌이고 동행 여부를 그날 마지막으로 결정하게 된다. 이 소설은 바로 그날 주인공의 일기인 셈이다.

주인공이 처음 미국의 대학촌 도시에 와서 놀란 것은, 그리고 이 작품의 독자가 맨 먼저 깊은 인상을 받는 것은 그 도시의 평화스러움이다. "평화란 낯선 것이었고 너무 이상한, 비정상적인 충격으로 다가온 것"이란 주인공의 감회에 우리는 두말없이 공감할 수 있다. 그것 없이 살아온 우리의 삶이 얼마나 빈곤하고 황폐한 것인가를 여지없이 일깨워주는 낱말 '평화'는 그러나 이 소설에서 평화와 반대되는 연상과 현실적 곤경을 이끌어내는 역설적 끈이 되고 있다. 휴전선을 사이에 두고 군사적으로 대치하고 있다는 사실이 주는 항상적인 불안과 긴장, 상여꾼의 노랫소리 같기도 하고 정선 아리랑 같기도 한 민요조의 어두운 비탄, 그리고 무엇보다도 건달 동생의 융자보증을 섰다가 머잖아 집을 차압당할지 모르게 된 사정 따위들이 천천히 기술되는 것이다. 곧 이어, 비록 외국 여성의 입을 빌려서지만 북한체제의 믿을 수 없이 비이성적인 일화가 신랄하게 소개되고 "우리는 안 그래"라는 주인공의 항변에 "우리라니? 그 우리 속에는 노스코리아는 안 들어가니? 같은 동족이면서"라는 치명적 반론이 제기된다. 여기까지 읽으면 작가의 의도가 오히려 지나치게 직접적으로 드러난다.

소설에 그려진 주인공의 남동생은 우리 사회에서 반드시 예외적이라고만도 할 수 없는 있음직한 인물이다. 그러나 이 작품이 독자에게 유발하는 북한상은 그 일화만으로 충분히 공평하게 전달되었다고 보기 어렵다. 그것은 그 일화가 조작되었다는 뜻이 아니다. 물론 나 자신은 그런 일화의 사실 여부를 판단할 아무런 정보도 경험도 없지만, 적어도 그런 사회적 비이성이 있을 수 있는 사회가 북한이라고는 믿고 있다. 그러나 그와 더불어 그런 비이성을 어느 정도까지는(물론 충분히는 아니지만) 상쇄할 수 있는, 자본주의 경쟁사회의 구성원에게는 상상하기 어렵고 어쩌면 불필요하다고 생각될, 전혀 다른 종류의 미덕을 아울러 가진 사회가 북한이라고 생각하고 있다. 요컨대 북한은 지난 반세기 동안 남한에서 관행화된 경험법칙으로는 설명되지 않는, 그러나 친근해지기 위한 노력을 멈출 수 없는, 이 소설의 표현을 빌려 "하나의 콩줄기에 묶인 깍지콩" 같은 존재이다. 적어도 여기까지는 나는 이 소설에 동의하겠다.

그렇다면 이 소설이 결정적으로 빠뜨리고 있는 것은 무엇인가. 조금 전에 나는 주인공의 남동생이 우리 사회에서 드물지 않게 보이는 있음직한 인물이라고 지적하였다. 그런 인물을 바로 남동생으로 둔 피의 악연을 주인공은 저주하고 있지만, 그 남동생보다 훨씬 더 악랄하고 저열한 아버지·오빠·동생·친구 들을 가진 수많은 남녀들이 이 좁은 반도땅에서 뒤섞여 살아왔고 살고 있다는 사실에 대한 인식은 주인공에게——그리고 어쩌면 작가에게——결여되어 있는 것 아닌가. 미국 대학도시의 평화스러움? 그 평화가 어떤 희생 위에 지탱되고 있는가 하는 데 대해서도 생각이 미치지 않고 있다. 앞서 거명한 신상태의 「떠 있는 섬」은 바로 미국적 평화, 미국적 자유, 미국적 신화의 근원이 실로 기만적이고 날조적임을 부분적으로 실증하고 있는데, 그 작품에 이런 구절이 있다. "미국사회를 움직이는 커다란, 보이지 않는, 그림자 같은 세력이 틀림없이 있을 거야." 무용수들의 사진을 일면에 커다랗게 싣는 지방 일간지의 존재, 한없이 평화스럽게 흐르는 강물, 어떤 종류의 반대의견도 용납되는 자유도 미국의 표상이지만, 그 모든 평화의 이미지들을 보이지 않게 조정하면서 자신들의 엄청난 과소비를 유지하기 위해 무자비한 침략과 생떼 같은 여론조작과 철면피한 외교압력을 쉴새없이 자행하는 것도 미국인 것이다. 미국이야말로 모든 평화의 근원적 적이라는 것은 역설적이지만 미국 소도시의 기막힌 평화스러움 자체가 바로 증거이다. 그리고 휴전선 때문에, 남동생 때문에, 또는 바람둥이 남편과 낭비적인 아내 때문에 겪는 우리의 고통과 궁핍은 어쩌면 그들의 평화를 지켜주기 위해 바쳐지는 부당하게 강요된 희생일지도 모르는 것이다. 분명한 것은 지구 한쪽의 풍요와 다른 쪽의 빈곤, 한쪽의 평화와 다른 쪽의 전란위험 사이에 놓칠 수 없는 내적 연관이 있다는 사실이다.

어떻든 주인공은 산타페에 가지 않기로, 어둠의 땅에 어서 돌아오기로 결정한다. 그는 심지어 "너희는 산타페를 가서 무얼 하려는가" 하고 외국인 동료들에게 질타하듯 속으로 묻기까지 한다. 그렇게 묻는 순간의 심리적 우월감은 그러나 근거가 박약하다. 왜냐하면 그의 귀국 결정이 진정한 자기극복과 치열한 현실인식에서 태어난 필연적 결단이 아니었으므로.

3. 가족소설의 여러 양상

① 월간지와 계간지들에서 스무 편 가까운 소설을 읽었다. 내가 읽지 못한 작품도 상당수 있을 것이고 그밖에도 매일같이 장편 또는 단편집 신간 광고가 신문지면을 장식하는 것을 보면, 바야흐로 우리 소설문학은 일대 개화기를 맞은 것 같기도 하다. 정치적 탄압과 이념적 저항운동이 한창 활발하던 1980년대의 한때 '시의 시대'라는 말이 있었거니와 지금은 그에 대비되는 '소설의 시대'라 부를 수 있을 것이다. 그렇다면 90년대의 중반에 접어든 오늘 왜 이렇게 소설이 왕성한 생산력을 과시하고 있는가.

내 생각에 그것은 무엇보다 우리 사회에서 소설이 맡고 있는 역할의 변화와 관계가 있을 듯하다. 지난날 소설은 역사와 현실의 핵심적 문제성을 고민하고 성찰하는 '무거운' 형식의 하나였다. 물론 어느 시대에나 통속적인 대중소설이 없었던 것은 아니다. 그러나 그것들은 대체로 문학적 논의에서 제외되는 것이 관례였으며 대중들의 감각적 호기심에 영합하려는 열망에도 불구하고 대중의 진지한 관심권 안에 진입하지 못하였다. 순수문학과 통속문학으로 양분된 가운데 통속문학은 문학의 껍질을 쓴 오락물로 자타에 의해 의심없이 공인되었던 것이다. 그러나 언제부터인지 양자간의 구별이 모호해지고 있다. 아니 그렇다기보다, 문학작품의 창작과 향수 전과정이 문학산업으로서의 출판과 광고 메커니즘에 종속되어 있다고 말하는 것이 옳을 것이다. 산뜻한 장정, 야릇한 제목, 자극적인 선전문구를 동원하는 출판기획자와 전문 디자이너의 기발한 아이디어가 책의 내용 여부를 떠나서 독자들의 구매욕을 촉발하며, 작가는 마치 영화의 원작자 같은 위치로 전락하는 것이다. 물론 그렇다고 해서 작품이 반드시 질적으로 저하한다는 것은 아니다. 스티븐 스필버그의 영화가 강력한 오락과 일정한 예술성의 교묘한 결합에 의하여, 그리고 무엇보다 기술적 탁월성에 의하여, 돈 내고 입장한 관객을 실망시키는 법이 없듯이 상업적 기획에 의해 집필된 소설일수록 오히려 '잘 만들어진 작품'일 수가 있는 것이다. 문제는 이런 소설의 경우 모든 문학적 요소는 그 자체의 가치로서 추구되는 것이 아니라 자본주의적 시장논리에만 철저히 이용된다는 점이다. 이제 어느덧 소설은 영화나 텔레비전 같은 영상매체와 더불어 대중적 '소비형식'의 하나가 된 것이다. 다만 우리의 경우 아직 스필버그만한 감독이 없고 대자본에 장악된 영화산업이 성립되지 않았듯이 소설장르의 소비문화적 양상은 초기단계에 있다고 여겨진다.

지금 우리 사회에 대중적 문화산업이 깊숙이 뿌리내린 것은 의심의 여지가 없지만, 그러나 그 문화산업의 뿌리가 언제든 박살날 가능성이 여전히 있다는 것도 또한 사실이다. '거대담론'의 용도폐기를 시도하는 포스트모더니즘의 전략이 우리 사회에서는 역설적으로 늘 거대담론적 토론을 유발하고야 만다는 사실이 어떤 사람들에게는 매우 후진적인 현상으로 간주될지 모른다. 그러나 그것이야말로 우리가 지켜야 할, 그리고 어떤 점에서 더욱 확장해야 할 가능성의 본질이다.

우리 문학에서 대중문화적 소비논리에 덜 침식된 채 남아 있는 영역의 하나는 단편소설일 것이다. 일반대중에 대한 영향력은 크게 줄어든 반면 여전히 까다로운 문단 전문가들의 품평에서는 자유롭지 못한 보수적 매체

(문예지)를 주요 발표무대로 할 수밖에 없기 때문에 단편은 '상업적' '대량소비적'이기 어렵다. 작가의 개인적 고뇌와 창의, 그의 고독한 글쓰기에 전적으로 의존하고 있다는 조건은 단편장르를 여전히 자본에 의해 '정복되지 않은 땅'에 남아 있도록 허용한다.

그렇기는 하지만 단편작가 자신은 단편소설의 전성기 아닌 문화산업의 시대에 살고 있으며, 따라서 자기의 작업방식과 시대적 풍조 사이의 분열을 의식하지 않을 수 없다. 더욱이 문민정부 출범과 더불어 본격화된 정치적 적대관계의 퇴조와 이념적 압력의 철폐는 작가들로 하여금 예기치 않은 무력증에 빠지도록 만드는 것 같다. 결혼생활과 가족관계 같은 사적(私的) 영역이 소설의 가장 중요한 대상으로 떠오르고 사회적 갈등도 가족간의 갈등을 매개로 제시되고 있다는 사실이야말로 오늘 우리 소설의 현주소를 가장 단적으로 드러내준다고 하겠다. 이번에 내가 읽은 소설들 가운데 절반 이상이 일종의 가족소설적 양상을 띠고 있었던 것이다.

오랜 역사에 걸쳐 가족은 인간의 생존방식을 규정해온 기본 단위였다. 가족의 형태와 소유의 형태 사이에 긴밀한 연관이 있고 따라서 가족을 이루어 살아가는 것이 인류의 초역사적이고 절대적인 생활형식이 아닌 것은 분명하지만, 그러나 그럼에도 불구하고 우리의 정서적 경험은 아직 가족이라는 이름의 혈연관계를 피할 수도 떠날 수도 없는 운명으로 받아들이게 한다. 농촌공동체가 붕괴되고 핵가족화가 보편적인 것으로 된 상황 속에서도 부모와 자식, 형제들 간의 애증의 유대는 우리의 감정생활을 지배하는 근원적인 충동으로 살아 있는 것이다. 그러나 이제 다른 한편, 가족사회에는 중대한 균열의 조짐이 드러나고 있으며 가족구성원들의 결속을 지탱해오던 경제적·도덕적·감성적 강제력도 현저히 약화되고 있음을 오늘의 소설들은 증언한다.

2 박완서의 「가는 비, 이슬비」(『한국문학』 3·4월 합병호)에서 주인공 수자는 유복한 집안의 막내이자 외동딸로 대학을 졸업하자마자 좋아하는 남자와 약혼을 하고 그 남자가 군복무를 마치자 결혼한다. 오빠들이 모두 부모 욕심에 차지 않는 집의 딸들과 연애결혼한 것에 실망한 어머니는 딸만

이라도 번듯한 집안에 시집보내려 했으나, 수자 역시 가난한 청년을 선택한다. 그러나 그들의 결혼은 첫날밤부터 어긋나기 시작한다. 신랑 찬우는 신부의 정조에 대해 의심을 품었고, 수자는 남편의 의심에 대해 변명하거나 항의하는 것조차 치욕스럽게 생각한다.

그리하여 수자는 남편한테 온갖 정신적 고문과 말없는 수모를 당하던 끝에 대기업의 주부사원으로 취직을 함으로써 독립의 길로 나섰고 마침내 이혼을 결정한다. 그동안 혼자가 된 어머니와 합쳤고 "그러기를 어언 십여 년. 그녀는 마흔을 넘겼고 주부사원 공채로 입사한 동기들은 다들 이런저런 까닭으로 그만두고 그녀 혼자 남아서 과장까지 오른 것이었다." 그러던 어느 날 그녀는 홀아비인 김전무로부터 교외로 바람이나 쐬러 나가자는 데이트 신청을 받는다. 이 작품 「가는 비, 이슬비」는 바로 그날 아침 수자의 흔들리는 심경과 회상으로 이루어져 있다. 김밥도시락을 준비하면서도 갈까말까 망설이는 그녀의 눈에 잡힌 이른 아침 초봄의 풍경, 그것은 중풍에 걸려 걸음이 불편한 마나님과 그 마나님을 부축하고 걷는 영감님 노부부의 느린 산책이었다. 매일 되풀이되는 그 산책이 수자에게는 참으로 평화스러워 보인다. 그러면서 "하필이면 왜 살 날이 얼마 안 남은 노인네들을 통해서 사람 사는 동네의 온기와 위안을 얻고자 했을까"라는 생각조차 해본다. 수십년 함께 살면서 온갖 고초와 갈등을 겪었을, 그러나 이제 비록 늙고 병들었을망정 위로와 안식의 동반자로 남은 그들 노부부의 삶은 아름다움에 값한다. 그러나 수자로서는 그 아름다움을 성취할 가능성이 자신의 삶에서 확신있게 찾아지지 않는 것이다. 결국 그녀는 발길을 안으로 돌린다.

박완서의 작품과는 반대로 나이든 부부의 눈길에 원경으로 포착된 한 젊은 가정의 파탄을 그린 소설이 이동하의 「가을볕 속 잠자리떼」(『문예중앙』 봄호)이다. 이 작품은 서울 근교 과천의 아파트단지에서 십여 년 살던 김선생 내외가 이사가기 전날 저녁 마지막 산책길을 나서서 보고 듣고 회상한 것을 담담하게 서술하고 있다. 화자인 김선생의 시선은 자상하고 따뜻하고 또 쓸쓸한 것이어서(젊은 독자들에게는 싱겁고 밋밋하게 느껴질지 모르나) 같은 연배의 독자에게는 문득 한가닥 애수와 더불어 차분한 자기성찰의 계기를 마련해준다. 김선생은 아내와 함께 시장 골목과 공원을 한바퀴 돌아 천천히 걸으면서 급격한 세태의 변화와 속절없는 세월의 흐름을 뼈저리게 실감한다. 처음 이사올 때 국민학생·중학생이었던 아이들이 이제 어엿한 대학생이 된 것은 흐뭇하지만, 온 가족이 함께 모이는 기회가 좀처럼 없어진 것은 흐뭇함보다 더한 공허감으로 다가온다. 그러면서 그는 동네 아이들 틈에서 보았던 두 오누이의 모습을 떠올린다. "김선생은 단지 안 어디서건 그리고 어느 때건 그 오누이의 모습을 발견하기만 하면 그 앞에서 한참씩 걸음을 멈추곤 하였다. 그러면 어둡고 괴로웠던 자신의 어린 시절이 문득문득 되돌아보이는 것이었다." 그 오누이들의 아버지는 젊은 개업의라고 하나 얼굴을 대할 기회는 없었고 어머니 쪽도 만난 적이 없었다. 그런데 놀랍게도 어느 날 저녁 젊은 의사가 아이들과 함께 응접실에서 텔레비전을 보는 동안 부인이 안방문을 잠근 채 남편의 넥타이로 목을 매어 자살하는 사건이 일어난 것이다. 자살 이유는 동네 사람들의 추측과 소문으로만 암시될 뿐이지만, 분명한 것은 외관상 단란하고 행복해 보이던 한 가정이 순식간에 여지없이 박살나 버렸다는 점이다. 그 오누이들의 귀여운 모습에서 "자신의 저 불행이 비로소 보상받고 있는 듯한 느낌으로 가슴이 따뜻하게 차오르곤" 했던 김선생에게 그것은 행복의 환상이 깨지는 것이었다. 개업의사인 남편이 제공하는 경제적 여유, 어린 자녀에 대한 모성애와 양육의 책임, 그리고 무엇보다도 생명의 준엄성에도 불구하고 무엇이 한 젊은 여자로 하여금 생의 포기를 강요했는가. 가정은 그녀의 고통과 절망을 감싸안을 만한 안식의 터전이 못되었단 말인가. 작가는 더 이상 확실한 대답을 하지 않고 있다.

김문수의 「온천 가는 길에」(『문예중앙』 봄호)는 대가족제가 해체되고 형제가 각기 고향 농촌과 대도시로 갈리면서, 출세주의와 이기주의에 의해 인간이 얼마나 부도덕하고 반인륜적인 모습으로 황폐해질 수 있는지 보여준다. 서울에서 관리로 출세한 국장 내외는 노환으로 누워 있는 어머니를 모셔오기 위해 오랜만에 가난한 시골 형네 집으로 내려간다. 그런데 그가 어머니를 모셔가려는 것은 효심이 있어서가 아니라 장례를 자기 집에서 치름으로써 문상객들의 부조돈을 긁어모으기 위해서이다. 속셈을 모르는 형과 형수의 반대를 무릅쓰고 그는 임종이 가까운 어머니를 억지로 차에 태우고 서울로 올라온다. 어머니를 차에 버려둔 채 부부는 갈비로 포식을 하기도 한다. 마침내 집에 도착해보니 어머니는 숨을 거둔 뒤였다. 그들 부부는 의논 끝에 어머니가 하루 뒤에 임종한 것으로 꾸며서 장례를 치르고 모여든 손님들에게는 마치 자기들이 그동안 정성껏 어머니를 모셔온 것인 양 거짓말을 한다. 사태가 이쯤 되면 가족관계를 지탱해온 최소한의 윤리, 다시 말해 모자간 또는 형제간의 혈연적 유대란 이미 쓰레기통에 버려진 지 오래라고 할밖에 없다.

그러나 유순하의 「소멸」(『한국문학』 3·4월 합병호)은 이와 반대로 부모와 자식 간의 극진한 사랑과 보살핌으로 이루어진 정감어린 세계를 서술한다. 작가 자신으로 짐작되는 중년의 소설가 '나'는 일주일에 한번씩 아내가 만들어주는 도시락과 반찬을 가지고 거동이 불편한 양친을 찾아 대전으로 내려간다. 그리고 하룻밤 그들 곁에서 지내고 올라온다. 이런 소설적 틀 안에 어린 시절의 자전적 일화라든가 젊었을 적의 부모에 대한 회상, 그리고 비둘기 키우는 이야기 들이 잔잔하게 이어진다. 가령 다음과 같은 장면을 읽어보자.

나는 다가가 어머니 발치에 철푸덕 앉아 양말을 벗긴다. 늙었기 때문일까, 파킨슨병 때문일까, 발 모양뿐만 아니라 발가락들까지도 이리저리 뒤틀려 있다. 발톱은 아직 깎을 만큼은 되지 않았지만, 발을 씻은 지는 며칠 되었을 듯했다. 나는 욕실에 들어가 대야에 물을 떠가지고 나온다. 발이사 아래(엊그제) 닦았는데. 어머니는 그러면서도 잠자코 있다. 나는 큰 수건을 아래에 깐 그 위에 물대야를 놓고 어머니 발을 씻겨드린다.

이 장면은 어쨌든 아름답고 감동적이다. 작가 유순하의 실제이력이 작품 곳곳에 언급되고 있어 가공의 효자담이 아님을 입증하고 있다. 그러나 오늘의 이 야박한 현실세태를 죽자살자 살아가는 사람들이 이 장면에서 무엇을 느낄까. 적어도 이 자본주의 경쟁사회 구성원들의 영혼을 움직이는 생동하는 호소력을 가진다고는 판단할 수 없을 것이다. 가부장제 시대의 많은 미덕들이 가부장적 억압의 이데올로기이기도 했던 사실 또한 부정될 수 없을 것이기 때문이다.

이청해는 나로서는 처음 이름을 대하는 작가인데, 그의 「바람이 불어오는 곳」(『창작과비평』 봄호)은 그가 만만치 않은 저력의 소유자임을 느끼게 한다. 작품을 끌고 나가는 깐깐한 묘사와 예리한 감각에 포착된 인생의 미묘함이야말로 소설문학의 진정한 성취이고, 그 성취 안에 녹아든 메시지의 의미를 읽어내는 것이 비평가의 몫일 것이다. 훌륭한 작품의 경우 줄거리의 요약은 언제나 작품의 핵심으로부터 멀어지는 것을 의미하는데, 이 「바람이 불어오는 곳」 역시 그런 곤경에 빠지게 한다. 주인공 '나'는 머리 좋은 언니 오빠들 밑에서 제대로 보살핌도 받지 못한 채 힘들게 학교를 마치고 전문직으로 진출하였다. 그러나 "나는 이제 누가 보나 실패한 여자였다. 여자 나이 서른아홉에, 결혼도 아예 틀린 일이요, 젊음도 놓쳐버렸다." 유일한 목표이자 희망은 직장에서 자리를 잡는 것이었는데, 과장은 그 자리에 다른 남자를 임명했던 것이다. 그래서 '나'는 사직서를 써서 가방에 넣어가지고 다니며 심지어 자살할 생각조차 한다. 그런데 이 작품의 핵심은 이런 '나'의 눈에 비친 가족간의 원망과 갈등이다. "평생 동안 어머니는 자신의 속옷이나 양말을 가져보지 못했다. 그런데도 우리들은 저마다 기회만 있으면 어머니를 괴롭히곤 했다." "나는 부모가 나에게 한번도 기대해본 적이 없다는 사실에 화를 내고 있었다. 큰언니는 성악가가 되려는 야심을 버리고 전문대를 졸업한 후 간호사가 될 수밖에 없었다는 사실에 주목하고 있었다. 남동생 기식이는 자기가 부모의 몸에서 제일 늦게 나와 머리가 명석지 못한 것이라고 생각하고 있었다." 이렇게 형제들마다 불만인 그 부모는 "시골 구석의 고무신 장사와 몇 뙈기의 밭농사"로 온몸을 다 바쳐 자식들을 뒷바라지해 왔던 것이다. 그리고 이제 늙어 스스로 움직이기도 어려운 처지가 되자 어느 자식 하나 집에 모시거나 수발을 들 생각을 않는다.

이 작품의 다른 한 축은 어머니가 절름발이 아버지에게 재혼해오기 전에 낳은, 열두살엔가 가출했다는 아들의 존재이다. 어머니는 한번도 입 밖에 내놓은 적은 없어도 자기가 낳은 첫아들에 대한 사무칠 듯한 그리움을 평생 가슴 깊숙이 묻어두고 살아왔음이 이윽고 밝혀진다. 이제 죽음의 그림자가 서서히 다가오는 듯한 느낌이 들자 처음으로 "죽었는지…… 살았는지…… 그거나 알고 갔으면……" 하고 혼자말처럼 중얼거리며 눈물을 흘리는 것이다. 재혼해서 낳은 자식들을 위해 일생 동안 헌신했고 그리고 이제 온몸의 기력이 소진된 상태에 이르러서도 거의 반세기 전에 가출한 첫아이에 대한 멍든 기억 때문에 괴로워하는 어머니는 '나'에게 충격을 준다. 그래서 "내가 체험하지 못했던 근원적인 사랑이라는 것"에 대해 생각해보기도 하고, "사랑하는 사람한테도 우리들은 얼마나 많은 화를 내며 살고 있는가" 하고 자문하기도 한다.

 그러나 따지고 보면 '나'의 이 뒤늦은 각성이 좋은 일이기는 하지만, 그것이 가족간의 갈등과 인간의 이기적 욕망을 다스리는 윤리적인 힘으로서 충분한 설득력을 가진다고 보기는 어렵다. 그동안 입 밖에 내어 말하지 않았다 하더라도 어머니에게 깊은 상처가 있음을 눈치챌 기회는 얼마든지 있었을 것 아닌가 하고 물어볼 수도 있으며, 또 '나'가 부모를 모시기로 작심한 이후에도 그들 형제간의 갈등관계에 본질적으로 달라질 것은 아무것도 없겠기 때문이다.

 근년 들어 왕성하게 작품을 내놓고 있는 김향숙은 이번에도 「저 모호한 저녁빛의 시간」(『창작과비평』 봄호)과 「우혜 이야기」(『작가세계』 봄호) 등 짧지 않은 두 편을 발표하였다. 전자는 남편과의 결혼생활을 더 이상 참을 수 없어 이혼을 결심하고 친정에 돌아온 화자의 시점에서, 그리고 후자는 점차 속물화되어 가는 남편과의 결혼생활에 못 견뎌하는 주인공의 시점에서 서술된다. 김향숙 특유의 치밀한 심리분석과 집요한 내면묘사가 편안한 독서에의 기대를 끊임없이 좌절시키지만, 그러나 그렇게 함으로써 그의 소설들은 부부간·모녀간·자매간의 복합적 심리추이를 그지없이 정확면밀하게 드러내고 가족이데올로기의 허구성과 맹목성을 적나라하게 폭로한다. 앞에서 거론한 여러 작품들과 김향숙 소설의 가장 뚜렷한 차이는 아마 그가 어떤 의식적 관점(흔히 페미니즘 또는 여성해방론이라고 불리는 관점)을 분명히 채택하고 있다는 사실일 것이다. 물론 어떤 이론적 입장의 선택이 문학적 성취의 정도에 그대로 연결되는 것은 아니다. 작품 바깥에서 선취된 작가의 입장은 작품의 성과에 기여할 수도 있고 손상을 줄 수도 있기 때문이다. 그러나 우리가 늘 경험하는 바이지만 작가 개인의 어떤 이념이나 고집 또는 편견은 때때로 작품의 예술적 완성에 치명상을 가하면서도 바로 그 때문에 범인의 눈에 잡히지 않는 삶의 숨은 진실을 드러낸다. 물론 김향숙의 경우 그가 결코 급진적 여성해방론자인 것은 아니다. 즉, 그의 요구수준 자체가 높은 것은 아니다. 그러나 그는 그가 견지하는 수준 안에서는 철저하기를 추구하며, 그런 점에서 그의 작품적 실천은 말만의 급진주의보다 오히려 더 급진적이라고 할 수도 있다. 특히 「저 모호한 저녁빛의 시간」은 가족문제에 대한 고찰로서뿐만 아니라 80년대 변혁운동에 관여했던 세대의 후일담이라는 측면에서도 뛰어난 문제제기이다.

3 이제 두 편의 특별하고 뛰어난 단편에 대해 간단히 논평하는 것으로 끝내고자 한다. 그것은 현기영의 「마지막 테우리」(『문예중앙』 봄호)와 정찬의 「별들의 냄새」(『작가세계』 봄호)이다.

현기영의 「마지막 테우리」는 단편소설이 요구하는 모든 요소를 고루 갖춘, 우리 단편문학의 역사에 빛날 명작이다. 절제되고 압축된 문장, 그런 문장을 통해 뇌리에 각인하듯이 선명하게 펼쳐지는 자연묘사의 풍요함, 과거의 4·3항쟁과 현재의 골프장 건설로 인한 자연파괴를 대비시키는 기법, 인간과 동물 사이에 이루어지는 생명적 교류, 무엇보다도 냉정 침착한 형식의 엄격성과 그 단단한 형식을 폭파시킬 듯한 격렬한 내용(살육·눈보라 등등)의 결합은 이 작품에 고전적 품격과 깊이를 부여한다.

정찬의 「별들의 냄새」에서 '나'는 친구인 신경정신과 의사의 권유로 휴식을 위해 아내에게도 거짓말을 하고 일주일간 정신병원에 입원을 한다. 거기서 '나'는 코를 빼앗겨 냄새를 맡을 수 없게 되었다고 믿고 있는 강문규라는 환자의 독특한 세계를 엿보게 된다. 원래 유능한 은행원이었던 강문규는 사고로 말미암아 갑자기 코가 예민해져 남들이 못 맡는 냄새를 맡게 되고 이 때문에 결국 정상적인 사회생활을 하지 못하게 된다. 그리하여 그는 거꾸로 코를 잃어버렸다고 믿음으로써 냄새로부터 스스로를 차단하는 것이다. 이 사나이의 정신병리적 상황과 그에 대한 정신과 의사의 해설을 통해 작가는 '생명을 깊이 느끼는 감정'을 상실한 현대인의 황량한 내면세계와 현대문명의 위기에 대해 본질적인 의문을 제기한다. 자연과 인간이 하나의 생명공동체 안에 공생하고 있다는 생각, "모든 사물 하나하나가 자신의 생명과 연결되어 있다는 생각"은 문명의 발달과 더불어 점차 인간의 감각에서 사라진 어떤 근원적 생명성을 환기시킨다. 이 작가의 독특한 문제의식은 환경오염과 생태계의 파괴가 인류생존의 근거 자체를 절멸시킬지도 모르는 심각한 위기에 이르렀다는 점에서 예의 주목되어야 할 것이다.

4. 고립과 단절을 넘어

[1] 소설 읽는 것이 어느덧 괴로운 일이 되었다. 한때 확신에 넘친 주장들이 범람하던 시절, 비록 그 주장에 충분한 믿음이 가지는 않더라도 그것들이 만들어내는 소란스러움 자체가 희망의 가능성을 뜻하는 것이었다. 여러 갈래로 엇갈려 외쳐지는 목소리이기는 했으나 한결같이 다가오는 약속의 땅에 대해서 말하였고, 사람들은 진리와 정의가 역사 속에 실현될 그날에 대해 기대를 품을 수 있었다. 사실 그때의 그 기대가 얼마나 과학적이냐를 따지는 것은 부질없는 노릇이다. 희망이 사람들의 마음을 움직이는 힘으로 살아 있는 시대에 있어서의 그 희망의 내용은 반드시 실체적 사실과의 일치를 객관적 검증을 통해 확인받아야만 유효한 것은 아니다. 왜냐하면 희망의 감정은 그 자체가 최대의 자기증명이기 때문이다. 결국 한 시대의 지배적 이념이란 현실에 편재한 그러한 정서적 경향의 표현일 뿐인 것이다. 꽃이 피고 녹음이 우거지면 새들은 지저귀게 마련 아닌가.

그런데 이제 우리 소설에는 아무런 희망의 조짐도 낙관적 전망도 눈에 띄지 않는다. 무성한 잎사귀의 기억조차 희미해진 초겨울의 조락과 냉기가 천지의 삭막함을 증언해줄 뿐이다. 사회적 열정이라 이름할 만한 것이 있던 자리는 폐허처럼 황량하게 변하고, 대신 거기에는 목표 잃은 개인들의 고단한 일상과 소외된 자아의 메마른 내면풍경이 사막처럼 전개된다. 이때 절망이란 낱말을 소리내어 말하는 것은 차라리 적극적이고 저항적인 차원을 가진다. 가령, 지난 시절 민주화운동에 온몸을 바쳐 싸웠던 한 인물은 이 새로운 상황에 직면하여 그에게 허용된 행동의 최대치, 즉 자살을 결행한다. 존경하고 따랐던 어느 선배의 정치적 변절에 너무나도 큰 혼란과 절망을 느꼈으며, 살면 살수록 더 살아갈 자신이 없어진다는 유서를 남기고서. 그는 술자리에서 이렇게 말하기도 하였다. "혁명이 없어졌다는 것은 참을 수 있다. 하지만 온 존재를 걸 수 있는 절대적인 가치가 사라졌다는 것은 참을 수 없다."(김영현, 「그리고 아무 말도 하지 않았다」, 『실천문학』 여름호)

여기서 참을 수 있는 것으로서의 혁명은 무엇이고 참을 수 없는 것으로서의 절대적 가치는 무엇인가. 우리는 매순간의 삶 속에서 그 삶이 어떤 유의미한 생명활동의 일부임을 무의식중에라도 전제한다. 그런데 삶에 의미를 부여하는 가치란 살아 있음 자체의 내부에서 생성되는 것이지 외재적으로 또는 선험적으로 주어지는 것은 아니다. 그러므로 개인들의 삶은 그 자신에게는 반복 불능하고 대체 불가한 일회적 절대성을 갖는다. 개인의 소멸을 가정하는 어떤 종류의 전체주의적·초월주의적 이념도 근본적으로 기만이고 허위이다. 지난 시대의 혁명적 기획들은 이 기초적 사실을 외면하고 인간을 지나치게 이상적 존재로 추상화하였다. 그러므로 삶의 구체적 실상에 근거하지 않은 이론은 실체적 현실로부터의 보복을 피할 수 없다. 이상에 대한 열광이 인간을 끝까지 사로잡을 수는 없는 것이다. 다시 말해 교조주의는 패배할 수밖에 없다. 따라서 "온 존재를 걸 수 있는 절대적인 가치"란 외부에서 주어지거나 갑자기 사라질 그런 물건 같은 것이 아니고 충만된 삶의 창조성 그 자체라고 할 수 있다. 김영현의 소설에서 자살자의 이야기가 삽화적으로 처리된 것은 이런 점을 의식해서일 것이다.

② 객관적 현실 안에서 실현될 것으로 기대되는 역사적 전망이 근본적으로 동요하는 시대에 개인은 고립될 수밖에 없다. 이번에 읽은 소설들 대부분에서 공통된 것은 그러한 단절감이었다. 최윤의 「푸른 기차」(『세계의 문학』 여름호)에서 주인공은 어느 날 아침 갑자기 모든 외계와의 연락을 끊어버린다. 학기 마지막 주일의 토론회에 참석할 수 없노라고 통보할 충분한 시간이 있음에도 불구하고 그렇게 하지 않으며, 걸려오는 전화도 일절 받지 않는다. 주말이면 찾아오는 여자친구가 와서 방문을 두드렸으나 그는

아무 대꾸도 하지 않음으로써 돌려보낸다. "그는 이제 편지함을 비우기 위해 일층까지 내려가는 수고를 하지 않는다. 어떤 기적도 편지형태로 그에게 다가온 적이 없"기 때문이다. 그리고 그는 은행에 가서 번역료·강사료 따위를 넣어둔 몇달 동안의 예금을 모두 현금으로 찾아온다. 담배를 피우고 샤워를 하고 배가 고파지면 간단한 요기를 하고, 책을 읽거나 음악을 듣고 공상을 한다. 이윽고 아무도 그를 찾아오지 않으며 전화도 걸려오지 않는다. 마침내 그는 자기 자신 안으로 실종되는 데 성공한다. 이제 그는 매일 서랍에서 지폐 한 장씩을 꺼내들고 외출한다. 버스를 타거나 걸어서 아무데고 다니지만 무슨 목적이 있어서는 아니다.

"어떤 소식도 그의 목소리를 높이지 않는다. 먼 나라에서 날아온 대학살의 소식도, 광기로 치닫는 세계의 어떤 패권다툼도, 어떤 유년이 조숙하게 경험한 끔찍한 살해 소식도, 세상이 애도하는 어떤 지성의 종언도, 그 어떤 파국, 그 어떤 파괴, 그 어떤 파행 조짐도 그의 목젖을 떨게 만들지 못한다." "그가 부재한 사이 세상이 개과천선을 한 것도 아니고, 그의 발 밑에서 눈물을 흘리며 참회하지도 않았으며, 그는 그 사이 더 현명하게 사는 법을 터득하지도 않았고, 아무것도 증명하지 못했다. (…) 그는 더 비싸지지도 않았으며 더 싸지지도 않았다. 어떻건 그는 살았다."

타자와의 모든 의미있는 관계로부터 절연된 이런 순수한 실종의 상태는 의미과잉의 현실에 대한 반어적 역설일 수 있다. 그러나 작가는 그러한 실존의 상태를 단지 기술할 뿐이고 그 역광에 비쳐진 사회적 의미의 틈입을 극력 배제하고 있다. 인간의 행동에 으레 따르게 마련인 의미작용을 철저히 탈색시킨 결과 우리가 목격하는 것은 허무의 심연이다. 그것은 섬뜩한 두려움의 세계이다.

원재길의 「그해 여름 상수리나무가 엿본 것들」(『작가세계』 여름호)과 구효서의 「테라스에 앉은 조라」(『세계의 문학』 여름호)는 우연찮게도 매우 흡사한 소설적 구도를 가지고 있다. 두 작품의 주인공들은 바깥이 잘 내다보이는 아파트의 방에서 매이지 않는 생활을 한다. 앞서 검토한 「푸른 기차」의 '그'와 다른 점이 있다면 그들은 타인과 사물에 대한 관심을 아주 끊지 못한다는 것이다. 「그해 여름 상수리나무가 엿본 것들」의 주인공은 형네 가족이 해외 지사로 나가게 되자 형의 아파트를 물려받아 거기서 희곡을 쓴다. 「테라스에 앉은 조라」의 주인공은 직장인 방송국 상사와의 마찰로 어느 날 갑자기 집으로 돌아와 "외출하지 않고, 사람을 만나지 않고, 혼자서 1년쯤" 숨어 살 생각을 한다. 그러다가 그들은 직업이나 내력이 분명치 않은 여자와 기묘한 체험을 하게 되는 것이다. 그 여자들은 명시적으로 밝혀지지는 않으나 남자들의 그늘에서 살아가는 떳떳지 못한 신분임이 암시된다. 그러나 그녀들은 결코 어떤 종류의 향락에 매몰된 타락자가 아니라 오히려 타락에서 벗어나려는 필사적인 갈망을 시도하는 존재로 묘사된다. 「그해 여름 상수리나무가 엿본 것들」의 여자는 집안 욕조를 놔두고 왜 굳이 대중목욕탕에 다니느냐는 질문에 이렇게 답한다. "그곳은 내가 진실을 만날 수 있는 유일한 장소였어요. (…) 너나할것없이 모두가 똑같은 인간, 가련하고 헐벗고 나약한 인간이라는 생각이 들기 때문이었죠. 벌거벗었을 때는 그 사람이 그 사람이었어요. 옷을 통해 자신을 돋보이는 일이, 또는 육체를 더이상 더럽히는 일이 그곳에서는 불가능해요. 모두가 한가지 진실만을 보여주고, 그 진실을 공들여 닦는 일에 몰두할 따름이죠." 한편 「테라스에 앉은 조라」의 여자는 마지막으로 찾아온 '나'에게 "삶을 안다는 건 아주 어려운 일이지만 간단한 방법이 있긴 있어요"라고 운을 뗀 다음 이렇게 말한다. "어떻게든 알아내려고 애쓰지 않는 거예요. 이리저리 노려보고 만져보고 하지 않는 거라구요. 책을 읽거나 기도를 하거나 명상을 하지 않는다구요. 삶에서 떠나는 거예요. 멀어지는 거죠. 비행기를 타거나 열기구를 타고 땅에서 이륙하듯 삶에서 떠나는 거예요. (…) 다르게 말하면 삶 자체를 포기하는 방식이 될 수도 있지요. 삶을 포기할 수 있어야 삶은 제 모양의 지도를 비로소 내놓거든요."

그러니까 이 작품들은 모두 진정한 인간적 교류와 공감의 가능성이 박탈된 시대에 관한 우울한 진단을 내리고 있다. 나는 이러한 진단이 오늘의 현실에 대한 그 나름의 진지한 성찰에서 태어난 것이라고 믿는다. 삶이 아무리 무의미해 보이고 현실이 아무리 허위에 가득차 있는 것처럼 보인다 하더라도 그것에 관하여 '쓰는' 일은 무의미와의 싸움이며 허위에 대한 도전이다. 구원을 약속해주던 이념들이 붕괴하고 역사적 전망이 상실된 오늘날 소설 쓰는 일 자체의 근거를 묻는 이른바 예술가소설이 자주 시도되는 것은 이런 점에서 이해할 만한 현상이다. 그러나 어쨌든 그것은 객관세계의 서사를 목표로 하는 소설장르의 위기임도 분명하다 하겠다. 그렇다면 우리는 소설의 위기가 근대적 이성의 몰락을 드러내는 역사적 징후인가 아니면 현실의 총체성을 담아낼 새로운 장르의 구성을 모색하도록 촉구하는 신호인가 따져볼 시점에 이르렀다.

 ③ 두말할 나위 없이 소설은 단순한 현실분석의 수단도 아니고 인물과 사건의 묘사만도 아니다. 소설에서 이야기의 재미만을 추구하는 태도가 옳지 않은 것처럼 어떤 메시지의 전달만을 기대하는 것도 정당한 것이 아니다. 삶의 미세하고도 적절한 세목들이, 또 굵직하고도 힘찬 흐름들이 정확하게 포착되어 빈틈없이 연결됨으로써 소설은 실제의 삶에서보다 더 강렬하게 삶을 체험하게 한다. 진품 소설에 들어 있는 것은 바로 농축된 삶 자체라고 할 수 있으며, 따라서 그것은 이론이나 이념보다 더 근원적이다. 소설은 인생으로부터의 추상이면서도 인생 그것과 똑같이 구체적이다. 세부묘사의 진실성이 박약한 작품은 작가가 주관적으로 아무리 그럴듯한 이념의 설파를 겨냥했다 하더라도 공허함을 면치 못한다. 낱말의 선택과 문장의 전개 및 전체의 구성에 이르기까지 조그만 틈새도 용납치 않는 창조적 긴장의 지속을 통해서만 소설작품은 리얼리즘에 도달한다. 일찍이 1930년대 말에 「남생이」의 작가 현덕(玄德)은 당시의 비평가들부터 묘사의 능력이 뛰어나다는 평을 받았다. 그러한 평에 뒤따르는 것은 으레 소위 주제의식이 약하다는 불만이었다. 벽초의 대하소설 『임꺽정』도 비슷한 투정을 들은 바 있었다. 그러나 소설에서 묘사에 녹아들지 않은 별도의 주제라고 하는 것은 있을 수 없다. 소설이 삶을 보여주는 데 그치지 않고 삶에 대한 해석을 섣불리 덧붙이려 할 때 그 외재적 첨가물은 언제나 문학적 결함으로 나타나게 마련이었다. 물론 제대로 충만되게 이루어진 삶의 묘사는 단순한 묘사라는 말로는 턱없이 부족한 깊이와 넓이를 획득한다.

 이번에 읽어본 여러 작품들 가운데 오정희의 「옛우물」(『문예중앙』 여름호)은 단연 뛰어나다. 그의 소설은 단 한 구절도 허술하게 넘기지 않는 전문가의 노련한 솜씨에 의해 팽팽히 긴장되어 있으며, 꼼꼼하게 다듬어진 문장과 면밀하게 계산된 음영의 효과에 의해 독특한 미적 공간을 확보한다. 실상 이 소설에 다루어진 삶의 세계는 어찌 보면 지극히 평범하고 일상적인 것이다. 가령, 다음과 같은 것이다. "나는 지금 작은 지방도시에서, 만성적인 편두통과 임신중의 변비로 인한 치질에 시달리는 중년의 주부로 살아가고 있다. 유행하는 시와 에세이를 읽고 티브이의 뉴스를 보고 보수적인 것과 진보적인 것으로 알려진 두 가지의 일간지를 동시에 구독해 읽는 것으로 세상을 보는 창구로 삼고 있다. 한달에 한번씩 아들의 학교 자모회에 참석하고 일주일에 두번 장을 보고 똑같은 거리와 골목을 지나 일주일에 한번 쑥탕에 가고 매주 목요일 재활센터에서 지체부자유자들의 물리치료를 돕는 자원봉사의 일을 하고 있다. 잦은 일은 아니지만 이름난 악단이나 연주자의 순회공연이 있을 때면 남편과 함께 성장을 하고 밤외출을 하기도 한다."

이 작품은 이런 주인공이 마흔다섯살이 되는 생일 아침부터 겪은 며칠 동안의 생활의 기록이다. 따라서 무슨 대단한 사건 같은 것은 일어나지 않는다. 기껏해야 평소처럼 시장에 다녀오는 길에 교통체증이 심한 세 갈래 길에서 미친 여자가 두 팔을 내두르며 교통정리 흉내를 내는 광경을 본다든가, 그러다가 늘어선 차 중에서 낯익은 남편의 승용차를 발견하는 일 따위가 벌어진다. 이보다 조금 색다른 일이라면 귀로에 들른 찻집에서 맞은편 탁자에 앉은 반백의 남자가 공연히 안절부절못하고 불안해하다가 당황한 모습으로 밖에 나가 마침내 간질발작을 일으키는 장면을 목격하게 되는 것 정도이다. 이런 대수롭지 않은 일상사의 과정을 작가는 면밀하게 추적한다.

그러나 이 작품에 중산층 중년여성의 관습적인 일상만 나열되어 있는 것은 아니다. 아니, 관습적인 일상생활 안에도 예민한 눈길이 집어올리는 비일상적 삽화가 들어 있다. 가령 이런 대목을 보자. 일주일에 한번씩 가는 동네 목욕탕에는 각양각색의 여자들이 열심히 때를 밀고 비누칠을 한다. 옆자리에는 배가 봉곳이 부른 젊은 여자가 아이를 씻기고 있고, 네댓 살 된 그 여자아이는 플라스틱 인형을 씻기고 있다. "아이엄마가 비누거품으로 뒤덮인 아이의 몸에 맑은 물을 끼얹었다. 앗 뜨거, 쌍년. 물이 뜨거웠는지 아이가 공처럼 튀어오르며 비명을 내질렀다. 아이의 느닷없이 낭랑한 욕설은 방자하고 통쾌했다. 말없이 몸을 씻던 사람들이 쿡 웃으며 돌아보았다. 아이엄마는 당혹한 표정으로 손을 멈칫하며 주위를 둘러보았다. 반사적으로 얼결에 욕설을 내뱉은 아이는 어쩔 줄 몰라 으앙 울음을 터뜨렸다. 엄마 미안해, 엄마인 줄 모르고 그랬어.”이 장면에서 아이의 반사적인 욕설은 화자-주인공에게만 방자하고 통쾌하게 느껴진 것이 아니라 일상사의 담담한 묘사에 매몰되어 있던 독자들의 나른함까지도 일거에 깨뜨린다.

춤춤한 그물처럼 짜여진 이 작품의 일상적 현재라는 표면 밑에는 그 현재와 대비되는 두 개의 심층이 있다. 하나는 가정적으로 단란하고 물질적으로 안정된 지금의 주인공이 결코 벗어나지 못하는 기억으로서의 과거이다. “점심이 없던 봄과 여름 긴긴 오후의 허기와 쓸쓸함을, 무딘 손칼이나 생철조각으로 무른 흙을 헤집어 캐먹던 메뿌리의 맛을 알고 있다. 춥고 긴 겨울밤 까닭 모를 슬픔으로 잠 못 이루고 뒤척이게 하던 야경꾼의 딱딱이 소리와 석양 무렵 오후의 늦은 잠에서 깨어났을 때의 서러운 혼미, 상이군인의 쇠갈고리 손의 공포, 고달픈 부모의 매질과 욕설을 알고 있다. 구구단과 연대기, 우리의 맹세와 혁명공약을 외우며 자란 작은 아이들.”이 결여와 곤핍의 기억들은 그런대로 유족하게 살아가는 중산층 중년여인의 현재에 끊임없는 간섭을 가한다. 다른 한편, 주인공은 한 남자의 죽음에서 자유롭지 못하다. 신문의 부고란에서 그의 죽음을 알게 되었을 뿐이지만 “그가 죽고 내 안의 무엇인가가 죽었다”고 느낄 만큼 그와 ‘나’는 내면적으로 깊이 연루되어 있다. 순간적으로나마 “지옥까지 가겠노라”고 마음속으로 다짐했던 그 남자와 헤어지면서 그러나 ‘나’는 안도감을 느꼈던 것으로 서술된다. 일상의 나날에 지뢰처럼 잠복해 있던 심리적 위기 또한 “나는 조금 울었던가?”라는 둔사로써 조용히 마무리된다. 결국 이 작품에서 우리가 보는 것은 절묘하게 분장된 심리극의 바닥 모를 허무감이며 그 허무와의 조용하지만 치열한 싸움이다.

④ 이념부재의 이 막힌 현실을 정면에서 고민하고 그 극복의 혈로를 뚫고자 몸부림친 작품은 김영현의 「그리고 아무 말도 하지 않았다」(『실천문학』 여름호)일 것이다. 주인공 재섭은 젊은 화가이다. 그는 소위 민중미술 쪽에 전적으로 공감하는 것은 아니지만 장식으로서의 그림에 찬성하는 편도 아니다. "인간과 사물의 뒤에 숨어 있는 영원한 그림자를 그려내면서 동시에 시대적인 힘과 고통을 그려내는 것" 그것이 바로 자신이 해결해야 할 예술적 과제라고 그는 생각한다. 그러나 그는 세상이 달라지면서 자신이 더없이 황폐해지고 지쳐 있음을 느낀다. 딸이 교통사고로 죽고 나서 발작증세를 보이던 아내는 가출을 하고 그런 중에도 재섭은 화실에 놀러 오는 여자 후배와 정사를 벌인다. 그러다가 괴로움 때문에 술에 취해 광란을 부리기도 한다. 그때 그는 친구의 부탁으로 강원도 태백의 수도원에 벽화 그리는 일을 부탁받고 아무도 몰래 서울을 떠난다. 이 작품은 재섭이 기차에 타서부터 벽화를 완성하고 수도원을 떠나기까지의 이야기이다.

재섭은 애초부터 "엄숙하고 성스러운 그림을 그릴 자신"이 없었고 비슷하게 그린다 하더라도 그 그림이 "자신의 내면 깊은 곳에서 나온 것이 아니라는 것"을 잘 알고 있었다. 그럼에도 불구하고 그는 작업을 진행시켜 나가는 동안 점점 더 일에 몰입하게 되고 마지막 날에는 "하루 종일 식사도 잊어버린 채 신이라도 들린 사람처럼 벽화에 매달려" 있었다. 마침내 완성된 벽화에는 "그 어떤 절대적인 모습도 없었다. 궁핍과 불의에 고통받는 인간을 위한 분노도 없었고, 인간존재의 본질에 대한 고뇌도 없었다. (…) 그것은 바로 재섭 자신의 자화상일 뿐이었다. 초라하고 메마른 인간 도재섭의……" 그러나 수도원 사무장은 감동어린 목소리로 말한다. "그건 한 인간의 소중한 기도입니다. 상처 많고 고뇌 많은…… 우리는 모두 당신이 그린 그 벽화를 향해 찬미의 십자가를 그을 것입니다."

이 작품은 이념과 가치의 와해로 말미암아 방향을 상실한 우리들에게 커다란 위안을 준다. 그러나 여기에 진정한 대안 또는 극복의 가능성이 주어졌는가 물을 때 선뜻 그렇다고 대답하기 어려운 것도 사실이다. 무엇보다도 수도원에 도착하여 벽화에 몰두하는 과정에서의 주인공 도재섭이 그 이전의 방황하던 모습이라곤 찾아볼 수 없게 비현실적일 만큼 이상화되어 있다는 점을 지적하지 않을 수 없다. 김마리아도 사무장도 또 자칭 소설가 홍윤배도 주인공의 이상화를 위한 가공적 인물설정 같은 느낌을 준다. 희망이 아무리 간절하더라도 희망과 현실을 구별하는 냉철함에 의해서만 진정한 극복은 가능해지는 것 아닌가.

5. 박탈된 시대의 그림들

① 먼젓글에서 나는 소설 읽는 일의 괴로움에 대해 언급하면서 이야기를 시작한 바 있다. 대체 왜 괴롭다는 것인가. 근년의 우리 소설에서 희망과 열정이 사라지고 대신 "목표 잃은 개인들의 고단한 일상과 소외된 자아의 메마른 내면풍경이 사막처럼 전개된다"는 사실을 지적함으로써 원인의 일단을 규명하고자 하였다. 요컨대 그것은 건강한 창조력의 쇠퇴라고 일컬음직한 현상인데, 이번에 읽은 작품들에서도 나는 그 점을 다시 확인하였다. 마치 손창섭·장용학이 한창 활동하던 시절의 답답하고 음울한 분위기, 당시 유행하던 용어로 말한다면 일종의 실존주의적 색조가 우리 소설계를 휩싸고 있는 듯한 느낌을 강하게 받은 것이다. 만약 그렇다고 한다면 이런 현상을 우리는 어떻게 설명할 수 있을까.

물론 1950년대 중반부터의 10여 년과 90년대 사이에는 약간의 공통성도 있겠지만, 그것과 비교할 수 없을 정도의 커다란 차별성이 있다고 해야 할 것이다. 동족상잔의 참화를 겪고 난 직후의 한국사회를 지배한 것은 한마디로 절대적 빈곤과 이념적 야만성이었다. 절망이라든가 허무라든가 한계상황 같은 실존주의의 어휘들이 당시 이 땅에서는 원산지에서의 형이상학적 연관성을 잃어버리고 단순한 즉물적 개념으로 박제화되어 유포되었으며, 이승만정권의 단선적 반공독재는 어떤 종류의 유연한 사고도 공론화되는 것을 탄압할 만큼 경직되어 있었고 또 그만큼 취약하였다. 50년대의 한 단편소설 제목이 「나갈 길 없는 지평」이었던 것은 당시 젊은 작가들의 암울한 심정을 적절히 요약한다고 할 것이다.

실존주의의 개념적 의상을 걸치고 50년대 작가들이 연출했던 절망의 제스처는 한편으로 생각해보면 단순히 외래사조의 무비판적 모방이었던 것만이 아니고, 당대 현실의 정직·정확한 반영이었던 측면을 가진다. 손창섭·장용학의 작품을 비롯하여 추식(秋湜)의 「부랑아」, 서기원의 「암사지도」, 이호철의 「탈향」, 송병수의 「쑈리 킴」 같은 작품들은 가령 같은 무렵의 오영수 단편문학에 비할 때 선명하고 강렬한 시대적 각인 속에 기억된다. (물론 오영수 문학의 의의는 다른 각도에서 깊이 천착되고 높이 평가되어야 한다. 내 생각에 오영수야말로 부당하게 간과되는 중요한 작가이다.) 그러나 다른 한편 그들의 문학은 시대적 조건의 한계를 넘어서는 보편적 전망을 확보한 것이 아니었다는 점도 분명히 해둘 필요가 있다. 이것은 어떻게 보면 시간적 제약 안에 갇힌 사람에게 그것을 벗어나라고 무리하게 요구하는 억지 주문 같기도 하다. 그러나 문학작품의 위대한 점은 어떠한 절망적 상황, 금지된 영역 안에서도 자기극복의 가능성을 찾아내고야 만다는 사실이다. 이런 점에서 50년대의 문학은 지나치게 상황내적이었으며 반공논리의 자폐성을 돌파할 만한 열린 역사의식을 지니지 못하였다.

다 아는 바와 같이 60년대 후반부터 4반세기 동안 우리 사회를 이끌어온 것은 산업화의 이데올로기이다. 경제발전은 모든 것에 우선하는 절대적 가치였으며, 그밖의 다른 것은 이 한가지 목표의 달성을 위해 희생이 강요되었다. 지금 우리가 목격하는 얼마간의 물질적 풍요, 거대한 도시적 구조물들, 엄청난 교통·통신 시설은 그것이 진정으로 국민생활의 내적 필요를 반영한 것이냐의 여부를 떠나 절대적 가난을 퇴치하고 형식적이나마 사상개방의 토대를 마련하였다. 그러나 그것은 동시에 수치로 계산될 수 없는 상실의 과정이기도 하였다. 수천년간 우리 민족의 보금자리요 젖줄이었던 자연이 파괴·오염되고 개인들의 삶을 따뜻하게 포용해온 공동체적 질서가 흔적 없이 유린된다면 그 대가로 얻어진 물질적 풍요라는 것이 도대체 무슨 소용이 있는가. 지난 7, 80년대의 민중운동과 민주화운동은 바로 의존적 산업화정책과 그 정치적 외피로서의 억압적 군사독재에 대항하여 인간적 품위를 옹호하고 자연과 인간공동체의 공생적 질서를 지키고자 하는 운동이었던 것이다. 우리 문학은 이 운동에 연대함으로써 유례없이 풍성하고 수준 높은 결실을 맺을 수 있었다고 여겨진다. 노대가 김정한을 비롯하여 박경리·이호철·이문구·황석영·박완서·송기숙·조정래·윤흥길 등등 기라성처럼 빛나는 이름들은 7, 80년대가 우리 소설문학사상 가장 창조적이고 활력있는 시대임을 입증한다고 할 것이다. 그리고 이 대목에서 우리가 무엇보다 중시해야 할 사실은, 거듭 강조하거니와 대중적 사회운동과 문학활동 간의 긴밀한 연관성이다. 이것은 어느 한 작가 개인이 민주화운동 조직에 가담했느냐 안했느냐의 차원을 넘어선 문제이다. 한 사회의 대다수 구성원들이 자기들의 운명과 역사적 진로에 대해 각성된 의식을 가짐으로써 그 사회 전체가 고도의 정치적 긴장으로 팽팽해져 있다면, 작가는 불가피하게 정치화된다. 왜냐하면 개인생활이 사회생활 안에 통합되어 있기 때문이다. 이 경우 사회문제에 대한 적극적 무관심 즉 의식적인 개인주의의 선택조차도 일정한 정치적 태도의 표명에 해당한다. 4·19로부터 시작된 이와같은 사회의 정치화가 절정에 이른 것은 아마 87년 6월항쟁이었을 것이다.

소련 및 동구 사회주의의 붕괴와 문민정부의 출범을 계기로 시작된 90년대의 변화는 바로 정치적 긴장의 급속한 쇠퇴, 역설적 표현이지만 일종의 마술로부터 풀려나는 일(Entzauberung) 같은 것 아니었을까. 다른 말로 하면 세속화일 것이고, 다시 말을 바꾸면 중심의 해체일 것이다. 역사의 종말이라고 일컬어지는 국면이 그것이다. 이제 작가는 어떤 대상에 관해 글쓰기를 할 뿐만 아니라 동시에 글쓰는 일의 자기정당성에 대해 의심하고 변명해야 할 입장에 서게 되었다. 사회공동체 안에서 이의없이 주어졌던 작가적 존재의 자명함이 사라진 것이다. 대중적 오락상품으로서의 장편소설이 대거 씌어지고 유통되는 사실은 이런 사정과 깊이 관련되어 있을 것이다.

2 문형렬의 「작은 울음의 세계」(『한국문학』 7·8월 합병호)에서 우리는 한 특이한 사나이를 만난다. 그는 중학생 때 친구의 자전거를 빌려 타고 가다가 한 아주머니를 치이게 한 것밖에는 말썽 한번 없는 모범생으로 자라나 경영학과를 졸업하고 학과장 교수의 추천으로 탄탄한 중소기업체에 들어간다. 학과장의 친구가 사장인 그 회사에서 그는 워낙 정직하고 성실하게 일

한 탓에 자재부장을 거쳐 경리부장까지 올라갔고, 사장의 질녀를 소개받아 결혼을 했으며 두 아이까지 낳았다. 그야말로 나무랄 데 없고 부러울 것 없는 모범인생을 살던 그가, 어느 날 오후 화장실에 갔다 나오다가 창을 통해 "일찍 지기 시작하는 해가 서쪽에 있고 그 해를 향해 비행기 한 대가 오르고" 있는 광경을 우연히 보게 된다. 그러자 그는 갑자기 잊었던 일이 생각난 듯 황급히 공항으로 나가 제주행 비행기를 타고 제주도로 간다. 성산포에서 하루를 보낸 그는 이튿날 같은 무렵 회사로 돌아와 아무 일도 없었던 것처럼 근무에 열중한다. 이런 일이 몇달에 한번씩 되풀이 일어나 그는 종합진단과 정신과 치료를 받게 되고 마침내 아내의 이혼요구를 받기까지 한다. 외관상 완벽한 생활인인 그의 내면세계가 실은 견딜 수 없는 사막임을 작가는 보여주는 것이다.

이 작품은 수술을 앞둔 주인공이 아내와 아이들이 떠난 집에 돌아와 하룻밤을 보낸 다음날 새벽부터 묘사되기 시작한다. 잠에서 깨어난 그에게는 "어디론가 쉼없이 떠내려와 아주 낯선 곳에 서 있는 듯한 기분이 들었다." 완벽하고 성실하게 수행하던 나날의 일과에서 그 일과의 주인은 그가 아니었고(그러니까 자의로 헤엄쳐가는 삶이 아닌, 타의에 의해 떠내려온 삶이다) 행복의 터전이었던 그의 가정은 아주 낯선 곳으로 느껴지는 것이다. 무엇이 그의 삶을 이렇게 처절한 자기소외의 경지로 몰아왔는가. 이 작품은 그 점에 대해 아무런 대답도 하지 않는다. 다만 그의 삶이 삶을 삶답게 만드는 어떤 본질적 요소가 빠져버린 허구적인 것이었음을 묘사할 뿐이다. 그의 삶에 결여된 것은 무엇이었던가. 수술을 받기로 한 날 새벽 그가 오랜만에 꿈을 꾸고 꿈속에서 중학생 시절의 친구 둘을 만나는데, 여기서 어떤 암시를 받을 수 있을지 모른다. 생활과 의식, 존재와 감각이 분열되어 있지 않았던 소년기의 낙원적 조화상태로부터 그는 돌아갈 수 없이 멀리 떠나와 있는 것이다. 그의 삶은 존재망각의 삶이었다.

「작은 울음의 세계」의 주인공이 평범한 일상의 가면 속에 사막처럼 메마르고 황량한 내면을 간직한 고독자였듯이 문순태의 「시간의 샘물」(『문학사상』8월호)의 지수 역시 끝없이 목마름에 시달리는 존재이다. 그러나 전자가 현대 도시생활의 기계적 반복성 속에서 영혼을 잃어버린 초현실적 환각의 인물이라면, 후자는 고통의 근원이 무엇인지 알고 있고 잃어버린 낙원을 되찾기 위해 노력하는 인물이다. 그가 되찾고자 하는 낙원은 어떤 것이었던가.

지수는 여남은 살 어린 나이에 떠났던 고향으로 43년 만에 돌아온다. 비록 가난했으나 평화롭고 행복했던 그 시절, 외할머니댁에 갈 때 입었던 어머니의 연분홍치마가 꽃처럼 아름답게 바람에 날렸고, "산허리에 진달래가 지고 나면 거북천 둑과 마을 어귀 대밭 모퉁이에 줄지어 늘어선 아카시아가 아리따운 여인의 소복처럼 순결하고 향기로운 꽃망울을" 떠뜨렸었다. 자연과 인간, 개인과 공동체가 화목한 일치를 이루고 있던 그 시절의 상징은 각시샘으로서, 이 샘에 주검의 피가 흘러 메워짐으로써 재앙은 시작된다. 빨치산이 출몰하고 토벌대가 들어오고 마을이 불바다가 되는 것이다. "거북재 사람들은 토벌대를 따라 월산지서로 나간 쪽과 죽어도 고향에서 죽겠다면서 토벌대의 눈을 피해 마을에 남은 사람들로 나뉘고 말았다." "거북재 사람들이 두 편으로 갈라지게 된 것은 그들의 의사가 아니었다. 그들에게 의식 차이가 있다면 한쪽은 생명에 대한 애착이 앞섰고 다른 한쪽은 고향에 대한 집착이 강했던 것이라고나 할까." 지수는 고향에 남은 사람들 쪽이었고, 그래서 사태가 진정된 후 빨치산에 협조했다는 누명을 쓰고 고향을 등지게 된 것이다.

이제 43년이 지나 고향에 돌아온 그가 다시 각시샘을 흘러넘치게 한다면 그것은 오랫동안 반목과 갈등으로 고통을 겪어온 양쪽 사람들 모두에게 고향을 찾아주는 일이 될 것이고 되찾은 고향땅에서 화해의 축제를 벌이는 일이 될 것이라고 믿어진다. 그런데 소설 「시간의 샘물」이 현실감을 잃어버리는 것은 주인공 지수가 실제로 매몰되었던 샘터를 찾아 그것을 복원하면서부터이다. 오늘 우리의 삶이 어떤 근원적인 결핍에 시달리고 있다는 것은 누구나의 실감이다. 어린 시절 가족과 친구와 동네 어른들이 단란하게 어우러져 살았던 삶의 중심에 각시샘을 설정했을 때 그것은 전설의 차원이다. 그런데 이 전설이 현실로 화하고 여기에 죽은 최봉술의 딸이자 지수의 동창생인 청자의 두 딸이 나타나 "우리 둘 다 다음달에 파리로 유학을 떠나거든요. 유학 떠나기 전에 엄마 고향에 한번 와보고 싶었어요"라고 지껄이는 순간 이 소설에서는 전설도 현실도 모두 빠져나가고 오직 거짓된 위안과 기만적 화해만이 남는다. 모처럼 읽은 문순태의 역작을 위하여 안타까운 일이다.

윤대녕의 「새무덤」(『현대문학』 8월호)에서도 일종의 화해가 시도되는데, 화해의 상징은 샘물 아닌 무덤이고 화해의 대상은 민족사적 비극 같은 거창한 것이 아니라 좌절된 개인의 삶이다. "예순두살의 어느 날 저녁에 아버지가 말했다. 이제 나는 길 끝까지 다 온 것 같다." 작품은 이렇게 시작한다. 숨은 현인의 잠언과도 같은 이 짧고 깊은 발언을 한 인물 '아버지'는, 그러나 "양반 집안의 후예라 굳게 믿고" "밭 한번 갈지 않고 서책만 뒤적이다 일생을 마친" 조부 밑에서 열살 때부터 온갖 논밭일을 도맡아야 했던 "가난한 시골 무지렁이"였고 '나'는 이런 아버지의 왜소한 모습에 대한 원망과 분노와 연민으로 말미암아 참혹한 '내출혈'을 치러야 했다. 아버지의 말없는 격려와 애정을 도리어 역겨워하던 '나'가 아들을 데리고 아버지를 따라 오랜만에 고향의 선산을 찾아간다. 조부의 무덤 아래쪽에 새로 봉분을 씌운 무덤 앞에서 아버지는 말한다. "자, 여기야. 내 죽으면 여기 갖다 묻어라." 자신의 가묘를 만듦으로써 아버지는 조부와의 오랜 내면의 싸움을 마침내 끝냈을 것이고, '나' 역시 "아버지가 어릴 때 나를 대하던 방법으로 나도 아버지로서 아들녀석을 그렇게 대하고 있다는 걸" 깨닫는 것이다. 그러나 따지고 보면 조부와 아버지가 전혀 다른 종류의 인생을 살았듯이 아버지의 고통과 인내로 점철된 생애를 '나'가 탓할 권리는 없다. 다시 말하여 '나'의 시선은 아직 자기중심적이며 아버지의 삶의 의미에 대한 근본적 통찰에 이르렀다고 보기 어렵다. 여기에 이 작품이 시도한 화해의 한계가 있다. (사소한 지적이지만 "아버지 형제들이 모두 키가 컸고"와 "내가 3대독자인 상수를 낳았을 때"라는 진술은 어찌된 셈인가. 아버지의 형제들이 모두 여자였단 말인가. 또 "아비자식간은 무촌(無寸)"이란 말도 두어 번 나오는데, 부자간은 무촌이 아니다.)

③ 삭막한 세계를 다룬 소설들 자체의 삭막함 가운데서 정찬의 「산다화」(『문학사상』 8월호)를 발견한 것은 나에게 신선한 감동을 주었다. 아마 이

작품을 아름답다고 말하는 것은 온당치 못할 것이다. 그것은 마치 경건하게 진행되는 의식 도중에 의식절차의 엄숙함이라든가 의식 수행자의 표정에 재미를 느끼는 것과 같은 불경스러움을 연상시킨다. 그러나 어떻든 이 작품은 그 내용이 강제하는 통렬함과 구별되는 심미적 감정을 유발하는데, 그것은 내게 어느 정도 곤혹스럽다. 도금업체의 도금공으로 근무하다가 산재환자로 죽는 주인공과 그의 아내가 '김석훈' '한정자'라는 성명으로 또박또박 지칭되는 것도 이런 소재를 다룬 다른 작품에서 으레 우리가 갖게 되는 선입견을 깨뜨리며, 희망의 가능성으로부터 철저히 추방되고 육신의 기능마저 박탈당한 한 인간의 삶과 죽음을 다루면서 그 작품 제목을 「산다화(山茶花)」라는 시적 함축으로 나타낸 것도 반어적이다. 그러나 알고 보면 제목은 반어가 아니라 직접적인 비유이다. 남편을 공동묘지에 묻으면서 아내 한정자는 캄캄한 절망이 전신을 짓누르는 듯한 암흑감 속에서 문득 환청을 듣는다. 그것은 산다화 떨어지는 소리였다. "여느 꽃들처럼 시들어 떨어지는 게 아니라 싱싱하게 피어 있는 상태에서 꽃잎과 꽃술이 순식간에 송이째 떨어지는" 고향의 산다화.

　　그날이 언제였던가. 홀로 산에 올라간 한정자는 산다화 지는 모습을 보았다. 꽃은 소리없이 지는데도 그녀의 귀에는 산다화 지는 소리가 들려왔다. 허공에서 보이지 않는 손이 꽃송이를 뚝뚝 부러트리는 소리였다. 갑자기 소름이 돋아오르면서 알 수 없는 두려움이 전신을 옥죄었다. 그녀는 주춤주춤 뒷걸음을 쳤는데, 바람에 뒹구는 산다화 꽃송이가 눈에 들어왔다. 약간 빛이 바랬으나 여전히 붉고 싱싱했다. 그런데 그 모습은 허망하고 처참했다. 왜 허망하고 처참했는지 그녀는 알 수 없었다.
　　한정자는 조금전 들었던 소리가 산다화 지는 소리라는 것을 알았다. 허공 속에서 누군가가 보이지 않는 손으로 산다화 꽃송이를 뚝뚝 부러트리고 있었다. 온기라고는 전혀 없는, 쇳덩이같이 차갑고 비정한 손이었다. 그녀는 파르르 몸을 떨었다.

천천히 시들어 떨어지지 않고 싱싱하게 피어 있는 상태에서 갑자기 송이째 떨어지는 산다화의 이미지는 냉혹하고 비정한 손길에 의해 무참히 부러 트러지듯 죽음으로 내몰린 김석훈의 짓밟힌 인생의 비유이다. 그것은 한편 으로 허망하고 처참하지만 다른 한편 소름끼치는 아름다움으로 폐부를 찌 른다. 그것은 어쩌면 그지없이 불행하게 순명(順命)의 일생을 살아간 한 인간의 죽음에 바치는 이 작가의 문학적 헌화 같은 것인지 모른다.

김석훈은 원래 타고난 농사꾼이었다. "논 위에 쭈그리고 앉아 흙을 만지 작거리고 있는 모습이나, 이른 새벽 밤새 물이 차오른 물꼬를 터줄 때의 표정을 보노라면 농사와 천생연분을 맺은 사람이라는 생각이 들었다." 그 런데 댐건설로 그의 마을이 수몰되고, 이때부터 그의 삶은 망가지기 시작 한다. 보상금으로 산중턱에 허름한 집을 사서 농사를 계속 지으려 했으나 고춧값 폭락으로 망해버리고, 가족들을 먹여살리기 위해 식당일·청소원· 공사장 인부 등을 전전하던 끝에 아연도금업체에 취직을 한다. 그러나 조 만간 건강이 나빠진다. "조금만 움직여도 식은땀이 났고, 가슴이 찢어질 듯 아프면서 숨쉬기가 힘들었다. 그런데 몸이 나빠질수록 이상한 행동은 잦고 있었다. 한밤중에도 벌떡 일어나 물꼬를 보러 가야 한다고 허둥거리 는가 하면, 회사에서 지친 모습으로 돌아와 쓰러질 듯 누우면서 진달래가 필 무렵이니 가랑잎을 베다 말려야 하는데 몸이 말을 안 들어 큰일이라고 걱정스러운 표정을 짓기도 했다." 여기서 자본주의 산업사회의 노동착취와 인간파괴를 읽는 것은 상투적인 독서가 될지 모른다. 그러나 그 과정을 면 밀하고 차분하게 추적하는 작가의 눈길은 산업노동의 포로로 붙잡혀 노예 같은 생존을 영위하는 대지의 아들을 실감있게 조형하고 있으며, 이를 통 해 수습할 길 없이 헝클어진 생명의 질서, 숨쉬기 어렵도록 유린된 땅과 물과 공기 속에서 대체 우리가 어떻게 인간적 긍지를 지키며 살아갈 것인 가, 그런 삶의 가능성이 어딘가에 조금이라도 남아 있는 것인가에 대해 뼈 저린 질문을 제기한다. 김석훈의 죽음, 그것은 한 순결하고 성실한 영혼에 가하는 이 시대의 가학적 폭력이다. 그를 학살한 행위에 동시대인 모두가 공범으로서 책임을 느껴야 한다. 정찬의 「산다화」는 이 위선과 풍요의 시 대에 던지는 비수 같은 현실고발이며 신랄한 책임추궁이다.

6. 계간지시대

⑴ 1966년 초 『창작과비평』이라는 이름의 얄팍한 잡지가 처음 선보였을 때만 하더라도 계간지는 우리나라의 문단풍토에서 매우 낯선 것이었다. 그러다가 70년에 『문학과지성』이 창간되고, 이 두 잡지가 새로운 안목의 의식적인 편집·기획으로 70년대 문단의 쟁점을 선도해 나가기 시작하자 어느덧 '계간지시대'라는 말까지 나오게 되었다. 『세계의 문학』(1976)과 『문예중앙』(1978)의 잇따른 발간은 그런 세평을 더욱 보강하는 듯이 보였다. 그러나 기성문단의 입장에서 볼 때 70년대는 아직 『현대문학』『문학사상』『한국문학』『월간문학』 같은 월간지들이 의연히 중심부에 위치해 있고, 계간지는 반항적이고 말 많은 젊은이들의 무대에 지나지 않았던 시대라고 할 수도 있다. 80년의 군사쿠데타와 그들에 의한 양대 계간지의 폐간은 그나마 정착되려던 새로운 잡지문화의 싹을 잘라버리고 말았다. 그러나 신군부 세력의 폭거는 역사의 대세에서 볼 때 결국 한때의 일화에 지나지 않았음이 점차 확실해지고 있다. 비정상적인 출판형태로서의 소위 '무크'라는 것을 거쳐 6월항쟁 이후 『창작과비평』이 복간되고, 우여곡절 끝에 『실천문학』이 자리를 잡았으며, 『문학과지성』의 후신으로서 『문학과사회』가 나오기 시작했을 뿐만 아니라 『작가세계』 같은 새로운 계간지도 창간된 것이다. 월간·격월간의 많은 파란을 겪은 끝에 이제 『한국문학』도 계간으로 탈바꿈을 하게 되었으니, 90년대 중반을 맞은 지금이야말로 20여년 전의 '계간지시대'란 표현이 실로 명실공히 들어맞는 시대가 된 셈이다. 조만간 몇개의 계간지가 더 나오리라는 소문도 들리는데, 만약 그렇게 된다면 월간지들은 완전히 주변부로 밀려나고 우리 문학사상 초유의 활기찬 계간지 춘추전국시대가 전개될 것으로 보인다.

그러나 전체적으로 보아 지금이 문예지의 전성기는 아닌 것 같다. 영화·텔레비전·대중가요·비디오 같은 것들의 막강한 위세는 제쳐두더라도 수십만 부 내지 수백만 부가 팔린다고 하는 상업출판에 비한다면 문예지는 고작 수천 부, 기껏해야 2만 부에도 못 미치는 판매고를 올릴 뿐이어서 대체로 상시적인 적자상태에 허덕이는 것으로 짐작된다. 아마 이것은 진지한 독서를 독자에게 요구하는 '무거운' 문학작품의 대중적 영향력이 위축일로에 있는 것과 호응하는 현상일 것이다. 그렇기는 하지만 문화산업적 상업출판과 별도로 여러 개의 특색있는 계간지들이 다양한 모습으로 존속하고 이를 통해 좋은 작품들이 꾸준히 발표되는 현상은 전지구적 자본주의화의 시대에 있어서도 상업적 척도가 관철되지 못하는 독립적 영역이 문학 안에 뿌리깊게 존재할 수 있음을 입증하는 동시에, 자본주의의 모순을 넘어서는 인간다운 삶의 길을 모색하는 데 있어 문학의 창조적인 기여가 여전히 중대하다는 것을 새삼 깨닫게 하는 증거라고 하겠다.

2 대외의존적 산업화정책과 폭압적인 군사독재가 쌍두마차처럼 맹위를 떨치고 정치사회적 적대관계가 첨예한 긴장을 조성하고 있던 지난 시절, 작가들의 눈길을 무엇보다 강렬하게 끌어당긴 것은 당연하게도 시대적 현실의 고민을 가장 집중적으로 농축하고 있는 곳, 즉 농민현실과 노동현장이었다. 그리고 이 경우 문학이 변혁적 민중운동의 이념적 자장 안에 갇혀 있었던 점도 굳이 부인할 필요는 없을 것이다. 그런데 다들 아는 바와 같이 80년대에서 90년대로 넘어오는 과정에서의 객관적 조건의 급격한 변화는 본질적 모순을 그대로 간직한 채——어쩌면 마치 급성질환이 만성질환으로 이행되듯이——전선의 붕괴, 이념의 잠복, 중심의 해체를 강제하였다. 이제 소설에서의 '거대담론적' 글쓰기는 1930년대 채만식의 「치숙(痴叔))」에서처럼 희화적인 양상을 띠지는 않는다 하더라도 어딘가 시대에 뒤처진 완고함으로 비치게 되었다. 물론 이런 상황변화 자체는 기뻐할 일도 슬퍼할 일도 아니다. 기뻐해야 할 일이라면 문학이 기왕의 편승적 자세를 버리고 자신을 좀더 철저히 반성함으로써 본연의 내실을 다질 계기를 맞이한 것이요, 슬퍼해야 할 일이라면 재빨리 시류에 좇아 새로운 우상숭배의 대상을 찾기에 여념이 없는 낯익은 기회주의적 작태라 할 것이다.

앞에서 나는 박완서·김문수·이동하·유순하·김향숙의 단편소설들을 거론하면서 '가족소설의 여러 양상'이라는 틀로 이들을 묶어본 바 있다. 이때 내가 주목한 것은 "결혼생활과 가족관계 같은 사적(私的) 영역이 소설의 가장 중요한 대상으로 떠오르고 사회적 갈등도 가족간의 갈등을 매개로 제시되고 있다"는 사실이었다. 오늘의 사회적 변화에 함축된 문제적 양상이 가족관계 속에 가장 민감하게 표출된다는 사실은 생각해보면 우리 사회의 시민사회로서의 미성숙을 반증하는 것이기도 하다. 왜냐하면 계급적 갈등, 남녀간의 성차별, 정치적 민주화, 환경파괴, 교육과 종교 등 중요한 사회문제들이 그것들에 상응하는 사회적 토론구조를 찾지 못하고 가장 약한 고리로서의 가정으로 배출되고 있기 때문이다.

그런데 가족과 가정은 사회적 갈등의 최후의 소각장일뿐더러 인간경험이 최초로, 그리고 가장 원형적이고 적나라하게 이루어지는 장소이기도 하다. 어린 시절 부모형제간에 주고받은 상처와 원한, 애정과 증오는 불의 낙인이 되어 평생의 질곡으로서, 어떻게든 벗어나야 할 멍에로서, 끝내 끌어안아야 할 피의 부름으로서 따라다닌다. 거리의 함성이 잦아들고 문득 시선이 자신에게로 돌아왔을 때 작가들이 자신 안에서 발견한 것은 이와같은 혈연적 운명의 캄캄한 힘이었다. 송기원의 「사람의 향기」(『창작과비평』 가을호)와 김지수의 「푸른 그네」(『문예중앙』 가을호)에서 우리는 가족사에 얽힌 고통스런 과거와 그 과거를 현재의 빛 안에 녹여내려는 치열한 모색을 본다.

「사람의 향기」는 이 작가가 한동안의 침묵 끝에 활동을 재개하면서 발표한 「아름다운 얼굴」의 연작처럼 이어지는 자전적 소설이다. 전작은 생부에 관한 이야기인데, 이번 작품에서는 아버지가 다른 누이에 관해 다루고 있다. '생부'니 '아버지가 다른 누이'니 하는 것부터가 작중화자인 '나'의 범상치 않은 가족사적 배경을 짐작케 한다. "어머니, 생부, 생부의 부인인 호적상의 어머니, 의부……" 들이란 평범한 일상인에게는 매우 생소한 존재로서, 그 자체만으로도 벌써 '나'의 굴곡 많은 생장내력을 떠올리게 한다.

작품은 '나'가 조카(누이의 아들. 작품 속에는 외조카라고 되어 있는데, '외'는 어머니 쪽으로만 붙인다)한테서 어머니(그러니까 '나'의 누이)의 암이 간으로 전이되어 더 이상 희망이 없으니 문병이나 자주 와달라는 전화를 받은 것으로 시작된다. 이렇게 시작된 작품의 현재적 구조는 매우 단순하다. 며칠 후 병문안을 가서 누이부부와 반주를 곁들인 외식을 하고 누이를 따라 누이네 집에 와서 이런저런 이야기를 나누다가 누이네 집을 나서기까지인 것이다. 그러나 이 단순구조 안에 들어 있는 인생사연은 실로 복잡하고 기구하다. 그 사연들은 '나'의 회상을 통해 서술되기도 하고 누이와의 대화를 통해 '나'도 처음 알게 되는 방식으로 전달되기도 한다. 불행의 출발은 어머니의 첫 결혼의 실패였다. 누이의 머지않은 죽음을 예감하면서 '나'는 마침내 그동안 금기로 지켜왔던 결정적 질문을 누이에게 던진다. (대화부분만 인용)

　"아버지는 안 보고 싶어?"
　"아버지라면…… 네 아버지…… 말이니?"
　"아니, 누님 아버지 말야."
　"인제 돌아가셨겠지."
　"연세가 어떻게 되신대?"
　"엄니보다 네살 많으니깐…… 살았으면 여든둘인가부다."

　중년을 넘긴 나이의 오누이가 나누는 대화치고는 참으로 통절하다. 그러나 인생살이의 신산고초를 겪을 만큼 겪은 사람들답게 그들의 어조는 오히려 담담하며, 그 점이 읽는이의 아픔을 더 깊게 한다. 남매간의 대화는 계속된다. (역시 대화만 인용)

　"그럼, 누님은 아버지 얼굴도 전혀 기억하지 못하겠네?"
　"아니."
　"아니, 누님 이야기에 따르면 네살 무렵에 아버지와 헤어졌다며? 그런데 어떻게 아버지 얼굴을 기억한다는 거야?"
　"그 뒤로도 한번 봤어야."
　"언제?"
　"해방이 되자 아버지도 고흥 집으로 돌아온 모양이더라. 그래서 엄니를 만나러 왔지 뭐니. 다시 엄니를 데려가려고 말이야. 아버지는 그때까지도 아직 재혼을 않고 엄니를 기다렸던 거야. 그런데, 그런데……"

그런데 그때 어머니는 임신중이었고 그래서 태어난 것이 바로 '나'였던 것이다 누이는 이런 기막힌 사연들을 모든 당사자들이 '모진 삶' 못지않은 '모진 죽음'으로 마감하고 드디어 자신도 죽음을 눈앞에 둔 시점에 이르러 '나'에게 털어놓음으로써 일종의 해방의 경지에 도달한다. 그리고 '나'는 어머니와 누이를 비롯한 모든 피붙이들을 상처와 부담으로만 치부하여 얽혀들기를 거부했던 자세에서 마침내 벗어나 거기에서 가장 소중한 가치를 발견한다. 그것은 자신의 어두웠던 과거와의 화해인 동시에 진정한 자기긍정이기도 하다. 불치의 종양처럼 덮어두었던 어두웠던 과거에 대한 송기원의 소설적 탐색은 앞으로도 당분간 계속될 것으로 보이는데, 나는 그가 자신의 과거를 숨김없이 드러내고 드러냄으로써 자기정체성의 발견에 도달하는 것을 따뜻하게 환영하는 바이지만, 그러나 그가 일종의 자기애에 빠진다거나 섣부른 운명론으로 기울어질 것에 경계심을 갖는다.

김지수의 「푸른 그네」 역시 모녀 삼대에 걸친 불행과 원한과 애증의 사슬을 날카롭고 냉혹하게 굴착력 있는 문장으로 파헤치고 있다. 나는 김지수의 작품을 처음 읽었는데, 이 작품에 의한다면 그는 인생경험의 깊이를 투시하는 안목과 만만치 않은 형상화 능력을 두루 갖춘 훌륭한 작가임이 분명하다.

중년의 가톨릭신자인 주인공 정인(베로니카)은 천주교 봉사단의 일원으로서 일주일에 한번씩 양로원에 나가 무의탁 노인들을 돌본다. 오래 전에 헤어진 어머니를 찾으려는 내심이 있었기 때문임이 뒤에 드러나지만, 그런 연관을 떠나서 보더라도 양로원 장면 묘사와 봉사단원의 한 사람인 안나의 이야기는 생생한 실감과 감동에 가득차 있다. 한 대목 읽어보자.

문이 열려 있는 큰 방과 마루의 이곳저곳에는 먼저 목욕을 끝낸 노인들이 즐비하게 늘어앉아 있다. 간혹 팔베개를 하고 드러누운 이도 있고 앙가슴을 열고 수전증이 심한 손으로 부채질을 하는 이도 있다. 의치가 바뀌었다고 투덜거리는 이도 있고 혼자 무엇인가 끊임없이 웅얼거리는 이도 있다. 양말을 신었다가 벗기를 무심히 되풀이하는 이도 있고 풀린 동공으로 멍하게 천장을 바라보고 앉아 있는 이도 있다. 한결같이 쪼글쪼글 주름진 얼굴에는 희망이라고 이름붙일 신선함이란 기미도 느껴지지 않는다. 무의탁 수용소로 들어오기 전에 그들은 얼마나·많은 희망의 껍질을 버렸을까.

이런 노인들 중 어떤 사람은 먹다 남겨둔 돼지고기 조각을 찾겠다고 떼를 쓰기고 하고 똥을 싸고서 "언니, 나 생리 있나봐" 하고 수줍게 웃기도 한다. 한 불쌍한 할머니의 가족을 찾아주기 위해 나서기도 하는데, "가정을 이루고 잘 살고 있는 사십대의 딸"은 "어머니의 무자비했던 학대"를 떠올리며 맡기를 거부했다. 이런 장면과 에피소드들을·통해 우리는 심각한 사회문제로서의 노인문제뿐만 아니라 삶의 마지막 극한상황에 몰린 인간의 동물적 본능과 욕망, 가족문제의 최종적 양상을 목격한다. 그것은 실로 끔찍하고 참담한 것으로서, 일상에 매몰된 우리의 허위의식과 자기만족이 미구에 받게 될 피할 수 없는 타격을 가차없이 보여준다. (뒤늦게 읽은 윤영수의 「잔일(殘日)」도 이런 맥락에서 문제작이다.)

그런데 정인의 집에는 이혼을 당하고 아이조차 빼앗긴 채 돌아온 딸 규영이가 있다. 정인은 생계를 위해 유아원을 하고 있는데, 그녀가 양로원에 간 사이 규영이는 아이를 돌보지도 않고 술에 취해 막 귀가하는 어머니(정인)에게 빈정빈정 술주정을 한다. 어쩔 수 없이 정인은 자신의 과거를 떠올린다. 아버지가 죽고 어머니는 오래잖아 재혼하며 그녀는 친척집에 맡겨진다. 십년이 넘어 어머니를 찾아갔을 때 어머니는 반가워하기보다 "아들을 낳지 못하는 본부인에게 두 아들을 낳아주고 더부살이하는" 초라하고 구차한 처지에 딸의 돌연한 출현을 곤혹스러워할 뿐이다. 몇해 뒤 정인이 어렵게 자립해서 교사생활을 하고 있을 때 어머니가 딸을 찾아오지만, 정인은 쌀쌀하게 돌려보낸다. 어둑어둑한 운동장 한구석, 칠이 벗겨진 푸른 그네에 앉은 어머니는 엉뚱하게도 "다리가 아파서…… 그냥 여기 좀 쉬었다 가려구" 하는 궁색한 변명을 할 뿐이었다. 정인 자신이 결혼과 출산과 이혼의 과정을 겪고 또 자신의 딸에게 이혼의 숙명을 물려주면서 드디어 그녀는 "양로원에 수용된 무의탁 노인들과 엇비슷한 나이"일 어머니를 찾기 시작하는 것이다.

이 작품의 결말은 어느 정도 상투적이다. 모녀 삼대에 유전병처럼 되풀이되는 불행, 켜켜이 쌓인 증오와 원한의 사슬을 끊고 그들은 서로를 이해하고 용서하고 받아들이기로 결심하는 것이다. 물론 이것은 좋은 일이다. 그러나 정인과 규영 모녀간의 감정의 갈등이 작품 안에서 어떤 필연적인 계기를 통해 해소되었다고 보기는 어렵다. 어머니를 찾을 것으로 암시된 점도 조금은 작위적이다.

나로서 역시 처음 대하는 작가인 박명희의 「어둠의 소리」(『작가세계』 가을호)와 「아주 작은 소원 하나」(『문학사상』 10월호)도 적잖이 흥미롭게 읽었다. 물욕덩어리인 시아버지와 무능하고 허랑한 남편, 그리고 피아노 교습으로 간신히 생계를 꾸려가는 '나'의 삶이 화자(나)에 의해 실감있게 서술되면서 시아버지가 바로 욕심 때문에 재산을 날리게 되는 반전의 과정을 묘사한 「아주 작은 소원 하나」가 좀더 짜임새 있는 작품이지만, 「어둠의 소리」는 구성상의 허점에도 불구하고 인간의 진실과 예술의 본질에 관해 훨씬 더 치열하게 질문하고 있다. 그러나 작가는 이 작품에서 지나치게 욕심을 내고 있는 것 같다. 딸의 눈에 비친 부모의 불행한 결혼, '나'의 화가로서의 고뇌와 성공과 절망, 그리고 '나' 자신이 당한 사기결혼과 임신과 소파수술 등은 각각 그 나름으로 심각한 주제이고 작가의 집요한 묘사력을 느끼게 하지만, 그것들을 하나의 작품 안에 유기적으로 묶어내는 형상적 통일성은 박약한 것 같다. 이 점에 대해, 즉 소설형식의 내적 통일성 문제에 대해 진지하고 심각하게 고민할 것을 작가에게 권하고 싶다.

③ 송기원·김지수·박명희의 소설들은 화자가 1인칭이건 3인칭이건 관계없이 주인공의 시점 안에 화자의 시점이 용해되어 있으며, 그 점에서 본질적으로 자전적이다. 그리고 화자의 시점은 대체로 작가의 시점과 포개어진다. 즉, 작가와 화자(서술자)가 비록 소설론적으로는 구별된다 하더라도 우리는 작품 속의 모든 서술에서 작가의 육성의 울림을 듣는다고 느끼는 것이다.

그런데 작품 속의 사건이나 등장인물들의 발언과 행동에 대하여 작가가 거리를 취하고자 할 때, 즉 사건에 대해 정서적 개입과 도덕적 판단을 보류하고자 할 때에는 어떤 서술방법이 채택되는가. 흔히 보는 방법은 소년이나 바보처럼 사태의 전모 또는 사건의 이면을 제대로 파악하지 못하는 인물을 화자로 택하여 그의 눈을 통해 사물을 보는 것이다. 물론 이 경우에도 1인칭 서술이냐 3인칭 서술이냐 하는 것은 본질적 중요성을 가지지 않으며, 다만 선택된 화자의 시점의 단일성이 면밀하게 유지되는 것이 작품의 통일성을 위해 필수적이다. (그러니까 소년 화자가 어른스러운 생각을 한다면 소설로서 파탄일 것이다.)

강동수의 「그 여름, 유리의 성에서」(『문학과사회』 가을호)는 대단히 깔끔하게 다듬어진 작품으로서 그의 금년도 당선작에 비할 때 괄목할 만한 진경을 느끼게 한다. 이 작품의 화자인 '나'가 바보인 것은 물론 아니다. 멋진 선장 시인이 되는 것이 꿈인 그가 실제로 겨우 하게 된 일은 아파트 모델하우스의 야간경비원이다. 휘황한 불빛을 멀리 내려다보며 그가 하는 일이란 기성시인들의 시를 이리저리 조립해보면서 백일몽에 빠지는 것이다. "나는 그 유리의 성에 기생하는 조그만 애벌레였다. 날마다 허물을 벗기를 꿈꾸면서도 내 허물을 오히려 굳게 짊어지고 놓지 못한 채 변태라는 진화방식을 깨닫지 못하는 그런 애벌레였다." 여기서 기술되어 있듯이 '나'는 작중상황을 전체적으로 조망하고 통찰할 만한 시야가 제약되어 있으며, 그런 점에서 방법론적으로 일종의 '바보'이다. 그런 그에게 어느 날 밤 한 여자아이가 나타난다. "언덕 아래 해수욕장 쪽에서 피서객들을 상대로 앵벌이를 하는" 약간 실성한 계집애였다. 경비원인 '나'의 검문에 대한 그 아이의 대답은 다만 "나 밥 좀 줘"였을 뿐이다. 이렇게 해서 그 여자아이는 밤마다 찾아와 라면을 얻어먹고 잠을 자고 가게 된다. 구원의 연인을 꿈꾸는 시인 지망생에게 나타난 남루한 거지아이의 황폐한 모습은 화자(나)의 꿈과 현실을 비추는 역광이며 반면의 거울이다.

아마 이 작품이 그리고자 한 것이 부모에게 버림받아 실성한 거지가 된 한 여자아이의 삶과 죽음은 아닐 것이다. 시라는 꿈과 가난이라는 현실의 머나먼 간격 사이에 서서 영혼의 정착지를 찾지 못하는 한 방황하는 젊음이 그 거지소녀를 매개로 마침내 발견하는 자기인식을 그렸다는 점에서 이 작품은 일종의 성장소설이기도 하다. 그러나 작품의 의도를 떠나서 볼 때 가정파산의 비극적 분비물인 그 소녀의 인생 자체도 따로 추구될 필요가 있다.

박경철의 「매향」(『세계의 문학』 가을호)에서 화자는 악동 소년이고 이 화자를 통해 서술되는 것은 거지소녀가 아닌 늙은 창녀의 피폐한 인생이다. 이 작가가 읽어보았는지 모르겠는데, 1950년대 작가 추식의 「부랑아」가 바로 이런 구조로 되어 있다. 「부랑아」의 주인공이 전쟁고아임에 비하여 「매향」의 화자는 빈민가(그러나 조그만 생선가게를 하는) 가정의 아들이며, 「부랑아」의 여주 색시가 병든 몸으로 자살하는 데 비하여 「매향」의 창녀는 철거되는 집의 기와더미에 깔려죽는다. 「부랑아」의 주인공은 서울역 근처의 하숙집을 근거로 어수룩한 시골 아이들을 협박해서 돈 뜯는 짓을 하는 10대 후반의 소년이고, 「매향」의 화자는 「부랑아」의 주인공이 어른이 되어 이루었음직한 가정의 네 아이 중 하나이다. '나'의 아버지는 이렇게 말한다. "사내새끼들이라면 지금 당장 한푼도 없이 혼자 떨어져도 살아갈 수 있어야 돼. 전쟁 때 내 주머니에 한푼이라도 들어 있었는 줄 아니? 고아원엔 내 발로 들어갔어. 제 발로 고아원에 들어갈 수 있는 놈이라면 무슨 일이든 못할 게 없어." 그래서 '나'의 형들은 물건을 훔치고 칼을 휘두르며 '나'는 은행강도가 될 것을 소망한다. 그러나 「부랑아」의 주인공이 그렇듯이 「매향」의 '나'도 사회적 현실에 의해 그렇게 만들어진 존재인 동시에 그 사회에 반항하는 존재이기도 하다. 모든 인생의 가능성을 박탈당한, 더이상 내려갈 수 없는 밑바닥에까지 버려진 사회적 침전물로서의 창녀들과 그 악동들 간에 이루어지는 정서적 교류와 감정적 유대의 형성은 바로 사회의 지배질서와 위선적 도덕에 대한 저항이요 모반인 것이다.

４ 김소진의 「늪이 있는 마을」(『문예중앙』 가을호)은 재기에 넘치는 작품이다. 나는 이 작품을 읽으면서 언뜻 황석영의 「돼지꿈」을 연상하였다. 「돼지꿈」이 희곡화되어 마당극 형식으로 공연되었듯이 「늪이 있는 마을」도 연극적 구조로 이루어져 있다. 무대의 전면 가운데에는 늪이 있고 그 늪에서는 지금 승용차 한 대가 가라앉고 있다. 방죽 위에는 동네 사람들이 웅성거리며 몰려서 있고, 거기서 좀 떨어진 곳에는 앙상한 왜소나무가 서 있으며, 그 소나무 아래에는 한쪽 눈이 불구인 노인이 앉아서 물끄러미 방죽

아래를 내려다보고 있다. 방죽에 서서 가라앉는 승용차를 보며 떠드는 사람들은 누구인가. 차례로 그들에게 조명이 비치면서 그들의 인생이 소개된다.

비디오가게 '씨네마천국'의 점원인 도리우치. 자신은 포대기에 그리고 동생은 대바구니 속에 나란히 넣어져 버려졌었다는 고아원 원장의 말을 입증도 반증도 못한 채 자란다. 동생은 한때 그의 희망이었다. 천신만고 끝에 동생이 대입검정고시에 합격했던 것이다. 그런데 그 동생이 지금 희귀한 병에 걸려 그가 암거래 수입으로 구하는 마약으로 겨우 고통을 견디고 있다.

소나무 밑에 앉은 노인. 그는 원래 홀어머니를 모시고 살던 순박한 청년이었으나 전란을 겪으면서 가족을 잃고 잔인무도한 토벌대로 변신하여 온갖 악행을 저지른다. 그러나 이제는 자기 아들에게서조차 버림받고 의붓아들에게 신세를 지는 얼빠진 늙은이가 되어 있다.

동네 목욕탕의 때밀이인 고수머리. 한 청년에게 동성연애를 시도하다가 타박을 맞고 홧김에 미용실 아가씨를 임신시킨다. 그 미스 송은 아기를 낳자마자 늪에 버렸고 그래서 영아유기 혐의로 쇠고랑을 찬다.

동남정육점 주인 배불뚝이 황씨. 그는 노모와 함께 동네에 이사온 신원불명의 예쁜 여자와 정사를 치른다. 그 여자는 분명치 않은 병으로 곧 죽고, 그는 몰래 병원에 가서 에이즈 검사를 받는다.

그밖에도 마을의 통장이자 슈퍼 주인인 백씨와 고물장수 김씨 들이 조역·단역으로 등장한다. 이처럼 조명의 초점이 이 사람에게서 저 사람에게로 이동하면서 그들 각자의 이러저러한 인생사가 개진되는 동안에도 전체적 현재상황, 즉 늪으로 승용차 한 대가 가라앉고 있다는 상황은 간단없이 관객에게 공지된다. 몇 개의 서사적 일화를 하나의 연극적 틀로 묶어내고 있는 셈인데, 작품의 마지막은 예상 밖의 극적 반전을 감행한다. "폐차에 남녀 마네킹을 집어넣고 늪에 빠뜨린 이 모든 것이 다 우리가 예술의 목적을 이루기 위해 장치한 소도구"라고 주장하는 일단의 소위 행위예술가들이 나타남으로써 작품은 어이없이 마감되는 것이다. 앞에서 나는 황석영의 「돼지꿈」을 연상한다고 말했지만, 그러나 「돼지꿈」이 민중적 활력에 넘친 생동하는 세계를 보여줌에 비하여 이 작품은 그러한 활력의 미학적 폐기, 즉 민중성의 예술적 무장해제를 겨냥한다. 나는 작가 김소진이 흥미진진한 재미와 공감 속에 읽어오던 독자들의 기대지평을 왜 이처럼 어이없이 박살내 버렸는지 알다가도 모르겠다.

 80년대의 열정과 이상, 90년대의 갈등과 현실을 화두로 삼아 거침없이 질주하던 작가 공지영이 이번에는 70년대의 교육현장을 소설에 담았다. 그의 중편 「광기의 세월」(『한국문학』 9·10월 합병호)은 국민학교 입학 당일부터 고등학교를 졸업하기까지의 학교생활을 이제 자신의 딸을 국민학교에 입학시키는 시점에서 되돌아보고 있다. 그리고 그는 한마디로 그것을 '광기의 세월'이었다고 명명한다. 나는 이 작품을 고1인 우리 집 막내에게 건네주며 한번 읽어보라고 했다. 그런데 딸아이는 벌써 읽었노라고 대답했다. "어떻디?" "공감이 가요." "그럼 너도 그렇게 자주 맞았니?" "그렇게 심하진 않았지만 분위기가 그랬어요." 딸아이와 나는 이런 대화를 나누었다. 나는 나 자신의 어린 시절을 돌이켜보았다. 나도 초·중·고교 12년 동안 진실로 존경할 만한 스승을 만난 적은 없었다. 어릴 때 겪은 일이지만 아직도 억울함을 생생하게 기억하고 있는 선생과의 사건도 있다. 그러나 적어도 '광기의 세월'은 아니었다고 자신있게 말할 수 있다. 그러나 이 나라의 교육현실은 나보다 20여년 늦게 학교에 다닌 아이들에게 이처럼 야만적으로 후퇴했던 것이다. 그것을 바로잡아보려 했던 전교조운동은 기득권세력의 보수주의에 의해 패배하고 우리 아이들은 여전히 광기와 야만의 손아귀에 사로잡혀 신음하고 있다. 그런 '교육'의 과정을 통해서도 공지영 같은 바른 정신의 소유자가 태어난다는 것은 하나의 기적, 참으로 놀라운 인간 자생력의 산 증거라고나 해야 할까.

 이밖에도 언급하고 싶은 작품이 여러 편 더 있다. 신상태의 「무지개 도시」(『문예중앙』 가을호). 올해 당선작인 「떠 있는 섬」과 마찬가지로 이 작가의 능숙한 기량과 균형잡힌 시각을 보여준다. 전작이 소수민족 문제를 통해 미국사회의 본질을 통찰하고 있다면, 이번 작품은 그와 동시에 미국사회에까지 드리워진 한국사회의 그늘을 부각시키고 있다. 윤정모의 「봄비」(『창작과비평』 가을호)와 공선옥의 「불탄 자리에 무엇이 돋는가」(『문예중앙』 가을호). 읽고 난 뒷맛이 도무지 개운하지 않았다. 생각건대 이 여성작가들이 지금 몹시 흔들리고 있는 것 같다. 어쩌면 그들은 자기 문학의 새로운 변화를 모색하는 가운데 아직 어떤 뚜렷한 발판을 찾지 못하고 있는 것 같다. 흔히 하는 말로 변신을 위한 진통인지 모르겠는데, 어떻든 안쓰러움과 안타까움을 느낀다. 정찬의 「섬」(『문예중앙』 가을호). 내가 주목하는 작가이고 이번 작품 역시 주목할 만한 문제를 제기하고 있다. 그러나 나는 문제의 관념적 전개방식에 찬성할 수 없다. 구체적이고 객관적인 삶 자체야말로 소설문학의 불변의 대상이며, 관념이나 이론은 삶을 이해하기 위한 도구일 뿐이다. 관념소설은 도구적 문학으로 가는 길이다. 김영현의 「차력사」(『창작과비평』 가을호). 전작 「그리고 아무 말도 하지 않았다」와 더불어 이 작가의 정신의 근황을 알려주는 작품이다. 일상적 실천과 이념적 지향이 현실 안에서 이루어내는 충만된 일치의 황홀상태는 오늘날 쓰디쓴 환멸로 바뀌었다. 힘을 잠깐 빌리는 '차력'은 다만 순간적인 눈요기이거나 속임수이기 쉽다. 작가 김영현에게 있어 '문제는 리얼리즘'이라는 것을 거듭 강조하고 싶다. 김남일의 「통일시계」(『실천문학』 가을호). 앞에서 나는 "중요한 사회문제들이 그것들에 상응하는 사회적 토론구조를 찾지 못하고 가장 약한 고리로서의 가정으로 배출되고" 있다는 점을 지적한 바 있는데, 이 작품은 단순히 '사회문제'라고만은 도저히 말할 수 없는 엄청나게 중요한 문제조차 결국 수많은 개인들의 일상적 생활현장인 가정을 파열적으로 진동시키는 문제임을 보여준다. 뿌리깊은 보수적 정서, 한때의 순결한 행동적 이상주의자를 마침내 스스로 보수반동의 동조자라고 신앙고백하게 만드는 완강한 가족주의, 양자택일적으로 강요되는 이 사회의 야만적 비이성 등등 이 작품이 제기하는 문제는 실로 침통하다. 그러나 그것들이 풍성하게 펼쳐지는 인생의 과정 속에 무르녹아 있다기보다 문제제기적으로 도식화되어 있다는 느낌을 지울 수 없다.

그러고 보면 문학적으로뿐만 아니라 현실적으로도 극히 어려운 시대를 살고 있다. 차분하게 견디고 겸손하게 배워 다시 생각하며, 서로 위로하고 격려하여 애정어린 비판과 준엄한 자기비판을 게을리 말아야겠다.

<1994>

제 3 부

혼돈의 세계를 바라보며

지금 우리가 일대 혼돈의 시대에 살고 있다는 것은 누구나의 실감일 것이다. 어느쪽으로 눈을 돌리더라도 거기서 우리가 목격하는 것은 혼돈의 양상이다. 조화롭고 안정적이며 질서있는 어떠한 것도 이제 이 지상에는 남아 있지 않은 듯한 불안심리와 위기의식이 우리의 일상적인 생활감정으로 되었다. 진정한 평화와 안식을 살아생전에 누릴 수 있으리라 기대하는 것조차 불가능한 꿈으로 보이며, 언제 무슨 일로 생명과 재산상의 치명타를 입고 불행의 나락으로 굴러떨어질지 예측하기 어렵다.

이 혼돈과 불안을 우리는 과연 극복할 수 있을까. 이런 문제에 대해 의미있는 성찰을 하자면 먼저 지금 우리가 당면하고 있는 이 혼돈이 대체 어떤 성질의 것인지, 가령 역사상 유례가 있었던 것이며 극복의 성공사례가 있었던 것인지에 대해 생각해보는 것이 마땅할 것이다.

현대문명의 본질에 대해 거론할 것을 요구하는 이 거창한 질문 앞에서 나로 말하면 그야말로 자격 미달이다. 물론 이런 문제에 아주 무심한 사람이라고는 할 수 없을지 몰라도, 대체로 문학이라고 하는 한정된 분야에서 그나마 게으른 평론가로 활동해왔을 뿐이기 때문이다. 그러니 이 글은 심오한 사색이나 날카로운 이론과는 거리가 먼 소박한 수필 정도에 지나지 못할 것이다.

내 생각에 우리 시대의 혼돈이 지닌 첫번째 특징은 그것이 전지구적인 규모의 현상이며, 그런 점에서 역사상 초유의 것이라는 데 있지 않을까 한다. 물론 얼마전 김일성 사망 후의 조문파동에서 새삼 깨달았듯이 우리는 아직 정신적 야만의 사회, 전근대적 비이성의 사회에 살고 있음이 분명하다. 지존파 젊은이들의 원시적 맹폭성, 성수대교의 붕괴사고에 나타난 경제발전의 허구성, 세금 도둑질로 대표되는 공직사회의 부패 등등에서도 우리는 우리 사회의 황폐한 모습을 뼈저리게 확인하였다. 그러나 나는 이것이 우리나라만의 예외적인 현상이라고 생각하지 않는다. 좀더 풍요한 사회라고 할 수 있는 미국이나 일본, 좀더 이성적인 사회라고 할 수 있는 유럽도 성질이 매우 다르기는 하지만 우리 못지않은 어떤 근본적인 취약성에 의해 위협받고 있지 않은가 하는 것이 내 느낌이다. 예컨대 미국에 대해 생각해보자. 세계 인구의 5% 미만인 그 나라 국민들이 에너지를 비롯한 세계의 부(富)의 30% 이상을 소비하고 있다는 것은 우리 모두 아는 사실이다. 그러면서도 그들은 아무런 양심의 가책을 느끼지 않을뿐더러 오히려 더 많이 소비하기 위해서 끊임없이 군사적·외교적 수단을 동원하고 있다. 그런데 레이건정권 8년 동안 미국 국내의 빈부격차는 훨씬 더 심화되고 마약·폭력·질병 등 범죄적·병리적 현상은 더욱 보편화되었다. 탐욕스럽기만 하고 속으로 곪은 나라, 사회를 지탱하는 공적(公的) 이성이 허물어진 나라, 그런 나라의 앞날이 양양하리라고 어찌 보장할 수 있겠으며 그런 나라가 어떻게 세계문명을 책임있게 이끌어갈 수 있겠는가.

그렇다면 일본은 어떤가. 일본의 경제력에 대해서는 두말하면 잔소리니 그만두고, 사회적 건강의 측면에서도 미국과는 비교가 되지 않는 듯하다. 그렇다면 일본은 모든 나라들의 모범이 될 수 있는가. 그러나 나는 결코 그렇게 생각하지 않는다. 인류에게 그토록 처참한 재앙을 끼친 침략과 전쟁 범죄자였던 나라가 제대로 사죄의 말 한마디 없이 넘어가려 했을 뿐만 아니라 지금에 와서는 은근히 미화하기까지 하는데, 이런 파렴치한 일이 용납되는 국민정서로는 결코 문명세계의 지도적 위치에 설 수 없다. 무엇보다 나는 소위 천황제(天皇制)와 같은 비이성적 국가체제가 고도의 산업사회체제와 양립하고 있다는 사실에 대해 설명할 수 없는 곤혹감과 두려움을 느낀다. 현재로서는 팍스 아메리카나 체제에 종속되어 있는 것이 유리하니까 가만히 숨죽이고 있지만, 일정한 조건과 계기가 주어지면 가공할 파괴적 폭발의 잠재적 위험을 늘 가지고 있는 나라가 일본이 아닐까 하는 것이 나의 기우이다.

사회주의의 몰락과 소연방 해체 이후의 러시아, 티토 사후의 유고슬라비아, 그리고 아프리카의 여러 나라와 민족들이 지금 겪고 있는 참상은 일찍이 우리의 상상을 넘어서는 것이다. 이슬람 세계는 어떠한가. 폭력을 동반한 근본주의 운동에서 우리는 비록 일말의 비타협적 순결성의 정신을 엿볼 수 있다 하더라도, 그것이 이 지구를 인간이 살 만한 곳으로 만들려는 세계사적 대의에 합당한 운동의 표현이라고는 결코 인정할 수 없을 것이다. 짐작건대 서유럽은 근대문명의 발상지답게 이성적 판단과 합리적 사유가 사회생활의 통합적 힘으로 그런대로 작동하는 유일한 지역일 것이다. 그러나 20세기 인류의 절대다수가 겪는 고통과 불행의 근원을 파고들면 결국 만나게 되는 것이 유럽의 제국주의인데, 지금 비록 악역의 대부분을 미국이나 일본에 넘겨주었다 하더라도 유럽인들은 자신들의 원죄에 대한 본격적인 결산을 아직 한 바가 없다. 그런 점에서 서유럽이 인류문명의 한 창조적인 중심으로 다시 살아나기 위해서는 치러야 할 대가가 너무나 크다고 생각한다.

이제 남는 것이 중국과 인도인데, 인도에 대해서는 내가 너무 무지하므로 중국에 대해서만 조금 생각해보겠다. 나는 중국에 두 번 가보았다. 1993년 여름에 보름, 지난 94년 초겨울에 일주일 여행을 했다. 물론 직접 가서 본다고 그 나라를 더 잘 안다고 말할 수는 없다. 수십년 몸을 담고 살아온 우리나라에 대해 우리가 알고 있는 것도 현상적인 것에 불과한데, 수박 겉핥기 식으로 며칠 훑어본 나라에 대해서 뭔가 안다고 말한다면 그것은 터무니없는 망발일 것이다. 그러나 그럼에도 불구하고 느껴지는 것이 있었다는 사실을 부인할 필요는 없으며, 또 그 느낌이 실체적 진실의 일부일 가능성도 부정하고 싶지 않다. 주지하다시피 중국은 사회주의 정치이념을 굳건히 고수하고 있다고 주장한다. 그것은 그들의 주관적 의지임에 틀림없을 것이다. 그러나 이때의 사회주의는 자본주의 세계체제에 대한 총체적 대안을 의미하는 것이 아니라 현재의 중국 정치제도와 정치현실을 정당화하기 위해 한정적으로 사용된 방어적 개념이라고 보아야 할 것이다. 나의 피상적인 관찰에 의해 말하건대 오늘날 중국사회와 중국인의 영혼을 온통 사로잡고 있는 것은 요컨대 돈벌이가 아닌가 한다. 내 느낌으로 오늘의 중국에서는 물질적 번영을 지향하는 경제적 동력이 사회주의적 정치이념을 전면적으로 압도하고 있는 듯하다. 다시 말해 오늘의 중국에서 인류의 미래를 책임질 만한 새롭고도 획기적인 사상이나 사회질서가 태동하고 있다고는 결코 말할 수 없다는 것이 나의 판단이다.

이렇게 살펴볼 때 개인이든 국가든 또 국가간의 관계에서든 혼돈의 현실에 질서를 부여하는 어떤 종류의 통일적 가치도 찾아볼 수 없다. 이기적 욕망의 달성을 위한 만인간의 경쟁이 벌어지고 있으며, 오직 힘의 논리만이 만국가간의 관계를 지배하는 듯하다. 이러한 상황은 불가피하게 현대세계의 두번째 특징을 낳고 있다. 아마 그것을 우리는 이 시대의 이념적 무규정성이라 부를 수 있을 것이다. 돌이켜보면 과거에 존속했던 역사시대의 어느 사회에나 강하든 약하든 그 사회의 틀을 규정짓는 이념적 준거가 존재했음을 알 수 있다. 고대 서양의 그리스·로마 문명이나 중세의 가톨릭적 세계관, 그리고 동아시아의 유교문화는 개인과 사회, 정신과 물질을 통합하는 강력한 이념적 기반으로서 오랫동안 지배력을 행사했던 것으로 믿어진다. 계몽주의와 프로테스탄티즘 역시 그것이 근대 서구 시민사회의 정신적 산물인지 혹은 반대로 근대사회를 낳은 모태인지 논란의 여지는 있으나 어쨌든 지난 2세기 동안 서구 시민사회의 버팀목이 되어왔다.

우리의 경우는 어떠한가. 물론 나는 이에 관해 전문적으로 공부해본 바 없고, 따라서 믿음직한 증거를 제시해가면서 어떤 이론을 펼칠 능력이 없다. 단지 들은 풍월로 약간의 견해를 말해보고자 한다. 우리 민족의 형성과정에 대해서는 정설이 없는 것으로 알지만, 여하튼 한반도에서 정착생활을 시작하고 중국의 한자문화가 유입되면서 동아시아 문명권에 편입된 것은 확실한 듯하다. 그리고 곧 이어 선진적 정신문화인 불교가 전래되면서 우리 나름의 중세사회가 형성되었을 것이다. 막연한 짐작이지만 우리 민족의 원시 고유문화와 선진 외래문화 사이에는 치열한 갈등과 투쟁이 전개되었을 것이다. 아마도 그것은 우리 민족이 한반도에 정착한 이후 치른 최초·최대의 문화혁명이었을 것이다.

그런데 잘 살펴보면 한반도의 정치적·문화적 운명은 우리 내부의 주체적 요인들과 더불어 상위체제인 동아시아 특히 중국의 사회변화에 결정적인 영향을 입고 있었음을 알 수 있다. 예컨대 오랜 혼란 끝에 이룩된 당(唐)제국의 성립은 통일신라의 형성에 결정적인 변수가 되었고, 송(宋)나라의 문화는 고려시대의 문화와 대응을 이룬다 할 것이며, 명(明)의 천하통일과 조선왕조에 의한 한반도의 정권교체는 동아시아 질서재편의 일환으로 이루어졌다. 그런 점에서 16세기 말부터 반세기 동안에 이루어진 동아시아의 정치적 격변, 즉 일본에 강력한 통일권력이 세워지고 변방의 만주족이 중국대륙의 패권을 차지하여 청(淸)제국을 건설한 사실은 한반도의 정치질서에도 심각한 위기를 초래하지 않을 수 없었을 것이다. 잘 알려진 대로 그 무렵 우리는 임진왜란·병자호란이라고 통칭되는 전란의 참화를 겪었고 심각한 국가존망의 기로에 서기도 하였다. 그와 동시에 중세적 가치질서의 근본적 동요에 대처하지 않으면 안되었다.

최근 나는 오랜만에 역사학관계 논문 한 편을 흥미있게 읽었는데, 정옥자 교수의 「19세기 존화사상(尊華思想)의 역사적 성격」(『상상』 1994년 겨울호)이 바로 그것이다. 이 논문은 바로 중화적 질서와 가치관의 담당자로서의 명나라가 망하고 배척과 경멸의 대상이었던 이적(夷狄)이 천하를 장악하게 된 미증유의 사태에 대처하여 조선의 지식인들이 어떻게 대응했던가를 다루고 있다. 정교수의 논문에 따르면, 현실주의자들의 논리인 화평론이 지배층에 수용되어 18세기 후반 선진문화 수용론으로서의 북학사상(北學思想)으로 집권논리화하고, 이것이 19세기 후반에 개화사상으로, 1960년대에 근대화론으로, 그리고 현재의 국제화론으로 면면히 발전하였으며, 유림(儒林)을 주축으로 하는 재야의 일반 지식인들은 명나라가 멸망한 동아시아 사회에서 유교문화의 정통을 지켜나갈 책임이 오로지 조선에 맡겨졌다고 인식하여 조선이 곧 중화라는 강력한 사명감을 자각하였고, 이것이 민족문화의 주체적 보존을 도모하는 저항적 민족주의의 사상적 뿌리가 되었다고 한다. 정교수의 이러한 논지를 지지하거나 반박할 만한 실증적 연구가 전무한 나로서는 여기서 뭐라고 섣불리 논평을 덧붙일 자격이 없는 셈이지만, 그러나 상식적으로 생각하여 권력에서 배제된 19세기의 대다수 지식인이 과연 그처럼 이른바 ‘조선 중화주의’라는 이념적 중심으로 집결해 있었는지 의문이며, 또 설사 그러했다 하더라도 봉건유교 논리인 조선 중화주의로써 19세기 말과 20세기 초의 ‘제국주의에 의한 세계질서의 재편’이라는 세계사적 격변을 제대로 돌파해나갈 수 있었을지 의심하지 않을 수 없다. 무엇보다 정교수의 논문에서 결정적으로 빠져 있는 부분은 지식인——집권 지식인이든 재야 지식인이든——아닌 일반 민중들의 움직임에 대한 고려이다. 북방문화(중국문화) 내지 서양문화를 수용하자는 것이 북학파요 개화파이며 굳건히 유교 정통성을 지키자는 것이 위정척사파라고 할 때, 이 둘은 날카롭게 대립된다. 그러나 그들은 현실적 내지 잠재적 지배계층이라는 점에서 한묶음 될 수 있으며, 또한 세계사적 변화의 의미를 옳게 읽어 정당하게 대처하지 못함으로써 나라의 식민지화를 가져온 데에 공동의 책임을 져야 한다. 개화파와 척사파 간의 노선상의 차별이 매우 중요한 차별이기는 하지만, 그것이 그들 지배층과 민중 간의 차별보다 더 크고 중요한 차별일 수는 없다고 생각한다.

어떻든 우리 민족은 아득한 옛날 우리가 동아시아 문명권에 편입될 때에 겪었던 것과 맞먹는 중대한 역사적 과정을 지금 겪고 있는 중이라고 생각된다. 그것은 다름아니라 자본주의적 세계체제의 일부로 편입되는 역사적 과정인 것이다. 1876년의 강압적 개항으로부터 시작된 일련의 과정이 그 1단계일 것이고, 20세기 전반기의 식민지시대가 그 2단계라면, 20세기 후반의 분단시대는 제3단계라 할 것이다.

그렇다면 우리는 1980년대 말부터 제4단계에 진입하고 있는가, 아니면 단지 같은 제3단계의 변화된 국면을 맞이하고 있을 뿐인가. 나로서는 참으로 판단하기 어렵다. 남북분단을 극복하여 통일된 민족국가를 건설해야 한다는 과제의 일관성에서 볼 때, 그리고 무엇보다도 ‘근대’라고 하는 역사적 기획이 아직 미완으로 남아 있다는 엄연한 사실을 상기할 때, 우리가 본질적으로 새로운 단계에 들어섰다고 말하는 것은 성급할 것이다. 그러나 다른 한편 세계사적 환경의 일대 변화가 우리의 일상생활을 질적으로 다른 것이게 하는 규정성 또한 외면할 수 없는 것이 사실이다. 소련을 비롯한 동구의 현실사회주의가 몰락하고 냉전체제가 해소됨으로써, 그리고 중국을 포함한 여타 사회주의 국가들도 조만간 세계시장경제에 포섭될 것이 분명해짐으로써 자본주의는 150년에 걸친 사회주의의 이론적·실천적 도전을 극복하고 마침내 궁극적인 승리를 거둔 것처럼 보이는 것이다. 무엇보다도 과학·기술의 놀라운 발전은 생산력의 비약적 증대를 가져왔을 뿐만 아니라 첨단적인 정보·통신 수단의 전지구적 확장에 의하여 일찍이 인류가 경험해보지 못한 생활감각의 혁명을 일으키고 있다.

우리는 원하든 원하지 않든 이 세계체제에 이미 깊숙이 들어와 있으며, 그리하여 '근대성' 문제라든가 '통일'문제들이 우리의 주체적 의도에 관계없이 새로운 의미로서 재정립될 것을 요구받게 되었다. 내 생각에는 자본주의적 지구화 시대에 통일문제가 갖는 새로운 의미와 위상에 대하여 남북의 정권담당자들이 다 같이 충분한 이해를 갖지 못하고 있는 것 같다. 다시 말하면 냉전시대에나 통용되는, 가치의 고정성에 대한 절대주의적 신앙을 아직 벗어나지 못하고 있는 것이다. 따라서 김일성주의자나 반공주의자나 신념의 보수주의자인 점에서 일맥상통한다고 말할 수 있으며, 그런 점에서 지난 여름의 조문논쟁은 외관상 치열한 이념대결임에도 불구하고 약간의 희화적 요소조차 지닌 시대착오적 말싸움에 불과했다고 여겨지는 것이다. 이렇게 볼 때 나는 우리 민족이 동아시아적 질서로부터 세계적 질서에로 편입되는 국제화과정의 제4단계에 이미 들어섰다고 보는 것이 옳지 않을까 생각한다.

그렇다면 지금 우리가 들어서고 있는 세계는 어떤 세계인가. 나는 앞에서 그것이 혼돈의 세계라고 말한 바 있다. 그리고 나는 그것이 국지적인 현상이 아니라 세계적 규모의 현상이며 역사상 선례가 없는 것이라고 지적한 바 있다. 그러나 우리가 살고 있는 세계를 오직 혼돈이라고 규정하는 데 그친다면 너무나 절망적이다. 그렇다면 어디에 희망적인 요소가 남아 있는가. 이때 희망적이라고 말할 수 있으려면 그 희망이 특정한 부류의 사람들에게만 해당되는 것이어서는 안된다는 점이 무엇보다 강조될 필요가 있다. 어떤 종류의 정치적·종교적·이념적 신념으로 무장된 특수한 사람에게만이 아니라 먹고 사는 데 급급한 보통사람들에게도 자연스럽게 희망으로 받아들여질 만한 것이어야 진정으로 희망이라 부를 수 있을 것이다. 또, 참된 희망이라고 믿어 우리가 따르려면 말과 글로 주고받는 개념의 세계에서뿐만 아니라 하루하루의 일상생활 속에서도 무리없이 실천할 수 있는 구체적 현실성을 가진 것이어야 한다. 엄청난 용기, 과도한 희생, 끔찍한 고통을 수반하는 실천행위가 우리에게 가져다 줄 것이라고 암시되는 희망은 우리의 머리를 설득할 수는 있을지 몰라도 우리의 몸을 움직이게 하기는 어렵다. 우리의 한정된 생물적 수명, 의문의 여지 없는 우리의 일회적 생애는 인류의 희망적 미래를 모색하는 고민에 있어서도 절대적 고려사항의 하나가 되어야 한다. 그런데 잘못된 것인지 몰라도 내 눈에는 그런 보편적 가치로서의 희망적 대안이 보이치 않는다. 이 시대의 현실을 균형있게 지탱시켜줄 문화의 거점 자체가 점점 더 허구화되어가고 있는 듯이 느껴지는 것이다.

생각건대 오늘의 전지구적 자본주의 체제의 결정적 특징은 학문·종교·예술 같은 정신생활 자체가 산업주의 원칙이 관철되는 하나의 방식으로 되고 있다는 사실일 것이다. 물론 생산과 유통과 소비의 물질적 법칙이 종교와 예술의 전영역을 전일적으로 지배하는 것은 아니고, 아직 '정복되지 않은 땅'이 도처에 남아 있기는 하다. 기계적 생산의 시대에도 수공업적 생산이 없어지는 것은 아니며, 전화와 팩시밀리의 시대에도 붓으로 편지 쓰는 사람이 없어지지는 않는다. 그러나 그것이 시대의 지표는 아니다. 그런 점에서 나는 오늘 우리 시대의 문화의 본질은 정신의 물질화 즉 산업화라고 보는 것이다. 맑스가 이야기한 '소외'는 이제 비로소 그 개념에 진실로 상응하는 실체적 현실을 획득했다고 할 것이다.

바로 그 맑스는 자본주의 세계체제의 이 종말적 상황을 어느 정도 예감했던 것으로 믿어진다. 그리고 그가 제시한 대안적 전망이 이른바 과학적 사회주의였음은 우리가 모두 아는 바이다. 그러나 보다시피 유감스럽게도 그의 대안은 충분히 과학적이지 못했음이 입증되고 말았다. 뿐만 아니라 그의 사회주의도 역사적 사회체제로서의 자본주의의 위력을——넘어서기는커녕——견딜 만큼 강고한 것이 못되었음이 드러나고 있다.

그렇다면 우리는 기존의 종교나 전통사상에서 현실극복의 유효한 무기가 어딘가 숨겨져 있으리라 기대할 수 있을까. 어떤 사람들은 자본주의와 과학기술이 서양의 것이므로 그것을 넘어설 대안적 가능성이 불교나 유교 같은 동양의 정신문화에 있지 않을까 생각한다. 특히 우리의 경우 19세기 후반 전례없는 민족적 위기에 대처하여 심각하게 사색되고 치열하게 실천되었던 일련의 시도들은——개중에는 불교나 유교의 바탕을 고수하는 방식도 있고 최제우·최시형·강증산처럼 그것을 뛰어넘는 방식도 있었는데——오늘의 우리에게도 직접적이고 현재적인 물음으로 다가온다. 그런가 하면 반대로 유교문화의 현실주의와 자본주의 사이에 어떤 친화성이 있는 것 아닐까 하는 가설을 내세우면서 70년대 이후 동아시아 일부 국가들의 물질적 성취에 자기만족을 표하기도 한다. 자본주의의 모순과 병폐에 대해 공공연한 비판적 견해를 개진하는 세력 가운데 가장 중요한 것이 가톨릭일 터인데, 서양 중세사회와의 타락적 유착을 뚜렷이 기억하는 사람들에게는 양심과 정의의 발언임이 분명한 경우에조차도 그것이 과거지향적인지 미래지향적인지 때때로 헷갈리게 된다. 인도와 이슬람을 발상지로 하는 종교와 사상들도 자본주의에 자못 적대적인 듯이 보인다. 그러나 어떻든 나의 얕은 소견으로는 흘러간 물은 물레방아를 돌리지 못한다는 말이 이 모든 경우에도 해당된다고 생각한다. 전통적인 사회운동으로서의 노동운동 내지 계급운동이 힘을 잃은 오늘, 생태주의 운동·여성운동·지역운동·문화예술운동이 새로운 활력을 얻고 있기는 하다. 나 자신으로 말하면 김종철 교수가 주관하는 격월간지 『녹색평론』이 늘 근본적 시각을 제공하며 이 시대의 운명에 관한 본질적 성찰의 지침을 마련한다. 그러나 이러한 운동들은 아무리 자본주의 극복의 꿈을 강렬하게 품고 있는 경우에도 결국 자본주의 체제의 역동성의 일부로 먹혀들어가고 있는 것이 현실이 아닌가 하는 의아심을 일으킨다.

어떻게 할 것인가. 가는 데까지 가보는 수밖에 없다는 것이 나의 비관적인 결론이다. 그리고 그럼에도 불구하고 자신이 선 자리에서 자기의 손에 쥐여진 연장을 가지고——종교든 정치든 예술이든 또는 그밖에 아무리 사소한 규모의 소시민적 생활개선운동이라 하더라도 그 수준의 모든 수단을 동원하여──이 혼돈의 세계를 흠집내기 위한 몸부림을 글로 말로 또 일상적 실천으로 계속할 수밖에 없다. 달리 어떻게 할 것인가.

<1995>

'국제화'시대의 민족문화

1. '국제화'의 양면성

국제화 내지 지구화라는 담론이 점점 더 강력하게 우리의 삶과 의식을 포위해오고 있다. 아마 이것은 상호 관련되기는 하지만 전적으로 구별되어야 할 두 층위에서 전개되는 것 같다. 하나는 우루과이라운드협상의 국회비준을 앞두고 예상되는 반발을 선제공격에 의해 제압하는 동시에, 국제무역에서의 기업경쟁력을 제고하기 위해 정부-기업-언론연합이 벌이는 이데올로기 선전의 층위라 할 수 있다. 물론 이것도 단순한 정치책략인 것만은 아니다. 산업생산물뿐만 아니라 지식과 정보, 문화와 예술까지 국제적 경쟁시장에 가차없이 노출되는 상황이 불가피하게 도래하고 있다면 이에 대한 경각심을 일깨우고 준비를 촉구하는 것은 국정책임자 내지 사회지도층으로서 당연한 책무라고 말할 수도 있다. 그러나 지금까지 익히 보아온 대로 우리나라의 국가기구는 다양한 이익집단들의 상충하는 이해관계를 합리적으로 조정하여 정책화하고 이를 대외협상과 국내정치에서 관철하려 하기보다, 지난날의 비민주적 관행대로 물리적 억압과 일방적 언론공세로써 난관을 돌파하려 하고 있을 뿐이다. 이런 점에서 최근 1년간 정부와 언론이 요란하게 떠들어댄 '국제화' 담론은 민중의 희생을 강요하고 국민들의 정치적 의사표시를 사전에 차단하려는 이데올로기의 성격을 띤다고 하겠다.

그러나 그렇다고 하여 국제화의 조류가 세계사의 움직일 수 없는 변화로서 우리 곁에 다가온 현실을 부인할 수는 없다. 전지구가 정치·경제적으로뿐만 아니라 이념과 감성에 있어서까지 긴밀하게 서로 얽혀 하나의 복합적 연쇄를 이루어가고 있다는 것은 논리적 추론의 결과가 아니라 오늘 우리의 직접적인 생활실감이며 목전의 '실제상황'이다. 원하든 원치 않든 우리는 이미 본질적으로 국제화되어 있으며, 이 국제적 연관 바깥에 아직 무엇인가 남아 있다면 그것이야말로 기적이다. 그리고 생각해보면 이것은 새삼스러운 일이 아니다. 19세기 중엽 캘리포니아와 오스트레일리아가 자본주의적 생산과 소비의 지배영역으로 포함되었을 때, 그리고 곧 이어 조선반도가 강박적으로 개방되었을 때 지구사회는 기본적으로 국제화의 시대에 진입한 것 아닌가.

물론 제국주의 전쟁과 민족해방전쟁 및 사회주의 실험을 겪고 난 오늘에 있어서 국제화는 질적으로 다른 내용을 가지게 된 것이 사실이다. 간단히 말해서 정치·군사적 수단에 의한 직접적인 수탈은 부득이할 경우 선택되는 보조적인 정책으로 후퇴하고, 경제적·문화적 수단이 동원되는 간접적이고 비가시적인 수탈이 국제관계의 기본적 내용으로 된 것이다. 그런 점에서 '국제화'를 "현대사의 오랜 질곡인 제국주의적 지배와 종속관계의 더욱 악화된 형태"로 파악한 김종철 교수의 견해(『창작과비평』 1994년 여름호)는 경청할 만하다. 그러나 이와 동시에 "1970년대 이후 선진국의 경제발전이 개도국에 대한 수탈에 근거한 것이라기보다 선진국 자신의 기술혁신과 생산방식 혁명에 기초한 생산력의 진보에 힘입은 바 더 크다"는 김근태씨의 지적(같은 책), 그리고 발전도상국의 입장에서 "국제적 교류가 물적·인적 자원의 폭넓은 이용 기회를 열어주고, 이를 잘 활용할 경우 발전잠재력을 실현할 다른 가능성이 있다"는 박형준씨의 견해(『창작과비평』 1994년 가을호)도 진지하게 고려해볼 가치가 있다. 김근태씨의 입장에 따르면 오늘의 세계에서 제국주의는 사라진 것은 아니지만 상대적으로 크게 약화되었고, 박형준씨의 입장에 따르면 제국주의는 설사 상존한다 하더라도 그것을 역방향으로 활용할 가능성을 동시에 내포하고 있다. 아마 현상적으로 그것은 사실일 것이다. 그러나 선진 산업국가와 제3세계 국가들 간의 관계를 순전히 무역지표만으로 평가하는 것이 정당한지 따져볼 일이다. 선진국이 이룩

한 기술혁신 중에서도 가장 놀랍고 우리의 일상생활과 직결된 것은 정보통
신매체의 혁명적 발전인데, 이 매체들에 의해 이루어지는 전지구적 네트워
크에서 상품교역 같은 물량적 계산방식으로 포착되지 않는 좀더 근본적인
주종관계 내지 지배종속관계가 진행되는 것은 아닐지 의심해볼 만하다. 특
수지역 일부를 제외한 대부분의 인류 앞에 놓인 텔레비전 화면의 메시지는
구미식 소비생활에 대한 간단없는 유혹이다. 그 유혹에 이기든 지든, 우리
의 삶은 전통적 안정성을 잃어버리고 심각한 교란상태에 빠지며 더 나은
물질적 욕망의 충족을 위해 노예적으로 종속된다. 그런 점에서 국제화는
서구 산업문명의 인류적 공유화이자 자원낭비와 환경파괴의 지구화이며 정
신적 허탈과 심리적 불안정의 세계화라고 말할 수도 있을 것이다.

　물론 모든 역사적 과정은 상반된 계기의 현실화이다. 억압은 저항을 부
르고 침략은 애국심을 일깨운다. 전쟁의 도구인 무기는 전쟁억제의 수단으
로 전화될 수도 있다. 마찬가지로 “의사소통과 정보의 전지구적 네트워크
를 통해서 이루어지는 상호작용은 문화산업에 의해 이용될 수도 있지만,
권력에 맞서는 사회운동이나 새로운 시민문화·지역문화의 창조를 모색하
는 주체들에 의해 이용될 수도 있다”(박형준, 앞의 글)는 것도 사실이다. 말
하자면 정보통신매체의 발전이 지배와 종속의 심화를 초래하는 측면과 동
시에 역으로 지배의 정체를 폭로하고 종속의 극복에 기여하는 수단으로 기
능전환을 할 수도 있다. 무엇보다 자본주의 산업체제의 전지구적 확장을
적절히 활용함으로써 오랜 빈곤상태에서 벗어날 가능성이 열린다는 것도
사실일 것이다. 우리나라를 포함한 이른바 ‘아시아의 네 마리 용’이라는 나
라들이 상당한 경제발전을 이룬 것을 부정할 수는 없다. 그러나 이 성공이
인류 전체의 앞날의 생존을 위해 진정한 축복일지는 더 두고 보아야 하지
않을까. 지구상의 모든 국가와 종족들이 현재 한국 수준의 소비생활만이라
도 누릴 수 있게 된다면, 그때 인구·식량·환경·자원 그밖에 보건·의
료·교육·교통 등 많은 문제는 어떤 양상으로 인류를 압박해오게 되는지
상상하기 두려운 바 있다. 물론 현실적으로 생각해볼 때 지금까지 이루어
진 산업화가 비가역적일뿐더러(어떤 불측의 돌발사태에 의해 전면적으로
또는 부분적으로 파멸할 가능성도 배제할 수 없기는 하지만) 자본주의적

국제화의 방향 또한 역전될 가능성이 전무하다고 보아야 할 것이다. 지난 94년 9월 20일에 폐막된 카이로 국제인구개발회의(ICPD)에서 어느 나라 대표가 "세계인구의 20%가 전세계 부의 84%를 차지하고 있는 반면, 인류의 4분의 1인 25%가 단 1.5%만으로 살아가고 있다"라고 세계적 규모에서의 극심한 빈부격차를 지적하고 호소했으나, 그것이 국제인구개발회의를 비롯한 국제기구의 정책결정에 영향을 준다거나 미국인들의 에너지 소비를 줄이는 효과를 낼 수는 없을 것이라고 생각한다.

2. 위기에 선 민족문화

이런 상황에서 민족문화의 운명에 대해 생각한다는 것은 실로 곤혹스러운 일이다. 그 까닭을 다음과 같은 몇가지 사정으로 설명해볼 수 있을 것이다. 물론 이에 앞서 근대적인 의미의 민족문화운동이 전개된 지난 100여년간의 역사적 경험과 현재의 조건을 본격적으로 대비하면서 새로운 모색을 하는 것이 옳지만, 우선 요즘의 상황을 중심으로 서너 가지 문제점을 적어보겠다.

첫째, 80년대 후반 이후 냉전체제가 종식되고 적나라한 군사독재가 물러나면서, 그리고 미국·유럽·일본을 중심으로 매체혁명이 폭발적으로 진행되면서 문화의 존재방식이 근본적으로 변화하는 데 따른 당황스러움이다. 한마디로 그것은 문화의 산업화라고 말할 수 있는 국면으로서, 모든 문화장르들이 생산-유통-소비의 싸이클에 편입됨으로써 문화적 가치의 고정성이 증발해버렸거나 증발해버릴 위험 앞에 놓여 있다는 것이다. 학문의 새로운 이론과 상품의 새로운 디자인 사이에는 차별이 점차 없어져버려, 오늘의 이 토론회도 마치 기업체의 '새 상품 설명회' 또는 '신기술 발표회' 같은 성격을 띠게 된 것이다.

가령 문학의 경우 소설을 예로 들어보자. 지난날 소설은 역사와 현실의 핵심적 문제성을 고민하고 성찰하는 '무거운' 형식의 하나였다. 물론 어느 시대에나 흥미 본위의 통속적인 대중소설이 없었던 적은 없다. 그러나 그것들은 대체로 문학적 논의에서 제외되는 것이 관례였으며, 대중들의 감각적 호기심에 영합하려는 열망에도 불구하고 대중의 진지한 관심권 안에 진입하지 못하였다. 소위 순수문학과 통속문학으로 양분된 가운데 통속문학은 문학의 외형을 빌린 오락물로 자타에 의해 의심없이 공인되었던 것이다. 그러나 언제부터인지 양자간의 구별이 모호해지고 있다. 아니 그렇다기보다, 문학작품의 창작과 향수 전과정이 문화산업으로서의 출판과 광고 메커니즘에 종속되어가고 있다고 말하는 것이 옳을 것이다. 산뜻한 장정, 야릇한 제목, 자극적인 광고문안을 동원하는 출판기획자의 기발한 아이디어와 광고공세가 책의 내용 여부를 떠나 독자들의 구매욕을 촉발하며, 그리하여 책의 저자는 마치 영화의 원작자 같은 위치로 전락하는 것이다.

그래도 소설의 경우에는 산업화된다 하더라도 본질적으로 일종의 민족기업 같은 성격을 띠는 데 비하여, 문학이론 분야는 국제화의 정도가 훨씬 심각하다. 60년대에 구조주의 이론들이 나오기 시작하고 그 이후 탈구조주의라든가 기호이론이라든가 하는 각종의 새로운 이론들이 몇년마다 새로 개발되어 나오면서 학문시장·문학이론 시장을 유행의 물결로 뒤엎고 있다. 그래서 전공자들도 미처 그것을 일일이 따라갈 수 없어 늘 일종의 추적망상 같은 심리적 불안에 시달리게 된다. 이런 문화산업적 경향이 대중예술의 경우에는 이미 오래 전에 확립되었으며, 여타 분야에서도 이제는 막을 수 없는 추세가 되었다. 문제는 이 새로운 상황에 처하여 과거의 판단기준들 또는 가치기준들(가령 예술성이라든지 진리성 또는 사회정의라든지 민주주의 같은 것들)이 속수무책으로 되었다는 점이다.

둘째, 이런 사태와 연관되는 것이지만 이제 민족문화의 개념 자체가 점점 더 공허한 것으로 또는 시대착오적인 것으로 되어가고 있다는 사실이다. 상품화를 위한 유용한 품목 중의 하나로서 민족적인 것이 채택될 수는 있다(가령 영화「서편제」의 경우). 또 강력한 민족주의적 주장이 학문시장에서 한 코너를 차지하고 있는 것도 사실이다. 이것은 민족주의뿐만 아니라 맑스주의 같은 것들도 그렇다. 돌이켜보면 어느 시점까지 민족주의적 또는 맑스주의적으로 사고하고 또 그것을 말이나 글로 표현한다는 것 자체가 대단히 위험한 일이었는데, 자본주의 시장경제가 안정적으로 확립되는 정도에 따라 사상활동의 현실적 위험성은 점차 감소하고 오히려 학문시장의 다채로움을 더해주는 특색있는 품목의 하나로 기능이 반전되었다. 이와 더불어 지난 20여 년 동안 판소리·탈춤·민요·풍물 등 다양한 형태의 전통연희를 발굴·복원하여 그 심미적 가치를 새롭게 평가하는 동시에 마당극을 비롯한 적극적 재창조 노력이 꾸준히 시도되어왔던 점도 주목되어야 할 것이다. 그러나 이 모든 것에도 불구하고 전래적 토착문화는 급속도로 와해·소멸되고 있음이 분명하다. 따라서 민족문화라고 할 때의 '민족' 개념은 전면적으로 재구성될 필요가 있을 것이다.

물론 이렇게 새롭게 발전되는 매체와 문화형식에 의해, 그리고 그것들의 전세계적 교류와 혼합을 통해 전지구적 문화의 새로운 다양성의 일부로서 민족문화가 새롭게 구성될 가능성을 제시하는 사람도 있다. 가령 박형준 교수는 이렇게 말하고 있다. "전지구적 문화란 인류의 문화적 다양성을 부정하는 것이 아니라 오히려 그 다양성을 충분히 인정하고 개화시킴으로써 그를 통해 인류의 정체성과 인류학적 보편성을 드러내려고 하는 기획이 될 것이다. 마치 근대국가의 형성이 그 이전 전통적 민족문화들의 다양성을 약화시켰지만 새로운 국가적 일체성 속에 민족문화들의 새로운 다양성을 낳았듯이 전지구시대는 문화간의 교류와 혼합을 촉진시킴으로써 전지구적 문화의 새로운 단일성뿐 아니라 새로운 다양성의 모태가 될 수도 있다고 보는 것이다."(『창작과비평』 1994년 가을호) 그러나 박교수의 이 낙관적 전망이 현실로 나타나기 위해서는 전지구적 문화의 다양성 안에서 민족적 정체성을 관철하려는 강력한 의지와 투쟁이 담보되어야 할 것이다. 왜냐하면 근대국가의 형성과정이 한편으로 새로운 국가적 일체성의 고양을 결과하기도 했지만, 다른 한편 국가적 일체성의 전면적 상실 즉 식민지화를 동반하기도 했다는 역사적 경험을 우리는 결코 잊을 수 없기 때문이다. 그러나 어쨌든 과거 일제 식민지시기나 7, 80년대의 민주화운동 속에서 투쟁의 무기로서 진행되어온 민족문화운동은 새로운 개념규정과 자기변신을 시도해야 할 시점에 온 것이 아닌가 생각된다.

셋째, 종래의 우리나라 민족문화는 식민지시대와 분단시대라는 특수한 조건 즉 민족사적 위기 속에서 위기의 극복을 지향하는 대중적 실천운동과의 연관 내지 연대를 자기의 본질로 삼아왔다. 다시 말해 민족문화는 민족운동의 형태로 존재해왔고, 따라서 민족주의라든가 사회주의 같은 강력한 이념의 자장 안에 있었다. 다시 문학의 예를 가지고 생각해보자. 민족문학이 처음으로 뚜렷한 문학적 슬로건으로 등장한 것은 해방 직후 임화에 의해서였다. 주지하다시피 임화는 20년대 말부터 10년간 계급문학 진영의 지도적 이론가로서 초기의 김팔봉·박영희를 밀어내고 좌파문단의 이론적 헤게모니를 쥐고 있던 인물이다. 이러한 그가 해방후 민족문학을 깃발로 내세운 것은 자신의 과거 계급적 도식주의에 대한 반성인 동시에 일종의 전략적 일보후퇴였다. 좌우의 협공에도 불구하고 그의 민족문학론은 당시 가장 큰 세력을 형성했고, 뿐만 아니라 논리적 우위를 점했던 것이 사실이다. 그러나 다들 아는 바와 같이 분단과 전쟁의 와중에서 임화의 민족문학론은 남과 북 어디에서도 수용될 터전을 찾지 못하고 비극적 파멸의 운명을 맞이하였다.

　세계적 냉전체제의 성립과 이승만독재는 남한에서 일체의 진보적 운동을 철저하게 탄압하고 파괴하였다. 70년대 초 관변단체인 한국문인협회 기관지 『월간문학』이 민족문학론을 제기한 것은 당시 박정권의 소위 ‘한국적 민주주의’에 편승한 것으로서, 20년대의 보수적이고 복고적인 국민문학론을 계승한 것이었다. 그러나 어떻든 민족문학이라는 용어 자체는 오랜 금기의 사슬을 벗어나게 되었고, 이후 활발한 논의의 출발점이 되었다. 이런 논의가 가능했던 것은 4·19 이후 민족적 각성에 따라 문학의 사회적 책임을 묻는 참여문학론의 이론적 축적이 있었기 때문일 것이다. 그리고 무엇보다도 60년대 이후 많은 작가와 시인들에 의하여 민족문학의 이름에 값하는 훌륭한 작품들이 창작된 사실이 이론적 논의의 토대를 마련했기 때문이다. 물론 이러한 작품적·이론적 성취의 배경에는 60년대 중반 이후의 대외의존적 산업화정책에 따른 농민분해와 노동자계급의 창출 및 민중운동의 성장을 간과할 수 없다. 특히 유신체제의 선포로 정치적 적대가 예각화하고 민주화운동이 고조되기 시작하자 문학활동도 이 운동에 깊숙이 연결되지 않을 수 없게 되었다. 1974년 자유실천문인협의회(현 민족문학작가회의의 전신)가 결성되고 이 조직을 중심으로 민족문학운동은 본궤도에 올랐던 것이다.

광주항쟁의 유혈참극으로 개막된 80년대의 민족문학은 처음 몇해 동안 얼어붙은 듯한 침묵 속에 빠져들었다. 그러나 84년경의 소위 유화국면으로 긴장이 많이 풀리고 각급 조직이 재정비되면서 사회·문화운동은 역사상 유례없는 활기를 띠기 시작하였다. 그 절정이 6월항쟁으로 표출되었음은 기억에 새롭다. 이를 계기로 민족문학론 역시 놀라운 이론적 상승기를 맞이한다. 70년대 이래의 백낙청 교수 및 새로 등장한 젊은 비평가들에 의해 주도된 80년대 중·후반의 민족문학론은 70년대 민족문학(론)의 지식인적 한계를 반성하고 노동운동·통일운동과의 직접적인 연계를 획득함으로써 그 민중적 토대를 확보하자는 것으로 요약될 수 있다. 그리고 여기에는 같은 무렵 사회과학계와 민중운동가들에 의해 한국사회의 성격 분석과 변혁적 대안 모색이 논쟁적 형태로 치열하게 전개된 사실이 이념적 테두리를 제공했다고 할 것이다. 그 무렵 해금조치에 의해 맑스주의 저작들과 월북·재북 작가들의 작품이 이론적 토론의 장에 공개된 것도 결정적인 변수로 작용하였다.

그런데 이제 국민들의 일상생활이 점점 더 산업적 대중문화에 포섭되고 (즉 '국제화'되고) 정치적 긴장과 활력을 잃어감에 따라 민족문화는 자신의 존재방식을 새롭게 모색할 것을 요구받고 있다. 70년대 이후 여러 예술분야들의 발전과 축적된 역량에 바탕해서 88년 말에 민족예술인총연합이 결성되고 또 작년 여름 사단법인화가 이루어짐으로써 국립현대미술관·세종문화회관 같은 제도권 내의 공연장·전시장을 활동무대의 하나로 삼기 시작한 것은 이런 모색의 일환이다. 그러나 전체적으로 보아 민족문화운동 진영은 국내외적인 정치적·이념적 지형변화에 능동적으로 적응하여 이를 활력있게 주도해나갈 구체적인 목표와 방향을 아직 제대로 찾아내지 못하고 있는 것으로 보인다.

넷째, 그러나 이런 모든 '국제화' 경향에도 불구하고 구시대의 냉전이념과 반공보수세력은 여전히 현실적인 억압의 힘으로 위세를 발휘하고 있으며, 이것은 바로 지난 여름에 있었던 일련의 주사파 파동 등이 웅변으로 보여준다. 그리고 통일민족국가의 건설이라는 민족적 과제는 불변의 목표로서 우리 앞에 존재한다. 지난 수십년간 진행되어온 남북간의 심각한 이질화를 극복하는 것도 장구한 시일에 걸친 엄청난 노력과 인내를 요하는 사업일 터인데, 남한 사회문화의 ‘국제화’는 남북한의 이질성을 더욱 가속적으로 넓혀놓을 것으로 예측되므로 사태는 참으로 어렵다고 하지 않을 수 없다. 남북의 전민중이 공감·공유할 수 있는 민족문화의 존립 가능성이 있기는 한 것인지부터 의심스러울 정도이다. 이것은 예컨대 작년 10월 민예총이 주도해서 남한의 진보적 화가들과 북한 화가들, 재일동포 화가들이 일본에서 ‘코리아 통일미술전’을 열었을 때의 경우를 보아서도 알 수 있다. 그래도 북쪽에 대해 호감을 가지는 남쪽 화가들, 그리고 짐작건대 남쪽의 화가들을 이해하려는 북쪽 화가들이 참석했음에도 불구하고 감정의 불일치, 회화언어의 불일치 때문에 여러가지 어려움을 겪었다고 들었다. 그러나 그 실낱 같은 희망을 향하여, 통일민족문화의 가능성을 향하여 우리는 나아가지 않을 수 없다. 다시 말해 오늘의 남한 문화운동은 도도한 국제화·개방화의 대세를 때로는 순항, 때로는 역항하면서 분단극복의 지난한 사업에 동참함으로써 자신의 존재의의를 입증할 수밖에 없다.

3. 문제는 여전히 민주주의이다

자본주의적 지구화(=국제화) 추세가 민족문화의 자기정체성에 심대한 도전이 되고 있음은 앞에서 암시하였다. 그러나 따지고 보면 문화는 어떤 고정된 실체가 아니라 공동체 구성원들의 변화하는 삶 속에서 생성과 소멸을 반복해왔다. 따라서 민중의 구체적인 생활적 필요야말로 억압할 수도 없고 강요할 수도 없는 문화형태의 선택권으로 작용할 것이다. 물론 이런 원칙의 확인은, 즉 우리 민중의 삶 안에서 민중이 선택한 민족문화를 어떤 형태로든간에 관철해나아갈 것이라는 원칙적인 낙관의 확인은 정치·학문·종교·예술·교육 등 각 분야의 전문 종사자가 현실을 분석하고 바람직한 발전방향을 유도하도록 의식적으로 노력하는 것을 무의미하게 만들지는 않을 것이다. 바로 오늘의 이 토론회 자체도 이를 위한 의식화 행사로

볼 수 있다.

이제 몇가지 소박한 제안을 내놓는 것으로 서투른 발제를 마치고자 한다. 우선 문화정책적 측면에서 개혁의 기본방향을 생각해보자.

첫째, 실질적인 '문화민주주의'가 이루어져야 한다. 이제까지의 문화정책은 관(官)이 주도함으로써 권위적이고 관료적인 한계에서 벗어나지 못하였다. 그러나 문화는 그 속성상 자율적이어야 하며, 따라서 외적이고 강제적인 간섭으로는 발전할 수 없다. 이런 점에서 앞으로의 문화정책은 민간 주도의 방향으로 개혁되어야 하고 간섭보다 지원에 초점이 맞추어져야 한다.

둘째, 진보적인 문예운동에 대한 감시와 탄압이 중지되고 문화관련 악법들이 조속히 개폐되어야 한다. 우리는 아직도 예술창작의 어느 분야에서는 사전검열이나 심의에 시달려야 하는 처지에 놓여 있다. 공연법이나 음반관련법들은 음란퇴폐물에 한정되어 적용되기보다 비판적인 창작활동을 억제하는 데 악용되는 경우가 많았던 것이 사실이다. 검열에 관계된 기구와 제도를 폐지하거나 본래의 취지에 맞도록 자율화할 필요가 있다.

셋째, 민간 주도의 남북한 문화교류를 위한 법적 보장이 마련되어야 한다. 이를 위해서는 무엇보다 현재의 국가보안법이 폐지되고 오히려 문화교류촉진법 같은 것으로 대체되어야 하며, 정부로 단일화되어 있는 문화교류 창구를 민간에게 개방하여 문화적 이니셔티브를 다원화해야 한다.

넷째, 각종 문화관련 관변 기구와 단체들을 과감하게 정비하고, 0.4%에 불과한 문화예산(1992년도 기준 약 1200억원)을 대폭 늘려야 한다. 과거 각종 문화단체들은 독재정권의 들러리로서 고유하고 독립적인 문화활동에 전념했다기보다 정권의 홍보기구로 기능했던 것이 사실이고, 국민의 세금이 이런 단체를 유지하는 일에 쓰여졌던 것 또한 사실이다. 일제시대부터 내려온 이런 관행은 이제 폐기되어야 한다.

다섯째, 민족문화의 토대로서 지역문화의 활성화를 위한 적극적인 지원이 요청된다. 이것은 물론 지방자치제의 완전한 실시, 지역경제의 활력있는 자립과 맞물려 있는 문제이지만, 현재와 같은 과도한 중앙집중은 문화적으로뿐만 아니라 정치사회적으로도 심각한 폭발의 위험을 안고 있다.

이러한 정책적 개혁과 더불어 문화형태 내부의 새로운 혁신과 적극적 대안들이 모색되어야 할 것이다. 우선 문화산업주의에 포섭되지 않는(또는 포섭되기 힘든) 소규모 문화장르들의 재활성화 방안이 마련되어야 한다. 가령 문학을 예로 들면 거대한 출판자본에 의한 장편소설의 생산과 유통이 문학시장을 휩쓸고 있음에도 불구하고, 즉 문학산업화의 경향에도 불구하고 예술적 완성도가 높은 중·단편소설과 시들이 끊임없이 창작되어 문학산업화의 본질적 반문학성을 폭로하고 있다. 학문·종교·예술·취미에서는 규모의 경제가 결코 전일적으로 지배할 수 없다. 말하자면 문화영역에는 본질적으로 개인적 차원을 잃어버릴 수 없는 분야, 산업화되지 못할 분야, 민족적 정체성을 상실할 수 없는 분야가 있다. 뿐만 아니라 그것은 산업화·국제화의 경향에도 불구하고 새로운 힘을 얻을 가능성이 있고 실제로 요즘 예술성 높은 많은 작품들이 발표되고 있는 것이 이를 입증한다고 하겠다.

　마지막으로 분야별·지역별·직능별 활동단위들이 광범하게 형성되고 전국적·국제적으로 연대함으로써 문화운동이 시민운동의 형태로 사회 각층 각분야에서 전개될 필요가 있다. 요컨대 ‘국제화’ 또는 ‘세계화’라고 일컬어지는 새로운 조건에 적극적으로 대응하는 광범하고 강력한 문화운동 속에서만 민족문화는 새로운 자기쇄신의 가능성을 열어갈 것이고 또 그것은 분단극복을 지향하는 민족운동의 일부가 됨으로써 진정한 자기의의를 획득할 것이다.

<1994>

남북 문화교류의 원칙과 방향

1

한국전쟁의 종결로 분단체제가 고착된 지 40여 년, 7·4 남북공동성명으로 통일의 대원칙을 선언한 지 20여 년, 그리고 화해와 불가침 및 교류협력에 관한 남북합의서가 채택된 지 2년이 지난 오늘에 있어서도 남북간에는 적대적 긴장과 갈등이 줄어들지 않고 있다. 7·4 공동성명 직후의 남북대화나 5공 시절의 남북교류가 한동안 헛된 꿈을 부풀게 하다가 더욱 커다란 허탈감을 안겨주고 상호간의 불신만 증폭시킨 채 중단되었듯이 90년 전후의 남북접촉(총리회담)도 기본합의서 채택이라는 가시적 성과를 거두었음에도 불구하고 느닷없는 핵문제의 돌출로 1년 이상 교착상태에 빠져들었다. 민족의 비원이요 역사의 당위인 통일로 가는 길이 실로 험난하다는 것을 우리는 거듭 실감한다.

먼저 통일의 절박하고도 시급한 민족사적 당위성을 지적하고자 한다. 현실사회주의의 붕괴에 따른 냉전체제의 해체와 우루과이라운드협상의 타결은 이제 나라와 민족들간의 총성 없는 경제전쟁을 초래할 것이며, 세계는 이념도 국경도 뛰어넘는 무한경쟁에 돌입할 것이다. 따라서 이러한 변화된 조건 속에서 통일국가의 성취는 이제 우리 민족의 생존전략이라는 장기적 차원에서 새로운 의미를 가지게 되었다.

물론 그동안 남북한 당국자와 뜻있는 민간인들에 의해 통일노력은 그 나름으로 꾸준히 이어져온 것이 사실이다. 그러나 적어도 80년대 이전까지 당국자간에 이루어진 갖가지 제안과 접촉 및 교류와 내왕은 근본적으로 정권안보 내지 체제수호라는 시각을 벗어난 것이 아니었고, 따라서 통일지향적이기보다 상호경쟁적 성격을 띤 것이었다. 민간차원에서 이루어진 통일방안의 모색이나 교류합작의 시도들 역시 그 의도의 순수성을 인정한다 하더라도 그 민간인들이 분단체제를 완화하는 데 기여할 만한 현실적 힘을 가지지 못했거나 혹은 남북 당국자의 정치적 의도에 이용되었을 뿐이 아닌가 판단된다.

90년대 접어들어 우리의 통일여건은 중대한 변화를 겪고 있는 것으로 보인다. 그것은 첫째 냉전체제의 종식으로 인해 동서진영간의 대결구도가 붕괴됨으로써 지난 40여 년간 유지되어오던 남북간 및 미국과 한반도 간의 정치군사적 관계에 조만간 변화가 오지 않을 수 없게 되었으며, 둘째 문민정부의 출범으로 일정하게 정통성이 확보됨으로써 체제유지의 압박이 어느 정도 줄어들었고, 셋째 우루과이라운드의 타결과 미국 단일패권하의 자본주의 세계체제의 성립으로 정치군사적 요인보다 경제문화적 요인이 상대적으로 더 중요하게 되었다는 점이다. 이러한 여건의 변화는 기본적으로 또 장기적으로는 통일에 유리한 조건이지만 단기적으로는 위험을 내포할 수도 있을 것이다. 왜냐하면 김정일 후계체제의 안정적 구축에 사력을 다하고 있는 북한으로서는 이상과 같은 국제정세의 변화들이 심각한 위기의식의 근거로 해석될 수 있으며, 반면에 남한에서는 유화적 국면의 도래 자체에서 존립의 기반을 위협받는다고 느끼는 보수우익세력이 엄존하는데다가 북·미회담 과정에서 보듯이 한반도 체제의 운명을 결정하는 일에서 소외되는 데 대한 국민적 불만이 고조될 수도 있기 때문이다. 따라서 그것은 남북대립의 단기적 경직성으로 나타날 수도 있다고 생각된다.

어떻든 현정부는 "냉전구조의 산물인 적대와 불신 관계를 청산하고 신뢰 속에서 화해와 협력으로 발전해가는 단계"를 '남북연합'과 '통일국가'로 이어지는 3단계 통일과정의 제1단계로 설정하고 있으며, 공존공영의 정신에 입각하여 "북한체제의 와해를 전제로 한 '흡수통일'을 반대한다"고 공식문건에 밝히고 있다. (통일원, 「김영삼정부의 3단계, 3기조 통일정책」, 1993. 10) 그리하여 정부는 통일과정의 제1단계인 교류·협력·화해의 실제적 사업들을 각 분야에서 구상하고 있는 듯하다. 오늘의 주제는 바로 제1단계 중의 문화부분에 해당하는 것이다.

그런데 잘 살펴보면 현정부의 통일정책은 그 기조에 있어서 노태우정권의 정책을 대체로 계승한 것이라 평가될 수 있다. 89년의 공안정국 속에서 반전되기는 하였으나 취임 초기의 노태우 대통령은 7·7선언과 유엔 연설을 통하여 북한을 타도의 대상이 아닌 동반자적 공존의 파트너로 인정한다고 언명한 바 있었고, 그 연장선 위에서 남북 당국자 회담을 진행하여 기본합의서의 채택에까지 이르렀던 것이다. 문화교류의 문제에 있어서도 문화예술진흥원 산하 문화발전연구소가 주축이 되어 「북방 문화교류와 정책의 방향」(1990. 10. 27) 「분단국의 통일과 문화예술인의 통합에 관한 연구」(1991. 12) 「북한의 문화정책과 남북 문화교류의 방향」(1993. 9) 등 산발적이지만 꾸준한 연구와 토론을 거듭해왔다. 법적·제도적 측면에서 보자면 통일원이 마련한 「남북 교류협력에 관한 기본취지」(1989. 11), 문화부와 통일원이 공동으로 제시한 「남북 문화교류의 5대원칙」(1990. 1. 22), 그리고 국회에서 통과된 「남북 교류협력에 관한 특별법」 등이 노태우정권하에서 이루어졌다. 적어도 문화교류에 관한 한 현정부의 정책은 아직까지 이러한 노정권의 정책을 답습한 것 이상의 구체적으로 진전된 내용을 제시한 바 없다.

2

남북 문화교류 문제를 검토함에 있어서 가장 중요한 문건은 90년 초 문화부가 신설되면서 통일원과 함께 발표한 「남북 문화교류의 5대원칙」이다. 그 내용은 다음과 같다. ① 분단 이전의 민족전통음악의 교류, ② 승부 및 경쟁력 분야의 배제, ③ 전통문화의 원형을 변형·훼손하는 표현양식 지양, ④ 쉽고 작은 일에서부터 시작, ⑤ 공동실행을 위한 지속적 노력. 이 원칙들은 얼핏 보기에 민족적 입장과 포용적 자세를 나타낸 것으로 생각될 수도 있다. 그러나 상호주의의 원칙 즉 북한 자신의 눈으로 볼 때에도 그렇게 해석될지는 의문이다. ⑤항은 실질적 내용이 없는 일종의 외교적 언사이기 때문에 별다른 문제가 없겠지만, 기타의 항목에서는 얼마든지 이론이 가능하다. 물론 ①과 ③항의 취지는 이해할 수 없는 것이 아니다. 즉 그것은 분단으로 이질화되기 이전의 문화가 "쌍방간에 수용할 수 있는" "동질성이 부분적으로라도 상존하고 있는" 프로그램이라는 것을 전제로 하고 있어 언뜻 생각하기에는 남북간의 마찰을 되도록 피하고자 하는 선의가 깔려 있다고 볼 수 없는 것이 아니다. 그러나 분단 이전의 전통문화는 어떤 성격의 문화인가. 분단 이전이란 곧 식민지시대와 봉건왕조시대로서, 그 시대의 문화가 민족문화의 뿌리이기는 하지만 오늘날 남북 모두에서 심각한 변형을 겪은 것이 사실이다. 전통문화의 원형을 보존하고 복원하는 일 자체가 쉽지 않을뿐더러 국민들의 생활 속에 살아있는 문화라는 관점에서 문화의 박제화를 결과할 우려가 있으며 현대화·국제화 추세에 역행하는 것이기도 하다. 북한측이 '복고주의'라고 비판했던 것은 이런 면에서 정당성을 가진다고 말할 수 있다. 사실 따지고 보면 남쪽의 문화예술계가 진지한 의미에서 전통의 고수를 견지했던 것은 아니다. 오히려 개방적 자유주의 체제인 남한에서야말로 전통문화의 형식들은 그 원형의 흔적조차 찾아보기 어렵게 변형·파괴되어 있고, 일부 보수계층들 사이에서만 복고적인 형태로 전승되고 있다고 할 것이다. 잘 모르기는 하지만 북한에서도 전통문화는 그 나름으로 변형되어 체제의 정당성을 선전하는 수단으로 활용되고 있을 것이다. 따라서 본질적으로 중요한 것은 전통문화의 원형이냐 아니냐가 아니라 남북 주민의 절대다수가 생활 속에서 공감하고 공유할 수 있는 변형(=창조적 계승)을 했느냐 아니냐의 문제일 것이다.

　다음으로 ②항에 대해 생각해보자. 도대체 문화예술에서 승부 또는 경쟁이란 구체적으로 무엇인가. 체육경기라면 당연히 승부가 있고, 승자와 패자가 갈라짐에도 불구하고 승패를 넘어선 축제의 한마당이 가능하다. 그러나 남북의 문화예술이 교류하는 데 무슨 승부가 있고 경쟁이 있단 말인가. 지금처럼 남북의 주민들이 전혀 다른 생활감정과 예술취향 속에서 살아가는 상황이라면 북쪽 사람들은 북쪽 예술에, 남쪽 사람들은 남쪽 예술에 공감을 느끼고 박수를 보낼 것이 분명하다. 다시 말해 게임이 성립되지 않는다. 우리가 문화교류를 통해 이루고자 하는 것도 바로 게임이 될 수 있는 상태, 즉 기본규칙의 공유인 것이다.

④항도 단순한 것이 아니다. 쉽고 작은 일에서부터 시작하자는 것은 우리 입장에서는 너무나 당연할 것 같다. 그러나 '쉽고 작은 일'의 개념이 전혀 다를 수 있다는 것을 우리는 인정해야 한다. 가령, 어떤 작품이 개인의 사생활을 다루었으면 '쉽고 작은 일'의 범주에 속하고 정치체제의 이념을 다루었으면 '어렵고 큰 일'의 범주에 속하는가. 지난 90년에 북한의 가극 「꽃파는 처녀」가 사회주의 이념성 때문에 공연되지 못하였고, 결국 그때의 예술교류 자체가 무산되고 말았다. 한편 그 무렵 미국의 뉴욕에서 있었던 남북영화제에서는 남쪽 영화의 성애적 장면들을 북한 영화인들이 신랄하게 비난하였다고 보도되었다. 단적으로 말하여 남한 영화의 성애적 장면들은 북한 주민들에게 「꽃파는 처녀」가 남쪽 관객들에게 그러한 것보다 훨씬 더 직접적이고 노골적인 이념성·선동성·정치성을 발휘할 것이며, 따라서 우리가 '쉽고 작은 일'로 생각하는 개인들의 사생활 문제가 북한 당국자에게는 체제의 수호에 직결된 '어렵고 큰 일'로 여겨질 수도 있는 것이다. 이런 관점에서 볼 때 「남북 문화교류의 5대원칙」은 근본적으로 재검토될 필요가 있으며 문민정부의 정통성과 민주성에 걸맞게 전향적으로 수정되어야 한다고 믿는다.

한편, 최근 발간된 연구보고서 「북한의 문화정책과 남북 문화교류의 방향」은 기존의 연구와 정책제안들을 가장 풍부하게 종합하고 있다. 가령, 이 보고서는 그동안의 남북 문화교류가 극히 형식적으로 진행된 이유를 "남북 당국이 모두 남북한간의 교류를 정치적으로 이용하려고 하였고 상대를 경쟁의 대상으로 생각하였기 때문"이라고 규정하면서 "남북문제에 대한 정보를 획기적으로 국민들에게 개방"하고 "여러가지 불합리한 법과 제도의 개선"을 건의하였다. 또한 보고서는 문민정부가 정통성에 자신감을 갖고 현재의 남북관계를 획기적으로 개선하기 위해서는 "정치적 상황과는 관계없이 남북 문화교류를 추진할 방안"을 마련하여야 한다고 주장하였다. 필자는 대체로 여기에 동의하며, 문민시대를 맞이하여 정부기관의 대북관조

차 드디어 공안적 시각의 제한성을 벗어나고 있음을 실감한다. 이제 몇가
지 필자 자신의 견해를 덧붙이고자 한다.

　　　　　3

　그동안의 남북교류가 정치적 상황에 종속되어왔음은 주지의 사실이다.
따라서 국내외의 정치군사적 상황이 얼어붙으면 그것에 연동되어 인도적·
문화적 교류마저 얼어붙는 이 연동구조의 단절 즉 문화교류의 상대적 독자
성을 어떻게 확보할 것인가가 문제이다. 다시 말해 남북문화의 상호접근을
비가역적으로 구조화하는 일이 어떻게 가능할 것인가를 우리는 모색해야
한다. 필자의 생각에 이를 위해서는 남북한의 현재의 체제 자체가 좀더 비
정치화·탈군사화해야 하고 남북교류 역시 좀더 민간화해야 한다. 이와 더
불어 외세에 대한 의존적 구조가 청산되어 남북문제의 민족화가 이루어져
야 하며, 이를 위해서는 남북간의 협조와 신뢰회복이 긴요하다. 아마 이것
은 남북 당국자들이 받아들이기 어려운 사회의 질적 전환의 요구를 담고
있을 것이다. 그러나 남쪽이든 북쪽이든 사회체제의 근본적인 개혁 없이
통일을 외치는 것은 자기기만에 불과하다. 우리가 기대하는 통일이 일방에
의한 타방의 흡수통일이 아니라면, 그리고 현실적으로 남북이 엄청나게 이
질화되어 있음이 인정된다면 통일은 남북 양쪽의 기득권세력 모두에게 일
정한 양보와 희생을 강제하는 과정일 수밖에 없으며 사회의 진보와 민족해
방을 동시에 달성하는 과업이어야 한다. 남북 문화교류는 이러한 통일사업
을 위한 준비요 전초작업인 것이다. 이런 점에서 대북교류의 창구단일화를
명시한 남북교류협력법은 전향적으로 수정되어야 하고 남북화해의 정신에
근본적으로 배치되는 국가보안법은 전면적으로 개정되어야 마땅하다.
　다음으로 중요한 것은 남북 모두가 분단에 의한 이질화 내지 차별화를
현실로서 승인하고 이를 점진적으로 극복하여 민족적 동질성을 회복할 구
체적 방안을 마련해야 한다. '자유민주주의' 또는 '우리식 사회주의'라는 가
치의 절대성에 대한 배타적 신봉을 철회하지 않는다면 진정한 의미의 화해

에 도달하기 어려울 것이다. 자유민주주의든 사회민주주의든 또 그밖의 어떤 이데올로기든 역사적 조건의 산물일 뿐이지 초시대적 가치일 수는 없다. 이 시대의 국제적 환경과 남북분단의 상황에서 남북의 절대다수 주민들이 공감하고 공유할 수 있는 최소의 이념을 발견하는 일이야말로 우리가 해야 할 일이며, 필자의 생각에 그것은 민족의 정통성과 민족 전체의 이익을 무엇보다 중시하는 발상에서 생겨날 수밖에 없다. 이런 점에서 서구문화에 지나치게 오염된 남한문화는 획기적으로 쇄신되야 하며, 그와 더불어 주체사상으로 일원화된 북한의 문화도 좀더 유연하게 개방화되어 국제화시대의 경쟁을 견딜 수 있는 다양성과 대외적응력을 기를 필요가 있다. 요컨대 남북의 문화 모두가 상대방에게 한걸음씩 다가가야 한다. 특히 퇴폐적이고 선정적인 상업주의적 남쪽 문화는 민족정기를 바로잡는다는 차원에서 근본적으로 정화되어야 하며, 이와 동시에 우루과이라운드 이후의 국제적 문화경쟁에서 살아남을 수 있는 질높은 민족문화의 개발이 절실하다.

마지막으로 과거의 독재정권하에서 타율적으로 형성된 문화관련 기구와 단체들은 현대사회의 문화적 다양성과 문민정부의 정치적 정통성에 걸맞도록 점진적으로 개혁될 필요가 있다. 지난날 권위주의 시대에는 문화정책의 기본이 억압과 통제였다. 따라서 정권의 비위를 거스르지 않는 관변인사들이 문화예술계를 주도하였고 민족과 민중의 고통에 아픔을 느끼는 진정한 예술가들은 주변으로 밀리거나 심지어 박해를 받기까지 하였다. 필자의 생각에는 7, 80년대 남한의 진보적 민족문화운동이야말로 북쪽의 주체문화와 남쪽의 관변문화 모두를 차원높게 아우를 수 있는 통일조국의 문화예술적 토대로 될 것이다.

<1994>

현실과 예술

지난 6월 12일에 이애주의 한판춤 「바람맞이」를 구경했다. 꽹과리 마당이나 노래판에서 신명이 지펴 아무렇게나 저절로 나오는 춤은 더러 보았으되, 극장에서 공연되는 이름있는 '무용가'의 춤을 돈 내고 보기는 나로선 난생 처음이다.

그런데 그걸 구경가는 심정이 도무지 편치 않았다. 지금 온 나라가 긴박한 국면을 맞아 곳곳에서 돌팔매가 날고 최루탄이 터지는데 춤구경이 무슨 염치없는 짓이냐…… 이런 겸연쩍고 송구스런 마음이 자꾸 덜미를 잡아당기는 듯했기 때문이다. 아니나다를까, 친구와 만나기로 약속한 이대 입구로 향하던 도중에 내가 탄 버스는 연대 못미처에서 수많은 차량들의 홍수에 오도가도 못하게 갇히고 말았다. 승객들은 대부분이 주춤거리는 버스에서 우르르 내렸고 가는 데까지 가보자는 뱃심으로 앉아 있던 나도 마침내 걷기로 작정을 했는데, 신촌로터리를 에워가는 동안에 이번에는 서강대 쪽에서 불어온 최루탄 가스에 또 한바탕 곤욕을 치러야 되었다. 친구와 함께 올라탄 지하철 역시 편안한 곳은 아니었다. 종로 2가와 3가에서 전철이 멈출 때마다 잠깐씩 열리는 문으로 매운 기운이 훅훅 끼쳐들었다.

이렇게 마치 춤을 보러 간다기보다 데모군중에서 벗어나듯이 간신히 극장에 도착했다. 극장은 좁고 관객은 많았으나 냉방시설 때문에 제법 시원했다. 바깥과는 사뭇 다른 느낌이어서 그것이 다시 자의식을 갉죽거렸다. 조금 위안이 된다면 이 공범자들 틈에 문동환 목사, 이우정 선생, 이효재

교수, 성내운 교수 같은 알아주는 민주인사들이 끼여 있는 것이라고나 할
까.

이윽고 조명이 어두워지더니 잠시 뒤에 요란한 장구소리, 꽹과리소리,
북소리 들과 함께 판이 벌어지고 춤이 시작되었다. 이 춤에 대해서 내가
뭐라고 아는 체할 생각은 조금도 없다. 다만 확실히 말할 수 있는 것은 다
른 관객들과 마찬가지로 나도 춤이 시작되는 순간부터 끝날 때까지 꼼짝
않고 숨죽여 보았다는 것이고 그러는 동안에 차차 어떤 묘한 상태, 감동
같기도 하고 긴장 같기도 한 상태에 빠지게 되었다는 점이다. 어찌 보면
그것은 춤 자체라기보다 춤이라는 화폭 위에 찍힌 육신의 꿈틀거림이었다.
극한적인 수치와 참혹한 고통에 뒤틀려 경련하듯이 오그라드는 손길, 공포
와 암흑의 세력에 맞선 필사적인 거부의 몸짓, 패배, 침몰하듯이 무너져내
리는 몸뚱이…… 눈앞의 장면들이 내게는 그렇게 비쳤는데, 그것은 이 춤
을 보러 오는 동안에 겪었고 그러다가 잠시 잊을 뻔했던 이 시대의 가장
심각하고 통렬한 문제와 거의 즉물적으로 다시 대면하는 일이기도 하였다.

춤의 마지막 넷째판은 해방과 승리의 환각을 묘사하는 듯했다. 천상의
빛으로 정화된 넋을 맞이하여 그를 저 영원한 생명의 세계로 떠나보내는
화사한 슬픔이 또한 거기 있는 듯했다. 넷째판 '꽃춤'을 풀이하는 글 앞에
김남주의 시 「잿더미」 한 구절이 인용된 것은 실로 그럴듯한 바로서, 나는
그 시의 다른 부분을 이애주 춤에 대한 감상 대신에 여기에 적고 싶다.

그대는 영혼의 왕국에서
육신을 어떻게 다루었는가
그대는 피의 꽃밭에서
영혼을 어떻게 다루었는가
파도의 침묵 불의 노래
영혼과 육신은 어떻게 만나
꽃과 함께 피와 함께 합창하던가
숯덩이처럼 검게 타버리고
잿더미와 함께 사라지던가

사물패의 요란한 소리와 함께 춤이 끝나자 우레 같은 박수가 이어졌다. 전등이 밝아졌으나 아무도 선뜻 일어서려 하지 않고 있을 그때에, 내 건너편 좌석에서 짧은 외침이 터져나왔다. "호헌철폐" "민주쟁취"라는 구호 같았으나 웅성거림 속에 분명히 알아들을 수는 없었다. 일순간 어떤 긴장된 침묵이 흘렀는데, 그러나 곧 다른 굵직한 음성이 "자 갑시다!"라고 약간 농담기를 섞어 말하자 긴장에서 풀려나는 웃음이 터지고 모두들 웅기중기 자리에서 일어나기 시작했다. 자칫 무슨 일이라도 일어날지 몰랐을 분위기를 "갑시다!" 하는 말로 풀어버린 사람은 그러잖아도 당국의 주의를 들었다는 이애주의 춤판을 아껴주려는 선의의 소유자임이 분명해 보였다.

문외한의 춤구경 이야기가 너무 길어진 것을 용서하기 바란다. 그러나 여기까지 읽어온 독자들은 이 일화를 통해서 내가 생각해보려는 것이 무엇일지 대강 짐작하리라 믿는다. 그러니까 나는 우리가 사는 이런 시대에 문학과 예술의 창조적 가능성이 어떤 객관적 제약과 조건을 수용하고 극복해야 할지 검토해보려는 것이고, 그렇게 함으로써 문학 또는 예술의 본질적인 일면을 음미해보려는 것이다.

잘 모르는 춤 이야기를 조금만 더해보자. 예술행위로서의 춤이 성립되자면 반주를 하는 악사와 춤꾼과 관객이 모일 수 있는 일정한 장소가 있어야 한다. 그것이 폐쇄적인 극장일 수도 있고 열린 마당일 수도 있겠지만, 춤판이 벌어지는 곳과 그렇지 않은 곳의 구별은 없을 수 없겠다. 하기야 탈춤이나 마당놀이 같은 경우에 춤판의 범위가 매우 유동적이고 춤판과 춤판을 둘러싼 생활공간과의 관계가 극히 '상호침투적'이라는 점은 어렵지 않게 인정할 수 있다. 그러나 춤의 자리와 실제적인 삶의 자리가 등질적인 한 평면을 구성하고 있다고는 결코 말할 수 없을 것이다. 흔히들 일과 놀이의 순환적인 연쇄를 말하고 생활과 예술의 통일을 주장한다. 물론 나는 이 주장을 지지한다. 그러나 그것은 양자의 구별, 심지어 어떤 면에서의 대립과 모순을 전제한 다음에 획득되는 순환이고 통일이다. 따라서 일과 놀이, 삶과 예술은 상대방 속에 단순하게 용해될 수 있는 것, 직선적으로 연결될 수 있는 것이 아니라고 할 수 있다.

물론 사람들이 둘러서서 탈춤을 구경하는데 그 구경꾼 틈에 엉뚱한 목적을 가진 사복형사가 끼여 있거나 그 곁에 솜사탕 파는 장사꾼이 서 있다고 하면, 사복형사와 장사꾼은 춤판에 속해 있는가 있잖은가 하는 의문이 나올 수 있다. 또, 가령 시장에서 말감고가 말을 되다가 흥이 나 어깻짓으로 약간의 춤사위를 나타내 보였을 때에 그것은 춤인 동시에 되질 곧 삶과 예술의 구별이 철폐된 경지가 되는 것이 아닌가 물어볼 수도 있다. 다시 말하면 삶과 예술을 구별하는 태도는 극장무대 위에서 이루어지는 것만이 춤이요 활자로 책에 찍힌 것만이 문학이라고 고집하는 것보다는 훨씬 예술의 인정범위가 넓어졌으나, 그래도 결국은 예술 개념의 외연적 확대일 뿐이고 본질적으로는 예술순수주의에 귀착하는 입장이 아닌가 하는 것이다. 실제로 우리는 삶의 행위와 예술의 행위가 동일체 안에 구별할 수 없이 녹아 있는 사례들을 얼마든지 경험한다. 어쩌면 우리 눈에 띄는 모든 인공적인 사물들, 모든 인간행위들 안에는 많거나 적거나 이 양면이 다 들어 있다고 말할 수 있다. 그러나 적절한 비유가 될지 모르지만 동물인지 식물인지 판별되지 않는 원시적인 생명체의 존재는 동물과 식물의 구별을 불가능하거나 무의미하게 만드는 예증이 아니고 도리어 동물과 식물의 분리의 발생역사를 적극적으로 확인해주는 보기라고 해야 할 것이다.

다들 얘기하는 바와 같이 우리의 80년대는 핏빛 물든 참담한 좌절과 고통의 경험에서 시작되었다. 그리고 지난 수십년 동안 전개되어온 민주화운동과 민중운동의 철저한 부정 위에 70년대보다 좀더 경직된 권위주의 정치체제가 성립하였다. 따라서 당연히 이 역사적 경험은 지난 연대의 민주화운동과 민중운동 및 이에 연대된 민족문화운동으로 하여금 엄중한 자기반성을 요구하였다. 그리하여 운동의 주체가 소시민적 지식인의 범주를 크게 벗어나지 못했던 한계가 지적되었고, 이와 관련하여 운동이 일정한 관념성과 낭만적 허위의식을 띠었다는 점도 비판되었다. 요컨대 70년대의 운동은 충분히 민중적이지 못했다는 것이 반성의 핵심이라 할 것이다.

나는 운동가도 아니고 운동이론가도 못 되므로 이런 점들에 대해 이러쿵저러쿵 말할 능력이 없다. 다만 그러한 논의들이 문학적 토론의 모습으로 이루어질 때에 거기에 대해서는 얼마간의 소견을 말할 수 있다. 80년대의 급진적인 문학이론가들은 70년대의 민족문학론에서 일종의 문화주의를 보는 듯하다. 앞에서 내가 삶과 예술의 구별을 말했는데, 그것은 아마 그런 문화주의의 확실한 증거로 보일 것이다. 그러나 나는 내가 문학을 이념과 투쟁의 수단으로만 보는 과격한 민중주의자로 찍히는 데에도 어처구니가 없지만 거꾸로 문화주의자로 규정되는 데에도 승복할 수 없다. 물론 우리는 문학과 예술의 존재방식에 관한 모든 고정된 신화적 관념으로부터 떠나야 하며 끊임없는 갱신을 해야 한다. 그런 점에서 나는 80년대에 들어와 기존의 문단체제와 관행들 및 공식적인 문학개념이 광범위한 도전에 직면하게 된 것을 대단히 고무적인 현상으로 본다. 아직도 문인협회라는 단체가 있고 거기서 주최하는 무슨 호텔 쎄미나 같은 행사가 어쩌다가 열리기도 하지만, 그것은 이미 문학과 아무런 상관도 없는 문화계의 스캔들 수준으로 격하되어 있지 않은가. 극소수 비평가들이 언론기관에 편승하여 주도한다던 민족문학, 민중문학이 이제는 문단의 가장 큰 흐름으로 되지 않았는가.

그러나 그럴수록 문학예술의 사회적 존재방식과 작품이 수행하는 창조작업의 성격을 근본적으로 숙고할 필요가 있다. 문학에 어떤 불변하는 본질이 있다는 생각은 분명히 특정한 시대의 이데올로기이다. 돌이켜보면 봉건주의 시대의 예술개념은 계몽주의로부터 낭만주의에 이르는 기간 곧 시민계급의 상승의 시대에 거대한 변화를 경험한 바 있다. 그런데 이러한 변화를 통해 형성된 예술관 역시 일정한 시대 곧 자본주의 시대의 산물임을 깨닫는 것이 중요하다. 생각건대 이 시대의 가장 기본적인 특징은 세상의 모든 물건들이 돈으로 사고팔 수 있는 것과 그렇지 않은 것 다시 말해 상품과 '비상품'으로 나누어진다는 데에 있을 듯하다. 이윤을 좇아가는 돈의 움직임, 이른바 자본의 자기증식의 운동논리는 인간의 노동이건 예술창작이건 모든 사회적 과정에서 자기를 관철시키게 되었다. 그리하여 화폐교환의 가능성 곧 상품성은 근대예술의 불가결한 요소로 되었다. 연극도 음악도 또 문학도 그림도 돈으로 바꾸어질 수 있는 모습을 갖추어야 한다. 그러자면 돈을 지불하여 그것을 살 수 있는 사람에게만 배타적으로 예술이 공급되는 사회적 장치가 고안될 필요가 있다. 연주회와 연극공연이 폐쇄된 극장무대에 올려지고 그림이 액자의 틀에 고착되며 문학작품의 발표가 출판업에 의존하게 된 현상을 우리는 이와같은 사회사적 맥락에서 해석할 수 있을 것이다. 그리고 두말할 나위 없이 이러한 변화는 작품의 질적인 변화를 동반하고서야 이루어졌을 것이다.

작품창작이 시장생산의 성격을 띠게 된 사실 곧 예술활동의 자본주의화는 세상 만사가 대개 그렇듯이 긍정적 계기와 부정적 계기를 아울러 함축한 것이었다고 말할 수 있다. 긍정적인 면에서 보자면 그것은 문학과 예술이 봉건적 억압과 독점으로부터 일정하게 해방됨을 의미한다. 이제 시인과 예술가는 특정한 후원자, 가령 봉건영주나 귀족의 호의에 사적으로 기대는 상태를 벗어나게 된다. 이와 더불어 문학의 독자층과 예술관객이 엄청나게 불어난다. 쉽게 말해 문학예술의 담당층이 귀족계급으로부터 시민계급으로 확대되었는데, 이것은 서구에서 시민적인 민주주의 체제의 성립에 대응되는 것이라고 할 만한 과정이다. 그 반면에 그것은 삶과 예술의 분리를 제도화함으로써 사회로부터의 예술의 소외를 현실적으로 또 논리적으로 확인하였다. 예술의 자율성 원칙은 자신의 사회적 소외를 희생으로 바치고서 얻은 관념적 반대급부였다고 할 수 있다. 자본주의의 모순이 적나라하게 드러나는 단계 곧 제국주의 시대에 이르러 이 소외는 극단적이고 병적인 형태로 실현된다. 이제 삶과 예술은 단순히 서로 분리되는 단계를 훨씬 지나서 상호 적대와 파괴의 관계로 발전한다. 건전한 사회생활에서 멀어질수록 예술에 가까워지며 진정한 예술가이고자 할수록 온전한 사람 구실을 못하는 상황은 토마스 만의 소설들에 되풀이해서 묘사된 것 아닌가. 따라서 이런 사회의 진실한 예술가에게 유일하게 가능한 것은 고립과 단절의 체험이고 더 진실한 예술가 대접을 받자면 그런 체험조차 끊임없이 의심해보고 뒤집어보고 쥐어짜고 비틀고 이리저리 섞어보는 도리밖에 없지 않은가.

19세기와 20세기의 서양사회를 기반으로 하여 형성된 문학관은 오랫동안 온 세계를 풍미했고 우리나라에서도 여전히 위세를 떨치고 있다. 그러나 그 한계와 허구성을 극복하려는 노력 또한 줄기차게 이어져왔고 점점 거세어져간다. 70년대의 민족문학운동이 하려고 한 일들 가운데 하나가 바로 그것으로서, 한마디로 말하여 문학과 삶의 관계를 올바로 정립하고 그럼으로써 창조적인 작품이 나올 수 있도록 북돋자는 것이었다.

문학과 삶이 긴밀히 조응된다는 것은 민족문학 운동가들이 수없이 강조해온 바인데, 나는 앞에서 양자 사이의 구별됨을 지적하였다. 그러나 이 구별에 의해서 나는 문학이 현실의 삶을 떠나자거나 떠날 수 있다거나 함을 주장하는 것이 결코 아니다. 80년대의 처절한 경험은 문학이 현실문제에 즉각즉각 대응하라는 요구를 낳기도 하였다. 시·소설·희곡 같은 재래 장르에 집착하는 것이 문화적 보수주의라는 비난을 받기도 하고, 수기·전단·선언문·보고서 따위의 각종 언어형식들이 문학의 영역 안으로 밀고 들어오기도 하였다. 따라서 이런 경우에 문학적 성취의 정도는 현실운동에 얼마나 효과적으로 또 강도높게 기여하느냐에 의해 가늠될 것이 자명하다. 그래서 어떤 논자는 문학작품의 예술성과 선전성을 분리하여 양자를 따로 검토하자는 이론을 제시하기도 하였다. 그러나 어떻든 이렇게 되면 현대의 서양문학이 예술에 의한 현실의 부정으로 귀착되었던 것과 정반대 방향에서의 같은 결과 곧 현실에 의한 예술의 부정으로 귀결될 위험이 크다고 생각한다.

물론 나는 이 시대의 민주화와 민족통일을 위한 운동에 문인들이 행동으로 참여하는 것을 적극적으로 지지한다. 때로는 붓을 들어 성명서를 쓰고 때로는 붓을 던져 시위대열에 앞장설 수도 있을 것이다. 그러나 그러한 '행동'으로 말미암아 제대로 된 작품을 쓰는 임무가 면제되거나 경감되지 않는다는 점을 지적하고 싶다. 아니, 옳은 행동적 실천은 참다운 작품적 실천을 고무하는 힘으로 작용할 것이다. 역사의 현장에서 행동하는 일과 예술작품을 만들어내는 일은 어떤 하나의 반쪽씩이 아니라 둘 다 각각 완전을 지향한다. 그러므로 문학에 대해 말하는 자리에서는 작품만이 전부이다. 작품 속에서야, 그리고 오직 그곳에서만 비로소 삶과 예술의 구별은 극복되며 고도의 창조적 통일에 이를 수 있다.

이쯤에서 시인 고은을 떠올려보는 것이 좋을 듯하다. 70년대 말에서 80년대 초에 이르는 정치적인 격변과 수난을 겪은 다음부터 그의 문학적인 생산성은 그야말로 성난 화산처럼 폭발하고 있다. 다른 산문들을 접어두고라도, 또 철저히 새로 손을 본 『고은 시전집』을 제쳐두더라도, 최근 4, 5년 사이에 단시집으로 『조국의 별』과 『시여, 날아가라』가 나왔고 연작시집 『전원시편』이 나왔는가 하면 역시 연작시집이라 할 『만인보』 세 권이 간행되었으며 머잖아 서사시 『백두산』의 앞부분이 두 권으로 출간되리라 한다. 짧은 시들로 치면 자그마치 7백 편이 넘는데, 이것은 그다지 게으르지 않은 시인으로서도 거의 한평생의 작업에 해당하는 엄청난 분량이다. 일찍이 없었던 문학사의 경이요 앞으로도 좀체 없을 문단의 경사라 할 만하다. 이것이 오직 그 분량에만 압도된 찬사가 아님은 물론이지만, 또한 그만한 분량이 있기에 더욱 실감있게 해보는 찬사임도 사실이다.

오늘 그의 시가 이르러 있는 높이와 넓이를 만만하게 가늠하기는 어렵다. 분명한 것은 그의 시집 어디를 펼치더라도 거기 살아 숨쉬는 우리말을 만난다는 사실이다. 문학이 되기 위해서 또는 사상이 되기 위해서 재주부리고 용쓰는 언어가 아니라 무심하게 놓여나 있으되 자연과 인생의 구체적인 움직임에 민감하게 반응하는 그러한 말, 시가 곧 말이요 삶임을 실감하게 하는 그러한 말이 그의 시집 어디에나 널려 있다. 우선 한 편 읽어보자.

전에는 바람이 그냥 바람이었습니다
나도 그런 바람이었습니다
그 몇십년의 어리석음이
오늘 아침 터득합니다
그냥 바람이 아니라
바람 하나에 열 목숨 나옵니다
보시지요
바람 분 뒤
이렇게 둥기둥기 큰 봄입니다

——「바람」 전문

인용하기 좋으라고 좀 짧은 작품을 골랐다. 역사에 대해 조급해하는 마음으로 읽는다면 이 시야말로 너무 한가하지 않느냐는 투정을 들을 만하다. 그러나 나는 이 한가함이 없이 진정한 문학이 이루어질 수 있을까 의심한다. 그러나 또 언뜻 한가해 보이는 이 침묵의 벽(삶과 예술을 나누는 벽)이 작품 안에서 극복되지 못하고서도 참으로 훌륭한 문학으로 되기 어렵다는 것도 사실이겠다. 시를 다시 읽어보자. 바람 부는 어느 날 아침에 시인은 문득 깨닫는다. 그것은 지난 몇십년의 반생을 헌납한 결과로서의 깨달음이다. 그러나 그 깨달음조차 인생의 다른 자질구레한 일들과 마찬가지로 대자연의 품에 귀속되어 찬란한 평안의 일부가 된다. 따라서 "둥기둥기 큰 봄입니다"라는 긍정과 낙관은 고통과 시련의 오랜 축적 끝에 비로소 얻어진 것임이 드러난다. 그런데 이 시에서 주목할 것은 '둥기둥기'라는 낱말의 힘이다. 아기를 안고 어르는 어른의 흥얼거림 같기도 하고 들판에 나가 으쓱대는 농부의 활갯짓 같기도 한 이 낱말이 개입됨으로써 작품은 놀라운 생동감을 얻는다.

최근작 『만인보』에서 이루어진 고은의 시적 성취는 오직 경탄에 값한다. 계획된 3천 편 가운데 우선 3백 편쯤이 시집으로 묶여 나왔을 뿐인데도 거의 대하소설에서나 느낄 만한 다양성과 풍요로움이 넘친다. 김동환의 『국경의 밤』부터 신동엽의 『금강』, 신경림의 『남한강』에 이르는 우리나라의 서사적인 장시들이 늘 어떤 형식상의 문제점을 간직하고 있음을 기억한다면 『만인보』는 서사적 총체성을 획득하기 위한 전략으로서도 매우 효과적인 시도이다. 그러면서 전체를 구성하는 작품들 하나하나는 단편소설 같은 재미와 완결성을 가지고 있는데, 여기 한 편 더 읽기로 하자.

칠성암 주지
폐일언하고 누가 죽기만 기다렸지
나운리 김재준 영감
논 만 평 짓는 알부자인데
한 달 가웃 아랫목 등에 지고 누워 있는데
그 영감 숨넘어가기만 기다렸지

그 영감 죽자
득달같이 달려가
염불 자청해서
나무아미타불깨나 불러댔지
지극 정성으로 불러댔지
그 뒤로도
나운리 미룡리 선제리까지
누가 병들었나 수소문하여
숨 꼴칵 넘어가는 날 영락없이 달려와
나무아미타불 불러댔지
1년 열두달 가야
초파일에도
칠월 백중날에도
불공 한 자루 그럴듯한 것 안 들어오니
사람 죽은 염불이라도 쫓아다녀야
칠성암 법당 부처님 밥 먹이지
그런데
칠성암 주지 조봉구 스님
한번 마음에 봄바람 들면
보리고개 못 넘기는 사람
보리 가마니깨나 넓죽 내어주지
두말 없이 내어주지
오거리 술집 주모 병났을 때는
구암병원 입원비 다 물어주고
참 내 오거리 술깨나 먹은 죄
어쩌다가 그년 살 보시깨나 받은 죄
이번에 절반은 갚은 셈이지 낄낄낄낄

——「칠성암 주지」 전문

　　술술 어렵잖이 읽어나가는 가운데 미소를 머금게 되고 조금씩 숙연해지
기도 하다가 한바탕 부담없는 웃음을 터뜨리게 된다. "바람 하나에 열 목

숨 나옵니다” 같은 알듯 모를 듯한 구절이라곤 하나도 없다. 그러면서도 세상살이의 뒷길을 찬찬히 살피게 하고 한 스님의 어쩔 수 없는 삶을 선연히 떠올리게 한다. 무엇보다 읽는 재미가 깨소금맛이다.

그러나 물론 우리는 이렇게 물어볼 수 있다. 지금 거리엔 최루탄 매운 바람이 불고 시위하다 머리 깨진 학생이 죽음의 고비를 헤매는데, 이런 시대에 「바람」 같은 시, 「칠성암 주지」 같은 시는 우리에게 무엇인가. 급박한 상황과 너무 동떨어진 세계 아닌가. 어떤 점에서 그것은 사실이다. 그러나 현실 그 자체가 아니기로는 부천서 성고문과 박종철군의 죽음을 다룬 듯한 이애주의 춤이나 고은의 「칠성암 주지」나 근본적으로 다를 바가 없다고 생각한다. 예술활동이라는 것이 원래 즉물적 현실로부터 우선 떠나는 데서 성립의 가능성이 주어지는데, 창조작업이란 마치 카메라의 렌즈가 좁은 구멍을 통해 외계의 영상을 암실로 받아들이듯이(구멍이 좁을수록 영상이 또렷해진다는 것도 기억해두는 것이 좋겠지) 그 떠남이라는 간발의 틈을 통해 현실과의 전면적 대결을 수행하는 일이다. 이 대결이 철저하고 진실하게 이루어질수록 삶과 예술의 분리라는 부정적 계기는 위대한 긍정 곧 작품으로 전화된다. 그러므로 강추위 찬바람 맞으며 매화꽃이 피어나듯이 분단고통, 최루탄 냄새 속에서야말로 더 우람한 문학이 태어날 수 있다. 인간에 대한 신뢰는 바로 문학과 예술의 창조성에 대한 신뢰의 기초이기 때문이다. 물론 양성우의 어느 시 구절처럼 때로는 “지금은 결코 꽃이 아니라도 좋아라” 하고 탄식하고 싶은 순간도 있지만.

<1987>

5,60년대 남한문학의 민족문학적 위치*

1. 머리말

3년여에 걸친 동족상잔의 참혹한 전쟁이 1953년 휴전협정의 조인에 따라 종결됨으로써 휴전선을 경계로 한 남북분단은 오늘날까지 우리 삶을 결정적으로 규정짓는 체제로 고착되었다. 6·25의 성격을 규명하려는 많은 연구가 있었고 이를 둘러싼 허다한 논란이 계속되고 있는 것으로 알고 있으나 어떻든 세계적 냉전구조의 형성이라는 틀을 떠나서 설명될 수 없다고 할 때, 그 최전선에 위치한 우리 민족의 현실은 이러한 외적 강제를 주체적으로 돌파하는 데 아직 성공하지 못하고 있으며 따라서 참된 민주주의의 실현과 자주적 민족통일의 달성을 여전히 절실한 역사적 과업으로 안고 있다 하겠다. 우리 문학의 전개과정은 당연히 이러한 민족사의 흐름에 대응되며 그것을 반영한다.

여기서 필자가 고찰하려는 것은 5,60년대의 우리 문학이다. 구체적으로 살펴보기에 앞서 한두 가지 짚고 넘어갈 사항이 있다. 첫째, 검토의 대상이 완전히 남한문학에 한정된다는 사실이다. 지난날 한때 우리가 '한국문학' 또는 심지어 '민족문학'이라 했을 때 그것이 지칭하는 범위는 거의 아

---

* 이 글은 민예총(한국 민족예술인 총연합)이 주관하는 문예아카데미의 92년 가을 강좌 「한국 리얼리즘론의 형성과 전개」에서 5,60년대 부분에 관해 강의한 내용을 가필 보완한 것이다.

무런 의문의 여지 없이 휴전선 이남의 것에만 국한되어 있었다. 즉, 북한의 문학은 우리의 의식에서 전적으로 배제되어 있었고 분단 이전의 것이라 하더라도 월북·재북 문인들의 작품은 대체로 금기의 영역을 벗어나기 힘들었다. 70년대 이후 민족운동이 진전되고 민족문학운동이 발전함에 따라, 그리고 88년의 소위 해금조치로 월북문인과 해외 동포작가들의 작품뿐 아니라 현역 북한문인들의 작품이 부분적으로 소개됨에 따라 '민족문학' '한국문학' '남한문학' 같은 낱말들의 개념적 내용과 그것이 지시하는 범위는 엄밀하게 다시 검토될 필요가 제기되었다고 하겠다.

물론 필자는 민족문학적 입장에서 논의를 전개하려고 한다. 그럼에도 대상을 남한문학으로 제한한 것은 당시의 북한문학에 대해 필자가 전혀 아무런 지식도 갖고 있지 못하다는 것이 직접적인 이유이지만, 다른 한편 철저한 적대적 분단상황 속에서 남북의 문학이 일체의 상호연관을 상실하고 있었다는 객관적 사정이 또하나의 이유이다. 여기서 좀더 근본적으로 생각해야 할 사실은 민족문학적 입장에 선다는 것이 무엇이냐일 것이다. 그것은 단순히 남북의 문학을 양적으로 고르게 포괄하는 것과는 전혀 차원을 달리하는, 민족사의 현단계와 장래에 대해 훨씬 더 심각하고 심오한 문제의식을 가진다는 뜻일 것이다. 따라서 분단시대의 남북한 문학 전체에 관해 폭넓은 지식을 갖는 것이 ——물론 그 자체로서 필요하고 중요한 일이기는 하나—— 민족문학적 입장을 보장하는 것은 아니며, 어느 한두 작품이나 작가를 다루더라도 바로 그 때문에 원천적으로 민족문학적 입장이 관철될 수 없는 것도 아니다.

둘째, 리얼리즘론의 발전이라는 관점에서 볼 때 5, 60년대의 남한문학사는 일종의 공백기를 이룬다는 뼈아픈 사실이다. 80년대 이후 연구가 확장되고 활성화되면서 30년대와 해방 직후의 우리 문학논의가 리얼리즘론을 매개로 자못 높은 수준에 이르렀음이 밝혀지고 있고, 세계적으로도 독일·프랑스·러시아 등을 중심으로 인간과 문학에 대한 이해가 이 시기에 유례없이 심화되고 있었음이 확인되고 있다. 30년대 리얼리즘론의 연장선상에서 전개된 북한문단에서의 이론적 검토들 역시 오늘의 우리에게는 괄목할 만한 것으로 다가온다. (이것은 『우리나라 문학에서 사실주의의 발생·발전 논쟁』, 사계절 1989로 수렴되어 있다.) 70년대 이후 특히 80년대 후반 이후 남한문단에서는 작품창작에 있어서나 이론적 논의에 있어서나 리얼리즘이 아연 중심을 이루고 있으며 새로운 경지를 개척하고 있는 듯하다. 이런 형편들을 감안할 때 5,60년대 남한문학(특히 이론부문)이 주는 적막감은 오히려 매우 이례적이라는 느낌마저 갖게 한다.

여기서 필자는 우리 근대문학을 전문적으로 연구하는 국문학계에 한마디 고언을 하지 않을 수 없다. 「시와 리얼리즘에 대하여」라는 글에서도 지적했듯이 연구대상의 진보성이 연구내용의 진보적 성격을 결코 담보하지 못한다는 것은 너무도 자명한 일이다. 그럼에도 불구하고 오늘의 젊은 연구자들은 연구대상의 선택에서 편향성을 보이고 있다는 인상을 지울 수 없다. 방금 필자가 '진보적'이라는 낱말을 썼지만, 냉전체제가 붕괴하고 인류 생존의 근본적 위기가 조성되는 오늘의 상황에서 '진보성'의 내용 자체가 새롭게 검토될 필요도 있다. 적어도 종래의 고정관념을 고수하기가 어려워진 것만은 분명하다고 하겠다.

그러나 필자는 진보주의에 대한 공공연한 거부 입장이나 포스트모더니즘에서 행하는 진보 개념의 해체작업에 동조할 수 없다. 물론 농촌공동체 사회에서 산업사회로 변화하는 것이 곧 진보라고 주장한다거나 프롤레타리아 계급 정당의 배타적 지배체제를 진보의 역사적 구체화와 등치시킬 수 없음도 분명하다. 복잡하게 설명할 필요 없이 그것은 오늘의 '실제상황'이 보여주고 있지 않은가. 그러나 인류가 이 지구 위에서 억압과 착취로부터, 또 공포와 빈곤으로부터 해방된 삶을 쟁취하기 위해 가꾸어온 꿈 자체가 그 때문에 실효된 것은 결코 아닐 것이다. 자본주의의 대안으로 믿어져왔던 사회주의가 현실적인 힘을 잃어버리고 일체의 이념적 지표들이 덧없는 표류상태에 빠진 듯해 보임에 따라 추구할 만한 이상으로서의 인류의 '꿈'은 도리어 더욱 간절하게 요청되기도 한다. 타락과 부패, 찰나적 쾌락과 물질적 만족에 대한 우상숭배가 우리의 몸과 마음을 병들게 하는 오늘, 인간의 오랜 꿈에 의지하여 청정한 삶을 찾아 애쓰는 태도를 '진보적'이라 불러 나쁠 것은 없을 것이다.

2. 50년대의 문학

분단과 전쟁은 남한문단에서 진보적 문예운동조직의 철저한 파괴 및 진보적 문학이념의 완벽한 단절을 초래하였다. 해방 직후 문단의 주도권을 장악하고 있던 조선문학가동맹(이하 '문맹'으로 약칭)은 1948년의 단독정부 수립을 전후하여 주요 구성원들이 대부분 월북함에 따라 조직 자체가 유명무실해지게 되었고, 다수의 남은 조직원들도 전쟁중에 죽거나 월북하였고 일부는 지하로 잠적하거나 전향하였다.

그러나 단정수립 당시까지만 하더라도 반공 일변도의 획일적 냉전논리가 우리 사회에 전일적으로 관철되지는 않았던 것 같다. 가령, 뚜렷한 정치적 입장을 앞세우기보다 "민족의 구원한 정신과 함께 민족문학의 아름다운 꽃"을 삼천만 대중의 가슴에 피울 것을 다짐한 『문장』 속간호(1948.10.15 발행)를 보면 채만식의 통렬한 현실비판적 소설 「도야지」를 맨 앞에 싣고 이어서 염상섭의 「재회(再會)」, 허준(許俊)의 「역사」, 강형구(姜亨求)의 「만춘(晚春)」을 차례로 싣고 있다. 이병기와 양주동의 우리 고전에 관한 논문 및 정지용의 「조선시의 반성」과 김기림의 「예술에 있어서의 정신과 기술」 같은 글은 왕년의 『문장』 편집방침을 그대로 연상시킨다 하겠지만, 좌파논객으로 이름을 떨치던 김동석(金東錫)의 논문과 계급적 입장을 명백히 느끼게 하는 김무산(金巫山)의 평론이 함께 게재되어 주목을 끈다. 필자는 김무산이란 이름을 이 잡지에서 처음 대하는데, 본명을 밝히기 곤란한 기성평론가인지 신진비평가안지 알 수는 없으되 만만치 않은 저력을 갖춘 인물임이 분명해 보였다. 어떻든 문맹의 실질적인 와해에도 불구하고 민주주의와 민족문학을 지향하는 흐름은 단독정부 수립 직후의 상황 속에서도 말살되지 않고 있었던 것이다.

한편, 보수적인 문인들은 이 무렵 어떤 움직임을 보였던가. 8·15 사흘만에 내걸린 임화의 '조선문화건설 중앙협의회' 간판에 놀란 박종화·오상순·김광섭·이헌구·김진섭 등은 '조선중앙문화협의회'(1945.9.18)의 깃발 아래 모였다가 문맹 건설에 자극받아 정인보(회장)·박종화·채동선·설의

식(부회장)·이헌구·김광섭·이하윤·오종식(총무) 등을 간부진으로 한 '전
조선문필가협회'(1946.3.13)를 결성하였고, 문맹이 '전조선문화예술연맹'으
로 조직을 확대하는 데 대항하여 역시 '전국문화단체총연합회'(문총, 1947.
2.12)로 맞섰다. 이보다 앞서 '전조선문필가협회'의 "이념을 살리고 보다
적극적인 행동을 전개시키기 위해서 전위대 격인 조직체가 필요하게" 되어
김동리·조연현·최태응·서정주·유치환·조지훈·곽종원 등 30세 전후의
젊은 문인들이 '조선청년문학가협회'(1946.4.4)를 결성하게 된다. 이런 여러
조직들이 난립한 가운데 단정이 수립되고 이어서 문맹이 사실상 해체됨에
따라 '한국문학가협회'(한국문협, 1949.12.9)라는 단일조직으로 모이게 되는
것이다.[1] 이런 문단적 상황 속에서 6·25가 발발하였다.

　휴전 이후 폐허의 서울로 돌아온 문인들이 모인 곳은 모윤숙·조연현이
주도한 월간지 『문예』였다. 49년 8월 창간된 이 잡지는 전쟁의 와중에서도
전시판(戰時版)을 내는 등 당시 문인들의 유일한 발표매체이자 신인들의
등용문 구실을 하였으나 54년 3월에 통권 21호를 끝으로 종간되었다. 『문
예』의 후신으로 조연현·오영수에 의해 55년 1월 창간된 것이 『현대문학』
으로서, 지금의 추세로 보아 한국 잡지사상 최장수를 기록할 것으로 예상
된다. 이 무렵의 주요 문예지로서 『문학예술』을 빼놓을 수 없는데, 이 잡
지는 54년 4월 오영진(주간)·박남수·원응서 등 월남문인들이 주축이 되
어 『문학과 예술』이란 제호로 창간되어 2호까지 낸 뒤 중단되었다가 55년
6월에 속간되었다. 이호철·최상규·박성룡·신경림·민재식·성찬경·박
희진 같은 신인들을 배출하고 최일수·이어령·홍사중·정창범·유종호·
이철범같이 보수적인 한국문협 체제와 색깔을 달리하는 젊은 비평가들에게
평란을 맡기는 등 그런대로 알찬 내용을 꾸미려고 애썼으나 57년 12월 통
권 33호로 결국 문을 닫았다.

　50년대의 한국사에서 1955년은 여러모로 중요한 해이다. 이승만독재에
반대하는 보수적 통합야당이 탄생한 것도 이 해이고, 문인들의 단일조직인
한국문협이 분열된 것도 이 해이다. 전쟁의 참화와 절체절명의 빈궁에서

---

1) 이에 관한 기록들은 한국문인협회 편, 『解放文學 20年』(정음사 1966)에 실린 方
　基煥·李軒求·郭鍾元·金東里 등의 회고록 형식의 글에서 찾아볼 수 있다.

얼마쯤 벗어나 상대적인 안정국면이 찾아왔던 것이다. 한국문협 분열의 계기는 예술원 발족(1954.7.17)이었다. 피난 수도 부산에서 제정된 문화보호법(1952.8.7)에 의거하여 말썽 많은 문화인등록령(1953.4.14)이 공포되고, 이 웃지 못할 법령에 따라 문화인등록이 실시되었다. 53년 6월부터 54년 1월까지 문교부 예술과에 접수되어 자격심사를 거쳐 등록된 '문화인'은 문인 105명을 포함해 모두 442명이었는데, 이들의 무기명투표로써 총 25명의 예술원 회원이 선출되었다. 그런데 이때 선출된 문인 7명 가운데 주류는 김동리·조연현 등 과거 조선청년문학가협회 구성원들이었다. 이들보다 선배세대로서 이들 못지않게 문맹세력에 맞서 싸웠다고 자부하는 일군의 문인들은 한국문협을 탈퇴하여 별도의 단체를 결성하게 되었다. 그것이 '한국자유문학자협회'(자유문협, 1955.7)로서, 김광섭(위원장)·이무영·백철(부위원장)·모윤숙(시)·김팔봉(소설)·서항석(희곡)·이헌구(평론)·이하윤(외국문학) 등 132명의 회원으로 발족되었고 이듬해 6월부터 기관지 『자유문학』을 발간하였다. (이 잡지는 60년 6월 5·16으로 모든 정당과 사회단체가 해체되면서 김광섭 발행의 상업지로 독립되었다가 63년 8월 통권 71호를 끝으로 막을 내린다.)

이상의 문예지들 이외에 50년대 문인들의 주요한 활동무대로 된 종합지는 『신천지』(1946.1~54.10), 『사상계』(1953.4~70.5), 『신태양』(1956.6~59.8) 등일 것이다. 특히, 처음 『사상』이란 제호로 출발했다가 곧 이름을 바꾼 『사상계』는 문학에 많은 관심을 기울였는데, 신인상 제도를 설치하여 등용문 역할도 맡았으며 60년대 초에는 '문예증간호'를 발행하여 한때 문예 전문지보다 오히려 더 커다란 영향력을 행사하기도 하였다.

사상적 자유가 철통같이 봉쇄된 50년대의 남한문단에서 반공냉전논리는 적어도 공개적 논의의 장소에서는 결코 도전을 받은 바 없었다. 따라서 문학이념을 둘러싼 본격적인 쟁점은 떠오를 수조차 없었다. 50년대 후반 신예비평가 그룹의 선두주자로 문명을 날린 이어령이 「무엇에 대하여 저항하는가」(1957), 「현대작가의 책임」(1958), 「저항으로서의 문학」(1958), 「작가의 현실참여」(1959) 같은 자못 흥미로운 제목의 글을 발표한 것은 사실이며 부분적으로 싸르트르의 참여이론에서 영향받은 점이 감지되기도 한다.

그리하여 그는 전통론을 둘러싸고 조연현·김우종과 이론적 충돌을 빚기도 하고 김동리와 실존성 논쟁을 벌이기도 하였다. 그러나 평론집『저항의 문학』(1959)을 지금 훑어보면 현란한 수사법과 우상파괴적 문체가 당시의 독자들에게 주었던 매력이 일면 수긍되는 바 없지 않으면서도 한 권의 비평서에 있음직한 어떤 일관된 입장이 찾아지지 않는다. 무언가 일관된 게 있다면 외래어와 외국어의 터무니없는 남용, 영어·불어 문장의 불필요한 원문인용 같은 설익은 학생취미, 그리고 민족전통에 대한 모멸감 따위라고나 할까.

문단의 주도권다툼 때문에 한국문협과 자유문협으로 양분된 보수반공 일변도의 당시 풍토에 약간의 변화조짐이 나타난 것은 50년대 말쯤이 아닌가 한다. 그것이 '전후문학인협회'(전후문협)의 결성인데, 이 조직에 관해서는 아무런 기록도 찾아볼 수 없다. 다만『한국전후문제작품집』(1960)과『한국전후문제시집』(1961)을 보면 오상원·서기원·이호철·송병수·김동립·최상규·최인훈 등 소설가와 신동문·구자운·박성룡·박희진·성찬경·고은·민재식 등 시인들이 자기들 약력에 전후문협 회원임을 명기하고 있어 주목을 끈다. 이 가운데 신동문과 구자운은 그 단체의 간사라는 것까지 밝히고 있으며, 이호철 역시 뒷날 스스로 작성한 연보에서(『소슬한 밤의 이야기』, 1991) 자신이 1961년 제2대 대표간사로 뽑혔다고 기록하고 있다. 앞서 거명한 문인들 이외에 어떤 회원들이 더 있었는지, 그리고 그들이 어떤 공개적인 활동을 했었는지 알 수가 없다. 분명한 것은 그들이 한국문협이나 자유문협 같은 분단 이후 남한문단체제의 보수적 지배구조를 대체할 만한 조직적 구심을 갖추려 했다든가 또는 그럴 만한 어떤 종류의 이념적 결속을 추구했다는 아무런 증거도 찾을 수 없다는 사실이다.

문예이론적 차원에서 50년대 남한문학의 특징을 규정짓는다면 그것은 서구문학에 대한 종속성의 강화와 반역사적 복고주의의 팽창이라고 요약될 수 있을 것이다. 친일파가 친미의 옷을 갈아입고 사회의 지배권을 장악한 나라, 어떤 종류의 혁신적 움직임도 철저히 탄압 추방했던 나라에서 이것은 어쩌면 당연한 현상일지 모른다. 당시 문단을 풍미한 것은 싸르트르, 까뮈의 이름과 결부된 실존주의였다. 부조리·불안·한계상황·자유 같은 실존주의의 개념들이 전쟁의 폐허와 절대적 빈곤에 시달리는 50년대의 문인들을 사로잡았던 것은 이해할 만한 일이기도 했다. 그러나 문제는 문예이론에서나 작품창작에서나 실존주의의 개념적 도구들이 당대 민족현실의 올바른 인식을 위한 유효한 매개로서 기능하지 못했다는 사실이다. 앞에서 잠깐 언급했듯이 이어령의 경우 실존주의는 아무런 일관된 세계관적 내용을 갖지 못한 지적 장식품에 불과했고 서양문학에 대해 조예가 없는 선배 작가들을 공격할 때의 수사학적 무기일 뿐이었다. 대표적인 실존주의 작가로 공인되었던 장용학의 여러 작품들, 실존에 관한 용어논쟁을 유발했던 한말숙의 「신화의 단애」, 그리고 제목에까지 냄새를 풍긴 김동리의 「실존무(實存舞)」 등 어느 것이나 당대 현실과의 진지한 대결에서 나온 문학적 성취로 보기 어려울 것이다. 실존주의의 명백한 영향하에 씌어졌고 그런 만큼의 한계가 느껴지면서도 전쟁의 비극과 개인의 무력성을 일정하게 형상화하는 데 성공한 작품은 필자가 기억하는 한 곽학송의 장편 『철로』가 유일한 예이다.

 물론 50년대 남한문단에서 실존주의를 비롯한 서구사조의 무분별한 범람에 대해 비판적 자세를 견지한 비평이 없었던 것은 아니다. 정태용의 「민족문학론」(1956), 최일수의 「실존주의 문학의 총체적 비판」(1955)과 「문학의 세계성과 민족성」(1958) 등은 소박하나마 민족문학을 지향하는 입장에서 실존주의적 불안과 허무의식을 극복하고자 하며,[2] 이철범의 「역사적 체험과 비평정신」(1958), 신동한의 「휴머니즘과 작가정신」(1959) 역시 실존주의적 개념들을 좀더 내실있게 사용하면서 현실성의 획득을 위해 노력한 흔적을 보이고 있다.

 시의 경우에는 실존주의보다 영국의 이미지즘과 주지주의, 엘리어트와 발레리 등의 시론, 요컨대 넓은 의미의 모더니즘이 지배권을 쥐고 있었다. 이런 면에서 일찍이 30년대의 김기림은 발랄한 시론을 통해 막대한 영향을

---

 2) 鄭泰鎔의 논문에 대해서는 崔元植, 「민족문학론의 반성과 전망」(1982)이 적절한 평가를 하였고, 崔一秀를 포함한 전후의 실존주의 관련 비평에 대해서는 全基喆, 「한국 전후 문예비평의 전개양상에 대한 고찰」(1992, 서울대 학위논문)이 포괄적으로 검토하고 있다.

끼쳤거니와, 조향·박인환·김경린·이봉래·김규동 등을 회원으로 하여 피난 수도 부산에서 출범한 '후반기' 동인 및 이들과 근접된 자리에서 활동을 시작한 김수영·김종문·송욱·박태진·고원·전봉건 등 50년대의 모더니스트들은 모더니즘의 김기림적 한계를 넘어서지 못했을 뿐만 아니라 때로는 김기림의 문제의식으로부터 심각한 퇴행을 기록하기도 하였다.[3]

실존주의든 주지주의든 자기현실에 대한 문예이론적 숙고로부터 태어나지 않은 외재적 개념과 논리가 진정한 자기인식, 정당한 현실인식의 도구가 될 수는 없다. 그러나 세계사의 역동성을 외면한 채 한국적 고유성에 연연해하는 보수적 복고취미가 그 대안일 수 없음도 분명하다. 서정주를 우두머리로 하는 일군의 시인들이 내놓은 업적은 '난해시'라고 통칭되었던 기만적인 언어유희(사실상 모국어의 파괴이자 모국어에 대한 난폭한 유린)에 비할 때 일정한 민족문학적 의의를 갖는다고 보아야 한다. 최재형·함윤수·이형기·김윤성·정한모·이원섭·이동주·박재삼 등의 시에서 우리는 낯익은 풍경과 낯익은 정서가 익숙한 가락으로 제시되고 있음을 본다. 그들의 시는 맑고 곱고 때로는 깊은 정한과 사무치는 비애의 감정으로 하여 문득 우리의 심금을 울리는 바 있다. 50년대의 소설에서 그 대응형태를 찾자면 아마 오영수의 단편소설이 될 것이다. 당시의 이른바 전통논의가 이런 작품적 실천을 기반으로 전개되었음은 물론이다.

그러나 이 경우 의미되는 '전통적' '한국적'이 진정한 뜻에서 우리가 지향하는 '민족적'과 날카롭게 대립되는 점이 있다는 것을 간과해서는 안된다. 우리가 제국주의 외세의 침략을 단호히 반대하는 것은 두말할 나위가 없지만, 그렇다고 하여 외세침략 이전의 봉건적 관계를 복원하자는 것이 아님도 또한 두말할 나위가 없다. 그런 뜻에서 민족의 내용은 민중이며 그 형식은 근대적 민주주의의 실현이다. 간단히 말해서 현재를 살아가는 민족구성원의 대다수 즉 민중의 현실적 요구를 떠나서는 민족의 개념도, 그 의식적 문화형식의 하나인 민족문화도 이루어질 수 없는 것이다. 그런 점에서

---

3) 필자가 읽어본 한에서 당대 우리 시의 혼란을 서구 시형식과의 관련에서 분석한 송욱, 「현대시의 반성」(『문학예술』 1957년 3월호)이 탁월한 논문이다. 이 글은 수십년이 지난 지금도 일정한 설득력을 갖는다고 여겨진다.

서정주 등의 문학적 입장은 근본적으로 봉건주의 시대에 있어서의 양반·선비들의 음풍농월을 계승한 복고주의일 뿐이고 결코 살아있는 민족문학이 아니다. 전통의 계승이냐 단절이냐를 둘러싼 요란한 논란이 이러한 문제의식에 가까이 다가서지 못하는 한에서 그것은 공허한 말놀음 이상의 것일 수 없었다.

친일파 기득권세력을 기반으로 한 이승만의 반공친미독재, 전쟁의 참화와 전후의 혼란, 경제적 궁핍과 사상적 경직 등의 열악한 조건 속에서 50년대 남한의 문예이론이 서구 모더니즘 사조에 대한 매판적 종속과 반역사적 복고주의의 특징을 드러내었음은 이제 지적한 바이다. 그러나 이것이 50년대 문학에 대한 전면적 규정일 수는 없다고 생각된다. 왜냐하면 작품의 창작은 그 시대의 잘못된 유행적 관념으로부터 불가피하게 영향을 받으면서도 사회적 현실 안에 실재하는 구체적 삶의 여러 국면들을 다루지 않을 수 없기 때문이다. 다만 이 경우의 관념은 실재하는 객관적 삶의 올바른 추상이 아니기 때문에 왜곡·과장·도착·균열 같은 질적 불균형을 작품에 초래한다. 물론 그것이 심할 경우 작품의 예술적 파탄에까지 이를 수도 있다. 50년대의 수많은 작품들은 당대의 사회적·이념적 환경이 진정한 문학적 성취에 얼마나 저해적인 작용을 가했는지에 대해 생생한 실례를 제공한다.

그러나 그럼에도 불구하고 우리는 50년대 남한 민중의 삶을 동시대의 문학작품 아닌 다른 어디에서도 읽을 수 없는 것이 사실이다. 그런 점에서 이 시대의 문학은 우리나라 리얼리즘 발전과정의 고난에 찬 모습, 그 일그러진 초상이다. 필자는 최근 손창섭의 『비오는 날』(1957), 김성한의 『5분간』(1957), 선우휘의 『불꽃』(1959), 추식의 『인간제대』(1960) 같은 단편집들에서 몇 편을 새로 읽어보았다. 『현대한국문학전집』(신구문화사 1965~67)에서 오영수·서기원·오상원·송병수·오유권·하근찬 등의 단편도 한두 편씩 읽었다. 필자는 소년시절 한때 손창섭과 선우휘의 소설에 깊숙이 매료되어 있었는데, 30여년의 세월이 지나 다시 읽어본 바로써 판단컨대 그들 작품의 문학적 위대성이 필자를 사로잡았던 것이 아니라 필자 자신의 미숙한 안목이 거기에 상응하는 또다른 미숙성에 사로잡혔던 것 같다. 반면에

송병수의 「쑈리 킴」, 추식의 「부랑아」, 최일남의 「쑥 이야기」, 오유권의 「월광」, 그리고 오영수의 단편들은 빛바랜 사진첩을 뒤적이듯 잔잔한 감동을 주고 50년대의 어려웠던 시절을 실감나게 떠올려주었다. 50년대 후반부터 60년대에 이르는 하근찬의 업적 또한 독보적인 것으로서 민족문학의 빠뜨릴 수 없는 자산일 것이다. 요컨대 당시의 유행적인 평판이나 지금까지의 굳어진 평가를 비판적으로 청산하고 전면적으로 다시 연구해야 할 필요성이 제기된다 하겠다.[4]

　리얼리즘의 입장에서 50년대의 시를 살펴볼 때 우리는 심한 곤혹감에 빠진다. '시'라는 이름으로 활자화된 허다한 문건들이 시로서뿐만 아니라 정상적인 우리말 문장으로서도 터무니없는 관념의 공해에 오염되어 있음을 확인하기 때문이다.[5] 필자의 생각에 50년대의 시들 가운데 유일하게 훌륭한 성취를 이룩한 것은 아이러니컬하게도 『서정주 시선』(1956)과 『신라초』(1961)에 거두어진 서정주의 업적이 아닌가 한다. 그의 시대착오적인 발상은 물론 우리를 한없이 실망시킨다. 일제 말부터 자유당시절을 거쳐 유신과 5공에 이르기까지 그는 한번도 곱게 넘기지 못하고 갖가지 실수와 추태를 저질러 자신에게 민족시인의 명예가 헌사되는 것을 막아왔다. 그러나 「상리 과원」 「풀리는 한강 가에서」 「무등을 보며」 같은 절창이 발하는 광휘는 그의 어처구니없는 정치적 오류에 대해서조차 우리를 눈멀게 한다. 그의 숨막히게 노련한 언어구사, '민중의 한'이라고밖에 달리 표현할 수 없는 감정상태의 기막히게 절묘한 재현능력은 서정주의 명성이 과연 헛되지 않았음을 실감케 하는 것이다. 민족문학론의 일관된 논리 안에서 그의 승리와 패배를 통일적으로 설명하는 것은 진보적인 연구들이 마땅히 해야 할 과제의 하나일 것으로 생각된다. 이밖에 견고한 형상력이 돋보이는 김현

---

4) 진보적인 소장 국문학자들의 연구영역은 시급히 확장되어야 한다. 그런 점에서 최근 한국문학연구회 편, 『1950년대 남북한문학』(1991)과 문학사와 비평 연구회 편, 『1950년대 문학연구』(1991) 같은 논문집이 나온 것은 반가운 일이다. 그러나 물론 50년대 남한문학을 민족문학사의 일부로 재구성하는 작업은 이제 막 시작된 데 불과하다.

5) 이 점을 필자는 「50년대 시의 비판적 개관」(1976)이라는 글에서 모더니즘에 대한 비판의 형식으로 제기한 바 있다.

승, 소시민적 생활과 양심의 갈등을 팽팽하게 긴장된 언어에 담아낸 김수영, 분단현실의 시적 형상화를 최초로 감행한 박봉우, 그리고 애잔한 서정을 곱게 다듬어낸 박재삼 등이 기억된다.

3. 60년대의 문학

60년대 역사는 4·19혁명으로 개막되었다. 이로 인해 이승만 독재정권이 무너지고 보수적 반공체제는 심대한 타격을 입게 되었다. 흔히들 4·19혁명의 이념은 민주주의와 민족주의였다고 말하며, 일부에서는 미국과의 관련을 들어 일종의 예방혁명이라고도 지적하고 또다른 편에서는 '미완의 혁명'이라고도 말한다. [6] 어쨌든 1960년 4월 남한에서 일어난 사건 자체는 혁명이라는 명칭을 감당하기에 많은 한계를 지닌 것이 사실이다. 필자가 생각하기에 4·19는 이승만정권의 퇴진이라는 가시적 성과를 거두는 데에는 성공했으나 이승만체제의 물적 토대를 바꾸는 일은 차후의 역사적 임무로 남겨놓은 사건이며, 그것은 80년 봄의 희생과 87년 여름의 활력을 통해서도 아직 완수되었다고 보기 어려운 과제로서 우리 앞에 있다.

그러나 4·19는 사회의 침체된 분위기를 일신하고 민중들에게 커다란 자신감을 안겨주었다. 자유와 민주주의는 이제 남한체제 안에서 그 누구에 의해서도 공공연하게 거부될 수 없는 가치로 정착되었다. 4·19 이후 고조된 통일열기와 민족적 각성, 4·19를 통해 전국민에게 심어진 일정한 민주의식은 4·19의 폭력적 부정으로서의 5·16 군사정권에 의해서도 때때로 활용되지 않을 수 없을 만큼 지속적인 제동력을 발휘하였고 장면정권에 의해 입안된 경제개발계획은 사실상 거의 그대로 계승되었던 것이다.

4·19혁명의 민주적·민족적 지향은 문학에 대해서도 지속적으로 그 영

---

6) 4·19에 대한 연구는 80년대 후반 들어 부쩍 활기를 띠고 있다. 실증적 연구 못지않게 중요한 것은 올바른 역사의식으로 사태를 바라보는 것인데, 이 점에서 백낙청, 「4·19의 역사적 의의와 현재성」(『창작과비평』 1980년 여름호)은 단연 깊이와 균형을 갖추고 있다. '미완의 혁명'론은 그 글에서 따온 것이다.

향력을 확대하였다. 4·19 이후 잠시 숨을 죽이고 있던 반동적 어용분자들 (소위 '만송족'은 대표적인 예가 될 것이다)은 5·16군사정부가 모든 정당·사회단체를 해산하는 조치를 취함에 따라 뿔뿔이 흩어졌다가 그해 말 한국문인협회(문협, 1961.12.30)라는 단일조직으로 모이게 되었다. 문협은 박종화·김동리·조연현 및 그보다 더 용렬한 후계자들에 의해 30여 년이 지난 오늘까지 유일한 관변문인단체로 명맥을 유지해오고 있다. 백철·모 윤숙·김광섭·이헌구 등 자유문협 구성원들은 조직운동에서 아예 소외되 거나 펜클럽 한국본부 주변에 모여들었다.

이 문단구조에 거역하는 조직적 움직임은 없었던가. 필자의 기억이 정확 하다면 1967년 4월경 구중서·조동일·임중빈·김현·김치수·염무웅·이 근배·이성부·이청준·홍성원·박태순 등이 꽤 여러번 만나 청년문학인협 회라는 이름을 짓기도 하고 두 번인가 공개적인 문학토론회를 갖기도 하였 다. 필자는 그때 유현종의 단편 「거인」에 대해 비판적인 주제발표를 했고 이에 대해 구중서가 반론을 제기하는 등, 상당히 활발한 토론을 벌였던 기 억이 있다. 그러나 얼마 안되어 통혁당 사건이 터지고 임중빈·조동일 등 이 연행됨에 따라 활동이 정지되고 말았다. 돌이켜보건대 청년문학인협회 는 전후문학인협회와 마찬가지로 조직운동의 이념이나 방향에 대해 아무 런 각성된 의식도 갖지 못한, 따라서 자유주의의 한계를 넘어서지 못한 맹 아적 활동의 단계에서 그쳤었다고 판단된다. (그러나 70년대의 자유실천문 인협의회가 전후문협·청문협 구성원들을 주축으로 결성되었다는 것은 새 삼 상기할 필요가 있다.)

60년대에 있어서 문예조직보다 훨씬 더 중요한 것은 발표매체일 것이다. 특히 군사정부에 대해 비판적 입장을 분명히한 『사상계』는 문학에 점점 더 많은 지면을 할애하였고, 64년 9월 복간된 『신동아』 역시 중요한 구실을 하였다. 『자유문학』이 63년 8월 경영난으로 문을 닫자 이듬해 창간된 『문 학춘추』가 3년쯤 지속되었으나(1964.4~1966.2), 『현대문학』의 영향력에는 미치지 못했다. 66년 5월 창간되어 1년 남짓 발간된 『문학』(주간 원응서)도 김정한의 「모래톱 이야기」를 포함한 중요한 작품들의 발표무대가 되었다. 특이한 것은 『한양』과 『청맥』으로서, 전자는 일본에서 재일동포를 상대로 간행되었으나 국내필자들의 활동무대로도 많이 이용되었고 후자는 64년 8월 창간되어 상당한 주목을 받다가 통혁당 사건으로 폐간되었다. 둘다 선명한 진보적 색채를 띠었다는 점에 특색이 있다. 66년 백낙청에 의해 창간된 계간 『창작과비평』은 우리나라 잡지문화의 역사에 있어서 또 민족문학운동의 역사에 있어서 하나의 전환점으로 기록될 수 있을 것이다. 60년대 후반에는 『시문학』『현대시학』 같은 시 전문지가 발간되기 시작하는데, 비록 오래 지속되지는 못했으나 뚜렷한 현실비판적 입장을 견지했던 『시인』지(조태일 주관) 역시 김지하·양성우·김준태 같은 시인들을 배출하는 등 잊을 수 없는 업적을 남겼다.

  60년대 문단에서 가장 줄기차게 그리고 중심적으로 논의된 쟁점은 이른바 순수·참여논쟁이다. [7] 서정주·김동리·선우휘·이형기·김양수·김붕구·이어령·전봉건 등이 문학의 자율성과 순수주의를 옹호하는 입장에서, 그리고 김수영·김병걸·김우종·임중빈·최일수·구중서·임헌영 등이 문학의 사회적 책임과 역사의식을 강조하는 입장에서 치열한 논전을 전개하였다. 때로는 치졸한 인신공격과 험악한 사상시비에까지 이르는 수도 있었으나, 필자는 이 논쟁이 가지는 이론사적 의의가 적지 않다고 본다. 첫째, 그것은 50년대의 강압적 냉전논리와 이념적 맹목상태로부터 벗어나기 위해 치러야 할 일종의 이론훈련 과정이었다. 둘째, 이 논쟁은 아직 싸르트르 같은 서구 사상가를 매개로 전개되기는 하였으나 민족의 현실에 본격적으로 눈을 돌리게 만든 단초를 제공하였다. (하우저, 레이먼드 윌리엄즈가 번역으로 소개된 것도 같은 과정의 일부라 하겠다.) 그런 점에서 순수·참여논쟁은 일부 논자들이 주장하듯이 잘못 설정된 쟁점을 둘러싼 무의미한 말싸움이 결코 아니고 70년대 리얼리즘론과 민족문학론의 구성을 위해 반드시 거쳐야 했던 이론발전의 불가결한 직전단계로 평가되는 것이다. 70년대 이후에도 이 논쟁의 수준에서 논의를 전개한다면 그것은 시대에 뒤떨어진 어리석음이거나 역사발전을 외면한 중상모략에 가까운 것이겠지만, [8]

---

7) 이에 관한 자료는 임헌영 편, 『문학논쟁집』(태극출판사 1976)과 특히 洪申善 편, 『우리 문학의 논쟁사』(어문각 1985)에 웬만큼 정리되어 있다.

8) 순수·참여논쟁이 한창이던 때로부터 거의 10년이 지난 뒤 김동리, 「한국문학의

그러나 60년대적 상황에서 이 쟁점과 무관하게 이루어진 비평행위가 있다 해도 그것은 타기할 만한 방관주의요 현실에 대한 무책임일 것이다. 은연 중 60년대 논쟁들의 극복을 겨냥해서 씌어진 백낙청의 「새로운 창작과 비평의 자세」(1966), 「역사소설과 역사의식」(1967), 「시민문학론」(1969) 및 조동일의 「전통의 퇴화와 계승의 방향」(1966) 같은 논문들은 사실상 70년대적 문제의식을 이미 함축하고 있었다고 생각되는 것이다.

작품창작의 측면에서도 60년대는 50년대에 비하여 비약적인 전진을 이룩한다. 4·19 직후 발표되어 커다란 반향을 일으킨 최인훈의 『광장』은 비록 많은 문제점을 지니고 있기는 하나 처음으로 분단체제의 핵심적 부분을 정면에서 건드리고 있으며, 남정현의 「분지(糞地)」 역시 외세의 문제를 최초로 다루어 필화사건을 낳기도 하였다. 60년대 중반 한일협정 타결과 월남 파병 이후 본격화된 대외의존적 산업화정책은 필연적으로 농민분해와 도시 팽창을 결과했는바, 오유권·박경수·천승세·방영웅·이문구 같은 작가들의 소설은 몰락해가는 농촌현실의 문학적 반영으로서 높은 의의를 지닌다. 특히 방영웅의 장편 『분례기』(1967)는 단순한 농민소설이라기보다 민중적 삶의 정확하고도 정밀한 묘사로서 인생의 한 본질적 국면에 육박한 뛰어난 업적이다. 이 점에서 우리의 주목을 끄는 것은 노작가 김정한의 문단복귀이다. 66년 「모래톱 이야기」로 다시 등장하여 이후 십여 년간 전개된 그의 활동은 후배들의 존경과 찬사를 받기에 충분한 빛나는 것이었다. 안수길의 『북간도』, 박경리의 『김약국의 딸들』, 이호철의 「부시장 부임지로 안 가다」「등기수속」「소시민」, 백인빈의 「조용한 강」「블랙 죠」, 서정인의 「강」「원무」, 한남규의 「바닷가 소년」, 박태순의 「정든 땅 언덕 위」 등도 모두 별도의 본격적인 고찰을 요한다.

50년대에 손창섭이 그러했듯이 60년대의 최대 화제작가는 김승옥이다. 62년 「생명연습」으로 등장한 이후 그의 소설은 발표될 때마다 분분한 찬양의 대상으로 떠올랐다. 그러나 손창섭이 그렇게 되었듯이 김승옥 역시 침묵과 망각의 늪으로 어느덧 가라앉고 말았다. 과연 그의 문학사적 의의는

나아갈 길」(태창출판부 주최 강연, 1978.9.12)을 계기로 『조선일보』에서 전개된 일련의 논쟁이 그런 것이다.

어디에 있는가. 어느 평자가 그러했듯이 그의 작품은 우리 소설사에서 '감수성의 혁명'에 해당하는 것인가. 그리고 이때 '감수성'이란 대체 무엇인가. 필자는 김승옥의 탁월한 재능을 인정하는 데 주저하고 싶지는 않으나 그 재능이 충분히 소설작품으로 구체화되었는가에 대해서는 매우 회의적인 견해를 가지고 있다.

　민족문학의 입장에서 60년대는 단연코 김수영과 신동엽의 연대라고 말할 수 있다. 김수영에게서 우리는 끝내 지워지지 못한 모더니즘의 각인을 읽을 수 있고 신동엽에게서 우리는 때때로 극히 소박한 원시주의의 냄새를 맡을 수 있다. 그러나 시인이자 평론가로서의 김수영의 눈부신 활동은 60년대 이 나라 문단의 이념적 몽매성과 폐쇄성을 향한 최대의 강렬한 도전이었고, 그런 점에서 그의 작업장은 남한 민족문학운동의 온상이고 기관실이었다. 「껍데기는 가라」 「누가 하늘을 보았다 하는가」 「금강」 등의 업적으로 결실된 신동엽의 작업 또한 우리 민족문학의 높은 봉우리를 이루고 있다. 물론 60년대의 우리 시를 전반적으로 살피자면 60년대 후반 다시 창작에 복귀한 「성북동 비둘기」의 김광섭과 「산읍 일지」의 신경림, 「옹호자의 노래」와 「견고한 고독」에서 시적 절제와 정신적 집중력을 결합시키는 데 성공한 김현승, 모더니즘에서 출발했으나 '난해시'의 폐해를 어느 정도 극복하는 데 성공한 황동규·정현종·최하림, 치열한 문제의식과 활달한 언어구사로써 우리 시의 새로운 지평을 찾아나선 이성부와 조태일, 그리고 고통과 허무의 심연을 온몸으로 헤쳐나간 고은 등이 섬세하게 검토되어야 할 것이다. 그러나 그것은 이미 어제에 대한 연구가 아니라 오늘에 대한 점검이 될 것이다.

4. 맺는 말

　68년과 69년에 김수영과 신동엽이 잇달아 세상을 떠남으로써 60년대 한국문학은 막을 내린 듯한 적막감을 주었다. 그러나 70년 전태일 분신사건이 일어나고 황석영의 「객지」, 김지하의 「오적」, 신경림의 「농무」 등이 발표되면서 우리 민족문학은 그 진정한 몸체를 드러내기 시작하였다. 송기숙·신상웅·박태순·조세희·윤흥길·이문구·이성부·조태일처럼 60년대부터 활동하던 문인들이 여기 합류했음은 물론이고 일일이 거명하기 힘들 만큼 많은 신진작가들이 새로 등장함으로써 이제 우리 문학은 분단과 전쟁을 통해 파괴·유실된 진보적 문예전통을 다시 건설하기 시작하였다. 그것은 바로 이 순간에도 우리가 경험하고 있는 민족문학 창조의 사업 그것이다.

<1992>

서사시의 가능성과 문제점

1. 문제의 제기

1920년대에 김동환의 「국경의 밤」과 「승천(昇天)하는 청춘」이 출판되고 30년대에 김기림의 「기상도」가 발표된 이래 장시는 우리 문단에서 으레 있음직한 하나의 관습적인 문학양식으로 굳어졌다. 해방후 이 방면에서 이루어진 업적들을 생각나는 대로 열거해보더라도 김용호의 「남해찬가」(1952), 김종문의 「불안한 토요일」(1953), 민재식의 「속죄양」(1955~57) 등이 일찍이 나왔고 이어서 60년대에는 김구용의 연작장시 「구곡(九曲)」(1960~70), 김소영의 「조국」(1966)과 「어머니」(1969), 전봉건의 「춘향연가(春香戀歌)」(1967) 및 역시 김종문의 「서울」(1967) 등이 잇따라 발표되었다. 이러한 일련의 시도에 이어 신동엽의 대작 「금강」(1967)이 문단의 주목을 끌었고 김지하의 문제작 「오적(五賊)」(1970)이 사회의 화제를 모았다. 특히 이 마지막 두 작품은 70년대의 시문학에 커다란 충격을 주어 「기상도」로부터 「서울」에 이르는 장시들과는 성격이 다른 새로운 문학적 모색을 촉진케 하였는바, 김지하 본인의 「앵적가(櫻賊歌)」(1971)와 「비어(蜚語)」(1972)라는 이름으로 묶여진 「소리내력」 「고관(尻觀)」 「육혈포 숭배」, 양성우의 「벽시」(1977)와 「만석보(萬石洑)」(1980), 고은의 「대륙」(1977) 「자장가」(1978) 「갯비나리」(1978), 문병란의 「호롱불의 역사」(1978), 이성부의 「전야」(1978), 이동순의 「검정버선」(1979) 같은 업적들로 결실되었고 특히 근년에는 신경림의 「새재」(1978)와 「남한강」(1981) 및 표제에 '민속서사시'임을 스스로 규정지은 문충성의 「자청비」(1980) 같은 야심적인 시도가 이루어진 바 있다.

그러나 시인 자신들의 창작적 모색이 이처럼 활발하고 꾸준하게 진행되어온 데에 비하면 이 일련의 업적들이 가지는 문학적 성격과 그 의미를 해명하려는 이론적 노력은 극히 한산한 편이 아니었던가 생각된다. 그런 가운데서도 김기림·김종문·민재식·전봉건의 작품을 중심으로 장시가 가질 수 있는 일반적 성격을 검토해본 김종길 교수의 「한국에서의 장시의 가능성」(『문화비평』 1969년 여름호)이 돋보이는 논문이며, 신동엽의 「금강」에 관한 상당수의 언급 속에서 김우창씨의 「신동엽의 '금강'에 대하여」(『창작과비평』 1968년 봄호)가 그 장르적 성격에 관한 예리한 지적으로 기억될 만하다. 김동환의 「국경의 밤」과 「승천하는 청춘」은 발표 당초부터 '장편서사시'로 스스로를 못박아[1] 이후의 문학사적 서술에서 개념에 대한 검토 없이 그대로 답습되어왔으나, 근년에 홍기삼씨가 「한국 서사시의 실제와 가능성」(『문학사상』 1975년 3월호)에서 이러한 통념에 대해 회의를 표명했고 이어서 오세영씨가 「'국경의 밤'과 서사시의 문제」(『국어국문학』 제75집, 1977.5)에서 서사시의 본래적 개념과 성격에 비추어 「국경의 밤」은 서사시 아닌 서술시(敍述詩, narrative poem)라고 단정지었으며 최근에는 다시 김용직씨가 그의 「한국근대시문학사」 연재의 김동환 부분(『한국문학』 1981년 7, 8월호)에서 이 서사시 부정론을 정면으로 비판함으로써 일종의 논쟁적인 형태로 논의가 계속되고 있다.

여기서 물론 필자는 우리 문단에서 지금까지 발표된 모든 형태의 장시들을 포괄적으로 규명하는 이론적 틀을 구성하고자 하는 것은 아니다. 그렇게 하는 것이 도대체 가능할 것이냐 하는 것부터가 의문일 터이다. 또한, 특정한 작품이 일정한 문예학적 근거에 비추어 서사시냐 아니냐 하는 논란에도 큰 흥미를 느끼지 못한다. 물론 개념의 올바른 규정과 그것의 정확한 사용은 모든 지적 작업에 있어 불가결한 기초가 되는 것이지만, 그러나

---

1) 「國境의 밤」에 대해서는 이 작품이 실린 시집(1925.3)의 서문에서 金億이 '長篇敍事詩'라고 규정을 지었고 「昇天하는 靑春」(1925.12)은 시집의 표지에 처음부터 그렇게 내걸었다.

'서사시' '서술시'[2] '발라드' 같은 개념들의 내용이 묵시적으로든 의식적으로든 서양문학사에서의 일정한 모델을 상정하고 검토되는 한, 그런 검토가 세밀하고 정확하게 이루어져갈수록 도리어 우리 문학의 실상과 구체적인 필요에서 더 멀어지는 결과에 이를 우려가 있다. 따라서 필자는 어떤 개념을 미리 앞세우고 일련의 작품들을 그 개념 안에 서둘러 묶으려고 하기보다, 개개의 작품들이 당대의 문학사적 요구에 맞서 어떤 창조적인 성과를 거두었으며(혹은 거두는 데에 미달했으며) 그것이 뜻하는 문학사적 의미는 무엇일까 먼저 따져보는 것이 순서라고 생각한다.

본격적인 논의에 앞서 필자가 다루고자 하는 작품의 범위를 한정해두는 것이 좋을 것 같다. 거칠게 보아 우리나라의 장시는 김동환의 「국경의 밤」에 이어지는 계열과 김기림의 「기상도」에 이어지는 계열로 크게 나누어볼 수 있다. "「기상도」는 엘리어트의 「황무지」와 스펜더의 「비엔나」에서 힌트를 얻어 씌어진 작품"이라는 김종길씨의 지적대로[3] 김기림·김구용·민재식 등의 장시들은 현대 영국 시인들의 작품에서 그 모범을 얻어 씌어진 것으로 여겨진다. 한편, 「국경의 밤」 「금강」 「소리내력」 「새재」 「검정버선」 「갯비나리」 등은 여러 면에서 각각 서로 다른 특징들을 가지고 있으면서도 「기상도」 계열의 장시와는 완연히 구별되는 공통성을 지니고 있는 것 같다. 그리고 그러한 공통성으로 포괄될 수 있는 이 작품들의 성격적 특징을 단지 길이만을 가지고 '장시'라고 지칭하는 것은 극히 미흡한 노릇임이 명백하다. 필자가 이 글에서 검토해보려는 것은 바로 이 후자의 시들이다.

2. 「국경의 밤」 분석

잘 알려진 바와 같이 「국경의 밤」은 너무나도 유명한 다음 구절로 시작한다.

---

2) 영문학에서의 narrative poem을 앞서 제시한 논문들에서 金宗吉씨는 '說話詩', 金禹昌씨는 '이야기시', 吳世榮씨는 '敍述詩'라고 각각 번역해서 쓰고 있다.

3) 김종길, 「한국에서의 장시의 가능성」, 『문화비평』 1969년 여름호, 233면.

아하, 無事히 건넜을까,
이 한밤에 男便은
豆滿江을 탈없이 건넜을까? 4)

한 작품의 시작으로서 이처럼 강력한 인상을 주는 예는 흔치 않을 것이
다. 이 첫 구절에서부터 이미 작자가 어떤 일정한 상황을 설정하고 있음이
쉽게 드러난다. 즉, 독자들은 두만강을 몰래 건너갔다가 돌아오기로 되어
있는 남편과 그를 초조히 기다리는 아내가 배치되어 있는 광경을 목격한
다. 그런데 이 첫 3행을 포함한 처음 2연 8행은 대화부호로써 묶여 있다.
다시 말하면 독자들은 남편을 기다리는 아내의 발언을 통해서 이 상황을
알게 되는 것이다. 그리고 이어서 소설에서의 지문처럼 다음의 구절이 계
속된다.

소금실이 密輪出馬車를 띄워놓고
밤새가며 속태이는 젊은 아낙네
물레 젓던 손도 脈이 풀려져
파! 하고 붓는 漁油등잔만 바라본다,
北國의 겨울밤은 차차 깊어가는데.

장차 사건이 벌어지게 될 배경과 주요인물을 소개하는 수법이 소설의 도
입부를 연상케 한다. 물론 소설에서의 장면제시는 이보다 훨씬 자상하고
구체적인 묘사로 이루어지는 것이 보통이다. 그러나 「국경의 밤」의 도입부
를 소설로부터 구별하는 것이 단지 묘사의 구체성 여부일 수는 없을 것이
다. 왜냐하면 주지하는 바와 같이 소설도 필요에 따라 얼마든지 간략한 서
술과 요약을 포함할 수 있기 때문이다. 또한 위 구절들은 3인칭 소설에서
의 이른바 '숨어 있는 저자' 내지 '자기소멸의 저자'의 시점으로 서술되고

---

4) 원문 인용의 경우 한자만을 원전대로 두고 독자들의 이해를 위해 맞춤법과 떼어
쓰기는 현대식으로 고쳤다.

있다는 점이 주목된다. 말하자면 독자들은, 작품 바깥에 있으면서 작중상황에 관해 등장인물보다 더 넓은 시야를 가진 서술자에게 인도되어 상황의 전개과정을 알게 되는 것이다. 이 역시 소설을 연상케 하는 특징이라 할 수 있다.

그렇다면 김동환이 「국경의 밤」 전편에 걸쳐 작자 자신의 개입을 극도로 억제함으로써 노린 것은 무엇이며, 또 그처럼 작자의 작품에의 개입을 억제하고 허구적 인물들로 하여금 말하고 행동하게 하는 본격적 양식인 소설형식 바로 그것을 택하지 않은 까닭은 무엇인가. 김동환은 「국경의 밤」과 「승천하는 청춘」을 출판한 뒤인 20년대 후반에 두 편의 소설과 세 편의 희곡을 발표한 바 있다. 이 가운데 『전쟁과 연애』라는 장편소설은 그 속에 군데군데 민요형태의 시가 삽입되어 있어 "이 작품과 서사시 사이의 연접(連接) 가능성"이 지적되기도 하였다.[5] 여기서 우리는 김동환이 문학활동을 시작하던 무렵의 문학사적 상황을 돌이켜볼 필요가 있다. 알려진 바와 같이 그는 동인지 『금성(金星)』에 「적성(赤星)을 손가락질하며」(1924)를 발표하여 문단에 나왔고 이어서 같은 해에 유명한 「북청(北靑) 물장수」를 내놓았다. 유의해야 할 것은 이것이 동인지 『창조』의 첫호로부터 채 5년밖에 안 지난 때라는 점이다. 당시에 활동한 젊은 문인들 거의 전부가 일본에서의 문학경험을 거쳤고 따라서 일본문단에서 이루어지고 있던 서구적 개념의 문예형식을 의당 그러해야 할 모범으로 접수했던 것으로 믿어진다. 그러나 그것은 따지고 보면 우리말에 의한 창작에 있어 하나의 피상적인 테두리를 제공한 것에 지나지 않았을 것이다. 적어도 그들의 창작과정에는 오늘의 작가·시인들로서는 꼭 겪지 않아도 되는 또다른 어려운 모색과 진통이 수반되었으리라고 짐작된다.[6] 어떻든 김동환에게는 서정시와 소설 어느 쪽으로도 채워질 수 없는 예술적 충동이 있었음이 분명하며 그것이 「국경의 밤」 같은 형태로 귀착되었을 것이다. 그러나 문제는 무엇이 김동환과 소설형태 사이에 가로놓여 있었느냐 하는 점이다. 앞의 인용을 원문

---

5) 曺南鉉, 「巴人 金東煥論」, 『국어국문학』 제75집, 134면.

6) 이 문제를 당대의 사회적 조건과 관련지어 검토한 논문으로 金允植, 「1920년대 시장르 선택의 조건」, 『한국현대시론비판』(1975), 206~40면이 주목된다.

대로 다시 옮기면 다음과 같다.

> 소금실이 密輸出馬車를 씌워노코
> 밤새가며 속태이는 젊은안낙네
> 물네젓든손도 脈이 풀녀저
> 파!하고 붓는 漁油등잔만 바라본다,
> 北國의겨울밤은 차차 깁허가는대.

이 경우 띄어쓰기는 단순히 의미전달에만 관계되어 있는 것이 아니라 그보다 읽어나가는 호흡을 배려한 결과라고 짐작해볼 수 있다. 말하자면 여기서 우리는 일종의 음보(音步)를 이루고자 하는 의식의 잠재적인 작용을 느낄 수 있다. '젊은 아낙네'라는 명사로 한 행을 그친 것이라든가 "… 차차 깊어가는데"를 마지막 행으로 돌린 데서도 우리는 시에의 지향을 읽을 수 있다. 물론 「국경의 밤」의 이 부분은 소설로도 완전히 재생될 수 있는 장면이다. 그러나 여기서처럼 '젊은 아낙네' '어유등잔' '북국의 겨울밤' 등 주요한 소도구들을 대담하게 가리키기만 하고 지나감으로써 생기는 속도감과 강한 인상은 소설이 만들어낼 수 없을 것이다. 서사적인 것과 서정적인 것을 가르는 범주는 시와 소설이 갈라지는 경계선과 다른 차원에 있음이 분명하며, 이 작품에서 김동환은 시로써 서사적인 것을 노리고 있음이 또한 분명한 것 같다.

이제 다시 작품으로 돌아가보자. 춥고 삭막한 북국의 겨울밤이 한참 묘사된 다음 시간은 잠시 전으로 돌아간다. 그날 저녁때 갑자기 마을에 한 청년이 나타난다. 그는 거리를 오르내리며 구슬픈 노래를 부른다. 이 청년에게 무슨 풀지 못한 기막힌 한이 간직되어 있음을 암시하면서 은연중 장차 어떤 불길한 일이 벌어질 듯한 분위기를 조성한다. 그러다가 서술의 초점은 젊은 아낙네에게로 돌아온다. 그녀는 지난날을 돌이켜본다. 그녀에게는 일찍이 결혼 전 서로 좋아하던 청년이 있었다. 시집온 뒤에도 문득문득 그를 떠올리며 가슴 아파하곤 했었다. 이렇게 하여 이 작품은 그동안 준비해온 갈등을 펼치기 시작하는 것이다.

그 젊은 아낙네——순이는 이른바 재가승(在家僧)의 딸이었다. 이 재가 승의 유래에 관한 작자의 서술은 작품 전체에서 가장 성공적일뿐더러 역사 적 자료로서도 흥미있는 부분이다. 아주 오랜 옛날 함경도 북쪽에는 국가 의 통치권 바깥에서 살아가던 여진족(女眞族)의 한 무리가 있었다고 한다.

> 갑옷 입고 풀투구 쓰고 돌로 깎은 도끼를 메고
> 해 잘 드는 陽地볕을 따라 노루와 사슴잡이 하면서
> 東으로 西에 푸른 하늘 아래를
> 水草를 따라 아무데나 다녔다, 이리저리.
> 婦人들은
> 해 뜨면 天幕 밖에 기어나와,
> 山果일을 따먹으며 노래를 부르다가,
> 저녁이면 고기를 끓이며 술을 만들어,
> 사내와 같이 먹으며 입맞추며 놀며 지냈다.
> 그러다가 靑山을 두고 구름만 가는 아침이면
> 山嶺에 올라 꽃도 따고, 풀도 꺾고——

이처럼 그들은 몇 백년 동안 대대로 "성가신 도덕과 예의를 모르고" 평 화스럽고 자유롭게 멋대로 살아왔다. 이 부분에서의 김동환의 묘사는 극히 담백하고 투명하다. 그리하여 독자들은 여기 묘사되고 있는 것이 단지 여 진족이 재가승으로 전락하기 이전의 과거의 사실에만 관련되는 것이 아님 을 느끼게 된다. 말하자면 그 순수했던 과거는 20년대의 김동환을 둘러싼 식민지적 상황에 대비됨으로써 일종의 유토피아적 성격을 띠게 되며, 따라 서 그것은 김동환에게 있어 하나의 사회적 비전으로까지 승화되는 것이다. 여하튼 이럴 무렵 고려의 윤관이 육진개척을 위해 그곳에 쳐들어온다. 그 렇게 되어 장정들은 싸움터에 나가 패사하고 남은 아녀자들은 머리를 깎인 채 노비의 신분으로 전락한다. 이후 그들은 하나의 천민집단으로 고립되어 자기들끼리만 혼인을 하면서 여러 세대를 살아왔다. 머리를 깎은 탓에 이 들을 속칭 '재가승'이라 불러왔다는 것인데, 이러한 역사적 조건은 재가승

의 딸 순이와 '언문(諺文) 아는 선비'인 소년과의 깨끗하고 순결한 사랑을
좌절로 몰고 가지 않을 수 없었다.

　아, 둘 사이에는 마지막날이 왔다,
　벌써부터 와야 할 마지막날이
　傳統은—— 사회제도는
　人間不平等의 한 따님이라고,

　이렇게 해서 순이는 동네 존위(尊位)집으로 시집을 가고 소년은 여러 날
울다가 보통이를 싸들고 마을을 떠난다. 그로부터 8년이 지난 이제 두 사
람은 이 두만강변의 순이네 집에서 재회하는 것이다.
　작품의 제3부에서 시점은 다시 현재로 돌아온다. 여기서 이 작품의 흐름
은 일변하여 극적으로 재회하게 된 순이와 청년의 대화가 길게 계속된다.
각각 300행 안팎의 3부로 이루어진, 그러니까 900행 가까운 작품에서 이
대화부분은 실로 200행 남짓한 큰 중량을 차지하고 있다. 제1부의 마지막,
청년이 순이네 집 문을 두드리는 대목에서 크게 절제를 잃고 어색함을 노
출시켰던 작자는 이루어질 수 없는 사랑을 아름답게 묘사한 제2부에 이어
갑자기 전혀 다른 진행방식을 취하는 것이다. 이 부분의 의미를 규명하기
위해서 편의상 작품을 진행시켜나가는 작가의 형식적 배려와 이를 통해 말
하고자 하는 작가의 의도를 갈라서 생각해보기로 하자.
　이 부분을 읽은 독자는 누구나 쉽사리 희곡을 연상할 것이다. '무대지시'
라고 생각됨직한 구절이 때때로 삽입되어 있는 점까지 희곡과 흡사하다.
그렇다면 왜 작자는 옛 연인들이 오랜만에 만나 이야기를 나누는 대목에서
갑자기 서술의 방식과 사건진행의 속도를 바꾸었을까. 김동환이 「국경의
밤」에서 시도한 문학양식이 이른바 '서사시'라고 볼 때 이 부분은 분명히
그러한 양식적 일관성으로부터의 이탈이 아닌가. 그러나 이 부분을 단지
서술의 통일을 깨뜨린 부조화의 요소로 보고 서사시적 구성의 실패라고만
보기에는 어떤 뚜렷한 예술적 계획의 흔적을 느끼지 않을 수 없다. 「국경
의 밤」이 거둔 문학적 성과를 검토함에 있어서 우리는 무엇보다 '서사시'라

든지 하는 기존의 장르 개념에 굳이 얽매일 필요가 없다. 왜냐하면 문제는 어떤 특정한 작품이 '서사시'로서 합당한 조건을 갖추었느냐 그렇지 않으냐에 있는 것이 아니라 어떤 명칭으로 불리어지게 되든 그 작품이 당대의 문학사적 단계에서 진정으로 창조라 할 만한 것을 제대로 이루어냈느냐 아니냐 하는 것일 터이기 때문이다. 어떻든 필자는 김동환이 이 대화부분을 쓰면서 염두에 두었던 것이 창극 내지 가극이었을 것으로 추측한다. 작자는 일정한 상황을 서사적으로 진행시켜가다가 이 절정의 대목에 이르러 두 주인공들로 하여금 영창(咏唱)을 주고받게 한 것이다. 쉽게 깨달을 수 있는 바이지만 창극이나 가극에서의 시간의 속도는 일상생활에서의 그것과도 다르고 보통 연극에서의 그것과도 다르다. 말로 주고받을 이야기를 노래로 주고받는다는 것 자체가 우리의 일상적인 시간체험에 제동을 거는 현상이다. 그러나 가령 영화에서 가장 긴박한 순간이 고속촬영에 의해 느리게 제시될 때 우리는 거기서 비현실을 느끼기보다 극도로 강화된(물론 때로는 과장되거나 왜곡된) 현실을 본다. 대화부분을 통해 김동환이 노린 효과도 이와 비슷한 것이 아니었을까. 그의 세번째 개인시집인 『해당화(海棠花)』(1942) 서문에서 김동환은 이 서정시집 이외에 앞으로 가극집 「춘향」과 장편서사시 「남한산성」을 내놓을 계획이라고 밝히고 있는데, 필자는 가극에 대한 그의 관심이 이미 「국경의 밤」 집필 때부터 싹텄을 것이라고 생각한다.

　어쨌든 서술방식의 전환에 의해 그가 추구한 것은 무엇인가. 위에서 시험한 필자의 추측이 옳다면 그것은 이 대화부분이야말로 「국경의 밤」에서 핵심을 이루는 부분이요 따라서 작품 전체의 의미를 드러내는 부분이어야 한다. 이제 다시 작중상황으로 돌아가보자. 순이는 소금실이 배를 타고 두만강을 건너간 남편을 초조히 기다리고 있다. 찬바람 몰아치는 북국 벌판, 번뜩이는 감시의 눈초리, 두만강——이 모든 것들은 순이의 불안을 한층 고조시키는 효과적인 배경이다. 여기에 지난날의 그 소년은 서울에 가서 학교를 다니다가 타락한 생활에 빠지기도 하며 고민 끝에 옛사랑을 찾아 돌아왔다. 그러나 순이는 과거를 잊고 굳센 생활인으로 되어 있다. 남편은 이러한 순이와 이미 일체를 이룬 존재이다. 그런데 소년은 식민지적 근대

교육과 퇴폐적 도시생활에 의해 지난날의 순결함을 훼손당한 좌절한 청년으로 변모해 있다. 따라서 지난날 사회적 인습으로 말미암아 패배했던 두 사람의 사랑은 이제 더 큰 장벽에 부딪힌 셈이다. 건강한 생활인으로서의 순이는 이 점을 분명히 인식한 견고한 현실주의자로서 발언한다.

> 타박타박 處女의 가슴을 디디고 가던 옛날의 당신은
> 눈물로 葬事지내구요.
> 어서 가요, 어서 가요 마을區長에게 들키면
> 鄕徒批杖을 맞을 터인데.

　그러나 청년은 완전히 현실감각을 상실하고 헛된 몽환에 빠져 있다. 그는 순이를 통해 잃어버린 순결함을 복원시키고자 하며 병과 타락으로부터의 구원을 찾고자 한다. 심지어 그는 "아하, 어떻게 있소, 처녀 그대로 있소? 남의 처(妻)로 있소!" 같은 얼빠진 소리를 뇌기도 하다가 "나는 벌써 도회(都會)의 매연(煤煙)에서 사형(死刑)을 받은 자(者)이오"라고 중얼거리기도 한다. 여기서 작자 김동환이 정신적으로 파산한 이 시대의 한 청년을 냉정하게 비판하고 있는지, 아니면 자신을 포함한 소위 근대적 지식인의 불가피한 궤멸을 합리화하고 있는지 하는 것은 얼른 판별되지 않는다. 그러나 적어도 다음과 같은 청년의 말 속에는 김동환 자신의 육성이 얼마간 배어 있음이 감지된다.

> 「데카당」, 「다다」, 「厭世」, 「惡의 讚美」
> 豆滿江가의 짜작돌같이
> 무룩히 있는 近代의
> 의붓자식 같은 조선의 心臟을 찾아가라구요!
> 아, 田園아, 愛人아, 遊牧業아!
> 國家와, 禮式과, 歷史를 벗고 빨간 몸뚱이
> 네 품에 안기려는 것을 막으려느냐?

　여기서 우리는 가령 이상화의 유명한 「나의 침실로」에 표명된 바의 것과 유사한 당시 이 땅의 젊은 시인들의 몸부림과 갈망을 읽을 수 있다. 그리고 비록 그것이 주관적으로는 간절한 심정에서 발해진 것이라 하더라도 당대의 역사적 현실에 대한 옳은 대응이 못되었음을 우리는 알고 있다. 김동환은 순이로 하여금 "가요, 가요, 어서 가요"라는 말을 되풀이하게 함으로써 간신히 청년의 몽상적인 해결책에 비판적 거리를 취한다.

　여기서 작품은 급격히 종막을 향한다. 마적의 총에 맞아 죽은 남편(丙南)의 시체를 가슴에 안고 함께 갔던 차부(車夫)가 나타남으로써 순이와 청년 사이의 관념적 갈등은 현실적 비극 속에 해소되는 것이다. 이튿날 마을사람들은 '굵은 칡베장삼'에 시체를 묶어 어깨에 메고 눈에 싸인 산골짜기를 찾아가 초라한 장사를 지낸다. 이 장면의 간결한 묘사는 "아하, 무사히 건넜을까"로 시작된 첫 부분에 대응을 이루면서 그 첫 부분에서의 강렬한 효과를 다시 이룩해낸다.

　　여러 사람은 여기에는 아무 말도 아니하고 속으로
　　「흥! 언제 우리도 이 꼴이 된담!」
　　애처롭게 앞서가는 동무를 吊喪할 뿐. (중략)

　　여러 사람들은 고요히
　　동무의 屍體를 갖다 묻었다.
　　이제는 아무것도 할 수 없다는 듯이. (중략)

　　거의 묻힐 때 죽은 丙南이 글 배우던 書堂집 老訓長이,
　　「그래두 朝鮮땅에 묻긴다!」 하고 한숨을 휘― 쉰다.
　　여러 사람은 또 孟子나 通鑑을 읽는가고 멍멍하였다.

　이 마지막 장면에 이르러 비로소 작자는 순이나 청년이 살고 있던 동시대의 민중의 얼굴을 잠깐 등장시킨다. 언제 어떻게 죽을지 모르는 식민지 백성의 처절한 운명은 「국경의 밤」의 시대가 정녕 역사의 밤의 시대였음을

암시한다. 이 부분에서 특히 작품을 성공적이게 하는 것은 감정의 절제이
다. 동무를 땅에 묻는 마을 사람들로 하여금 눈물을 흘리고 넋두리를 늘어
놓게 하였다면 그것은 작품의 비극적 효과에 치명적 손상을 입히는 값싼
감상주의로 전락되었을 것이다. '고요히' 시체를 묻게 함으로써 슬픔의 응
축된 표현이 가능해졌다는 것은 「국경의 밤」 전체의 성패를 가름하는 데에
중요한 단서를 준다. 왜냐하면 제1부의 후반 및 제3부의 대화부분은 무절
제한 감정과잉에 의해 시적 평형을 잃고 있음이 명백해 보이기 때문이다.

　이 결말부분의 문학적 효과와 관련하여 작품 전체의 성과를 종합해보자.
오세영씨는 "결말에 가서 순이의 남편이 죽어서 돌아온다는 내용은 이 장
시가 처음부터 핀트를 맞추어왔던 주인공들의 애정갈등과는 전연 무관한
것이며 또한 무의미한 것이기도 하다. 우리는 이 부분에 와서 전혀 새로운
이야기를 듣는 듯한 착각에 빠진다"고 지적하고 있다. 그에 의하면 「국경
의 밤」 전체 내용이 "통속적인 애정사건이기 때문에 병남(남편)의 죽음을
통해 작가가 돌연히 식민지 지배하의 민족적 슬픔을 암시할 때 우리는 스
토리 자체의 저오(牴牾)와 아울러 당황함까지" 느끼게 된다는 것이다. 이
어서 그는 "시대적 비극을 인식하면서도 이를 외면하고 애정에 탐닉한 이
같은 쁘띠부르조아 의식이 더 비굴한 현실도피가 될 수" 있다고 비판한
다.[7] 문제는 「국경의 밤」에 다루어진 것이 단순한 통속적 애정갈등일 뿐
이냐로 요약된다. 만약 그렇다면 시대적 현실을 암시하는 일체의 배경적
서술들은 불필요한 장식이거나 사건전개의 핵심을 벗어난 결함의 요소이
다. 그러나 곰곰이 따져보면 이것은 순이의 상대역인 청년의 행동과 의식
을 작품 전체의 의미로 확대한 데서 생긴 일면적인 판단이다. 순이 자신으
로 말하면 그녀는 결혼후 가끔씩 옛사랑을 회상하기는 하되(그러나 이것은
청년의 등장을 예고하기 위한 작자의 사전포석이기도 하다) 이미 생활적으
로 남편과 일치해 있으며, 따라서 청년이 다시 나타난 뒤에도 그에게 결코
동조하지 않았다. '통속적 애정갈등'은 다만 한 타락한 지식청년의 심리세
계 속에서만 펼쳐진 것이지 청년과 순이 사이에서 벌어진 것이라고 볼 수

---

7) 오세영, 「'국경의 밤'과 서사시의 문제」, 『국어국문학』 제75집, 101~3면 참조.

는 없다. 즉, 그것은 이 작품의 일면이지 전면은 아닌 것이다. 물론 작자인 김동환은 순이와 남편과 마을사람들의 세계에 속한다기보다 그 청년의 세계에 속한 사회적 존재이다. 그렇기 때문에 앞서 지적했듯이 우리는 그 청년의 피폐한 정신과 얼빠진 발언에서 김동환 자신의 불투명한 입장을 감지할 수 있었다. 제1부의 후반부와 제3부의 대화부분에서의 실패는 바로 이 점과 관련되어 있다고 여겨진다. 그러나 청년의 '비굴한 현실도피'가 자동적으로 「국경의 밤」 전체의 현실도피로 연장된다고 보기는 힘들다. 다시 말해 이 작품은 '통속적 애정갈등'의 요소를 분명히 가지고 있으나 거기에 핵심적 무게가 주어져 있는 것은 아니며 식민지 지배하의 민족현실에 대한 관심이 좀더 중요한 작품의 중심인 것이다.

생각건대 20년대의 사회적·문학적 환경 속에서 김동환의 예술적 자아는 찢어져 있다. 한편으로 그는 좌절과 방황과 환멸의 세계에 속한다. 그것은 바로 당대의 식민지 현실에 맞서 진실한 자기이해를 얻어내는 데 실패한 20년대 시인들의 일반적인 문학적 혼돈에 대응되는 국면이다. 다른 한편 그는 민중의 세계를 보고 현실극복의 가능성을 탐색한다. 적어도 이 면에서만은 그는 혼돈으로부터 벗어나 있으며 바로 그런 정도만큼 「국경의 밤」은 예술적으로 성공할 수 있었다. 그리고 이것은 김동환이 동시대의 한용운·김소월·이상화의 문학들과 더불어 확보한 국면이다. 앞에서 필자는 김동환이 20년대 초의 문학사적 단계에서 시·소설 같은 주어진 문학형태들 사이의 갈등을 경험했고 새로운 장르의 구성을 모색한 결과가 「국경의 밤」으로 나타났다고 추측한 바 있는데, 그것은 방금 지적한 감정의 분열을 예술형식의 선택의 측면에서 반영하는 현상일 것이라고 생각한다.

작자가 객관적 시점에서 사건을 전개시키고 작중상황에의 개입을 극도로 억제했음은 이미 살펴본 바이다. 그렇게 함으로써 김동환이 의도한 것은 이른바 '서사시'였음이 분명한 것 같다. 「국경의 밤」이 과연 그의 의도대로 '서사시'로 규정될 만하냐 하는 것은 뒤에 재론하기로 하고, 우선 그러한 서술방법이 이 작품의 시적 성취에 얼마나 창조적으로 기여했는지 생각해보자. 지금까지의 분석에 의한다면 「국경의 밤」은 당대의 우리 문단이 거둔 중요한 업적임이 분명하다. 그러나 동시에 그것은 많은 실패와 문제점

을 포함한 업적이다. 필자는 특히 제1부의 후반부와 제3부의 대화부분에서
파탄을 보았다. 문제는 객관적 시점의 일관된 유지 즉 외면적인 통일성에
도 불구하고 그러한 파탄이 일어났다는 점이다. 이것은 예술에 있어서의
진정한 조화와 참된 효과가 단순한 기교상의 문제를 훨씬 넘어서는 곳에서
이룩되는 것임을 가르쳐준다. 단적으로 말해서 「국경의 밤」에서의 이러한
실패는 주인공 청년의 본질을 철저히 드러내지 못한 데서 온 실패이며 그
것은 바로 김동환 자신의 현실인식과 자기인식의 불철저성에 기인한 실패
이다. 위대한 문학은 때로는 서술방식의 질서 즉 형식의 통일을 파괴하면
서까지 인간현실의 폭과 깊이를 밝히고자 하는 열정을 가질 수 있다. 여러
훌륭한 성과에도 불구하고 「국경의 밤」은 이런 의미의 위대한 문학에는 도
달하지 못한 것으로 생각된다.

3. '단편서사시'의 시도

「승천하는 청춘」은 전작의 두 배가 넘는 야심적인 분량의 작품이다. 이
작품은 「국경의 밤」보다 더 심한 형식적 불균형과 의식의 파탄을 보인 실
패작이라고 비판된 바 있다.[8] 또, "부피에 상응하는 짜임새를 지니지 못
한 점"이 지적되기도 하였다.[9] 김동환이 이 작품에서 걷잡을 수 없는 난
조를 드러내고 있음은 누구의 눈에나 명백해 보인다. 특히 여주인공이 죽
은 아이를 묻으러 가는 과정을 묘사한 제1부와 다시 나타난 옛애인과 그녀
가 성당의 첨탑에 오르는 광경을 그린 마지막 제7부는 참을 수 없는 감상
주의와 악취미로 채워져 있다. 그러나 그러한 파탄에도 불구하고 이 작품
은 당대의 역사적 현실에 한걸음 더 다가선 많은 부분을 포함하며, 그런
점에서만은 「국경의 밤」으로부터의 중요한 전진을 이룩하고 있다. 특히 제
2·3·4부는 가위 민족사적 증언이라 할 만하다. 당시 관동대진재(關東大

---

8) 洪起三, 「한국 서사시의 실제와 가능성」, 『문학사상』 1975년 3월호, 375면 참
   조.

9) 金容稷, 「한국근대시문학사」 12회, 『한국문학』 1981년 8월호, 332~34면 참조.

震災)가 발생했을 때 수많은 동포들이 무참히 학살되었음은 잘 알려진 바이다. 작품은 바로 이 무렵을 배경으로 한다. 당시 일본 당국자는 학살의 위험에서 살아난 조선인 난민 2천여 명을 동경에서 50리쯤 떨어진 해안지대의 나라시노(習志野) 벌판에다 가병영(假兵營)을 만들어 수용시켰다. 여기에 결핵으로 죽음을 기다리는 한 유학생과 그의 누이가 등장한다. 그녀는 오빠의 병구완을 하는 동안 역시 함께 수용되어 있는 오빠의 친구와 사랑에 빠진다. 그러나 오빠는 죽고 그 친구는 사상의 의심을 받아 어디론가 잡혀가고 그녀만이 애인의 아이를 임신한 채 귀국하는 것이다. 주인공들의 이러한 행각이 서술되는 동안에는 「승천하는 청춘」은 감상적 과장과 불필요한 긴장의 조성으로 혼란에 빠진다. 그러나 이 중심적인 사건전개를 둘러싼 더 많은 보조적 부분들에서 작자는 수용소 난민들의 이러저러한 일화들을 차분하고 사실적으로 묘사해나감으로써 당시 조선인의 참담한 운명을 극히 실감있게 보여주고 있다. 이것은 우리 문학사가 반드시 기억해야 할 훌륭한 업적이다. 그렇기는 하나 전체적으로 보아 이 「승천하는 청춘」은 「국경의 밤」에서의 분열을 더욱 극단적인 형태로 되풀이하고 있어 '서사시'로서의 새로운 문제점을 제출하지는 못하는 것 같다.

　일제시대에 있어 김동환 이외에 이 방면에서 시험적인 업적을 남긴 다른 한 사람은 임화이다. 그는 1929년과 30년 이태 동안에 「네거리의 순이」 「우리 오빠와 화로」 「어머니」 「우산 받은 요꼬하마의 부두」 「양말 속의 편지」 「제비」 등 작품들을 잇달아 내놓음으로써, 당시 프로문학론의 전개과정에서 문학의 대중화 문제를 제기한 김팔봉으로부터 '단편서사시'라는 평을 받았다.[10] 이 작품들을 통독하지 못한 필자로서는 여기 거두어진 임화의 문학적 성과가 어느 수준의 것인지 단정적으로 평가할 수 없다. 다만 이 작품들이 대체로 「우산 받은 요꼬하마의 부두」[11]와 같은 성격의 것이라 가정할 때 그것은 김동환이 「국경의 밤」에서 시도한 장르모색과 완연히 구별되는 종류의 것이다. 모두 15연 82행으로 된 이 작품의 첫 연은 다음과

---

10) 金八峰, 「文藝時評――短篇敍事詩의 길로」, 『朝鮮之光』 1929년 3월호; 김윤식, 『한국근대문예비평사연구』(1973), 87면 참조.

11) 김윤식, 『한국근대문예비평사연구』, 576~78면 所收.

같다.

> 港口의 계집애야! 異國의 계집애야!
> 「독크」를 뛰어오지 말아라. 「독크」는 비에 젖었고
> 내 가슴은 떠나가는 서러움과 내어쫓기는 분함에 불이 타는데
> 오오 사랑하는 港口 「요꼬하마」의 계집애야!
> 「독크」를 뛰어오지 말아라 난간은 비에 젖어 있다.

이 시는 여기 보이는 바와 같은 화자의 독백으로 일관되어 있다. 대체로 서사문학의 경우 작중상황은 움직이는 시간 속에서 전개되게 마련이다. 과거에 일어난 일을 현재의 독자에게 전달하는 형식이 될 때 화자는 독자와 함께 사건이 끝난 다음의 어느 시점에 서 있으며 그 시점에서의 시간은 어느 정도 고정된다. 즉, 화자에게는 이야기하는 동안만큼 그리고 독자에게는 읽는 동안만큼만 시간이 흐르고 이처럼 거의 정지된 시점에서 움직이는 과거를 돌아본다. 「국경의 밤」처럼 화자가 숨겨진 객관적 서술의 경우에는 오직 움직이는 시간이 있을 뿐이고 화자와 독자는 작중상황 바깥에서 그 움직이는 시간에 자기를 일치시켜 나간다. 그런데 「우산 받은 요꼬하마의 부두」에서는 작중의 상황은 그 본래의 시간적 질서로부터 해체되어 화자의 의식에 여러 개의 파편으로 투사된다. 물론 독자는 작품 바깥에서 그 파편들을 그러모아 하나의 스토리를 재구성할 수 있다. 이 작품을 그런 식으로 조립해보면 이런 ‘이야기’가 된다. ‘나’와 일본인 아가씨는 노동자이고 노동운동의 동료이며 사랑했던 사이다. 그러다가 ‘나’는 어쩔 수 없는 사정으로 일본을 쫓겨나 고국으로 돌아오는 배를 탔다. 배 위에서 ‘나’는 "네가 공장을 나왔을 때 전주 뒤에 기다리던" 지난일을 회상하기도 하고 "너는 이국의 계집애 나는 식민지의 사나이"라는 데서 오는 갈등을 되새겨보기도 한다. 그녀는 지금 떠나가는 연인을 배웅하기 위해 종이우산을 받고 비오는 부두를 뛰어오고 있다. 그러나 ‘나’는 언제 다시 돌아오리란 기약도 없이 떠날 수밖에 없다 —— 대체로 이런 줄거리인데, 이렇게 줄거리의 조립이 가능할 만한 구체적 상황을 깔고 있기 때문에 이 작품은 ‘단편서사시’로 규

정되기도 하였다. 그러나 생각해보면 서정시 역시 언제나 일정한 허구적
상황의 기초 위에서 진술된다는 성격을 가지고 있다. 뻔한 얘기지만 "나
보기가 역겨워 가실 때에는 말없이 고이 보내"드리겠다는 것은 그 순간의
김소월 개인의 발언이 아니라 일정하게 꾸며진 상황에서 나온 어느 가공적
인물의 발언이다. 이렇게 따져볼 때 「우산 받은 요꼬하마의 부두」는 하나
의 단편소설로 됨직한 '이야기'를 배경에 깔고 있음에도 불구하고 '서사시'
와는 일정하게 구별된다. 그러나 문제는 그것만이 아니다. 당대의 식민지
적 현실에 접근하는 자세에 있어서도 이 작품은 감상과 치기에 젖어 「국경
의 밤」이 거둔 성과로부터 명백한 후퇴를 기록하는 것이다. 일본 제국주의
의 탄압이 더욱 강화된 시기의 「현해탄」(1939)에서 임화는 최소한의 배경
으로서의 서사성마저 방기하고 김기림의 「기상도」를 방불케 하는 이국취미
와 재치와 감상으로 퇴행하는데, 이것은 같은 무렵의 신문학사 연구에서
거둔 그의 탁월한 선구자적 공적에 비추어 극히 흥미로운 대조적 현상이라
해야 할 것이다.

4. 「금강」이 남긴 문제들

김동환과 임화의 시도가 있은 뒤 오랜 공백기간을 거쳐 태어난 신동엽의
「금강」은 5천 행이 넘는 방대한 규모에 있어서나 통렬한 현실비판의 강도
에 있어서나 확실히 획기적인 역작이라 할 만하다. 이 작품은 발표 직후
김우창씨[12]와 김주연씨[13]에 의해 자상하게 검토되었고 이후 조태일씨[14]와
구중서씨[15]의 「신동엽론」에서도 각각 중요하게 거론된 바 있다. 이렇게 훑
어볼 때 「금강」은 비슷한 계열의 어느 딴 작품보다도 많이 논의된 셈이고
따라서 문학사적으로 어느 정도 평가가 정착되었다고 볼 수도 있다. 다만

---

12) 김우창, 「신동엽의 '금강'에 대하여」, 『창작과비평』 1968년 봄호.
13) 金柱演, 「시에서의 참여문제」, 『狀況과 人間』(1969) 所收.
14) 趙泰一, 「신동엽론」, 『창작과비평』 1973년 가을호.
15) 具仲書, 「신동엽론」, 『창작과비평』 1979년 봄호.

「국경의 밤」부터 신경림의 최신작에 이르는 일련의 작품군 속에서 「금강」이 어떤 형식사적 의의를 가지는지에 관해서는 아직 더 따져볼 점들이 남아 있는 것 같다. 여기서 우선 이 작품의 장르적 성격에 관한 김우창씨의 지적을 들어 보자. 그는 "「금강」은 동학란을 소재로 하는 이야기시(narrative poem)이긴 하나, 이야기의 전개만을 주안으로 하지는 않는다. 이 시의 시점은 현재이며, 근본적으로 과거는 현재의 의식이 그 처해 있는 상황을 이해하는 데 원근법을 제공해주는 역할을 한다. 따라서 이 시의 역사적 사건은 일직선적으로 이야기되지 않는다. …그러니까 이 시는 제목에 그 장르를 밝혀 서사시란 한정사를 붙이고 있지만, 이 시는 차라리 한 편의 서정시라 할 수 있다"라고 언급한 다음 작품에 대한 상당히 구체적인 분석을 바탕으로 다시 이렇게 말한다.

그러나 작자는 어색한 느낌을 줌이 없이 자신이 직접 시 속에 등장하여 군데군데에서 서정적인 주석을 달고 있다. 어쩌면 신(申)하늬를 중심한 모든 혼란은 작자가 이 시를 서사시라는 관점에서 생각하고 있었다는 데에서 오는 것이라 할 수 있는지 모른다. 그러나 앞에서도 말한 바와 같이 이 시는 서사시로는 생각될 수 없는 것이다. 문제는 서정적인 장시의 주인공인 작자와 이야기시의 주인공인 신하늬가 서로 엇갈리는 '관점'을 드러내는 데 있다고 할 수도 있다. 작품의 성질상 신하늬의 허구적인 '관점'은 없어졌어야 했을 것이다.

조태일씨 역시 이 작품의 이러한 형식적 결함에 관한 김우창씨의 지적에 공감하면서 그러나 역시 김우창씨와 마찬가지로 "봉건권력 체제에 대한 강력한 저항과 부정"을 통해 "내일의 민중의식의 발전적인 긍정"을 제시했다는 점에서 「금강」의 성과를 높이 평가하고 있다. 반면 김주연씨는 이 작품이 "단순한 개인감정의 서정성을 지리하게 이어놓은 한 편의 장시, 그것도 성격을 알 수 없는 장시"임으로 해서 근본적인 실패에 이르고 있다고 격렬한 부정적 입장에 선다.

여기서 문제는 「금강」이 이른바 제대로 된 '서사시' 혹은 '이야기시'냐 아니냐 하는 점과[16] 그것이 '서사시'든 '서정적 장시'든 혹은 '이야기시'든 간

에 훌륭한 문학이라 할 만한 업적에 이르렀느냐 아니냐 하는 점으로 갈라
진다. 결론적으로 말해서 필자는 「금강」이 형식상 어떤 통일을 이루지 못
했다는 여러 논자들의 지적에 동의한다. 아마 이 시는 크게 세 부분으로
나누어볼 수 있을 듯하다. 그것은 첫째,

　　어느 해
　　여름 錦江변을 소요하다
　　나는 하늘을 봤다.

　　빛나는 눈동자.

　　너의 눈은
　　밤깊은 얼굴 앞에
　　빛나고 있었다.

—— 제3장 서두

에서와 같은 서정시로서의 부분이다. 이 부분에서 작자는 스스로 화자가
되어 역사의 암흑을 비판하고 빛나는 내일을 예감한다. 둘째는,

　　金馬.
　　하늬는 戰友들과 작별
　　扶餘로 가는 길
　　마한, 백제의 꽃밭
　　금마를 찾았다.

　　언제였던가
　　가을걷이 손 털고
　　재작년 늦가을

---

16) 김종길씨는 앞의 논문에서 「국경의 밤」과 더불어 「금강」을 '설화시'라고 규정했
　　는바, 이것은 김우창씨의 '이야기시'와 같은 개념이다.

> 진아는 하늬의 손가락 끼어
> 미륵사塔 아래
> 그림으로
> 서 있었지,

—— 제19장 서두

에서와 같은 서사적 내지 설화적인 부분이다. 여기서는 가공적 주인공인 신하늬의 행동과 회상이 서술된다. 그런데 이 부분에서도 흔히 작자는 외견상 작품의 표면에 나타나 있지 않음에도 불구하고 내면적으로 주인공과 일치되어 있기 때문에 사실상 작자가 자신의 이야기를 하는 듯한 느낌을 준다. 셋째는,

> 그날 밤 子時
> 金開南이 이끄는 부대는
> 南門을 나서 南原 방면으로,
>
> 全琫準이 이끄는
> 주력부대는
> 北門을 나서
> 金溝 방면으로 향했다.

—— 제18장 중간

에서와 같이 순전히 객관적으로 기술하는 부분이다. 물론 이런 부분에서도 작자 자신의 체온에서 나온 것이라 여겨지는 뜨거움이 끊임없이 전달되어 오지만, 그러나 그것은 당대의 역사적 상황 한복판에 서 있었던 작중인물들의 투쟁적인 삶 자체가 또한 바로 그런 격렬한 성질의 것이었기에 신하늬의 경우에서와 같은 '변장한 작자' 자신을 느끼지 않아도 된다.

첫째 부분은 신동엽의 다른 뛰어난 서정시들과 상통하는, 맑은 언어와 투명한 예지의 세계이다. 실제로 「종로 5가」 「누가 하늘을 보았다 하는가」 「조국」 같은 작품들은 약간 변형되어 「금강」의 일부로 흡수되어 있기도 하

다. 이런 부분들에서 우리는 탁월한 역사의식이 간결하고 단호한 어조 속에 응축된 「껍데기는 가라」 같은 작품의 예리한 각성을 덜 받는 대신, 동학농민전쟁이라는 거대한 역사적 사건과 오늘의 현실 사이의 긴밀한 상호관계 속에서 그것이 흘러나오는 데서 조성되는 구체성을 느끼게 된다. 둘째의 신하늬 부분은 김우창씨에 의해 "이 작품의 가장 커다란 결점"이라고 지적된 바 있다. "큰 역사의 흐름을 기술함에 있어서 허구적 조작을 보다 자유롭게 허용하는 역사의 단역을 등장시켜 살아진(경험된) 삶의 구체성을 얻어보자는 것"이 소설에서와 달리 시에서는 대체로 불가능하다고 김교수는 말한다.[17] 「금강」에 관한 한 이것은 매우 온당한 견해라고 생각된다. 그러나 허구적 인물의 설정 자체가 곧 소설적 구체성의 획득을 지향하는 것이라고 볼 수는 없을 것이다. 「국경의 밤」에서 우리는 이 점을 확인한 바 있다. 따라서 「금강」에서 근본적으로 문제되어야 할 것은 신하늬라는 인물의 설정 자체라기보다 작자가 그 인물의 객관화에 냉엄한 철저성을 기하지 못했었던 데에 있는 것 같다. 작자는 신하늬를 다룸에 있어서 때로는 전봉준이나 김개남처럼 역사적 인물로 서술하기도 하고 때로는 자기 감정의 대리적 발언자로 이용하기도 함으로써 분열을 드러내고 있는 것이다. 어떻든 이 신하늬 부분(특히 진아와 관련되는 부분)은 역사적 대사건의 도도한 흐름이 지닐 법한 서사시적 위엄에 커다란 손상을 입히고 있음이 분명하다. 셋째 부분은 말하자면 '역사시'라고 할 만한 것이다. 사실은 여기에서야말로 시인은 소설가나 역사가와의 경쟁에서 결정적인 열세에 놓인다. 근년에 발표된 「논개」 「대륙」 같은 대하역사시들이 문학으로서도 역사로서도 모두 불투명한 결과에 이르렀던 것은 『토지』『장길산』 같은 괄목할 만한 업적들이 소설 방면에서 나오고 있는 것에 대조되는 매우 의미심장한 현상이다. 다만 그럼에도 불구하고 「금강」이 감동을 주는 것은 역사적 사건들의 서술에 배어들어 있는 작자의 강렬한 시선 즉 역사의 진실을 드러내고야 말겠다는 치열한 정신이 살아있기 때문이며, 신하늬 부분의 실패는 바로 그러한 정신이 작자의 주관적 정서보다 약화되는 데에 말미암은 것이

____

17) 김우창, 앞의 글, 111~12면 참조.

라 생각된다.

5. 70년대의 서사시적 모색

70년대의 우리 문학이 여러 악조건들을 뚫고 나가는 가운데 작가의식의 전례없는 고양을 이룩하고 민족문학으로서의 다방면적인 성취를 내놓았음은 잘 알려진 바이다. 이러한 문학사적 전진의 일환으로서 70년대는 '서사시'의 분야에서도 중요한 업적들을 보여주었다. 이제 필자는 이들 중에서 「소리내력」 「검정버선」 「전야」 「갯비나리」 등의 작품에 주목하고 이들을 묶어서 검토해보기로 하겠다.

김지하의 「소리내력」은 그의 「오적」 「앵적가」 등과 함께 대단한 화제에 오르기는 하였으나 문학비평적으로 분석된 것은 거의 없는 듯하다. 그러나 이 작품들은 20년대의 「국경의 밤」부터 최근의 「남한강」에 이르는 서사시적 시도에 있어서 극히 중요한 미학적 문제성을 제출한 업적으로서, 무엇보다 먼저 이 면에서 검토될 필요가 있다. 앞서 살펴보았듯이 「국경의 밤」은 시·소설·희곡 등 여러 장르들간의 일정한 타협의 산물이다. 그렇기 때문에 그것은 그후의 다른 시인들이 안심하고 의존할 만한 튼튼한 양식적(樣式的) 틀이 못되었다. 「금강」은 다른 뛰어난 미덕에도 불구하고 형식적 관점에서 「국경의 밤」에 못지않은 균열을 노출하였다. 그런데 이제 「오적」 「소리내력」 등은 첫눈에 드러나는 바와 같이 판소리라는 전통적 장르를 계승하는 데서 형식문제의 해결을 찾고 있다. 판소리 자체는 물론 본격적인 연구가 이제 겨우 시작되었다고나 할 만한 상태여서 그 형식적 제특징이 충분히 밝혀졌다고 볼 수 없겠지만, 그러나 어떤 문학양식의 창조적 수용이란 그것에 대한 이론적 구명이 되었느냐 안 되었느냐에 따라 좌우되는 것이 아니라 그것을 받아들여 발전시킬 만한 문학사적 여건과 필요가 갖추어져 있느냐 없느냐가 관건이 된다. 이 점에서도 「오적」 「소리내력」 등은 매우 대담한 실천적 문제제기이다. 이들 가운데 비교적 짧고 가장 정돈되었다고 여겨지는 「소리내력」을 검토함으로써 이 작품들의 문학사적 의의를

살펴보자.[18]

　주지하는 바와 같이 판소리는 창자(唱者)가 약간의 몸짓을 곁들이면서 주위의 청중을 향해 말과 노래로써 이야기를 엮어나가는 형식이다. 창자는 때때로 이야기의 본줄거리를 잠깐 쉬고 자기 소리를 한두 마디 집어넣을 수 있고 고수나 청중도 이런 정도로 이야기의 진행에 개입할 수 있다. 물론 그때그때의 분위기에 따라 가변적인 이런 군소리들은 문자로 정착된 사설에는 있을 수 없다. 어떻든 사설만 읽더라도 화자와 작중상황과 독자의 관계는 명백하다.[19] 「소리내력」에서도 화자는 기탄없이 작품의 문면에 나서서 이야기를 시작한다.

　　쿵 저봐라 쿵 또 들린다 쿵
　　저 쿵소리 내력을 누가 알꺼나 쿠궁쿵
　　어화 사람들아 저 소리 내력을 들어봐라

　여기서 화자는 "지금부터 희한하고 재미난 이야기를 하나 들려주겠다"는 태도를 분명히 밝힌다. 이로써 작자와 독자 사이에는 문학적 허구에 관한 묵계가 성립하는데, 이것은 한편으로 작자에게 등장인물과 사건을 자유롭게 움직여 나가도록 허용하는 상상력의 넓은 공간을 제공하기도 하지만 동시에 다른 한편 작자 개인의 사적 감정이 등장인물의 그것으로 전이되는 것을 막는 제한의 작용을 하기도 한다. 이제 화자는 한 인물을 소개한다.

　　… 판잣집 한 모퉁이 그 한 귀퉁이방에 청운의 뜻을 품고
　　시골서 올라와 세들어 사는 安道란 놈이 있었것다.

────────────

18) 물론 현재 알려진 판소리들은 「소리내력」보다 훨씬 길고 복잡한 구조를 가지고 있다. 이 점, 이 작품은 「小春香歌」「自嘆歌」「廣大歌」 등을 두고 金東旭씨가 말한 '短形판소리'에 해당될지 모르겠다. 김동욱, 「판소리사 연구의 제문제」, 『판소리의 이해』(창작과비평사 1978), 97면 참조.

19) "…내 별별 이상한 도둑 이야길 하나 쓰것다"로 시작하여 "허허허/이런 행적이 백대에 민멸치 아니하고 人口에 회자하여/날 같은 거지시인의 싯귀에까지 올라 길이길이 전해오것다"로 끝나는 「오적」은 그 점이 더욱 뚜렷하다.

“한 모퉁이 그 한 귀퉁이”는 공연한 반복 같아 보이기도 한다. 그러나 이 단 몇마디는 빈민가 뒷골목을 돌고돌아 찌그러진 판잣집 부엌을 지나 그 뒤쪽에 매달린 조그만 방 하나를 여지없이 효과적으로 부각시킨다. 이것은 간단한 두어 줄의 선으로 대상의 특징을 요령있게 잡아내는 만화의 효과와도 흡사하다.

그런데 이 안도는 “가위 법이 없어도 능히 살” 만큼 온순하고 부지런한 위인인데도 하는 일마다 도무지 되는 법이 없다.

　　만사가 되는 일 없이 모두 잘 안돼
　　될 법한데도 안돼
　　다 되다가도 안돼
　　될듯 될듯이 감질만 내다가는 결국은 안돼 .
　　장가는커녕 연애도 안돼 집장만은커녕 방세장만도 제때에 안돼
　　밥벌이도 제대로 안돼 취직도 된다 된다 차일피일하다가는 호지부지 그만
　안돼
　　빽 없다고 안돼 학벌 없다고 안돼 보증금 없다고 안돼 국물 없다고 안돼
　　밑천 없어서 혼자는 봐주는 놈 없어서 장사도 안돼 뜯기는 것 많아서도 안
　돼
　　울어봐도 안돼 몸부림쳐봐도 안돼 지랄발광을 해봐도 별수없이 안돼
　　눈 부릅뜨고 대들어도 눈 딱 감고 운명에 맡겨도 마찬가지로 안돼

아마 이 부분을 우리는 ‘안돼 타령’이라고 부를 수도 있을 것이다. 이 부분에서 작자는 힘없고 가난한 촌놈인 주인공이 오늘의 대도시에서 겪는 극심한 고난을 제시한다. 그런데 잘 읽어보면 여기서 안된다고 하는 일들 전부를 주인공이 실제로 시도해 보았다고 할 수는 없다. 이것은 마치 판소리에서 놀부의 심술을 묘사할 때 놀부 개인에게 해당되는 것이든 아니든 온갖 못된 짓을 놀부에게 갖다붙여 나열하는 것과 흡사한 기법이다. 즉, 이 ‘안돼 타령’은 주인공 개인의 행적에 대한 묘사이면서 동시에 이 시대의 서민들이 오늘의 생활현실 속에서 겪음직한 좌절의 경험 일반의 반영이다.

따라서 우리는 주인공을 염두에 두지 않고서도, 그리고 작품 전체와의 관련을 떠나서도 이 부분을 실감있게 읽을 수 있다. 이것은 조동일씨가 판소리의 구조분석에서 사용한 '부분의 독자성' 개념을 적용할 만한 국면이다.[20] 판소리를 연상케 하는 것은 이뿐만이 아니다. 우리는 이 '안돼 타령'을 읽으면서, 무슨 일을 해도 되지 않는 주인공의 딱한 처지에 동정하여 자신과 주인공을 일치시켜보기도 하지만, 동시에 "… 안돼 … 안돼" 하고 끝없이 이어져가는 사설에 그만 웃음을 터뜨리게 된다. 즉 그것은 "한편으로는 비참한 느낌을 주지만 또 한편으로는 웃음을 자아"내는 것이다.[21] 다시 말하면 이 부분에는 주인공과 그를 둘러싼 환경의 갈등 및 비참과 골계의 갈등이 병존한다. 이러한 대립적 요인들의 갈등은 다음에서와 같이 수사(修辭)의 원리로서도 작용한다.

      한발딛고 한발들고
      한발들고 한발딛고
      이발 딛으면 저발들고
      저발들면 이발딛고
      이리떼뚱 저리띠뚱
      팔딱팔딱 강중강중

  이밖에도 이 작품은 반복, 나열, 역설, 과장, 왜곡, 전도(顚倒), 어희(語戲) 등 갖가지 표현 가능성을 동원한다. 주목되는 점은 그것이 판소리 같은 우리 전통문학의 계승이면서 동시에 현대예술의 첨단적인 기법과도 상통한다는 사실이다. 한두 개의 예를 더 들어보면,

      십원 벌면 백원 뺏기고 백원 벌면 천원 뜯기고

  혹은

---

20) 趙東一, 「'興夫傳'의 兩面性」, 『啓明論叢』 제5집(1969), 86면 이하 참조.
21) 조동일, 「판소리의 전반적 성격」, 『판소리의 이해』, 24면.

> 좌충우돌 천방지축 허겁지겁 헐레벌떡 동서남북 싸돌아다니다가
> 지치고 쳐지고 주리고 병들고 미쳐서 어느날 노을진 저녁때

이런 부분에서 우리는 웃을 수밖에 없지만, 그 웃음은 또한 깊은 비애를 늘 동반한다.[22] 이런 양면성 및 양면간의 갈등은 「소리내력」의 경우 수사의 원리이자 전체 작품의 구조를 이루면서 바로 객관적 현실 자체 내부의 대립적 갈등을 반영하는 미학적 틀이 된다. 이렇게 살펴볼 때 이 작품에 활용된 판소리의 표현장비들은 현실인식의 탁월한 창조적 무기임이 드러나는 것이다. 다시 작품의 줄거리로 돌아가보면, 주인공과 환경의 대립은 주인공의 일방적인 현실적 패배로 귀결된다. 이리저리 뛰어돌아다녀 보지만 먹고 살 길을 찾지 못한 끝에 어쩌다가 죄지은 몸이 되어 철창에 갇히고 만다. 여기서부터 작품의 톤은 일변한다. 그동안 독자들은 못난 주인공의 행동거지에 동정과 웃음을 보냈다. 즉, 작중인물에 대한 자신들의 우위를 확인하는 즐거움을 누려왔다. 그러나 주인공이 "어허 이것이 웬 짓이여" 하고 탄식하기 시작하면서 독자들의 심리적 우위는 갑자기 붕괴하고 처절한 비극적 정서에 함몰된다. 다음 대목을 되풀이 읽으면서 필자는 무한한 감동과 충격에 몸을 떨었다.

> 수수그림자 길게 끌린
> 해설핀 신작로가에
> 우리 어메 날 기다려 상기도 거기 서 계시더냐
> 철지난 옷을 입고 몇번이나 몇번이나
> 서울쪽 바라보며 소리없이 우시더냐
> 아아 어머니
> 고향에 돌아가요

---

22) 반면에 「앵적가」 「고관」 등의 작품에서는 웃음이 혐오감을 유발한다. 즉, 이 작품들의 경우 웃음은 대상에 대한 공격성을 띠는바, 그것은 풍자로 된다. 「소리내력」에서는 비애를 거쳐 한(恨)으로 나간다는 점이 위의 작품들과 대조적이며, 「오적」은 이 양면을 공유한다.

죽어도 나는 돌아가요
천갈래 만갈래로 육신 찢겨도 나는 가요
죽음 후에라도 기어이 돌아가요
저 벽을 뚫어
저 담을 넘어
怨鬼되어 ·저 붉은 벽돌담을 넘어 끝끝내 뚫고 넘어
가요 어머니
죽음 후에라도 기어이 돌아가요

여기 이르러 비애와 웃음 간의 대립적 갈등은 와해되고 그것이 거대한 한(恨)의 정서로 지양된다. 이 현실 속에 편입되기 위해 발버둥질치는 동안 주인공 안도는 못난 촌놈이고 웃음의 대상이었다. 그러나 그가 패배를 통해 깊은 현실인식에 도달하는 순간, 그리하여 "아아 어머니/고향에 돌아가요"라고 부르짖는 순간 그는 민중의 한과 분노와 의지를 대표하는 감동적인 예술적 전형으로 승화하는 것이다. 왜냐하면 이 경우 '고향에 돌아가요'는 단지 강한 현실거부일 뿐만 아니라 새로운 긍정에의 준비이기 때문이다. 필자는 조동일씨가 수집한 한 서사민요의 끝부분에서도 비슷한 처절함을 맛보았다.

설은지고 참혹하다 아이고지고 원수로다 염라대왕 원수로다
가자가자 나도가자 엄마따러 나도가자 아바따러 나도가자
시퍼런칼 드는칼로 목을찔러 가슴찔고 엄마길을 찾어가자
설은지고 참혹하네 우리엄마 찾어가자
우리아바 찾어가자 아이고지고 내못살세[23]

그러나 이 서사민요에서의 처절함은 해결의 전망을 찾을 길 없는 극한에 이르러 결국 자기부정으로 귀착되지만, 「소리내력」에서는 현실적 패배 자체가 새로운 극복을 위한 발판으로 전화된다. 안도가 죽은 뒤에도 끊임없

---

23) 조동일, 『서사민요연구』(1970), 자료편, 267면.

이 들려와 "돈깨나 있고 똥깨나 뀌는 사람들"을 "미치고 환장"하게 만드는 저 '쿵—쿵—' 소리는 바로 거대한 민중적 함성의 다가옴을 예고하는 것임에 다름아니기 때문이다.

이동순의 「검정버선」은 130여 행에 불과한 비교적 소규모의 작품이지만 전통적 문학양식의 새로운 활용을 시도한 또하나의 흥미있는 예이다.[24] 이 작품에 다루어진 것은 1923년 5월 경남 진주에서 시작되어 전국으로 확산했던 이른바 형평운동이다. 작품은 가공의 인물인 길소개(吉小介) 노인을 주인공으로 하여 그가 지난날 이 운동에서 활약하던 때를 회상하고 지금의 현실을 개탄하는 형식으로 엮어져 있다. 그러나 '나'를 시점으로 하지만 주로 다루어지는 것은 '나'만이 아니고 같은 처지에 있는 천민집단 전체의 불우한 운명이다.

> 속은 것 분한 데다 성도 없는 三述伊네
> 부를 성이 있어도 관향없는 朴수꺽네
> 이럭저럭 개흙 속에 꾸무럭거리는 노래기모냥
> 쓰다 달단 말도 없이 검정버선 신고 왔구나

이 부분만 읽더라도 우리는 대뜸 그 율격을 간취할 수 있다. 즉, 1행이 4음보이고 한 음보는 3음절부터 6음절까지이다. 이것은 바로 가사(歌辭)의 양식이다. 알려진 바와 같이 가사는 시조와 더불어 조선시대의 대표적인 시가장르로서 3음절 내지 4음절을 기본 단위로 하는 4음보 한 행이 수백행씩 이어져나가는 문학형태이다. 후기에 이르러 가사는 그 형식적 단조로움으로 인해 수없이 많은 의병가사·동학가사·규방가사·개화가사로 쉽게 확산되는 결과에 이르기도 하였으나 흔히 예술적 창조성의 빈곤으로 귀착되었다. 이 「검정버선」은 율격 이외에도 한 인물이 자신의 반생을 회고하는 방식으로 전개되는 점에서도 평민가사 특히 신변탄식류의 규방가사를 연상케 하며, 또 가령 다음과 같은 대목은 의병가사의 일절을 읽는 듯한 느낌도 준다.

---

24) 좀더 규모가 큰 그의 장시로서 「물의 노래」가 있다.

> 진주 형평사원들이 농청원과 충돌하여
> 몰리고 몰리다가 결사대를 조직하니
> 이에 맞선 농청원들 해산운동에 우육불매운동이라
> 대구 남산 덕산町의 소요사건 말도 마라
> 형평사원 卞哥가 왜놈 앞의 토지를 대차받아
> 기껏 땀흘려서 평평하게 닦아놓으니
> 악질평민 徐哥놈이 제땅이라 우기는지라
> 주권을 빼앗기고 내땅 가지고도 물고 뜯으니

장시조(長時調, 사설시조)에서보다 평민가사에서 엄청나게 더 많은 작품이 생산된 데서 드러나듯이 가사는 시조에 비해 평민적 혹은 산문적 내용을 담기에 더 알맞은 개방적 양식이다. 그러나 가사의 창조적인 시대는 소설의 본격화와 더불어 내리막길에 접어든 것이 분명하다. 이 점, 「검정버선」의 작자가 음절 수에서나 음보의 수에서 수시로 정형을 깨뜨렸던 것은 현명한 처사이다. 무엇보다 이 작품을 좋은 시로 읽히게 하는 것은 평면적인 사실의 나열, 지루한 푸념과 따분한 신세타령으로 흔히 떨어지곤 하던 과거의 평민가사와 달리 작자가 다음의 마지막 부분에서 보이는 바와 같은 굳센 역사의식을 가지고 사태를 꿰뚫어볼 수 있었기 때문이다.

> 엄첩해라 우리 재인들 새로 할 짓 또 있는가
> 더없이 욕된 운명 위에 더욱 밤이 퍼부어질지라도
> 박달자루 도낏날을 들게 갈아 둘러메고
> 도적도 사슬도 대번에 내려칠 눈빛 번뜩이며
> 오늘도 검정버선은 새벽 일터로 나아간다

그러나 역시 가사는 현실인식의 발랄한 수단이 되기에는 상당히 완고한 형식인 듯하다. 그렇기 때문에 작자도 이 작품에서 때때로 의고적(擬古的)인 표현을 씀으로써 형식적 제약에 타협할 수밖에 없었던 게 아닐까. 70년대의 노동가사 같은 것을 염두에 두더라도 가사의 현대적 계승은 만만찮은 예술적 집중을 통해서만 가능하다고 여겨진다.

일정한 '이야기'를 배후에 거느리고 있으면서도 판소리나 가사 같은 기존의 형식을 빌리지 않고 시로서의 내면적 통일성을 이룩한 최근의 업적으로 이성부(李盛夫)의 「전야」가 두드러진다. 이 작품의 화자는 열아홉살 때 집을 뛰쳐나온 한 여인이다. 그녀는 부모들 몰래 낯선 사람들을 따라 집을 나선다. 그 속에는 사랑하는 남자도 끼여 있다. 그들을 따라나선 것은 단지 그 남자를 사랑하기 때문만이 아니라 그들의 하는 일이 옳다고 믿었기 때문이다. 그런데 그는 죽고 '나'는 그의 아기를 낳는다. 대체로 이런 줄거리인데, 구체적인 상황의 내용은 거의 밝혀지지 않고 비유적으로 암시되기만 한다. 아무튼 이 작품은 화자인 '내'가 이런 자신의 가출 경위와 현재의 심경을 부모에게 호소하는 형식으로 되어 있다. 이처럼 일정하게 꾸며진 상황에서의 화자의 진술이라는 점에서 그것은 연극에서의 독백 내지 서정시에 접근한다.[25]

과연 이 작품은 군데군데 뛰어난 서정시를 포함한다. 가령,

> 그때
> 겁먹은 두 눈을 저는 보았지요
> 무서움에 떨어
> 스스로의 젊음에도 이기지 못하는
> 순한 얼굴 하나를 보았지요
> 몸은 숨 거둬가고 있었지만
> 두 눈은 슬픔에
> 무지개로 피어
> 제 몸을 감싸고 말았어요

이 부분은 사랑하는 남자가 죽기 직전의 상황을 묘사한 대목이다. 그러

---

25) 이런 점에서 이 작품의 형식적 특성은 임화의 「우산 받은 요꼬하마의 부두」에 이어진다. 全鳳健의 「春香戀歌」 역시 일정한 극적 상황에서의 주인공의 독백이라는 점에서 공통되나, 「前夜」가 민족비극의 심층적 이해를 겨냥하고 있다면 「춘향연가」는 심리분석에 역점을 두고 있는 것 같다.

나 여기서 작자가 의도하는 것은 어떤·구체적인 사태의 객관적인 기술이라기보다 그런 사태에 처한 한 여인의 심정의 간절함을 표현하는 것이다. 이것은 그야말로 서정시의 본령이라 할 만한 것이며, 그렇기 때문에 우리는 「전야」 전체의 문맥을 떠나서도 위에 인용된 부분을 한 편의 독립된 서정시처럼 읽을 수 있다. 그렇다면 「전야」는 서정시인가? 일단 그렇다고 말할 수 있다. 그러나 300행 가까운 길이의 작품이 서사적 상황을 바탕에 깔면서 긴밀한 내면적 통일을 이루는 데 성공했을 때 그것을 일반적인 서정시의 하나로 규정하는 데 그친다면 극히 불충분한 처사임이 분명하다. 또한 시로서의 그러한 성공이 단순히 작자의 뛰어난 시적 재능 때문에 가능해졌다고 보는 것도 논리적인 설명은 아닐 것이다. 그렇다면 작품 「전야」의 장르적 성격은 어떻게 설명될 수 있을까. 앞서 필자는 「국경의 밤」을 분석하면서 작자가 시·소설·희곡 같은 장르들간의 선택에서 방황과 절충을 경험했으리라고 추론하였다. 이와 전혀 다른 차원에서이긴 하나 「전야」 역시 서정적인 것, 서사적인 것, 연극적인 것이 한곳에서 만남으로써 이루어진 형식이라고 생각된다. 이 작품의 표면은 서정시이다. 그러나 이면에는 서사적인 이야기가 깔려 있다. 그리고 어느 일정 시점에서의 화자의 독백이라는 점에서 그것은 연극적이다. 이 작품의 마지막 연은 다음과 같이 막 어떤 결정적인 행동에 뛰어들려는 순간의 긴박한 호흡을 보여줌으로써 그 연극성을 제고시키는 동시에 그동안 작품 전편을 밀어온 뜨거운 역사의식을 단호하게 마무리짓는다.

　　어머니
　　이제 그만 일어나 가야겠어요
　　저를 부르는 소리가 들려와요
　　어머님 물레 젓는 마을 쪽이 아니라
　　타오르는 어둠 속으로 골짜기로
　　깊디깊은 그리움 속으로

　　고은의 「갯비나리」는 형식상의 실험에서 지금까지 검토해온 여러 작품들과 또다시 구별되는 문제성을 보여준다.[26] 모두 네 부분으로 되어 있는 이 작품에서 '머리마당'은 일종의 서사(序詞)이다. '첫째마당'은 고기잡이 나가서 돌아오지 않는 남편을 그리워하며 그의 무사귀환을 비는 아낙네의 사설이다. 끝부분에서는 외적의 침입으로 아낙네 역시 다른 갯가 여인들과 함께 종으로 잡혀가는 장면이 그려진다. '둘째마당'에서는 이렇게 부모를 잃고 남겨진 열다섯살짜리 소년이 어부가 되어 파도와 싸우는 과정이 묘사된다. '셋째마당'에서는 마을사람들이 차린 갯비나리 굿판의 광경, 굿의 주역인 신들린 처녀가 알몸으로 바다에 뛰어드는 장면, 그리고 다시 파도를 헤치며 우렁차게 나가는 어부들의 모습이 차례로 그려진다. 이런 과정을 엮어나감에 있어 작자는 어떤 고정된 시점에 얽매이지 않는다.

> 칠팔월 해일 같은 짙푸른 원한 두고 너를 부른다
> 산 너머
> 산 너머
> 태곳적 화산불의 진노를 두고 부른다
> 큰들 작은들 우르르 달려가는 싸움터 두고 너를 부른다
> 눈먼 듯 순한 백성 괴적삼 입고
> 한밤중 호랑이 되어
> 먹그믐밤 회몰이 비바람 되어
> 역사야 너를 부른다
>
> —— 머리마당

이런 부분에서 '너'를 부르는 주체 즉 화자가 누구인지는 분명하지 않다. 등장인물들 중의 어느 한 사람이기도 하고 그들 모두이기도 하며 작자 자신일 수도 있는 복합성을 띤다. 그러나 그 열화처럼 강렬한 톤의 단일성 때문에 시점의 모호성 내지 복합성은 독자에게 간과된다. 그러나,

---

26) 이보다 앞서 작자는 『月刊對話』에 「大陸」을 발표했다. 매회 6,7백 행씩 9회 동안 연재된 엄청난 길이의 이 미완 대하시에서 그는 선사시대로부터 시작되는 민족사의 全幅을 담고자 하였으나, 그 웅대한 구상에 상응할 만한 문학적 성과에 이르렀다고는 판단되지 않는다.

> 갯가 백성 흰 무명옷 베잠방이 옷고름 풀어
> 두 손바닥 뭉둥이 되게 비바람으로 비나리한다
>
> —— 머리마당

이런 부분에서는 작자는 작품 표면에서 자취를 감추고 객관적인 시점으로 사건을 기술한다.

> 동지 팥죽도 못먹고 떠난 서방 춘삼월 다 가도록
> 우리 서방 오는 갯벌 저물어도 갈매기여라
>
> —— 첫째마당

여기서 화자는 남편 돌아오기를 기다리는 아낙네임이 분명하다. '둘째마당'에서는 그들 부부가 남겨놓은 아들이 화자로 된다. 그러나 이런 부분들에서도 작자는 서슴없이 작품 속에 개입하여 뜨거운 목청을 울린다. '셋째마당'은 다시 객관적 시점으로 돌아간다. 어두운 바닷가에서 요란한 굿판이 벌어지고 흥분이 고조되면서 쾌자자락을 휘날리며 춤추던 처녀가 알몸으로 바다에 뛰어들자 작품은 절정에 이른다.

> 알몸 던져 수장 지내니
> 그 이뿐이 뒤를 따라
> 와아 와아 일만 햇불 모조리 내던지니
> 밤바다 타오르다가 캄캄한 바다로 돌아와라
> 죽은 넋 몸을 받아 일만사내 일만아낙 햇불바다 솟아오른다
> 어기영차 어기영차
> 저 물레 파도 뒤 파도
> 캄캄한 파도 내 파도
> 저 물레 파도 뒤 파도
> 날이 새면 내 파도
> 어기영차

어기영차

—— 셋째마당

이것은 작품 「갯비나리」에서 절정을 이루는 부분일 뿐만 아니라 우리나라의 시가 만들어낸 장면들 중에서도 가장 황홀한 절정의 하나이다. 무엇보다 커다란 성공은 군중의 시적 형상을 이룩해낸 점이다. 과거에도 군중의 등장이 없었던 것은 물론 아니다. 그러나 그동안의 시에서는 그것이 대체로 개인적 시선, 개인적 고뇌와 감상에 매개됨으로써 예술적 허점을 드러내었다. 그런데 이 시의 경우 환희의 약동 같기도 하고 분노의 부르짖음 같기도 한 군중적 감정 자체가 극히 고조된(따라서 실제적 상황과의 연관이 얼마간 끊어진) 리듬으로 표출되는 것이다.

이미 살펴온 대로 「갯비나리」는 서너 개의 다른 시점이 교체되면서 서술되고 있음에도 불구하고 톤의 일관성에 의해서 작품적 통일을 이루고 있다. 이 작품에서의 그러한 톤은 어디에서 기원한 것인가. 한마디로 그것은 역사의 진실에 육박하여 민중의 주인된 힘을 예술의 빛 속에 들어올리려는 불타는 열정이다. 이 작품에서 우리가 주목해야 할 점은,

> 갯가 비나리 물 한 그릇에
> 우리 역사 담기어라

—— 셋째마당

같은 구절에서 드러나듯이 바닷가 어민들의 짓밟힌 삶의 묘사가 시인 자신의 현재적 관심과 짝의 관계를 이루면서 평행하는 사실이다. 그러므로 이 시의 문맥 안에 들어설 때 "옥문 열듯이 역사 열어라"처럼 황당무계한 듯한 비유는 기막힌 현실성을 획득하는 것이다. 원래 어민들에 관계된 노래는 서도창(西道唱) 중의 「배따라기」 같은 것이든 단순한 뱃노래나 노젓는 노래 같은 것이든 대체로 처량한 넋두리에 가깝거나 단순히 풍어의 즐거움을 표현한 것이 많고 고난과 귀향의 이야기를 담은 서사적인 민요[27]는 예

---

27) 예컨대 任東權, 『韓國民謠集 IV』(1979), 121~22면에 실린 「뱃노래 5」가 단형

외에 속한다. 그런데 이 작품은 '갯비나리'라는 표제에서 알 수 있듯이 일
정한 무속적 상황을 가정하고 있고 때로는 뱃노래의 가락을 띠기도 한다.
그러나 작자는 어떤 기존의 형식에도 구애되지 않으면서 치열한 서사적 상
황의 시적 전개에 성공하고 있다. 되풀이하거니와 훌륭한 문학은 사소한
형식상의 규칙이나 서술의 일관성 따위에 구속되기보다 그것들을 파열시키
지 않을 수 없을 만큼 강한 표현의 욕구로부터 불가피하게 태어나는 것이
다.

6. 「새재」 분석

신경림은 70년대에 가장 활발하게 활동한 시인 중의 한 사람이고 그가
끼친 영향력도 막강한 바 있다. 그의 시의 특징으로서 흔히 쉽게 읽힌다는
점이 지적되어 왔는데, 이것은 생각건대 "리얼리스트의 단편소설과 같은
정확한 묘사와 압축된 사연들을 담고 있는 동시에 민요를 방불케 하는 친
숙한 가락"[28]에서 말미암은 현상일 것이다. 어떻든 신경림의 시에 있는
'이야기'의 요소는 민요의 가락보다 누구에게나 얼른 눈에 띄는 특징이라
할 수 있으며, 따라서 그가 「새재」와 「남한강」에서 '이야기'를 보다 본격적
으로 전개할 수 있는 새로운 서사적 양식을 모색하게 된 것은 극히 자연스
러운 발전이다. 60년대 말의 문단복귀 이래 한국시의 한 시대를 열었다 할
만큼 커다란 업적을 낸 시인인지라 그가 이 새로운 모색에서 무엇을 성취
했고 또 어디에서 문제점을 남겼는가 하는 것은 비상한 관심의 대상이 되
지 않을 수 없다. 「갯비나리」 「검정버선」 「자청비」 등과 더불어 70년대에
서 80년대로 넘어가는 고비에서 그의 시도가 이루어졌다는 점 또한 부수적
으로 주목된다. 80년대에 대한 우리 문학의 대응이 결코 70년대의 단순한

서사민요라 할 만하다.
28) 백낙청, '跋文', 『農舞』(1974), 112면. 이 점은 「머슴 고타관씨」 「옥례」 「매형」
「덕석몰이」 등 이시영의 상당수 작품들이 가진 특징이기도 한데, 이런 '이야기'의
요소가 앞으로 어떻게 발전하는지 자못 흥미롭다.

되풀이일 수 없음은 객관적 사태 자체가 엄중하게 가르쳐주는 바이기 때문이다.

「새재」는 짤막한 서장에 이어 모두 4장으로 구성된 1천여 행의 장시이다. 서장에서는 이 작품의 무대가 되는 남한강 중류의 나루터와 새재 근방의 마을을 둘러본 시인 자신의 심경이 읊어진다. "누가 알리 그들의 원한을/누가 말하리 그들의 설움을."——이 구절은 말하자면 작품에 임하는 시인의 태도를 요약한 것이라 할 수 있다. 그것은 역사의 그늘에 가려진 원한과 설움의 사연들을 문학의 빛 가운데로 끌어올리겠다는 사명감의 표명이다. 이어서 1913년 새재에서 싸우다 죽은 한 도적의 무덤이 나온다. 이 서장은 영화 도입부의 내레이션에 해당되는 부분이다.

서장을 제외한 「새재」 전편에서 화자는 주인공인 돌배이다. 그러니까 '내'가 '나'의 이야기를 하는 형식을 취한다. 그러나 「검정버선」에서처럼 지나간 사연을 오늘의 시점에서 회고하는 방식이 아니고 사건전개의 매듭이 되는 일정한 순간들에서의 화자의 독백들을 이어나가는 방식이다. 따라서 독자들은 연속되는 시간의 흐름 속에서 사건을 보는 것이 아니라 각각 단절된 시간에서의 사건들을 보기 때문에 작품 바깥에서 그것을 재구성하는 수고를 치러야 한다. 이 작품의 각 장들은 번호가 붙여진 토막들로 다시 나누어진다. 연극에 비유하자면 장(章)은 막(幕)에, 다시 나누어진 토막은 장(場)에 해당된다고 볼 수 있다. 그러니까 「새재」 전체는 막이 오르기 전에 내레이터가 직접 관객에게 말하는 서장을 빼고 4막 22장의 연극적 구조를 취하고 있는 셈이다.

그렇다면 「새재」는 왜 이런 형태를 취하게 되었는가. 그리고 이 형태가 가지는 문학적 효과는 어떤 것인가. 이미 지적했듯이 각각의 토막들은 일정 시점에서 하는 화자의 독백이다. 따라서 하나의 토막은 이성부의 「전야」와 일치되는 형식적 문제점들을 가지고 있다. 이렇게 함으로써 얻어지는 중요한 이점의 하나는 무엇보다 작자의 시적 욕구를 충족시킬 수 있다는 것이다. 가령,

　　흰 모래밭 나루에 장꾼을 풀고

마지막 어머니가
떡함지 이고 내리면
더딘 봄날 푸진 햇살만
등줄기에 따스운데

모래밭을 지나 언덕에 오르다
장터는 아직 일러 스산하고
외팔이네 큰 가마에서
아침 국밥이 끓는다.

── 제1장의 1

이것은 신경림의 시에 으레 있음직한 장면의 하나다. 「새재」전체의 문맥
을 떠나서도 우리는 이 장면이 주는 감명을 맛볼 수 있다. 작품을 쓰는 동
안 시인은 적지 않은 부분에서 화자인 돌배에게 자신을 일치시킴으로써 짧
은 서정시를 쓸 때의 능숙한 기량을 마음껏 발휘할 수 있었다. 그러나 곰
곰이 따져볼 때 우리는 시인과 화자 즉 작자와 등장인물의 명백한 구별을
새삼 상기하지 않을 수 없다. 다시 말하면 여기서 우리는 "더딘 봄날 푸진
햇살만／등줄기에 따스운데"라고 하는 것이 돌배 같은 인물이 포착하기에
는 지나치게 섬세한 감각이요 작자 자신의 것이라 하기에는 시점의 일관성
에 차질이 생긴다는 사실을 느끼지 않을 수 없다. 이러한 난점은 다음과
같이 사건의 과정을 서술해나가는 부분에서는 좀더 분명해진다.

우리들 네 친구 다시 강을 건넜다
주막집 마루에서
머슴 하나 누이고
정참판네 사랑에서
헌병 보조원 허리 꺾고
도망치는 정참판
술상째 들어 동댕이치고

── 제2장의 3

감정의 움직임을 표현할 경우에는 그 감정의 시간과 감정을 전달하는 화자의 시간이 당연히 일치할 수 있다. 대체로 서정시는 사건과 감정을 현재화한다. "이제는 돌아와 거울 앞에 선／내 누님같이 생긴 꽃이여"라고 할 때 화자와 독자는 언제나 이 느낌을 현재의 것으로 체험한다고 가정한다. 그러나 행동이 묘사될 때에는 행동하는 인물이 동시에 서술자의 시점을 가지기 어렵다. 행동자 본인이 화자일 경우에는 지나간 일을 후에 회고하는 방식이 되어야 하며 그렇지 않으면 제3자인 화자(그는 작중상황 안에 있을 수도 있고 밖에 있을 수도 있다)의 눈으로 행동이 서술될 수밖에 없다. 이 것은 모든 서사적인 문학의 특징이다. 「새재」를 전개해 나감에 있어 작자는 아마도 이 점에 크게 고심했을 듯하다. 그리하여 때때로 인용된 구절의 '강을 건넜다'처럼 과거시제로 하지 않을 수 없게 되는데, 그것은 강을 건넜음을 돌이켜보는 화자의 지금 시점을 부득이 상정하는 결과를 초래하는 것이다.

「새재」의 경우 이런 난점은 끝내 해소되지 않는다. 그렇다면 문제는 이러한 형식적 곤경을 치른 대가가 이 작품의 문학적 성과에 무엇을 남겼는가 하는 점일 것이다. 앞서 「국경의 밤」과 「금강」을 분석하면서 필자는 이 작품들에서의 결함이 단순한 형식의 문제라기보다 인물의 객관화에 투철하지 못한 데에 연유한 것이라 지적하였다. 「소리내력」의 경우에는 판소리에서 그렇듯이 화자(또는 창자)가 독자(또는 청중)를 마주 대하고 말한다는 것이 처음부터 전제되어 있으므로 시점 문제가 생겨날 여지가 없다. 「갯비나리」의 경우 일정하게 선택된 시점을 찾을 수 있기는 하나 작자는 시종이에 구애받지 않고 직접 서술 속에 뛰어드는데, 문제는 그럼에도 불구하고 그것이 작품의 본질적 효과에 관계될 만한 형식적 균열로 독자에게 의식되지 않는다는 점이다. 반면에 「새재」는 허구적 인물로서의 돌배를 화자로 하는 서술의 일관성을 거의 소심하리만큼 집요하게 추구하지만, 그런데도 앞서 지적한 난점을 완전히 회피할 수는 없었다. 이것은 서사적인 성격의 장시를 쓰는 데 있어서 시인이 정말 무엇을 가지고 싸워야 하는가를 가르쳐주는 심각한 교훈이다. 그러나 물론 형식적 균형을 성취하려는 「새재」

에서의 노력 역시 오늘 우리 문학의 서사시적 모색에 있어 중요한 업적임
이 명백하다. 왜냐하면 결국 하나의 예술작품이란 형식을 이루려는 욕구와
형식을 깨려는 욕구 사이의 투쟁의 산물이기 때문이다. 이제 작품 속으로
한걸음 들어가서 살펴보기로 하자.

　주인공 돌배는 한창나이의 열혈청년이다. 아버지는 떠돌이 방물장수였으
나 어느 이른봄 집을 나간 뒤 영영 돌아오지 않고, 어머니는 장터를 돌며
개피떡을 판다. 각성바지 두 형은 물난리가 났을 때 마을 지주인 정참판네
세간을 건지다가 익사하고 만다. 그 무렵 나라가 망했다는 소문이 들려온
다. 그러나 봉건적 억압에 시달려온 돌배 같은 인물에게 나라란 ‘빼앗기만
하는’ 존재로 인식된다. 뱃사공인 그에게 있어 삶의 의미는 오직 ‘배를 저
어가는 두 팔’과 사랑하는 아가씨(연이)일 뿐이다. 이러한 돌배가 문득 봉
건적 모순을 깨닫고 행동에 뛰어든다. 돌배를 비롯한 모질이·근팽이·팔
배 이렇게 네 친구들은 정참판네 곳간을 습격한 다음 머슴과 헌병보조원을
두들겨패고 강을 건너 도망을 친다. 그리고는 금점판, 철로공사판 같은 데
서 막일꾼으로 연명한다. 이 과정에서 돌배는 봉건적 질곡과 제국주의 외
세의 침략이 자기들의 사람다운 삶을 짓밟는 일에 하나로 연합되어 있음을
차츰 깨닫는다.

　　　나라는 망했다 해도
　　　배부른 자는 배부른 채
　　　나라를 빼앗은 자의 편에 붙어서서
　　　배곯는 자를 더욱 배곯릴 궁리를 한다.

—— 제3장의 2

　이때 왜놈 기사가 한 아낙네의 젖가슴에 손을 넣어 희롱하는 것을 보고
돌배는 분연히 기사놈을 메어꽂고, 이를 계기로 공사판은 삽시간에 폭동사
태에 돌입한다. 왜놈들은 돌배네를 향해 총을 쏘지만 피를 본 군중들은 더
욱 흥분하여 세차게 대항한다. 왜놈들은 최부자네 집으로 들어가고 군중들
은 최부자네 집에 불을 지르고 곳간을 턴다. 왜놈들은 다시 향회당에 숨는

다. 그러자 마을 양반들이 설득에 나선다.

> 살생을 해서는 안된다고,
> 나라가 망했어도 기강이 있어야 한다고,
> 세상이 어지러울수록
> 아래위가 있는 것이라고,
> 옳고 바른 길을 좇아야 한다고.

—— 제3장의 5

외세에 대한 인식에서 양반과 평민들의 입장은 단연 갈라진다. 아무리 허울좋은 말을 입에 올리더라도 양반·지주들의 입장은 결국 현상에 안주하는 것이고 식민지체제에 순응하는 것이다. 그러나 민중들로서는 어떤 종류의 지배와 착취로부터도 벗어나는 것만이 참된 삶의 길이다. 따라서 그들의 목표는 일제에 빼앗긴 나라의 주권회복일 뿐만 아니라 근본적으로 새로운 사회의 건설이어야 한다. 정참판네를 습격한 뒤 배를 타고 도망치면서 부르는 삽입가요 중의 일절은 이러한 민중적 소망을 민요의 가락에 실어 감동적으로 형상화한다.

> 어기야디야 어기야디야
> 새세상 찾아 가세
>
> 뿌연 달빛 물안개도
> 원수 되어 흐르는 강
> 도둑 맞은 문전 옥답
> 차마 발이 안 떨어져
> 문경 새재 서른 굽이
> 먼저 넘은 벗 따라가세
>
> 어기야디야 어기야디야
> 새세상 찾아 가세

—— 제2장의 4

군중들이 양반네의 회유에 굽히지 않고 숨어 있는 왜놈들을 내놓으라고 농성을 벌이고 있을 때 일인 헌병부대가 나타난다. 맞서 싸우느냐 일단 피하느냐 망설이는데 모두들 돌배를 쳐다본다. 이리하여 그는 "이제 나는／나 하나가 아니구나" 하고 깨닫는 것이다. 그동안 보아왔듯이 돌배는 끊임없는 의식의 성장을 경험한다. 그러나 아직까지 그는 자기존재의 사회적 의미에 대한 확고한 인식에는 이르지 못했었다. 그런데 이제 모든 사람들의 눈길이 자신에게 쏠리는 순간 돌배는 새로운 각성에 도달한다. 그는 봉건적 질곡과 외세의 지배에 맞선 민중적 투사로서의 자기를 발견하며 일종의 영웅적인 형상으로 비약하는 것이다. 군중들은 돌배의 지도하에 헌병부대를 피해 새재를 오른다. 물론 중간에 탈락하는 사람도 적지 않았다. 거기서 그들은 한 떼의 산적들을 만난다. 그들은 원래 의병부대였으나 지휘하던 상전 양반들이 싸움에 지쳐 집으로 돌아가고, 돌아가보았자 억압과 착취밖에 있을 것이 없는 그들은 이렇게 새재에 남아 산적이 되어 있다. 두 패거리들은 금시에 의기투합하여 술판을 벌이고 한바탕 어울려 신나게 논다.

> 캥매캐캥 캥매캐캥 한바탕 미쳐보세
>
> 세상은 억울하고 원통한 일뿐
> 양반님네 아우성과 매운 채찍에
> 목덜미에 매달리는 피멍든 원한
> 밝아오는 동녘 찾아 꽃길을 열고
>
> 캥매캐캥 캥매캐캥 한바탕 달려가세
>
> —— 제3장의 8

이렇게 모인 그들은 '버려진 총'으로 무장을 하고 연풍·풍기·문경·영해·괴산·가은 등지에 출몰하여 의적활동을 벌인다. 팔배와 근팽이가 싸움에서 죽고 친구들은 반으로 줄어든다. 이윽고 겨울이 오고 양반들은 자위책을 강구하기 시작한다. 이러는 사이 의적들은 당초의 기세가 꺾여 서로 주먹질을 하기도 하고 몰래 도망치는 자도 생긴다. 마침내 배신자의 길 안내를 받으며 양반 병력이 산채로 몰려온다. 투항하는 자는 살려준다는 바람에 대부분 흩어지고 돌배는 외톨이로 끝까지 싸우다가 어깨에 총을 맞고 체포된다.

앞에서 필자는 작품 「새재」가 서술의 시점에 있어 난점을 지니고 있다는 것을 지적하였다. 이 난점을 해소하기 위한 전략으로 작자는 여러 개의 장면으로 끊어 진행하는 방식을 채택한 바 있다. 그 결과 각개 장면은 서정시에 접근하고 작품 전체는 연극적 구조에 접근한다는 점이 암시되었다. 이제 작품의 마지막 장면에 이르러 무대 위에는 화자인 돌배의 잘린 머리만이 높은 종대에 효수되어 밤새 건들대고 있고 그의 목소리는 그의 몸뚱이를 떠나 캄캄한 무대 뒤쪽에서 처절하게 울려나온다.

> 새재 가파른 벼랑에선가
> 멀리서 늑대 울음이
> 낭군 찾아 객지땅
> 주막거리에 얼쩡대는
> 피엉킨 연이의 통곡이 되어
> 높이 걸린 내 머리에 와
> 부서지고 있다.

—— 제4장의 5

작품의 이 끝장면에서 작자는 마침내 서술의 초점문제 즉 사건과 등장인물이 화자와 맺고 있는 관계의 문제에 대한 일체의 합리주의적 배려를 초월한다. 처참한 패배로 귀결된 일제 식민지시대 초의 한 민중적 투쟁과정을 지켜보아온 독자들로서도 격한 감회에 젖어 이미 형식문제를 떠올릴 여유를 가지 못한다. 이것은 크게 형식을 부숨으로써 형식문제에 대한 작은 논의를 침묵시킨 하나의 예술적 승리에 해당된다고 할 것이다. 이 점 필자는 「새재」가 「소리내력」 「갯비나리」 등과 더불어 거대한 서사적 감동을 창조해낸 드문 업적이라고 생각한다.

「남한강」은 돌배가 죽은 지 3년 뒤, 낭군의 주검을 보고 까무러쳤던 연이가 차츰 정신을 차리고 외팔이 아버지와 술청을 차려 장사를 하는 데서 시작한다. 그러니까 「새재」의 속편인 셈인데, 그러나 이 작품은 여러 면에서 전작(前作)과 대조적이다. 「새재」에서는 돌배가 유일한 서술의 초점이다. 정참판네 집 습격에서 시작하여 돌배의 죽음으로 대단원에 이르기까지 모든 사건은 그를 둘러싸고 점층적으로 진행되며 이를 전달하는 화자 역시 돌배 자신이다. 그러나 「남한강」에서는 연이가 주인공이기는 하지만 많은 주변인들의 삽화가 끼여들며 삽입가요라 할 수 있는 독립된 민요시들도 훨씬 자주 나온다. 이것은 연이가 술청을 하고 있다는 데에도 대응되는 현상이다. 왜냐하면 술청에는 이런 사람 저런 사람 많이 드나들게 마련이고 그들의 입을 통해 갖가지 세상사가 화제에 오를 수밖에 없기 때문이다. 그러니까 「새재」는 일직선을 이루는 사건이 여러 배경을 통해 제시되는 데 비해 「남한강」은 여러 단편적 삽화들이 일정한 배경에 의해 매개된다. 이런 구조적 차이는 「남한강」으로 하여금 3인칭 서술을 택하지 않을 수 없게 만든다. 이 작품에서 작자는 일제 초기의 식민지적 근대화 및 이에 따른 세태의 변화들을 보여주고 이런 고통과 암흑 가운데서도 끈질기게 살아가는 민중들의 설움과 힘을 형상화한다. "두껍게 얼어붙은 얼음 아래／그래도 한강물은 흐르는구나", 이 마지막 구절에는 아마도 이 작품에서 작자가 하려는 말이 함축적으로 암시되어 있는 듯하다.

7. 몇 가지 일반적인 문제들

이상의 논의를 토대로 몇 가지 일반적인 문제들을 생각해 보기로 하자. 맨 먼저 떠오르는 것은 지금까지 거론해온 일련의 작품들을 '서사시'로 규정할 수 있느냐 없느냐, 그리고 만약 이 용어를 써도 좋다면 어떤 개념적 범주를 설정할 것이냐 하는 점이다. 앞서 잠깐 언급했듯이 오세영씨는 서사시 본래의 개념에 비추어 "파인(巴人)의 장시들은 그 장르상에 있어서 서사시가 아니라 서정시이며 그 하위양식에 있어서는 개인창작의 발라드 혹은 그에 유사한 서술적 서정시"라고 주장하고 있다.[29] 이것은 아무런 개념의 검토 없이 막연하게 '서사시'라고 규정해온 데 비하면 확실히 한걸음 심화된 논의의 출발이다. 그러나 「국경의 밤」의 장르규명을 위해 그가 사용한 서사시 개념 역시 충분한 설득력을 갖는다고 보기는 어려울 듯하다. 가령 그는 서구의 전통적 서사시가 바드(bard)에 의해 청중 앞에 낭송되며 영웅시체(heroic verse)의 운문을 원용하고 신과 영웅을 주인공으로 한다는 등 몇 가지 조건을 제시한다. 그러나 서사시뿐만 아니라 모든 문학의 장르들은 항시 일정한 조건들을 구비한 고정된 실체가 아니라 끊임없는 변화 가운데서 생성·소멸하는 역사적·사회적 존재이다. 서사시의 고전적 모범인 호메로스의 「일리아스」와 「오디세이아」 자체가 서사시 쇠퇴기의 산물로서, 이 작품들은 본질적으로 영웅시이지만 「오디세이아」에 오면 이미 영웅세계의 테두리를 벗어난 일상적 비유와 서민들의 애환이 등장한다고 한다.[30] 하프에 맞춰 노래를 부르는 탄창시인(彈唱詩人, barde) 역시 어느 시기엔가 지팡이를 짚고 낭송하는 음유시인(吟遊詩人, rhapsode)으로 교체되었는바, 전설상의 호메로스는 이 양자의 중간에 위치하지만, 그의 서사시를 읊고 전파한 것은 주로 '호메리다이'(호메로스의 아들들)를 자처한 음유시인들이었다고 한다.[31] 어떻든 일정한 격식을 갖춘 서양 고대의 서사시(epos)가 사멸한 것은 오래된 일이고, 따라서 「국경의 밤」부터 「새재」에 이르는 일련의 시도들을 이런 뜻에서의 서사시라고 부르는 사람도 있을 리 없음이 분명하다.

그렇다면 담시(譚詩, 발라드)라고 할 것인가. 「오적」은 발표 당시 표제에 '담시'라고 자기 장르를 규정지은 바 있다. 그러나 발라드 역시 결코 단순한 개념은 아니다. H. 애덤스에 의하면[32] 원래 '발라드'는 라틴어 '발라

---

29) 오세영, 앞의 글, 108면.

30) 千丙熙, 「Homeros의 작품과 세계」, 『獨逸文學』 제26집 (1981), 207면 참조. 이 논문은 호메로스의 서사시에 관한 가장 훌륭한 우리말 소개라고 생각된다.

31) A. 하우저, 『문학과 예술의 사회사』 고대·중세편 (백낙청 역), 75~77면 참조.

레’(ballare, 춤추다)에서 왔는데, 이딸리아에서는 이미 13세기에 ‘발라따’(ballata)라는 이름의 시들이 있었고 프랑스에서는 본가(本歌) 3연과 1연의 후렴구가 있는 서정시가 ‘발레뜨’(ballette)로 불려졌으며 초서(Chaucer, 14세기)가 사용한 ‘발라드’(ballade) 형식은 이 ‘발레뜨’에 제4연(envoy)을 첨가한 것이라고 한다. 유명한 비용(Villon, 15세기)의 발라드 역시 이런 정형시들이다. 그러나 이 시들은 오늘날 우리가 알고 있는 발라드와는 전혀 다른 것으로, ‘노래로 된 이야기’라는 현재의 발라드 개념이 성립한 것은 대략 18세기라는 것이다. 독일에서도 뷔르거(G. A. Bürger)의 「레노레」(“Lenore”, 1774)를 출발로 하여 18세기 말에 특히 괴테와 쉴러에 의해 확립된 발라드(Kunstballade)는 이후 유사한 민속적 장르들(Moritat, Song, Romanze, Bänkelsang 등)과의 끊임없는 교류를 겪었으며, 그래서 근년에 피온테크(Heinz Piontek)는 말썽많은 ‘발라드’ 대신 좀더 포괄성이 넓은 ‘이야기시’(Erzählgedicht)라는 용어의 사용을 제안한 바 있다.[33] 어쨌든 ‘발라드’라는 말을 빌려온다고 해서 「국경의 밤」부터 「새재」에 이르는 작품들의 장르규정 문제가 해결되는 것이 아님은 확실하다.

그러므로 중요한 것은 우리의 문학사적 현실 위에서 문제를 보는 자세이다. 앞서 살펴보았듯이 그동안 우리 문단에는 「국경의 밤」 「금강」 「오적」 「전야」 「갯비나리」 「새재」 등 각기 서로 다른 특징을 지니면서도 「기상도」 계열의 장시와는 명백히 구별되는 일련의 문학적 시도가 이루어져왔고, 이러한 시도는 앞으로 더욱 본격화하리라는 것이 필자의 전망이다. 그리고 이것은 우리 시인들이 정력을 기울여 파헤쳐봄직한 극히 생산성 높은 광맥이라는 것이 필자의 판단이다. 앞에 예시한 작품들간에 서로 다른 형식적 특징들이 발견된다는 것은 이것이 하나의 문학양식으로 아직 확고하게 정착되지 못했음을 증명하는 현상인데, 장차 이 방면에 뜻을 둔 시인이라면 선배들의 힘든 암중모색에서 중요한 교훈을 얻어야 할 것이다. 필자는 이 일련의 문학적 시도를 ‘설화시’ ‘이야기시’ 같은 현학적인 명칭 대신 대범하

---

32) Hazard Adams, *The Contexts of Poetry* (1963), 20면 참조.

33) Gerhard Köpf, *Die Ballade: Probleme in Forschung und Didaktik* (1976), 48면 참조.

게 '서사시'라고 부르고자 하는 바이다.

이와 결부하여 필자의 관심을 끄는 것은 시가 구체적으로 어떤 경로를 통해 독자에게 전달되느냐 하는 점이다. 하우저는 문학의 감상방법이 '노래부르거나 낭송하는 것'으로부터 '개인적인 독서행위'로 바뀜에 따라 일어난 획기적인 변화에 관해 논급한 적이 있다.[34] 노래나 낭송의 경우 작품은 "어디서나 일단 끊어도 별 지장이 없고, 개개의 부분을 생략했다고 해도 작품 전체로서의 본질적인 영향이 없"는 '단순한 병렬방식'으로 구성되는데, 이와같은 작품에 있어서의 통일성은 "그 작품의 구성보다도 전체를 일관하는 세계관과 생활감정의 동일성"에서 생겨난다. 판소리의 경우에 바로 이와 흡사한 면이 있다고 볼 수 있다. 반면에 마음내키면 언제나 책을 놓아버릴 수 있는 미지의 독자를 대상으로 할 때 작품은 사건전개의 지연, 딴 장면의 삽입, 의외의 전환 등 극적인 구성에 의해 독특한 긴장효과를 노리지 않을 수 없다. 좀 엉뚱한 얘기인지 모르나 우리나라의 시가 낭송에 의한 발표형태를 염두에 둘 때 적지 않은 소득이 있으리라 생각한다. 알려진 바와 같이 「갯비나리」는 '민족문학의 밤' 모임(1978.4.26)에서 입체낭독으로 처음 발표되었고, 「소리내력」도 같은 자리에서 창(唱)으로 읊어진 바 있다. 활자로 찍힌 것을 읽어서는 결코 얻을 수 없는 뜨거운 감명을 그 자리에서 받았던 사실을 필자는 지금도 생생히 기억한다. 앞서의 작품분석에서 여러 차례 거론한 형식상의 난점들은 활자로 읽는 독자만을 대상으로 한 데서 생겨났을 가능성이 높다. 서사시가 어느 정도의 길이를 갖는 것이 알맞을까 하는 문제도 낭송의 방식을 전제로 할 때 윤곽이 잡힌다. 왜냐하면 한자리에서 낭독될 수 없을 만큼 길어서는 곤란하기 때문이다. 「소리내력」이나 「갯비나리」 모두 15분 남짓한 시간이 걸렸는데──「갯비나리」는 시집 『새벽길』에 수록되면서 거의 두 배 가까이 늘어났다──「소리내력」은 170행 좀 넘고 활자화된 「갯비나리」는 약 600행이다. 「검정버선」은 130여 행, 「전야」는 290행, 「물의 노래」는 약 400행, 「자장가」는 455행이므로 낭송의 시간이 청중의 긴장이 지속되기에 너무 길다고 할 수는 없을 것이

---

34) A. 하우저, 앞의 책, 253~55면 참조.

다. 「국경의 밤」(880행), 「새재」(1032행), 「남한강」(1341행) 등은 청중의 존재를 전제하고 변화있게 다시 편성되어 낭독되어야 할 것이고 「금강」은 전체가 한자리에서 낭독되기는 어려울 것이다. 어떻든 오늘날 문학이 활자매체를 떠나서 존립한다는 것은 전혀 상상할 수도 없는 노릇이지만, 그러나 서사시의 경우 군중 앞에서 낭독되는 것이야말로 그 장르의 성격에 맞는 전달의 방식이라고 여겨진다.

또 한가지 주목되는 것은 이 새로운 서사시들이 과거의 여러 문학장르들을 현대적으로 계승·발전시키는 측면이다. 「소리내력」 「검정버선」의 경우 판소리와 가사의 새로운 활용이 성과있게 확인되었지만 그밖의 작품들에서도 민요, 무가 및 기타 소설이나 연극에서의 전개방식이 조심스럽게 수용·시험되어 있다. 이와 아울러 주목되는 점은 이 서사시들이 모두 오늘의 현실에 대한 강한 역사적 관심을 바탕에 깔고 있다는 사실이다. 그동안 우리 시가 개인의 감정세계에 자신을 폐쇄함으로써 약체화의 길을 걸었고 언어의 심미적 조직에만 집착함으로써 마침내 자기소외의 병리적 증상을 노출하게 되었음은 널리 지적된 바이다. 60년대와 70년대를 거치는 동안 김수영을 선두로 한 일군의 젊은 시인들에 의해 서정시 내부에 극히 싱싱하고 창조적인 공간이 마련되었음 또한 우리 모두 실감하는 바이다. 그런데 이제 이와 더불어 개인적 고뇌보다 집단 전체의 운명을 넓은 역사적 원근법 속에서 형상화하는 서사시의 창작에 의해 시의 자기소외는 더욱 심각한 타격을 받게 되었다. 물론 이러한 시도의 성패는 오늘 우리의 문학사적 단계가 무엇을 요구하느냐 하는 구체적인 실천적 필요에 따라 결정될 것이다. 분명한 것은 80년대의 역사적 현실과 그 현실에 바탕한 민족문학적 요청에 호응하는 창조적인 용기만이 거대한 서사시의 시대를 가능하게 하리라는 점이다. 그것은 이제 조만간 열려지고야 말 한국시의 새로운 지평이다.

<1982>

'시와 리얼리즘'에 대하여

1

　수많은 고비를 넘기고 허다한 굽이를 돌면서도 연면히 발전을 거듭해온 우리 문학이 90년대를 맞으면서 또하나의 커다란 굽이에 접어들고 있다는 느낌이 든다. 민족문학의 위기라는 지적도 많았고 그것을 부인하는 목소리도 높았으나, 어떻든 전과 같지 않은 기류가 심상치 않게 우리를 감싸오고 있는 것은 사실인 듯싶다.

　생각해보면 최근 몇년간 전개된 상황변화는 우리의 틀에 박힌 사고방식과 관습화된 인식체계를 근본적으로 뒤흔들 만한 것이었다. 민중역량의 정치적 진출과 그에 따른 5공체제의 붕괴, 6공의 성립과 약간의 지엽적인 민주화 및 이념분야의 일정한 해금, 지배세력의 반격과 재정비로서의 공안정국 조성과 3당야합 그리고 노동운동에 대한 끝없는 탄압, 이런 일련의 정치공작과 맞물려 진행된 공세적인 북방정책 등등 국내정세의 변화양상만 하더라도 흔히 말하는 일대 지각변동이라 일컬음직하다. 물론 이러한 국내적 양상은 세계사적 차원에서의 거대한 지각변동 즉 동유럽 현실사회주의의 실패와 소연방의 해체라는 놀라운 사태에 직접적으로 연결되어 있다.

　이러한 현실변화의 역사적 의미를 정확하고 정당하게 읽어내는 것은 모든 사회과학도들의 본연의 업무라 할 것이다. 그러나 현실의 변화에 충실하면서도 바람직한 방향을 모색하자는 것이 민족문학의 입장이요 또 최선

의 문학활동을 통해 그렇게 하는 것이 가능하다고 믿는 것이 민족문학의
신념이라고 할 때 우리 역시 변화하는 현실에 무심할 수는 없을 것이다.
한가지 분명한 것은 사상적 혼란과 이념적 위기의 시대로 일컬어지는 지금
의 현실을 어떤 고정관념에 집착하거나 교과서적 원칙론에 안주하는 태도
로써는 해명할 수도 돌파할 수도 없게 되었다는 사실이다. 그야말로 창조
적인 사색과 새로운 이론구성을 요구하는 시점이라 하겠는데, 그런 점에서
우리 문학은 또하나의 기회를 맞고 있다 할 것이다.

2

　필자의 이 글은 원래 지난 91년 11월 30일 창비시선 100권 간행을 기념
하는 ‘우리 시의 걸어온 길, 갈 길’이라는 심포지엄의 발제문으로 씌어졌던
것이다. 그 글을 바탕으로 좀더 본격적인 논문을 써보기로 스스로 다짐하
고서 그때 못 읽었던 최두석·윤여탁씨의 나머지 논문도 찾아보고 그 심포
지엄 직후 발간된 『실천문학』 1991년 겨울호의 ‘리얼리즘 시론’ 토론도 읽
어보았다. 이와 함께 백석·이용악·임화·서정주를 비롯한 여러 시인들의
작품을 적잖이 다시 읽어보았다. 그러나 ‘우리 시의 걸어온 길’을 새삼스럽
게 개관하는 것은 그다지 의미있는 일이 될 것 같지 않고, 시에 있어서의
리얼리즘 문제를 집중적으로 사고하여 최근의 이론적 전진에 한몫 거드는
것은 우선 필자의 체력을 벗어나는 일일 것 같다. 단지 지난번 발제문에
몇가지 생각을 더 보태어 면책을 꾀해볼까 한다.
　70년대 이래 리얼리즘은 우리 민족문학계의 중심적인 논제 가운데 하나
였고 90년대를 맞이한 오늘 그것의 현재성은 더욱 절실해지고 있다 하겠
다. 그런데 돌이켜보면 지난 시기 우리 문학운동 특히 비평활동의 여건은
참으로 열악한 것이었다. 국내 진보적 문학전통은 철저히 파괴되어 있었고
해외 사회주의 문예이론과의 통로는 완전히 차단되어 있었으며 월북 작자
나 논객들의 저술과 번역은 남다른 공력을 들여서나 운좋게 접해볼 수 있
을 뿐이었다. 그것도 상당한 위험부담을 각오해야 할 범법행위에 속하는

일이었다. 70년대 남한의 대다수 리얼리즘론이 —— 백낙청씨의 경우를 아마 유일한 예외로 친다면 —— 30년대의 논의 수준보다 어느 면에서 더 소박하고 제한된 지평에 갇혀 있었을 뿐만 아니라 『우리나라 문학에서 사실주의의 발생, 발전 논쟁』(사계절 1989)에서 확인되듯이 50년대 말 60년대 초에 이루어진 북한문학계에서의 활발한 토론(그것은 30년대 논의의 직접적 계승인 동시에 민족문학사 전체에로 논의를 확장한 것이라 하겠다)에 비해 상당한 정도 낙후해 있었던 것은 실로 탄식을 금치 못하게 한다. 여기서 필자가 70년대 남한의 리얼리즘론이 카프 비평가들의 견해를 그대로 이어받았어야 했다거나 소련을 비롯한 사회주의권의 문학론을 곧장 수용했어야 좋았다고 주장하는 것은 결코 아니다. 문제는 거기서 이루어진 이론적 성취에 대해 가졌던 무지와 공포심이 우리의 인식활동에 강요한 지적 불구성 바로 그것이다. 다만 그래도 위안을 삼을 것이 있다면 당시 우리의 리얼리즘은 한편으로 박정희 파쇼체제에 대한 저항운동과 연대되어 있었고 다른 한편 김정한·이호철·이문구·황석영·고은·신경림·김지하·조태일 등 당대 시인, 소설가들의 작품세계에 밀착하여 기존의 보수문단에 강력히 도전하려는 열의를 견지함으로써 일종의 '자생적 이론'으로서의 생동성과 건강함을 지니고 있었던 점이라고 생각된다. 이 '자생성'은 그 이론적 밀도에 있어 극히 소략하고 미숙하다는 한계를 지닌 것이기는 하나 맑스와 레닌의 원전이 번역·소개되고 북한의 이론서가 버젓이 책방에 진열되기에 이른 오늘의 시점에 있어서도 아직 효력을 탕진하지 않았다고 믿어지는 것이다.

어쨌든 최근 수년간에 이루어진 리얼리즘론의 이론적 탐색은 괄목할 만한 깊이에 이르렀다고 판단된다. 독일과 소련·중국의 문예학자들이 자못 본격적으로 소개·논의되고 최신의 북한 논문(가령 리동수, 『우리나라 비판적 사실주의 문학연구』, 1988)이 출판되는가 하면 각 대학 국문과를 중심으로 소장학자들에 의해 그동안 금기의 영역에 묶여 있던 월북·재북 작가들에 대한 연구가 석박사 학위논문 등의 형태로 수다히 쏟아져나오고 있다.

두말할 나위 없이 이것은 매우 바람직한 현상이고 앞으로 더욱 촉진될 필요조차 있다. 그러나 여기에도 반성하고 시정해야 할 문제점은 적지 않은 것 같다. 필자는 이 방면의 저서·논문·번역서들 가운데 일부밖에 읽지 못했고 더구나 국문과의 학위논문들은 전혀 접해보지 못한 것이나 진배없는 처지라 감히 토를 달고 군소리를 덧붙일 자격조차 미달인 셈이다. 그런데도 염치불구하고 한두 마디 한다면 외국이론 논의에서든 국문학 연구에서든 전반적으로 도식적 사고와 부정확·부적절한 용어사용이 범람하고 있지 않은가 한다. 충실한 번역은 민족문학의 질적 성장을 위해서도 항시 빠뜨릴 수 없는 자양분이요 자극제가 되는 법인데, 역자 자신 내용을 소화했는지 의심 가는 번역책이 쏟아져나오고 곁들여 서투른 번역보다 더 거칠고 생소한 논문들이 양산됨으로써 문학이론의 학문화·전문화에 따른 어쩔 수 없는 난해성을 더욱 가중시키고 있는 듯한 점도 눈에 띈다. 이와 더불어 과거 카프계열의 작가들이나 해방 직후 좌익문인들을 다루는 것 자체가 연구내용의 진보성을 보장해주지 못한다는 당연한 사실도 환기할 필요가 있다. 외국것을 논의하든 옛것을 연구하든 잊지 말아야 할 사실은 그것이 지금 이 땅에서 이루어지는 문학활동을 옳게 설명하고 바르게 복돋우는 일로부터 아주 떨어져나가서는 결코 안된다는 점일 것이다. 현실문단과의 실천적 연관을 잃어버리는 순간, 그리고 현실독자와의 살아있는 연대가 허물어지는 순간 리얼리즘론은 그 이름 아닌 딴것으로 전화될 위험이 상존한다고 믿어지는 것이다.

여기서도 늘 탁월하고 독보적인 모범으로 제시되는 것은 백낙청 교수의 경이적인 작업이다. 서양문학(이론)에 대한 막대한 지식과 우리 문학에 대한 자상한 애정을 바탕으로 줄기차게 이어져온 그의 사유의 도정은 이미 우뚝한 성취에 이르렀다고 생각되거니와, 이 경우 무엇보다 우리가 간과해서는 안될 사실은 그가 짤막한 인용이나 자그마한 개념 하나를 구사할 때에도 어김없이 보여주는 정확성과 엄밀성의 추구 및 다름아닌 이 나라 문단에서의 논의라는 점에 대한 주체적 배려이다. 용어의 남용과 오용 및 부정확하고 부실한 번역문에 대한 그의 세심한 지적은 비록 그것이 주로 각주의 형식으로 처리되어 있어 자칫 소홀히 넘기기 쉬우나 필자가 보기에는 대단히 심각한 문제성이 거기 내재되어 있다고 판단되는 것이다. 창작이든 비평이든 문학이란 요컨대 말로써 이루어지는 것인데, 이 '말'을 허투루 써

416

서야 아무리 그럴듯한 주장을 앞세운다 하더라도 기초적인 신뢰에 금이 간다고 하지 않을 수 없다.

그러나 백낙청씨의 글에 문제점이 없는 것은 아니다. 한마디로 그것은 글이 매우 어렵다는 점이다. 「현대 영시에 대한 주체적 접근의 한 시도」(부제인 「'감수성의 분열' 재론」이 원제, 1986)나 「언어학적 모형과 문학비평」(1989)처럼 처음부터 어느 정도 전문적인 독자를 대상으로 씌어진 논문이야 그렇다 치더라도 「통일 운동과 문학」(1989)이나 「지혜의 시대를 위하여」(1990)처럼 현안의 관심사를 가지고 대중적 독자를 향해 씌어진 글도 뻑뻑하게 읽히기는 크게 다를 바 없다. 여기서 필자가 어렵고 쉽고 자체를 문제삼고 있지 않음은 물론이다. 백낙청씨 자신이 「현대 영시에 대한 주체적 접근의 한 시도」에서 인용했던 엘리어트의 말——"시는 우리가 사용하고 있는 보통 일상언어로부터 너무 멀리 떨어져나가서는 안된다"든지 "한 문명이 건강할 때에는 위대한 시인이라면 온갖 교육 수준의 동포들 모두에게 해줄 말이 있을 것이다"——에 담긴 취지를 비평언어에 적용할 수는 없겠는가 하는 것이 말하자면 필자의 의문이다. 물론 자동차의 작동원리를 모르고서도 웬만큼 운전을 할 수 있듯이 하드웨어·소프트웨어가 분리되어 있는 것이 글의 세계는 아니다. 사유의 결과물이라기보다 사유의 과정 자체가 변증법적 문장의 특징이고, 그런 점에서 백낙청씨의 비평행위는 앞의 비유를 좀더 계속한다면 어떤 완성된 기계(말하자면 방법론이니 세계관이니 하는 것)를 굴리는 일이 아니라 장차 어떤 기계로 될지 모르는——아예 모른다기보다 막연하게 원대한 목표만 설정되어 있는——상태에서 부품의 작동원리를 연구하고 부분적으로는 시험가동을 해보기도 하면서 기계의 완성을 향해 나아가는 그런 일이다. 사실은 어쩌면 기계 자체도 최초의 단순한 착상으로부터 수많은 단계를 거친 끝에 복잡한 기능을 갖춘 완성품으로 되었을 것이며 이 과정에는 완성품의 사용자가 상상하지 못하는 온갖 '변증법적' 어려움이 동반되었을 것이다. 어쨌든 현재의 백낙청씨 글이 '온갖 교육 수준의 동포들' 다수에게 읽히려면 「시와 리얼리즘에 관한 단상」에서 그가 딴 문맥으로 말한 '변환'작업이 필요한 것은 분명하다. 엘리어트의 인용문에도 "한 문명이 건강할 때"라는 단서가 붙어 있는데, 진정한 건강이 이룩되고 해방이 실현되어 ‘지혜’가 상식처럼 우리 삶의 평범한 원리로 되는 날에도 그런 ‘변환’의 필요성이 남을지 어떨지 필자로서는 예감하기 힘들다. 그러나 문명의 질환이 너무도 명백하게 드러난 오늘 소수 선각자들의 고뇌에만 인류의 운명이 맡겨져서 안된다는 것도 분명하다 하겠다.

3

리얼리즘론의 심화과정에서 시의 문제가 떠오르게 된 것은 극히 자연스러운 일이다. 백낙청씨도 몇몇 논문의 이론적 검토 속에서 간간이 이 문제를 거론한 바 있지만, 특히 최두석씨와 윤여탁씨는 각기 창작자와 국문학자의 입장에서 지속적으로 논의를 계속해왔으며, 해금 이후 카프시인들에 대한 연구가 활기를 띠자 아연 중심적인 논제의 하나로 부각된 느낌이다. 그러면 현실과의 치열한 대결인 동시에 현실의 창조적 형상화로서의 리얼리즘은 시에서 어떻게 구현될 수 있는가. 다시 말해 시에 실현되는 리얼리즘의 의미는 어떻게 규명될 수 있을 것인가.

리얼리즘의 이론이 근대 장편소설을 기반으로 전개되어왔음은 널리 알려진 사실이다. 그러나 그것은 발자끄나 디킨즈, 똘스또이의 소설에서 당대 사회의 진실하고도 총체적인 형상화가 높은 수준에서 달성되었다는 역사적 사실을 가리킬 뿐이지, 소설만의 어떤 고유한 장르적 특질이 있어서 그것이 리얼리즘으로 발현된 것은 아닐 것이다. 동시에 특정한 시대의 사회적 조건 속에서 장편소설을 통해 일정하게 구현된 리얼리즘의 역사적 형태가 희곡이나 시 같은 여타의 장르들에서 똑같은 모습으로 되풀이될 수 없음도 분명한 노릇이다. 이것은 리얼리즘 자체에 대한 이론적 숙고와 개별 시작품들의 예술적 성취에 대한 철저한 검토를 아울러 요구하는 사태이다. 앞서 고백했듯이 이것은 필자의 공부와 근력이 감당하기 벅찬 과업이므로 우선 힘닿는 대로 최근 발표된 관계논문들의 문제점을 지적하는 것으로 시작하려 한다.

최근 논의들에서 두루 눈에 띄는 사실은 소설론에서 주로 사용되는 개념과 분석방법이 거의 무비판적으로 시에 적용되고 있는 듯한 점이다. 물론 '세부의 진실성' '전형' '서사적 거리' '시점' 등은 소설의 리얼리즘적 성취를 구체적으로 해명하는 자리에서 빠뜨릴 수 없는 개념적 도구일 것이다. 그러나 소설에서조차도 그런 몇가지 기준에 합치된다고 하여 리얼리즘의 달성을 장담할 수가 없는데, 시는 더 말할 나위도 없는 것이 아닌가. "주로 서사문학과 극문학을 기초로 하고 있는 리얼리즘 미학이론을 어떻게 시에 적용할 수 있을 것인가" 하는 문제의식을 가지고 "시장르의 특수성을 고려하지 않은 채 리얼리즘론을 기계적으로 시에 적용하는 한계"(오성호, 「시에 있어서의 리얼리즘 문제에 관한 시론」)를 피하고자 애썼음에도 불구하고 그렇게 말한 오성호씨 자신을 포함하여 최두석·윤여탁·김성윤씨 등 기왕의 논자들이 모두 윤영천 교수의 평가(「1990년도 하반기 현대시 연구동향」, 『민족문학사연구』 창간호)대로 이러한 문제점을 제대로 극복하지 못한 것으로 보인다. 우선 최두석·윤여탁씨의 견해를 검토하면서 시에 구현되는 리얼리즘이 어떤 것인지 살펴보기로 하자.

이들이 생각하기에 종래의 서정시는 현실을 충실히 반영하기에 매우 미흡한 장르이다. "장편소설을 중심에 놓는 문예이론에서 서정시는 사회변화에 본질적으로 무력한 양식이라고 주장된다. 이러한 주장의 예외가 되는 서정시가 없지를 않겠으나 종래의 전통적인 서정시를 염두에 둘 때 어느정도 타당성을 인정할 수 있을 듯하다."(최두석) "서정장르의 한계를 극복·지양하기 위하여 서사지향성이 어떤 공헌을 하느냐에 대하여 주목할 필요가 있다."(윤여탁) 다시 말해 종래의 서정시는 시인의 주관적 감정이나 이미지를 표현하는 데에만 주로 매달려 있었으므로 현실묘사의 가능성이 제약될 수밖에 없었으며, 따라서 이를 타개하고 시가 리얼리즘을 구현하기 위해서는 그 효과적인 방법으로 사건이나 이야기를 시에 도입하자는 것이다. "사회적·역사적 현실로부터 도피하지 않고 사람살이의 문제를 본격적으로 취급하기 위해서는 시 속에서 이야기를 제대로 구사할 필요가 있다. 즉 서사지향성 문제는 시의 현실대응력 문제이고 시에서의 리얼리즘의 실현 문제에 연결된다."(최두석) 윤여탁씨 등이 보기에 시에 서사성을 적극 도입함으로써 과다한 감정노출이나 메마른 구호주의를 극복하는 데 성공한 최초의 사례는 김팔봉에 의해 ‘단편서사시’로 명명된 임화의 몇몇 작품들이다. 그런데 이렇게 시가 사건 내지 이야기를 서술하게 됨에 따라 자연히 검토의 대상으로 떠오른 것은 소설에서의 ‘시점’에 해당되는 문제 즉 ‘시적 화자’의 문제이다. “시적 화자를 통하여 시에 진술된 시의 내용이나 이야기의 객관성을 더욱 증대시키는 것이다.”(윤여탁) 그리고 이처럼 시적 화자를 통해 이야기가 형상화됨으로써 리얼리즘의 요체인 전형이 창조될 수 있다는 것이다.

필자는 2, 30년대 카프 시인들이 소위 ‘단편서사시’들을 창작한 것이나 근년에 최두석씨가 꾸준히 ‘이야기시론’을 전개하고 직접 작품으로 이를 시험한 것이나 모두 그 나름으로 정당한 문제의식에서 출발한 것이라고 믿는다. 그것의 목표는 요컨대 시에서의 현실성의 회복이라고 할 수 있다. 10여년 전 필자가 「서사시의 가능성과 문제점」이라는 논문에서 김동환의 「국경의 밤」부터 신경림의 「새재」까지를 분석할 때 염두에 둔 것도 “시가 개인의 감정세계에 자신을 폐쇄함으로써 약체화의 길을 걸었고 언어의 심미적 조직에만 집착함으로써 마침내 자기소외의 병리적 증상을 노출하게 되었”다는 진단에 기초하여 어떻게 하면 시가 올바른 역사성·사회성을 확보할 것이냐 하는 문제였다. 그러나 그때 필자가 부딪혔던 장르 규정상의 혼란이나 형식적 난제들이 최두석·윤여탁씨(및 오성호·김성윤씨)의 논문에서도 전혀 해결된 것 같지 않으며 어떤 점에서는 혼란이 더 심화된 듯한 느낌도 받았다. 두 가지 점만 지적하겠다.

첫째, 이들은 임화의 「우리 오빠와 화로」나 이용악의 「낡은 집」 같은 계열의 시들과 김동환의 「국경의 밤」이나 신동엽의 「금강」 같은 계열의 시들이 갖는 장르적 차이를 고려하지 않고 있으며, 더구나 서사지향성을 지닌 시를 논의할 때 빠뜨릴 수 없는 김지하의 「오적」, 이동순의 「검정버선」, 이성부의 「전야」, 고정희의 「초혼제」처럼 각각 성격을 달리하는 작품들을 함께 검토하지 않고 있다.

둘째, 그렇기 때문에 ‘시적 화자’(조금씩 개념을 달리하여 ‘서정적 주인공’ ‘서정적 주체’라는 말도 쓰인다)에 대한 분석이 작품의 진정한 예술적 성취를 거론하는 데 기여하지 못하고 일종의 비평적 형식주의로 기울고 있

다. 문제의 본질을 구체화하기 위하여 실제의 시작품을 놓고 얘기해보기로
하자.

> 원곡공장 잔무 마치고 돌아가는 길
> 밤길
> 아무리 고단해도 서로 손잡고
> 오월 찔레꽃 무더기 지나가다 우뚝 서 있었지요
> 지칠수록 지쳐서 쓰러질수록
> 우리에게는 모진 향기 있어요
>
> ——고은, 「향기」 전문

> 오늘도 이애가 왜 이리 늦나
> 하루 내내 갱신 못하던 몸
> 가까스로 일으켜 세워
> 딸년 오는 밤길 마중 나간다
> 시집 보내야지
> 시집 보내려면 못해도 3백만원은 있어야 하는데
> 저놈 봐
> 정나미 뚝 떨어지게 시퍼런 달
> 초이렛달
> 이번 차도 서지 않고 그냥 간다
> 서울 간다는 걸
> 반월 간다는 걸
> 네 아비 숨 넘어가거든 가라고
> 낫 들고 춤추어서
> 겨우 원곡공장 다니게 했는데
> 공장 몇년째 노래하고 잔병만 늘고
> 당신과 나 사이에
> 저 바다가 없었다면
> 자식 겉 낳지 속은 못 낳구말구
> 이애가 왜 이리 늦나 무슨 일 났나

시집 보내야지
시집 보내려면 또 생빚 얻어야 하는데
시집 보내고
두 늙은이 엎드려 살아야지 꼭 꼭 숨어야지
이애가 왜 이리 늦나
내 몸뚱이 얼기 시작한다
연수원 공사장에서 다친 뒤
내 몸뚱이 반품값도 안 나간다
이애가 왜 이리 늦나
추울 때는 침 삼켜도 춥기만 하다
내 딸이라도
어디 내 딸인가
딸 두고 평생 걱정 두었다

──고은, 「밤」 전문

먼저 뒤의 작품부터 살펴보자. 화자는 서울에서 멀지 않은 농촌마을의 영감으로서 밤늦게 공장에서 돌아올 딸을 기다리고 있다. 딸은 서울이나 반월 같은 대처로 나가려다 아버지가 극구 말리는 바람에 시내버스로 다닐 만한 거리의 공장에 몇년째 다닌다. 살림에 보태려는 갸륵한 마음에서겠지만 여전히 집안은 넉넉지 않고 잔병만 늘었다. 아버지 자신도 공사장에 나가다가 다쳐서 온품삯을 제대로 못 받는 처지다. 날씨는 춥고 딸은 오지 않아서 아버지는 이 걱정 저 근심 시름에 겹다. 대충 이런 이야기다. 여기서 7, 80년대의 농민분해 현실과 여성노동자 문제를 떠올리는 것은 상투적이라면 상투적인 사회학적 상상력인데, 그러나 우리 시대의 가장 전형적인 사회현실인 것도 또한 사실이다. 그런데 정작 우리가 따져보아야 할 사실은 이런 '이야기시'의 방식 내지 '서사지향성'을 채택함으로써 리얼리즘에 요구되는 현실의 총체성과 전형성이 달성되었다고 할 수 있겠느냐 하는 것이다. 가령 비슷한 소재를 소설형식으로 그려낸 이문구의 「우리 동네」 연작들과 비교해볼 때 단지 길이의 차이나 디테일의 다과로써만 설명할 수 없는 장르적 차별이 존재함을 인정하지 않을 수 없는 것이다. 신경림의

「새재」를 분석할 때 지적했던 시점의 일관성 문제가 「새재」보다 훨씬 짧은 이 시에서조차 드러난다는 것(가령 제4행의 “딸년 오는 밤길 마중 나간다”가 화자의 독백인지 화자에 대한 묘사인지 쉽게 판별되지 않는다)은 이런 계열의 시에서 실상 불가피한 것이기도 하다. (「낡은 집」에서 화자는 독자를 향해 서술하고 있고 「우리 오빠와 화로」나 「밤」에서 화자는 무대에 서서 청중을 상대로 낭송한다고 가정될 수 있다. 이 점 전자는 소설적이고 후자는 연극적이다. 그리고 「밤」의 제4행은 일종의 내재적 무대지시라고도 할 수 있다.) 그리고 시인은 그나마 완벽하게 지켜지지도 못한 시점의 일관성을 유지하기 위해, 즉 윤여탁씨가 말하는 서사적 거리를 유지하기 위해 이 시인 득의의 발랄하고 거침없는 표현욕구를 상당한 정도 희생할 수밖에 없었던 것으로 믿어지는 것이다. 과연 그 대가로 객관성과 총체성이 획득되었는가. 이런 짤막한 시에서 그것을 기대하는 것부터 무리한 노릇일 것이다. 서사지향성과 시적 화자의 존재 자체가 자동적으로 리얼리즘의 실현을 담보할 수 없음을 위의 분석은 보여준다고 하겠다.

한눈에 드러나듯이 「향기」는 「밤」과 자매편이라고 할 수 있다. 그런데 여기서는 원곡공장에 다니는 딸 자신이 ‘서정적 주인공’이다. 이 작품을 ‘이야기시’라고 할 수 있을지 자신은 없지만, 어떻든 일정한 서사적 상황이 배경에 깔려 있음은 어렵지 않게 인지된다. 그러나 이 작품을 그러한 서사적 골격 내지 이야기로 환원시킨다면 그것은 그야말로 우리의 눈과 코에 싱그러운 자연의 향연으로 다가오는 꽃과 향기를 생물학적·화학적 물질의 작용으로 환원시키는 일이 될 것이다. 이 시에서도 ‘시적 화자’니 ‘서사적 거리’니 하는 것을 따져볼 수 있을까. 물론 그렇게 못할 것은 없다. 우선 1,2행은 작품 바깥의 서술자(즉 시인)의 시점으로 제시된다. 3~6행에서 화자는 주인공인 여성노동자이다. 비록 6행밖에 안 되는 극히 짧은 작품이지만 소위 ‘단편서사시’ 내지 ‘이야기시’로서 갖출 것은 웬만큼 갖추었다고 할 수 있다. 그러나 그러한 분석은 이 시의 날카로운 현실주의와 압축된 예술성을 드러내는 일과 아무래도 거리가 멀다. 이 시의 핵심은 작품의 제목이기도 한 ‘향기’이다. 주인공은 공장에서 잔무를 마치고 밤길을 걸어 돌아간다. 피곤에 지쳐 쓰러질 것만 같다. 그런데 계절은 오월이고 찔레꽃이 무더기로 피어나 짙은 향기를 풍긴다. 주인공은 문득 지친 발걸음을 우뚝 멈춘다. 여기서 찔레꽃 향기는 주인공의 고단한 현실 바깥에 다만 외재적 자연으로 존재하는 것이 아니라 힘찬 생명활동의 표상으로서, 현실극복의 강한 결의로서 내면화되어 있다.

흔히 리얼리즘은 생활의 진실한 단면들을 풍부하게 그려내고 이를 바탕으로 전형적 상황과 전형적 성격이 창조될 때 달성된다고 말해진다. 그런데 「향기」는 생활의 단면 즉 삶의 디테일이라는 면에서 풍부하고 구체적이려고 하기보다 오히려 간결하고 암시적이려고 하였다. 이에 비하면 「밤」은 훨씬 더 많은 디테일을 포함하고 있으며, 더욱이 소설이라면 아무리 짧은 꽁뜨라도 당연히 일정한 분량 이상의 디테일을 동원해야 작품이 성립된다. 그러나 그런 만큼 리얼리즘에 더 가까이 다가가는 것이 아님은 두말할 나위도 없다. 도대체 시든 소설이든 현실의 외연적 넓이를 모두 포괄할 수는 없는 노릇 아닌가. 필자의 생각에 작품 「향기」가 비록 작은 규모에서나마 매우 예리한 시적 성취를 이룰 수 있었던 것은 여성노동자의 고단한 삶과 무더기로 피어난 찔레꽃 향기 즉 억압적 현실과 생명의 긍정성 사이의 내적 연관을 고도의 언어적 절제 안에 담아낸 데 있다. 그렇게 함으로써 이 시는 「밤」처럼 세태소설적 평면성으로 기울지 않고 낱말의 선택과 시행의 구성에서부터 그 견고한 가락에 이르기까지 팽팽한 긴장을 유지할 수 있었다고 믿어지는 것이다. 그렇다고 한다면 「향기」와 「밤」 가운데 어느 것이 더 리얼리즘의 성취에 육박하고 있는지 자명하다고 할 것이다.

4

그렇다면 문제는 다시 원점으로 돌아간다. 시에서 리얼리즘을 구현한다는 것은 무엇이며, 시를 통해 이루어지는 진정한 창조작업의 본질은 리얼리즘 논의에 의해 얼마나 해명될 수 있는가. 문학이론이든 문학비평이든 결국 좋은 작품이 씌어지고 좋은 작품으로서 읽혀지도록 도움을 주자는 것인데, 제아무리 리얼리즘론이라 하더라도 이 본연의 임무와 무관하다면(물론 그렇다면 그것은 제대로 된 리얼리즘일 수도 없지만) 그것은 대학교수로의 취직이나 승진 또는 출판업자의 장삿속에는 유용할지 몰라도 참된 문학활동에는 쓸모가 없다.

앞에서 필자는 최근의 '시와 리얼리즘' 논의가 시작품의 이해를 증진시키는 데에도 또 리얼리즘 이론을 발전시키는 데에도 다 같이 혼란과 착오를 일으키고 있지 않은가 지적하였다. 이 가운데 오성호씨는 이런 문제점을 충분히 의식하고 있음에도 불구하고 더 많은 서사지향적 작품들(그러니까 김동환·신동엽·김지하·신경림·고은 등)과의 포괄적인 장르연관을 좀더 체계적으로 검토하고 그것이 리얼리즘의 실현 여부와 갖는 내적 필연성을 규명할 과업을 미제로 남겨놓고 있다. 이 점 실제의 작품분석(이용악의 「낡은 집」 분석)과 이론구성 사이에 균열이 보이는 것은 불가피한 결과이다. 반면에 김형수씨는 (「서정시의 운명을 밝히는 사실주의」에서) 최두석씨의 '이야기시론'을 날카롭게 비판하면서 창작자다운 대담한 견해를 제시하고 있으나 적지 않은 부분에서 기계주의적 사고와 주관적 편향을 벗어나지 못하고 있는 듯하다.

그런데 필자 자신이 앞의 「서사시의 가능성과 문제점」에서 제대로 해결하지 못했던 장르상의 난점을 포함하여 이런 이론적 혼란과 오류가 생기는 것은 실상 그럴 만한 객관적 이유가 있는 것이기도 하다. 돌이켜보면 김동환의 「국경의 밤」을 시발점으로 하여 임화의 소위 '단편서사시', 신동엽의 「금강」, 김지하의 일련의 '담시', 신경림의 「남한강」과 고은의 「백두산」 및 이용악·백석·김상훈 등과 이시영·최두석 등의 '이야기시' 등 서사시 내지 서사지향적 시들은 모두 당대 시문학의 자기폐쇄적 내면주의와 반역사적 형식주의를 넘어서고자 하는 그 나름으로 진지한 실천적 의욕의 소산이었다. 그리고 이 작품들에 '시'가 성취되는 정도만큼 그 의욕은 '리얼리즘'의 이름에 상응하는 목표를 달성했다고 믿어지는 것이다. 여기서도 중요한 것은 구체적인 작품을 앞에 놓고 따져보는 일인데, 가령 「국경의 밤」을 같은 무렵에 간행된 만해의 『님의 침묵』과 비교해볼 수도 있겠다. 본격적으로 검토할 여유는 없지만, 당시 나라 잃은 민족의 애절한 심정과 극진한 희망을 '시'로 형상화하는 데 있어 만해의 시집이 놀라운 깊이에 이르렀다는 것은 우리 모두가 어렵지 않게 공감하는 바일 것이다. 반면에 이 시집이 식민지적 현실 속에서 방황하는 지식청년의 고뇌라든가 국경 근처의 마을에서 밀수꾼 노릇으로 살아가는 서민들의 절박한 삶 같은 「국경의 밤」의 구체적인 생활형상을 결하고 있다는 것 또한 사실이다. 시가 얼마나 '구체적인 생활형상' 위에 근거해야 하는지 즉 어느 정도 '세부의 진실성'을 포함해야 하는지 판별하는 것은 매우 어려운 일이고, 그렇게 함으로써 소설에서의 리얼리즘적 성취를 넘어설 가능성이 있기나 한 것인지 따지는 것은 더욱 어려운 일이다. 이 문제는 한 시인의 서로 성격이 다른 작업을 통해서도 검증해볼 수 있는데, 가령 백낙청 교수의 「살아있는 신동엽」도 그런 관점에서 읽을 수 있다. 물론 백교수의 글은 「껍데기는 가라」와 「금강」의 장르적 차이를 밝히고 그 차이에 따른 리얼리즘의 성취력을 구명하는 것 자체를 목표로 삼지는 않았다. 그러나 예컨대 "「껍데기는 가라」에서는 그 시의 짧은 형식에 불필요한 모든 것을 과감하게 빼버렸기 때문에 신동엽의 사상에서 가장 정수에 해당하는 부분만이 시로 승화되어 날이 갈수록 더욱 생생하게 살아있습니다만, 「금강」에서는 길게 쓰는 과정에서 「껍데기는 가라」에서 미처 하지 못한 중요한 얘기를 구체적으로 더해준 부분도 있는 동시에 신동엽이 자기 시대를 살면서 그 나름으로 지녔던 한계를 보여주는 부분도 있다고 생각됩니다" 같은 구절은 필자의 지금 논의문맥에서도 의미심장하게 들리는 것이다. 두말할 나위 없이 시는 다른 무엇 아닌 '시'로 승화되지 않으면 안된다. 그런데 그러기 위해서는 '짧은 형식'이 불가피한 것인가. 민중의 삶에 관심을 갖고 있고 역사에 책임을 느끼는 시인이라면 응당 현실의 여러 '구체적'인 사실들에 대해 관찰하고 고민하며 이를 시로써 표현하고자 할 것이다. 그러나 시가 '구체적'으로 되기 위하여 길어지는 순간 실밥이 터지듯 갖가지 '한계'들이 덤으로 노정되고 만다면 이 또한 기꺼이 권할 바가 못된다. 백교수는 앞의 인용문보다 조금 앞서서 「껍데기는 가라」를 상세히 분석한 다음 "이 시가 바로 이렇게 짧은 시라는 형식이 갖는 중요성에 대해 한마디 부연하겠습니다. 이렇게 짧지 않고 좀더 긴 시였다면 아마 틀림없이 여러가지 질문이 나왔을 것이고 그중 어떤 것은 신동엽이 감당하기 어려웠을지 모릅니다"라고 지적하고 이어서 "특히 「금강」

같은 장시를 볼 때 시인의 현실인식이 얼마나 구체적이고 적절했는가를 어느정도 알아볼 수가 있습니다"라고 말하고 있다. 짧은 시든 긴 시든 중요한 것은 그 길이에 합당하게 최선의 '시'를 이루어내는 것이다라고 하면 아마 정답이 될 것이다. 그러나 시에서 리얼리즘이 온전히 실현되려면 「껍데기는 가라」를 읽고 따질 때는 '생트집'에 불과했던 많은 문제들을 시인 자신은 심각하게 숙고하여 그 대답을 자기 문학세계 어딘가에 배치해야 되는 것 아닌가. 신동엽의 경우 「금강」이 바로 그러한 구체적 현실인식을 담아야 할 규모의 작품인 셈인데, 여러 논자들이 지적했듯이 시로서의 「금강」은 그의 훌륭한 단시들과 상통하는 뛰어난 부분들이 산재해 있음에도 불구하고 하나의 서사시 전체로서는 적지 않은 결함과 한계를 드러냈던 것이다.

여기서 우리는 시에서 리얼리즘을 요구하는 것이 당초에 무리한 노릇이 아닌가 하는 근본적 물음에 새삼 부닥친다. 그것은 근대 장편소설에 주로 적용되는 리얼리즘론의 개념들을 시론이 얼마만큼 '변환'시킬 수 있느냐 하는 문제로 이어진다고 하겠다. 근자 상당수 발표되고 있는 리얼리즘 시론들은 백낙청·윤영천 교수들의 올바른 지적대로 이러한 '변환'의 노력을 외면하고 있거나 그렇지 않다 하더라도 노력한 만큼의 유용한 성과에 이르지 못한 것으로 보인다. 필자 역시 시의 서사지향과 문학적 현실주의 사이에 일정한 친화성이 존재한다는 역사적 사실을 지적하는 것 이상의 이론적 준비가 되어 있지 못하다. 어떻든 분명한 것은 오늘 우리 문단의 상당수 시인들에게 있어 서사시 내지 서사지향적 시(담시·이야기시 등)에 대한 욕구가 여전히 창조적 열정의 중요한 원천으로 되고 있다는 사실이다. 물론 시인에 따라서는——가령 이시영의 경우에는——최근으로 올수록 현저하게 서사성이 감소하고 있다. 초기시집은 말할 것도 없고 『길은 멀다 친구여』(1988)에서만 하더라도 적지 않은 '이야기'를 찾아볼 수 있었으나 『이슬 맺힌 노래』(1991)에는 「산 이야기」 한 편만이 눈에 띌 뿐이다. 그렇다고 해서 이 시인의 치열한 현실의식이 줄어든 것은 아니고 어떤 면에서 더 옹골차고 단단해지는 점도 느껴진다. 그러나 동시에 구수하고 질펙한 생활현장의 냄새가 가셔진 점도 부인할 수 없겠다. 반면에 고은의 경우 과거에는 정통적인 서정시를 주로 쓰고 틈틈이 「갯비나리」「대륙」 같은 시도를 했으나 근년에는 「만인보」와 「백두산」 같은 대작에 몰두하면서 짬을 내어 서정시를 쓰는 듯한 인상이다. 후자 두 편은 워낙 방대한 규모여서 필자같이 천성이 무른 독자는 한번 읽기만도 자못 쉽지 않은 일이고 본격적으로 검토하는 것은 더욱이나 숨에 벅차다. 여하튼 이 작품들이 완결된다면 짐작건대 그것은 문학적 원숙성에서나 거대한 부피에서나 문학사상 초유의 기념비적 대작이 될 것이며 어쩌면 현재의 세계문학 어디에서도 유례를 찾지 못할 특이한 경사가 될 것이다. 이 중에서도 「만인보」는 전체를 총괄하는 시적 기획에 따라 창작되면서도 한편 한편 독립된 작품으로 읽어도 되게 짜여져 있다. 여기서 생기는 이점의 하나는 「만인보」의 저자가 「국경의 밤」「금강」「백두산」 같은 서사적 장시의 작가가 부딪혔던 서술형식상의 난점들(‘화자’ ‘서사적 거리’ ‘전형적 상황’ 등등 소설분석에는 매우 유효하나 시분석에도 같은 유효성을 가질지 의심스러운 개념들을 동원하게 만드는 난점들)을 효과적으로 회피하면서도 현대민중사의 문학적 형상화라고 하는 서사적 목표를 달성할 수 있게 된 것이다. 이런 점에서 백낙청씨가 “민족의 정서와 민족어의 특성을 남달리 알뜰하게 살리면서 한 시대의 사실주의적 기록에도 충실했던 홍벽초의 『임꺽정』이나 김학철의 『격정시대』에 방불한 맛이 있다”(「『만인보』에 관하여」)고 지적한 것은 시사하는 바 크다고 하겠다. 『임꺽정』의 한가지 특징이 언제 어느 대목을 펼쳐도 재미있게 읽을 수 있고(『삼국지』나 『수호지』도 그렇고 어떤 독자에게는 괴테의 『파우스트』나 셰익스피어의 희곡도 그렇다고 하는데) 또 그런 재미를 즐기는 동안 저절로 민족사의 지난 한 시대를 실감하게 되듯이 「만인보」 역시 전편을 차례로 다 읽지 않고 여기저기 건너뛰면서 읽어도 우리 시대 민중의 애환과 삶의 실상을 풍부히 접하게 되는 것이다. 그러나 여기서도 시와 소설의 차이는 간과될 수 없고 리얼리즘이 실현되는 각각의 방식 또한 면밀하게 분별되어야 하지 않을까 여겨진다. 길게 논의할 여력이 없고 막연한 느낌을 제시하는 데 그칠 뿐이지만, 고은 시인의 자유분방하고 살아 움직이는 상상력과 현대적 감각, 순간적으로 핵심을 찌르는 예술적 순발력 같은 것을 벽초의 문학에서 경험하기는 어려운 대신 각계층의 수많은 인물들이 시내가 모여 강을 이루듯 크고작은 '사건'에 얽혀들어 빚어내는 장편소설 특유의 재미를 「만인보」가 제공하지 못하는 것도 사실이 아닌가 한다.

5

시와 리얼리즘 문제를 두서없이 건드리기만 하고 정작 밝힐 것을 밝히지 못한 채 글의 마무리에 이르렀다. 이제 결론삼아 몇마디 덧붙이려고 한다.

역사를 돌아보면 어느 시대에나 위대한 예술가는 자기 시대의 가장 중요한 문제점을 남 먼저 느끼고 알아차려 이를 표현했다. 무슨 학식이 많아서라든가 추상적 능력이 뛰어나서 그랬다기보다 잠수함 속의 토끼처럼 거의 본능적으로 그렇게 되는 것이 아닌가 싶기도 하다. 시인의 예언적 능력에 관한 낭만주의자들의 신비화는 당연히 극복되어야 하지만 이때의 '예언'이 갖는 정당한 핵심을 버려서는 안될 것이다. 이 터무니없는 현실에 매몰되지도 않고(그러니까 상업주의 문학이 되든가 잘해야 자연주의로 가거나 하지 않고) 또 이 현실로부터 적당히 비켜서지도 않으면서(말하자면 온갖 관념적·유미주의적 경향으로 기울지 않으면서), 다시 말해 현실 안에서 현실을 넘어서기 위해서는 예언가적 투시력이 없어서 안될 것이라고 생각된다. 물론 이 기술문명과 자연과학의 시대에 진정한 예언가는 가장 시적인 깨달음이라도 가장 산문적인 언어로 풀이할 줄 알아야 할 것이고 여기에 진짜 어려움이 있는지도 모르겠다. 그런데 말이 되는 소린지 모르지만 바로 이 대목에서 이루어지는 것이 리얼리즘이 아닌가 한다.

이 견지에서 본다면 리얼리즘은 시와 산문의 통일이 창작활동 속에서 수행되는 순간의 어떤 경지에 대한 명명이다. 그것은 요즘 잘 쓰이는 말로 하면 이른바 '당파성'이 창작과 독서, 이론과 실천의 행위 속에서 구현되는 절정적 상황의 찬란함에 대한 일컬음일 것이다. 필자 개인으로는 이 '당파성'이라는 낱말에 찍힌 우리 시대의 배타적·전투적 낙인을 좋아하기 힘들다. 그러나 최근의 백낙청씨가 찾아낸 표현인 '지공무사', 인류의 존경받는 스승들이 아주 단순한 낱말로 요약한 '사랑'이니 '자비심'이니 하는 것, 또

위대한 예술가의 반열에 드는 사람이라면 으레껏 그들의 충만된 창조의 시간에 무심코 토해내곤 했던 발언들을 이 험난한 계급투쟁 시대의 언어로 번역하자면 결국 ‘당파성’이 안될 수도 없을 것이다. 중요한 것은 이 낱말에 담긴 일정한 시대적 과업의 의미를 무섭게 견지하면서도 가령 ‘지성이면 감천이다’ 할 때의 그 하늘을 움직이게 하는 ‘지성’의 극진함을 현실사업의 뼈대로서 망각하지 않는 일일 것이다.

모처럼 무딘 붓을 들어 뒤진 생각을 써보려 하니 졸가리가 제대로 서지 않는다. 마음먹었던 것들 중에도 여기 옮겨지지 못한 것이 더러 있다. 중동무이하듯 글을 끝내면서, 조만간 다시 정신을 가다듬어 여기 모자람을 딴 글에서 갚기로 약속하는 바이다.

<1992>

리얼리즘의 눈으로 읽은 카프카의 소설

1

독일어권의 작가들 중에서 카프카(Franz Kafka, 1883~1924)는 이제 우리에게 아주 친숙한 이름이 되어 있다. 피상적이고 단편적인 형태로나마 그의 문학세계가 처음 우리 문단에 알려지게 된 것은 싸르트르, 까뮈 등 프랑스의 이른바 실존주의 작가들을 통해서였다고 기억된다. 이들의 문학이 1950년대의 한국문단에 하나의 유행사조처럼 소개되고 커다란 영향을 끼치게 됨에 따라, 그들이 자기들 문학의 정신적 선배로 추앙했던 카프카 역시 남다른 주목을 받기에 이른 것이다. 그리하여 "구원을 갈구하는 한 영혼의 실존적 모험"을 형상화한, 그리고 "부조리의 문제를 하나의 총체로서" 형상화한 소설[1]의 작가로서 카프카는 당시 평론가들의 글 속에 으레 언급되는 주요 인물의 하나로 되었다. 이런 추세에 관련하여 그의 작품들 또한 활발하게 번역되기 시작하였다. 필자가 아는 한에서 첫 번역서는 「변신」 「유형지(流刑地)」 「선고」 등 3편의 중·단편을 묶은 『변신』(朴鍾緖·鄭庚錫 공역, 日新社 1957)이 아닌가 하는데, 이후 지금까지 『성』 『심판』 『아메리카』 등의 장편을 비롯하여 「어느 투쟁의 묘사」 「관찰」 「시골의 결혼준비」 「사냥꾼 그라쿠스」 「시골 의사」 「어느 개의 탐구」 「단식(斷食) 광대」 등의

---

1) 알베르 까뮈, 「카프카 문학에서의 희망과 부조리」(鄭蕙英 역), 『시지프의 신화』; 金光圭 편, 『카프카』(문학과지성사 1978), 100면 및 109면.

단편과 산문집들이 문학전집 또는 문고판 씨리즈에 끼여 번역 출간되었다.[2]

한편, 독문학계에서의 연구활동 또한 상당히 활발하여 카프카의 문학은 독문학자들에게 가장 애호받는 대상의 하나가 되었다. 가령 1960년대 초부터 20여 년간 해마다 한두 권씩 발간되어 나오는 『독일문학』지를 훑어보면 매호 거의 빠짐없이 카프카를 다룬 논문이 실려 있음을 알 수 있다. 특히 김정진・박환덕・윤순호 교수들은 이미 두툼한 한 권의 저서로 묶일 만한 분량의 업적을 내놓은 바 있다. 그러나 이 연구들은 필자가 보기에 대체로 브로트(Max Brod)나 엠리히(Wilhelm Emrich) 등의 입장, 말하자면 독일문예학의 전통적인 정신사적 방법론에 주로 입각해 있고 루카치나 벤야민(Walter Benjamin), 에른스트 피셔(Ernst Fischer) 같은 학자들의 사회학적 관점을 수용하여 이에 적절히 대응하지 못하고 있는 것 같다. 이것은 한국의 독문학계가 한국문학의 현장에서 격리되어 있음을 반영하는 한가지 사실로서, 카프카에 관한 상당수 논문들이 발표되었음에도 불구하고 그것이 현대문학을 이해하는 우리 문단 내의 이론적 심화과정에서 별다른 창조적 계기를 제공하지 못했던 것은 이런 점과 관련되어 있는 듯하다.

어떻든 오늘날 카프카는 전세계적으로 가장 많이 연구되는 현대작가의 한 사람이다. 독일 국내외를 통틀어 그에 관한 논문과 저서는 1961년까지 5천여 편, 1974년까지 1만여 편,[3] 그리고 최근에는 2만여 편에 이르고 있다고 한다.[4] 이쯤 되면 가히 '카프카 산업'이라고 부를 만한 형편인데, 오늘 세계 자본주의의 총본산인 미국이 독일 바깥에서는 이 분야에서 가장 호황을 누리는 나라라는 것도 자못 흥미로운 현상이다.

---

2) 金聚鎭・丘冀星・朴煥德・洪京鎬 제씨가 그 역자들로서 앞으로의 인용은 번역판을 토대로 하되 필요에 따라 임의로 약간씩 손질을 했다. 그리고 번역된 작품명이 서로 다른 수가 적지 않은데(가령 *Der Prozeß*는 『審判』『訴訟』으로, *Das Urteil*은 『死刑宣告』『宣告』『審判』으로) 필자는 편의상 이를 위와 같이 통일했다.

3) 金天惠, 「신비로운 否定의 문학」, 김광규 편, 앞의 책 53면 참조.

4) 최근 한국 카프카학회가 창립되어 그 첫번째 학술 쎄미나가 개최되었는바(대구, 1983.10.29), 이 자리에서 서독 Wuppertal 대학의 '프라하 독일문학연구소'를 다녀온 韓錫鍾 교수가 이렇게 증언했다.

그러면 왜 이처럼 카프카 연구산업이 부쩍 번창을 누리는 것일까. 우선 손쉽게 지적할 수 있는 사실의 하나는 카프카 문학의 독특한 난해성이다. 그의 작품을 읽으면서 느끼는 어리둥절함, 미궁에 빠진 듯한 당혹감, 악몽 속을 헤매는 것 같은 아득하고 답답한 느낌, 낯선 장면과 기괴한 사건들이 일으키는 놀라움은 평범한 독자와 전문적인 문학연구자가 함께 겪는 경험이다. 카프카 문학에 관한 논문이나 저서들이 흔히 이런 난해성, 비평가의 조리있는 해석 가능성을 아예 거부하는 듯한 이 완강한 난해성을 언급하면서 논의를 시작하는 것은 실로 자연스러운 노릇이다. 그래서 가령 어떤 사람은 "카프카에게는 내가 이해하지 못하는 것이 많이 있는데, 이렇게 이해하지 못한다는 것을 이해함으로써 카프카의 어떤 점들을 이해하게 되리라고 나는 믿는다"[5]고 역설적으로 고백하기까지 한다. 이런 점에서 그의 문학은 문학연구자들에 대한 도발이고 문학이론에 대한 도전이라고 말할 수 있다. 또한 그런 점에서 카프카의 문학은 그것을 어떻게 해석·평가하느냐에 따라 비평가의 능력과 방법론, 입장과 세계관이 갈라지는 분기점에 서 있다고도 할 수 있다.

그러나 본인의 작품·일기·편지 및 친지·애인의 회고록 들과의 관련하에 카프카의 전기적(傳記的) 사실들이 웬만큼 밝혀지고[6] 그의 문학세계에 대한 다방면적인 접근이 줄기차게 시도된 지금, 카프카 문학의 난해성이라는 것도 어느정도 완화된 것이 사실이다. 이것은 마치 후고 프리드리히가 현대시 내지 현대예술의 난해성에 대해 언급한 국면을 연상케 하는 현상이다. 그는 현대시의 전위적인 양상을 해명하고자 한 그의 유명한 저서에서, 현대예술이란 전래적인 구성방식과 기존의 관습을 전적으로 파기하고 완전히 새로운 문법에 따라 제작된 것이므로 독자들의 상식적 이해를 처음부터 초월한 것이며 따라서 그 난해성은 시간이 지나면서 극복될 수 있는 성질

---

5) Peter Heller, "On Not Understanding Kafka", Angel Flores 편, *The Kafka Debate. New Perspectives for Our Time* (New York 1977), 24면.

6) 이 면에서 독보적인 업적을 내놓은 사람은 Klaus Wagenbach로서 그의 *Franz Kafka in Selbstzeugnissen und Bilddokumenten* (Reinbek／Hamburg 1964)은 全英愛씨의 뛰어난 번역으로 이미 우리나라에 소개된 바 있다. (홍익신서 19, 1979)

의 것이 아니고 작품에 내재한 하나의 속성이기 때문에 독자들은 마치 어둠에 눈이 익듯이 그것에 차츰 익어짐으로써 현대시의 이해를 도모할 수밖에 없다는 요지의 설명을 하고 있다.[7] 이것은 물론 서구 현대예술의 특정한 경향에 관련된 언급이고 더욱이 그런 경향을 우리가 어떻게 평가할 것이냐 하는 것은 또다른 문제이지만, 어쨌든 그런 점이 카프카의 문학에도 있는 것은 분명한 것 같고 지금 우리가 그것에 얼마간 익숙해진 것도 사실인 것 같다. 그러나 어둠에 눈이 익어서 사물을 알아보게 되는 것과 주위가 밝아져서 사물을 보는 것이 다르듯이 카프카 문학의 불가해함 자체는 제거되지 않은 채 여전히 우리 앞을 가로막고 있다.

이상과 같은 점들을 염두에 두면서 필자는 이 글에서 대략 다음의 두 가지 시도를 해보려고 한다. 그것은 첫째 카프카의 문학이라고 하는 어둠에 싸인 세계를 더듬어 들어갈 희미한 불빛이나마 찾아보려는 것이고, 둘째는 이런 노력과 병행하여 또는 이런 노력과는 별도로 과연 카프카의 문학은 오늘 우리의 삶에 실질적으로 얼마나 중요한 것인가, 다시 말해서 그의 문학이 자본주의의 원산지요 현대세계의 모순과 파멸적 위기의 발상지인 20세기의 유럽 사람들에게뿐만 아니라 그 역사적 피해자인 제3세계의 민중들에게도 심각하게 따져볼 만한 어떤 긍정적 의의를 가질 수 있는가를 생각해보려는 것이다.

2

앞서 암시했듯이 그의 소설들은 일상적인 경험의 논리에서 너무나 동떨어져 있기 때문에 그것을 읽는 독자들은 읽어가면서 당연히 작품의 문면 바깥에 어떤 더 깊은 의미가 감추어져 있는 것이 아닐까 하고 상정하지 않을 수 없게 된다. 가령 어떤 은행원이 어느 날 아침 아무 죄 없이 돌연 체포된다든가 또는 어떤 외판사원이 어느 날 아침 잠에서 깨어보니 갑자기

---

7) Hugo Friedrich, *Die Struktur der modernen Lyrik. Von Baudelaire bis zur Gegenwart* (Hamburg 1956), 7~10면 참조.

자신이 한 마리 갑충으로 변해 있음을 발견한다든가 하는 이야기가 소설에 씌어져 있을 때, 정상적인 사람이라면 우선 이것이 다른 무슨 심각한 뜻을 지닌 것이 아닐까 하고 추측해보는 것은 당연한 노릇이다. 물론 문학 속에 기이한 비현실적 사건의 묘사가 없었던 것은 아니다. 도리어 현실에서 으레 일어남직한 비근한 사건만을 합리적으로 묘사하는 것은 문학사 전체에서 볼 때 극히 예외적인 최근의 현상이고 인류가 소유한 대부분의 문학적 유산들은 속된 합리성을 멀리 벗어나 있다. 그러나 독자는 그런 경우 놀라거나 어리둥절해하는 것이 아니라 도리어 초월적 존재에 대한 경건한 마음 또는 신기한 사건에 대한 짜릿한 재미에 사로잡혔다. 요컨대 어떤 괴기한 사건이나 엉뚱한 비약도 그것은 독자가 이미 어느정도 예기하는 범위 안에서 일어나는 것, 말하자면 당시의 문학적 관습에 기초해 있는 것이었다. 그러나 카프카의 작품에는 사물과 동작의 세부들이 거의 조각에서처럼 구체적이고 명징하게 서술되고 있어서, 독자로서는 이런 사실적인 묘사들이 어떤 비현실적 사건전개의 부분들을 이루고 있으리라고는 도무지 상상할 수 없게 되어 있는 것이다. 그리하여 부분들이 자세하고 구체적으로 묘사되면 될수록 소설 전체가 독자에게 주는 기이함은 더욱 크고 충격적이다. 카프카 연구자들이 해명하고자 고심하는 문제가 바로 이 점에 관련되어 있음은 물론이다. 이에 대한 흔한 설명의 한가지는 카프카가 범인들의 무딘 눈에 포착되지 않는 사물의 숨은 진상을 정확하게 그려냈기 때문이라는 것이다. 가령 다음과 같은 나겔의 언급이 하나의 예가 된다.

그 자신이 말했듯이 그는 발명을 해내는 것이 아니라 다만 지각한 것을 기록할 뿐이다.[8] 물론 그의 지각은 현미경적인 눈(Mikroskopauge)에 의한 지각이다. 그가 묘사한 형상들이 부조리하고 심지어 있을 수 없는 일로 보이는 것은 그러니까 이러한 현미경적으로 정확한 시각(視覺)의 결과일 뿐이다. 다

---

8) 카프카는 이렇게 말한 적이 있다. "…에트슈미트는 내가 평범한 사건 속에 기적을 슬쩍 집어넣는다고 주장합니다. 이것은 물론 그의 중대한 오해입니다. 평범한 것 자체가 이미 기적인 것입니다. 나는 그것을 기록할 따름입니다." Gustav Janouch, *Gespräche mit Kafka. Erinnerungen und Aufzeichnugen* (Frankfurt 1951); 『카프카와의 대화』(全熙洙 역, 新陽社 1960), 53면.

시 말하면 카프카의 문학에서 충격을 주는 것은 단지 외관상 부조리한 것일 따름이며, 오히려 그것은 보통사람들이 깨닫지 못하는 것을 드러내고 사물의 본래적 의미를 재현한다. [9]

이것은 매우 그럴듯한 설명이지만, 그러나 카프카의 시각과 보통사람들의 시각 사이에 있는 단절을 근본적으로 극복하게 해주는 논리인 것은 아니다. 물론 카프카가 완전히 현실을 벗어난 어떤 가공적이고 특수한 형상 세계를 구성하려 한 것이 아니라 그 나름으로 정직한 기록자이려고 했음은 편지·일기·회고록 같은 그의 전기적 자료들이 여러 군데서 증언하는 바이다. 그런데도 그의 정직한 기록이 부조리하고 불가해한 양상을 띠고 있다면 그것은 사물를 보는 시각에 있어서의 정확성의 차이라기보다 방향의 차이, 구조적 차이라고나 할 만한 것이다. 이제 이 문제의 근원을 추적해 보기 위하여 필자는 카프카의 초기작품부터 좀더 자세히 살펴보려고 한다. 『관찰』(*Betrachtung*)은 생전에 출판된 7권의 얄팍한 저서들 가운데 맨 처음 나온 소품집으로서, 여기에는 유고로 남겨진 「어느 투쟁의 묘사」(1903~4)[10] 이외의 카프카의 최초의 문학적 시도들이 포함되어 있다. 이 중에서 가령 「국도 위의 아이들」(“Kinder auf der Landstraße”, 1903~4)을 읽어보자.

앞뜰 울타리 곁으로 마차 지나가는 소리가 들렸고, 때로는 그것이 가늘게 흔들리는 나뭇잎 틈으로 보이기도 했다. 이 무더운 여름날 수레바퀴의 살과 손잡이가 삐드득거리는 소리라니! 일꾼들은 들에서 돌아오며 창피할 만큼 웃어댔다.

나는 우리들의 작은 그네 위에 앉아 있었고, 내 양친의 정원에 있는 나무들 사이에서 마침 쉬고 있던 중이었다.

울타리 바깥은 잠시도 한가롭지 않았다. 달리기하는 아이들이 방금 지나갔다. 볏가리 위에 사내들과 아낙네들이 올라앉은 짐수레가 지나갔고, 화단 주

---

9) Bert Nagel, *Franz Kafka. Aspekte zur Interpretation und Wertung* (Berlin 1974), 109면.

10) 앞으로 괄호 속의 연대는 모두 발표연대가 아닌 작품이 씌어진 연대임.

변에는 어둠이 깔렸다. 저녁 무렵 나는 한 신사가 지팡이를 짚고 천천히 산책 나가는 것을 보았다. 팔들을 끼고 가다가 그와 마주친 몇몇 소녀들이 인사를 하고는 길가 풀밭으로 길을 비켜섰다.

그때 새들이 마치 불똥이 튀듯이 날아올랐다. 나는 눈으로 그들을 좇았으나 단숨에 높이 올라갔으므로 그들이 올라가는 것이 아니라 내가 떨어져내리는 것 같은 느낌이 되어 그네줄을 꼭 잡고는 어지럼을 이기려고 그네를 살짝 흔들기 시작했다. 내가 곧 그네를 더 세게 타자 바람도 더 서늘하게 불었고 하늘에는 날아가는 새 대신 파르르 떠는 별들이 나타났다.

여름날 오후의 농촌풍경이 소년의 티없는 눈길로 섬세하게 포착되고 있다. 삐걱거리며 지나가는 짐수레, 그 위에 올라탄 남녀들, 팔을 끼고 걷는 소녀들과 지팡이를 짚고 산보에 나선 신사, 기탄없이 웃으며 들일을 끝내고 돌아오는 일꾼들, 이런 것들은 아마 어느 나라의 농촌에서나 흔히 볼 수 있는 장면일 것이다. 그런데 카프카의 문학이라는 것 전체를 염두에 두고서 위의 인용을 찬찬히 읽어보면, 새가 날아오르는 데서 "그들이 올라가는 것이 아니라 내가 떨어져내리는 것" 같다고 느낄 만큼 예민한 감각에 의해 인물과 풍경의 움직임이 포착되고 있음에도 불구하고 그것을 매개하는 주인공 자신은 대상 속에 파묻혀 있는 것이 아니라 그로부터 일정한 거리를 두고 떨어져 있음을 알 수 있다. 카프카는 베를린과 비인을 잇는 선의 중간 지점에 위치한 고도(古都) 프라하에서 태어나 일평생 거의 그곳을 떠나지 않았던 전형적인 도시인이었지만, 학교시절 방학이 되면 규칙적으로 시골에 갔고 특히 외삼촌 지크프리트 뢰비(Siegfried Löwy, 단편 「시골 의사」의 모델)가 의사로 있던 트리이슈에는 자주 가서 "멱도 많이 감고 벌거벗은 채 풀밭에 오래 누웠기도 하고…한 소녀와 한밤중까지 공원에 앉아 있기도 한다"는 편지를 친구에게 써보내기도 했는데,[11] 이런 외지인으로서의 농촌경험이 그 거리감 속에 반영되어 있을 것이다.

다시 작품으로 돌아가보자. 어둠이 짙어가고 '나'는 촛불 밑에서 저녁을 먹는다. 지나가던 사람들이 '나'를 보려고 휘장을 젖히는 바람에 촛불이 꺼

---

11) K. Wagenbach, 『카프카』 (전영애 역, 1979), 49면.

지기도 하고, 그러면 어두운 연기 속에 한참 동안 모기떼가 웅성거린다. 이때 한 무리의 소년들이 ‘나’를 밖으로 불러낸다. 그들은 마을을 벗어나 국도를 달리기 시작한다. 손을 잡고 떠들어대며 달리다가 넘어지기도 하고 구덩이에 빠지기도 한다. 그러다가 목청껏 소리 높여 유행가를 부른다. "목소리만으로는 충분치 않아서 우리는 팔을 내흔들었다. 목소리에 의해서 우리는 기분좋은 어떤 무리 속에 들어온 것 같았다. 자기 목소리를 다른 사람들 목소리 가운데 섞을 때 사람은 마치 낚싯바늘에 걸린 것처럼 된다." 이렇게 신나게 떠들고 놀다가 이윽고 ‘나’는 아이들과 헤어져 왔던 길을 되돌아 들길과 숲을 지나 달린다. 이 작품의 마지막은 다음과 같다.

> 나는 열심히 남쪽 도시를 향해 달렸는데, 우리 마을에서는 그 도시에 관해 이렇게들 말했다.
> "거기 사람들은 말이야 글쎄 잠을 자지 않는대!"
> "아니 대체 왜?"
> "고단하질 않으니까 그렇지."
> "그건 또 왜?"
> "그들은 바보들이거든."
> "바보들은 고단해지지 않나?"
> "바보가 어떻게 고단해질 수 있단 말이야!"

아름다운 목가적 정경들의 전개 뒤에 붙은 이 마지막 대목은 자못 아리송하다. 벤야민은 카프카의 10주기를 기념하는 유명한 논문에서 바로 이 대목을 인용하면서 "카프카의 인물들 중에는 독특한 방식으로 인생의 짧음을 셈하는 한 족속이 있다. 이들은 남쪽 도시 출신으로서 … 이 바보들은 저 결코 고단해지지 않는 조수들과 인척이 된다는 것을 알 수 있다"고 말하고 있다.[12] 그러나 이 작품의 ‘바보들’과 『성』의 조수들이 한 혈족이라는 벤야민의 지적은 카프카 자신의 텍스트보다 훨씬 더 이해하기 힘들다. "인

---

12) W. Benjamin, "Franz Kafka. Zur zehnten Wiederkehr seines Todestages", Hermann Schweppenhäuser (hrsg.), *Benjamin über Kafka. Texte, Briefzeugnisse, Aufzeichnungen* (Frankfurt am Main 1981), 34면.

생의 짧음을 셈하는 한 족속"이라는 것도 극히 비교적(祕敎的)인 언급으로서 무슨 뜻인지 좀체 알아듣기 어렵다. 필자로서 굳이 해석하자면 "우리 마을에서는 그 도시에 관해 이렇게들 말했다"는 문장에 주목하여, 자연의 순리에 따라 환한 낮이면 일하고 어두운 밤이면 잠자는 농촌적 삶의 질서를 잃어버린 도시적 삶의 부자연성에 대해 풍자한 것으로 보고 싶다. 이것은 막연한 짐작이 아니고 카프카의 현대문명에 대한 일관된 태도를 근거로 한 추론이다. 이 「국도 위의 아이들」이 씌어진 지 거의 20년 가까이 지난 뒤에 그는 이렇게 말하고 있다. "그곳(가구점—인용자)에서 일하는 것을 나는 좋아합니다. 대패질한 나무의 냄새, 톱소리, 해머소리, 이 모든 것이 나를 매혹했습니다. … 가구를 만드는 일 이외에 나는 이미 농업과 원예의 일도 해보았습니다. 이런 일들은 모두 관청에서의 강제노동보다 훨씬 더 아름답고 유익합니다. 관청에서 일하는 사람들은 무슨 높고 훌륭한 사람들같이 보이지만 그것은 한낱 외관에 불과합니다. 실제로는 더 외롭고 따라서 더 불행한 사람들입니다. 지적 노동은 인간을 공동사회로부터 떼어내는 것입니다. 이와 반대로 수공업은 인간을 인간들에게로 끌어갑니다."[13] 겉은 훌륭하지만 속은 곪아 있는 사람들, 즉 외관상의 번지르르함을 위해 실질적인 고독과 불행을 감수하는 사람들, 낮에는 빈둥빈둥 거드럭거리고 밤에는 환락에 젖어 제때 잠을 자지 않는 사람들, 이들이야말로 '바보'라고 불릴 만하다.

그러나 「국도 위의 아이들」이라는 작품만을 떼어서 살펴본다면 그것은 소년적 감수성의 맑고 투명한 세계이다. 여기에는 전형적인 소위 카프카적(kafkaesk) 요소를 찾기 힘들다. '바보' 이야기도 무슨 대단한 비유나 우화라기보다 시골사람들이 도시사람들에 관해 사랑방 같은 데서 흔히 주고받음직한 소박하고 과장된 잡담이 아닐까. (필자는 어려서 비슷한 이야기를 많이 들었다. "미국 사람들은 똥을 안 눈대." "아니 왜?" "그 사람들은 우리하고 먹는 게 다르잖아!" 대강 이런 식이다.) 오히려 이 초기작품에서 카프카다운 점은 사물과 사태를 그 세부에 있어서까지 명징하고 구체적

───────────────

13) G. Janouch, 앞의 책, 18~19면.

으로 그려내는 그의 특유한 문체일 것이다. 이제 이 점을 카프카가 살았던 시대의 사회적·문화적 배경에 관련지어 살펴보자.

카프카 당시의 프라하의 사회적·문화적 풍토와 유태인들의 독특한 위치에 대해서는 이미 상세하게 밝혀져 있다. 합스부르크 왕가가 다스리던 오스트리아-헝가리 이중제국(Österreich-Ungarn Doppelmonarchie) 치하의 프라하는 동구와 서구를 가르는 유럽의 십자로에 자리해 있었다. 1900년 현재 이 도시에는 41만 5천 명의 체코인, 2만 5천 명의 유태인, 그리고 1만여 명의 독일인들이 거주하고 있었는데, 소수의 독일인들이 사회의 상층계급으로서 정치경제적 실권을 온통 독점하고 있었다. 중세기부터 이곳에 정착해온 유태인들은 독일인과 체코인 양쪽으로부터 배척을 받아 일종의 게토를 이루고 있었다. 반수 남짓(1만 4천 명 정도)이 체코어를, 나머지가 독일어를 일상어로 사용했지만, 대체로 유태인은 독일어 문화권에 속하는 것으로 간주되었다. 유태인 어린이의 90%가 독일어 학교에 다니고 있었으며, 반면에 독일어 작가들의 절대다수는 유태인 출신이었다.[14]

그러면 당시 프라하의 독일어 문단은 어떤 형편이었던가. 카프카는 친구 오스카 폴락(Oskar Pollak)에게 보낸 편지에서 "겉치레만 잔뜩 해놓으면 작품을 창작한 것이 되던 시대, 처음 글을 쓰기 시작한 사람에게 그 이상 고약한 시대는 없었다"고 개탄한 바 있지만,[15] 당시 프라하에서는 웬만큼 유지 축에 드는 사람이면 모두 문사연(文士然)하는 풍조 속에서 과장된 수사(修辭)와 속물주의가 온통 판치고 있었다. "있는 그대로의 세계에서 메이크업의 세계로 도피해 들어가는 현상은 특히 언어에서 두드러지게 나타났으니, 그 언어는 도금된 은유와 바로끄적 형용사가 만들어내는 향수 칠한 말의 곡예였다."[16] 그리하여 릴케(R. M. Rilke)나 베르펠(Franz Werfel) 같은 유명한 문인들도 이런 과장된 언어에서 완전히 벗어날 수는 없었다는

---

14) 이상 Karlheinz Fingerhut, *Franz Kafka —— Klassiker der Moderne* (Stuttgart 1981), 16~28면에 실린 Hans Tramer, "Die Dreivölkerstadt Prag" 및 Christoph Stölzl, "Die Juden" 참조.

15) K. Wagenbach, 앞의 책, 41면에서 재인용.

16) 같은 책, 66~67면.

것이다. 이렇게 된 결정적 이유는 당시의 '프라하 독일어'가 다수의 체코 민중들에게 둘러싸여 고립됨으로써 토착적 표현과 풍성한 감정을 잃고 '교육에 의해 습득되는 문어(文語)'로 경직된 데에 있다고 바겐바하는 설명한다. 즉, "프라하인들의 수상쩍은 다변(多辯)은 기실 언어의 빈곤이 그 원인이었다."[17] 그런데 똑같은 상황에 대해 카프카는 정반대의 방향에서 대응했던 것 같다. 그는 인위적인 꾸밈과 겉치레를 극력 배격하고 "간결하고 냉정하고 무관심하고 말수 적은 언어"를 통해 사물의 정확한 모습을 그려내고자 했던 것이다.

이제 이런 점은 카프카 문학의 어떤 근본적인 특징을 밝혀주는 단서로 이어진다. 일찍이 브로트는 "추상적인 사물들에 대해서 카프카하고 애기하는 것은 거의 불가능했다. 그는 형상적으로(in Bildern) 생각했고 형상적으로 말했다"고 회고한 적이 있고, [18] 카프카 자신도 자기가 '눈의 인간' 즉 시각적 소질을 가진 사람이라고 고백한 바 있다. [19] 추상적 능력이란 다름 아니라 병존하는 사물들 사이의 공통성과 계기하는 사건들 속의 인과관계를 인식하는 능력이다. 추상화는 물론 진상을 은폐하거나 왜곡하는 도구로 되기도 하지만, 그러나 무수한 사물과 사태를 꿰뚫어 하나의 전체로서 세계를 이해하자면 추상화를 피할 수 없다. 그런데 카프카에게는 추상적 이해, 즉 사태 전체를 조망하는 총괄적 관점이 결여되어 있었다는 것이다. 카프카의 문체에 관한 신태호 교수의 다음과 같은 지적도 이런 각도에서 읽혀진다.

언어의 절약과 정확성에 의하여 사실성을 부각시키려는 시도는 클라이스트의 언어서술 기법과 공통되는 것이다. 또 카프카는 클라이스트와 같이 긴 문장을 많이 사용하고 있다. 그러나 그의 장문은 클라이스트나 토마스 만에게서와 같이 복잡한 가운데서도 어떤 통일을 이루는 것이 아니라 단순한 단문(短

---

17) 같은 책, 68면.
18) Max Brod, *Franz Kafka. Eine Biographie* (1946); Peter Foulkes, "Franz Kafka: Dichtungstheorie und Romanpraxis", Reinhold Grimm (hrsg.) *Deutsche Romantheorien* Bd. 2 (Frankfurt am Main 1974), 368면에서 재인용.
19) G. Janouch, 앞의 책, 139면.

文)들을 나열해놓은 데 불과하다. 카프카는 이러한 장문들을 특별한 목적과 상황하에서 쓰고 있다. 자신이 어떤 확신에 도달할 수 없을 때 그는 언어의 다양한 가능성을 시험하듯, 언어의 세계를 더듬는 듯, 짧게 끊어야 할 문장을 확신이 없어 끊지 못하는 듯 서술하고 있다.[20]

통일성의 결여, 즉 총체적 전망의 결여는 물론 그의 문체에만 관련된 문제가 아니라 그의 문학 전체의 성격에 관련된 문제이지만, 어떻든 그것을 그의 특수한 개인적 자질로서만 설명하려 한다는가 또는 그의 문학의 부정적 측면으로서만 평가하는 것은 아마 충분히 성과있는 논의에 이르지 못할 것이다. 분명한 것은 카프카가 자신에게 허용되었던 빈곤한 언어적 수단을 가지고 20세기 초엽 중부유럽 사회를 범람하던 타락과 안일성, 허위와 속물주의로부터 자기를 방어하기 위해 필사적으로 투쟁했다는 사실이다. 그렇기 때문에 장편이든 소품이든 그의 어떤 작품을 읽더라도 우리는 거기서 혼신의 힘으로 자기를 지키려는 사람만이 가질 법한 엄격함, 완강한 비타협적 정신, 거의 청교도적인 결벽을 느끼게 되는 것이다. 카프카 문학의 난해성은 이런 점에도 연유했음이 틀림없을 것이라고 믿어지는데, 다만 우리는 카프카가 처해 있던 객관적 상황과 그의 독특한 언어적 습관을 이해함으로써 그의 작품을 공연히 현학적으로 해석하는 어리석음을 피할 수 있을 것이다. 가령 앞서 언급한 당대 '프라하 독일어'의 빈곤성과 이 주어진 조건에 대항해 싸운 카프카의 치열한 노력을 염두에 두고 바겐바하의 다음과 같은 설명을 들어보면 우리는 카프카 문학의 난해성이 어떤 심오한 형이상학적 근원에서 나온 것이라기보다 좀더 비근한 현실적 사정에 근거해 있으리라는 심증을 갖게 된다:

사물들에 대한 카프카의 '낯섦'도 역시 언어상의 원인이 있으니, 메마른 문어체의 프라하 독일어는 일상적 생활어나 사투리가 갖는 직접적인 친밀감을 자아낼 수 없었다. 언어 자체가 언제나 낯섦의 잔재를 지니고 있었고 하나하

---

20) 申泰浩, 「F. Kafka와 H. v. Kleist의 소설기법」, 『獨逸文學』 23집 (1979), 54～55면.

나의 낱말에 대한 거리도 저절로 생겨나게 되었다. 낱말, 은유, 말의 결합은 널리 일반적으로 사용되는 가운데 생기는 마모작용을 받지 않고 그 본래적인 의미의 다양성을 그대로 보존하고 있었고 더욱 이미지가 풍부해지고 연상(聯想)의 가능성이 풍부해졌다. 카프카의 작품에 있어서도 역시 거의 모든 면에서 어휘를 단어 곧이곧대로 받아들임으로써 생겨나는, 이미지에서 이미지로 이어지는 그러한 연상의 사슬이 존재한다.[21]

3

사물의 실재성을 최대한 그대로 언어 속에 옮겨놓으려는 카프카의 노력은 그의 모든 작품에 일관되게 나타나 있다. 세필화(細筆畵)처럼 꼼꼼하고 즉물적인 묘사가 세부적 사실성(Detailrealismus)을 이룩해내고 있는 것이다. 그럼에도 불구하고 카프카의 문학은 「국도 위의 아이들」 같은 초기작을 제외하면 앞서 지적했듯이 마치 가위눌린 꿈속에서와 같은 환상성에 의하여 독자를 풀 길 없는 의혹 속에 빠뜨린다. 이제 이 점을 몇몇 작품을 통해 구체적으로 살펴보자. 전문을 인용할 수 있을 만큼 짧은 작품부터 읽어보자.

아주 이른 아침이어서 거리는 깨끗하고 한산했다. 나는 역으로 갔다. 탑시계와 내 시계를 비교해보고서 나는 생각했던 것보다 벌써 많이 늦었음을 알았다. 몹시 서둘지 않으면 안되었다. 이런 사실을 깨달은 데 대한 놀라움이 나를 당황하게 했다. 사실 나는 아직 이 도시의 지리에 별로 익숙지 못했던 것이다. 다행히도 근처에 순경 한 사람이 있었다. 나는 그에게로 달려가 숨을 헐떡이며 길을 물었다. 그는 미소를 지으며 말했다. "당신, 나한테서 길을 알고 싶은 거요?" "네, 내 힘으로는 찾을 수 없으니까요" 하고 나는 말했다. "단념하시오, 단념해." 이렇게 말하면서 그는 휘청 몸을 돌렸다. 마치 자기들의 웃음과 더불어 혼자 있고 싶은 사람들처럼.

---

21) K. Wagenbach, 앞의 책, 69면.

이것은 1922년 말경에 씌어진 소품으로서, 유고로 남겨진 상당수 작품들이 그렇듯이 「단념하라」("Gibs auf !")는 제목은 카프카 문학의 유산관리자였던 막스 브로트가 붙인 것이다.[22] 이 작품은 명백히 성질을 달리하는 두 부분으로 이루어져 있다. '내'가 역으로 갔다가 순경에게 길을 묻기까지의 앞부분은 평범한 소설의 흔히 있음직한 한 장면을 보여준다. 그런데 뒷부분에서 카프카 특유의 기묘한 전환이 일어난다. 길을 묻는 사람에게 순경이 '단념하라'고 대답하다니, 도대체 이 무슨 뚱딴지 같은 수작인가. 게다가 이런 순경을 "자기들의 웃음과 더불어 혼자 있고 싶은 사람들"(Leute, die mit ihrem Lachen allein sein wollen)과 같다고 했는데, 이건 또 무슨 뜻인가. '단념하라'는 순경의 대답은 길을 물은 사람에게 하는 것이 아니라 마치 이 도시에서 시장(市長)이 되고 싶은데 무슨 수가 없겠느냐고 물은 사람에게 하는 것 같은 느낌을 준다. 그렇다면 길에 관한 '나'의 물음은 '단념하라'에 대응되는 어떤 숨겨진 의미의 단순한 표면일 뿐인가. 허다한 카프카 연구자들의 노력은 바로 이처럼 작품의 표면에 그려진 불가사의한 사건들의 숨은 의미를 찾으려는 것이었다고 할 수 있다. 그러나 「단념하라」의 앞부분만을 읽는 독자로서는 길을 묻는 '나'의 행동이 그것 자체 이외의 다른 어떤 의미를 함축하고 있다고 전연 예상할 수가 없다. 물론 이 작품을 두고서 피셔가 카프카의 문학 전체에 대해 언급했던 점, 즉 "거의 통제를 안 받는 관료정치에 의한 권력의 행사는 극단적인 소외를 초래했다. 카프카는 이것을 발견했으며 오스트리아 관료체제의 경험을 바탕으로 관료정치에 반항하는 신민(臣民)의 체험을 그 좌절 또는 체념이라는 점에서 묘사했다"[23]는 점을 연상할 수는 있다. 그렇다면 '나'는 피셔의 용어대로 신민을, 그리고 순경은 합스부르크제국의 관료체제를 대변하는 것으로 된다. 그러나 이런 해석을 정당화하는 근거도, 또 그것을 반박하는 증거도 작품 자체로부터 도출해내기는 어렵다.

이런 의문을 간직한 채 그의 다른 작품을 검토해보자. 「사냥꾼 그라쿠스」("Der Jäger Gracchus", 1917)는 역시 길지 않은 단편소설이나, 1950년대

---

22) F. Kafka, *Sämtliche Erzählungen* (Frankfurt am Main 1970), 405면 참조.

23) Ernst Fischer, "Franz Kafka", *Sinn und Form* 제14권 4호 (1962), 510면.

후반부터 60년대 초에 걸쳐 카프카 연구의 권위자로 통하던 엠리히에 의해 "서로 어긋나 있어서 상대방을 이해하지 못하는 두 세계"를 그려낸 "모든 카프카 소설의 모델"로 평가받은 중요한 작품이다. [24] 작품은 이렇게 시작한다.

　두 소년이 방파제 위에 앉아서 주사위놀이를 하고 있었다. 한 사나이는 칼을 휘두르는 영웅상의 그림자가 드리운 기념탑의 층계에서 신문을 읽고 있었다. 우물가의 한 소녀가 물통에다 물을 채운다. 과일장수는 자기 물건들 옆에 누워서 호수 쪽을 바라보고 있다. 어느 선술집 안쪽에서는 휑한 대문과 창문의 구멍들을 통해 두 사나이가 포도주를 들고 있는 것이 보였다. 주인은 앞쪽 탁자 곁에 앉아서 졸고 있었다. 거룻배 한 척이 물위에 끌려가듯 작은 항구로 조용히 둥실둥실 들어오고 있다. 푸른색 윗도리를 걸친 한 사내가 육지에 내려서 고리를 가지고 밧줄을 감았다. 은단추가 달린 검정 저고리 차림의 다른 두 사나이는 그 뱃사공 뒤에서 관을 운반하고 있는데, 거기에는 꽃무늬가 새겨지고 레이스가 달린 커다란 비단보를 덮고 분명히 한 사람이 누워 있었다.

역시 매우 정교하고 세밀하게 묘사되고 있어서 우리는 어느 자그마한 항구의 선착장 부근 풍경을 눈앞에 생생하게 그려볼 수 있을 정도이다. 거룻배에서 관을 들어내고 있다든지 거기에 한 사람이 누워 있다든지 하는 것이 좀 수상쩍기는 하지만, 보통의 독자들은 그저 그러려니 하고 무심코 읽어넘기게 된다. 그 점에서는 소설 속의 인물들도 독자들과 마찬가지다. 즉, 선창가의 사람들도 이 거룻배를 유심히 살핀다든가 가까이 다가가서 물어본다든가 하지 않는다. 이제 관은 어느 노란 3층집으로 운반된다. 어린 소년 하나가 창을 열고 사람들이 관을 운반하여 집안으로 사라지는 광경을 바라보기도 한다. 이때 상장(喪章)을 단 실크해트의 한 신사가 그 집안으로 안내된다. 신사는 관 있는 곳으로 걸어가 사냥꾼처럼 보이는 그 누워 있는 사람의 이마에 손을 얹고는 꿇어앉아 기도를 드린다. 그리고는 곁에 있던 사람들을 모두 밖으로 나가게 한다.

---

24) Wilhelm Emrich, *Franz Kafka* (Frankfurt am Main 1960), 15면 참조.

여기까지 읽어온 독자들은 당연히 관 속의 사나이가 시체이고 상장을 달고 나타난 신사와 그의 죽음 사이에는 어떤 소설적 사연이 개재해 있으려니 기대하게 마련이다. 이것은 결코 엉뚱한 기대라고 할 수 없는데, 왜냐하면 "여인이 크게 팔을 휘둘러 거룻배에서 비둘기 쪽으로 낟알을 던지자 그들은 그리로 모여들기도 하고 여인한테로 날아오기도 했다"든가 "기념탑 층계에는 과일껍질들이 널려 있었는데 그(신사―인용자)는 지나가면서 지팡이로 그것들을 아래로 밀어냈다"든가 하는 문장들에서 확인되듯이 매우 구체적이고 사실적이어서 장차 어떤 비현실적인 사건이 벌어지리라는 일말의 예비적인 암시도 찾아볼 수 없기 때문이다. 그러나 홀에서 사람들이 모두 물러나고 신사 혼자 남게 되는 순간 사태는 돌연 달라진다. 이 대목을 조금만 읽어보자.

> 그러자 곧 관 위의 사나이는 눈을 뜨더니 고통스럽게 미소를 지으면서 얼굴을 신사에게로 돌리고 말했다. "당신은 누구요?"―― 신사는 조금도 놀라는 기색이 없이 꿇었던 자세에서 몸을 일으키고는 대답했다. "리바의 시장(市長)이오."

죽은 줄 알았던 사나이가 실은 살아 있었다는 것을 발견하는 것은 물론 상당히 놀람을 주는 일이다. 그러나 이 사나이가 자신의 내력에 대해 말한 내용은 정말 놀랍고 황당무계한다. '사냥꾼 그라쿠스'라고 자칭하는 이 사나이는 자신의 고백에 의하면 아주 오래 전에(1500년 전이라고 한다[25]) 독일 슈바르쯔발트 숲에서 영양(羚羊)을 쫓다가 바위에서 추락하여 죽었는데, 그가 탄 죽음의 배가 항로를 잃고 키를 잘못 돌렸기 때문에 그때부터 "산에서만 살려고 했던" 자기가 이렇게 지상의 모든 나라를 떠돌며 여행을 하게 되었다는 것이다. 그리하여 이 사나이는 '죽어' 있는 동시에 '어느 정도 살아' 있는 존재라는 것이다.

이쯤 되면 우리는 작품 전반부의 구체적이고 사실적인 묘사를 읽을 때의 관점을 아예 포기하고 그라쿠스가 고백하는 이야기만을 가지고 어떤 해석

---

25) 같은 책, 13면.

446

을 시도하게 된다. 그런데 그의 이야기 자체도 매우 구체적이어서 소설적 공간 바깥의 어떤 현실적 경험과 조응을 이루는 듯이 짐작되는 부분이 있는가 하면 상식적으로는 도무지 터무니가 없어서 일종의 형이상학적인 문제가 다루어지고 있는 듯이 생각되는 부분도 있다. 가령 "뱃사공의 아내인 율리아가 문을 노크하더니 우리가 방금 지나온 그 해안이 있던 나라의 음료수를 내 관으로 가져왔습니다", "내 머리맡에는 교회당 촛불이 켜져서 나를 비추고 있습니다. 맞은편 벽에는 조그만 그림 한 장이 걸려 있는데, 그건 틀림없이 어느 원주민의 그림으로서 그는 나에게 창을 겨누면서 화려하게 색칠이 된 방패 뒤에 되도록 몸을 숨기고 있습니다" 같은 묘사는 전자에 해당하고, "나는 사냥꾼이었습니다. 그게 무슨 죄일까요?", "내가 여기서 쓰는 것을 아무도 읽지 않을 거고 아무도 나를 도우러 오지 않을 겁니다", "아무도 나에 관해서 알지 못합니다. 안다 하더라도 나의 체류지를 모를 거고, 체류지를 안다 해도 그곳에 나를 붙잡아두지 못할 겁니다. 그러니 나를 어떻게 도울지 모르는 거죠. 나를 돕겠다는 생각은 하나의 병이고 병상에서 치료를 받아야만 합니다" 등의 서술은 후자에 해당된다. 이런 후자의 부분을 읽을 때 우리는 그것이 너무나 뚱딴지 같기 때문에 필연 어떤 더 깊은 뜻을 나타낸 것이라고 간주하지 않을 수 없고 따라서 그것이 무엇인지 궁리해보지 않을 수 없게 된다. 그리하여 가령 엠리히처럼 이 작품에 종교적·신화적·존재론적 보편의 세계와 '일'과 '가족'에 얽매인 일상적 세계가 대립해 있는 것으로 보고, "일과 사무와 생존에의 노력이 현존의 진정한 일반성에 대한 지식을 방해한다. 그러나 거꾸로 사냥꾼 그라쿠스도 사무에 시달리는 인간세계를 무엇이 지배하고 있는지 모른다. … 두 세계는 서로 어긋나 있어서 어느쪽도 다른 쪽을 이해하지 못한다. … 그런데 이 사냥꾼의 이야기는 바로 그가 형이상학적·종교적 세계에도, 실제적 경험의 세계에도 이미 집이 없다는 데에 그 본질이 있다"는 해석에 귀를 기울여보게 된다. [26] 그러나 그 똑같은 해석의 논리에 입각하여 가령 실크해트의 신사가 지팡이로 기념탑 계단에 널린 과일껍질을 밀어내는 행동이

---

26) 같은 책, 12~15면 참조.

라든가 뱃사공의 아내 율리아가 음료수를 들고 그라쿠스에게 찾아온 일 또
는 그의 머리맡에 놓인 촛불과 원시인 그림 따위는 어떻게 설명할 것인가.
도대체 그라쿠스라는 인물은 어떤 존재인가.

　이 점을 생각해보는 데에 암시를 주는 몇가지 사항을 찾아볼 수는 있다.
『카프카와의 대화』에 보면, "나는 젊음을 부러워합니다"는 카프카의 말에
야누흐가 "선생님은 아직 그렇게 늙지 않으셨는데요"라고 하자 카프카는
미소를 지으며 "나는 유태민족과 같은 나이입니다. 영원한 유태인과 같은
나이인 겁니다"라고 대답하는 대목이 있다. [27] 다른 곳에서 그는 "병은 경
고인 동시에 시험입니다. 그러므로 질병·고통·고민은 역시 종교심의 가
장 중요한 원천이 됩니다"라고 말한 다음 그게 무슨 뜻이냐는 데 대하여
"유태적입니다. 나는 내 가문과 내 종족에 결합되어 있습니다. 이 가문과
종족은 개체보다 생명이 오랜 것입니다"라고 말한다. [28] 한편, 그라쿠스
(Gracchus)라는 이름은 라틴어 graculus(까마귀)에서 온 것인데 체코어로
kavka(=Kafka)는 '까마귀'를 뜻한다고 한다. [29] 엠리히는 같은 자리에서
『심판』「변신」「선고」 등의 작품들의 주인공 이름도 모두 카프카 자신의
이름에 약간씩 변형을 가한 것이라고 분석한다. 또, 『성』에 나오는 관리
클람(Klamm)은 카프카가 에른스트(Ernst, 카프카의 연인이었고 그의 작품을 체
코어로 번역하기도 했던 Milena Jesenská부인의 남편)라는 이름을 가지고 단어장
난을 해서 유도해낸 이름이라고 한다. [30] 그러나 필자가 이런 사실들을 근
거로 사냥꾼 그라쿠스의 이야기가 바로, 독일어를 쓰는 체코 태생의 유태
인이요 낮에는 노동자재해보험회사에서 근무하고 밤이면 필사적으로 글을
쓰던 무명작가 카프카 자신의 어떤 극한적인 이중상황을 하나의 알레고리
로 극화한 것이라고 단정하려는 것은 아니다. 그러나 그것이 엠리히 식의
형이상학적 관념론적 해석보다는 작품의 실상에 더 접근한 이해방법이라고
믿어지는 것이다. 어떻든 여기서 밝혀져야 할 사실은 개인적 상황이든 사

---

27)　G. Janouch, 앞의 책, 143면.
28)　같은 책, 85~86면.
29)　W. Emrich, 앞의 책, 21면.
30)　K. Wagenbach, 앞의 책, 162면.

회적 상황이든, 또 어떤 관념론적 자기인식이든 객관적인 현실인식이든 그 것이 카프카 특유의 기이한 형상세계로 옮겨져서 구체화되어 있다는 점이 다.

이 문제에 관한 벤야민의 설명은 매우 설득력이 있다. 그는 『아메리카』 에 나오는 오클라호마 야외극장이야말로 카프카 문학 전체의 비밀을 드러 내주는 근원적 장소로 본다. 이곳은 극장이면서 동시에 경주장으로서, 주 인공인 칼 로스만이라는 "지극히 명료하고 투명하며 순결한" 인물과 "그 신비스러운 장소"가 야외극장의 이중성을 매개로 하여 통합된다는 것이다. 그런데 "이 야외극장의 가장 중요한 기능들 중의 하나는 사건을 제스처적 인 것으로 해체시키는 것이다. 한걸음 더 나아가 이렇게 말할 수도 있다. 즉, 카프카의 전체 소품과 이야기들은 그것을 가령 무대동작으로서 오클라 호마의 야외극장에 옮겨놓아볼 때 비로소 그 진상이 밝혀지는 것이다. 그 럴 때에야 비로소 우리는 카프카의 전작품이 제스처들의 암호를 나타낸다 는 것을 분명히 인식하게 되는데, 그 제스처들은 처음부터 작자에게 어떤 확실한 상징적 의미를 지녔던 것이 아니고 오히려 그런 의미의 획득을 위 해 끊임없이 다른 연관성 속에 놓여지고 시험적으로 배치되는 것이다. "[31] "그는 인간의 몸짓에서 전통적인 받침대를 빼버리고 나서 그것을 끝없는 숙고의 대상으로 삼았다. "[32] "그런 식으로 제스처를 생생히 그려내는 데에 카프카는 지칠 줄을 몰랐다. 그런데 그것이 예외없이 놀라움을 동반한 다. "[33] 이 제스처라는 요소만 떼어서 생각한다면 그것은 장편 『아메리카』 와 관련하여 브로트가 채플린 영화를 연상케 한다고 지적한 점이나[34] 폴리 처가 역시 같은 작품의 앞부분(로스만이 뉴욕항에 처음 내리는 장면)을 두고서 '스냅사진의 기법'이라 말한 것[35]과 상통된다. 여기서 더 나아가 "『아메리 카』의 첫 장에서 벌써 우리는 카프카가 —— 아마 전혀 무의식적으로 ——

---

31) W. Benjamin, 앞의 책, 17~18면.
32) 같은 책, 20면.
33) 같은 책, 35~36면.
34) Franz Kafka의 *Amerika* 초판에 붙은 Max Brod의 발문 참조.
35) Heinz Politzer, *Franz Kafka. Der Künstler* (Frankfurt am Main 1978) , 200면.

영사술적(映寫術的) 기법을 그의 소설이라는 독특한 장르에 옮겨놓고 있음을 알 수 있다”는 설명도 나오고 있다.[36] 카프카 문학에 있어서의 사건전개의 심리적 중심의 결여, 전통적인 경험적 시간·공간 개념의 파열, 현실과 초현실의 아무렇지도 않은 듯한 중첩 등은 영화예술의 탄생과 카프카 생애의 출발이 거의 동연대라는 사실과 더불어 카프카 문학의 영화적 기법이라는 면에서 앞으로 더 세밀하게 검토될 만한 가치가 있을 것이다.[37]

4

　앞서 검토해보았듯이 「사냥꾼 그라쿠스」「선고」 같은 작품들은 평범하게 사실을 기술해나가는 부분과 독자의 현실감각을 완전히 뒤엎는 비현실적 부분으로 어느정도 분명하게 갈라볼 수 있다. 여기서 독자들이 당황하게 되는 것은 뒷부분의 비현실성에서만 온다기보다 현실과 비현실의 결합방식 즉 두 부분 사이의 엄청난 괴리를 작가 자신은 전혀 의식조차 못한다는 듯이 무심하게 서술해나가는 데서 온다. 그런데 『성』 『심판』 같은 장편을 비롯하여 거의 모든 주요 작품들에서는 현실과 비현실이 이렇게 어느정도 나누어져 있지도 않고 장면마다, 사건마다에서 또는 거의 한 문장 내부에서조차 상호 침투하여 하나의 평면 위에 긴밀한 연속체를 이루고 있다. 「변신」의 유명한 서두를 읽어보자.

　어느 날 아침 그레고르 잠자가 뒤숭숭한 꿈에서 깨어났을 때 그는 자기가 침대에서 한 마리 거대한 벌레로 변해 있는 것을 발견했다. 그는 갑옷처럼 딱딱한 등을 대고 벌렁 누워 있었다. 고개를 약간 쳐들자 활 모양의 각층(角層)으로 나누어진 불룩한 갈색의 배가 보였다. 배 위에는 이불이 곧 미끄러져내

---

36) Wolfgang Jahn, “Kafka und die Anfänge des Kinos” (1962). H. Politzer, 앞의 책, 547면에서 재인용.
37) 하우저도 프루스뜨, 조이스 등의 소설에 이루어진 영화적 수법을 분석한 바 있다. 『문학과 예술의 사회사』 현대편 (창작과비평사 1974), 245~48면.

릴 듯 간신히 붙어 있었다. 평소의 굵기에 비해 비참할 만큼 가늘어진 수많은 다리들이 힘없이 눈앞에서 허우적거리고 있었다.

이 묘사에는 마치 현실과 비현실 간의 분별이 작용하기 이전의 환상이 그대로 사실로 응결되어 있는 듯한 확고함이 있다. 카프카의 문학을 논하는 사람들마다 거의 예외 없이 그 '꿈'같은 성격을 지적하고 그리하여 정신분석학적 해석방법은 카프카 연구의 한 커다란 조류를 이루고 있는 터이지만, 주인공 잠자가 벌레로 변한 것은 꿈속에서가 아니라 꿈을 깨고 나서라는 것이야말로 주목될 만하다. 하우저의 말대로 "카프카는 꿈의 모습을 그리지 않으며 꿈의 기억을 얘기하지 않는다. 그가 그리고자 하는 것은 아무리 불투명하고 수수께끼 같고 불합리하더라도 말짱한 정신으로 생생하게 체험되는 실제적인 삶이다. 셰익스피어와 깔데론(Calderón)은 인생이 꿈같다는 말을 하지만 카프카는 그와 같은 말을 하지 않는다. 불행하게도 인생은 꼭 꿈처럼 불가해하고 기괴함에도 불구하고 꿈이 아니라고 오히려 그는 말할 것이다. 그리고 그것은 결코 환각이 아니라, 잠에서 깨어났을 때 우리가 카프카의 많은 주인공들과 함께 그들 이야기의 첫머리에서 겪게 되는 수정처럼 분명하고 얼음처럼 차가운 무자비한 불변의 현실인 것이다."[38]

그렇다면 카프카가 그려낸 현실은 대체 어떤 것인가. 신(神)과 은총의 세계에 대한 갈망, 관료체제와 관청조직, 소외와 불안, 삶과 노동의 조직, 절대적 고독과 비관주의, 아버지로 대표되는 가정의 압력, 죄의식, 자본주의 사회에서의 비인간화 등등 우리에게는 이미 많은 그럴듯한 해답이 주어져 있다. 위의 어느 주제에 의해서도 카프카의 작품은 아마 상당한 정도 세련된 논리를 견뎌낼 수 있을 것이다. 그러나 동시에 그와 상반된 논리도 마찬가지로 정당성을 주장할 수 있을 것이다. 이것은 마치 카프카의 소설이 그 기본적 구조에 있어서 우화(Parabel)나 비유(Allegorie) 같기도 하고 상징(Symbol)이나 직유(Gleichnis) 같기도 하면서 그 어느 것도 끊임없이 부정되고 있는 상황과 비슷하다. 가령 다음과 같은 설명들을 비

---

38) Arnold Hauser, *Der Ursprung der modernen Kunst und Literatur* (München 1964), 391면.

교해보자.

　따라서 이것은 엄밀한 의미에서 우화일 수 없다. 왜냐하면 우화적 또는 비유적 서술은 언제나 마치 세 개의 반지에 관한 레씽의 우화가 명백히 세 종교를 가리키듯이 일정한 의미 또는 개념을 지시하는 것이어야 한다. 그러나 카프카 문학에 있어서 특징적인 점은 바로 어떤 명확히 규정할 수 있는 의미가 사건이나 대화의 배후에 고정되어 있을 수 없다는 사실, 즉 카프카의 보편성은 어떤 철학적·신학적 또는 세계관적인 개념어로 번역할 수 없다는 사실에 있다. 비유와 우화는 뚜렷하게 윤곽이 잡히는 종교나 철학 또는 세계관이 배경에 있어야만 가능하다. 그런데 카프카 '우화들'의 배후는 텅 비어 있는 것이다. [39] 그러므로 카프카의 경우 상징이라고도 말할 수 없다. 그의 문학은 비유적이지도 상징적이지도 않은 것이다. 오히려 그것은 직유의 성격을 가지는데, 이에 대하여 지금까지의 미학과 시학은 아직 어떤 명칭을 준비해놓지 못하고 있다. 왜냐하면 그런 종류의 직유는 카프카 이전에는 나타난 적이 없기 때문이다. [40]

　카프카의 문체와 그의 작품에 전개된 세계상은 은유적인 표현방식과 직접 관련되어 있다. 무엇보다도 그의 서술이 직접적이면서 동시에 간접적이라는 점은 이 은유적 표현방식에 근거하고 있다. 은유(메타포)란 잘 아는 흔한 말 대신에 덜 익숙하면서 되도록 놀람을 주는 딴말을 사용하는 간접적이고 구체적인 화법이다. 그러나 그것은 상징이나 비유, 우화에 비해서는 직접적인 화법인데, 왜냐하면 그것은 직설적인 서술 대신 우회적인 서술을 사용하면서도 서술된 사물의 원래의 의미에 조금도 변경을 가하지 않으며 새로운 표현에 의하여 그 이전의 표현으로 나타냄직한 것 이상을 말하지 않기 때문이다. 카프카 소설의 내용, 즉 죄가 무언지도 모르고 기소도 변호의 가능성도 없는 끝없는 재판이라든가 무수한 관리들이 있고 힘없는 문지기가 있으나 문이 꽉 닫혀진 접근할 길 없는 성, 등골이 빠지도록 가족들을 위하다가 곤충으로 변하여 멸시를 받는 아들, 텅 빈 공허와 죽음 같은 정적에 휩싸인 지하세계의 축조물 등은 오로지 고립과 절망적 소외의 은유이고 모든 의심을 풀어 사람을 안심시

---

39) W. Emrich, 앞의 책, 76∼77면.
40) 같은 책, 81면.

키는 일체의 의미로부터 영원하고 무한하게 떨어져 있다는 극복할 길 없는 거리의 은유일 뿐이다. [41]

쓰는 용어가 다르고 말하는 방향이 다르기는 하지만 엠리히와 하우저는 카프카 문학의 한가지 특징에 관하여 의견의 일치를 보이고 있는 셈이다. 그것은 카프카의 경우 묘사된 사건이나 사물이 우화나 비유처럼 단순한 방식이든 상징처럼 복잡한 방식이든 그 배후에 어떤 일정한 의미를 숨겨가지고 있지 않다는 점이다. 이것은 "카프카의 전작품이 제스처들의 암호"로서 "그 제스처들은 처음부터 작자에게 어떤 확실한 상징적 의미를 지녔던 것이 아니고 오히려 그런 의미의 획득을 위해 끊임없이 다른 연관성 속에 놓여지고 시험적으로 배치되는 것이다"라는 앞서 인용한 벤야민의 언급이 이미 오래 전에 좀더 날카롭게 지적해낸 사실이기도 하다. 그렇다면 우리는 다시 좀 전의 질문으로 돌아가보지 않을 수 없게 된다. 카프카에게 있어서 인간의 삶이 이루어지는 터전으로서의 객관적 현실은 규정지을 수도 정의 내릴 수도 없는 거대한 괴물적 존재이고 따라서 그의 소설작업은 벤야민이 암시했듯이 삶의 의미를 찾기 위한 끝날 길 없는 절망적 암중모색의 과정일 뿐인가. 즉, 그의 문학에서 결정적으로 중요한 것은 작품을 통해 그려진 세계의 모습이 아니고 다만 의미의 획득을 향해 고투하는 방법적인 노력일 뿐인가. 카프카의 소설을 중심으로 현대문학의 미학적 근거를 규명하고자 했던 엠리히의 대답은 그렇다는 것이다. 그는 대략 다음과 같이 설명한다. [42]

과거의 문학에 있어서는 작품에 묘사된 구체적 디테일이 언제나 더 높은 이념적 요소와 조응을 이루었다. 특수하고 개별적인 것 속에 보편적이고 일반적인 것이 드러남을 상징이라고 했던 괴테의 정의나 미(美)를 "이념의 감각적 나타남"이라고 보았던 헤겔의 규정은 문학·예술의 이런 성격을 가리키는 것이다. 그런데 카프카의 경우에는 그러한 미학적 공리가 적용될

---

41) A. Hauser, 앞의 책, 392면.

42) W. Emrich, "Zur Ästhetik der modernen Dichtung", *Protest und Verheißung* (Frankfurt am Main／Bonn 1960), 123~34면 참조.

수 없게 되었다고 엠리히는 말한다. 독자들은 그의 작품을 읽으면서 각각의 개별적 사건이나 인물이 더 높은 무엇인가를 비유 혹은 상징하는가에 관심을 갖고 그것을 캐내려 애쓰지만, 설사 어떤 해답이 잠시 얻어졌다 하더라도 곧 뒤이어 그 해답이 갖는 의미의 자기연관 속에서 다시 의심을 받게 되고, 그리하여 독자는 결국 거의 아무것도 얻지 못한 채 카프카의 세계 밖으로 쫓겨나게 된다는 것이다. 그러나 엠리히는 카프카의 문학에 의하여 헤겔적 의미의 고전미학이 전적으로 부정된 것이 아니고 다만 수정되었을 뿐이라고 주장한다. 카프카의 형상세계를 곰곰이 살펴본다면 거기서 정말로 문제되어 있는 것은 "인간존재 자체의 하나의 문학적 상형문자"라고 엠리히는 말한다. 어떤 개별적 인물이나 사건이 어떤 일정한 이념을 형상화하지는 않으며 그런 식으로 해석되어서도 안된다. 그러나 그의 문학은 인간존재 자체를 희망과 절망, 진실과 허위, 자유와 구속, 신앙과 회의, 죄와 순결, 삶과 죽음, 여기 있음과 동시에 저기 있음의 끊임없는 긴장 속에서 그려내어 그 둘이 필연적으로 역설적인 모습을 갖게 한다. 그리고 그럼으로써 바로 인간적 대립과 인생의 모순된 동시성을 남김없이 정확하게 반영한다. 소설에 묘사되는 개별적 움직임과 사건들은 여기 놓여지면서 바로 그곳에서 부정되고 또 그것들에 대한 해석 역시 하나가 성립되면서 동시에 비판되는데, 이러한 과정 자체가 인간존재의 근본적 양태를 불가피하게 드러낸다는 것이다. 즉, 카프카의 소설은 인간존재의 한 모델을 아무런 예술적·심리적·사회학적·철학적 가공(加工) 없이 직접적으로 제시한 원료적 본질이기 때문에 문학을 통해서 어떤 일정한 의미나 이념이 형상화되는 것이 아니라 언어적 서술형식 자체가 의미를 지니고 지표가 된다. 그리하여 "바로 직접적인 것이 여기서 가장 낯선 것으로 나타나며 인생 자체가 인생의 왜곡으로 드러난다. 여기에 이러한 시도의 불가피한 역설이 놓여 있다."[43] 그리고 이와같은 문맥에 입각하여 엠리히는 카프카를 '리얼리스트'라고 규정짓는 것이다. [44]

물론 엠리히에게 있어서 리얼리즘은 카프카의 문학을 해명하기 위한 적

---

43) 같은 글, 129면.
44) W. Emrich, *Franz Kafka*, 36면.

극적인 개념인 것은 아니다. 그가 카프카에 관련하여 리얼리즘이라는 용어를 썼을 때 그것은 괴테나 헤겔에 의해 확립된 고전미학의 원리가 카프카를 비롯한 현대의 실험적 문학작품에 있어서도 비록 크게 수정되기는 했으나 아직 그 유효성을 잃지 않고 있다는 정도의 의미인 것으로 보인다. 그러나 설사 카프카 문학에 관한 엠리히의 해설을 용납한다 하더라도 그의 리얼리즘은 문학과 삶의 살아있는 관계를 해명하는 데에는 매우 허약한 개념임이 분명한 것 같다. 앞서의 간단한 개관에서도 보았듯이 엠리히가 뜻하는 현실은 인간의 삶을 구체적으로 규정짓는 객관적 조건으로서의 그것이 아니라 일체의 역사적·사회적 제약을 벗어나 관념적 차원에서 정립된 인간존재의 근본 양상으로서의 모순과 역설이다. 그리고 카프카의 서술방식 자체가 이러한 모순과 역설에 직접적으로 대응을 이룬다는 것이 엠리히 리얼리즘론의 요지인 셈인데, 이쯤 되면 리얼리즘이란 말은 그 앞에 '내면적' '마술적' '환상적' 등등 어떠한 관형사가 붙여지더라도 사실상 아무런 실질적 내용을 갖지 않은 문예학적 관용어로 탈색되어버렸다고 하지 않을 수 없을 것이다. 그렇기 때문에 엠리히의 이론은 문학작품을 일체의 현실적 관련에서 배제된 그 자체 완결된 하나의 소우주적 독립체로 보고 그런 입장에서 카프카의 소설을 분석한 바이쓰너(Friedrich Beißner)나 발저(Martin Walser)의 형식주의적 방법론과 오십보 백보이고,[45] 리얼리즘에 대한 구차한 미련을 버렸다는 점에서는 바이쓰너와 발저 쪽이 차라리 논리적 일관성마저 갖고 있다고 할 수 있다. 그런데 한가지 흥미있는 것은 카프카의 작품구조가 장편소설(Roman)보다 서사시(Epos)에 근접해 있다는 발저의 논지이다. 그에 의하면 극적 전개의 결여, 무의미성, 유일한 텅 빈 형식의 변주(變奏)로서의 부분들의 반복이 서사시의 특징인데 카프카의 작품은 누가적(累加的, additiv)인 구조로서 진전이 없고 단조로운 되풀이라는 것이다. 호메로스의 서사시에서는 세계의 질서가 모든 것을 포괄하는 하나의 연속체였지만 카프카의 경우 이 연속체의 '외연적 총체성'은 사라지고 그 대신 일체의 외적 관련을 떠난 '내포적 총체성'(intensive Totalität)이

---

45) Peter U. Beicken, *Franz Kafka. Eine kritische Einführung in die Forschung* (Frankfurt am Main 1974), 69~75면 참조.

등장하게 되었다고 한다. 그래도 『아메리카』에는 아직 경험적 현실세계와의 연관이 얼마간 남아 있으나 『심판』과 『성』은 완전히 자체 속에 닫혀진 내적 총체성의 세계라고 발저는 말한다.[46] 이렇게 되면 비평가와 문학연구자의 할 일은 발저의 입장을 좀더 철저히 밀고 나간 헤넬(Ingeborg Henel)이 주장하듯 어떤 절대적 공간으로서의 작품세계 내부에 존재하는 인물과 인물들, 사건과 사건들 사이의 기능적 관계를 분석하는 것밖에 남지 않게 될 것이다.[47] 이것은 그야말로 인간의 삶에 대한 확신과 전망의 완벽한 상실로서의 허무주의이고 그 현실적 표현으로서의 기능주의라고나 할 만한 것인데, 헤넬 같은 사람의 극단론이 갖는 한가지 미덕은 전세계적 규모에서 끊임없이 재생산되어나오는 같은 논리의 무수한 변종들에 비하여 그 논리의 허구성을 좀더 명백하게 드러내주는 데에 있을 것이다.

근대 서구 시민사회의 발전과정과 문학사의 전개과정을 하나의 전체로서 파악하는 넓은 시야에서 카프카의 문학을 보고 이후의 카프카 논의에 획기적인 자극을 준 사람은 아마 루카치일 것이다. 그의 논문 「카프카냐 토마스 만이냐」는 물론 이 두 독일어 소설가의 작품을 구체적으로 분석하는 데 주안점이 있는 것이 아니고 리얼리즘과 모더니즘의 대비라는 그의 유명한 테제를 논증하는 데에 초점이 놓여 있다.[48] 그렇기 때문에 서방 진영의 상당수 카프카 연구서에는 루카치의 글에 대한 언급이 아예 없는 수가 많다.

---

46) Martin Walser, *Beschreibung einer Form* (München 1961), 44~49면 참조.

47) Henel은 이렇게 말하고 있다. "우리는 이제 카프카의 작품을 상징적·비유적으로 해석하는 것이 왜 잘못인지 말할 수 있게 되었다. 카프카의 세계는 결코 어떤 초월적 세계의 묘사가 아니다. 그것은 신적인 힘의 세계도 악마적 권력의 세계도 아니며 또한 작자 자신의 꿈의 세계도 아니다. 따라서 그것은 아무런 상징적 관련을 갖지 않는다. 다른 한편 그것은 어떤 경험적 현실의 모사나 풍자도 아니기 때문에 현대 산업사회를 기술·비판한 것으로 파악될 수도 없다. 그런 종류의 모든 시도들은 Walser 이후 논박된 것으로 보아야 한다."(I. Henel, "Die Deutbarkeit von Kafkas Werken"(1967), P. U. Beicken, 앞의 책, 343~44면 부록 所收.) 다시 말하면 카프카의 작품은 해석되지 말아야 한다.

48) Georg Lukács, "Franz Kafka oder Thomas Mann?", *Wider den mißverstandenen Realismus* (Hamburg 1958), 49~96면. 필자는 *Realism in Our Time* (New York 1964)에 실린 英譯을 참고했다.

456

그러나 가령 다음과 같은 구절들은 카프카에 대한 필자들의 전혀 상반된 입장에도 불구하고 기본적으로 똑같이 루카치가 놓은 개념적 범주 안에서 논의를 진행시키는데, 이 점에 카프카 연구사에 있어서의 루카치의 독특한 위치가 있는 것 같다.

카프카는 사회적 현실 속에서 다만 의미파괴적 모순들만 볼 수 있었다. … 그리고 결국 그는 이러한 시각을 인간과 주위 세계 사이의 모든 관계의 묘사에 옮겨놓았다. 인과관계의 연결 즉 보다 인간적인 미래에 이를 수 있는 풍부한 모순들을 더 깊이 인식하고 형상화하는 데에 그는 도달하지 못하였다. [49]

카프카 예술의 부정성(否定性)은 그 예술에 의해 부정된 것의 부정성이다. … 사회적 문제제기는 카프카 문학의 전개에 따라 명확성과 중요성을 얻어간다. 초기의 작품에 근본적으로 인간의 (개인적) 실존이 다루어졌다면 중·후기의 많은 소설과 산문 작품에서는 사회적 문제성이 결정적 역할을 한다. … 주위의 인간들에 대한 게오르크 벤데만(「선고」의 주인공 ─ 인용자)의 파괴된 관계에 있어서 경제적 상황은 본질적인 역할을 하는 것이다──개인의 특성으로서가 아니라 사회의 체제로서. [50]

문학의 사회경제적 관련을 지시하는 엇비슷한 용어들을 가지고 어떻게 이처럼 정반대의 평가를 내리는 것인지 사뭇 놀라운 일이긴 하지만, 어떻든 이런 방향에서의 논의에 기본적 틀을 마련했다 할 수 있는 사람이 루카치이므로 이제 그의 견해를 살펴보기로 하자. 잘 알다시피 그는 반세기가 넘는 오랜 저작생활을 통해 철학·미학·문학사 연구에 방대한 업적을 남겼고 그가 살았던 시대의 정치적 운명 또한 단순치 않은 것이었던만큼, 극히 단편적인 독서와 제한된 여건을 바탕으로 그를 거론하는 것은 어차피 무리한 노릇일 수밖에 없다. 그러나 현대 서양문학의 역사적 상황과 우리

---

49) Helmut Richter, "Im Maßstab der Klassik. Zu einigen Prosastücken Franz Kafkas" (1959), P. U. Beicken, 앞의 책, 348면.

50) Herbert Kraft, "Kafka. Wirklichkeit und Perspektive" (1972), 같은 책, 346면.

문학의 진로가 서로 무관하게 동떨어져 있지 않고 불가피하게 내적으로 맺어져 있는 것이라면 카프카와 루카치 혹은 브레히트와 레비-스트로쓰는 우리가 그들에 관해 얼마나 알고 있느냐 하는 것과 상관없이 직접 간접으로 우리의 문학적 사고 속에서 이미 작용하고 있고 해결해야 할 문제로서 우리 자신의 정신의 일부를 이루고 있다고 할 것이다. 이런 관점에서 이제 루카치의 문학관 내지 세계관을 나타내는 그의 몇 문장을 읽어보자.

　모든 중요한 리얼리즘 작가는 객관적 현실의 합법칙성에 도달하기 위하여, 그리고 그 속에 보다 깊숙이 놓여 있고 감추어져 있어서 직접적으로는 지각할 수 없는 매개된 사회현실의 연관성에 도달하기 위하여 자신의 체험소재를—— 추상화라는 수단도 사용하여—— 가공한다. 이 연관성은 표면에는 직접 드러나 보이지 않기 때문에, 그리고 이 합법칙성은 뒤얽혀 있고 균일하지 않으며 단지 경향을 나타내는 방식으로만 침투되어 있기 때문에 리얼리즘 작가에게는 예술적으로나 세계관적으로 이중적인 거대한 작업을 할 필요가 생긴다. 그것은 첫째 이 연관성을 사상적으로 발견하여 예술로 형상화시키는 일이고, 둘째는 이 작업과 분리될 수 없는 것으로서 추상화되어 얻어진 연관성을 예술적으로 감싸는 일 즉 추상화를 지양하는 일이다. 이런 이중적 작업을 통해 형상적으로 매개된 새로운 직접성 즉 생의 형상화된 표면이 나타나게 되는데, 이 형상화된 표면은 (생 자체의 직접성의 경우와는 달리) 모든 계기들 속에서 본질을 명확히 투시하도록 하지만 그러면서도 직접성으로서 즉 생의 표면으로서 나타난다.[51]

　위대한 작품이 되자면 등장인물을 그들의 사회적 생존 및 그것에서 발생하는 커다란 문제들과의 다각적인 관련 속에서 그리고 인물들간의 다면적인 상호관련 속에서 묘사하는 것이 불가결하다. 이러한 관계가 더 깊이있게 파악되고 그 상호관련이 더 다양하게 전개될수록 작품은 더욱 위대하게 된다. … 퇴폐적·부르조아적 편견 혹은 속류 사회학적 편견에 사로잡히지 않은 사람이라면 누구나 자기의 세계관을 표현할 줄 아는 작중인물의 능력이 현실의 예술적

---

51) G. Lukács, "Es geht um den Realismus" (1938), *Probleme des Realismus I* (Georg Lukács Werke Bd. 4, Luchterhand 1971), 323~24면.

재현에 있어 하나의 필요하고도 중요한 요소를 이룬다는 것을 쉽게 이해할 것이다. 작중인물의 세계관을 포함하지 않은 묘사는 완전한 것일 수 없다. 세계관은 의식의 최고형태이다. … 현대의 부르조아적 사고는 객관적 현실을 직접적인 지각의 복합체로 분해한다. 이리하여 그것은 인간의 자아를 그러한 지각들의 단순한 집합으로 만듦으로써 개인의 성격을 해체시키는 것이다. [52]

나는 불안과 혼돈이 모더니즘의 핵심적 내용을 이룬다는 점을 보여주려고 노력해왔다. 혼돈으로서의 세계라고 하는 이러한 관점은 휴머니즘적인 사회적 전망의 결여의 결과이다. 이런 점에서 모더니즘의 자기기만은 독특한 그리고 자가당착적인 일종의 독단론에 근거하고 있다. 모더니스트들은 거의 예외 없이 극단적 주관주의의 지지자임에도 불구하고 그들에게 있어 현실의 정태성, 그 표면적 현상의 무의미성은 증명을 요치 않는 절대적 진리이다. 물론 외적 세계의 현상들은 그 자신의 내재적 법칙에 따라 움직이며 인간의 의식 바깥에 존재한다. 그러나 인간의 주체성은 특수한 현상들을 이해하고 그 상호관련성을 파악함에 있어 일정한 역할을 하는 것이다. … 모더니즘 예술에서 이성에 해당하는 역할을 하는 것은 불안으로서, 현실이 혼돈이라는 독단에서는 이성을 찾아볼 수 없다. 오히려 사회발전의 새로운 유형을 파악할 수 없다는 데서 불안에 사로잡힌 현실관이 생겨나는 것이다. 물론 불안은 외적 세계의 경험에서 유래하지만, 그러나 이 경험은 그 본질상 주관적인 것이고 현실을 바라보는 어떤 방식에서 나온 것이다. … 혼돈은 불안의 결과이며, 거꾸로 불안은 사회적 경험의 산물로서 특히 부르조아 지식인에게 끼치는 제국주의적 사회구조의 작용이다. 하나의 가능한 전망으로서의 사회주의를 거부함으로써 미래를 보는 눈이 어두워지고 그리하여 개인은 불안과 혼돈을 불변의 조건으로 받아들이게 된다. [53]

위의 인용들에서 알 수 있듯이 루카치는 현실의 총체성과 인간의 주체성을 나타내는 예술로서의 리얼리즘을 확고히 지지한다. 그의 리얼리즘은 다

52) G. Lukács, "The Intellectual Physiognomy of Literary Characters"(1936), Lee Baxandall 편, *Radical Perspectives in the Arts* (Penguin Books 1972), 91면 및 115면.
53) G. Lukács, "Franz Kafka or Thomas Mann?", 같은 책, 72~73면.

양하고 무수한 사회현상들 가운데서 본질적인 것과 피상적인 것, 중요한 것과 지엽적인 것을 갈라 볼 줄 아는 예술가의 눈을 필수적으로 요청한다. 그는 괴테, 발자끄, 똘스또이 같은 작가들의 위대한 소설에서 리얼리즘의 성취를 보았고 자연주의로부터 상징주의, 표현주의에 이르는 현대예술, 즉 제국주의 시대의 실험적인 예술들 속에서 리얼리즘의 퇴화를 보았다. 그가 생각하기에 카프카는 디테일의 취급에 있어 자연주의자와 달리 선택적이며, 형식주의적 실험에 의존하지 않고서 체험을 전달하는 직접적 방식을 발견한 작가이다. 이 점에서 카프카의 예술적 방법은 다른 모더니즘 작가와 구별되며 리얼리즘에 흡사한 점이 없지도 않다. 그러나 카프카에 있어서는 근본적으로 주관적 비전이 현실 자체와 동일시되어 있다. 물론 그의 체험은 당대의 오스트리아 사회, 프라하의 독특한 분위기에 깊이 뿌리박고 있으며 그의 불안과 공포는 인간을 단순한 객체로 격하시키는 제국주의 시대의 역사적 산물이다. 그러나 루카치가 보기에 카프카는 이러한 체험 자체를 객관적 실재로, 초역사적 인간조건으로 그려내었으며, 그리하여 이 작가에게 있어서 "왜곡의 반영은 왜곡된 반영으로" 되었고 세계는 "초월적 허무의 알레고리"로 되었다. 이 점 카프카의 문학은 구체적인 사회적·역사적 상황에 굳건히 뿌리박은 토마스 만의 리얼리즘 문학과 결정적으로 대조를 이룬다.

　루카치 문학관의 보수적 성향은 리얼리즘과 표현주의 문제를 둘러싸고 브레히트나 블로흐(Ernst Bloch)와 벌인 날카로운 논쟁을 통해 잘 드러나고 있으며 그것은 우리 문단에도 웬만큼 소개된 편이다.[54] 그리고 이것은 그의 문학관이 철저히 독일 고전주의의 휴머니즘적 예술이상에 입각해 있기 때문이라는 점도 자세히 검토된 바 있다.[55] 루카치에게 있어서 제국주의 시대 서구사회의 온갖 소외와 현대예술의 모든 퇴폐적 실험주의적 경향은 그러한 고전주의적 예술이상의 붕괴를 의미하는 것으로서, 그의 리얼리즘

---

54) 潘星完, 「독일 시민문학의 가능성과 한계(『창작과비평』 1980 여름호) 및 베르너 미텐쯔바이, 「30년대 리얼리즘 논쟁」 등 참조.

55) 반성완, 「루카치 현대문학사관의 비판적 고찰」, 『서구 리얼리즘소설 연구』(창작과비평사 1982), 325～54면.

은 바로 사회주의를 통한 고전주의의 올바른 계승 이외의 다른 것이 아니었다. 이러한 루카치가 보기에 카프카는 다른 모더니스트와 구별되는 뛰어난 예술적 특징들에도 불구하고 근본적으로는 현실의 혼돈을 극복하여 삶의 총체적 모습을 그려내는 리얼리즘 작가가 아닌 것이다.

동구권에서 카프카의 문학이 대대적으로 논의된 것은 1963년 5월 프라하 근교의 리블리스(Liblice)에서 골트슈튀커(Eduard Goldstücker)의 주도로 개최된 카프카회의(Kafka-Konferenz)를 통해서였다. 이 회의에서 논의된 내용에 관한 제삼자의 요약된 보고만을 가지고 뭐라고 단정짓기는 어려우나,[56] 대체로 이 자리에서는 카프카의 문학이 리얼리즘이냐 데까당이냐를 가름하는 참석자들의 상반된 입장만이 개진됨으로써 루카치의 논리를 한걸음 발전시키는, 또는 그것을 극복하는 이론적 심화가 이루어지지 못한 것 같으며, 이 쟁점이 사회주의 사회에서도 카프카가 묘사한 바와 같은 소외가 남아 있느냐 없느냐 하는 일종의 체제논쟁으로 비화하여 회의의 성격마저 변질된 인상을 준다. 어떻든 "리얼리즘의 정의는 오직 작품을 근거로 해야지 작품 이전에 이루어질 수는 없다. … 리얼리즘의 이름으로 예술작품이 현실의 총체성을 반영하고 일정한 시대와 민중의 역사적 경로를 묘사하라고 요구하는 것은 하나의 철학적 요구이지 결코 미학적 요구가 아니다. … 맑스주의는 예술창작의 특수성을 간과하지 않는다. … 혁명적 현실이 존재하지 않는 한 혁명적 이론은 있을 수 없다. …카프카가 창조한 작품세계는 그의 삶과 세계의 갈등을 극복하려는 노력을 표현하고 있다. 문학창작은 그에게 있어 소외의 극복을 위한 기술이었다"[57] 등등과 같은 가로디(Roger Garaudy)의 언급을 보더라도 카프카에 관해 어떤 새로운 시야를 열어주는 것은 없는 듯하다.

---

56) H. Politzer, *Franz Kafka. Parable and Paradox* (New York 1969, 개정증보판)의 제10장 'Kafka behind the Iron Curtain' 및 Kenneth Hughes, "The Marxist Debate, 1963", A. Florles 편, 앞의 책, 51~59면 참조.

57) Roger Garaudy, "Kafka, die moderne Kunst und wir", Fritz J. Raddatz (hrsg.), *Marxismus und Literatur* Bd. 1 (Reinbek 1969), 210~16면.

5

　카프카를 둘러싼 환경이 그에게 끊임없이 괴로움과 상처를 주었음은 의심할 여지가 없다. 자수성가하여 중산층으로 올라선 그의 아버지는 폭군처럼 그에게 군림하였고 학교의 교육이라는 것은 "나로부터 지금의 나라는 사람과는 다른 어떤 사람을 만들어내려고 드는"[58] 허위와 강제의 체계였다. 그리고 프라하는 베르펠이 말했듯이 "체코인 아닌 사람들에게는 아무런 현실성도 갖지 않은 도시, 체험을 주지 않는 하나의 백일몽 같은 도시"였다.[59] 카프카가 대부분의 생애를 그 신민으로 보낸 합스부르크의 오스트리아제국은 유럽에서도 가장 낡고 부패한, 정치적 전제와 도덕적 타락의 복합체였다. 제국 내의 여러 민족들은 독일인 지배자에 대해 끊임없는 독립투쟁을 전개해왔고 이 민족적 모순은 제1차 세계대전의 도화선이 되기도 하였으나, 유태인은 그 어디에서도 자기를 일치시킬 수 있는 실천적 공동체를 발견하지 못하였다. 친구들과 만나 이야기를 나누는 것이 카프카에게는 그가 "살고 있는 어두운 지하실 감방의 유일한 등불"이었지만 그것도 "역시 인공조명에 불과"하다고 그는 말한다.[60] 그리하여 그는 모든 외적 현실로부터 퇴각하여 자기를 철저히 폐쇄시키며 바깥으로부터의 모든 요구에 대해 언제나 순응적·유보적·방관적 자세를 견지한다. "성으로 올라가는 차도는 여러가지가 있어요. 차도 중의 하나가 애용되면 누구나 그리로 차를 몰고, 다른 차도가 유행되면 이번에는 모두들 거기로 몰려들어요. 어떤 규칙에 따라 이런 교체가 이루어지는가는 아직도 발견되지 않았어요. 예를 들면 아침 여덟시에는 모두들 어느 한 차도를 달리지요. 반시간 후에는 다른 차도를, 십분 후에는 또다른 차도를, 다시 반시간 후에는 아마 처음의 그 차도를 달리고 그후로는 온종일 그 차도를 달리지요. 그러나 어느

---

58) K. Wagenbach, 앞의 책, 38면.
59) 1922년 6월 초 프라하 출신 독일어 작가들에게 준 "왜 당신은 프라하를 떠났는가"란 설문에 대한 Franz Werfel의 답변. K. Fingerhut, 앞의 책, 31면.
60) G. Janouch, 앞의 책, 131면.

순간에 차도의 순서가 바뀌게 될지 몰라요. 물론 마을 가까이 오면 모든 차도들이 하나로 합쳐지지만, 거기서는 차들이 맹렬한 속도로 달리지요.” —— 이것은 장편 『성』에서 ‘올가’라는 아가씨가 주인공 K에게 관리들이 성과 마을 사이를 차로 달리는 데 관해서 설명하는 대목이다. 여기에는 분명히 카프카가 체험한 프라하 관료조직의 복잡성과 악마성이 반영되어 있는 듯하다. 그러나 그에게는 시대의 역사적 현실 전체를 조망하도록 해주는 실천적·이념적 기반이 없었다. 짐작건대 카프카가 허위와 무의미로 가득찬 이 세계에서 어렴풋이나마 구원의 가능성을 예감해본 것은 사회주의와 시오니즘으로부터였던 것 같다. 16세 소년시절에 그는 이미 자기 학급에서 거의 유일한 사회주의자가 되었고 후에도 이런 계열의 모임에 정기적으로 출석했다. 그러나 그의 사회주의는 전적으로 사적(私的)인, 그리고 철저히 비정치적인 것이었다. 후일 그는 러시아혁명이 보나빠르띠슴으로 귀결되리라고 예언하고 있다.[61] 때때로 그는 목수가 된다든가 원예에 몰두하는 것을 꿈꾸었다. 프라하 아닌 완전히 새로운 땅에서의 원시공동체적 삶을 동경하기도 하였다. “유태인은 오늘날 시간에 있어서의 이런 영웅적 고향인 역사만으로는 만족하지 않습니다. 그들은 공간에 있어서의 극히 작고 평범한 고향을 동경하고 있습니다. 점점 더 많은 유태인 청년들이 팔레스타인으로 돌아가고 있습니다. 이것은 자기 자신에게로, 자신의 근본으로, 성장으로 복귀하는 것입니다.”[62] 이렇게 말하면서도 그는 끝까지 프라하를 완전히 떠나지는 못하였다. 그곳 프라하에서 그의 삶을 지탱케 해준 것은 무엇이었던가. 그것은 오로지 글쓰는 일이었다. 글을 씀으로써 그가 역사와 현실을 장악하고 극복할 수 있었던 것이 아니라 자기 시대 현실의 악몽 같은 기괴함, 심연 같은 허무, 모순과 광기에 빠져드는 것으로부터 간신히 자신을 방어하고 필사적인 고통 속에서 겨우 자신을 지탱할 수 있을 뿐이었다. 따라서 그의 모든 작품, 방대한 분량의 일기와 편지들은 일상생활에서의 자연스러운 삶을 희생하고 건져낸 문자 그대로 목숨의 대가였던 셈이다. 거기에는 순간순간의 환각과 자기분석이 진공 속에 엉겨붙은 밀랍처럼

61) 같은 책, 104면.
62) 같은 책, 91면.

이해하기 힘든, 그러나 단단한 모양으로 응고되어 있다. 그에게는 인과관계로 정연하게 짜여진 객관적 현실이란 있을 수 없었다. 카프카는 원래 『성』을 일인칭으로 썼다가 나중에 '나' 대신 'K'로 바꾸었다고 한다.[63] 그러나 그의 소설에 이른바 '체험화법'(die erlebte Rede)이 자주 나온다는 사실, 그리고 모든 사건들이 "오직 주관적 의식에 매개되어서만"[64] 묘사된다는 사실은 그의 소설이 근본적으로 일인칭적 성격을 지니고 있음을 말해준다. 언젠가 그는 "1913년의 체코인과 1920년의 체코인을 그렇게 절대적으로 구별할 수는 없습니다"[65]라고 말하기도 하였다. 카프카에게는 오스트리아제국에 예속된 신민(臣民)인 상태와 수백년 만에 민족적 독립을 이룩하여 역사상 처음으로 공화국의 시민(市民)이 된 상태는 절대적으로 다른 것이 아니었다. 즉, 그는 체코 민중의 현실을 결코 자기의 것으로 가질 수 없었다. 사회주의를 통한 것이든 시오니즘을 통한 것이든 진정한 공동체에의 동경은 그에게 있어 도달할 길 없는 지평선 저편의 원경일 뿐이었다. 다시 말하면 그의 미래는 캄캄한 암흑일 수밖에 없었다. 『심판』의 요제프 K, 「변신」의 잠자, 「선고」의 벤데만은 모두 교살되거나 익사한다. 「단식광대」의 주인공은 죽은 뒤 지푸라기와 함께 쓰레기처럼 치워진다. 소품 「법 앞에서」의 시골 사람과 『성』의 K는 문으로의 입장이 겨우 허가되는 듯한 암시만을 희미해져가는 청각으로 들으며 죽어간다. 카프카가 삶에 대해 가질 수 있었던 유일하게 확실한 전망은 죽음이었다. 그리하여 그의 모든 주인공들은 이 확실하고도 유일한 결말을 향해 가는 도상에서의 단조로운 동작을, 벤야민이 말한 저 무시무시하도록 단순한 제스처를 하염없이 되풀이하는 것이다. 이런 뜻에서 분명 카프카는 제국주의 시대 서구문명의 파멸적 위기를 무자비하게 타협없이 체험한 비극적 존재이다. 그가 죽은 지 20년도 채 되기 전에 그의 책은 독일어권에서 전면 금지되고 남은 가족들은 모조리 학살되었으며 1차대전 후의 신생국들 가운데 가장 성공적인

---

63) Richard Sheppard, *On Kafka's Castle* (London 1973), 20면 참조.

64) Stanley Corngold, "Recent Kafka Criticism", A. Flores 편, 앞의 책, 62면에 인용된 Jörgen Kobs의 말.

65) G. Janouch, 앞의 책, 90면.

민주국가로 평가되던 '체코슬로바키아공화국'은 나찌스의 군화 아래 여지없이 궤멸되었다. 그의 문학은 브레히트의 말처럼 이렇게 다가올 끔찍한 재난을 섬광처럼 투시한 것이었는지 모른다. 앞에서 살펴보았듯이 루카치는 현대예술의 온갖 형식주의적 실험과 퇴폐적 경향에 반대하고 고전주의의 예술이상과 사회주의적 실천을 매개하는 원리로서의 리얼리즘을 완강하게 주장하였다. 그의 기준에 의하면 카프카는 퇴폐적이고 토마스 만은 리얼리즘임이 사실이다. 그러나 이미 오래 전에 브레히트가 지적했듯이 루카치는 형식주의와 싸우기 위해 새로운 형식주의를, 이데올로기와 싸우기 위해 새로운 이데올로기를 불러들이고 있었던 것 아닌가. 왜냐하면 루카치가 말하는 현실의 총체성, 삶과 문학의 살아있는 관계를 나타내는 개념으로서의 리얼리즘은 고전주의의 예술이상에 복귀함으로써, 토마스 만처럼 서구 시민계급의 전통을 떠나지 않음으로써 달성될 수는 없게 되었기 때문이다. 루카치는 카프카냐 토마스 만이냐 간의 노선의 차이를 양자택일의 문제로 제기했으나, 오늘 우리에게는 20세기의 가장 위대한 이 두 독일어 작가를 포함한 서구문명 전체의 비인간성, 야만적 폭력성과 정신의 불모성, 한 정직한 작가를 미칠 듯한 질곡으로 몰아넣었던 그 파괴적 본질과 괴물적 자태——이 모든 것과 서양적 범위를 멀리 넘어서 존재하는 싱싱하고 풍성한 창조적 가능성 사이의 선택이 문제인 것이다. 루카치의 처방 속에 내재한 구시대적 요소를 누구보다 예리하게 보았던 브레히트조차도 이 창조적 가능성을 완전히 자기의 것으로 소유할 수는 없었다고 믿어진다. 그의 서사극은 리얼리즘을 달성하기 위한 효과적인 전략이었지만, 그러나 그것은 서구문학의 테두리 안에서만 최선의 것으로 통할 수 있는 아슬아슬한 전략이었다.

이제 직장과 집필, 가정과 문학, 자아와 세계 사이에서 갈가리 찢기고 결핵균에 침식되어 나이 40에 벌써 노년기를 맞은 카프카, 두 여자와 세 번 약혼했다 파혼하고 한 처녀에게 자식을 낳게 했으며 한 유부녀와 뜨겁게 밀회를 가졌었으나 자신의 가정을 결코 이루어보지 못했던 카프카, 그는 마침내 자기 나이의 겨우 반쯤 되는 소박하고 헌신적인 유태인 아가씨 도라 디아만트와 베를린의 어느 허름한 셋방에다 최후의 보금자리를 차린다. 그렇게 찾아헤매던 안식이 이제 마지막으로 그에게 잠시 주어지는 것이다. 그는 피폐해진 육신을 벌렁 누인 채 젊고 발랄한 철없는 디아만트로 하여금 그녀와의 동거기간 동안 마지막으로 맹렬히 썼던 원고들을 자기가 보는 앞에서 벽난로에 태우게 한다. 이렇게 함으로써 그는 삶이라는 비싼 대가를 지불하고 피를 뽑듯이 썼던 작품들을 이번에는 한 아가씨와 갖게 된 세속적 행복의 분량만큼 다시 그 삶에로, 바로 그의 소설의 내용이기도 했던 허무와 무의미의 덩어리요 불안과 공포의 원천으로서의 저 말없는 사물적 세계에로 반환하는 것이다. 임종이 머지않아서 그는 또한 자신의 흥행사이자 유일한 친구였던 막스 브로트에게 활자화되지 않은 원고들을 모두 없애달라고 부탁하였다. 마치 카프카라는 저울의 한쪽 끝에 놓인 삶이 소멸되면 의당 저울의 다른 쪽 끝에 놓인 그의 문학도 폐기되어야 한다고 그가 믿었다는 듯이. 물론 디아만트와 누렸던 행복의 양이 그리 많지 않았던 탓에, 그리고 꾀많은 흥행사가 가엾은 '단식 광대'의 유언을 지키지 않았던 탓에 탄생 100주년을 맞은 오늘 우리는 그의 문학과 삶에 대해 생각해볼 수 있게 된 것이다. 또 그 때문에 그의 분신 K의 죽음 뒤에 남은 것은 치욕밖에 없었지만 본인 카프카의 죽음 뒤에는 점점 더 화려한 명예가 쌓여가는 것이기도 하다.

〈1983〉

찾아보기 (인명·작품)

ㅂ

ㅇ

창비신서 134

혼돈의 시대에 구상하는
문학의 논리   ⓒ 염무웅 1995

1995년 5월 8일 초판 인쇄
1995년 5월 15일 초판 발행

지은이   염   무   웅
펴낸이   김   윤   수
펴낸곳   **(주)창작과비평사**

121-070 서울 마포구 용강동 50-1
전화 718-0541 · 0542(영업)
718-0543 · 0544/714-3666(편집)
716-7876 · 7877(독자관리)
팩스 713-2403
지로번호 3002568
대체구좌 010041-31-0518274
등록 1986. 8. 5 제10-145호
조판 동국전산주식회사/인쇄 경문인쇄

ISBN 89-364-1134-9   03810   **값 9,800원**